Marc Bosquart

NOUVELLE GRAMMAIRE FRANÇAISE

Guérin
800, boulevard Industriel, bureau 200
Saint-Jean-sur-Richelieu (Québec) J3B 8G4
☎ 514 842-3481 📠 514 842-4923
Courriel : info@guerin-editeur.qc.ca
www.guerin-editeur.qc.ca

Auteur : **Marc Bosquart**

Collaboration générale : **Hélène Massecar-Lévesque**

Collaboration à l'infographie : Réjean Quirion
Révision linguistique : Michèle Dicaire et Nathalie Elliott
Illustrations : Michel Poirier

Dépôt légal

ISBN 2-7601-4705-3

Bibliothèque nationale du Québec, 1998
Bibliothèque nationale du Canada, 1998

IMPRIMÉ AU CANADA

Nous reconnaissons l'appui du gouvernement du Canada.

Financé par le gouvernement du Canada | Canada

Présentation

La grammaire que voici n'est pas comme les autres grammaires.

Elle se distingue en effet par son ouverture au **monde francophone**, et tout spécialement à sa littérature.

Elle se démarque aussi par le fait qu'elle se situe au point de rencontre entre la **tradition** la plus sûre et l'**innovation** la plus audacieuse, en vue d'une **pédagogie** renouvelée de la langue française.

Grammaire de la francophonie

1. Elle expose la **situation actuelle du français dans le monde** en présentant tous les pays membres de la francophonie (localisés sur des cartes, elles-mêmes enrichies de données diverses : population, capitale, autres langues,...), dans le but de favoriser une plus grande prise de conscience du fait francophone dans le monde.

2. Elle contient, pour illustrer les règles de grammaire, **près de 1500 exemples tirés des principaux auteurs de toute la francophonie**, qu'ils soient d'Europe ou d'Amérique, d'Afrique ou d'Asie.

3. Elle présente une **sélection de 50 auteurs francophones**, de Tahar Ben Jelloun (Maroc) à Gabrielle Roy (Canada), de Marguerite Yourcenar (France) à Léopold Sédar Senghor (Sénégal), et de Félix Leclerc (Québec) à Jacques-Stephen Alexis (Haïti). Chacun d'eux se voit attribuer une page entière comportant l'illustration de son visage, un extrait d'une de ses œuvres majeures et une courte notice biographique.

Grammaire traditionnelle

1. Elle décrit **toute la langue française, en allant du simple au complexe** : de la lettre au mot, de la phrase au texte. Même si le français n'est souvent plus enseigné de manière aussi systématique, une grammaire demeure un ouvrage de référence qui ne peut se passer d'une présentation méthodique.

2. Elle formule des **règles claires, illustrées d'exemples soigneusement sélectionnés**, tirés le plus souvent de la littérature. En fait, toutes catégories d'exemples confondues, ceux-ci sont au nombre de plus de 2000!

3. Elle offre la sécurité de ne pas bouleverser **la méthode et l'esprit des grandes grammaires classiques** utilisées dans l'enseignement depuis des décennies — ce qui ne l'empêche pas d'être tout à fait moderne, tant sur le plan de la forme que sur celui du fond.

Grammaire nouvelle

1. Elle est l'une des toutes premières à intégrer le **nouveau programme de français** (1995) du ministère de l'Éducation du Québec, en accord avec l'évolution qui se manifeste dans toute la Francophonie. De plus, elle expose clairement la terminologie nouvelle et, à l'aide de tableaux, la compare avec celle qui prévalait jusqu'à présent.

2. Elle s'ouvre également à la Francophonie sur le plan grammatical, voire sur le plan lexical, en signalant **divers usages propres au Québec, à la France, ou à quelque autre pays ou région francophones**. En effet, l'uniformité croissante du français, d'un bout du monde à l'autre, n'exclut pas les particularités locales, souvent très enrichissantes.

3. Elle fait place à l'**adaptation de la langue française au monde contemporain**, en signalant, sans les imposer, les «rectifications de l'orthographe», et en favorisant la «féminisation des noms de métier» selon les normes définies par l'Office de la langue française du Québec (ou ses équivalents français, belge et suisse).

Grammaire pédagogique

1. Elle décompose les règles de grammaire en **«unités de compréhension»** pour en faciliter l'apprentissage, et, en même temps, elle contient, à la fin de la plupart des chapitres, un **tableau récapitulatif** qui permet, en une ou deux pages, de porter un regard d'ensemble sur la matière du chapitre.

2. Elle accorde plus d'importance à l'**index alphabétique** qu'à la table des matières. En effet, celle-ci ne permet pas toujours de trouver rapidement la règle ou l'article recherchés (car il faut déjà savoir où chercher), alors qu'un index détaillé en fin de volume procure une facilité d'utilisation maximale.

3. Elle regroupe souvent en un seul chapitre des données généralement exposées de manière éparse dans d'autres grammaires. Ainsi propose-t-elle, selon le sens, un **chapitre sur «Les indéfinis»** (tous ces mots difficiles en français : *quelque*, *tout*, *même*, *tel*,...), et, selon la forme, un **chapitre sur «Les invariables»** que sont les adverbes, les prépositions et les conjonctions. Ce procédé correspond aux vœux de nombreux enseignants.

Pratiquement, le présent ouvrage se décompose en trois parties, de longueur inégale :

1. ***LA LANGUE FRANÇAISE ET LE MONDE FRANCOPHONE***

   Cette partie se divise en trois sections : *L'origine et la formation du français*, *L'expansion du français dans le monde* (illustrée d'une mappemonde) et *Le monde francophone aujourd'hui* (illustrée de neuf autres cartes et de tableaux consacrés à chaque pays ou région francophones du monde).

2. ***LA GRAMMAIRE DU FRANÇAIS***

   Cette partie, la plus importante, se divise en 21 chapitres : trois consacrés aux éléments de base de la langue; six à l'orthographe grammaticale des mots de toutes les classes, sauf le verbe; quatre au verbe lui-même, étudié sous tous ses aspects; et huit à la grammaire de la phrase et du texte. Entre chaque chapitre sont présentés deux auteurs de la francophonie.

3. ***LES COMPLÉMENTS À LA GRAMMAIRE***

   Cette partie contient cinq annexes (rectifications de l'orthographe, féminisation des noms de métier, homophones, figures de style, symboles et abréviations), plus deux index alphabétiques, l'un consacré aux termes utilisés dans la grammaire et l'autre aux auteurs cités en exemples.

En ce qui concerne les **auteurs cités dans la grammaire** :

1. Comme il y a des milliers d'auteurs francophones, il a d'abord fallu faire un choix, et **200** ont été retenus, considérés comme représentatifs de toute la francophonie. Chacun de ces 200 auteurs est cité au moins cinq fois pour illustrer des règles de grammaire (de nombreux autres auteurs le sont aussi, mais moins fréquemment : → index des auteurs cités).

2. Parmi ces 200 auteurs a été faite une nouvelle sélection : celle de **50** qui se voient attribuer une **page entière**. Pour mener à bien ce choix difficile, il a fallu tenir compte de nombreux critères, dont les suivants :

— le maintien d'un juste équilibre entre les différents pays francophones (en intégrant le fait que la présente grammaire, pour ouverte à la francophonie qu'elle soit, n'en demeure pas moins d'abord une création québécoise);

— la préférence accordée à certains auteurs qui intéressent plus particulièrement les jeunes (Jules Verne, Alexandre Dumas, Maurice Leblanc,...), tout en gardant un certain nombre de grands auteurs classiques;

— le souci de refléter aussi exactement que possible la proportion des hommes et des femmes présents dans la littérature;

— le fait qu'il est plus difficile de citer des extraits de poèmes (car la poésie s'affranchit souvent de certaines règles grammaticales) ou de pièces de théâtre (à cause de la longueur) que de choisir des extraits de romans;

— la nécessité (sauf pour les jeunes littératures d'Afrique, des Caraïbes et du monde arabe) de se limiter aux auteurs disparus, car le nombre des contemporains est tellement élevé qu'il rendrait toute sélection pratiquement impossible.

Pour conclure :

La langue française est l'héritage de siècles d'histoire et le bien commun de plus de 135 millions de personnes sur la planète. Elle fait partie du patrimoine de l'humanité. Dans beaucoup de pays, elle est étudiée pour sa beauté, pour son renom, pour la richesse culturelle qu'elle a engendrée. Comme d'autres, elle doit aujourd'hui relever le défi de la modernité, tout en ne sacrifiant rien de son esprit. Pour qu'elle y arrive — et elle y arrivera certainement —, point n'est besoin de la défendre, il suffit de l'aimer.

Bon voyage en Langue française

et Bon séjour en Francophonie !

L'auteur.

Plan de l'ouvrage

La langue française et le monde francophone

La grammaire du français

Les compléments à la grammaire

Table des matières

La table des matières a été volontairement simplifiée. Pour trouver rapidement la règle recherchée ou l'article souhaité, se référer à l'index alphabétique complet et détaillé qui figure en fin de volume : → p.540.

Deuxième partie

LA GRAMMAIRE DU FRANÇAIS

(plan détaillé : p.52)

Troisième partie

LES COMPLÉMENTS À LA GRAMMAIRE

(plan détaillé : p.502)

Informations sur la grammaire

On trouvera ci-après la liste des symboles et des abréviations utilisés, ainsi que trois tableaux consacrés respectivement aux classes de mots, aux fonctions grammaticales et à la nomenclature des phrases.

SYMBOLES
utilisés dans la grammaire

●	division de sujet (correspondant toujours à un numéro de rubrique distinct)
■ et ➤	subdivision de sujet
▲	exception(s)
☞ ◆	remarque(s)
✒	citation d'auteur illustrant une règle de grammaire
—	autre exemple
→	conséquence, explication
↔	opposition
➞	voir, se reporter à
*	précède une formulation incorrecte

N.B. : TOUS LES RENVOIS CORRESPONDENT À DES NUMÉROS DE SECTIONS (en vert, dans la marge extérieure), à moins qu'ils ne soient précédés d'un «p.» pour *page*). «**R**» et «**E**» renvoient respectivement à une **R**emarque et à une **E**xception.

ABRÉVIATIONS
utilisées dans la grammaire

L'utilisation des abréviations a été réduite au minimum, mais il n'a pas été possible de les éviter partout, notamment dans les pages des conjugaisons :

— compl. :	complément	— p. ant. :	passé antérieur
— cond. :	conditionnel	— p. comp. :	passé composé
— dir. :	direct	— p. sple :	passé simple
— fém. :	féminin	— p.-q.-parf. :	plus-que-parfait
— fut. ant. :	futur antérieur	— part. :	participe
— imp. :	impératif	— pers. :	personne
— imparf. :	imparfait	— plur. :	pluriel
ind. :	indicatif	— prés. :	présent
— indir. :	indirect	— sing. :	singulier
— masc. :	masculin	— subj. :	subjonctif

LES CLASSES DE MOTS

Terminologie traditionnelle		*Terminologie nouvelle*
le nom	→	le nom
l'adjectif qualificatif	→	l'**adjectif**
l'article défini	→	le **déterminant** défini
l'article (et l'adjectif) indéfini	→	le **déterminant** indéfini
l'article partitif	→	le **déterminant** partitif
l'adjectif possessif	→	le **déterminant** possessif
l'adjectif démonstratif	→	le **déterminant** démonstratif
l'adjectif relatif	→	le **déterminant** relatif
l'adjectif interrogatif	→	le **déterminant** interrogatif
l'adjectif exclamatif	→	le **déterminant** exclamatif
l'adjectif numéral	→	le **déterminant** numéral (et négatif)
le pronom personnel	→	le pronom personnel
le pronom possessif	→	le pronom possessif
le pronom démonstratif	→	le pronom démonstratif
le pronom relatif	→	le pronom relatif
le pronom interrogatif	→	le pronom interrogatif
le pronom numéral	→	le pronom numéral (et négatif)
le pronom indéfini	→	le pronom indéfini
le verbe	→	le verbe
l'adverbe	→	l'adverbe
la préposition	→	la préposition
la conjonction	→	la conjonction
l'interjection	→	—

LES FONCTIONS GRAMMATICALES

Terminologie traditionnelle		***Terminologie nouvelle***
le sujet	→	le sujet
le complément d'objet direct	→	le complément **direct**
le complément d'objet indirect	→	le complément **indirect**
le complément d'agent	→	le complément d'agent
(le sujet réel)	→	le **complément du verbe impersonnel**
l'attribut du sujet	→	l'attribut du sujet
l'attribut du complément d'objet	→	l'attribut du complément **direct**
le complément circonstanciel	→	le **complément de phrase**
l'épithète l'apposition le complément déterminatif	→	les **compléments du nom**
le déterminant du pronom	→	le **complément du pronom**
le complément de l'adjectif	→	le complément de l'adjectif
le complément de l'adverbe	→	le complément de l'adverbe
le complément du présentatif	→	le complément du présentatif
(l'adverbe complément de l'adjectif, du verbe ou de l'adverbe)	→	le **modificateur**
—	→	le **coordonnant**
—	→	le **subordonnant**

LA NOMENCLATURE DES PHRASES

- **LA PHRASE**
  - **phrase simple** *(un verbe)*
    - **phrase de base** : affirmative, active et neutre
    - **phrases dérivées**
      - types :
        - phrase déclarative
        - phrase impérative
        - phrase interrogative
        - phrase exclamative
      - formes :
        - phrase négative
        - phrase passive
        - phrase emphatique
  - **phrase complexe** *(plus d'un verbe)*
    - **phrases juxtaposées**
      - juxtaposition simple
      - juxtaposition paradoxale
      - juxtaposition par insertion
    - **phrases coordonnées**
      - par conj. de coordination
      - par adv. de coordination
      - par adv. de corrélation
    -
      - **phrase matrice** (et subordonnée enchâssée)
      - **phrase principale** (et subordonnée adjointe)
    - **phrases subordonnées**
      - subord. complétive
      - subord. relative
      - subord. circonstancielle

Procédure d'analyse de toute phrase graphique :

1. Si la phrase est une phrase complexe, la décomposer en phrases simples.
2. Si la phrase simple est une phrase dérivée, la réduire à une phrase de base.
3. Analyser les groupes syntaxiques de la phrase de base ainsi obtenue.
4. S'il y a lieu, déterminer et qualifier les éléments qui en font une phrase dérivée.
5. S'il y a lieu, déterminer ce qui en fait la composante d'une phrase complexe.

Jacques-Stephen Alexis

Haïti

1922 - 1961 (?)

Né en Haïti, Jacques-Stephen Alexis résida à Paris dès l'âge de quatre ans, tandis que son père était ambassadeur à Bruxelles. Il fit ses études en partie en France et en partie à Port-au-Prince. Il adhéra au parti communiste fondé par Jacques Roumain, se rendit secrètement à Moscou et à Pékin, et lutta toute sa vie contre la dictature régnant dans son pays. Il est probablement mort lors d'une tentative de débarquement visant à renverser le pouvoir (on suppose qu'il a dû être arrêté et exécuté, car on ne l'a jamais revu). Il est l'auteur d'une œuvre puissante, à la fois poétique et politique, écrite sous forme de romans : ***Compère Général Soleil***, *Les Arbres musiciens*, *L'Espace d'un cillement*,...

Au moment où on s'y attendait le moins, un enfant, lancé dans une course échevelée, apparut. Hors de souffle, il donna l'alarme. Six bulldozers s'avançaient dans le chemin vicinal, zébrant la poussière des mille dents de leurs chenillettes. Ils avaient dépassé la touffe de bambous jaunes qui se dresse près de la chaumine de Justin Corbeille et se dirigeaient droit sur les agglomérations. La foule se rua. Les premiers arrivants s'arrêtèrent d'eux-mêmes. Sous le regard du lieutenant Osmin qui était entouré d'une troupe de blancs 'méricains et d'une escouade de gendarmes, les bulldozers éventraient un groupe de cases. Les paysans s'élancèrent.

«Halte-là! cria le lieutenant... Personne n'a le droit d'avancer! Vous avez été prévenus à l'avance, non?... Voilà quatre jours que vous auriez dû vider les lieux! Reculez, ou je vous fais repousser!...»

Les gendarmes, le fusil en arrêt, s'avançaient. Les paysans reculèrent. Puis, après un instant d'hésitation, beaucoup d'entre eux se hâtèrent vers leurs propres chaumières pour sauver ce qui pouvait l'être.

Après le passage des bulldozers, il ne reste rien, rien que la poudre livide de la maçonnerie des cases, quelques débris de clissage et l'empennage de chaume doré, froissé, déchiqueté, éparpillé en petites touffes sur le sol. Rien que le cri d'adieu des familles à leurs souvenirs, le cri qui vibre longuement dans l'air, meurt et renaît, de proche en proche, à chaque nouveau foyer abattu.

[...] Les machines sont ivres. Elles galopent d'une touffe de chaumières à une autre. Elles dilacèrent le nid d'un espoir et écrasent entre leurs dents un amas de vieux rêves, elles pulvérisent l'effort et la patience de trois ou quatre générations, effeuillent les bougainvillées rouges éclatées avec le dernier printemps... Les machines s'éloignent, semant cendres, sueurs, rages... Tant de désolation! Tant et tant! Terre et ciel! Palmiers verts, cactées blanches, feux d'or, soleil!...

(Extrait de *Les Arbres musiciens*,

*H*UBERT *A*QUIN
Québec
1929 - 1977

Hubert Aquin est né à Montréal en 1929. Il y étudia la philosophie, mais choisit Paris pour ses études en sciences politiques. Intéressé par le cinéma, il devint réalisateur puis scénariste à l'Office national du film. Militant actif du Rassemblement pour l'indépendance nationale (RIN) au Québec, il fut arrêté pour port d'arme illégal et mis en prison, puis en institut psychiatrique. Il y écrivit ***Prochain épisode,*** son premier roman, aussi déroutant qu'inclassable. Suivirent *Trou de mémoire, L'Antiphonaire, Neige noire,...* Il exerça aussi le métier d'enseignant, collabora à divers journaux et revues et obtint divers prix littéraires.

Au fond, un seul problème me préoccupe vraiment, c'est le suivant : de quelle façon dois-je m'y prendre pour écrire un roman d'espionnage? Cela se complique du fait que je rêve de faire original dans un genre qui comporte un grand nombre de règles et de lois non écrites. Fort heureusement, une certaine paresse m'incline vite à renoncer d'emblée à renouveler le genre espionnage. J'éprouve une grande sécurité, aussi bien l'avouer, à me pelotonner mollement dans le creuset d'un genre littéraire aussi bien défini. Sans plus tarder, je décide donc d'insérer le roman qui vient dans le sens majeur de la tradition du roman d'espionnage. Et comme il me plairait, par surcroît, de situer l'action à Lausanne, c'est déjà chose faite. J'élimine à toute allure des procédés qui survalorisent le héros agent secret : ni Sphinx, ni Tarzan extra-lucide, ni Dieu, ni Saint-Esprit, mon espion ne doit pas être logique au point que l'intrigue soit dispensée de l'être, ni tellement lucide que je puisse, en revanche, enchevêtrer tout le reste et fabriquer une histoire sans queue ni tête qui, somme toute, ne serait comprise que par un grand dadais armé qui ne communique ses pensées à personne. Et si j'introduisais un agent secret Wolof... Tout le monde sait que les Wolofs ne sont pas légion en Suisse romande et qu'ils sont assez mal représentés dans les services secrets. Bien sûr, j'ai l'air de forcer un peu la note et de donner à fond dans le bloc afro-asiatique, de céder au lobby de l'Union Africaine et Malgache. Mais quoi! si Hamidou Diop me sied, il n'en tient qu'à moi de lui conférer l'investiture d'agent secret, de l'affecter à la MVD section Afrique et de lui confier une mission de contre-espionnage à Lausanne, sans autre raison que de l'éloigner de Genève où l'air est moins salubre. Dès maintenant, je peux réserver pour Hamidou une suite au Lausanne Palace, le munir de chèques de voyageur de la Banque Cantonale Vaudoise et le constituer Envoyé Spécial (mais faux) de la République du Sénégal auprès des grandes compagnies suisses enclines à faire des placements mobiliers dans le désert. Une fois protégé par sa fausse identité et installé au Lausanne Palace, je n'ai plus qu'à faire entrer les agents du CIA et du M15 dans la danse. Et le tour est joué.

(Extrait de *PROCHAIN ÉPISODE,*
© Leméac, 1992)

PREMIÈRE PARTIE

LA LANGUE FRANÇAISE ET LE MONDE FRANCOPHONE

Plan de la première partie

La langue française et le monde francophone

La langue française et le monde francophone

L'ORIGINE ET LA FORMATION DU FRANÇAIS

● La langue française, à l'origine, est formée de trois apports majeurs : le gaulois, le latin et le germanique.

Le **gaulois**, divisé en de nombreux dialectes, était parlé sur tout un territoire correspondant, pour l'essentiel, à celui de la France contemporaine : c'était la Gaule d'avant la colonisation romaine.

Celle-ci commença vers l'an 120 avant Jésus-Christ et fut achevée quelques décennies plus tard, en 50, par l'annexion de la Gaule à l'Empire romain. Avec la conquête vint aussi la langue des envahisseurs : le **latin**, qui s'imposa progressivement dans les institutions politiques, le commerce et l'administration. Parmi les divers facteurs qui jouèrent un rôle important dans la latinisation de la Gaule, il faut citer en premier lieu la religion chrétienne qui, après avoir été longtemps persécutée dans tout l'Empire romain, finit par y être la religion dominante et fit alors du latin le véhicule de son rayonnement dans toute l'Europe.

Quant au peuple, il passa progressivement d'un gaulois de plus en plus latinisé à une sorte de «bas-latin» fortement teinté de gaulois. Puis, à partir du IVe et surtout du Ve siècle commencèrent les invasions de peuples venant de l'Est et qui, pour certains, se fixèrent en Gaule : les Wisigoths, les Burgondes et surtout les Francs dont la langue, le **germanique**, à son tour influença les populations gallo-romaines.

● Il s'ensuivit une période de grande confusion linguistique qui dura quelques siècles et d'où devait finalement émerger la langue dite romane, ou ancien français, tandis que le latin restait la langue de la culture et de la religion. Le premier texte connu, considéré comme «français», date de 842 : c'est le *Serment de Strasbourg*, traité politique signé par deux des fils de Charlemagne.

L'ANCIEN FRANÇAIS

● Les XIe, XIIe et XIIIe siècles furent ceux de l'émergence et de la «stabilisation» de l'ancien français. Celui-ci s'éloigna de plus en plus du latin et devint petit à petit une langue à part entière, ayant sa richesse propre et ses particularités.

C'est au début de cette époque-là que se produisit un événement dont les conséquences sont encore bien réelles aujourd'hui. **Guillaume le Conquérant**, duc de Normandie (et «francophone» en termes d'alors), envahit et conquit l'Angleterre dont il devint roi. L'ancien français, langue latine, allait dès lors exercer une énorme influence sur l'ancien anglais, langue germanique, au point que plus de 70 % du vocabulaire anglais actuel est d'origine française. Cette «ambivalence» de l'anglais n'est pas étrangère à la facilité avec laquelle il s'est répandu dans le monde au XXe siècle.

● Quoi qu'il en soit, le régime féodal du Moyen Âge étant fondé sur le morcellement des territoires, il provoqua presque automatiquement l'apparition de nombreux dialectes et patois dans toute la France. Ceux-ci peuvent être regroupés en deux grandes familles selon la manière de dire *oui* : la **langue d'*oïl*** dans la moitié nord de la France, et la **langue d'*oc*** dans la moitié sud.

À partir du XIIIe siècle, un de ces dialectes allait commencer à dominer les autres : le *francien*, langue de Paris, capitale du royaume, et langue du roi. Il s'imposa progressivement comme langue de référence, au détriment des autres qui ne disparurent cependant pas pour autant : certains survécurent jusqu'au XXe siècle et jusqu'à l'avènement de la télévision.

LE MOYEN FRANÇAIS

● Le français qu'on appelle «moyen» est celui qui marqua la longue transition entre l'ancien français et le français moderne; il couvrit approximativement les XIVe, XVe et XVIe siècles. À la fin de cette époque, la diffusion de l'imprimerie favorisa la domination définitive du francien, car il fut presque le seul à s'écrire et donc à s'imprimer. Pour ce faire, il dut mieux se définir et se clarifier, ce qui entraîna la création des accents et de la ponctuation.

C'est ainsi qu'en 1530 parut la première grammaire française... rédigée en latin. Puis, en 1539, se produisit un événement majeur : le roi **François Ier**, par son ordonnance dite de Villers-Cotterêts (petit village de France), imposa le francien, devenu le français, comme langue unique de la justice et de l'administration de son royaume. Cette «loi linguistique» eut des effets déterminants sur l'avenir de la France et de sa langue.

LE FRANÇAIS MODERNE

● Le français moderne, apparu dans le courant du XVIIe siècle, est défini comme celui qui peut être aisément compris par les francophones d'aujourd'hui. Cela ne signifie toutefois pas qu'il n'a pas évolué depuis lors, au contraire, mais c'est bien à ce moment-là qu'il a été globalement fixé dans sa forme actuelle : en 1605 paraît le premier journal français, *Le Mercure de France*; en 1635, Richelieu fonde l'**Académie française**; et en 1680 paraît à son tour le premier dictionnaire entièrement en français.

Durant cette période, le français s'étend en Europe et dans le monde, au fur et à mesure que la France, après le Portugal, l'Espagne et l'Angleterre, en vient à constituer son premier empire colonial, en Amérique et en Afrique principalement.

● En 1714, le traité de Rastatt (ville d'Allemagne) établit le français comme **langue diplomatique universelle**, et cela demeure encore en partie vrai de nos jours. On trouvera même, dans certains pays d'Europe, des souverains qui ne parlent pas la langue de leurs sujets, lui préférant le français. C'est ainsi que des pays qui ont, depuis lors, été souvent hostiles à la France, ont cependant toujours des devises nationales en français; c'est notamment le cas de l'Angleterre (*«Dieu et mon droit»*) et des Pays-Bas (*«Je maintiendrai»*).

Vient la Révolution française en 1789 qui, à cause du brassage des populations qu'elle entraîne, contribue largement à répandre le français dans tout le pays. Ce processus se poursuit, s'intensifie et s'étend, d'une certaine manière, à toute l'Europe au temps de Napoléon Ier.

Peu après, dès la restauration de la monarchie, mais, plus encore, à la fin du XIXe siècle, la France, pacifiée, renoue avec sa politique d'expansion coloniale dans le monde : en Afrique noire, dans le Pacifique, en Indochine, en Afrique du Nord et dans l'océan Indien (→ p.33-35 pour plus de détails).

● À la même époque, le français connaît d'autres succès : la création de l'*Alliance française* (et de la *Mission laïque*) et son rayonnement presque partout dans le monde, ainsi que le rétablissement des anciens «Jeux olympiques» par le Français Pierre de Coubertin, en hommage à qui la langue française a toujours été la **langue officielle des Jeux olympiques**, ayant préséance sur toutes les autres, y compris celle du pays hôte.

Le début du XXe siècle voit également la création des premières grandes institutions culturelles francophones hors de France : le *Conseil de la vie française en Amérique* et l'*Académie royale de langue et de littérature françaises de Belgique*.

● Plus tard, la Deuxième Guerre mondiale consacre l'influence grandissante des États-Unis dans le monde, puisqu'elle aura pour effet d'en étendre partout la langue et la culture, par le cinéma, la musique et la télévision. Cette situation va contribuer, de manière indirecte, à la prise de conscience, par beaucoup de francophones en divers pays, de la valeur incomparable de leur héritage commun : la langue et la culture françaises. On voit se créer divers organismes à vocation particulière, au sein de cette réalité complexe et pleine de promesses qu'est désormais la **Francophonie**.

L'EXPANSION DU FRANÇAIS DANS LE MONDE

● Le français, langue de la France où il est né et s'est développé, n'est pas resté enfermé dans les frontières de celle-ci, bien au contraire. Il est d'ailleurs, avec l'anglais, la seule langue qui soit officiellement parlée sur les cinq continents, ce qui lui vaut un statut particulier au sein de l'*Organisation des Nations unies* (ONU).

Cette expansion du français dans le monde n'est pas le fait du hasard, mais plutôt de la politique, du commerce et du rayonnement culturel, et elle ne s'est pas réalisée partout de la même manière : elle est le résultat combiné des événements de l'histoire et des réalités de la géographie.

LE FRANÇAIS EN EUROPE

● En Europe, il existe d'autres pays que la **France** où l'on parle français, mais toujours (sauf dans la principauté de **Monaco**) en concurrence avec d'autres langues. Ainsi, il y a la «francophonie de proximité» et la «francophonie d'influence»: la première permet d'expliquer (compte tenu de la constante redéfinition des frontières dans l'histoire de l'Europe) la présence du français dans les pays voisins de la France : la Belgique, la Suisse et le Luxembourg (et le Val d'Aoste en Italie); et la seconde permet de comprendre la place du français en Roumanie (pays de langue latine) et chez ses voisins : la Bulgarie et la Moldavie.

En **Belgique**, il y a trois langues officielles : le français (parlé en **Wallonie** et à Bruxelles, la capitale), le néerlandais (dans la moitié nord du pays) et l'allemand (dans une petite région limitrophe de l'Allemagne).

En **Suisse**, il y a également trois langues officielles : le français, l'allemand et l'italien. Des 23 cantons suisses, quatre sont de langue française (ceux de Genève, de Vaud, de Neuchâtel et du Jura) et trois sont bilingues, c'est-à-dire de langue française et de langue allemande (ceux de Fribourg, de Berne et du Valais). Le *romanche*, quatrième langue nationale, est parlé uniquement dans le canton des Grisons.

Le **Luxembourg** est officiellement bilingue : français (en majorité) et luxembourgeois (une variété d'allemand). Quant au **Val d'Aoste**, région autonome du nord de l'Italie, il est, lui aussi, officiellement bilingue (italien et français, parfois sous forme de dialecte local).

● Enfin, dans les îles anglo-normandes (situées dans la Manche, près de la France, mais appartenant à la Grande-Bretagne), il existe une importante minorité francophone. Par ailleurs, certains pays non francophones recourent au français dans le cadre des organismes internationaux : la Bulgarie, la Moldavie, la Roumanie, l'Albanie, la Grèce, l'Italie, le Liechtenstein, le Portugal, Saint-Marin et le Vatican (les trois premiers font partie de la Francophonie : → p.39).

1604 : LE FRANÇAIS EN AMÉRIQUE DU NORD

● Pour expliquer l'établissement du français en Amérique, il faut faire une distinction entre l'Amérique du Nord et les Antilles (en y incluant la Guyane). Mais, dans les deux cas (comme pour l'anglais, l'espagnol et le portugais), l'implantation de la langue française en Amérique est le fait de la colonisation. Telle est d'ailleurs presque toujours l'explication de la présence des langues européennes hors d'Europe.

En Amérique du Nord, après les expéditions de Jacques Cartier au milieu du XVIe siècle, il fallut attendre **1604** pour la fondation de Port-Royal (en Acadie), 1608 pour celle de Québec (par Samuel de Champlain) et 1642 pour celle de Ville-Marie qui, plus tard, devint Montréal.

L'expansion fut très rapide : à la fin du XVIIe siècle, la *Nouvelle-France* s'étendait jusqu'aux montagnes Rocheuses à l'ouest et jusqu'à l'embouchure du Mississippi au sud. De nombreuses villes américaines portent d'ailleurs encore des noms français : La Nouvelle-Orléans, La Fayette, Des Moines, Saint-Louis, Beaumont, Détroit, Baton Rouge,... Il en va de même de quelques États : le Vermont, le Maine et la Louisiane, ainsi nommée en hommage au roi Louis XV.

● Mais, à l'exception des îles **Saint-Pierre-et-Miquelon**, la France perdit toutes ses colonies d'Amérique du Nord au profit de l'Angleterre (par le traité de Paris en 1763) ou de l'Espagne. À cette dernière, elle céda la Louisiane en 1762, la recouvra en 1803... pour la vendre, un mois plus tard, aux États-Unis qui étaient devenus indépendants en 1776. Entre-temps, les Acadiens, chassés de leurs terres par les Anglais lors du «Grand Dérangement» de 1755, s'y étaient établis en grand nombre, y amenant leur langue française qui devint le *cajun* de **Louisiane**. Il y en eut également qui se fixèrent au nord-est des États-Unis, en **Nouvelle-Angleterre**, où les rejoignirent plus tard de nombreux émigrants canadiens francophones.

Enfin, tout au nord du continent, les colonies britanniques se constituèrent, en 1791, en Haut-Canada, anglophone, et Bas-Canada, francophone. Celui-ci, devenu le Québec, fut (avec le Nouveau-Brunswick, la Nouvelle-Écosse et l'Ontario) l'une des quatre provinces fondatrices de la Confédération du Canada en 1867. Plus tard, le Canada s'étendit vers l'ouest : Manitoba (1870), Colombie-Britannique (1871) et, à l'est, s'enrichit de l'Île-du-Prince-Édouard (1873). En 1905 furent créées la Saskatchewan et l'Alberta, et, en 1949, Terre-Neuve se joignit à la Confédération.

● Tout cela fait qu'à la fin du XXe siècle il y a, globalement, le **Canada**, grand pays officiellement bilingue (trois quarts d'anglophones, un quart de francophones et d'importantes minorités de langue chinoise, italienne,...), au sein duquel il y a une province, le **Québec**, qui est officiellement et très majoritairement francophone (plus ou moins 80 % de la population), et une autre, officiellement bilingue, mais à dominante anglaise : le **Nouveau-Brunswick.** Dans les autres parties du pays subsistent divers foyers de francophonie, notamment en Ontario, au Manitoba, en Saskatchewan et dans les Provinces maritimes de l'est.

1635 : LE FRANÇAIS DANS LES ANTILLES

● La colonisation des Antilles (et du nord de l'Amérique du Sud) s'est faite dès le XVIIe siècle, autant par l'Angleterre, l'Espagne et les Pays-Bas que par la France. On y parle d'ailleurs encore les langues de chacun de ces pays.

C'est en **1635** que la France occupa la **Guadeloupe** et la **Martinique** qui sont toujours demeurées françaises et sont devenues des départements français d'outre-mer (DOM) en 1948, en même temps que la **Guyane**, colonisée à partir de 1677. Dans ces trois départements, le français est langue officielle, mais on y parle aussi le créole.

En 1697, le traité de Ryswick (une ville des Pays-Bas) reconnut à la France la possession de la partie occidentale de l'île d'Hispaniola, c'est-à-dire Haïti. Après un siècle de prospérité, les relations se durcirent avec la France et les esclaves noirs se révoltèrent : **Haïti** devint, en 1804, la première république noire indépendante du monde. La langue officielle en a toujours été le français, mais, dans la vie quotidienne, la quasi-totalité de la population parle le créole.

Enfin, la **Dominique** et **Sainte-Lucie** sont d'anciennes colonies françaises, devenues britanniques en 1763 et indépendantes en 1978 et 1979. Elles ont toutes deux l'anglais pour langue officielle, mais la langue d'usage y est un créole à base lexicale française, et c'est à ce titre qu'elles font partie de la Francophonie.

● En Amérique du Sud, il y a également quelques pays non francophones qui utilisent le français dans le cadre des organisations internationales : l'Argentine, le Paraguay et l'Uruguay (à l'ONU, quand les débats ne sont pas en espagnol) et le Brésil.

1641 : LE FRANÇAIS EN AFRIQUE NOIRE

● Le premier établissement commercial français créé en Afrique fut celui qui devint plus tard la ville de Saint-Louis au Sénégal. C'était en **1641**. Mais la France n'accrut pas sa présence en Afrique avant le XIXe siècle, et ce n'est qu'au début du XXe siècle qu'elle entreprit de nombreuses expéditions qui lui livrèrent un territoire immense.

Ainsi, en 1904, fut créée l'*Afrique-Occidentale française* (AOF), territoire correspondant à divers pays actuels : le Sénégal, la Guinée, le Mali, le Burkina-Faso, la Côte-d'Ivoire,... et, en 1910, fut à son tour créée l'*Afrique-Équatoriale française* (AEF), correspondant elle aussi à divers pays actuels : le Congo (-Brazzaville), le Gabon, la République centrafricaine,...

Après la Première Guerre mondiale, l'Allemagne, vaincue, perdit ses colonies qui furent données aux vainqueurs par la *Société des Nations* (SDN) : la France reçut ainsi un mandat sur la plus grande partie du Cameroun et sur le Togo (et la Belgique sur le Rwanda et le Burundi, voisins du Congo belge).

Toutes les colonies françaises d'Afrique conquirent leur indépendance dans les années 1950 ou 1960 et gardèrent, pour la plupart, le français comme langue officielle, car il leur apparaissait comme un trait d'union possible entre les nombreuses ethnies, aux langues diverses, qui habitaient leurs territoires.

● Enfin, la France ne fut pas le seul État francophone à coloniser l'Afrique : il y eut également la Belgique, ou plutôt son roi, Léopold II, qui devint propriétaire et souverain du Congo qu'il offrit à son pays avant de mourir. C'était un territoire 75 fois plus grand que la Belgique elle-même. Y faisant œuvre de colonisation, elle y introduisit la langue française (ainsi que le néerlandais), de sorte que, depuis son indépendance, le Congo (connu sous le nom de Zaïre de 1960 à 1997) peut se présenter comme le deuxième pays francophone du monde par la population. (N.B. : Ce pays a quitté les instances de la Francophonie en 1997, pour des raisons politiques.)

● L'immensité des territoires colonisés par la France et la Belgique, et leur évolution, plus récente, en un grand nombre de pays indépendants, tout cela fait que l'Afrique est désormais (même sans compter les pays d'Afrique du Nord : → p.33) le continent regroupant le plus grand nombre de pays dont la langue officielle est le français (seul ou avec d'autres), à savoir : le **Bénin**, le **Burkina Faso**, le **Burundi**, le **Cameroun**, l'État de **Centrafrique**, le **Congo** (-Brazzaville), le

Congo (Zaïre), la **Côte-d'Ivoire**, **Djibouti**, le **Gabon**, la **Guinée**, le **Mali**, le **Niger**, le **Rwanda**, le **Sénégal**, le **Tchad** et le **Togo**.

● Quelques pays et territoires non francophones ont également recours au français dans le cadre des organismes internationaux : l'Angola, les îles du Cap-Vert, la Guinée-Bissau, la Guinée équatoriale, et les îles São Tomé et Príncipe (les quatre derniers sont membres de la Francophonie : → p.42-43).

1643 : LE FRANÇAIS DANS L'OCÉAN INDIEN

● La France prit très tôt possession des îles de l'océan Indien, situées au large de l'Afrique. À **Madagascar**, elle fonda Fort-Dauphin en **1643**, mais l'île, très grande, était composée de nombreux royaumes, et leurs rapports avec l'envahisseur furent longtemps mouvementés. Ce n'est qu'en 1885 que Madagascar devint un protectorat français et en 1896 une colonie. Elle conquit finalement son indépendance en 1960. Les langues officielles y sont le malgache et le français.

Tout à côté, la France occupa, dès 1649, l'île Bourbon, qui est toujours demeurée française et qui devint l'île de la **Réunion** en 1793.

Un peu plus loin, elle occupa, de 1715 à 1810, l'île de France, qui devint l'île **Maurice**, possession britannique jusqu'à son indépendance en 1968. À l'île Maurice, la langue officielle est l'anglais, mais le français, très présent, y joue un rôle semi-officiel (par exemple, 80 % de la presse est francophone), et, comme à la Réunion, une bonne partie de la population parle créole. Enfin, à cause de sa situation, l'île Maurice a toujours été considérée comme le carrefour de l'océan Indien, de sorte que s'y sont installés des gens d'autres origines et qu'on y parle aussi diverses langues indiennes ainsi que le chinois.

Quant aux **Seychelles**, elles sont constituées de 115 petites îles situées au nord de Madagascar. Découvertes par les Portugais en 1505, elles furent occupées par les Français en 1742, puis par les Anglais en 1794, et devinrent indépendantes en 1976, se dotant de trois langues officielles : le créole, l'anglais et le français.

Reste les Comores qui, jusqu'en 1976, étaient composées de quatre îles principales (la Grande Comore, Anjouan, Moheli et Mayotte) situées entre Madagascar et l'Afrique. Occupées par les Arabes depuis le XIe siècle, elles ne furent colonisées par la France qu'au XVIIIe siècle. En 1974, trois des îles principales devinrent indépendantes sous le nom de **Comores**, tandis que la quatrième, **Mayotte**, choisissait, par référendum, de rester française. Aux Comores, on parle surtout le comorien, mais les langues officielles y sont l'arabe et le français.

● Par ailleurs, la France établit cinq comptoirs de commerce en Inde aux XVIIe et XVIIIe siècles : **Pondichéry** (1674), **Chandernagor**

(1686), **Mahé** (1721), **Karikal** et **Yanaon** (1759). Ces comptoirs devinrent d'importantes villes francophones, mais la France dut les rendre à l'Inde en 1951, 1954 et 1956. On y parle toujours un peu le français, mais, depuis le retrait de la France, celui-ci est en concurrence plus directe avec les langues indigènes et le nombre de francophones n'a pas cessé de diminuer.

XIXe SIÈCLE : LE FRANÇAIS DANS L'OCÉAN PACIFIQUE

● L'établissement de la France (et du français) dans de nombreuses îles du Pacifique est une histoire complexe, différant d'une île à l'autre. Il commença au début du **XIXe siècle** et s'inscrivit dans la lutte de la France contre l'Angleterre pour la constitution d'un grand empire colonial.

À la fin du XXe siècle, parmi tous les groupements insulaires du Pacifique, il y en a quatre qui sont francophones en tout ou en partie : la Nouvelle-Calédonie, la Polynésie française, Wallis-et-Futuna et le Vanuatu. Les trois premiers sont des **t**erritoires français d'**o**utre-**m**er (TOM) et le français y est la seule langue officielle (à côté de nombreuses autres langues, mélanésiennes et polynésiennes).

Quant au **Vanuatu** (les anciennes Nouvelles-Hébrides anglo-françaises), il est devenu indépendant en 1980. Il compte trois langues officielles : l'anglais, le français et le bislamar, et il fait partie de la Francophonie.

Il existe encore d'autres îles françaises dans l'océan Pacifique (les îles Kerguelen, l'île Amsterdam,...), mais, quand elles ne sont pas simplement inhabitées, elles ne sont occupées que par des bases scientifiques. Il en est d'ailleurs ainsi de la Terre Adélie dans l'Antarctique.

1830 : LE FRANÇAIS EN AFRIQUE DU NORD

● Dans le Maghreb (Algérie, Tunisie, Maroc et Mauritanie), la colonisation française commença par la prise d'Alger en **1830** et s'étendit rapidement à tout ce grand pays qu'est l'**Algérie**. Les Français s'y établirent en grand nombre (près d'un million en 1960), et l'Algérie fut ainsi «francisée» en profondeur. En 1962 cependant, après quatre ans de guerre contre la France, elle devint indépendante et beaucoup de Français, même ceux qui étaient nés en Algérie (les «pieds-noirs»), durent être rapatriés, en même temps que la France dut ouvrir ses portes aux Algériens qui avaient pris fait et cause pour elle (les «harkis»).

Depuis lors, l'Algérie, tout en restant fortement francophone dans les faits, mène une politique d'arabisation intense : l'arabe y est seule langue officielle et le pays n'a jamais participé aux instances de la Francophonie.

La **Tunisie** devint protectorat français en 1881 et, sans tension majeure avec la France, elle accéda à l'indépendance en 1956. Même si le pays s'est arabisé depuis lors, il reste encore largement francophone et, grâce à son premier président, Habib Bourguiba, il a même joué — avec le Sénégal de Léopold Sédar Senghor — un rôle essentiel dans la création de la Francophonie.

Quant au **Maroc**, il ne devint protectorat français qu'en 1912. Il dut lutter pour son indépendance qu'il obtint finalement en 1956, et le chef de la rébellion, le sultan Mohammed V, en devint le premier roi. Son fils, Hassan II, lui succéda en 1961 et il s'est toujours montré très attaché à la cause du français.

Le Maghreb comprend également la **Mauritanie** qui fut occupée par la France dès 1855 et devint protectorat en 1904. Elle fut rattachée à l'AOF avant de devenir indépendante en 1960. Sa langue officielle est l'arabe et elle compte moins de francophones que l'Algérie, le Maroc et la Tunisie.

1859 : LE FRANÇAIS EN EXTRÊME-ORIENT

● C'est par la prise de Saigon que la France s'établit en Indochine en **1859**, en réaction contre des persécutions antichrétiennes. Elle envahit successivement la Cochinchine, l'Annam, le Tonkin (qui formeront plus tard le Viêt-nam), le Cambodge et le Laos, y introduisant la langue et la culture françaises.

En 1942, les Japonais envahirent l'Indochine française et, en 1945, proclamèrent l'indépendance du Viêt-nam. Il s'ensuivit une riposte franco-américaine qui entraîna la division du Viêt-nam : le Nord combattant le Sud qui fut vaincu malgré l'aide de la France (défaite en 1954), puis des États-Unis (vaincus à leur tour en 1975).

Le **Viêt-nam**, réunifié en 1976, fut d'abord hostile à la France, mais la situation s'est normalisée et il fait désormais partie de la Francophonie, non pas tant à cause du nombre, assez réduit, de francophones, mais plutôt pour des raisons historiques et culturelles.

● Telle est aussi, grosso modo, la situation du français au Cambodge et au Laos. Le **Cambodge**, protectorat français dès 1863, et le **Laos**, protectorat en 1893, devinrent indépendants en 1953. Si le Laos a connu depuis lors une paix relative, le Cambodge a, par contre, été déchiré par des conflits internes extrêmement meurtriers.

Ces trois pays ont chacun leur propre langue nationale et dominante : le vietnamien, le cambodgien et le laotien (qui, conséquence de la colonisation, peuvent s'écrire avec l'alphabet latin). Pour eux, le français est donc devenu essentiellement langue de culture, et c'est à ce titre qu'ils participent à la Francophonie.

1920 : LE FRANÇAIS AU PROCHE-ORIENT

● Le Proche-Orient comporte cinq pays dans lesquels la langue française occupe — ou occupait — une place importante : le Liban, la Syrie, l'Égypte, Israël et l'Iran. Mais la situation diffère beaucoup d'un pays à l'autre.

En ce qui concerne le **Liban**, celui-ci a toujours été divisé par la religion de ses habitants. Quand, en 1860, les Maronites (chrétiens) furent victimes de massacres de la part des Druzes (musulmans), la France intervint à leurs côtés, jetant ainsi les bases d'une solide amitié franco-libanaise. Ainsi, quand les Turcs, qui occupaient le pays, en furent chassés en **1920**, celui-ci fut placé, par la Société des Nations, sous protectorat français jusqu'à son indépendance en 1943. Même si l'arabe y est langue officielle, il reste que beaucoup de Libanais continuent de s'exprimer en français dans tous les secteurs de la vie publique et privée.

Comme le Liban, la **Syrie**, libérée des Turcs, fut placée sous mandat français de 1920 à 1946. La France y exerça une grande influence, mais le français n'y fut jamais aussi bien implanté qu'au Liban.

● Pour ce qui est de l'**Égypte**, la langue officielle y est l'arabe, mais on y parle cependant aussi le français, notamment la minorité que constituent les chrétiens coptes. Aussi le français demeure-t-il une importante langue de culture et d'enseignement (il y a par exemple trois quotidiens de langue française), ce qui permet à l'Égypte de participer à toutes les instances de la Francophonie.

Quant à l'**Iran**, jadis francophile et qui laissait une large place à l'enseignement du français, la révolution islamique de 1979 a complètement renversé la situation.

Pour terminer, reste l'État d'**Israël**, fondé en 1948 et dont la langue officielle est l'hébreu biblique adapté au monde contemporain. Toutefois, comme le pays est peuplé de Juifs provenant d'un peu partout dans le monde, et notamment de France, il existe une minorité francophone, non négligeable, qui dispose, par exemple, de sa propre station radio.

Les cartes des pages suivantes présentent la Francophonie dans le monde. On y distingue : en **jaune**, les pays représentés aux Sommets de la Francophonie (numérotés de 1 à 48); en **vert**, les régions invitées aux Sommets (A, B et C); en **rose**, les pays comptant, dans leur population, un nombre important de francophones (D et E) ou à signaler pour d'autres raisons (F et G); et enfin, en **orange**, les départements et territoires français d'outre-mer (DOM-TOM). Cette présentation n'est pas exhaustive, car il existe d'autres petits foyers de francophonie dans le monde : à San Francisco, au Brésil, en Afrique du Sud,...

LA FRANCOPHONIE

PAYS REPRÉSENTÉS AU SOMMET DE HANOI (1997) :

1. Belgique (royaume de)
2. Bénin
3. Bulgarie
4. Burkina-Faso
5. Burundi
6. Cambodge
7. Cameroun
8. Canada
9. Cap-Vert
10. Centrafrique
11. Communauté française de Belgique
12. Comores
13. Congo (-Brazzaville)
14. Côte-d'Ivoire
15. Djibouti
16. Dominique
17. Égypte
18. France
19. Gabon
20. Guinée
21. Guinée-Bissau
22. Guinée équatoriale
23. Haïti
24. Laos
25. Liban
26. Luxembourg
27. Madagascar
28. Mali
29. Maroc
30. Maurice (île)
31. Mauritanie
32. Moldavie
33. Monaco
34. Niger
35. Nouveau-Brunswick
36. Québec
37. Roumanie
38. Rwanda
39. Sainte-Lucie
40. São Tomé et Príncipe
41. Sénégal
42. Seychelles
43. Suisse
44. Tchad
45. Togo
46. Tunisie
47. Vanuatu
48. Viêt-nam

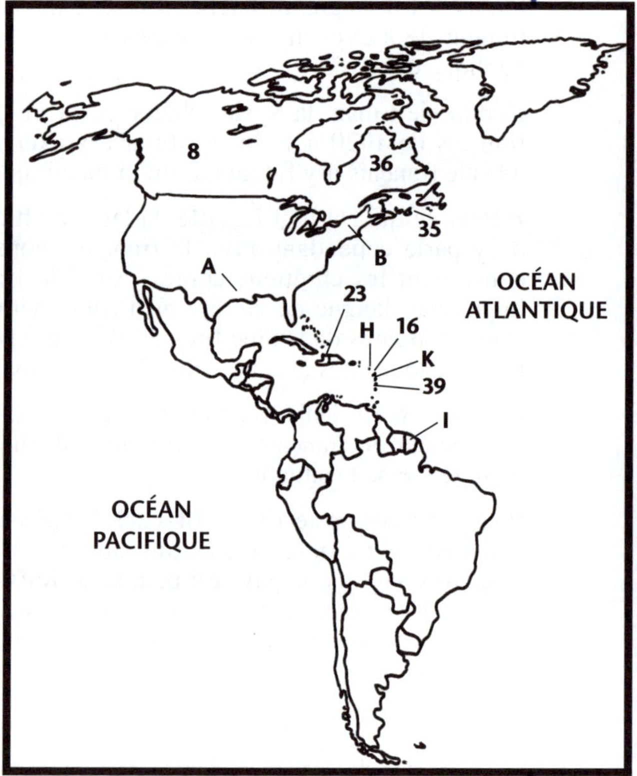

DANS LE MONDE

RÉGIONS COMPTANT DE NOMBREUX FRANCOPHONES ET INVITÉES AUX SOMMETS DE LA FRANCOPHONIE:

A. Louisiane

B. Nouvelle-Angleterre

C. Val d'Aoste

PAYS COMPTANT DES FRANCOPHONES MAIS NE PARTICIPANT PAS AUX INSTANCES DE LA FRANCOPHONIE (1997):

D. Algérie
E. Congo (Zaïre)
F. Israël
G. Syrie

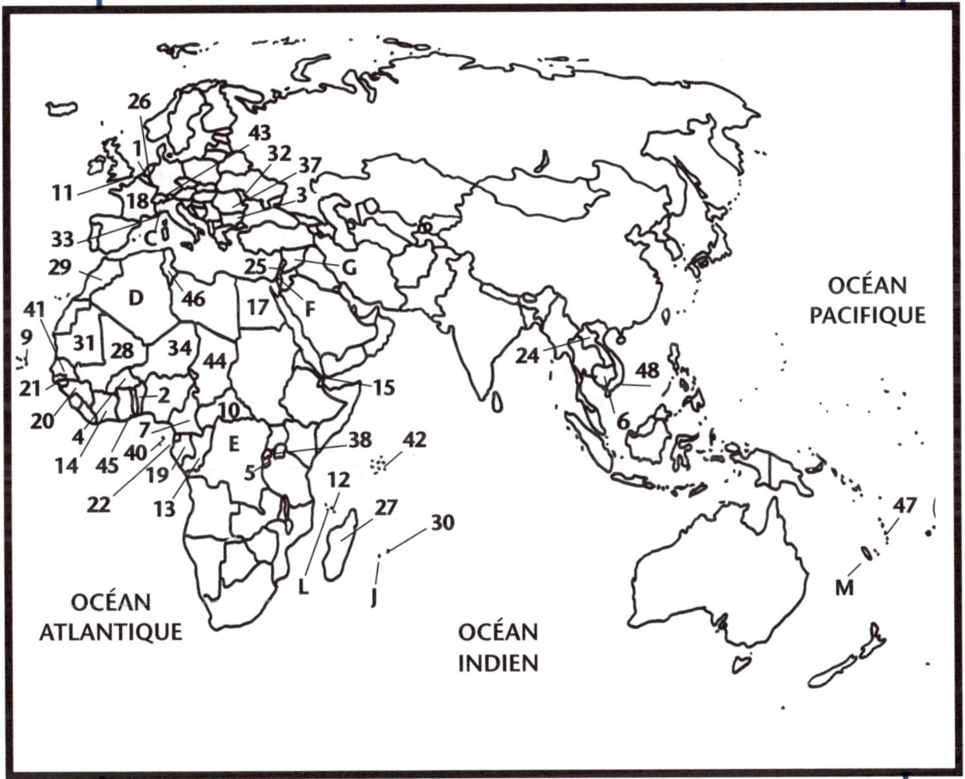

TERRITOIRES ET DÉPARTEMENTS FRANÇAIS D'OUTRE-MER :

H. Guadeloupe
I. Guyane
J. La Réunion
K. Martinique

L. Mayotte
M. Nouvelle-Calédonie
hors-carte : Polynésie française
Wallis-et-Futuna

LE MONDE FRANCOPHONE AUJOURD'HUI

● Qu'est-ce que la «Francophonie»? Avec un petit -f-, c'est l'ensemble des peuples et des groupes de personnes qui utilisent le français dans la vie quotidienne ou dans leurs communications. Mais avec un grand -F-, la **Francophonie**, c'est, aujourd'hui, l'ensemble des pays, des gouvernements et des organismes officiels qui se servent du français dans leurs travaux ou dans leurs relations internationales.

La situation du français peut donc varier énormément d'un pays de la Francophonie à l'autre. Il y en a même qui participent à la «Francophonie» pour des raisons plus historiques ou culturelles que proprement linguistiques.

● Ainsi, tous les deux ans depuis 1987, ont lieu les **Sommets** qui réunissent les chefs d'État ou de gouvernement de 48 pays (→ p.48 pour la liste de ces Sommets). Mais le véritable organisme de travail, celui qui met en œuvre les décisions, c'est l'**Agence de la Francophonie** (appelée *Agence de coopération culturelle et technique*, ACCT, jusqu'en 1997). Bon nombre des pays qui participent aux Sommets participent également aux activités de l'Agence.

Dans les neuf pages suivantes, situés sur une petite carte et classés par continent, figurent **les 48 pays (ou territoires) qui constituent la Francophonie institutionnelle** à la fin du XXe siècle, avec quelques autres qui n'en font pas partie mais qui ne comptent pas moins des francophones au sein de leur population.

Chaque pays ou territoire est également présenté dans un petit cartouche, contenant les informations suivantes :

1. le nom.
2. la capitale [***cap***.] ou la ville principale [***v. princ***.] ou le chef-lieu [***ch.-lieu***] dans le cas des départements français.
3. la superficie [***km²***].
4. le nombre d'habitants [***hab.***] en 1997.
5. le nombre (estimé) de francophones [***fr***.], c'est-à-dire de personnes utilisant quotidiennement le français.
6. la langue ou les langues officielles [***off***.].
7. les principales autres langues parlées dans le pays [***autres***].
8. la mention du rôle joué dans la Francophonie : participation aux Sommets et à l'Agence (→ p.48).

Les informations données dans les pages suivantes proviennent principalement de la revue ***L'Année francophone internationale***, édition de 1998. L'estimation du nombre de francophones dans chaque pays a été établie à partir de différentes sources.

LA FRANCOPHONIE EN EUROPE

BELGIQUE (Communauté française de Belgique)
cap.: Bruxelles
30 513 km²
10 158 000 hab.
4 500 000 fr.
off.: français, néerlandais, allemand
(Sommets/Agence)

LUXEMBOURG
cap.: Luxembourg
2 586 km²
409 000 hab.
320 000 fr.
off.: luxembourgeois
autre : allemand
(Sommets/Agence)

SUISSE
cap.: Berne
41 288 km²
7 039 000 hab.
1 350 000 fr.
off.: français, allemand, italien
autre : romanche
(Sommets/Agence)

VAL D'AOSTE
v.princ.: Aoste
3 300 km²
120 000 hab.
30 000 fr.
off.: italien, français
(Invité Sommets)

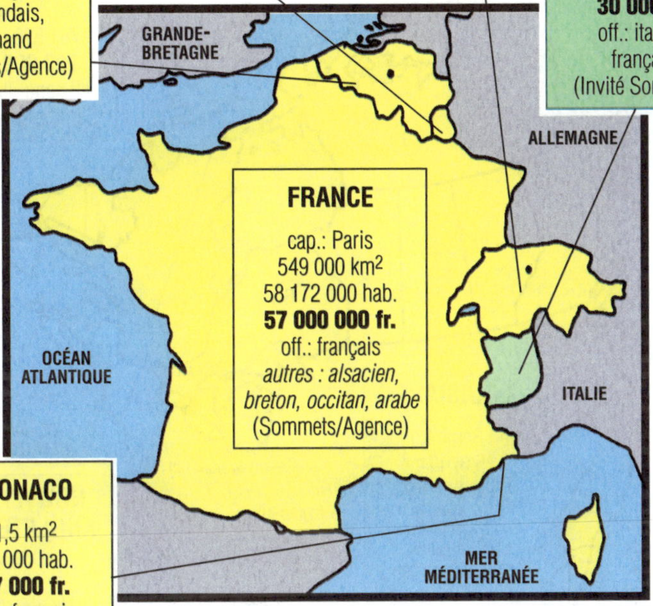

FRANCE
cap.: Paris
549 000 km²
58 172 000 hab.
57 000 000 fr.
off.: français
autres : alsacien, breton, occitan, arabe
(Sommets/Agence)

MONACO
1,5 km²
30 000 hab.
27 000 fr.
off.: français
(Sommets/Agence)

Couleurs : p.35. Abréviations : p.38

+ en Europe de l'Est:

ROUMANIE
cap.: Bucarest
237 500 km²
22 700 000 hab.
1 000 000 fr.
off.: roumain
autres: hongrois, allemand
(Sommets/Agence)

BULGARIE
cap.: Sofia
110 912 km²
8 500 000 hab.
8 500 fr.
off.: bulgare
autres: turc, roumain
(Sommets/Agence)

MOLDAVIE
cap.: Chisinau
33 700 km²
4 300 000 hab.
175 000 fr.
off.: roumain
autres: russe, bulgare
(Sommets/Agence)

LA FRANCOPHONIE EN AMÉRIQUE DU NORD

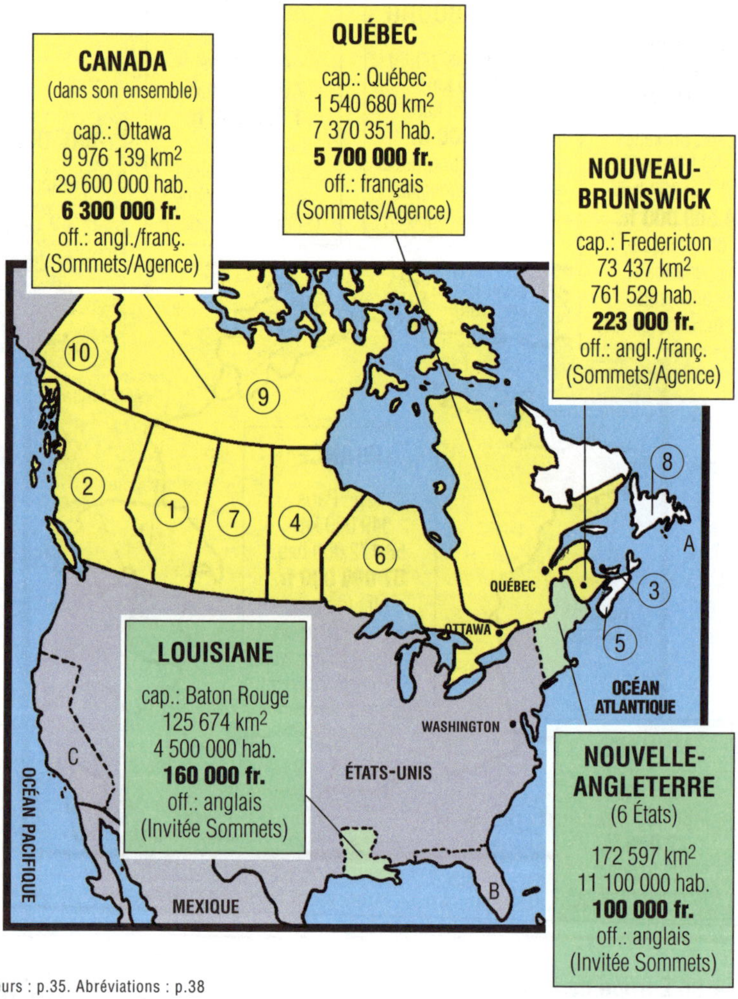

Couleurs : p.35. Abréviations : p.38

Autres provinces et territoires canadiens :

1.	Alberta :	56 700 fr. (2,3%)	6.	Ontario :	503 300 fr. (5%)
2.	Colombie-Britannique :	51 600 fr. (1,6%)	7.	Saskatchewan :	21 800 fr. (2,2%)
3.	Île-du-Prince-Édouard :	5 700 fr. (4,5%)	8.	Terre-Neuve :	2 900 fr. (0,5%)
4.	Manitoba :	50 800 fr. (4,7%)	9.	Territoires du N.-Ouest :	1 500 fr. (2,5%)
5.	Nouvelle-Écosse :	37 500 fr. (4,2%)	10.	Yukon :	900 fr. (3,3%)

+ (**A**) : les îles **Saint-Pierre-et-Miquelon** (département français au large de Terre-Neuve) : 242 km², 7 000 habitants, tous francophones.
+ minorités francophones en Floride (**B**) et en Californie (**C**).

LA FRANCOPHONIE DANS LES ANTILLES ET EN AMÉRIQUE DU SUD

HAÏTI
cap.: Port-au-Prince
27 750 km^2
6 589 000 hab.
570 000 fr.
créole fr.: 97%
off.: français
(Sommets/Agence)

GUADELOUPE
département français
ch.-lieu : Basse-Terre
1 780 km^2
405 000 hab.
270 000 fr.
créole fr.: 85%
off.: français

DOMINIQUE
cap.: Roseau
751 km^2
72 100 hab.
1 000 fr.
créole fr.: 90%
off.: anglais
(Sommets/Agence)

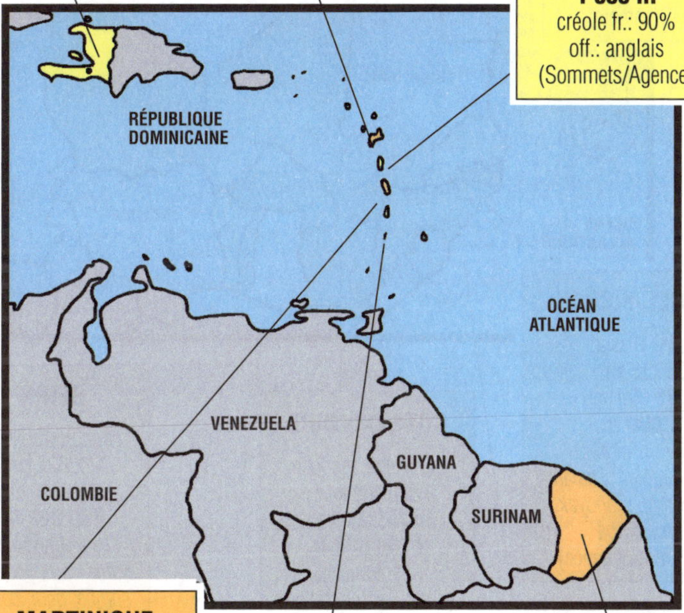

MARTINIQUE
département français
ch.-lieu : Fort-de-France
1 100 km^2
371 000 hab.
50 000 fr.
créole fr.: 89%
off.: français

SAINTE-LUCIE
cap.: Castries
616 km^2
143 000 hab.
2 000 fr.
créole fr.: 92%
off.: anglais
(Som./Ass. Agence)

GUYANE
département français
ch.-lieu : Cayenne
91 000 km^2
108 000 hab.
55 000 fr.
créole fr.: 70%
off.: français

Couleurs : p.35. Abréviations : p.38

LA FRANCOPHONIE EN AFRIQUE DE L'OUEST

CAP-VERT
cap.: Praia
4 033 km^2
392 000 hab.
500 fr.
off.: portugais
autres : créole fr., mandyak
(Sommets)

SÉNÉGAL
cap.: Dakar
196 722 km^2
8 350 000 hab.
800 000 fr.
off.: français
autres : wolof, fulacunda, tukular, mandinka, diola
(Sommets/Agence)

MALI
cap.: Bamako
1 240 192 km^2
10 800 000 hab.
900 000 fr.
off.: français
autres : bambara, songhai, soninké, malinké, pulaar, khassonké
(Sommets/Agence)

NIGER
cap.: Niamey
1 267 000 km^2
9 151 000 hab.
600 000 fr.
off.: français
autres : dyerma, haoussa, tamachek, fufulde, songhai, touareg
(Sommets/Agence)

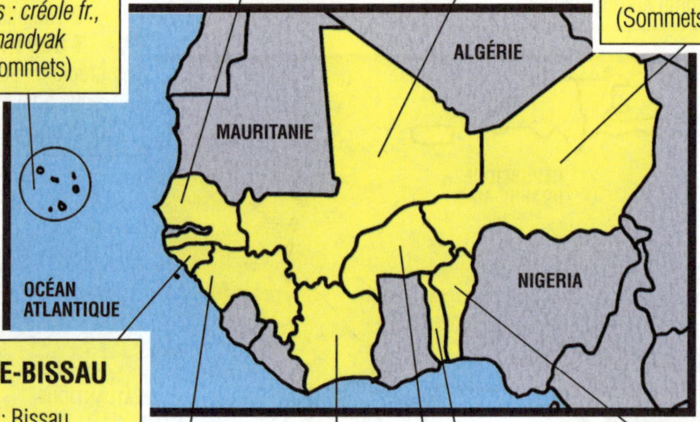

GUINÉE-BISSAU
cap.: Bissau
36 125 km^2
1 073 000 hab.
1 000 fr.
off.: portugais
autres : créole fr., balante, fulacondo, mandyak, mandinba
(Som./Ass. Agence)

CÔTE-D'IVOIRE
cap.: Yamoussoukro
322 462 km^2
14 253 000 hab.
3 750 000 fr.
off.: français
autres : dioula, moore, senou fou, beke, agri
(Sommets/Agence)

BÉNIN
cap.: Porto-Novo
112 622 km^2
5 409 000 hab.
480 000 fr.
off.: français
autres : fon, yarouba, somba, peul, bariba
(Sommets/Agence)

GUINÉE
cap.: Conakry
245 847 km^2
6 560 000 hab.
355 000 fr.
off.: français
autres : pulaar, maninka, malinké, susi, kissi
(Sommets/Agence)

BURKINA-FASO
cap.: Ouagadougou
274 200 km^2
10 324 000 hab.
650 000 fr.
off.: français
autres : moore, dioula, gourmanc, hema, bissa
(Sommets/Agence)

TOGO
cap.: Lomé
56 785 km^2
4 400 000 hab.
700 000 fr.
off.: français
autres : ewé, kabyé, wacingbe
(Sommets/Agence)

Couleurs : p.35. Abréviations : p.38

LA FRANCOPHONIE EN AFRIQUE CENTRALE

Couleurs : p.35
Abréviations : p.38

GUINÉE ÉQUATORIALE
cap.: Malabo
28 051 km²
396 000 hab.
500 fr.
off.: espagnol
autres : fang, bubi, mgumba
(Sommets/Agence)

CAMEROUN
cap.: Yaoundé
475 442 km²
13 233 000 hab.
2 000 000 fr.
off.: français, anglais
autres : ewondo, bulu, fang, douala, mangisa, basa, fulfude,...
(Sommets/Agence)

TCHAD
cap.: N'Djamena
1 284 000 km²
6 361 000 hab.
150 000 fr.
off.: français, arabe
autres : fulfude, mundang, tupuri
(Sommets/Agence)

CENTRAFRIQUE
cap.: Bangui
622 436 km²
3 141 000 hab.
140 000 fr.
off.: français
autres : banda, gbaya, sangho
(Sommets/Agence)

SÃO TOMÉ et PRÍNCIPE
cap.: São Tomé
960 km²
125 000 hab.
1 000 fr.
off.: portugais
autres: ngola,...
(Sommets)

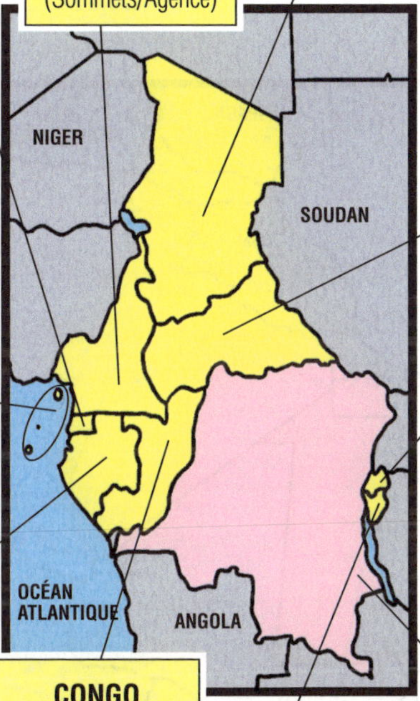

RWANDA
cap.: Kigali
26 338 km²
6 000 000 hab.
250 000 fr.
off.: français, kinyarwanda
(Sommets/Agence)

GABON
cap.: Libreville
267 667 km²
1 156 000 hab.
320 000 fr.
off.: français
autres: fang, myéné, punu, benzebi, bapuru, batéké
(Sommets/Agence)

CONGO
cap.: Brazzaville
341 929 km²
2 590 000 hab.
800 000 fr.
off.: français
autres: kikongo, lingala, mbere, manukutuba
(Sommets/Agence)

BURUNDI
cap.: Bujumbura
27 834 km²
6 400 000 hab.
175 000 fr.
off.: français, kirundi
(Sommets/Agence)

CONGO
Zaïre
de 1960 à 1997

cap.: Kinshasa
2 345 410 km²
43 901 000 hab.
1 800 000 fr.
off.: français
autres: lingala, swahili, tchiluba, kikongo

+ **DJIBOUTI** (se trouve à l'est de l'Afrique, n'est pas sur la carte) — capitale : Djibouti — 23 200 km² — 520 000 habitants dont **29 000 francophones** — langue officielle : arabe — *autres langues : afar et somali* — (Sommets/Agence).

LA FRANCOPHONIE EN AFRIQUE DU NORD

MAROC
cap.: Rabat
710 850 km^2
26 980 000 hab.
4 625 000 fr.
off.: arabe
autres: tachellhit, espagnol, tamazight
(Som./Ass.Agence)

TUNISIE
cap.: Tunis
162 155 km^2
8 896 000 hab.
2 400 000 fr.
off.: arabe
(Sommets/Agence)

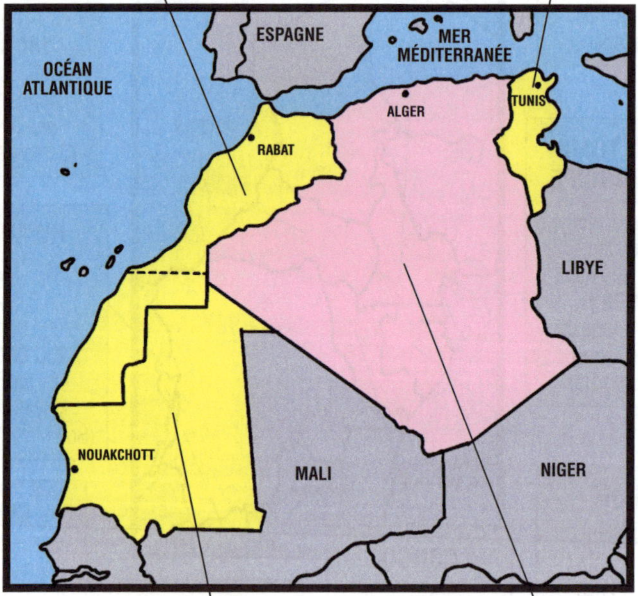

MAURITANIE
cap.: Nouakchott
1 030 700 km^2
2 274 000 hab.
125 000 fr.
off.: arabe, français
autres : pulaar, wolof, selinke
(Som./Ass. Agence)

ALGÉRIE
cap.: Alger
2 381 741 km^2
27 939 000 hab.
7 500 000 fr.
off.: arabe
autres : kabyle, shawiya

Couleurs : p.35. Abréviations : p.38

LA FRANCOPHONIE AU PROCHE-ORIENT

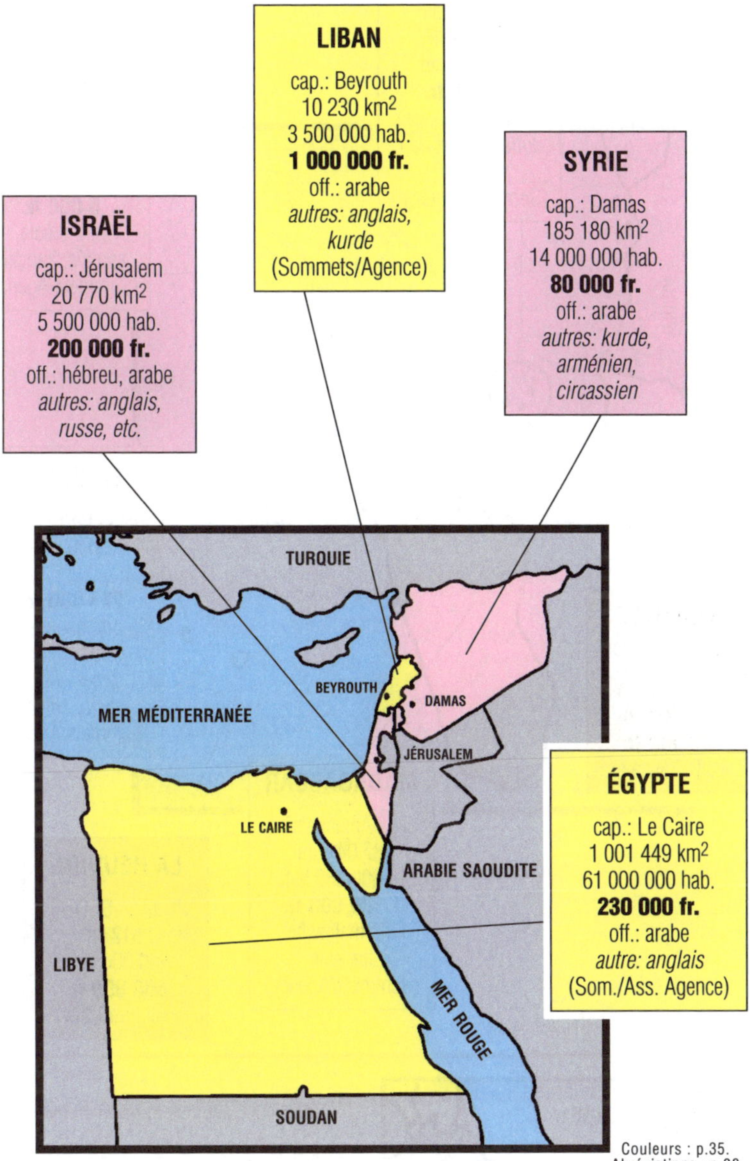

Couleurs : p.35.
Abréviations : p.38

+ **PALESTINE** : petits foyers francophones parmi les émigrés de retour d'exil.

LA FRANCOPHONIE DANS L'OCÉAN INDIEN

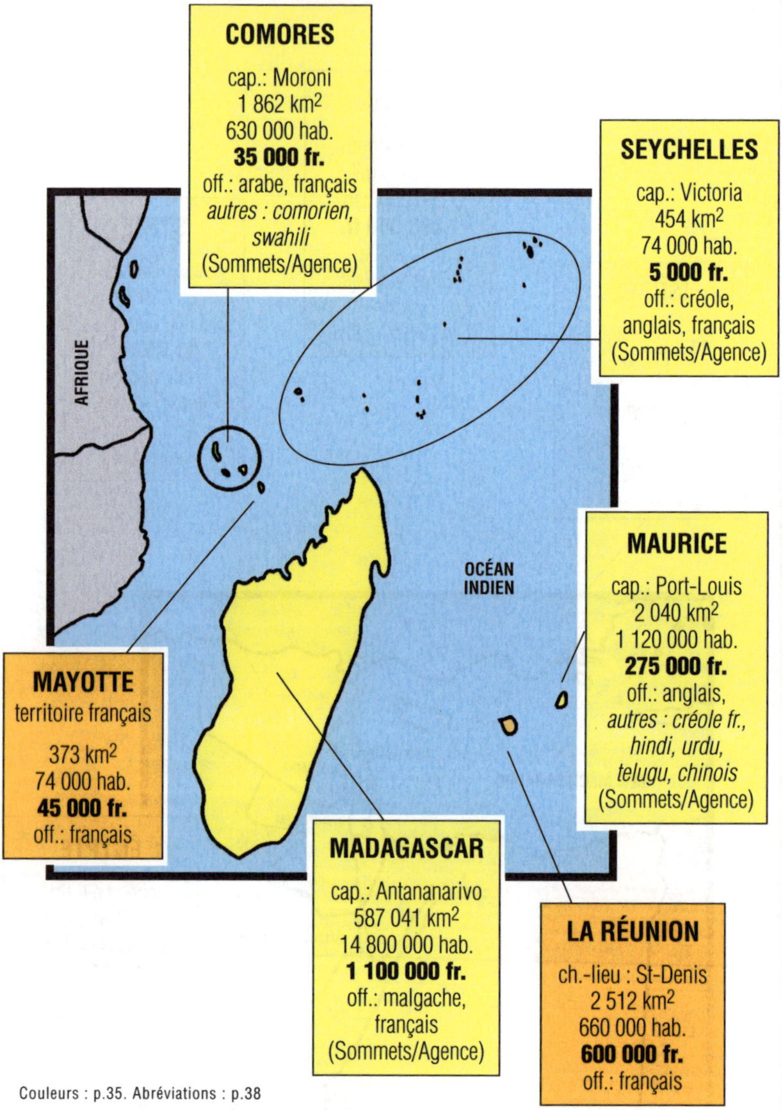

Couleurs : p.35. Abréviations : p.38

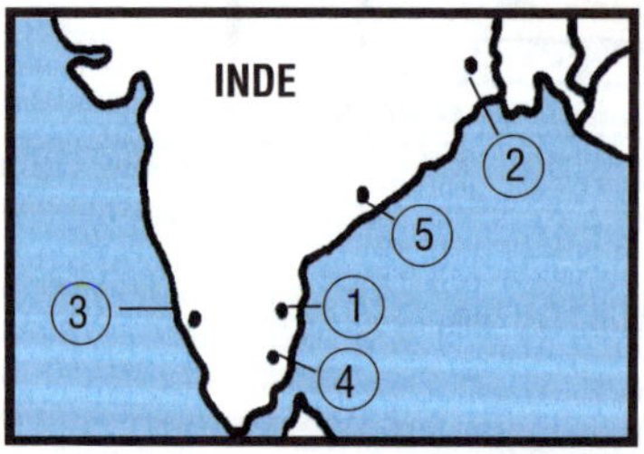

+ Anciens comptoirs français en Inde :

1. **Pondichéry** (1674-1954)
2. **Chandernagor** (1684-1951)
3. **Mahé** (1721-1956)
4. **Karikal** (1759-1954)
5. **Yanaon** (1759-1954)

LA FRANCOPHONIE EN EXTRÊME-ORIENT

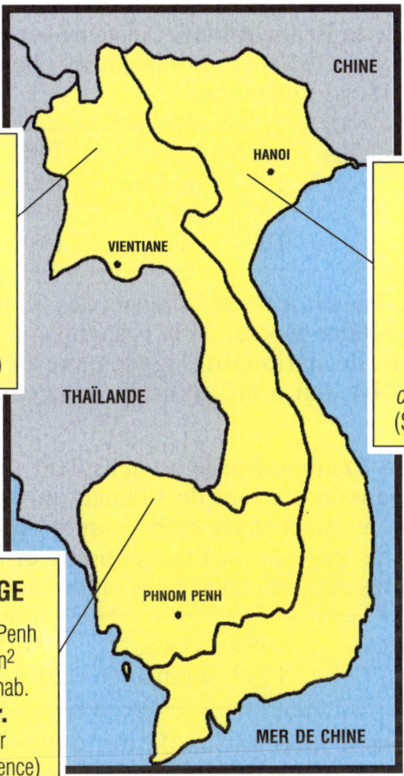

LAOS
cap.: Vientiane
236 800 km^2
4 882 000 hab.
4 000 fr.
off.: laotien
autre : anglais
(Sommets/Agence)

VIÊT-NAM
cap.: Hanoi
331 689 km^2
75 545 000 hab.
70 000 fr.
off.: vietnamien
autres : khmer, cham, thai, anglais
(Sommets/Agence)

CAMBODGE
cap.: Phnom Penh
181 035 km^2
10 610 000 hab.
10 000 fr.
off.: khmer
(Sommets/Agence)

Couleurs : p.35.
Abréviations : p.38

LA FRANCOPHONIE DANS L'OCÉAN PACIFIQUE

NOUVELLE-CALÉDONIE
Territoire français
19 058 km^2
197 000 hab.
105 000 fr.
off.: français
nombreuses autres langues

POLYNÉSIE FRANÇAISE
Territoire français
(130 îles : Tahiti,...)
3 521 km^2
220 000 hab.
105 000 fr.
off.: français
nombreuses autres langues

VANUATU
(anciennement Nouvelles-Hébrides)
cap.: Port-Vila
14 763 km^2
174 000 hab.
50 000 fr.
off.: anglais, français, bislamar
(Sommets/Agence)

WALLIS-ET-FUTUNA
Territoire français
142 km^2
14 000 hab.
9 500 fr.
off.: français,
quelques autres langues

INFORMATIONS COMPLÉMENTAIRES

● Parmi les divers autres aspects de la Francophonie qu'il importe de mentionner, quatre ont une importance particulière : les Sommets, les Jeux, TV5, ainsi que la «Journée de la francophonie».

1. Les **Sommets de la Francophonie**, instaurés en 1986, ont lieu tous les deux ans (depuis 1987) et regroupent les chefs d'État et de gouvernement des 48 pays membres.

Liste des Sommets :	1986 : Paris	1993 : Maurice
	1987 : Québec	1995 : Cotonou
	1989 : Dakar	1997 : Hanoi
	1991 : Paris	1999 : Moncton

Au Sommet de Hanoi, les représentants des 48 pays ont décidé de nommer un secrétaire général de la Francophonie, et c'est **Boutros Boutros-Ghali**, de nationalité égyptienne et ancien secrétaire général de l'ONU, qui a été choisi pour occuper cette nouvelle fonction.

2. Les **Jeux de la Francophonie** se déroulent tous les quatre ans depuis 1989, dans le courant de l'année qui suit celle des Jeux olympiques. Ils regroupent un grand nombre d'athlètes en provenance de tous les pays de la Francophonie et donnent lieu à de nombreuses autres activités sociales et culturelles.

Liste des Jeux :	1989 : Maroc	1997 : Madagascar
	1993 : France	2001 : Canada

3. **TV5, la télévision internationale de langue française**, existe depuis 1983. Elle couvre l'Europe et le Canada, les Antilles et la plus grande partie de l'Afrique. Depuis 1996, elle peut aussi être captée dans presque toute l'Asie, et il est prévu qu'elle le soit dès 1998 en Amérique du Sud et aux États-Unis. TV5 diffuse une sélection d'émissions réalisées dans divers pays francophones.

4. La **Journée de la francophonie** a été instituée en 1990 et elle se tient le **20 mars** de chaque année. Dans un grand nombre de pays, elle donne lieu à diverses activités soulignant leur appartenance à la francophonie mondiale. Depuis 1992, elle est d'ailleurs précédée, dans certains pays ainsi qu'au Québec, d'une **Semaine internationale de la francophonie**.

Enfin, l'**Agence de la Francophonie** coordonne les activités d'un grand nombre d'associations francophones spécialisées, regroupant des jeunes, des professeurs, des écrivains, des hommes d'affaires, etc. Il est facile de trouver toutes les informations relatives à ces associations, soit sur Internet, soit en consultant l'édition annuelle de la revue *L'année francophone internationale*.

*M*ARIAMA *B*Â

Sénégal

1929 - 1981

Au Sénégal, le nom de Mariama Bâ est associé à la promotion des droits des femmes, car elle s'est beaucoup intéressée au sort de la femme africaine, sénégalaise en particulier. Elle n'a cependant écrit que deux romans : le premier (***Une si longue lettre***), qui devint l'un des plus grands succès de la littérature africaine, traite des problèmes de la polygamie en Afrique, et le second (*Un chant écarlate*), qui ne fut publié qu'après sa mort, analyse les difficultés propres aux mariages interraciaux.

Le dos calé par des coussins, les jambes tendues, je suis les allées et venues, la tête recouverte d'un pagne noir. En face de moi, un van neuf, acheté pour la circonstance, reçoit les premières aumônes. La présence à mes côtés de ma co-épouse m'énerve. On l'a installée chez moi, selon la coutume, pour les funérailles. Chaque heure qui passe creuse ses joues plus profondément, cerne davantage ses yeux, des yeux immenses et beaux qui se ferment et s'ouvrent sur leurs secrets, des regrets peut-être. Au temps du rire et de l'insouciance, au temps de l'amour, la tristesse ploie cette enfant.

Pendant que les hommes dans une longue file hétéroclite de voitures officielles ou particulières, de cars rapides, de camionnettes et vélosolex, conduisent Modou à sa dernière demeure (on parlera longtemps du monde qui suivit le cortège funèbre), nos belles-sœurs nous décoiffent. Nous sommes installées, ma co-épouse et moi, sous une tente occasionnelle faite d'un pagne tendu au-dessus de nos têtes. Pendant que nos belles-sœurs œuvrent, les femmes présentes, prévenues de l'opération, se lèvent et jettent sur la toiture mouvante des piécettes pour conjurer le mauvais sort.

C'est le moment redouté de toute Sénégalaise, celui en vue duquel elle sacrifie ses biens en cadeaux à sa belle-famille, et où, pis encore, outre les biens, elle s'ampute de sa personnalité, de sa dignité, devenant une chose au service de l'homme qui l'épouse, du grand-père, de la grand-mère, du père, de la mère, du frère, de la sœur, de l'oncle, de la tante, des cousins, des cousines, des amis de cet homme. Sa conduite est conditionnée : une belle-sœur ne touche pas la tête d'une épouse qui a été avare, infidèle ou inhospitalière.

Nous, nous avons été méritantes et c'est le chœur de nos louanges chantées à tue-tête. Notre patience à toute épreuve, la largesse de notre cœur, la fréquence de nos cadeaux trouvent leur justification et leur récompense en ce jour. Nos belles-sœurs traitent avec la même égalité trente et cinq ans de vie conjugale. Elles célèbrent, avec la même aisance et les mêmes mots, douze et trois maternités. J'enregistre, courroucée, cette volonté de nivellement qui réjouit la nouvelle belle-mère de Modou.

(Extrait de *UNE SI LONGUE LETTRE*,

Tahar Ben Jelloun

Maroc

1944

Tahar Ben Jelloun, Marocain vivant en France, a surtout décrit la richesse et la complexité du monde arabe (***Les amandiers sont morts de leurs blessures***), ainsi que les difficultés d'adaptation des immigrés maghrébins en France. Il a pratiqué diverses formes littéraires (il fut poète, essayiste, journaliste,...), mais ce sont ses romans qui l'ont fait connaître internationalement : *La Prière de l'absent, L'Enfant de sable, Les Yeux baissés, L'Homme rompu,* et surtout ***La Nuit sacrée*** qui lui mérita le prix Goncourt en 1987. Il est considéré, en cette fin du XXe siècle, comme l'un des écrivains majeurs de la francophonie.

Après maintes tractations, il installa ses voyageurs : Yamma, l'enfant, Sindibad et Boby sur la banquette arrière; devant, un gros et un mince. [...]

C'était un homme vif et rusé. Il avait encore sa famille dans le Haouz et il faisait le taxi entre Casablanca et Marrakech. Il se mit à raconter une histoire :

— Un jour, c'était un vendredi de la pleine lune; j'allais rentrer chez moi à Douar Doum, quand le petit Brahim m'arrêta et me dit : «Une affaire pour toi : trois pèlerins qui viennent d'arriver à Casablanca et ils sont impatients de rentrer chez eux, à Marrakech. Ils sont prêts à payer le prix.»

C'était dix heures du soir. Je fais mon petit calcul et je me dis, après tout, pourquoi pas? Je n'ai pas sommeil et puis j'aime bien rouler à la lumière de la lune. J'arrive près de la gare, je vois trois vieux messieurs, habillés en blanc. Des hommes silencieux, fatigués sans doute par le voyage, en tout cas, ils ne discutèrent même pas le prix. Ils me donnèrent quatre billets de cinquante dirhams. Pas un mot. Ils ne dormaient pas. Ils avaient les yeux ouverts et ne bougeaient presque pas. Le silence pesant m'angoissa. Ce n'est pas que j'aime le bruit, mais j'aime la parole. Je mis en marche la radio. Une main l'arrêta. Je roulais et j'observais la lune. Elle était tellement pleine et belle qu'elle risquait de tomber. Des fois, j'ai des clients un peu maniaques. Ceux-là étaient sous la loi du silence. Vers une heure du matin, j'entrai à Marrakech. J'arrêtai la voiture à la gare routière de Jamaa el Fna et descendis leur ouvrir la portière et leur donner leurs bagages.

«Vous n'allez pas me croire, mais je vous jure sur la tête de mes enfants que ce que je vais vous dire est la stricte vérité : sur la banquette arrière il y avait trois sacs en toile blanche remplis de paille. Dans le coffre, il y avait une sacoche pleine d'ossements humains. J'allais devenir fou, j'ai hurlé. Personne ne m'entendit. Je mis la main dans ma poche pour vérifier s'ils ne m'avaient pas refilé de la fausse monnaie, et je trouve quatre pierres, des cailloux pas plus grands que des poires.

«Alors vous savez, depuis ce jour-là, je ne voyage plus de nuit et je parle avec mes voyageurs. Il faut me comprendre!»

(Extrait de *La Prière de l'absent*,

Deuxième partie

La grammaire du français

Plan de la deuxième partie

La grammaire du français

LES ÉLÉMENTS DE BASE DE LA LANGUE

L'ORTHOGRAPHE GRAMMATICALE

L'UNIVERS DU VERBE

LA GRAMMAIRE DE LA PHRASE ET DU TEXTE

Chapitre I

Les lettres et les signes

L'ALPHABET DU FRANÇAIS

● La langue française s'écrit au moyen de 26 lettres. Celles-ci constituent l'**alphabet** : 1

— **a b c d e f g h i j k l m n o p q r s t u v w x y z.**

Ces lettres ne sont pas propres à la langue française mais se retrouvent, pour la plupart d'entre elles, dans toutes les langues qui se servent du même alphabet latin (notre alphabet est dit *latin* parce qu'il utilise les lettres du latin, mais le mot *alphabet* lui-même est formé à partir des deux premières lettres du grec : *alpha* et *bêta*).

● Il existe de nombreux autres alphabets, comme il existe quelques autres lettres et signes appartenant à l'alphabet latin mais que le français n'utilise pas : le *ß* allemand, le *ø* danois, le *ñ* espagnol, etc. 2

De même, il existe deux signes propres au français (les ligatures -**æ**- et -**œ**-) qui sont le résultat de l'évolution de la prononciation : quand, par exemple, *cor* [kɔʀ] a fini par être prononcé [kœʀ], on a collé les lettres -eu- à la lettre -o- pour montrer qu'il fallait la prononcer comme dans *peur*, et ainsi *cor* est devenu *cœur*. Au XXe siècle, à cause des machines à écrire, les -æ- et -œ- ont été de plus en plus souvent dissociés en -ae- et -oe- (pour la transcription phonétique : → 45 et 46).

● Les 26 lettres de l'alphabet peuvent s'écrire de deux manières : 3

- en **minuscules** (du latin *minus*, «plus petit») : comme ci-dessus.
- en **majuscules** (du latin *majus*, «plus grand») qu'on appelle encore parfois *capitales* :

— **ABCDEFGHIJKLMNOPQRSTUVWXYZ.**

Enfin, les lettres sont toujours utilisées dans le même ordre : c'est l'**ordre alphabétique**. Il sert notamment à classer les mots dans les dictionnaires, les index et les annuaires téléphoniques.

L'UTILISATION DES MAJUSCULES

4 ● Habituellement, dans n'importe quel écrit (livre, journal, poème,...), la plupart des lettres utilisées sont des minuscules. Il peut cependant arriver, dans certains cas, que des mots entiers, voire des phrases entières, soient écrits en majuscules : dans des titres, sur des affiches ou des monuments par exemple.

Cependant, même dans un texte écrit en minuscules, il y a de nombreux cas où la première lettre d'un mot doit s'écrire en majuscule. Il peut alors s'agir d'une **majuscule grammaticale** (exigée par la place du mot) ou d'une **majuscule d'usage** (exigée par la réalité que le mot représente).

La majuscule grammaticale

5 ● La majuscule d'ordre grammatical (ou majuscule de position) est utilisée dans quatre cas précis :

1. au premier mot d'une phrase graphique (c'est-à-dire au début d'un texte ou après un point : → 22 et 643.2) :

   ➪ ***J****'entre en scène.* ***J****e représente le peuple.* ***S****ymboliquement.* ***J****e fais beaucoup de choses.* ***J****e cultive la terre.* (Véronique Tadjo)

2. après les points d'interrogation, d'exclamation et de suspension (→ 23, 24 et 25) s'ils terminent la phrase :

   ➪ ***J****etez votre fusil!* ***V****ous n'empêcherez rien!* ***J****etez votre fusil, vous dis-je...* (Jacques-Stephen Alexis)

   Mais quand ils ne terminent pas la phrase, ils sont suivis d'une minuscule :

   ➪ *Ô le beau soir de mai!* ***l****e joyeux soir de mai!* (Émile Nelligan)

   ➪ *Mais les enfants?* ***d****emanda le mari.* (Jacques Ferron)

3. au premier mot d'une citation introduite par un deux-points et signalée par des guillemets (→ 33.1) :

   ➪ *Uylenspiegel répondit : «****G****racieux Seigneur, prenez-moi en pitié!»* (Charles De Coster)

   ➪ *Elle songea, humiliée : «****I****l veut me faire parler...»* (Gabrielle Roy)

4. au premier mot de chaque vers d'un poème classique :

   ➪ ***P****our l'enfant, amoureux de cartes et d'estampes,*
   L*'univers est égal à son vaste appétit.*
   A*h! que le monde est grand à la clarté des lampes!*
   A*ux yeux du souvenir que le monde est petit!* (Charles Baudelaire)

La majuscule d'usage

● Tous les mots suivants s'écrivent avec une majuscule dite «d'usage» :

1. le nom de Dieu (et d'autres divinités ou êtres supérieurs) :

– *Dieu, Notre-Seigneur, l'Éternel, le Saint-Esprit, Jéhovah, Allah, la Vierge Marie, Zeus, Vénus, Shiva, Vishnou.*

2. les noms de personnes (qu'il s'agisse de patronymes, de prénoms, de surnoms, de noms doubles, etc., d'êtres réels ou imaginaires) :

– *Félix Leclerc, Léopold Sédar Senghor, Jacques Villeneuve, Philippe le Bel,... Blanche-Neige, Donald Duck, Yoko Tsuno.*

☞ ◆ La particule nobiliaire (*de, d', de la, des*) garde toujours la minuscule: *la comtesse* **de** *Ségur, la marquise* **de** *Pompadour, Jean* **de** *La Fontaine, le chevalier* **des** *Touches.*

3. les noms de dynasties, de peuples, de groupes ethniques et d'habitants (de pays, de régions, de villes, etc.) :

– *les Bourbons, les Acadiens, les Sénégalais, les Arabes, les Européens, les Gaspésiens, les Wallons, les New-Yorkais.*

☞ ◆ Quand les noms sont plus longs, on dit plutôt : *les habitants de Port-au-Prince, d'Ouagadougou, de Lac-Etchemin.*

◆ Il n'y a pas de majuscule aux adjectifs : *la population* ***marocaine****, la confédération suisse, la roupie* ***mauritienne****.*

4. les noms d'associations humaines (religieuses, politiques, linguistiques, culturelles, humanitaires, etc.) :

– *l'Église catholique, les Témoins de Jéhovah, le Parti socialiste, les Chevaliers de Malte, la Francophonie, la Croix-Rouge.*

5. les titres honorifiques (et les fonctions quand on s'adresse aux personnes ou que celles-ci ont été désignées auparavant) :

– *Sa Majesté, Son Éminence, Monsieur l'Abbé, Madame la Présidente, Monsieur le Gouverneur, Madame la Sénatrice.*

6. les noms de lieux (continents, pays, régions, villes, rues, mers, lacs, îles, fleuves, montagnes, etc.) :

– *l'Asie, la Suisse, le Mali, la Beauce, la Casamance, Abidjan, Genève, la Grande-Allée, la Méditerranée, Mayotte, le Saint-Laurent, le Congo, le Kilimandjaro, les Dolomites, le Sahara.*

☞ ◆ Les noms génériques (*rue, lac, île,...*) gardent toujours la minuscule : *la rue des Arts, l'avenue des Alliés, l'océan Indien, le lac Ontario, l'île de Gorée, l'île d'Anticosti, le mont Everest, le cap Horn, le désert de Gobi.*

◆ Quand les noms de lieux sont composés de deux (ou trois) éléments, les noms, déterminants et adjectifs prennent la majuscule, qu'ils soient ou non reliés par un trait d'union : *les **C**hamps-**É**lysées, la **N**ouvelle-**A**ngleterre, **T**rois-**R**ivières, les **É**tats-**U**nis, le **P**roche-**O**rient, le **G**rand **C**anyon, **L**e **H**avre, **L**a **M**albaie* (mais : *Venise-en-**Q**uébec*).

◆ Dans les noms de rues formés à partir de noms de personnes, les différents éléments sont toujours unis par un trait d'union : *la rue Louis-Pasteur, le boulevard René-Lévesque, la place Saint-Pierre, l'avenue Charles-de-Gaulle.*

7. les noms d'astres (en langage scientifique) et de signes du zodiaque, et les points cardinaux (utilisés sans complément) :

– *le **S**oleil, la **T**erre, **S**aturne, les **P**léiades, la galaxie d'**A**ndromède, la constellation du **C**rabe, le **C**apricorne.*

– *le pôle **N**ord, l'Afrique de l'**O**uest, aller dans le **S**ud.*

☞ ◆ Dans la langue courante, on écrit cependant : *avoir les pieds sur **t**erre, être dans la **l**une, un coucher de **s**oleil. – Dakar est à l'**o**uest du Sénégal, Bruxelles au **n**ord-**e**st de Paris.*

8. les noms particuliers d'avions, de bateaux, de voitures, d'édifices, de sociétés et de produits commerciaux, etc. :

– *un **A**irbus* (avion), *une **A**louette* (hélicoptère), *le **R**edoutable* (sous-marin), *l'église de l'**A**ssomption, le cinéma **I**max, boire un **C**anada **D**ry, conduire une **R**enault, utiliser un film **A**gfa.*

9. les noms d'époques historiques, de dates célèbres, de périodes de l'année, de fêtes civiles ou religieuses :

– *la **R**enaissance, l'appel du 18-**J**uin, le **N**ouvel **A**n, la **T**oussaint, le **Y**om **K**ippour, le **R**amadan, le mercredi des **C**endres, la fête du **T**ravail, la **S**aint-**J**ean, le jour de l'**I**ndépendance.*

10. les noms d'institutions, de musées, de bibliothèques, etc. :

– *l'**É**tat belge, l'**A**ssemblée nationale, l'**O**ffice de la langue française, le **M**usée de la civilisation, l'**A**cadémie française.*

▲ Exceptions : ① Quand ces noms comportent le nom d'une personne, c'est celui-ci qui prend la majuscule : *le musée **R**embrandt, l'institut **A**rmand-**F**rappier, le lycée **L**ouis-XV, la bibliothèque **G**abrielle-**R**oy, le centre **G**eorges-**P**ompidou.*

② Au Québec, dans les noms de ministères, c'est le nom de leur activité qui prend la majuscule : *le ministère de l'**É**ducation, des **A**ffaires sociales, du **R**evenu, de la **J**ustice.*

11.les titres d'œuvres (littéraires, artistiques, religieuses,...), de revues et de journaux :

— la ***Bible***, le ***Coran***, le ***Candide*** de Voltaire, la ***Joconde*** de Léonard de Vinci, le ***Boléro*** de Ravel, la ***Messe solennelle*** de Beethoven, ***Fantasia*** de Walt Disney,...

☞ ◆ Le déterminant défini (→ 221) ne prend la majuscule que s'il fait partie du titre : *lire* ***Le*** *Monde, acheter* ***L'****Actualité,...* (Cette règle n'est cependant pas observée de manière stricte et l'on peut rencontrer le déterminant sans majuscule.)

◆ Si l'adjectif précède le nom, tous deux prennent la majuscule, mais si l'adjectif le suit, seul le nom la prend :

- «*Le* ***Quatrième Siècle***» (roman d'Édouard Glissant)
- «*La* ***Condition humaine***» (roman d'André Malraux)

◆ Si un titre comporte deux noms de même importance, tous deux prennent alors la majuscule:

- «***Rires*** *et* ***Pleurs***» (recueil de poèmes d'Oswald Durand)
- «*Le* ***Corbeau*** *et le* ***Renard***» (fable de La Fontaine)

◆ Quand un titre est une phrase ou une expression, d'ordinaire seul le premier mot prend la majuscule:

- «***Quand*** *les hommes vivront d'amour*» (chanson de R. Lévesque)
- «***Ne*** *me quitte pas*» (chanson de Jacques Brel)
- «***Cinq*** *semaines en ballon*» (roman de Jules Verne)

12.les noms d'animaux familiers (chiens, chats, chevaux,...) :

— *la pâtée de* ***Fido****, la queue de* ***Minette****, la selle de* ***Vaillant****,...*

13.les sigles et les abréviations (→ Annexe 5, p.527) :

— l'***ONU***, le franc ***CFA***, ***M***gr Thiandoum, ***M****. et* ***M***me Dupont, les ***SDF***, l'***ABC*** du savoir, un ***VTT***, la centrale ***LG2***,...

Remarque générale :

Certains noms, auxquels on a parfois tendance à mettre une majuscule, gardent cependant la minuscule. Il s'agit :

1. des noms de langues: *le* ***f****rançais, le* ***s****wahili, le* ***v****ietnamien.*
2. des noms de religions : *le* ***c****hristianisme, le* ***v****audou, l'****i****slam.*
3. des noms de jours et de mois : ***l****undi,* ***m****ardi,* ***m****ars,* ***a****vril.*
4. des noms de villes ou de régions donnés à des produits : *du* ***c****hampagne, du* ***b****ordeaux, du* ***c****heddar, un* ***b****ermuda.*
5. des titres de personnes en général : *l'****e****mpereur, la* ***r****eine, le* ***p****ape, le* ***p****résident, la* ***m****inistre, le* ***c****ardinal, l'****a****mbassadrice.*

LES SIGNES ORTHOGRAPHIQUES

8 ● Les signes orthographiques sont des compléments de l'alphabet. Ils servent à modifier la prononciation de certaines lettres ou groupes de lettres (c'est le cas des **accents** — aigu, grave ou circonflexe —, du **tréma** et de la **cédille**) ou à joindre deux mots ou parties de mots par l'élision (**apostrophe**) ou la composition (**trait d'union**).

LES ACCENTS

L'accent aigu

9 ● En français, l'accent aigu (descendant de droite à gauche) peut uniquement se mettre sur la lettre -e- (ce qui en fait alors un -e- qu'on dit fermé : → 48.3) :

— un ***été*** [ete], un ***bébé*** [bebe], l'***étrangeté*** [etʀɑ̃ʒəte].

☞ ◆ Il n'y a jamais d'accent aigu devant un -d-, un -r- ou un -z- final : *un pie**d**, il sie**d**, seme**r**, rase**r**, un ne**z**, vous rie**z*** (et *une cle**f***).

L'accent grave

10 ● L'accent grave (descendant de gauche à droite) peut se mettre sur les lettres -a-, -e- et -u- :

1. sur la lettre -e- (ce qui en fait alors un -e- qu'on dit ouvert : → 48.3) :

   — un *fr**è**re* [fʀɛʀ], le *progr**è**s* [pʀɔgʀɛ], un *p**è**se-lettres* [pɛzlɛtʀ].

2. sur la lettre -a- de quelques adverbes et autres mots invariables (mais sans en modifier la prononciation) :

   — *ç**à** et l**à**, en deç**à**, au-del**à**, déj**à**, voil**à**, hol**à*** (mais : *cela*).

3. sur les lettres -a-, -e- et -u- de quelques mots courts (*à, là, çà, ès, dès, où*) pour les distinguer de leurs homophones (→ Annexe 3, p.517) :

   ➽ *Au plus bas de la fosse. C'est **là** que nous crions, de **là** que nous aspirons à l'air, à **la** lumière, au soleil.* (Aimé Césaire)

   ➽ *Quand je parle **ou** que je joue avec les autres, je sens bien qu'ils sont à l'extérieur, qu'ils ne peuvent pas entrer **où** je suis et que je ne peux pas entrer **où** ils sont.* (Réjean Ducharme)

L'accent circonflexe

● L'accent circonflexe (^) peut se mettre sur toutes les voyelles, sauf le -y- : 11

1. sur les lettres -a-, -e-, -i-, -o- et -u- pour indiquer (souvent mais pas toujours) la disparition d'une ancienne lettre (généralement un -s-) :

– ***bâtir, tête, île, côte***,... (autrefois : ***bastir, teste, isle, coste***,...)

☞ ◆ Le -s- disparu se retrouve parfois dans des dérivés :

— *un **hôpital***, mais : ***hospitalier***.
— *un **bâton***, mais : *une **bastonnade***.

2. sur les lettres -a-, -e-, -i-, -o- et -u- pour distinguer les homophones ou quasi-homophones (→ Annexe 3, p.517) :

— une *tache*	(une marque)	↔	une *tâche*	(une mission)
— un *péché*	(une faute)	↔	un *pêcher*	(un arbre)
— il *boite*	(de *boiter*)	↔	une *boîte*	(une caisse)
— *notre*	(déterminant)	↔	le *nôtre*	(pronom)
— un *mur*	(nom)	↔	un fruit *mûr*	(adjectif)

3. dans la conjugaison des verbes (→ Ch. XI, p.277), sur les lettres -a-, -i-, -o- et -u- :

➤ aux 1re et 2e personnes du pluriel du passé simple :

— *nous osâmes, nous eûmes, vous partîtes, vous revîntes*.

➤ à la 3e personne du singulier du subjonctif imparfait :

— *il aurait fallu qu'elle aimât, qu'il finît, qu'on sût*.

➤ sur le -i- des verbes en *-aître* et *-oître*, chaque fois que le -i- est suivi d'un -t- :

— *il paraît, elle connaîtrait, il croît, elle accroîtrait*.

➤ à la 3e personne du singulier de l'indicatif de quelques verbes :

— *elle plaît, il déplaît, elle clôt, il gît* (de *gésir* : → 542.12).

➤ au participe passé masculin singulier des verbes *croître*, *devoir* et *mouvoir* :

— *il a crû de deux centimètres, on a dû partir, elle a mû l'hélice* (le verbe *mouvoir* est presque inusité aujourd'hui : → 545.7).

> Selon les **Rectifications de l'orthographe**, l'accent circonflexe devrait être conservé sur les -a-, les -e- et les -o-, mais il ne serait plus obligatoire sur les -i- et les -u- (→ Annexe 1, p.503).

Remarque générale : 12

On convient habituellement (surtout au Québec) d'accentuer aussi les majuscules, à des fins de clarté : un *MEUBLE* et un *MEUBLÉ* ne se distinguent en effet que par l'accent. On préférera donc «*UN ÉVÊQUE TUÉ À LOMÉ*» à «*UN EVEQUE TUE A LOME*».

LE TRÉMA, LA CÉDILLE ET L'APOSTROPHE

Le tréma

13 ● Le tréma consiste en deux points placés côte à côte au-dessus d'une lettre (¨). Il est utilisé sur les lettres -e-, -i- et -u- pour indiquer qu'elles se prononcent indépendamment des lettres qui les précèdent :

1. sur le -e- de noms comme *canoë* [kanɔe], *Noël* [nɔɛl], *Israël* [isʀaɛl], *ciguë* [sigy], ...
2. sur le -e- de l'adjectif féminin *aiguë* [ɛgy] et de ses dérivés, plus *ambiguë*, *contiguë* et *exiguë*.
3. sur le -i- de *haïr* [aiʀ], *aïeul* [ajœl], *héroïsme* [eʀoism], *ambiguïté* [ɑ̃bigɥite],...
4. sur le -u- de *Saül* [sayl].

> Selon les **Rectifications de l'orthographe**, il serait dorénavant permis de transférer le tréma sur la lettre qui doit être effectivement prononcée.
>
> De plus, il conviendrait d'ajouter un tréma sur le -u- des mots en -gue [gə] et en -geu [ʒy] (→ Annexe 1, p.503).

La cédille

14 ● La cédille est un petit crochet qui se met sous le -c- quand il précède les lettres -a-, -o- et -u- et ne doit pas se prononcer [k] mais [s] (comme devant -e- et -i-) :

— *ça* [sa], elle *avança* [avɑ̃sa], une *leçon* [ləsɔ̃], on *perçoit* [pɛʀswɑ], un *reçu* [ʀəsy], un *aperçu* [apɛʀsy].

L'apostrophe

15 ● L'apostrophe est un signe en forme de virgule qui se met en haut de la ligne, à l'endroit du -a-, du -e- ou du -i- qu'elle remplace.

La suppression d'une lettre et son remplacement par une apostrophe s'appelle **l'élision**. Celle-ci se produit uniquement devant une voyelle (→ 50) ou un -h- muet (→ 18) :

— *l'**a**vion, l'**î**le, l'**h**iver, l'**h**orreur*
(au lieu de : **le avion*, **la île*, **le hiver*, **la horreur*).

☞ ◆ Certains mots s'orthographient toujours avec une apostrophe: *une presqu'île, aujourd'hui, s'entr'avertir,...*

● **L'élision** se fait dans les cas suivants : 16

1. On élide toujours le -e- muet final de *le, de, je, me, te, se, ce, ne*, et le -a- de *la* :

— ***l'****âge, le fil* ***d'****Ariane,* ***j'****aime, il* ***m'****horripile, on* ***t'****écoute, elle* ***s'****assoit,* ***c'****est bien, je* ***n'****y crois pas,* ***l'****usine*.

▲ Exceptions : ① On élide le -e- de *ce* et de *je* seulement dans les phrases non inversées, devant un verbe et les pronoms *en* et *y* :

— ***C'****est assez!* (mais : *Est-****ce*** *à toi?*)

— ***J'****y ai pensé*. (mais : *Puis-****je*** *avoir ça?*)

② On n'élide pas le -e- de *le* ni le -a- de *la* si ces pronoms suivent un impératif et sont donc accentués (→ 289.4) :

— *Rends-****le*** *à ta sœur!* (mais : *Elle* ***l'****a rendu*.)

— *Laisse-****la*** *écouter!* (mais : *Je* ***l'****ai laissée*.)

2. On élide toujours le -e- final de *que, jusque, lorsque, puisque* et *quoique* :

— *Je pense* ***qu'****elle viendra. —* ***Jusqu'****à quand. —* ***Lorsqu'****elle arrivera. —* ***Puisqu'****on peut. —* ***Quoiqu'****il soit blessé*.

3. On élide le -i- de *si* seulement devant *il* et *ils* :

— ***S'il*** *est d'accord. —* ***S'ils*** *te croient*. (mais : ***Si*** *elle veut bien*.)

4. On élide :

— *presque* seulement dans *presqu'île*.
— *quelque* seulement dans *quelqu'un* et *quelqu'une*.
— *entre* seulement dans les verbes *s'entr'aimer, s'entr'apercevoir, s'entr'appeler, s'entr'avertir, s'entr'égorger*.

☞ ◆ Les verbes et noms suivants s'écrivent sans apostrophe : *s'entraccorder*, *s'entraccuser*, un *entracte*, *s'entradmirer*, l'*entraide*, *s'entraider*, une *entrouverture*, *entrouvrir*.

Remarques générales : 17

1. On ne termine jamais une ligne par une apostrophe.

2. Il n'y a jamais d'élision devant une virgule :

— ***Si,*** *en la circonstance, il est possible de le faire, je le ferai*.

— *Tu sais bien* ***que,*** *elle ou lui, c'est du pareil au même*.

3. Il n'y a jamais d'élision devant le mot *huit* et ses dérivés, ainsi que devant les mots commençant par -y- : ***le*** *huit*, ***la*** *huitième*, ***le*** *yacht*, ***la*** *Yougoslavie*,...

18

INFO -H- MUET ET -H- ASPIRÉ

La lettre -h- est dite **muette** (-h- muet) quand elle n'empêche pas l'élision de la voyelle précédente ou la liaison entre deux mots (→ 60.5); elle est dite **aspirée** (-h- aspiré) quand elle empêche cette élision ou cette liaison.

Peu de mots comportent un -h- aspiré, et ce sont, pour la plupart, des mots d'origine germanique ou anglo-saxonne :

— *la hache*	— *la harangue*	— *hautain*	— *le homard*
— *hagard*	— *le haras*	— *le hautbois*	— *la honte*
— *la haie*	— *je harasse*	— *le havane*	— *le hoquet*
— *la haine*	— *je harcèle*	— *le havre*	— *la hotte*
— *je hais (haïr)*	— *la harde*	— *le havresac*	— *le houblon*
— *le hall*	— *hardi*	— *je hèle*	— *la houille*
— *la halle*	— *le harem*	— *je hennis*	— *la houlette*
— *le halo*	— *le hareng*	— *je hérisse*	— *la houppe*
— *la halte*	— *hargneux*	— *la hernie*	— *la housse*
— *le hamac*	— *le haricot*	— *le héron*	— *le houx*
— *le hameau*	— *le harnais*	— *le héros*	— *le hublot*
— *la hampe*	— *la harpe*	— *la herse*	— *la huche*
— *le hamster*	— *le harpon*	— *le hêtre*	— *je hue*
— *la hanche*	— *le hasard*	— *le heurt*	— *le huis clos*
— *le handicap*	— *le haschisch*	— *le hibou*	— *le huit*
— *le hangar*	— *la hâte*	— *hideux*	— *je hurle*
— *le hanneton*	— *le hauban*	— *la hiérarchie*	— *le hussard*
— *je hante*	— *la hausse*	— *je hisse*	— *la hutte*
— *je happe*	— *haut*	— *le hockey*	— etc.

Devant les mots commençant par un -h- muet, l'élision se fait comme s'il n'était pas là : *l'habit, l'habitation, l'habitude, l'haleine, l'Halloween, l'hallucination, l'haltérophilie, l'hameçon, l'harmonie, l'hebdomadaire, l'hébergement, l'hectare, l'hégémonie, l'hélice, l'hélium, l'hélicoptère, l'hémisphère, l'hémoglobine, l'hémorragie, l'herbe, l'hérédité, l'hérésie,...*

LE TRAIT D'UNION

19 • Le trait d'union est un petit trait qui unit deux mots ou parties de mots. On emploie le trait d'union dans toute une série de cas:

1. à la fin d'une ligne pour couper un mot trop long (→ 95).

2. dans les noms propres composés (patronymes, prénoms, rues, villes,...) :

– *Charles-Henri, Marie-France, Marc Saint-Gelais, les Pays-Bas, Port-au-Prince, Trois-Rivières, la rue Saint-Raphaël,...*

3. dans certains noms communs composés :

- tous ceux qui commencent par *non-* et *quasi-* : *un non-sens, la non-violence, la quasi-totalité, la quasi-certitude,...*
- tous ceux qui commencent par *demi-*, *semi-* et *mi-* : *un demi-litre, une semi-liberté, à mi-voix,...* (la règle vaut aussi pour les adjectifs : *les yeux mi-clos, une demi-finale, une arme semi-automatique,...* : → 212.1)
- la plupart de ceux qui commencent par un mot invariable : *une arrière-cour, l'avant-dernier, à contre-courant, un sous-marin,...*
- un grand nombre d'autres mots composés : *un arc-en-ciel, un porte-clefs, un bateau-phare, un premier-né,...*

☞ ◆ L'utilisation du trait d'union dans les mots composés n'obéit à aucune règle générale; en cas de doute, il convient donc de consulter le dictionnaire (→ 83 et Annexe 1, p.503).

4. dans les déterminants ou pronoms démonstratifs composés de *-ci* ou de *-là*, et dans les pronoms composés de *-même* :

— *cette auto-ci, ce lit-là, celle-ci, ceux-là, lui-même, nous-mêmes,...*

5. dans divers autres mots : *c'est-à-dire, peut-être, au-dessus, ci-joint, là-bas, nu-pieds,...* (dans le doute, se référer au dictionnaire)

6. dans les nombres, entre les parties qui sont moindres que cent et qui ne sont pas reliées par *et* :

— *soixante-trois, cent huit, deux cent quatre-vingt-dix-sept,...*

> Selon les **Rectifications de l'orthographe**, il serait dorénavant permis de lier par un trait d'union tous les éléments composant les nombres (→ Annexe 1, p. 503).

7. dans les phrases inversées (→ 556.3 et 724), entre le verbe et le pronom qui suit (ou les pronoms qui suivent) :

— *Écoute-les donc!* — *Vas-y plus fort!* — *Est-ce bien toi?*
— *Donne-le-moi!* — *Allez-vous-en vite!* — *Faites-le-moi savoir!*

8. avant et après le -t- euphonique (→ 556.3) :

— *Y a-t-il quelqu'un?* — *Vous aime-t-elle?* — *Va-t-en d'ici!*

9. entre les syllabes d'un mot sur lequel on veut beaucoup insister :

— *Ren-ver-sant!* — *Ce spectacle était for-mi-da-ble!*

LA PONCTUATION

20 ● La ponctuation est l'ensemble des signes, utilisés dans la langue écrite, qui ne relèvent pas des lettres ou des mots (→ 8), mais de l'arrangement des mots dans la phrase et dans le texte.

La ponctuation regroupe donc les **signes de ponctuation** proprement dits et les **signes typographiques** (→ 29).

LES SIGNES DE PONCTUATION

21 ● Les signes de ponctuation sont : le **point**, le **point d'interrogation**, le **point d'exclamation**, les **points de suspension**, la **virgule**, le **point-virgule** et le **deux-points**.

Le point

22 ● Le point (**.**) est utilisé pour indiquer :

1. la fin d'une phrase énonciative (il est alors suivi d'une majuscule et rendu par une pause à l'oral: → 5.1) :

> *Je fais le guet. Je soulève le rideau. Je gratte le givre avec mes ongles. Je suis du regard la rue Philippe...* (Anne Hébert)

> *Chacun est responsable de tous. Chacun est seul responsable. Chacun est seul responsable de tous.* (Antoine de Saint-Exupéry)

2. la fin d'une phrase non verbale (notamment dans certaines énumérations visant à créer des effets particuliers) :

> *Rêverie. Calme. Repos.* (Blaise Cendrars)

> *Je repensais à toutes les personnes qui avaient marqué ma destinée de leur sceau. Dame maman. Laetitia. La Prêtresse-goîtrée. La Moissonneuse-du-mal. Dame Donga. Et toutes les oubliées.* (Calixthe Beyala)

3. la fin d'une abréviation, quand la dernière lettre de celle-ci n'est pas la dernière lettre du mot complet (→ Annexe 5, p.527) :

— *M.* (pour *Monsieur*), *J.-Ch.* (pour *Jean-Charles*), *c.-à-d.* (pour *c'est-à-dire*), *p.* (pour *page*), *janv.* (pour *janvier*), *v. trans.* (pour *verbe transitif*), *qqch.* (pour *quelque chose*),...

Mais : *M*^{me} (pour *Madame*), *S*^{t} (pour *Saint*), *D*^{r} (pour *Docteur*), *C*^{ie} (pour *compagnie*), *n°* (pour *numéro*), *M*^{gr} (pour *Monseigneur*), *M*^{e} (pour *Maître*), *ltée* (pour *limitée*),...

Le point d'interrogation

23

● Le point d'interrogation (**?**) marque la fin d'une phrase exprimant une question directe :

➪ *D'où vient la léthargie? Qui l'a souhaitée secrètement* [...]*? Qui a englué le corps* [...]*? Qui l'a voulu? Qui l'a laissé faire? Qui l'a approuvé?* (Claude Gauvreau)

☞ ◆ Quand la phrase interrogative est juxtaposée à une autre qui la suit (→ 840), le point d'interrogation se met immédiatement après la question :

➪ *Où voyez-vous un problème? demanda le vieux Solo.* (Massa Makan Diabaté)

Le point d'exclamation

24

● Le point d'exclamation (**!**) marque la fin d'une phrase exprimant un ordre ou un sentiment intense (joie, peur, surprise, espoir,...) :

➪ *Innocente! Innocente! Je suis innocente!* (Anne Hébert)

☞ ◆ Le point d'exclamation peut aussi être placé immédiatement après une interjection ou un mot mis en apostrophe :

➪ *Brisé par une main qu'on aime,*
Seigneur! un cheveu de nous-même
Est si vibrant à la douleur! (Marceline Desbordes-Valmore)

➪ *Ce monument gigantesque* [...] *souillé, flétri! éclaboussé! abîmé! perdu!* (Jules Verne)

Les points de suspension

25

● Les points de suspension, toujours au nombre de trois (**...**), sont utilisés dans les cas suivants :

1. pour indiquer qu'une phrase est interrompue ou qu'un mot est inachevé :

➪ *Une goutte... quand on a soif du lac entier... un poème... quand on poursuit la beauté absolue...* (Rina Lasnier)

➪ *Mon pauvre frère avait été emporté par l'épi... l'api... l'apocalypse... l'épilepsie quoi.* (Marie-Claire Blais)

2. pour indiquer, dans une citation, qu'un passage de celle-ci n'est pas repris (dans ce cas, les points de suspension se mettent entre crochets : → 31.2) :

➪ *Maître Corbeau* [...] *tenait en son bec un fromage.*
Maître Renard [...] *lui tint à peu près ce langage.* (La Fontaine)

☞ ◆ On ne met jamais de points de suspension après l'abréviation *etc.* (*et cetera*, locution latine signifiant «et le reste»).

La virgule

26 • La virgule (,) marque une sorte d'interruption dans le développement de la phrase qui se traduit, à l'oral, par une pause de moindre durée que celle exigée par un point.

La virgule est employée dans les cas suivants :

1. pour séparer des éléments de même fonction (sujets, compléments, épithètes, attributs,...) qui ne sont pas reliés par *et*, *ou* ou *ni* :

   ➡ *Donalda ne lui arrachait plus ses pièces de vingt-cinq sous pour s'acheter des épingles à cheveux, du ruban, de la flanellette, des lacets de bottine, du coton,...* (Claude-Henri Grignon)

   ▲ Exception: Quand une conjonction (*et*, *ou*, *ni*) est employée plus de deux fois dans une énumération, on a recours à une ou des virgules pour séparer les éléments coordonnés : — *Ni toi, ni ton mari, ni ton fils, ni sa femme, personne ne me fera changer d'avis.*

2. pour isoler un complément du nom à valeur explicative (elle peut même être absolument indispensable parfois : → 761) :

   ➡ *Alors viendra Nolivé, la Fille de la paix, qui établira son règne sur la terre.* (Senouvo Agbota Zinsou)

3. pour isoler un mot ou un groupe de mots mis en apostrophe :

   ➡ *Une reine, mon père, ça se trouve, mais un bouffon...* (Michel de Ghelderode)

   ➡ *Soyez béni, mon Dieu, qui donnez la souffrance*
   Comme un divin remède à nos impuretés. (Charles Baudelaire)

4. pour isoler des éléments déplacés dans une phrase (quand il n'y a pas d'inversion du verbe et du sujet) :

   ➡ *Après le massacre de Wounded Knee, les Indiens ne feront plus la guerre à l'armée des États-Unis.* (Jacques Poulin)

   ➡ *Ses regards, le lendemain, quand il revit M*^me^ *de Rénal, étaient singuliers.* (Stendhal)

5. pour séparer des phrases de même type quand elles sont juxtaposées (→ 831) :

   ➡ *Tout bonheur est un chef-d'œuvre : la moindre erreur le fausse, la moindre hésitation l'altère, la moindre lourdeur le dépare, la moindre sottise l'abêtit.* (Marguerite Yourcenar)

6. devant des mots de liaison autres que *et*, *ou* et *ni* :

   ➡ *Il ne faisait pas chaque jour visite à son père, mais il était présent chaque fois que s'opérait le travail de l'or.* (Camara Laye)

7. devant des subordonnées circonstancielles (→ 905) à valeur explicative :

Il leur arrive parfois [aux oiseaux] *de perdre le vent, lorsque des brises capricieuses se combattent.* (George Sand)

◆ Devant des subordonnées circonstancielles très courtes ou étroitement liées à la phrase principale (→ 860), il est préférable de ne pas mettre de virgule : — *Appelle-moi quand tu veux... — Elle est partie sans rien dire...*

8. après des subordonnées circonstancielles placées au début d'une phrase complexe (→ 826) :

Quand on a les yeux fermés, on est seul. (Réjean Ducharme)

9. pour isoler une subordonnée relative explicative (→ 872.1), une phrase incise ou une phrase participiale :

Et l'imam, qui tenait enfin un fil conducteur, ne le lâcha plus. (Mariama Bâ)

Il faut vous interroger, lui dit-il, sur la présence au garage d'une petite voiture basse. (Jean-Baptiste Tati-Loutard)

10. pour marquer l'ellipse d'un verbe ou d'un autre mot déjà exprimé :

Les uns le disaient à Séfadougou à la recherche du diamant et les autres, dans les mines d'or du Bouré vers Kourémalen. (Massa Makan Diabaté)

Le point-virgule

● Le point-virgule (;) marque une sorte de coupure interne de la phrase, plus importante que celle créée par la virgule. 27

Le point-virgule est donc employé pour séparer les parties d'une phrase complexe dont au moins une partie est déjà divisée par une virgule :

Pendant un an il avait pu partager leur vie, mais il n'était pas des leurs; il ne le serait jamais. (Germaine Guèvremont)

Le deux-points

● Le deux-points (:) est utilisé dans deux cas précis : 28

1. pour annoncer une citation en discours direct :

Je m'écriai :«Mon Dieu, mon Dieu! Que va-t-il donc arriver?» (Laure Conan)

2. pour annoncer une énumération, une explication, une conséquence ou un résumé de ce qui précède :

Il y a trois sortes d'oublis : celui du cœur, celui de l'orgueil, celui des sens. (Hervé Bazin)

Que voulez-vous : l'étoile ou la lune? (Jean-Joseph Rabearivelo)

Tout y passait : bananes naines, goyaves pulpeuses, chair sucrée de mangues, succulents safous, tendres papayes,... (Binéka Danièle Lissouba)

LES SIGNES TYPOGRAPHIQUES

29 • Les signes typographiques sont : les **parenthèses**, les **crochets**, les **tirets**, les **guillemets**, l'**astérisque**, le **trait oblique**, le **caractère italique** et l'**alinéa**.

Les parenthèses

30 • Les parenthèses ( ) sont utilisées surtout dans les cas suivants :

1. pour intercaler, dans une phrase, une information complémentaire ou une observation jugée secondaire :

➾ *Les lieux mêmes (de Sorel à Kamouraska et de Kamouraska à Sorel) me seront largement ouverts.* (Anne Hébert)

➾ *Il y avait longtemps (certains disaient trop longtemps) que la caravane traversait le désert.* (Mouloud Mammeri)

2. pour indiquer le nom de l'auteur ou l'origine d'une citation :

➾ *C'est une langue belle, avec des mots superbes.* (Yves Duteil)

➾ *En passant par la Lorraine.* (chanson populaire)

Les crochets

31 • Les crochets [ ] sont utilisés dans les cas suivants :

1. à la place des parenthèses quand il faut isoler une indication qui en contient déjà :

– *Dès sa première pièce [Les Belles-Sœurs (1968)], Michel Tremblay connut un grand succès.*

2. avec des points de suspension pour indiquer, dans une citation, qu'une partie du texte original n'est pas reprise (→ 25.2) :

➾ *Allez, venez, Milord* [...], *il fait si froid dehors.* (Édith Piaf)

Les tirets

32 • Les tirets (— —) sont utilisés dans les cas suivants :

1. pour indiquer un changement d'interlocuteur dans un dialogue :

➾ *Et s'il m'interroge alors*
Sur la dernière heure?
— Dites-lui que j'ai souri
De peur qu'il ne pleure... (Maurice Maeterlinck)

2. pour attirer l'attention sur un élément de la phrase :

➾ *Le professeur d'allemand* [...] *décroche son chapeau qu'il va — Roger attend ce geste rituel — essuyer d'un revers de manche.* (Georges Simenon)

3. dans certains cas, pour indiquer chaque élément d'une énumération :

➾ *Elle frappe et elle dit :*
— *Celui-ci pour le scandale!*
— *Celui-là pour les mauvaises pensées!*
— *Celui-là pour les mauvaises paroles!* (Jean-Jules Richard)

Les guillemets

33

● Les guillemets (« ») sont utilisés :

1. pour encadrer une citation dans un discours direct (ils sont, dans ce cas, précédés d'un deux-points : → 28.1) :

➾ [...] *et puis qu'un seul te dise, s'il l'ose : «Je fus meilleur que cet homme-là.»* (Jean-Jacques Rousseau)

2. pour isoler un mot cité ou utilisé dans un sens inhabituel :

➾ *Le fossé baya* [sic] *plus profond que jamais entre les «Anglais» et les «habitants».* (Ringuet)

☞ ◆ On peut utiliser les guillemets pour indiquer le début et la fin d'un dialogue, mais ils ne sont pas obligatoires (alors que les tirets le sont) :

➾ *Alors Moussa* [...] *demanda à Awa :*
«Où est l'os?
— *Il est là, fit la veuve docile.*
— *Apporte-le et qu'on en finisse.»* (Birago Diop)

◆ Les guillemets anglais (“ ”) sont à éviter en français, sauf à l'intérieur d'une citation déjà signalée par des guillemets ordinaires :

➾ *Écoutons la remarque exaltée du poète Adonis : «Notre terre n'est pas seulement une “waste land” : elle est plus que cela, elle est chaos et désordre.»* (Salah Stetié)

L'astérisque

● L'astérisque (*) indique un renvoi en bas de page (ou en fin de texte) pour une explication ou une information complémentaire : 34

➾ *Il y a des souvenirs de delirium tremens* dans l'expression.* (Jacques Chessex)

En bas de page : * *Délire passager accompagné de tremblements.*

☞ ◆ L'astérisque peut être utilisé seul * ou avec des parenthèses (*), et, quand il faut faire plus d'un appel de note à la même page, on recommande de ne pas dépasser trois astérisques consécutifs : (*), (**), (***)

◆ Pour plus de clarté, il est possible de remplacer les astérisques par de petits chiffres placés en indice de la même façon.

◆ L'astérisque peut également servir à indiquer une formulation incorrecte (→ p.17).

La barre oblique

35 ● La barre oblique (/) n'est habituellement utilisée que dans certaines abréviations d'ordre technique ou scientifique :

— *12 m/s* (mètres/seconde), *325 km/h* (kilomètres/heure)

Le caractère italique

36 ● L'italique est un caractère typographique légèrement incliné vers la droite : *Merci*. Le caractère **italique**, qui se démarque du caractère droit, dit **romain**, est utilisé dans les cas suivants (*exceptionnellement, les citations resteront en*... caractères romains) :

1. pour attirer l'attention du lecteur sur un mot ou un groupe de mots:

   ➾ Je n'écris pas *pour* mais *en* et *avec* eux. (Tahar Ben Jelloun)

2. pour indiquer un mot en langue étrangère ou d'origine étrangère :

   ➾ Mais il a la tête fêlée, votre *pickpocket*, s'écria Picquot.
   (Yves Beauchemin)

3. dans les citations (→ 6) :

   — de noms d'œuvres : — As-tu lu *Cyrano de Bergerac*?

   — de noms d'établissements (commerciaux) : — Dîner chez *McDonald*, faire le plein chez *Shell*, loger au *Hilton*.

   — de noms de véhicules : — Rouler en *Peugeot*, voler en *Fokker*, avoir un beau *Ski-doo*, une grosse *Harley-Davidson*.

   — de devises : — *Honni soit qui mal y pense* (en français) est la devise de l'ordre de la Jarretière (Angleterre).

L'alinéa

37 ● L'alinéa est un retrait en début de ligne (après, le plus souvent, un intervalle plus grand que l'interligne ordinaire). Il sert à indiquer, dans un texte, les étapes de la narration ou de la pensée. Il marque donc une division plus forte que le point, et les segments de texte ainsi créés portent le nom de **paragraphes** (→ 991-992) :

➾ *À la quiétude des rives du ruisseau avaient succédé, pour Agaguk et Iriook, la pleine angoisse, le mal de peur, la bête au ventre.*

Le loup blanc.

Quand Agaguk songeait que pendant cette nuit-là, alors qu'il croyait accomplir son entier devoir, monter une garde vigilante, l'animal était venu à bien près de saisir Tayaout...

Mais pourquoi Tayaout? Pourquoi le petit?

Iriook passa sa journée le fusil à la main... (Yves Thériault)

Mongo Beti

Cameroun

1932

De son vrai nom Alexandre Biyidi-Awala, Mongo Beti, né au Cameroun, a étudié, vécu et enseigné en France avant de rentrer dans son pays. Il a publié des œuvres critiques sur l'évolution de l'Afrique en général et du Cameroun en particulier, ainsi que de nombreux romans : *Ville cruelle, Le Pauvre Christ de Bomba, Remember Ruben, L'Histoire du fou, Les deux mères de Guillaume Ismaël Dzewatama, futur camionneur* et *La Revanche de Guillaume Ismaël Dzewatama*,... Mongo Beti est considéré comme **la grande figure de la littérature camerounaise.**

— Mauvais, ce cacao... très mauvais. Au feu!...

Banda frémit de colère. Ses yeux s'embuèrent de larmes.

— Non, rugit-il, ce n'est pas vrai! Mon cacao est bon!

Il bondit après les costauds du contrôleur. On aurait dit que les gardes régionaux n'attendaient que ce geste. Ils se ruèrent sur lui. Il y eut une mêlée confuse, rapide. On vit des poings, des matraques s'élever et s'abattre. Le corps gigantesque d'un garde roula par terre. Les cinq femmes qui avaient accompagné Banda s'interposèrent courageusement.

— Vous ne pouvez pas vous battre à quatre contre lui tout seul. Vous n'êtes donc pas des hommes? disaient-elles.

— Nous ne voulons pas nous battre contre lui, répondaient les gardes régionaux. Nous l'emmenons au commissariat de police, un point c'est tout. Ils venaient de le maîtriser. Ils l'obligèrent à se relever et lui mirent des menottes. La foule silencieuse était tout yeux et tout oreilles pour le jeune homme. Il avait un œil poché. Un filet de sang pendait à ses lèvres. Une rumeur monta vers lui, par vagues, comme des messages de sympathie...

Pendant que les gardes régionaux le conduisaient au commissariat de police, il éprouvait un profond, très profond sentiment de frustration; cette impression non plus n'était pas nouvelle dans sa vie. En maintes circonstances déjà, il lui avait semblé éprouver cette même chose : seulement, à cet instant elle prenait une forme suraiguë. Elle s'accompagnait aujourd'hui, comme avant, de cette autre impression, elle aussi rendue aiguë par les circonstances, que la sécurité s'était retirée à jamais de la grande forêt.

[...]

Il crut avoir touché du doigt le fond de la cruauté humaine, ne se doutant pas qu'elle fût insondable.

(Extrait de *Ville cruelle*,
© Présence africaine)

*O*LYMPE *B*HÊLY-*Q*UENUM

Bénin

1928

Olympe Bhêly-Quenum est né au Bénin (alors le Dahomey) et il a étudié au Ghana et en France. Il a cumulé les carrières d'enseignant, d'écrivain et de fonctionnaire à l'Unesco. Il est, avec son épouse française, le fondateur de la revue *L'Afrique actuelle*. Comme écrivain, Olympe Bhêly-Quenum est principalement l'auteur de romans (*Un piège sans fin*, *Le Chant du lac*, ***L'Initié***,...), considérés comme étant à l'image de toute l'Afrique : un carrefour entre l'oral et l'écrit, le réel et l'imaginaire, le moderne et le traditionnel. Ils ont été traduits dans plusieurs langues et couronnés de divers prix.

Marc fut tout étonné de n'avoir pas prêté attention à l'annonce de cette causerie inscrite parmi tant d'autres, à l'affiche de la «Galerie Laënnec».

«Ce qu'on appelle magie chez les Noirs d'Afrique est fondé sur la force de la pensée, la certitude passée de la pensée dans le verbe qui est opératoire; mais il y a aussi une connaissance chez eux des vertus premières des plantes; s'ils l'exploitaient, ils bouleverseraient la médecine traditionnelle, aussi bien en Europe qu'aux USA. Un Noir au courant des noms forts de tous les os du squelette humain ordonnerait à un homme de mourir que celui-là mourrait sur-le-champ...»

Marc n'en croyait pas ses oreilles d'entendre un Blanc tenir de tels propos devant lesquels lui-même aurait hésité, de peur d'être soupçonné d'arriérisme ou de passer pour un mystificateur; alors il buvait, tranquille, les mots de cet orateur à la voix monotone mais convaincante. Il se revoyait chez lui dans un bois sacré, en compagnie d'Atchê : ils étaient nus, assis face à face en derviche, à même la terre, parmi les feuilles mortes, et l'oncle opérait devant lui; ce fut peu après que Kofi-Marc avait été mordu par un naja, du côté de Wésê.

«Oh, mon petit... voici enfin les *noms premiers* de toutes choses; les mots qu'il ne faut dire, auxquels il ne faut penser qu'en cas d'ultime nécessité...

«Quiconque abuse des forces naturelles que le privilège de l'initiation a permis de lui révéler raccourcit la durée de sa propre existence.

«Il faut vivre le plus longtemps possible.

«La mort n'est qu'un accident.

«Mais tu n'es pas digne d'être un homme si tu ne peux consentir à la diminution de ta vie pour la sauvegarde de quiconque se trouve dans la souffrance.

«Hais la faiblesse.

Sois un homme :

Celui qui se réveille au milieu de la nuit parce qu'on a besoin de lui.»

(Extrait de *L'INITIÉ*,
© Présence africaine)

Chapitre II

Les sons du français

LA FORMATION DES SONS

● Les sons du langage, aussi appelés **phonèmes** (du grec *phonè*, «son, voix»), sont des émissions d'air, produites par les poumons et particularisées par l'appareil vocal. 38

Les sons varient souvent d'une langue à l'autre, parce que chacune n'utilise qu'une partie des nombreuses possibilités offertes par le système phonateur.

Même si, en théorie, chaque être humain a la capacité de prononcer correctement n'importe quel son de n'importe quelle langue, il n'en est pas ainsi dans la réalité, car cette faculté, si elle n'est pas développée dans l'enfance pour une langue donnée, disparaît généralement par la suite.

Aussi garde-t-on souvent l'**accent** de sa langue maternelle en parlant une langue étrangère. Il faut bien sûr essayer de le corriger dans toute la mesure du possible, mais, pour le reste, il n'y a pas lieu de s'en affliger : c'est un phénomène naturel dont les effets peuvent parfois même être charmants.

L'APPAREIL VOCAL

● L'appareil vocal est l'ensemble des organes servant à produire les sons du langage. Il comprend : 39

- le **larynx**, qui est comme un entonnoir, situé entre l'extrémité supérieure de la trachée et l'arrière-bouche;
- les **cordes vocales**, qui, selon qu'elles vibrent plus ou moins vite et plus ou moins fort, émettent les différents sons, et la **glotte**, qui est la fente laissée, dans le larynx, par les cordes vocales pour le passage de l'air;
- le **pharynx**, qui est l'arrière-bouche, c'est-à-dire le «carrefour» entre la bouche et l'œsophage, les fosses nasales et le larynx;

— la **cavité buccale**, qui est le volume intérieur de la bouche;
— les **fosses nasales**, qui sont la cavité de résonance en arrière du nez;
— le **voile du palais**, qui est la partie mobile et postérieure du palais, servant à permettre ou non le passage de l'air par les fosses nasales, et qui est terminé par la **luette** (le petit appendice charnu, visible dans le gosier, dont la fonction est d'empêcher la nourriture de remonter dans les fosses nasales);
— les **alvéoles**, qui sont la partie antérieure et ferme du palais;
— la **langue**, les **lèvres** et les **dents**.

40 ● La disposition et l'ensemble des mouvements de tous ces organes, au passage de l'air émis par les poumons, s'appelle l'**articulation**.

Enfin, c'est parce que la configuration de ces organes est propre à chaque être humain que les sons émis par chaque appareil vocal sont différents. Chaque personne possède donc sa propre **voix**, plus ou moins forte, plus ou moins pure, plus ou moins harmonieuse, etc.

41

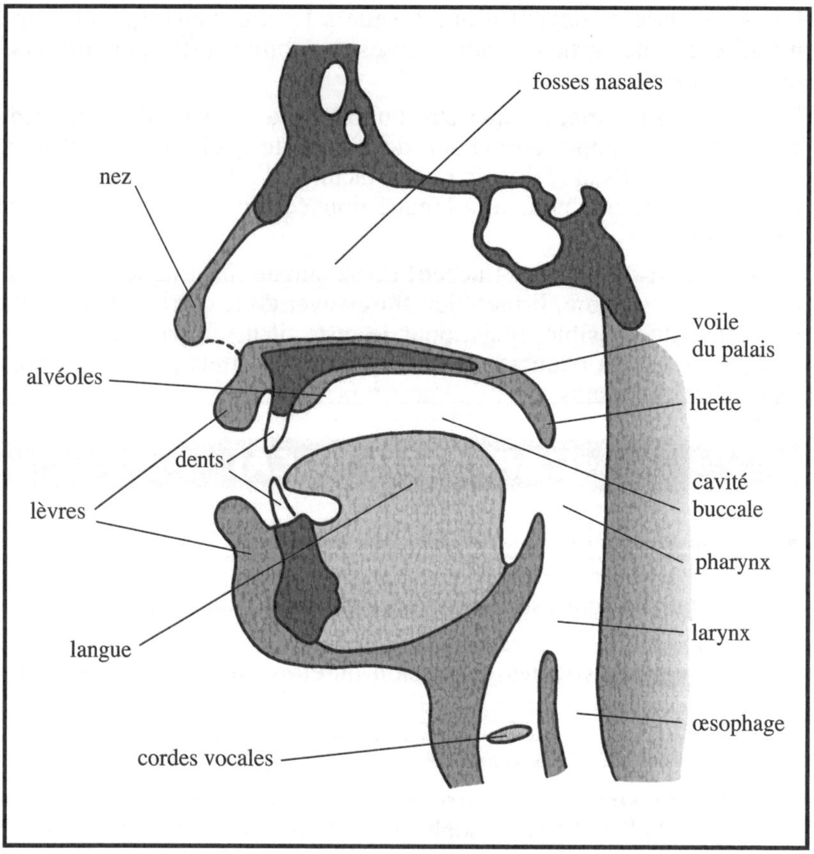

LES LETTRES ET LES SONS

Les deux sortes de lettres

● Les 26 lettres de l'alphabet français se divisent en deux groupes 42
selon leur prononciation :

- les **voyelles**, qui représentent des sons produits par les vibrations des cordes vocales au passage de l'air émis par les poumons, et qui s'échappent de l'appareil vocal sans avoir rencontré aucun obstacle;
- les **consonnes**, qui représentent des bruits de frottement ou d'explosion provoqués par la position de l'un ou l'autre organe au passage de l'air émis par les poumons, que celui-ci s'accompagne ou non d'une vibration des cordes vocales.

Les trois sortes de sons

● Il convient de faire la distinction entre les «noms de lettres» et les 43
«noms de sons», car les mêmes termes (*voyelles* et *consonnes*) servent habituellement à désigner ces deux réalités différentes.

Si l'on considère les 26 lettres de l'alphabet écrit et qu'on les classe selon les définitions des voyelles et des consonnes, on n'a que 6 voyelles (a, e, i, o, u et y), toutes les autres lettres étant des consonnes.

Mais, en réalité, ces 26 lettres servent à transcrire les 36 sons différents que comporte le français. Ces 36 sons se divisent en **16 sons vocaliques** (appelés couramment *voyelles*, *orales* ou *nasales*), **3 sons intermédiaires** (appelés *semi-voyelles*) et **17 sons consonantiques** (appelés couramment *consonnes*). C'est dans ce dernier sens — phonétique et non pas orthographique — que sont entendus ci-après les mots *voyelles* et *consonnes*.

Les rapports entre lettres et sons

● Avec 26 lettres pour transcrire 36 phonèmes, il est clair qu'en 44
français, comme dans d'autres langues, la correspondance habituelle entre les lettres de la langue écrite et les sons de la langue parlée (un -i- se prononçant [i], un -d- se prononçant [d]) ne se vérifie pas toujours.

Ainsi, d'ordinaire, un -c- se prononce [s] comme dans ***cent*** ou [k] comme dans *col*, mais il peut aussi ne pas se prononcer, comme dans *banc*, ou se prononcer [g] comme dans *seconde*, ou même, s'il est suivi d'un *h*, se prononcer [ʃ] comme dans ***chant*** ou encore [k] comme dans ***chœur***.

Inversement, le son [a] peut être rendu par différentes lettres : *date* [dat], *tracas* [tʀaka], *plagiat* [plaʒja], ***rats*** [ʀa], ***loi*** [lwa], ***voile*** [vwal], ***poêle*** [pwal], ou même *femme* [fam]; de même pour le son [e] : ***âgé*** [ɑʒe], ***âgée*** [ɑʒe], ***âgés*** [ɑʒe], ***âgées*** [ɑʒe], ***et*** [e], ***semer*** [səme], ***chez*** [ʃe], *je* ***dirai*** [ʒədiʀe], ***pied*** [pje] et ***clef*** [kle].

L'ALPHABET PHONÉTIQUE INTERNATIONAL

45 ● C'est afin de pouvoir transcrire, de manière claire et univoque, les paroles prononcées — non seulement en français, mais dans quelque langue que ce soit — qu'a été mis au point l'alphabet phonétique international (API).

En effet, dans cet alphabet (composé à partir de l'alphabet latin), **chaque son est toujours représenté par un seul et même signe** (il n'y a donc ni majuscules ni ponctuation). Grâce à cette convention, il est possible, à côté de tout mot, d'indiquer sa prononciation exacte, toujours entre crochets [ ], ainsi que le font à présent la plupart des dictionnaires.

Mieux encore : étant donné le caractère international de cet alphabet phonétique, et à condition de connaître les signes qui correspondent aux sons propres à chaque langue, il est possible de prononcer les mots des langues étrangères et, pour les étrangers, de prononcer les mots du français.

46 ***SONS : EXEMPLES ET TRANSCRIPTION PHONÉTIQUE***

LES 12 VOYELLES ORALES

[a] avec [avɛk], date [dat], tracas [tʀaka], voile [vwal], poêle [pwal], femme [fam]

[ɑ] âme [ɑm], pâte [pɑt], bas [bɑ], flamme [flɑm]

[e] été [ete], désir [deziʀ], et [e], gué [ge], année [ane], nez [ne], je ferai [ʒəfəʀe]

[ɛ] aimer [ɛme], mer [mɛʀ], guet [gɛ], neige [nɛʒ], poète [pɔɛt], fête [fɛt], je ferais [ʒəfəʀɛ], fraîche [fʀɛʃ]

[ə] je [ʒə], lever [ləve], remède [ʀəmɛd]

[i] ici [isi], lit [li], riz [ʀi], vie [vi], île [il], lys [lis], naïf [naif]

[ɔ] ordre [ɔʀdʀ], fort [fɔʀ], poli [pɔli], Paul [pɔl]

[o] auto [oto], rose [ʀoz], dôme [dom], beau [bo]

[u] boule [bul], où [u], doux [du], goût [gu], août [u]

[y] tu [ty], une [yn], ululer [ylyle], il eut [ily]

[œ] peur [pœʀ], heure [œʀ], jeune [ʒœn], un œuf [œ̃nœf]

[ø] feu [fø], deux [dø], des œufs [dɛzø]

LES 4 VOYELLES NASALES

[ɑ̃] blanc [blɑ̃], dent [dɑ̃], grand [gʀɑ̃], sang [sɑ̃], vengeance [vɑ̃ʒɑ̃s], embruns [ɑ̃bʀœ̃], champ [ʃɑ̃], temps [tɑ̃], paon [pɑ̃]

[ɛ̃] fin [fɛ̃], simple [sɛ̃pl], bain [bɛ̃], faim [fɛ̃], chien [ʃjɛ̃], teint [tɛ̃], Reims [ʀɛ̃s], dessein [dɛsɛ̃], syntaxe [sɛ̃taks], thym [tɛ̃]

[ɔ̃] bonbon [bɔ̃bɔ̃], honte [ɔ̃t], blond [blɔ̃], plomb [plɔ̃]

[œ̃] un [œ̃], brun [bʀœ̃], parfum [paʀfœ̃], à jeun [aʒœ̃]

LES 3 SEMI-VOYELLES

[j] œil [œj], yeux [jø], pied [pje], paille [paj], fille [fij], bouteille [butɛj]

[w] oui [wi], oie [wɑ], loi [lwa], toit [twa], loin [lwɛ̃], fouet [fwɛ]

[ɥ] lui [lɥi], cuir [kɥiʀ], huile [ɥil], situé [sitɥe]

LES 17 CONSONNES

[p] pile [pil], cap [kap], appel [apɛl], obtenir [ɔptəniʀ]

[b] bal [bal], baobab [baobab], abbé [abe]

[t] tante [tɑ̃t], mat [mat], patte [pat], thé [te], grand homme [gʀɑ̃tɔm]

[d] dent [dɑ̃], addenda [adɛ̃da], bled [blɛd]

[k] car [kaʀ], képi [kepi], quai [kɛ], coq [kɔk], buccal [bykal], chœur [kœʀ], acquis [aki], ticket [tikɛ]

[g] grand [gʀɑ̃], baguette [bagɛt], goulag [gulag], aggraver [agʀave], seconde [səgɔ̃d]

[f] fil [fil], offre [ɔfʀ], phare [faʀ], Joseph [ʒozɛf], chef [ʃɛf]

[v] ville [vil], vivre [vivʀ], wagon [vagɔ̃], neuf ans [nœvɑ̃]

[s] sur [syʀ], essence [ɛsɑ̃s], cil [sil], maçon [masɔ̃], scène [sɛn], muscle [myskl], lotion [lɔsjɔ̃], dix [dis]

[z] zéro [zeʀo], poser [poze], dixième [dizjɛm], razzia [ʀazja]

[ʃ] chou [ʃu], tache [taʃ], schéma [ʃema], flash [flaʃ], haschich [aʃiʃ]

[ʒ] jeu [ʒø], page [paʒ], gigot [ʒigo], geôle [ʒol], loggia [lɔdʒja]

[m] mont [mɔ̃], mimer [mime], flamme [flɑm], rhum [ʀɔm]

[n] noir [nwaʀ], lune [lyn], anneau [ano], automne [otɔn]

[ɲ] agneau [aɲo], signe [siɲ], besogne [bəzɔɲ]

[l] livre [livʀ], elle [ɛl], sol [sɔl], malheur [malœʀ]

[ʀ] roue [ʀu], arbre [aʀbʀ], arriver [aʀive], rhume [ʀym]

☞ ◆ En plus de ces 36 sons, le français a compté 3 consonnes aujourd'hui (presque) disparues : le [r], **-r- apical** ou roulé (conservé régionalement); le [h], **-h- aspiré** (conservé régionalement et dans quelques interjections : *hola*! [hola]); le [ʎ], **-l- mouillé,** comme dans l'italien *figlia* [fiʎa].

◆ Un nouveau son, d'origine anglaise, a fait son apparition en français au XXe siècle : le [ŋ] comme dans *camping* [kɑ̃piŋ], *parking* [paʀkiŋ], etc., mais il n'appartient pas réellement au système phonétique du français.

◆ Si l'on veut indiquer qu'une voyelle est longue, on place une sorte de deux-points après celle-ci (*elle* [ɛl], *aile* [ɛːl]). Sauf en poésie classique, cette distinction de longueur demeure toutefois secondaire en français. (On la retrouve quand même dans la langue courante, mais plutôt avec les consonnes : *Personne n'est parfait* [pɛʀsɔnːɛpaʀfɛ].)

LES VOYELLES ET LES CONSONNES

47 ● Les 36 phonèmes ou sons du français se divisent donc (→ 43) en **16 voyelles** (ou sons vocaliques), **17 consonnes** (ou sons consonantiques) et **3 semi-voyelles** (ou sons intermédiaires). Les 16 voyelles se divisent elles-mêmes en **12 voyelles orales** et **4 voyelles nasales**.

LES VOYELLES

48 ● Les 16 voyelles du français peuvent être classées selon différents critères : le passage ou non du son par les fosses nasales, le lieu d'articulation, le degré d'ouverture buccale, la durée et la tension du son émis.

1. Voyelles orales et nasales :

- [a], [ɑ], [e], [ɛ], [ə], [i], [ɔ], [o], [u], [y], [œ] et [ø] sont des voyelles **orales**, c'est-à-dire que le son sort uniquement par la bouche.
- [ɛ̃], [ɑ̃], [œ̃] et [ɔ̃] sont des voyelles **nasales**, c'est-à-dire que le son sort également par le nez, la nasalisation étant indiquée par le tilde (˜) au-dessus du signe phonétique.

2. Voyelles antérieures et postérieures :

- [a], [e], [ɛ], [ə], [i], [y], [œ], [ø], [ɛ̃] et [œ̃] sont des voyelles **antérieures**, c'est-à-dire qu'elles sont prononcées vers l'avant du palais.
- [ɑ], [ɔ], [o], [u], [ɑ̃] et [ɔ̃] sont des voyelles **postérieures**, c'est-à-dire qu'elles sont prononcées vers l'arrière du palais.

3. Voyelles ouvertes et fermées :

- [a], [ɑ], [ɛ], [ɔ], [œ], [ɛ̃], [œ̃], [ɑ̃] et [ɔ̃] sont des voyelles **ouvertes**, c'est-à-dire qu'elles sont prononcées avec la bouche ouverte (ou plutôt ouverte).
- [e], [i], [o], [u], [y] et [ø] sont des voyelles **fermées**, c'est-à-dire qu'elles sont prononcées avec la bouche fermée (ou plutôt fermée).

Le cas particulier du -e- muet

49 ● Le -e- muet [ə] a comme particularité de n'être prononcé qu'en certaines circonstances :

- Il n'est pas prononcé en fin de mot, sauf quand il porte l'accent tonique : *mange-le!* [mɑ̃ʒlə].
- Il est prononcé en poésie classique, sauf quand il se trouve en fin de vers, créant ainsi une rime féminine.
- Enfin, il peut même être élidé : *l'arbre* et *l'oiseau* (→ 16).

LE TABLEAU DES VOYELLES 50

	ANTÉRIEURES		POSTÉRIEURES	
	OUVERTES	FERMÉES	OUVERTES	FERMÉES
ORALES	[a]		[ɑ]	
	[ɛ]	[e]		
		[i]		
			[ɔ]	[o]
		[y]		[u]
	[œ] [ə]	[ø]		
NASALES	[ɛ̃]		[ɑ̃]	
	[œ̃]		[ɔ̃]	

☞ ◆ Classées selon leur durée, les voyelles sont dites **brèves** (comme dans *sac* [sak]) ou **longues** (comme dans *page* [paʒ]).

◆ Classées selon leur tension, les voyelles sont dites **tendues** (comme il convient généralement en français) ou **relâchées** (comme on peut souvent le constater dans la langue parlée).

LES CONSONNES

● Les 17 consonnes du français peuvent également être classées selon différents critères : le passage du son par la bouche ou le nez, la vibration ou non des cordes vocales, la manière dont le son propre à chaque consonne est produit dans la bouche et l'endroit de la bouche où ce son est produit. 51

1. Consonnes orales et nasales :

- [m], [n] et [ɲ] sont 3 consonnes **nasales**, c'est-à-dire que le son sort uniquement par le nez.
- les 14 autres consonnes sont toutes **orales**, c'est-à-dire que le son sort uniquement par la bouche.

2. Consonnes sonores et sourdes :

- [b], [d], [g], [ʒ], [v] et [z] sont des consonnes **sonores**, c'est-à-dire que leur formation s'accompagne d'une vibration des cordes vocales.
- [p], [t], [k], [ʃ], [f] et [s] sont des consonnes **sourdes**, c'est-à-dire que leur formation ne s'accompagne d'aucune vibration des cordes vocales.

☞ ◆ Quand une consonne sonore et une consonne sourde se trouvent côte à côte, dans le même mot ou dans deux mots qui se suivent, l'une peut assimiler l'autre en la rendant sourde ou sonore, selon le cas :

— *un abcès* [apsɛ]

→ (le -b- se prononce [p] à cause du [s]).

— *subsister* [sybziste]

→ (le -s- se prononce [z] à cause du [b]).

3. Consonnes occlusives, fricatives et liquides :

- [p], [b], [t], [d], [k] et [g] sont des consonnes **occlusives**, c'est-à-dire que le souffle est d'abord arrêté par la fermeture complète des organes vocaux, puis soudainement libéré.
- [f], [v], [s], [z], [ʃ] et [ʒ] sont des consonnes **fricatives**, c'est-à-dire que le souffle est freiné par le resserrement des organes vocaux, mais sans fermeture complète.

  (Les consonnes [s] et [z] sont parfois appelées **sifflantes**, tandis que les consonnes [ʃ] et [ʒ] sont parfois appelées **chuintantes**.)
- [l] et [ʀ] sont deux consonnes dites **liquides**, c'est-à-dire que le souffle passe sur les côtés de la langue (pour le [l]) ou s'accompagne d'une vibration du voile du palais (pour le [ʀ]) ou de la luette (pour le [r] ou -r- roulé).

4. Consonnes labiales, dentales, palatales et vélaires :

- [p], [b], [f], [v] et [m] sont des consonnes **labiales**, c'est-à-dire qu'elles sont articulées au niveau des lèvres. Les consonnes [f] et [v] sont parfois appelées **labio-dentales** parce que les dents interviennent dans leur prononciation.
- [t], [d], [s], [z], [l] et [n] sont des consonnes **dentales**, c'est-à-dire qu'elles sont articulées au niveau des dents.
- [ʒ], [ʃ] et [ɲ] sont des consonnes **palatales**, c'est-à-dire qu'elles sont articulées au niveau du palais.
- [k], [g] et [ʀ] sont des consonnes **vélaires**, c'est-à-dire qu'elles sont articulées au niveau du voile du palais.

LE TABLEAU DES CONSONNES

52

			LABIALES	DENTALES	PALATALES	VÉLAIRES
ORALES	OCCLUSIVES	SONORES	[b]	[d]		[g]
		SOURDES	[p]	[t]		[k]
	FRICATIVES	SONORES	[v]	[z]	[ʒ]	
		SOURDES	[f]	[s]	[ʃ]	
	LIQUIDES			[l]		[ʀ]
NASALES			[m]	[n]	[ɲ]	([ŋ])

☞ ◆ Aucun son ne correspond à la lettre -h- en français, car celle-ci n'est normalement pas prononcée (→ 18) .

◆ La lettre -x- peut donner lieu à une séquence sourde [ks] ou sonore [gz], selon le cas :

— *s'exclamer* [sɛksklame], *s'exercer* [sɛgzɛʀse].

LES SEMI-VOYELLES

53 ● Les trois semi-voyelles du français ([j], [ɥ] et [w], appelées parfois semi-consonnes, s'articulent au même endroit de l'appareil vocal que les voyelles correspondantes, mais elles se caractérisent par leur brièveté et leur expiration continue :

- le [j] est apparenté au [i] : *un pied* [pje].
- le [ɥ] est apparenté au [y] : *la nuit* [nɥi].
- le [w] est apparenté au [u] : *Louis* [lwi].

54 ● Le son formé par l'émission rapide d'une voyelle et de la semi-voyelle qui la précède ou la suit est appelé une **diphtongue** :

– *le seuil* [sœj], *un lieu* [ljø],
une lueur [lɥœʀ], *une louange* [lwɑ̃ʒ].

Une diphtongue ne peut jamais être séparée lorsqu'un mot doit être coupé en fin de ligne (→ 97).

L'ENCHAÎNEMENT DES SONS

55 ● Dans le langage, il est extrêmement rare que les sons se présentent seuls (*Oh! — Mmm — Hue!*). Ils s'enchaînent presque toujours les uns aux autres de manière à former des mots, des phrases et des discours entiers.

LES SYLLABES

56 ● Les sons ou groupes de sons prononcés en une seule émission de voix sont appelés **syllabes**. Les mots du français peuvent comporter une seule syllabe (*ou, chaud, soif*), deux syllabes (*che-val, der-nier, moi-tié*), trois syllabes (*na-tu-rel, pen-den-tif, per-mis-sion*) ou davantage (*cha-leu-reu-se-ment, neu-ro-phy-sio-lo-gie, té-lé-com-mu-ni-ca-tions*).

Une syllabe est dite **ouverte** quand elle se termine par une voyelle (comme dans le mot *hi-la-ri-té*) et **fermée** quand elle se termine par une consonne (comme dans le mot *per-son-nel*).

57 ● Il ne faut pas confondre la **syllabe orale** et la **syllabe écrite**. En effet, comme le -e- muet n'est souvent pas prononcé (→ 49), un mot peut comporter moins de syllabes orales que de syllabes écrites (→ 95) :

— *tel-le-ment* (trois syllabes) mais : [tɛlmɑ̃] (deux syllabes).
— *au-to-rou-te* (quatre syllabes) mais : [otoʀut] (trois syllabes).

LA LIAISON DES MOTS

58 ● La **liaison** consiste à prononcer la consonne finale (habituellement muette) d'un mot, quand le mot suivant commence par une voyelle :

— *un petit chat* [œ̃pətiʃa] mais : *un petit oiseau* [œ̃pətitwazo].

Les liaisons à effectuer

59 ● En règle générale, il ne faut faire de liaison qu'entre des mots unis par le sens, notamment dans les cas suivants :

1. entre le déterminant et le nom : *un orage, ces ânes, certains îlots*.
2. entre le déterminant et l'adjectif : *mes anciens livres, tout autre avis*.
3. entre l'adjectif et le nom : *ce charmant enfant, de beaux yeux*.
4. entre le pronom sujet et le verbe : *Nous avons fini*. — *On a perdu*.
5. entre le pronom sujet et les pronoms *y* ou *en* : *Vous en parlerez*.

6. entre le pronom complément et le verbe : *Je les entends*.

7. entre le verbe et l'infinitif qui le suit : *On aimerait entrer.*

8. entre l'adverbe et le mot qu'il modifie : *jamais assez, trop ardent*.

9. après les verbes *être* et *avoir* : *Il était assis*. – *J'avais essayé*.

10. après une préposition (sauf *selon, hors, vers, envers*) :

— *sans aide, chez elle, dans une heure*.

11. après *quand* et *dont* : *quand ils pourront, ce dont on a besoin*.

12. dans diverses locutions et expressions figées, pour souligner leur unité sémantique :

— *mot à mot, de temps en temps, de fond en comble, un pot au feu.*

Mais la prononciation des mots composés ne change pas au pluriel :

— *des arcs-en-ciel* [aʀkɑ̃sjɛl], *des crocs-en-jambe* [kʀɔkɑ̃ʒɑ̃b].

☞ ◆ En cas de liaison, la prononciation d'une lettre peut changer :

— *un grand événement* (le -d- se prononce [t]).
— *les creux et les bosses* (le -x- se prononce [z]).
— dans *neuf heures* et *neuf ans*, le -f- se prononce [v].

◆ En cas de liaison, la finale des adjectifs en *-ain, -ein, -en* et *-on* se prononce comme s'ils étaient au féminin :

— *un certain Anglais* [œ̃sɛʀtɛnɑ̃glɛ], *en plein air* [ɑ̃plɛnɛʀ].
— *un ancien ami* [œ̃nɑsjɛnami], *un bon avis* [œ̃bɔnavi].

Les liaisons à éviter

● En règle générale, il faut éviter toute liaison choquante ou surprenante pour l'oreille, notamment dans les cas suivants : 60

1. après la consonne finale d'un nom au singulier :

— *une croix / en or, un chant / en wolof.*

2. entre le nom sujet et le verbe : *Le bois / est humide*.

3. après les mots terminés en -rd, -rs et -rt :

— *Elle par(t) à Paris*. – *Il court ver(s) elle*.
(sauf si le -s- indique le pluriel : *leurs autos*).

4. après la conjonction *et* : *en avion et / en bateau*.

5. devant un -h- aspiré : *les / hamacs, les / hérons* (→ 18).

Remarque générale : 61

Les liaisons sont souvent facultatives en français, surtout dans la langue courante. Il n'est toutefois pas inutile d'en maintenir un maximum, notamment dans le cadre de l'enseignement, car elles peuvent contribuer à améliorer l'orthographe.

LES SONS DANS LA PHRASE

L'enchaînement des sons ne se limite pas aux mots et aux liaisons entre les mots. Il est également présent dans les phrases où il obéit à diverses règles et se prête à diverses observations.

L'accent tonique (ou d'intensité)

62 ● L'**accent tonique** est l'insistance normale de la voix sur une syllabe d'un mot ou d'un groupe de mots.

En français, l'**accent de mot** porte toujours sur la dernière syllabe sonore (on ne considère donc pas le -e- muet final) :

↓ ↓ ↓

— *(la) sincéri**té**, (l') intolé**rance**, (les) ambassa**dri**ces.*

L'**accent de groupe**, quant à lui, porte sur la dernière syllabe sonore, non pas de l'un ou l'autre mot, mais de chaque groupe de mots formant une unité sémantique et prononcé sans interruption :

↓ ↓

— *Si j'arrive à **temps**, / je viendrai avec **toi**.*

↓ ↓

— *Je ne sais **pas** ce que tu as bien pu lui **dire**.*

☞ ◆ Il ne faut pas confondre l'accent tonique (habituel) avec l'accent d'insistance (exceptionnel) :

↓ ↓

— *C'est tout à fait **in**acceptable et **im**pardonnable.*

Le ton et l'intonation

63 ● Le **ton** d'une phrase est la manière dont celle-ci exprime une pensée ou un sentiment. Le ton peut donc être amical, impérieux, badin, sentencieux, menaçant, mélancolique, amoureux,... L'**intonation**, elle, est la mélodie de la phrase. Elle est le résultat combiné de la hauteur des sons, de leur durée, des accents toniques et du type de phrase choisi pour exprimer la pensée (→ 691).

Le rythme et les pauses

64 ● Le **rythme** d'une phrase est l'alternance dans celle-ci des sons accentués et des sons non accentués. Cette distinction est particulièrement utile en poésie. Les **pauses**, elles, sont des arrêts de la voix qui peuvent être plus ou moins longs. Elles dépendent à la fois de la structure grammaticale des phrases et de l'intention de la personne qui les exprime.

*B*LAISE *C*ENDRARS

Suisse

1887 - 1961

Blaise Cendrars, de son vrai nom Frédéric Sauser, fut un aventurier précoce. En 1902, à l'âge de quinze ans, il partit pour la Russie, la Sibérie, la Chine et, plus tard, l'Amérique. Engagé volontaire pendant la Première Guerre mondiale, il y perdit un bras. Comme écrivain, il publia des récits romancés (*L'Homme foudroyé, La Main coupée, Rhum, Moravagine* et surtout ***L'Or***), quelques recueils de poèmes et une importante ***Anthologie nègre*** mettant en valeur des contes africains recueillis par divers ethnologues. Il est une figure importante de la littérature suisse de langue française.

Nous montions la route en lacets qui mène à Coloma, quand nous rencontrâmes à mi-chemin un cheval sans cavalier. Un peu plus haut, Marshall sortit du sous-bois. Il avait été arrêté par l'orage et n'avait pas pu continuer plus avant dans la nuit. Il était transi et mourait de faim. Son exaltation de la veille n'était toutefois pas tombée.

Nous continuâmes la montée et arrivâmes dans ce fameux Eldorado. Le temps s'était un peu découvert. Dans la soirée, nous fîmes un tour sur les rives du canal qui charriait à pleins bords des eaux gonflées par la pluie. Je fis fonctionner les écluses, instantanément il se vida et nous descendîmes alors dans son lit à la recherche de l'or.

Nous trouvâmes beaucoup de petites parcelles, et M. Marshall et quelques ouvriers me remirent même des petits grains. Je leur dis que j'en ferais faire une bague aussitôt que cela serait possible en Californie et, en effet, je fis faire cette bague beaucoup plus tard, en forme de chevalière : à défaut d'armes, j'y fis graver la marque d'édition de mon père, un phénix se consumant, et à l'intérieur de l'anneau il y avait l'inscription suivante :

LE PREMIER OR DÉCOUVERT
EN JANVIER 1848.

Trois crosses d'évêque, la croix bâloise et mon nom : SUTER.

Le lendemain je visitai Coloma dans toute son étendue, prenant bonne note de sa situation et de son assiette, et remarquant particulièrement les cours d'eau, puis je rassemblai tout mon monde. Je fis comprendre aux hommes qu'il était nécessaire de garder cette découverte secrète pendant cinq ou six semaines encore, le temps de parachever la construction de ma scierie pour laquelle j'avais dépensé 24 000 dollars. Quand j'eus leur parole d'honneur, je redescendis à la maison. J'étais malheureux et ne savais comment me tirer de cette maudite découverte d'or. J'étais sûr qu'une telle affaire ne pouvait rester secrète.

(Extrait de *L'Or*,

Aimé Césaire

Martinique

1913

Aimé Césaire est une figure importante de la littérature française et de la Francophonie. Né à Basse-Terre, à la Martinique, il étudia à Fort-de-France et à Paris où il fit la connaissance de Léopold Sédar Senghor et, par lui, de l'Afrique. Il se fera dès lors le chantre de la «négritude» et le défenseur de tous les hommes exploités et privés de liberté. Homme politique (maire et député pendant des décennies), Césaire est surtout connu pour ses pièces de théâtre (***La Tragédie du roi Christophe,*** *Une saison au Congo, Une tempête,...*) et ses recueils de poèmes (*Soleil cou coupé, Les Armes miraculeuses* et *Moi, Laminaire,...*).

[...]
Christophe, ne demande pas trop aux hommes
et à toi-même, pas trop!
Et puis je suis une mère
et quand parfois je te vois emporté sur le cheval de ton cœur fougueux
le mien à moi
trébuche et je me dis :
pourvu qu'un jour on ne mesure pas au malheur des enfants
la démesure du père.
Nos enfants, Christophe, songe à nos enfants.
Mon Dieu! Comment tout cela finira-t-il?

CHRISTOPHE

Je demande trop aux hommes! Mais pas assez aux nègres, Madame! S'il y a une chose qui, autant que les propos des esclavagistes, m'irrite, c'est d'entendre nos philanthropes clamer, dans le meilleur esprit sans doute, que tous les hommes sont des hommes et qu'il n'y a ni blancs ni noirs. C'est penser à son aise, et hors du monde, Madame. Tous les hommes ont mêmes droits. J'y souscris. Mais du commun lot, il en est qui ont plus de devoirs que d'autres. Là est l'inégalité. Une inégalité de sommations, comprenez-vous? À qui fera-t-on croire que tous les hommes, je dis tous, sans privilège, sans particulière exonération, ont connu la déportation, la traite, l'esclavage, le collectif ravalement à la bête, le total outrage, la vaste insulte, que tous, ils ont reçu, plaqué sur le corps, au visage, l'omniniant crachat! Nous seuls, Madame, vous m'entendez, nous seuls, les nègres! Alors au fond de la fosse! C'est bien ainsi que je l'entends. Au plus bas de la fosse. C'est là que nous crions; de là que nous aspirons à l'air, à la lumière, au soleil. Et si nous voulons remonter, voyez comme s'imposent à nous le pied qui s'arc-boute, le muscle qui se tend, les dents qui se serrent, la tête, oh! la tête, large et froide! Et voilà pourquoi il faut en demander aux nègres plus qu'aux autres : plus de travail, plus de foi, plus d'enthousiasme, un pas, un autre pas, encore un autre pas et tenir gagné chaque pas! C'est d'une remontée jamais vue que je parle, Messieurs, et malheur à celui dont le pied flanche!

(Extrait de *La Tragédie du roi Christophe,*

Chapitre III

Les mots du français

LES PROPRIÉTÉS DES MOTS

● Le mot est un ensemble de lettres (dans la langue écrite) ou de sons (dans la langue orale) qui a son **sens** propre et qui a presque toujours une **fonction** dans la phrase (→ Chapitre XV, p.373). 65

Il y a cependant des mots composés d'une seule lettre (*a*, *y* et les mots élidés : *c'*, *d'*, *j'*,...) ou d'un seul phonème ou son (*a, ah, as, ai, aie, aies, aient,... eau, eaux, haut, hauts, oh, os,...).*

Dans la langue écrite, on peut facilement identifier les mots, car ils sont ordinairement séparés les uns des autres par un petit espace (il y a des exceptions); il est plus difficile de les distinguer dans la langue orale où, entre deux pauses, il peut y en avoir toute une série.

Les mots sont les plus petits ensembles de lettres chargés de sens si bien qu'ils servent de base à l'exposé systématique des langues dans les **dictionnaires** et des connaissances dans les encyclopédies.

● Le mot n'est cependant pas une définition de ce qu'il désigne : il n'est qu'un signe composé d'un ensemble de signes plus petits que sont les lettres. On peut appeler ce signe, ou mot, le **signifiant** (c'est-à-dire un «indicateur» de sens et de signification), car il ne fait que représenter une réalité qui est la source de son sens et de sa signification : le **signifié**. 66

● Enfin, les mots du français peuvent être regroupés selon différents critères morphologiques : 67

- selon qu'ils sont composés d'un seul ou de plus d'un élément :
  - **mots simples** : *arbre, chanter, Séverine, indépendamment, la.*
  - **mots composés** : *arc-en-ciel, anti-tache, Jean-Louis, avoir soif.*
- selon qu'ils sont variables ou invariables :
  - **mots variables** : *enfant, Tunisien, chaud, le, mien, elle, aimer.*
  - **mots invariables** : *jamais, sans, voilà, que, Ontario, Noémi.*

LES CLASSES DE MOTS

68 ● Tous les mots de la langue française peuvent être répartis en **huit classes**, selon leurs propriétés syntaxiques ou sémantiques : les **noms**, les **adjectifs**, les **déterminants**, les **pronoms**, les **verbes** (les mots de ces cinq classes sont variables), les **adverbes** et les mots de liaison que sont les **prépositions** et les **conjonctions** (les mots de ces trois classes sont invariables).

À cause des particularités de certaines classes de mots (ou d'une partie des mots qui constituent certaines classes), il a paru bon, dans le cadre de la présente grammaire, d'en répartir l'étude de la manière suivante :

— Le **nom** : ....→ Ch. IV : «Le nom» . . . . (p.109-128)
— L'**adjectif** : ....→ Ch. V : «L'adjectif» . . . . (p.131-152)
— Le **déterminant** : .....→ Ch. VI : «Le déterminant» . . (p.155-174)
— Le **pronom** : ....→ Ch. VII : «Le pronom» . . . . . (p.177-202)
— Les déterminants et pronoms **indéfinis** :
→ Ch. VIII : «Les indéfinis» . . . (p.205-232)
— Les **adverbes**, **prépositions** et **conjonctions** :
→ Ch. IX : «Les invariables» . . (p.235-256)
— Le **verbe** : .... → Ch. X à XIII : «Le verbe». . . . (p.259-340)

LES GROUPES DE MOTS

69 ● S'il est vrai que les phrases sont composées des éléments de base de la langue que sont les mots, il est non moins exact d'affirmer qu'elles sont composées de groupes de mots, car il est relativement rare que des mots fonctionnent seuls dans une phrase.

La plupart des classes de mots, c'est-à-dire le nom, le pronom, l'adjectif, le verbe, l'adverbe et la préposition, peuvent servir à former un groupe. On parlera donc, notamment (→ 778), de **groupe du nom** (GN), de **groupe de l'adjectif** (GAdj), de **groupe du verbe** (GV), de **groupe de l'adverbe** (GAdv) et de **groupe prépositionnel** (GPrép).

70 ● Chaque sorte de groupe porte le nom du mot qui en est le **noyau**, et les autres mots qui le composent s'appellent des **expansions** (Exp.). Ces groupes exercent toujours une fonction dans la phrase (→ Chapitre XVI, p.401).

☞ ◆ Par convention, le terme *groupe* peut également désigner un mot isolé si celui-ci se comporte syntaxiquement comme un groupe (→ 776).

LA FORMATION DES MOTS

● La langue française, comme toute autre langue vivante, est en constante évolution. Cela se vérifie sur le plan de la syntaxe et de la prononciation, mais plus encore sur celui du vocabulaire. À chaque époque, de nouveaux mots sont apparus et d'autres ont disparu, et il en va toujours de même actuellement. 71

Pour s'enrichir de nouveaux mots, la langue française dispose principalement de deux procédés : la **dérivation** et la **composition**. Elle possède également d'autres possibilités, accessoires celles-là : l'**emprunt** à des langues étrangères, la **transformation de noms propres en noms communs**, l'**abrégement**, le **mot-valise** et l'**onomatopée**.

L'apparition de mots nouveaux peut résulter de l'usage spontané qu'en fait la population d'un pays ou d'une région (c'est la **formation populaire**) ou de la nécessité, à laquelle sont confrontés des chercheurs ou des érudits, de nommer de nouvelles réalités (c'est la **formation savante**).

LA DÉRIVATION

● Le français connaît deux procédés de dérivation : la dérivation qu'on dit propre et celle qu'on dit impropre. 72

- La **dérivation propre** consiste à créer des mots nouveaux en ajoutant de courts éléments (des affixes) à des mots déjà existants. Si ces éléments se placent devant les mots existants, ils sont appelés **préfixes**; s'ils se placent derrière, ils sont appelés **suffixes**.
- La **dérivation impropre** consiste à transférer un mot d'une classe à une autre, sans autres modifications que celles qui sont exigées parfois par la nouvelle classe à laquelle il appartient dès lors également.

La dérivation par préfixe

● La dérivation par préfixe, ou **préfixation**, consiste à faire précéder un mot d'une particule qui n'est généralement pas un mot indépendant mais qui a un sens bien défini lui permettant de modifier celui du mot auquel elle se joint : 73

— *extra* (hors de) + *ordinaire* = *extraordinaire* (hors de l'ordinaire).

— *per* (à travers) + *forer* = *perforer* (forer à travers).

— *hémi* (demi) + *sphère* = *hémisphère* (la moitié d'une sphère).

☞ ◆ Les préfixes subissent parfois des modifications graphiques au contact de la consonne initiale des mots auxquels ils se joignent : par exemple, *in* (qui marque la négation, le contraire, et permet ainsi d'«inverser» les mots) devient *im* devant -b- et -p- (*im-battable, im-poli*), *il* devant -l- (*illogique*), et *ir* devant -r- (*ir-réaliste*).

74

INFO LES PRÉFIXES LES PLUS FRÉQUENTS

DOUZE PRÉFIXES D'ORIGINE LATINE

	Préfixes français	Signification	Exemples
ad	***a-, ac-, al-, an-, ap-, ar-, as-, at-***	vers (direction, tendance, évolution)	*advenir, apporter, arrondir, attirer*
ante	***ante-, anti-***	avant, devant	*antécédent, antidater*
cum	***co-, col-, com-, con-, cor-***	avec (réunion, ajout, rapport)	*coprésident, commerce, correspondre*
in	***em-, en-***	dans	*embarquer, enfermer*
ex	***é-, ef-, es-, ex-***	hors de (extraction, éloignement)	*extraire, effeuiller, écrémer, essouffler*
per	***par-, per-***	à travers (aussi : achèvement)	*parfaire, parcourir, perforer, perspective*
post	***post-***	après, derrière	*postface, postdater*
pre	***pré-***	avant, devant	*prévenir, préséance*
pro	***pro-, pour-***	pour, devant, à la place de	*projeter, poursuivre*
re	***re-, ré-, ra-, res-***	répétition, intensité	*revoir, réagir, rasseoir*
sub	***sou-, suc-, sug-***	sous, en dessous	*subordonné, soulever, succéder, suggérer*
trans	***trans-, tra-, tré-***	à travers, au-delà	*transpercer, traverser.*

Comme autres mots latins à l'origine de préfixes français, on trouve notamment : *bis* (deux) : bicyclette — *circum* (autour) : circonférence — *inter* (au milieu, réciprocité) : intervenir, s'entraider — *extra* (hors de) : extraterrestre — *in* (négation) : insalubre — *male* (mal) : malchanceux, maudire — *ultra* (outre, au-delà) : outrepasser, ultra-libéral — *super* (au-dessus) : superposer.

SIX PRÉFIXES D'ORIGINE GRECQUE

	Préfixes français	Signification	Exemples
an	***a-, an-***	sans (privation, négation)	*amoral, anarchie*
anti	***anté-, anti-***	opposition	*antialcoolique, antivol*
hyper	***hyper-***	sur, au-dessus de	*hypertrophie, hypermarché*
hypo	***hypo-***	sous, en dessous de	*hypoglycémie, hypothalamus*
méta	***méta-***	changement	*métamorphose, métaphysique*
syn	***syn-, sym-, sy-, syl-***	avec (ensemble, réunion)	*symphonie, synthèse, symétrie, syllabe*

Comme autres mots grecs à l'origine de préfixes français, on trouve notamment : *apo* (distance) : apogée — *cata* (en dessous) : catacombe — *épi* (sur) : épiderme — *eu* (bien, bon) : euphonie — *hémi* (demi) : hémisphère — *péri* (autour) : périmètre.

La dérivation par suffixe

● La dérivation par suffixe, ou **suffixation**, consiste à ajouter à un 75
mot une particule (généralement dotée d'un sens précis : → INFO, page suivante), pour introduire ce mot dans une autre classe ou pour en modifier la signification. Les suffixes permettent ainsi de former des noms, des adjectifs, des verbes et des adverbes.

● On appelle habituellement **radical** la partie principale du mot, celle 76
qui exprime son sens fondamental et qui reste inchangée quels que soient les suffixes (ou préfixes) ajoutés ou retranchés :

— *__grand__, __grand__eur, a__grand__ir, __grand__iose* → radical : ***grand***.

☞ ◆ Quand la «base», obtenue après élimination des affixes, n'est pas vraiment un mot, mais un fragment de mot sans signification propre, on parle plutôt de **racine** :

— *__log__e, dé__log__er, __log__eur, __log__is, __log__ement* → racine : ***log***.

◆ Certains mots doivent être amputés de leur terminaison de départ pour permettre l'adjonction du suffixe :

— *cendre* + ***-ier*** (réceptacle) = *cendrier*.

— *rare* + ***-issime*** (superlatif) = *rarissime*.

— *pendre* + ***-aison*** (action) = *pendaison*.

Les familles de mots

● On appelle famille de mots l'ensemble des mots qui ont été créés à 77
partir du même radical (ou de radicaux apparentés), soit par l'ajout de préfixes ou de suffixes (dérivation), soit, plus rarement, par association avec d'autres mots (composition : → 81).

Les familles de mots peuvent se constituer à partir d'un adjectif, d'un verbe ou d'un nom :

— ***grand*** a donné : *a__grand__ir, a__grand__isseur, a__grand__issement, __grand__eur, __grand__iloquence, __grand__iose, __grand__ir, __grand__-mère, __grand__-père, __grand__s-parents, arrière-__grand__s-parents, etc.*

— ***dire*** a donné : *béné__dict__ion, c'est-à-__dire__, contra__dict__eur, contra-__dict__ion, contre__dire__, __dire__s, __dis__eur, in__dic__ible, malé__dict__ion, mau__dit__, mau__dire__, mé__dire__, mé__dis__ance, se dé__dire__, soi-__dis__ant, sus__dit__, etc.*

— ***herbe*** a donné : *dés__herb__er, en__herb__er, __herb__acé, __herb__age, __herb__ager, __herb__ette, __herb__icide, __herb__ier, __herb__ivore, __herb__orisateur, __herb__orisation, __herb__oriser, __herb__oriste, __herb__oristerie, etc.*

● Il ne faut pas confondre **famille de mots** et **champ lexical**. En effet, 78
le champ lexical désigne un ensemble de mots (quels qu'en soient les radicaux) groupés autour d'une seule idée centrale ou générale :

— Champ lexical de «photographie» : *agrandisseur, appareil, cadrage, caméra, chambre noire, cliché, diaphragme, épreuve, exposition, film, fixateur, négatif, objectif, obturateur, papier, pellicule, projecteur, révélateur, sensibilité, tirage, zoom,...*

79

INFO LES SUFFIXES LES PLUS FRÉQUENTS

VINGT SUFFIXES FORMATEURS DE NOMS

-ade	action, succession, produit	*la glissade, la colonnade, la limonade*
-age	ensemble, action, état	*le feuillage, le balayage, l'esclavage*
-aie, -raie	plantation	*la hêtraie, la roseraie, la pommeraie*
-ail	instrument, réalisation	*l'éventail, le gouvernail, le vitrail*
-aille	ensemble, action	*la marmaille, la trouvaille, la canaille*
-aison	action, résultat	*la crevaison, la pendaison, la fenaison*
-ance, -ence	action, résultat	*la croyance, la puissance, la différence*
-eau, -ereau, -eteau	diminutifs	*l'arbrisseau, le lapereau, le louveteau*
-ée	contenu, quantité	*l'assiettée, la bordée, l'assemblée*
-erie	qualité, action, local	*la galanterie, la mutinerie, la boulangerie*
-esse	qualité, défaut	*la gentillesse, la tendresse, la maladresse*
-is	action, résultat, état	*le roulis, le gâchis, l'éboulis, le ramassis*
-isme	religion, doctrine, état	*l'animisme, le capitalisme, l'alcoolisme*
-ite	maladie	*la bronchite, l'appendicite, la méningite*
-itude	qualité, état	*l'exactitude, la lassitude, la solitude*
-ose	maladie	*la psychose, la tuberculose, l'amiantose*
-té, -eté, -ité	qualité ou défaut	*la propreté, la solidarité, la dureté*
-tion, -ition, -ation	action	*la désertion, l'opération, la finition*
-ule, -cule	diminutif	*le globule, la particule, le follicule*
-ure, -ature, -iture	fonction, action, produit	*la magistrature, la sculpture, la confiture*

Également : ***-aire*** : locataire / ***-aison*** : livraison / ***-elet*** : bracelet / ***-ement*** : raisonnement / ***-eron*** : bûcheron / ***-et*** : livret / ***-ière*** : clairière / ***-iole*** : bestiole / ***-ise*** : franchise / ***-ison*** : guérison / ***-oir*** : perchoir / ***-ot*** : îlot / etc.

DIX SUFFIXES FORMATEURS D'ADJECTIFS

-able, -ible	possibilité	*faisable, mangeable, compréhensible*
-al	qui se rapporte à	*gouvernemental, royal, original*
-ard	généralement péjoratif	*criard, vantard, pantouflard*
-âtre	approximatif, péjoratif	*jaunâtre, douceâtre, bellâtre*
-esque	qualité	*romanesque, livresque, clownesque*
-et, -elet	diminutif	*propret, gentillet, maigrelet*
-issime	superlatif	*rarissime, richissime, sérénissime*
-iste	qui se rapporte à	*égoïste, altruiste, socialiste*
-ique	qui se rapporte à	*chimique, ironique, historique*
-eux, -ueux	qualité	*courageux, peureux, vertueux*

Également : ***-aire*** : réglementaire / ***-el*** : accidentel / ***-ier*** : princier / ***-if*** : maladif / ***-ot*** : vieillot / ***-u*** : feuillu / etc.

CINQ SUFFIXES FORMATEURS DE VERBES

-ailler	péjoratif	*traînailler, criailler, piailler*
-ifier	transformation	*momifier, vitrifier, falsifier*
-iser	faire devenir	*égaliser, franciser, tranquilliser*
-oter	péjoratif	*toussoter, vivoter, crachoter*
-oyer	action	*guerroyer, flamboyer, foudroyer*

PRINCIPAL SUFFIXE FORMATEUR D'ADVERBES

-ment		*autrement, heureusement, joliment*

La dérivation impropre

80

● La dérivation impropre ne change rien à l'apparence d'un mot, mais elle le fait passer d'une classe à une autre, ce qui, le plus souvent, l'oblige à s'adapter aux règles de sa nouvelle classe.

Les principaux cas de dérivation impropre sont les suivants :

1. Un **nom** peut devenir :
— un adjectif : *une orange* → *un mur orange.*
— une interjection : *le silence* → *Silence!*

2. Un **adjectif** peut devenir :
— un nom : *des voies parallèles* → *des parallèles.*
— un adverbe : *une voix juste* → *chanter juste.*
— un mot de liaison : *les poches pleines* → *plein les poches.*

3. Un **verbe à l'infinitif** peut devenir :
— un nom : *savoir beaucoup de choses* → *le savoir.*

4. Un **verbe au participe présent** (→ 595) peut devenir :
— un nom : *passant dans la rue* → *un passant.*
— un adjectif : *charmant quelqu'un* → *un air charmant.*
— un mot de liaison : *concernant quelqu'un* → *concernant ce projet.*

5. Un **verbe au participe passé** (→ 603) peut devenir :
— un nom : *Elle a aperçu le fleuve.* → *un aperçu.*
— un adjectif : *Il a illustré un livre.* → *une page illustrée.*
— un mot de liaison : *Ils ont vu l'ours.* → *vu les circonstances.*

6. Un **adverbe** peut devenir :
— un adjectif : *bien agir* → *c'est un garçon très bien.*
— un mot de liaison : *en vouloir aussi* → *aussi ne viendra-t-il pas.*

7. Un **mot de liaison** peut devenir :
— un nom : *devant moi* → *prendre les devants.*

☞ ◆ Dans certains cas plus rares, un pronom, un verbe, un adverbe, un groupe de mots ou même une phrase peuvent fonctionner comme un nom :

➾ *Un **tiens** vaut mieux que deux **tu l'auras**.* (La Fontaine)

➾ *Une misérable ruelle au nom coquin de **Rue-filles-jolies** serpentant tant bien que mal entre le **Marché-du-petit-jour** et l'**Égout-à-ciel-ouvert**.* (Tierno Monénembo)

➾ *Mon **grand-grand-grand-grand-père** est venu de la Bretagne.* (Zachary Richard)

➾ *Les «gens de couleur» mauriciens, eux, sont des **presque-blancs-mais-pas-tout-à-fait**.* (Marie-Thérèse Humbert)

LA COMPOSITION

81 ● La composition consiste à créer un mot nouveau à partir de mots ou d'«éléments» déjà existants. Il faut donc distinguer deux cas très différents, selon que les composants sont des mots français (c'est la **composition** proprement dite) ou des «éléments» d'origine grecque ou latine (on parle parfois, dans ce cas, de **combinaison d'éléments** étrangers).

La composition proprement dite

82 ● La composition proprement dite est la réunion en un seul mot de deux mots (parfois trois) qui existent déjà séparément dans la langue (alors qu'un affixe ne peut être employé seul : → 73 et 75) :

- **composition** : un *sous-bois* (réunion de deux mots existants).
- **affixation** : la *grandeur* (*grand* est un mot mais non *-eur*).

83 ● La composition peut servir à créer quatre sortes de mots, selon que leurs éléments sont :

1. soudés en un mot : *porte* + *manteau* = ***portemanteau***.
2. unis par un trait d'union : *pause* + *café* = ***pause-café***.
3. unis par un mot de liaison : *l'**hôtel de ville**, de la **barbe à papa***.
4. simplement juxtaposés : ***avoir raison***, ***prendre feu***.

84 ● Les mots composés (des noms pour la plupart : → 124) sont habituellement classés selon les éléments qui les constituent :

1. nom + nom : *un oiseau-mouche, un chef-d'œuvre, un cul-de-sac*.
2. nom + adjectif : *une sage-femme, un coffre-fort, un gentilhomme*.
3. adverbe + nom : *l'après-midi, les sans-logis, un sous-officier*.
4. verbe + nom : *un tournevis, des trompe-l'œil, un cure-dent*.
5. verbe + verbe : *un laissez-passer, le va-et-vient, un pousse-pousse*.
6. adjectif + adjectif : *social-démocrate, aigre-doux, un clair-obscur*.
7. une expression figée : *des haut-le-cœur, des on-dit*.
8. une locution verbale, adverbiale ou prépositive :
   — *avoir faim, tout à coup, sur-le-champ, à cause de, grâce à*.

☞ ◆ Il existe d'autres cas, mais beaucoup plus rares : verbe + adverbe (*un passe-partout*), préposition + adjectif (*contre-révolutionnaire*), préposition + adverbe (*des surplus*).

Selon les **Rectifications de l'orthographe**, il serait dorénavant permis de souder certains mots composés, traditionnellement unis par un trait d'union (→ Annexe 1, p.503).

La combinaison d'éléments

● La combinaison d'éléments (presque toujours grecs ou latins) se rencontre surtout dans le vocabulaire technique ou scientifique. Elle a permis la création d'un grand nombre de termes, faciles à comprendre pour qui connaît le sens des éléments qui les composent, et elle permet encore de forger de nombreux **néologismes**. 85

Par exemple, le verbe grec *graphô* [gRafo], qui signifie «j'écris» ou «je décris», a donné naissance, en se joignant à d'autres mots grecs, à un grand nombre de composés français :

— *grapho* + *logie* (étude, science) = ***grapho**logie*, ***grapho**logue*,...

— *télé* (au loin) + *grapho* = *télé**graph**ie*, *télé**graph**iste*,...

— *ortho* (correctement) + *grapho* = *ortho**graphe***, *ortho**graph**ier*,...

— *géo* (la terre) + *grapho* = *géo**graph**ie*, *géo**graphe***,...

— *bio* (vie) + *grapho* = *bio**graph**ie*, *bio**graph**ique*,...

— *photo* (lumière) + *grapho* = *photo**graph**ie*, *photo**graphe***,...

De même en ce qui concerne, par exemple, le verbe latin *vorare*, qui signifie «manger», et qui a donné : ***vor**ace, dé**vor**er, carni**vore**, herbi**vore**, omni**vore**,...* ou le verbe *ferere*, qui signifie «porter, produire», et qui a donné : *coni**fère**, calori**fère**, auri**fère**, pétroli**fère**, minérali**fère**,...*

INFO PRINCIPAUX ÉLÉMENTS D'ORIGINE LATINE 86

agri-	champ	+	*-cole*	de la culture	=	**agricole**
calori-	chaleur	+	*-fère*	qui porte, produit	=	**calorifère**
centri-	centre	+	*-fuge*	qui fait fuir	=	**centrifuge**
frigori-	froid	+	*-fique*	qui produit	=	**frigorifique**
omni-	tout	+	*-vore*	qui mange	=	**omnivore**
ovi-	œuf	+	*-pare*	qui met au monde	=	**ovipare**
puéri-	enfant	+	*-cultrice*	qui élève	=	**puéricultrice**
quadru-	quatre	+	*-pède*	pied	=	**quadrupède**
rétro-	en arrière	+	*-grade*	degré, marche	=	**rétrograde**
sui-	soi-même	+	*-cide*	qui tue	=	**suicide**

87

INFO PRINCIPAUX ÉLÉMENTS D'ORIGINE GRECQUE

aéro-	air	+	*-phagie*	manger	=	**aérophagie**
agora-	lieu public	+	*-phobie*	peur	=	**agoraphobie**
anthropo-	homme	+	*-morphe*	qui a la forme de	=	**anthropomorphe**
archéo-	ancien	+	*-logie*	étude, science	=	**archéologie**
auto-	soi-même	+	*-graphe*	qui écrit	=	**autographe**
biblio-	livre	+	*-thèque*	coffre, rangement	=	**bibliothèque**
bio-	vie	+	*-genèse*	naissance	=	**biogenèse**
chrono-	temps	+	*-mètre*	mesure	=	**chronomètre**
dactylo-	doigt	+	*-graphie*	écriture	=	**dactylographie**
démo-	peuple	+	*-cratie*	pouvoir	=	**démocratie**
gastro-	ventre	+	*-nomie*	loi, étude	=	**gastronomie**
géo-	terre	+	*-thermie*	chaleur	=	**géothermie**
gynéco-	femme	+	*-logie*	étude, science	=	**gynécologie**
hippo-	cheval	+	*-potame*	fleuve	=	**hippopotame**
hydro-	eau	+	*-gène*	qui engendre	=	**hydrogène**
kilo-	mille	+	*-mètre*	mesure	=	**kilomètre**
macro-	très grand	+	*-céphale*	tête	=	**macrocéphale**
micro-	très petit	+	*-scope*	regarder	=	**microscope**
mono-	un, seul	+	*-théisme*	foi en Dieu	=	**monothéisme**
nécro-	mort	+	*-pole*	ville	=	**nécropole**
névro-	nerf	+	*-algie*	douleur	=	**névralgie**
ortho-	correct	+	*-graphe*	écriture	=	**orthographe**
philo-	qui aime	+	*-sophie*	sagesse	=	**philosophie**
poly-	plusieurs	+	*-gone*	angle	=	**polygone**
psycho-	âme, esprit	+	*-pathe*	qui souffre	=	**psychopathe**
télé-	loin	+	*-phone*	qui parle	=	**téléphone**
thalasso-	mer, eau	+	*-thérapie*	soins, cure	=	**thalassothérapie**
thermo-	température	+	*-mètre*	mesure	=	**thermomètre**
topo-	lieu	+	*-nymie*	nom	=	**toponymie**
xéno-	étranger	+	*-phobie*	crainte, haine	=	**xénophobie**

AUTRES PROCÉDÉS DE FORMATION DES MOTS

● En plus de la dérivation et de la composition, le français dispose de cinq autres moyens pour enrichir son vocabulaire : l'**emprunt aux langues étrangères**, la **transformation de noms propres en noms communs**, l'**abrégement**, le **mot-valise** et l'**onomatopée**. 88

L'emprunt aux langues étrangères

● Dans le courant de son histoire, le français a emprunté beaucoup de mots aux langues étrangères (à l'arabe, à l'anglais, à l'italien,... : → INFO, page suivante) et il continue de le faire. Il y a trois sortes d'emprunts : 89

1. Un emprunt peut être direct, c'est-à-dire que le français «adopte» un mot étranger sans le transformer :
   — un *piano* (mot italien), un *leitmotiv* (mot allemand), une *paëlla* (mot espagnol), un *whisky* (mot irlandais), un *fjord* (mot suédois).

2. Un emprunt peut être indirect, c'est-à-dire que le français transforme un mot étranger en un autre à l'apparence plus française :
   — le mot *redingote* vient de l'anglais *riding coat*.
   — le mot *flétan* vient du néerlandais *vleting*.
   — le mot *bambin* vient de l'italien *bambino*.

3. Un emprunt peut être une traduction littérale, c'est-à-dire que le français traduit mot à mot les éléments d'un mot étranger :
   — *sky-scrapper* en anglais donne *gratte-ciel* en français.
   — *unidentified flying object* donne *objet volant non identifié*.

La transformation de noms propres en noms communs

● Le français comporte de nombreux cas où des noms propres (généralement de personnes) sont devenus des noms communs : 90
   — Le mot ***poubelle*** vient d'Eugène Poubelle, préfet de Paris.
   — Le mot ***machiavél**ique* vient de Machiavel, écrivain italien.
   — Le mot ***sax**ophone* vient d'Adolphe Sax, flûtiste belge.
   — Le mot ***watt*** (*kilo**watt**, méga**watt***) vient de J. Watt, ingénieur écossais.
   — De même, Charles de Gaulle, homme politique français, est à l'origine du ***gaull**isme*, tout comme la pensée de beaucoup d'autres dirigeants politiques est désignée d'après leur nom : le ***duplessis**me* (Maurice Duplessis), le ***mobut**isme* (Mobutu Sese Seko), le ***castr**isme* (Fidel Castro).
   — Certains philosophes ou penseurs ont également donné leur nom à leur doctrine : l'***aristotél**isme* (Aristotc), lc ***thom**isme* (Saint-Thomas), le ***kant**isme* (E. Kant), le ***freud**isme* (S. Freud),... et certains artistes ou écrivains ont donné leur nom à leur forme d'art ou d'écriture : ***balzac**ien* (H. de Balzac), ***wagnér**ien* (R. Wagner).

91

INFO EMPRUNTS DU FRANÇAIS À DIVERSES LANGUES

On pense habituellement que le français n'a emprunté de mots qu'à l'anglais (et à quelques langues voisines : l'italien, l'espagnol,...). Il n'en est rien. Bon nombre de mots lui viennent d'autres langues, plus lointaines par l'origine (souvent non indo-européennes) ou par la géographie. Voici quelques exemples parmi des centaines :

des langues africaines :	*des langues amérindiennes :*	*de l'arabe :*
bamboula	**anorak**	**alcool**
banane	**cacahuète**	**assassin**
chimpanzé	**caoutchouc**	**baraka**
gnou	**igloo**	**fakir**
gri-gri	**kayak**	**haschisch**
harmattan	**mocassin**	**kif-kif**
impala	**ouistiti**	**loukoum**
okapi	**tabac**	**merguez**
safari	**toboggan**	**salamalecs**
tsé-tsé	**totem**	**toubib**
des langues extrême-orientales :	*des langues germaniques et scandinaves :*	*de l'hébreu :*
aïkido	**bunker**	**alléluia**
bonsaï	**drakkar**	**cabale**
ginseng	**edelweiss**	**casher**
hara-kiri	**espiègle**	**Messie**
judoka	**leitmotiv**	**rabbin**
kamikaze	**maelström**	**sabbat**
karaté	**mannequin**	**Satan**
kimono	**quartz**	**schofar**
litchi	**slalom**	**séraphin**
yéti	**yacht**	**tohu-bohu**
des langues indiennes :	*des langues océaniennes :*	*des langues slaves :*
avatar	**agar-agar**	**béluga**
cachemire	**atoll**	**datcha**
karma	**bambou**	**goulag**
maharadjah	**boomerang**	**mammouth**
nabab	**cacatoès**	**ukase**
nirvana	**gong**	**polka**
patchouli	**kangourou**	**toundra**
sari	**koala**	**vodka**
swastika	**orang-outang**	**yaourt**
yoga	**tabou**	**zibeline**

L'abrégement

● Dans la langue parlée, plus encore que dans la langue écrite, on 92
répugne souvent à utiliser des mots trop longs, de sorte que sont apparus divers procédés d'abrégement :

1. la suppression de la fin du mot (appelée **apocope**) :
   — *micro* pour *microphone, moto* pour *motocyclette, métro* pour *métropolitain, maths* pour *mathématiques*, *ordi* pour *ordinateur, télé* pour *télévision, poly* pour *polyvalente*,...

2. la suppression du début du mot (appelée **aphérèse**), procédé beaucoup plus rare : *bus* pour *autobus*,...

3. la création de sigles (→ Annexe 5, p.527), et, parfois, la transformation de ceux-ci en mots nouveaux (acronymes), ainsi que la formation de dérivés :
   — un ***o**bjet **v**olant **n**on **i**dentifié* devient un ***ovni***, d'où ***ovni**logie*.
   — le ***s**yndrome d'**i**mmuno-**d**éficience **a**cquise* devient le ***sida***, d'où ***sida**tique* (Europe et Afrique) ou ***sid**éen* (Québec et Canada).
   — un ***c**ollège d'**e**nseignement **g**énéral **e**t **p**rofessionnel* (au Québec) devient un ***cégep***, d'où ***cégép**ien*.

   ☞ ◆ Il ne faut pas confondre **abrégement** et **abréviation**. L'abréviation consiste à ne pas écrire un mot en entier pour gagner de la place ou du temps, mais, à la lecture, ce mot est toujours prononcé en entier.

Le mot-valise

● Un mot-valise est un mot composé d'éléments non signifiants 93
provenant de deux mots différents. Ce procédé, appelé **télescopage**, est d'origine anglo-américaine, mais il a permis la création de quelques mots français :

➤ en anglais : — ***mot**or car* + *ho**tel*** = ***motel***.
— ***br**eakfast* + *l**unch*** = ***brunch***.

➤ en français : — ***fran**çais* + *ang**lais*** = ***franglais***.
— ***logi**que* + *matér**iel*** = ***logiciel***.
— ***héli**coptère* + *aéro**port*** = ***héliport***.

L'onomatopée

● Une onomatopée (du grec *onoma*, «nom») est un mot qui imite 94
phonétiquement le bruit à désigner. Ainsi, *miaou* a donné ***miauler**; chut,* ***chuchoter**; vroum,* ***vrombir**;...*

Les onomatopées sont nombreuses et très variées : *crépiter,* le *froufrou*, un *gazouillis*, une *gargouille, murmurer, ronfler,* le *tic-tac,...*

Enfin, certains mots, qui ne sont pas des onomatopées à proprement parler, proviennent du langage enfantin : *papa, toutou, pipi, bobo,* plus *bonbon* et *chouchou* (qui ont donné ***bonbon**nière* et ***chouchou**ter*).

LA DIVISION DES MOTS

95 ● La division d'un mot à la fin d'une ligne d'écriture devrait être évitée chaque fois que c'est possible. En cas de nécessité cependant, surtout quand un texte contient des mots longs ou qu'il doit être présenté en colonnes étroites, on peut couper un mot en respectant un certain nombre de règles et en indiquant la coupure par un trait d'union en fin de ligne (→ 19).

La division syllabique

96 ● Dans la division des mots, la première règle à respecter est de couper entre les syllabes, donc, le plus souvent, après une voyelle et devant une consonne :

— *cha-cun, sin-gu-lier, li-bé-ra-tion, of-fi-ciel-le-ment.*

97 ● Pour identifier les syllabes et couper au bon endroit, il faut savoir que :

1. Toute syllabe doit comporter au moins une voyelle ou un son vocalique (*ai, ain, an, au, eau, ei, ein, en, on, un,...*). On ne sépare pas, dans l'écriture, deux voyelles qui se suivent ni même une voyelle accompagnée d'une semi-voyelle (→ 54) :

— *a-li-**néa**, ca-**noë**, a-**via**-teur, **nui**-tée, **oi**-seau.*

2. Deux consonnes consécutives appartiennent généralement à deux syllabes différentes, sauf en début et en fin de mot :

— *se**r**-**v**ir, pi**s**-**s**e**n**-**l**it, pe**r**-**c**e**p**-**t**ion.*

Mais : ***pn**eu-monie, **st**é-réo, cor-re**ct**, re-ta**rd**.*

▲ Exceptions : ① On ne sépare pas deux consonnes qui forment un seul son : *élé**ph**ant, pro-**th**èse, lâ-**ch**er, sai-**gn**er.*

② On ne sépare pas un -l- ou un -r- de la consonne qui le précède, sauf si c'est un autre -l- ou un autre -r- : *proba-**bl**ement, ra-**fr**aîchir.*

3. Quand il y a plus de deux consonnes consécutives, il faut généralement couper après la deuxième :

— ***obs**-tacle, pro**mp**-tement, mo**ns**-**tr**ueux.*

☞ ◆ Les exceptions ① et ② de la règle précédente s'appliquent ici également : *ma**r**-**ch**eur, épa**r**-**gn**er, corre**c**-**tr**ice, a**c**-**cl**amer.*

La division des mots composés

98 ● Le mode de division des mots composés varie selon la forme de composition :

1. Les mots composés dont les éléments sont simplement juxtaposés ou unis par un mot de liaison (→ 83.3 et 83.4) obéissent aux règles normales de la division syllabique.

2. Les mots composés dont les éléments sont unis par un trait d'union (→ 83.2) se divisent seulement à ce trait d'union :

— *avant-goût, grands-parents, demi-heure, chauve-souris.*

3. Les mots composés dont les éléments sont soudés en un seul mot (→ 83.1) obéissent aux règles normales de la division syllabique quand leurs constituants ne peuvent être isolés :

— ***con-tror-dre*** (et non **contr-ordre*).

Mais quand ils comportent un préfixe ou un élément d'origine grecque ou latine (→ 86 et 87), ils se divisent au «point de jonction» :

— ***bis****-annuel,* ***dé****-stabiliser,* ***dés****-agréable,* ***ex****-traire,* ***hyper****-activité,* ***micro****-scope,* ***pré****-scolaire,* ***trans****-atlantique.*

Les divisions impossibles

● Il existe des cas où la division est impossible : 99

1. On ne coupe pas les mots formés d'une seule syllabe :

— *pied, nuit, rouet, chaud, bluff, strict.*

2. On ne coupe pas avant ou après un -x- quand celui-ci correspond à deux sons consonantiques :

— *ma**x**i-mum* [maksimɔm], *e**x**a-mi-ner* [ɛgzamine].

▲ Exception : La coupure est tolérée quand le -x- se prononce [s] ou [z] :

— *deu-**x**ième* [døzjɛm], *soi-**x**ante* [swasɑ̃t].

3. On ne coupe pas avant ou après un -y- quand celui-ci correspond à la semi-voyelle [j] (→ 53) :

— *mon-na**y**er* [mɔnɛje], *fos-so**y**eur* [fɔswajœʀ].

Les divisions interdites

● Les règles d'usage ou de convenance interdisent certaines divisions : 100

1. On ne coupe jamais après une apostrophe :

— *l'en-nui, au-jour-d'hui, pres-qu'île, quoi-qu'elle.*

2. On ne coupe jamais de manière à laisser une lettre seule :

— *ami-cal, aman-dier, éle-ver, odo-rant.*

3. On ne reporte jamais au début de la ligne suivante une syllabe contenant un -e- muet (→ 57) :

— *ac-trice, po-laire, fe-nêtre, res-treindre.*

4. On ne coupe jamais les abréviations, les sigles et les nombres en chiffres arabes ou romains (→ Annexe 5, p.527).

5. On ne sépare jamais :

— l'initiale du prénom et le nom (*J.-J. Proulx* indivisible).

— le titre abrégé et le nom (*D^{r}. Benguigui* indivisible).

— le nom et le nombre qui le complète (*Louis XVII* indivisible).

— le nombre et le symbole du pourcentage (*87 %* indivisible).

— les symboles scientifiques ($CaOCl_2$ indivisible).

— les dates (*28 février 2000* indivisible).

LE SENS DES MOTS

101 ● Les mots n'ont pas seulement une **forme**, une apparence dont l'étude porte le nom de ***morphologie*** (du grec *morphè*, «forme»), ils ont aussi un **sens**, une signification dont l'étude porte le nom de ***sémantique*** (du grec *sêma*, «signe»).

LES VARIATIONS DE SENS

102 ● La sémantique est un art difficile, car le sens des mots dépend de nombreux facteurs, notamment historiques, géographiques et culturels : le même mot peut avoir des sens différents selon la période et selon le lieu (pays, provinces ou régions), mais aussi selon l'évolution du monde ou d'une société déterminée.

Le sens propre et le sens figuré

103 ● La première distinction qu'il importe de faire est celle entre le **sens propre** et le **sens figuré** (ou imagé). Autant le sens propre se prête en général à une définition relativement objective et précise, autant le sens figuré relève de la subjectivité de la personne qui est à l'origine de l'expression.

Ainsi le mot *jour*, par exemple, a-t-il deux sens propres, ou sens «objectifs», principaux :

1. une durée de 24 heures, allant de minuit à minuit.
2. le temps qui sépare la fin d'une nuit du début de la suivante.

104 ● Dans certaines expressions, si la forme du mot *jour* est bien la même, son sens a changé. Il est devenu une «image» (sens imagé) ou une «figure» (**sens figuré**) de ce qu'il veut exprimer :

— *donner le* ***jour*** *à un enfant* → *le jour* = la vie.

— *laisser entrer le* ***jour*** → *le jour* = la lumière.

— *mettre ses comptes à* ***jour*** → *à jour* = en ordre.

— *émerger au grand* ***jour*** → *au grand jour* = à la vue de tous.

— *le* ***jour*** *de gloire est arrivé* → *le jour de gloire* = la victoire.

105 ● Ces «jeux avec le sens» ont donné naissance à de nombreux emplois figurés, aussi appelés **figures de style** : la métaphore, la métonymie, la comparaison, l'allégorie, l'hyperbole, la litote, l'euphémisme, etc. (→ Annexe 3, p.525)

L'évolution du sens des mots

● Contrairement à l'impression qu'a souvent l'utilisateur d'une 106
langue, tous les mots ne gardent pas toujours le même sens. Certains évoluent tout au long de l'histoire de la langue et de son développement, en fonction de trois facteurs principaux :

1. **L'évolution technique.** — Jadis, quand on ne possédait pas d'autre moyen que la barque pour se déplacer sur les rivières et les canaux, on procédait à l'*embarquement*, on *embarquait*. Plus tard, on appliqua le même terme aux navires et, plus tard encore, à d'autres véhicules et même aux avions. C'est ainsi qu'on procède aujourd'hui à l'«embarquement» des passagers dans un avion, alors qu'il s'agirait, en réalité, d'un **enavionnement*.
2. **L'évolution psychologique.** — De tout temps, l'être humain a d'une certaine façon voulu nier la mort, mais il n'en a pas moins créé tous les termes pour en parler clairement. Aujourd'hui cependant, dans un monde qui met plus que jamais l'accent sur la jeunesse et la santé, la mort est devenue un sujet plus désagréable encore, et l'on a vu apparaître, dans ce domaine comme dans d'autres, des euphémismes de circonstance : qui n'a pas, même devant un cadavre, entendu parler du *disparu* qui s'est *endormi*?
3. **L'évolution sociologique.** — Le sens des mots d'une langue peut évoluer selon la perception qu'en ont les gens qui la parlent. Ainsi, par exemple, la Révolution française fut-elle largement le fait des *sans-culottes*. En termes actuels, on pourrait se demander comment ces gens étaient vêtus, mais ils étaient simplement «sans culotte» parce qu'ils portaient le pantalon (à jambes longues), considérant la culotte, en termes d'alors (bouffante et à jambes courtes), comme aristocratique. Ils se sont fait une fierté de cette particularité, allant jusqu'à se vanter d'avoir *l'esprit sans-culotte* (avec un trait d'union).

Les variations géographiques

● Une des conséquences de la diffusion d'une langue en différents 107
pays, voire en différents continents, est l'apparition de particularismes locaux. Ainsi le français, s'étendant en Amérique et en Afrique, s'est-il enrichi de mots nouveaux, propres à décrire les réalités locales (→ INFO, page suivante).

Il peut aussi arriver qu'un même mot en vienne à désigner des réalités différentes au sein de la Francophonie. L'exemple classique est celui du **déjeuner** et du **dîner**, le dé*jeun*er étant étymologiquement le repas grâce auquel on cesse d'être *à jeun*. Mais, en France, au siècle dernier, on en vint progressivement à décaler les repas, le déjeuner se retrouvant à midi et le dîner le soir. Pour ne pas rester à jeun jusqu'à midi, il fallut donc introduire un pré-déjeuner ou **petit déjeuner** le matin. Voilà pourquoi, tandis que Belges et Québécois dînent à midi, les Français, quant à eux, ne dînent que le soir...

108

INFO 25 MOTS FRANÇAIS D'UN PEU PARTOUT

En Belgique, ***dracher***, c'est pleuvoir à seaux (par esprit de fatalité, on entend même parfois parler de *drache nationale*) ■■■ au Bénin, un ***taxi-brousse*** est un taxi collectif, sans compteur, se rendant un peu partout ■■■ au Burkina-Faso, un ***alphabète*** est une personne qui n'est plus analphabète, grâce à l'*alphabétiseur* ■■■ au Burundi, un ***chef tambourinaire*** est le chef d'un groupe de tambours aux cérémonies ■■■ au Cameroun, ***compter les nattes*** signifie *compter pour s'endormir* (il y a peu de moutons au Cameroun) ■■■ au Canada, une ***débarbouillette*** est un linge pour «se débarbouiller» (gant de toilette en Europe) ■■■ en Centrafrique, un ***piroguier*** est un rameur en pirogue bien sûr, mais aussi un tabouret tressé ■■■ au Congo, une ***trottoire*** est une personne qui passe, par profession, beaucoup de temps sur le trottoir ■■■ au Congo (Zaïre), le ***retrousso-manchisme*** fut une doctrine (officielle) remettant à l'honneur le travail manuel ■■■ en Côte-d'Ivoire, ***démarabouter*** signifie *lever un envoûtement* fait par un marabout (prêtre ou sorcier) ■■■ au Gabon, un ***héron goliath*** est, comme son nom l'indique, une variété de hérons de très grande taille ■■■ à Haïti, ***gagner une patate***, c'est *gagner son pain* (ou *gagner son mil* comme au Bénin et au Togo) ■■■ en Louisiane, une ***avalasse*** est une avalanche de pluie, comme il peut y en avoir sous les tropiques ■■■ au Mali, un ***deux-doigts*** est un voleur à la tire (parce qu'il se sert surtout de deux de ses doigts) ■■■ au Maroc, un ***blédard*** est l'habitant d'un bled, c'est-à-dire d'une ferme (auparavant isolée dans un bled) ■■■ à l'île Maurice, un ***bureau de deuil*** est tout simplement une entreprise de pompes funèbres ■■■ au Niger, *de la* ***caillasse***, c'est de la monnaie (qui remplit les poches comme de petits cailloux) ■■■ au Québec, de la ***poudrerie***, c'est de la neige fine soulevée par le vent comme de la poudre ■■■ à la Réunion, une **tortue-bon-Dieu** est une coccinelle (de *tortue*, pour la forme, et de *bête à bon Dieu*) ■■■ au Rwanda, ***tirer une flèche*** est une bien jolie manière (inspirée du kinyarwanda) de frotter une allumette ■■■ au Sénégal, ***chéri-coco*** et ***chérie-coco*** sont les doux noms du petit ami ou de la petite amie ■■■ en Suisse, ***se luger*** signifie *faire de la luge*, et ***caluger***, c'est déraper (en luge ou autrement) ■■■ au Tchad, un ***cuveur*** est quelqu'un qui doit souvent cuver son vin, donc qui boit régulièrement ■■■ au Togo, ***cigaretter*** signifie tout simplement fumer une cigarette; au Congo (Zaïre), c'est aussi en fournir une ■■■ en Tunisie, une ***méharée*** est un voyage à dos de chameau (de *méhari*, qui est un chameau rapide) ■■■ (d'après *Les mots de la francophonie* : → Bibliographie, p.531.)

LES RAPPORTS DE FORME ET DE SENS

● Les mots peuvent avoir entre eux différents rapports, selon leur sens ou leur forme. On parle alors de **mots apparentés**. Les rapports qui unissent ces mots peuvent être de quatre sortes, créant ainsi autant de sortes de mots apparentés : les synonymes, les antonymes, les homonymes et les paronymes. 109

Les synonymes

● Les synonymes sont des mots qui ont **à peu près le même sens** (mais des formes complètement différentes) : 110

— les noms *chemin, voie, route, allée, ruelle, sentier,...*

— les adjectifs *élégant, chic, harmonieux, distingué, recherché,...*

— les verbes *manger, se nourrir, s'alimenter, se restaurer,...*

☞ ◆ Il est très rare que deux mots soient parfaitement synonymes en français. Si le cas se produit, c'est de manière éphémère, car l'un se distingue alors rapidement de l'autre par des nuances ou des conditions d'utilisation différentes. Il peut même disparaître tout simplement.

Remarque générale : 111

Dans l'étude des rapports de forme et de sens, les anglicismes représentent un cas particulier. En effet, s'il y a des anglicismes de vocabulaire, d'orthographe et de syntaxe, il y a surtout des **anglicismes de sens** : *definitely* et *définitivement* ne sont pas synonymes, pas plus qu'*eventually* et *éventuellement*.

Avec les anglicismes de syntaxe, les anglicismes de sens sont certainement les plus nocifs à la langue française, car, sans qu'il y paraisse, ils y introduisent toujours un certain degré d'imprécision : **les mots ont l'air parfaitement français et ils le sont effectivement, mais ils sont uti-lisés dans le sens de leur homologue anglais et non pas dans leur sens réel en français.**

Les antonymes

● Les antonymes sont des mots qui ont **des sens opposés** (et bien sûr des formes différentes) : 112

— *petit* et *grand*, *commencement* et *fin*, *pour* et *contre*, *monter* et *descendre*, *devant* et *derrière*,...

Les homonymes

113 • Les homonymes sont des mots qui ont **la même forme, soit écrite, soit parlée** (mais des sens complètement différents) :

— *somme* (sommeil) et *somme* (addition, montant d'argent).

— *bal* (où l'on danse) et *balle* (petit ballon).

114 • Les homonymes se divisent en deux catégories, selon qu'ils s'écrivent ou se prononcent de la même manière :

1. Les **homographes** sont des mots de même orthographe :

— *planter un noyer* (arbre) et *noyer son chat* (l'immerger).

— *le ferment* [fɛʀmɑ̃] (levain) et *ils ferment* [fɛʀm] (du verbe *fermer*).

2. Les **homophones** sont des mots de même prononciation :

— *cent*, le *sang*, *sans*, je *sens*, il *sent*, elle *s'en* va.

— *sain*, *saint*, je *ceins*, elle *ceint*, *ceints*, le *sein*, le *seing*.

— le *tain*, je *teins*, il *teint*, le *thym*, le *tin*, je *tins*, elle *tint*, qu'on *tînt*.

— la *voie*, les *voies*, je *vois*, elle *voit*, ils *voient*, la *voix*.

☞ ◆ Le français compte de très nombreux cas d'homophonie qui représentent autant de difficultés d'orthographe (→ Annexe 3, p.517).

Les paronymes

115 • Les paronymes sont des mots qui ont **des formes apparentées** (mais des sens complètement différents) :

— *un accident* (événement malheureux) et *un incident* (événement impromptu).

— *éminent* (qui dépasse ou qui est digne d'être noté) et *imminent* (sur le point de se produire).

— *littéraire* (qui relève de la littérature) et *littéral* (qui est respecté à la lettre près).

— *perpétrer* (commettre, accomplir) un acte et *perpétuer* (faire durer) le souvenir.

— *vénéneux* (qui contient une substance toxique, en parlant d'un végétal) et *venimeux* (qui contient un venin, en parlant d'un animal).

— Également : *affectif* et *effectif*, *affiler* et *effiler*, *allocation* et *allocution*, *amener* et *emmener*, *amnésie* et *amnistie*, *cession* et *session*, *collision* et *collusion*, *effraction* et *infraction*, *émigrant* et *immigrant*, *éruption* et *irruption*, *évoquer* et *invoquer*, *notable* et *notoire*, *prodige* et *prodigue*, *recouvrer* et *recouvrir*,...

ANDRÉE CHEDID
Liban (Égypte)
1920

Andrée Chedid, née au Caire, est en réalité une Libanaise d'Égypte, et elle est généralement comptée parmi les écrivains libanais (plus tard, à 26 ans, elle s'est installée à Paris). Son œuvre, abondante, a eu un rayonnement considérable. Elle consiste en pièces de théâtre (*Bérénice d'Égypte*,...), en essais (notamment *Cérémonial de la violence*, au sujet de la guerre au Liban dans les années 1970), mais surtout en récits et en romans (*Les Marches de sable*, *Le Sommeil délivré*, ***Le Sixième Jour***, *La Cité fertile*, *Le Survivant*, *Derrière les visages*, ***La Maison sans racines***,...).

S'asseyant, avec des précautions infinies elle [la grand-mère] attira Hassan [son petit-fils, couché et mourant du choléra]. La sagesse d'une main calme, d'un souffle mesuré, d'une voix douce, d'une poitrine tiède restait le seul recours qu'elle pouvait encore donner.

Le buste s'arqua tandis qu'elle prenait l'enfant sur ses genoux; il paraissait composé de baguettes de saule, minces et friables.

La femme se fit berceau. Elle se fit champ d'herbes et terre d'argile. Ses bras coulèrent comme des rivières autour de la nuque rigide. Sa robe, entre ses cuisses séparées, devint vallée ronde pour le poids douloureux du dos meurtri, des jambes raides. Sa tête s'inclina comme une immense fleur odorante, son buste fut un arbre feuillu :

— Mon roi, mon âme, mon enfant bientôt debout...

Les paupières de Hassan ressemblèrent de nouveau à celles de n'importe quel garçon endormi.

— Dors, petit. Il faut dormir pour traverser ce chemin de boue... Ce soir, je veille pour toi; plus tard, tu veilleras à ton tour pour moi. C'est ainsi que va le monde pour ceux qui s'aiment... Ne parle pas, ne bouge pas, je parle et je bouge à ta place. Mais écoute : je te dis que tu vas guérir... Le sixième jour est là, le sixième jour approche. Un jour, plus un jour, plus un jour encore et tout sera accompli... Je te vois (comme si c'était à présent) : tu cours très loin devant moi sur une route, et plus tu t'éloignes, plus tu grandis. Sais-tu que mes jambes sont trop usées pour te suivre et qu'il y a du plomb et de la paille à l'intérieur de mes genoux?... Mais elles me porteront encore, mes jambes, jusqu'à ta guérison. Elles me porteront, et toi avec, jusqu'à l'eau, et nous embarquerons la nuit prochaine... L'eau guérit, l'eau est sainte. Bientôt avec des rires et un vrai petit corps d'homme, tu t'éveilleras en face de la mer...

Un souffle d'air vif et salé venait d'envahir la chambre. Cette nuit- là, la femme trouva son premier repos.

(Extrait de *LE SIXIÈME JOUR*,
© Paris, Flammarion, 1986)

*C*OLETTE
France
1873 - 1954

Gabrielle Colette (prénom et nom) a écrit ses premiers romans sous le pseudonyme de son mari (Willy). Ce fut la **série des «Claudine»** : *Claudine à l'école, Claudine à Paris, Claudine en ménage, Claudine s'en va* et, plus tard, *La Maison de Claudine.* Elle publia également de nombreux autres romans sous son propre nom, tous proches de la nature et des animaux, remplis d'amour de la vie, salués pour leur qualité d'écriture et leur sens psychologique : *L'Ingénue libertine, Mitsou, Chéri, Le Blé en herbe, La Naissance du jour, La Chatte,...*

— Tu vas à la pêche, Vinca ?

D'un signe de tête hautain, la Pervenche, Vinca aux yeux couleur de pluie printanière, répondit qu'elle allait, en effet, à la pêche. Son chandail reprisé en témoignait, et ses espadrilles racornies par le sel. On savait que sa jupe à carreaux bleu-vert, qui datait de trois ans et laissait voir ses genoux, appartenait à la crevette et aux crabes. Et ces deux havenets sur l'épaule, et ce béret de laine hérissé et bleuâtre comme un chardon des dunes constituaient-ils une panoplie de pêche, oui ou non?

Elle dépassa celui qui l'avait hélée. Elle descendit vers les rochers, à grandes enjambées de ses fuseaux maigres et bien tournés, couleur de terre cuite. Philippe la regardait marcher, comparant l'une à l'autre Vinca de cette année et Vinca des dernières vacances...

[...]

Le camarade qui l'épiait, couché sur la dune à longs poils d'herbe, berçait sur ses bras croisés son menton fendu d'une fossette. Il compte seize ans et demi, puisque Vinca atteint ses quinze ans et demi. Toute leur enfance les a unis, l'adolescence les sépare. L'an passé, déjà, ils échangeaient des répliques aigres, des horions sournois; maintenant le silence, à tout moment, tombe entre eux si lourdement qu'ils préfèrent une bouderie à l'effort de la conversation. Mais Philippe, subtil, né pour la chasse et la tromperie, habille de mystère son mutisme, et s'arme de tout ce qui le gêne. Il ébauche des gestes désabusés, risque des «À quoi bon?... Tu ne peux pas comprendre...», tandis que Vinca ne sait que se taire, souffrir de ce qu'elle voudrait apprendre, et se raidir contre le précoce, l'impérieux instinct de tout donner, contre la crainte que Philippe, de jour en jour changé, d'heure en heure plus fort, ne rompe la frêle amarre qui le ramène, tous les ans, de juillet en octobre, au bois touffu incliné sur la mer, aux rochers chevelus de fucus noir. Déjà il a une manière funeste de regarder son amie fixement, sans la voir, comme si Vinca était transparente, fluide, négligeable...

(Extrait de *LE BLÉ EN HERBE*,
© Paris, Garnier-Flammarion, 1969)

Chapitre IV

Le nom

LES PROPRIÉTÉS DES NOMS

● Le **nom** (qu'on appelle aussi **substantif**) est un mot qui sert à désigner les êtres, les choses ou les concepts : 116

– *Amélie, les Malgaches, un avion, les Comores, l'intention.*

On reconnaît habituellement les noms, surtout les noms communs, au fait qu'ils sont précédés d'un déterminant (→ 214) :

– *le décor, des chameaux, toute personne, quelques erreurs.*

Quant aux noms propres, la plupart ne sont précédés d'aucun déterminant :

– *Abidjan, Félix, Atlantis* (navette spatiale), *Édouard* (ouragan).

– Mais : *une Guyanaise, un Suisse, les Seychelles, les Perséides.*

● Même si les noms constituent une classe de mots clairement définie et facilement reconnaissable, il existe cependant, au sein de chacune des autres classes, des mots qui peuvent occasionnellement être utilisés comme des noms (→ 80) : 117

- l'adjectif :
  - *Je me ris de l'**éphémère** et de l'**éternel**.* (Abdellatif Laâbi)
- le déterminant :
  - *«Le club des **cinq**»* (série de romans pour les jeunes)
- le pronom :
  - *Le **moi** est haïssable.* (Blaise Pascal)
- le verbe :
  - *«Car **vivre** est un pays»* (recueil de poèmes de Moncef Ghachem)
- l'adverbe :
  - *Les enfants d'immigrés voient l'**ailleurs** [...] comme le seul territoire propice à leur développement.* (Gérard Étienne)
- la préposition ou la conjonction :
  - *Avec des **si**, on mettrait Paris en bouteille.* (dicton populaire)
- ou même une locution (souvent verbale) :
  - *Ce fut un **sauve-qui-peut**.* (Victor Hugo)

LE CLASSEMENT DES NOMS

118 ● Les noms peuvent être classés de différentes façons selon le sens ou la forme.

Selon le sens, il y a :

- des **noms communs** et des **noms propres**;
- des **noms concrets** et des **noms abstraits**;
- des **noms individuels** et des **noms collectifs**;
- des **noms animés** et des **noms inanimés**;
- des **noms comptables** et des **noms non comptables**.

☞ ◆ La plupart de ces appellations sont de simples conventions : ce ne sont évidemment pas les noms qui sont animés ou inanimés, mais bien les êtres ou les choses qu'ils servent à désigner.

Selon la forme, il y a :

- des **noms simples** et des **noms composés**;
- des **noms masculins** et des **noms féminins**;
- des **noms singuliers** et des **noms pluriels**.

Les noms communs et les noms propres

119 ● Les **noms communs** servent à désigner, sans les distinguer, les êtres, les choses ou les concepts qui appartiennent à une même espèce. Ils ne prennent normalement pas la majuscule :

— *la souris, des fossiles, le détour, la flore, une idée, des illusions.*

120 ● Les **noms propres** servent aussi à désigner les êtres, les choses ou les concepts, mais en leur conférant une identité qui les distingue les uns des autres. Ils prennent toujours la majuscule (→ 6) :

— *Bertrand, les Terre-Neuviens, Kinshasa, la Renaissance.*

Les noms individuels et les noms collectifs

121 ● Les **noms individuels** servent à désigner un être, une chose ou un concept particulier (même quand le nom peut être mis au pluriel et s'applique à plus d'un être, chose ou concept particulier) :

— *un zèbre, une girouette, un espoir, des gouttes, des intuitions.*

122 ● Les **noms collectifs** servent à désigner des êtres, des choses ou des concepts qui sont considérés comme un groupe ou comme un ensemble (ils sont donc souvent au singulier) :

— *une foule, l'armée, l'Église, le peuple, la police, les tribunaux.*

Les noms simples et les noms composés

- Les **noms simples** sont des noms formés d'un seul mot : 123
  – *le temps, Chicoutimi, les fleurs, un dinosaure, une délégation.*

- Les **noms composés** sont des noms formés de deux ou trois éléments dont la réunion crée une unité de sens. Ils peuvent prendre quatre formes différentes (→ 82) selon que leurs éléments sont : 124
  - soudés en un seul mot : *le portefeuille, des contrefaçons.*
  - unis par un trait d'union : *l'avion-citerne, Trois-Rivières.*
  - unis par un mot de liaison, avec ou sans traits d'union :
    – *de l'eau-de-vie, le tout-à-l'égout, l'arc-en-ciel, le quant-à-soi.*
    – *de l'eau de rose, le filtre à huile, le train de vie, le pas de vis.*
  - simplement juxtaposés : *un casque bleu.*

> Selon les **Rectifications de l'orthographe**, il serait dorénavant permis d'écrire en un seul mot certains noms qui prenaient auparavant un trait d'union (→ Annexe 1, p.503).

Les autres catégories de noms

- Dans certains cas (remplacement par un pronom par exemple), il peut être utile de faire d'autres distinctions parmi les noms, selon qu'ils sont dits concrets ou abstraits, animés ou inanimés, comptables ou non comptables, masculins ou féminins, singuliers ou pluriels : 125

1. Les **noms concrets** servent à désigner des êtres ou des choses perceptibles par les sens (*mouette, ananas, neige*), alors que les **noms abstraits** désignent plutôt des concepts (*audace, attente, évasion*).
2. Les **noms animés** servent à désigner des êtres vivants (*citadin, loup, moustique*), alors que les **noms inanimés** désignent des choses ou concepts sans *anima*, «sans âme» au sens étymologique, et donc non vivants (*banquise, espadrilles, œillet*).
3. Les **noms comptables** servent à désigner des êtres ou des choses habituellement considérés comme un ensemble d'unités (*habitants, minutes, ordinateurs*), alors que les **noms non comptables** désignent des choses ou des concepts dont la quantité n'est généralement pas déterminable (*du brouillard, du vin, de l'espace*).
4. Les **noms masculins et féminins, singuliers et pluriels** font l'objet des sections suivantes consacrées au genre et au nombre des noms.

LE GENRE DES NOMS

126 ● Contrairement à la plupart des langues anciennes et à bon nombre de langues modernes, le français ne possède que deux genres : le **masculin** et le **féminin** (mais il y a des traces de survivance du **neutre**). Ces deux genres se distinguent habituellement par la forme des mots.

Dans la plupart des cas, les noms qui désignent des hommes ou des animaux mâles sont masculins (*un père, un chanteur, un coq*) et les noms qui désignent des femmes ou des animaux femelles sont féminins (*une mère, une chanteuse, une poule*).

127 ● Mais, sauf dans les cas où les noms désignent des êtres sexués, le genre est surtout une manière de classer les noms selon le déterminant qui peut les accompagner. Aucune règle ne préside en effet au genre des noms de choses ou de concepts, car celui-ci est le résultat de divers facteurs comme l'étymologie, la sonorité, l'analogie et la composition. En cette matière, chaque langue a d'ailleurs son système propre : ainsi, en allemand, on dit «la Soleil» (*die Sonne*) et «le Lune» (*der Mond*).

128 ● Enfin, la langue française doit une bonne part de sa beauté formelle au fait que le féminin s'y trouve être un **genre marqué**, c'est-à-dire qu'il se caractérise habituellement par l'ajout, à la forme masculine, d'une «marque» propre à la forme féminine, à l'oral comme à l'écrit.

C'est pourquoi la forme féminine des noms d'êtres animés a toujours été chargée de plus de sens que la forme masculine, et celle-ci, parce qu'elle est non marquée, a souvent perdu sa signification propre au point d'être perçue comme plus ou moins neutre. Ainsi, quand on parle par exemple d'une *chatte* ou d'une *louve*, c'est parce qu'on veut préciser que ces animaux sont de sexe féminin, alors que, quand on parle simplement d'un *chat* ou d'un *loup*, c'est, en général, parce que leur sexe n'a pas d'importance : *Elle aime les chats*. – *Il a peur des loups*.

On disait de même : *Cette femme est un professeur, un écrivain,* sans que cela dérange, parce que, comme pour l'homme professeur et l'homme écrivain, l'activité de la personne primait sur son sexe. On disait aussi : *les Québécois, les Français,...* sans que les femmes se sentent exclues de cette appellation qui, parce qu'elle était non marquée, était perçue comme **collective** et **neutre**.

129 ● Aujourd'hui cependant, pour diverses raisons sociologiques (→ 106.3), on ne perçoit plus les choses de la même façon, de sorte qu'on a entrepris de féminiser tous les noms qui ne l'ont pas été au cours de l'évolution de la langue française (→ Annexe 2, p.511). Mais il faudra attendre un certain temps pour que se dégage de cette entreprise un «esprit» commun à toute la Francophonie, car, pour désigner par exemple une femme qui écrit des livres,

— en France (et en Afrique), on garde : ***un écrivain***.
— en Belgique, on propose : ***une écrivain*** (comme *une enfant*).
— au Québec, on dit: ***une écrivaine*** (comme *une châtelaine*).

LE FÉMININ DES NOMS

● En français, le féminin des noms peut être exprimé de sept manières différentes : 130

1. par l'addition d'un -e- final : *un marchand / une marchan**de***.
2. par la modification du suffixe: *un tu**teur** / une tu**trice***.
3. par l'ajout du suffixe ***-esse*** : *un prince / une prin**cesse***.
4. par un changement de terminaison : *un ser**viteur** / une ser**vante***.
5. par un changement de mot : *un **homme** / une **femme***.
6. par la modification du déterminant : ***un** élève / **une** élève*.
7. par l'ajout d'un adjectif : *une souris **mâle** / un héron **femelle***.

Le féminin par addition d'un -e-

● Le féminin de la plupart des noms d'êtres animés s'obtient en ajoutant un -e- à la forme masculine : 131

— *un Béninois, une Béninois**e**; un candidat, une candidat**e***.

☞ ◆ L'ajout d'un -e- aux noms se terminant par une voyelle ne modifie pas la prononciation de ceux-ci : *un ami, une amie* [ami]. Toutefois, le même ajout aux noms se terminant par une consonne a généralement pour effet de faire entendre cette consonne finale qui n'est pas prononcée au masculin : *un pa-rent, une parente* [paʀɑ̃t]; *un Gabonais, une Gabonais**e*** [gabɔnɛz].

● Cependant, pour un grand nombre de noms, l'ajout d'un -e- à la forme masculine entraîne soit un **redoublement**, soit une **modification** de la consonne finale (parfois même avec un changement de prononciation, voire d'orthographe, de la voyelle qui la précède immédiatement) : 132

1. Un **-c-** final au masculin devient ***-que*** au féminin:
   — *un Tur**c**, une Tur**que**; un Fran**c**, une Fran**que**; Frédéri**c**, Frédéri**que***.

   ▲ Exception : *un Gre**c**, une Gre**cque***.

2. Un **-f-** final au masculin devient ***-ve*** au féminin:
   — *un veu**f**, une veu**ve**; un Jui**f**, une Jui**ve**; un capti**f**, une capti**ve***.

3. Un **-x-** final au masculin devient ***-se*** [z] au féminin :
   — *un épou**x**, une épou**se**; un orgueilleu**x**, une orgueilleu**se***.

   ▲ Exceptions : *un rou**x**, une rou**sse**; un vieu**x**, une vi**eille***.

4. Une finale masculine en **-an** [ɑ̃] devient ***-ane*** [an] au féminin :
   — *un sult**an**, une sult**ane**; un fais**an**, une fais**ane***.

   ▲ Exceptions : ***Jean**, **Jeanne**; un pays**an**, une pays**anne***.

5. Une finale masculine en **-ain** [ɛ] devient ***-aine*** [ɛn] au féminin, et une finale masculine en **-in** [ɛ] devient ***-ine*** [in] au féminin :

— *un Améric**ain**, une Améric**aine**; un châtel**ain**, une châtel**aine**.*

— *un vois**in**, une vois**ine**; un Bénédict**in**, une Bénédict**ine**.*

6. Une finale masculine en **-en** [ɛ] devient ***-enne*** [ɛn] au féminin, et une finale masculine en **-on** [ɔ̃] devient ***-onne*** [ɔn] au féminin :

— *un Canadi**en**, une Canadi**enne**; un chi**en**, une chi**enne**.*

— *un Bret**on**, une Bret**onne**; un bar**on**, une bar**onne**.*

▲ Exceptions : *Sim**on**, Sim**one**; un morm**on**, une morm**one**; un Lap**on**, une Lap**one**; un dém**on**, une dém**one**.*

7. Une finale masculine en **-el** [ɛl] ou en **-eau** [o] devient ***-elle*** [ɛl] au féminin :

— *Gabri**el**, Gabri**elle**; un crimin**el**, une crimin**elle**.*

— *un agn**eau**, une agn**elle**; un cham**eau**, une cham**elle**.*

8. Une finale masculine en **-et** [ɛ] devient ***-ette*** [ɛt] au féminin :

— *un poul**et**, une poul**ette**; un mu**et**, une mu**ette**.*

▲ Exception : *un (sous-)préf**et**, une (sous-)préf**ète**.*

9. Une finale masculine en **-at** [a] devient ***-ate*** [at] au féminin, et une finale masculine en **-ot** [o] devient ***-ote*** [ɔt] au féminin :

— *un avoc**at**, une avoc**ate**; un candid**at**, une candid**ate**.*

— *un dév**ot**, une dév**ote**; un idi**ot**, une idi**ote**.*

▲ Exceptions : *un ch**at**, une ch**atte**; un s**ot**, une s**otte**,...*

10. Une finale masculine en **-er** [e] devient ***-ère*** [ɛʀ] au féminin :

— *un boulang**er**, une boulang**ère**; un fermi**er**, une fermi**ère**.*

Le féminin par modification du suffixe

133 ● Les noms qui se terminent en **-eur** [œʀ] ou en **-teur** [tœʀ] au masculin, et à partir desquels on peut former le participe présent d'un verbe en changeant *-eur* en *-ant*, modifient ces suffixes en ***-euse*** [øz] au féminin :

— *un baign**eur**, une baign**euse*** (de *se baigner*, part. prés. : *se baignant*).

— *un chan**teur**, une chan**teuse*** (de *chanter*, part. prés. : *chantant*).

● Mais les noms qui se terminent en **-teur** [tœʀ] au masculin, et à partir desquels on ne peut pas former le participe présent d'un verbe en changeant *-eur* en *-ant*, modifient ce suffixe en ***-trice*** [tʀis] au féminin : 134

— *un avia**teur**, une avia**trice**; un rédac**teur**, une rédac**trice**.*

▲ Exceptions : ① *Un supéri**eur**, un inféri**eur**, un min**eur*** et *un pri**eur*** font au féminin : *une supéri**eure**, une inféri**eure**, une min**eure*** et *une pri**eure***. Au Québec, il en va de même pour *un gouver**neur**, un ingéni**eur**, un profess**eur*** qui font au féminin : *une gouver**neure**, une ingéni**eure*** et *une profess**eure*** (→ Annexe 2, p.511).

② *Un ambassad**eur**, un emper**eur*** et *un procur**eur*** font au féminin : *une ambassad**rice**, une impér**atrice**, une procur**atrice***.

③ Certains noms en **-eur** ont deux féminins de sens différents. Ainsi, *un chant**eur** : une chant**euse*** et *une cant**atrice*** (chant classique); *un charm**eur** : une charm**euse*** et *une charm**eresse*** (sens poétique); *un chass**eur** : une chass**euse*** et *une chass**eresse*** (sens poétique); *un débit**eur** : une débit**euse*** (qui débite) et *une débi**trice*** (qui doit); *un demand**eur*** et *un vend**eur*** (qui ont un féminin propre à la langue juridique) : *une demand**eresse*** et *une vend**eresse*** (comme *une bail**leresse*** et *une défend**eresse***).

Le féminin par ajout du suffixe *-esse*

● Quelques noms forment leur féminin en transformant en ***-esse*** le -e- final du masculin : 135

— *un âne, une â**nesse***
— *un bougre, une bougr**esse***
— *un chanoine, une chanoin**esse***
— *un comte, une comt**esse***
— *un diable, une diabl**esse***
— *un drôle, une drôl**esse***
— *un druide, une druid**esse***
— *un hôte, une hôt**esse***
— *un ivrogne, une ivrogn**esse***
— *un maître, une maîtr**esse***
— *un mulâtre, une mulâtr**esse***
— *un ogre, une ogr**esse***
— *un pauvre, une pauvr**esse***
— *un prêtre, une prêtr**esse***
— *un prince, une princ**esse***
— *un sauvage, une sauvag**esse***
— *un Suisse, une Suiss**esse***
— *un tigre, une tigr**esse***
— *un traître, une traîtr**esse***
— *un vicomte, une vicomt**esse***

Dans quelques cas, le changement en ***-esse*** entraîne de petites modifications orthographiques :

— *un abb**é**, une abbesse*
— *un duc, une du**ch**esse*
— *un n**è**gre, une n**é**gresse*
— *un péch**eur**, une pécheresse*
— *un po**è**te, une po**é**tesse*
— *un proph**è**te, une proph**é**tesse*

Le féminin par changement de terminaison

136 ● Quelques noms forment leur féminin en changeant complètement leur terminaison tout en gardant, pour la plupart, le même radical :

- *un Andalou, une Andalouse*
- *un canard, une cane*
- *un chevreuil, une chevrette*
- *un compagnon, une compagne*
- *un copain, une copine*
- *un daim, une daine*
- *un diacre, une diaconesse*
- *un dieu, une déesse*
- *un dindon, une dinde*
- *un empereur, une impératrice*
- *un favori, une favorite*
- *un fou, une folle*
- *un héros, une héroïne*
- *un lévrier, une levrette*
- *un loup, une louve*
- *un métis, une métisse*
- *un moine, une moniale*
- *un mulet, une mule*
- *un poulain, une pouliche*
- *un roi, une reine*
- *un sacristain, une sacristine*
- *un serviteur, une servante*
- *un tsar, une tsarine*
- *un vieillard, une vieille*

À ces noms, il faut ajouter les termes «familiaux» : *un **fils**, une **fille**; un **neveu**, une **nièce*** (et les composés).

Le féminin par changement de mot

137 ● Quelques noms masculins ont pour féminin des noms tout à fait différents :

- *un **bélier**, une **brebis***
- *un **bouc**, une **chèvre***
- *un **cerf**, une **biche***
- *un **coq**, une **poule***
- *un **étalon**, une **jument***
- *un **jars**, une **oie***
- *un **lièvre**, une **hase***
- *un **mâle**, une **femelle***
- *un **matou**, une **chatte***
- *un **monsieur**, une **madame***
- *un **sanglier**, une **laie***
- *un **singe**, une **guenon***
- *un **taureau**, une **vache***
- *un **verrat**, une **truie***

À ces noms, il faut ajouter les termes «familiaux» : *un **frère**, une **sœur**; un **garçon**, une **fille**; un **gendre**, une **bru**; un **homme** (un **mari**), une **femme**; un **oncle**, une **tante**; un **papa**, une **maman**; un **parrain**, une **marraine**; un **père**, une **mère*** (et les composés).

Le féminin par modification du déterminant

138 ● Un certain nombre de noms de personnes, qui se terminent presque tous par un -e-, ont la même forme au masculin et au féminin (ces noms sont dits ***épicènes***). Il n'y a donc, pour les distinguer grammaticalement, que le déterminant qui les précède :

- ***un / une** enfant; **un / une** fleuriste; **un / une** secrétaire.*

> Pour ce qui est de la féminisation des titres et des fonctions qui n'avaient pas, traditionnellement, de forme féminine reconnue : → Annexe 2, p.511.

Le féminin par ajout d'un adjectif

● Beaucoup de noms d'animaux n'ont qu'une seule forme (soit masculine, soit féminine) parce qu'ils désignent tout simplement l'espèce. Quand il faut malgré tout préciser le sexe de l'animal, on ajoute l'adjectif ***mâle*** ou ***femelle*** : 139

– *un castor **femelle**, une girafe **mâle**, un phoque **femelle**, une autruche **mâle*** et même *une demoiselle **mâle*** (un poisson).

INFO LE GENRE DE QUELQUES NOMS DIFFICILES 140

Dans la plupart des cas, le genre des noms est appris de manière inconsciente durant la première enfance. Il existe cependant toute une série de noms qui prêtent souvent à confusion, même pour des familiers du français, parce qu'ils commencent par une voyelle ou parce qu'ils ressemblent à d'autres noms de genre différent. Ci-dessous figurent quelques-uns de ces noms sur le genre desquels beaucoup de personnes hésitent :

NOMS MASCULINS

— *de l'**ambre** gris*
— *un **antidote** puissant*
— *un **appendice** trop long*
— *un **armistice** inattendu*
— *des **aromates** orientaux*
— *de l'**asphalte** usé*
— *de l'**asthme** persistant*
— *un **autobus** accidenté*
— *un **autographe** précieux*
— *un **automne** merveilleux*
— *un **avion** canadien*
— *des **effluves** repoussants*
— *un **embâcle** inquiétant*
— *un **en-tête** original*
— *un **épiderme** délicat*
— *un **épisode** insignifiant*
— *un **granule** décoloré*
— *un **hémisphère** éclairé*
— *un **indice** accusateur*
— *un **intervalle** trop court*
— *du **jute** résistant*
— *un **ouvrage** réussi*
— *un **ovale** parfait*
— *un **ovule** fécondé*
— *un **pétale** desséché*
— *un **planisphère** plastifié*
— *un **tentacule** arraché*
— *des **termites** morts*

NOMS FÉMININS

— *de l'**acné** persistante*
— *de l'**algèbre** avancée*
— *une **ancre** rouillée*
— *une **apostrophe** superflue*
— *de l'**argile** fendue*
— *une **artère** bloquée*
— *une **atmosphère** détendue*
— *une **échappatoire** inespérée*
— *une **écharde** arrachée*
— *une **écritoire** ancienne*
— *une **épitaphe** originale*
— *une **épithète** inopportune*
— *des **immondices** accumulées*
— *une **moustiquaire** trouée*
— *une **oasis** très fréquentée*
— *une **omoplate** cassée*
— *une **orbite** lointaine*
— *une **scène** impressionnante*
— *des **ténèbres** envahissantes*
— *de l'**urticaire** saisonnière*

LES NOMS À DOUBLE GENRE

141 ● Le français comporte un petit nombre de noms qui sont tantôt masculins et tantôt féminins. Dans la plupart des cas, le nom masculin et le nom féminin ne sont que de simples homonymes (même forme et sens différents : → 113) qui ne sont la cause d'aucune difficulté :

— *un geste* (mouvement)	— *la geste* (épopée)
— *un gîte* (abri)	— *la gîte* (d'un bateau)
— *un manche* (d'outil)	— *une manche* (bras d'un habit)
— *un mémoire* (rapport)	— *la mémoire* (le souvenir)
— *un mode* (manière)	— *la mode* (goût du moment)
— *un parallèle* (sur le globe)	— *une parallèle* (droite parallèle)
— *un pendule* (balancier)	— *une pendule* (horloge)
— *le physique* (apparence)	— *la physique* (science)
— *un poste* (emploi, fonction)	— *la poste* (services postaux)
— *un solde* (restant, excédant)	— *la solde* (d'un soldat)
— *un tour* (circuit, p.ex.)	— *une tour* (construction élevée)
— *un voile* (vêtement)	— *une voile* (d'un bateau)

Les cas particuliers de noms à double genre

142 ● Certains noms présentent des difficultés du fait qu'ils peuvent être tantôt masculins et tantôt féminins (dans ce cas, leur genre dépend souvent de leur sens) :

1. **Aigle** : On dit *un aigle* quand on veut désigner un oiseau de proie, un homme de génie, un pupitre d'église ou une décoration comportant cet oiseau de proie :

   — *L'aigle blanc de Pologne.* — *Cet homme est un aigle.*

   Mais on dit *une aigle* quand on veut désigner l'aigle femelle ou une enseigne militaire ou des armoiries :

   — *Cette aigle nourrit ses petits.* — *Les aigles impériales.*

2. **Amour** : *Amour* est généralement masculin, mais il peut être féminin s'il est utilisé au pluriel dans la langue littéraire :

   ➾ *Le vert paradis des amours enfantines.* (Baudelaire)

3. **Chose** : *Chose* est normalement féminin, mais il devient masculin dans les composés indéfinis : *quelque chose, grand-chose, peu de chose* :

   ➾ *Chaque fois qu'elle marche ici, il y a quelque chose de nouveau.* (Jean-Marie Le Clézio)

4. **Délices** : *Délices* est habituellement féminin pluriel, mais il peut être utilisé au masculin singulier :

   ➾ *À cette heure-là, en été, manger des mûres est un délice.* (Henri Bosco)

5. **Foudre** : *Foudre* est presque toujours féminin, sauf dans les expressions *un foudre de guerre, un foudre d'éloquence*, et quand il désigne un faisceau de flèches ou de lances dans la mythologie ou en héraldique.

6. **Hymne** : *Hymne* est toujours masculin, sauf dans le sens de «cantique latin chanté aux offices religieux» :

> *Toutes les hymnes de cet admirable office.* (François Mauriac)

7. **Œuvre** : *Œuvre* est toujours féminin quand il est au pluriel; quand il est au singulier, il est féminin aussi, sauf quand il désigne l'ensemble d'une bâtisse (*le gros œuvre*), l'ensemble des réalisations d'un artiste (*l'œuvre entier d'Auguste Rodin*, mais ce sens est vieilli) ou l'étape ultime de la quête alchimique (obtention de la pierre philosophale) :

> *Les vertus de la rosée et son rôle capital dans le Grand Œuvre...* (Eugène Canseliet)

8. **Orge** : *Orge* est toujours féminin, sauf dans deux expressions : *orge mondé* et *orge perlé*.

9. **Orgue** : *Orgue* est un mot masculin, sauf quand il désigne, de manière emphatique et au pluriel, un instrument unique d'allure imposante :

> *L'éboulement de grandes orgues...* (V.-Y. Mudimbé)

10. **Pâque(s)** : Pour désigner la fête chrétienne, le nom *Pâques* est masculin singulier. Il prend la majuscule et un -s- final :

— *Pâques est célébré entre le 22 mars et le 25 avril.*

Mais il devient féminin pluriel dans les expressions *Pâques fleuries, Pâques closes, joyeuses Pâques* et *faire ses pâques* (avec une minuscule dans ce dernier cas).

Pour désigner la fête juive ou orthodoxe, le nom *Pâque* est féminin singulier et précédé du déterminant *la* :

> *Durant cette semaine de la Pâque grecque...* (Maurice Barrès)

Le cas unique du nom *gens*

● Le nom ***gens*** est étymologiquement le pluriel du nom féminin ***gent*** qui signifie «l'espèce» (*la gent ailée* : tous les oiseaux). Mais, à cause de l'évolution de son sens, il demande aujourd'hui (cas unique en français) que soient mis au masculin tous les mots qui doivent s'accorder avec lui, sauf les adjectifs ou déterminants qui le précèdent immédiatement et qui, eux, se mettent au féminin : 143

> *L'on obéirait à ces vilain**es** gens s'**ils** étaient seulement logiques avec **eux**-mêmes.* (René Maran)

Enfin, dans quelques expressions figées, le mot *gens* est simplement masculin pluriel : *gens d'épée, gens de lettres, gens de loi, gens de robe*.

LE NOMBRE DES NOMS

144 ● Comme la plupart des langues occidentales modernes, le français possède seulement deux nombres : le **singulier** et le **pluriel**.

Le singulier est utilisé quand on se réfère à **un** être, **une** chose ou **un** concept, ou bien à **un** ensemble d'êtres, de choses ou de concepts. Quant au pluriel, il est utilisé pour se référer à **plus d'un** être, **plus d'une** chose, **plus d'un** concept ou **plus d'un** ensemble.

Le principe qui consiste à inscrire le pluriel à compter de deux unités n'est pas universel. Certaines langues, possédant un troisième nombre, le **duel**, pour désigner les réalités qui vont par deux ou qui sont au nombre de deux (les mains, deux sœurs), considèrent que le pluriel ne s'indique qu'à partir de trois unités. Des langues dites primitives n'inscrivent même le pluriel qu'à partir de huit unités, donnant aux mots une forme différente selon qu'ils se rapportent à une, deux,... ou sept unités.

145 ● En français donc, un nom est soit au singulier, soit au pluriel. Toutefois, le rapport entre le nombre d'un nom et celui de la réalité qu'il désigne relève parfois plus de la sémantique que de l'arithmétique. Ainsi, un singulier peut désigner soit **un seul être,** soit **tous les êtres** de la même espèce :

– ***Le chien*** *gratte à la porte*. (= **un chien**, notre chien)
– ***Le chien*** *est le meilleur ami de l'homme*. (= **la race canine**)

Il existe d'autres cas de rapport indirect entre le nombre grammatical (singulier/pluriel) et le nombre réel, mais ils relèvent davantage du style et des figures de style.

LE PLURIEL DES NOMS

146 ● Le pluriel des noms peut être exprimé de quatre manières différentes :

1. par l'ajout d'un -s- final : *une fleur / des fleurs*.
2. par l'ajout d'un -x- final : *un neveu / des neveux*.
3. par la modification du suffixe: *un bocal / des bocaux*.
4. par la modification du déterminant : ***une*** *croix* / ***des*** *croix*.

Le pluriel par ajout d'un -s-

147 ● Le pluriel de la plupart des noms s'obtient en ajoutant un -s- à la forme du singulier :

– *un Belge, des Belges; un champ, des champs*.

☞ ◆ Aujourd'hui, l'ajout d'un -s- au pluriel ne modifie plus la prononciation des noms, sauf en cas de liaison (*des noms étranges* [dɛnɔzetʀɑ̃ʒe] : → 58) et dans les trois noms suivants : un *œuf* [œ̃nœf], des *œufs* [dɛzø]; un *bœuf* [bœf], des *bœufs* [dɛbø], un *os* [ɔs], des *os* [o].

Le pluriel par ajout d'un -x-

● Le pluriel de certains noms s'obtient en ajoutant un -x- à la forme 148
du singulier :

1. les noms qui se terminent en **-au** :

— *un étau, des étau**x**; un château, des château**x**.*

▲ Exceptions : *un landau, des landau**s**; un sarrau, des sarrau**s**.*

2. les noms qui se terminent en **-eu** :

— *un feu, des feu**x**; un cheveu, des cheveu**x**.*

▲ Exceptions : *un bleu, des bleu**s**; un pneu, des pneu**s**; un émeu, des émeu**s**.*

3. sept noms qui se terminent en **-ou** :

— *des bijou**x**, des caillou**x**, des chou**x**, des genou**x**, des hibou**x**, des joujou**x**, des pou**x**.*

(Tous les autres noms en *-ou* forment leur pluriel en ajoutant un -s- : *un voyou, des voyous; un toutou, des toutous; un clou, des clous.*)

Le pluriel par modification du suffixe

● Le pluriel de certains noms se forme en modifiant leur suffixe : 149

1. Les noms en **-al** changent ce suffixe en ***-aux*** au pluriel :

— *un boc**al**, des boc**aux**; un journ**al**, des journ**aux**.*

▲ Exceptions : *des bals, des carnavals, des cérémonials, des chacals, des festivals, des récitals, des régals* et quelques autres noms peu fréquents : *des avals, des cals, des narvals, des pals.*

2. Neuf noms qui se terminent en **-ail** changent ce suffixe en ***-aux*** au pluriel (à tous les autres, on ajoute simplement un -s-) :

— *un b**ail**, des b**aux**; un cor**ail**, des cor**aux**; un ém**ail**, des ém**aux**; un ferm**ail**, des ferm**aux**; un soupir**ail**, des soupir**aux**; un trav**ail**, des trav**aux**; un vant**ail**, des vant**aux**; un vent**ail**, des vent**aux**; un vitr**ail**, des vitr**aux**.*

☞ ◆ ***Bestiaux*** est le pluriel de l'ancien nom *bestial*, et non de *bétail* qui n'a pas de pluriel.

Le pluriel par modification du déterminant

● Tous les noms qui se terminent au singulier par un -s-, un -x- ou un 150
-z- ne changent pas au pluriel. Il n'y a donc que le déterminant qui permette de savoir si ces noms sont au singulier ou au pluriel :

— ***cette / ces*** *souris;* ***un / des*** *choix;* ***votre / vos*** *nez.*

LES NOMS À DOUBLE PLURIEL

151 ● Le français comporte un petit nombre de noms qui ont deux formes au pluriel. Dans ce cas, les deux pluriels n'ont généralement pas le même sens :

1. **Aïeul** : Les pluriels d'*aïeul* sont **aïeuls** [ajœl] dans le sens de *grands-parents* et **aïeux** [ajø] dans le sens d'*ancêtres* (au propre et au figuré) :

   ➾ *Les grands hommes n'ont ni **aïeuls** ni ascendants.* (La Bruyère)

   ➾ *Ô Canada, terre de nos **aïeux**!* (hymne canadien)

2. **Ail** : Le pluriel d'*ail* a toujours été **aulx** [o], mais, de plus en plus, et notamment en botanique, on rencontre **ails** [ai] :

   — *Ce sont des **aulx** sauvages et très forts.*

   — *Il cultive des **ails** de plusieurs espèces.*

3. **Ciel** : Le pluriel de *ciel* est **cieux** [sjø] quand on veut désigner le paradis, le firmament ou, par métaphore, le pays :

   ➾ *Notre Père qui es aux **cieux**.* (prière chrétienne)

   — *Le soleil couchant embrasait les **cieux**.*

   — *Ils sont partis habiter sous d'autres **cieux**.*

   Mais le pluriel de *ciel* est **ciels** [sjɛl] dans les autres cas (rares) :

   — *des **ciels** de lits* (= baldaquins au-dessus de lits).

   — *des **ciels** de carrières* (= plafonds de carrières).

   — *des **ciels** de tableaux* (= peints sur des tableaux).

   ➾ *Les soleils mouillés de ces **ciels** brouillés.* (Baudelaire)

4. **Œil** : Le pluriel d'*œil* est **yeux** [jø], sauf dans quelques noms composés où le pluriel est **œils** [œj] :

   — *des **œils**-de-bœuf* (= petites fenêtres rondes ou ovales).

   — *des **œils**-de-chat, des **œils**-de-tigre* (= pierres semi-précieuses).

   — *des **œils**-de-perdrix* (= cors aux pieds).

   — *des **œils**-de-pie* (= œillets dans une voile).

5. **Travail** : Le pluriel de *travail* est toujours **travaux**, sauf dans un seul cas, d'ailleurs rare et vieilli : quand le nom *travail* désigne l'appareil qui sert à retenir les chevaux pour les soigner ou les ferrer :

   — *Ce vétérinaire a deux **travails**.*

LE PLURIEL DES NOMS COMPOSÉS

● Il y a quatre sortes de noms composés (→ 124), classés selon que leurs éléments sont soudés en un seul mot (*un contresens*), simplement juxtaposés (*un auteur compositeur*), reliés, avec ou sans traits d'union, par un mot de liaison (*un sac à main*), ou réunis par un ou des traits d'union (*un ramasse-poussière*). 152

Le pluriel des noms composés d'éléments soudés

● Les noms composés d'éléments soudés en un seul mot suivent les règles du pluriel des noms simples : 153

– *des contrebasses, des entrevues, des malfaçons, des passeports.*

▲ Exceptions : ① Un *bonhomme* [bɔnɔm] et un *gentilhomme* [ʒɑ̃tijɔm] font au pluriel : des *bonshommes* [bɔ̃zom] et des *gentilshommes* [ʒɑ̃tizɔm].

② *Madame*, *mademoiselle*, *monsieur* (et *monseigneur*) font au pluriel : ***mesdames***, ***mesdemoiselles***, ***messieurs*** (et ***messeigneurs*** ou ***nosseigneurs***). Dans le langage familier ou enfantin (et même dans sa retranscription par de bons auteurs), on entend cependant souvent : *des madames, des mademoiselles, des monsieurs* (et *des monseigneurs*).

Le pluriel des noms composés d'éléments juxtaposés

● Dans les noms composés d'éléments juxtaposés, chacun des éléments suit les règles du pluriel des noms simples : 154

– *des artistes peintres, des libres penseurs, des cartes maîtresses.*

Le pluriel des noms composés d'éléments reliés par un mot de liaison

● Dans les noms composés d'éléments reliés par un mot de liaison, seul le premier élément prend la marque du pluriel (car, selon le sens, le deuxième est en fait son complément) : 155

– *des pots-de-vin, des arcs-en-ciel, des laissés-pour-compte.*

– *des clins d'œil, des pommes de terre, des aides de camp.*

☞ ◆ Le mot de liaison peut parfois être sous-entendu : *des pauses-café* (= pour le café), *des années-lumière* (= à la vitesse de la lumière).

▲ Exceptions : Parfois, le sens exige que le second élément soit toujours au pluriel ou le premier toujours au singulier :

– *une bête à cornes, des bêtes à cornes.*
– *un tête-à-tête, des tête-à-tête.*

Le pluriel des noms composés d'éléments reliés par un trait d'union

156 ● Les noms composés d'éléments reliés par un trait d'union forment leur pluriel **selon la logique et le bon sens**. Il n'y a donc que les noms et les adjectifs qui puissent être mis au pluriel (jamais les verbes, adverbes et mots de liaison), et **seulement quand le sens le permet** :

1. Dans les noms composés d'un **nom** et d'un autre **nom mis en apposition**, les deux éléments prennent la marque du pluriel :

— *des choux-fleurs, des hommes-grenouilles, des oiseaux-mouches, des jupes-culottes, des surprises-parties.*

2. Dans les noms composés d'un **nom** et d'un **adjectif**, ou de **deux adjectifs**, les deux éléments prennent la marque du pluriel :

— *des coffres-forts, des sages-femmes, des francs-maçons.*

— *des clairs-obscurs, les derniers-nés, les démocrates-chrétiens.*

Mais, selon la logique : *des terre-pleins, des petits-beurre, des sauf-conduits, des Terre-Neuviens.*

☞ ◆ Quand le premier élément se termine par -i ou -o, il reste toujours invariable : *des Franco-Ontariens, des broncho-pneumonies, des vidéo-clips, des tragi-comédies.*

3. Dans les noms composés d'un **verbe** et d'un **nom** (nom qui est, en fait, le complément du verbe), seul le nom prend la marque du pluriel :

— *des bouche-trous, des perce-oreilles, des brise-lames.*

Mais, selon la logique : *des porte-plume* (chacun porte une plume), *des perce-neige* (ils percent la neige), *des gratte-ciel* (ils grattent le ciel), *des abat-jour* (ils «abattent» le jour, c.-à-d. la lumière),...

☞ ◆ Le sens exige parfois que le second élément porte la marque du pluriel même si le mot est au singulier : *un casse-noisettes, un compte-gouttes, un porte-avions.*

4. Dans les noms composés d'un **mot invariable** (adverbe ou préposition) et d'un **nom**, seul le nom prend la marque du pluriel :

— *des avant-postes, des super-légers, des en-têtes, des contre-attaques.*

Mais, selon la logique : *des après-midi* (après chaque midi), des *contre-jour* (contre la lumière du jour), *des sans-travail* (chacun sans travail),...

5. Dans les noms composés qui sont en fait des **expressions elliptiques et toutes faites**, aucun élément ne prend la marque du pluriel :

— *des chez-soi, des coq-à-l'âne, des haut-le-cœur, des hors-la-loi, des on-dit, des pince-sans-rire, des vol-au-vent.*

6. Dans les noms composés comportant **un ou des éléments étrangers**, ceux-ci demeurent invariables au pluriel :

— *des ex-voto, des knock-out, des post-scriptum, des pick-up, des vice-rois* (*vice* = préfixe latin signifiant «à la place de»).

▲ Exceptions : *des fac-similés, des cow-boys, des negro-spirituals, des orangs-outangs,...*

Selon les **Rectifications de l'orthographe**, il serait dorénavant permis de simplifier les règles du pluriel des noms composés (→ Annexe 1, p.503).

LE PLURIEL DES NOMS PROPRES

● En règle générale, les noms propres ne peuvent pas prendre la marque du pluriel, tout simplement parce que la plupart d'entre eux désignent des réalités uniques : 157

— *Félix Leclerc, la Martinique, la tour Eiffel, le Saguenay.*

● Dans certains cas particuliers cependant, les noms propres doivent être mis au pluriel : 158

1. quand ils désignent un peuple, une dynastie, une famille célèbre :

— *les Malgaches, les Acadiens, les Carolingiens, les Bourbons.*

2. quand ils désignent plusieurs réalités de même nom (surtout géographiques) :

— *les Amériques, les Guyanes, les Indes, les Flandres.*

☞ ◆ Certains noms propres sont toujours au pluriel, même s'ils ne désignent qu'une seule réalité dans son ensemble : *les Appalaches, les Seychelles, les Landes.*

● Dans d'autres cas, les noms propres peuvent être mis au pluriel : 159

1. quand ils désignent des œuvres par le nom de leur auteur :

— *les Raphaël du Vatican* ou *les Raphaëls du Vatican.*

2. quand, par métonymie (→ Annexe 4, p.525), ils ne désignent pas vraiment le personnage nommé, mais plutôt ce pour quoi il est connu :

— *les Einstein sont rarissimes* ou *les Einsteins sont rarissimes.*

Remarque générale : 160

On ne met jamais au pluriel :

- les patronymes : *les Bouchard et les Leduc ont déménagé.*
- les noms communs à plus d'une personne : *les trois Véronique.*
- les titres de livres et de revues : *avoir lu tous les Bob Morane.*
- les noms de marques de commerce : *deux Boeing, trois Peugeot.*

LE PLURIEL DES NOMS ÉTRANGERS

161 ● Les noms que la langue française a empruntés aux langues étrangères et totalement assimilés forment leur pluriel comme les autres noms français :

— *le verso, les versos; un album, des albums; un alinéa, des alinéas.*

▲ Exceptions : Certains noms d'origine latine demeurent invariables, notamment les noms qui sont des débuts de prières : *un Gloria, des Gloria; un Te Deum, des Te Deum.*

☞ ◆ Il y a un petit nombre de noms, surtout italiens et anglais, qui ont parfois gardé leur pluriel d'origine en français : *un soprano, des soprani; un whisky, des whiskies, un barman, des barmen; un lied, des lieder* (pluriel allemand).

> Selon les **Rectifications de l'orthographe**, il conviendrait de traiter dorénavant tous les noms empruntés aux langues étrangères comme des noms français, en leur appliquant exactement les mêmes règles (→ Annexe 1, p.503).

LE PLURIEL DES NOMS ACCIDENTELS

162 ● Quand certains mots normalement invariables (qu'il s'agisse d'adverbes, de mots de liaison, de lettres de l'alphabet, de chiffres, de notes de musique, etc.) sont utilisés comme des noms, ils demeurent invariables :

— *des t sans barre, des un majuscules, des sept mal écrits,...*

— *des si, des car, des mais,... des fa dièses, des si bémols,...*

➾ *J'attendais ton regard pour expliquer enfin le pourquoi de ces au revoir.* (Céline Dion/Jean-Jacques Goldman)

▲ Exceptions : ① Les adverbes *avant*, *devant* et *derrière* prennent un -s- au pluriel s'ils sont utilisés comme des noms : — *Prendre les devants.* — *Les avants de cette équipe.* — *Des derrières d'animaux.*

② Les verbes à l'infinitif, utilisés comme des noms, prennent un -s- au pluriel : — *Les boires du bébé sont trop rapprochés.*

③ Quatre participes, utilisés dans le langage juridique, prennent également un -s- au pluriel : *les attendus d'un jugement, les considérants de cette décision*, et, selon un vieil usage, *les ayants droit, les ayants cause.*

LES NOMS À UN SEUL NOMBRE

● Certains noms ne s'emploient habituellement qu'au singulier : 163

- les noms de matières : *l'air, le caoutchouc, le manganèse.*
- les noms d'arts et de sciences : *la sculpture, la biologie.*
- les noms de sens, de facultés : *l'odorat, l'intelligence, la soif.*
- les noms abstraits : *le mépris, la timidité, l'alcoolisme.*

Mais, dans le domaine littéraire, et particulièrement en poésie, on peut rencontrer des noms abstraits au pluriel :

➾ *«Les sept solitudes de Lousa Lopez»* (roman de Sony Labou Tansi)

● Certains noms ne peuvent être employés qu'au pluriel : 164

— *les agissements, les alentours, les annales, les armoiries, les bestiaux, les cisailles, aux confins de, aux dépens de, les décombres, les entrailles, les environs, les fiançailles, les frais, les funérailles, les gens, les mœurs, les obsèques, les prémices, les ténèbres, les vêpres, les victuailles, les vivres,...* ainsi que certains noms géographiques : *les Aléoutiennes, les Andes, les Antilles, les Ardennes, les États-Unis, les Vosges,...*

● Quelques noms changent de sens en changeant de nombre : 165

— *le* ***ciseau*** *du sculpteur / les* ***ciseaux*** *du couturier.*

— *l'****assise*** *d'une construction / la cour d'****assises****.*

— *la* ***lunette*** *de l'astronome / les* ***lunettes*** *de ma sœur.*

— *la* ***vacance*** *du trône / les* ***vacances*** *d'hiver.*

➾ *Le cœur a ses* ***raisons*** *que la* ***raison*** *ne connaît pas.* (Pascal)

➾ *Certaines gens échangent l'****honneur*** *contre les* ***honneurs****.* (Alphonse Karr)

Remarque générale : 166

Un nom ne s'accorde généralement pas avec d'autres mots dans une phrase, car, comme il a ses propres genre et nombre, c'est plutôt avec lui que les autres mots s'accordent. Il y a cependant des cas où, parce qu'il est apposition (→ 761) ou attribut (→ 745) d'un autre, un nom doit «s'adapter» à celui-ci :

➾ *«J.H. cherche âme* ***sœur****»* (roman de Leïla Sebbar)

➾ *Ses amis les* ***mots*** *sont fidèles au rendez-vous.* (Jacques Poulin)

➾ *La* ***femme*** *qui s'est faite* ***louve*** *pour l'amour du loup.* (M. Dib)

Mais une telle «adaptation» n'est pas toujours possible :

➾ ***Personnage*** *presque accessoire,* ***elle*** *ne fait que longer ce chatoiement de couleurs.* (Assia Djebar)

167 LE NOM : TABLEAU RÉCAPITULATIF

PROPRIÉTÉS

		n°
1. Nom propre / commun :	— *Séverine / **un** cadeau*	119
2. Nom individuel / collectif :	— *la télévision / la police*	121
3. Nom simple / composé :	— *l'affiche / le savoir-faire*	123

FÉMININ

1. Ajout d'un -e- :	— *un Congolais, une Congolaise*	131
2. Modification du suffixe :	— *un correc**teur**, une correc**trice***	133
3. Ajout du suffixe *-esse* :	— *un prince, une prin**cesse***	135
4. Changement de terminaison :	— *un cop**ain**, une cop**ine***	136
5. Changement de mot :	— *un taureau, une vache*	137
6. Modification du déterminant :	— ***un** artiste, **une** artiste*	138
7. Ajout d'un adjectif :	— *un rhinocéros **femelle***	139
+ Noms à double genre :	— ***un** critique / **une** critique*	141

PLURIEL

Noms simples :		
1. Ajout d'un -s- :	— *un bédouin, des bédouins*	147
2. Ajout d'un -x- :	— *un cerceau, des cerceaux*	148
3. Modification du suffixe :	— *un génér**al**, des génér**aux***	149
4. Modification du déterminant :	— ***une** croix, **des** croix*	150
Noms composés :		
1. Éléments soudés :	— *un téléroman, des téléromans*	153
2. Éléments juxtaposés :	— *des groupes témoins*	154
3. Avec mot de liaison :	— *un clin d'œil, des clins d'œil*	155
4. Avec trait d'union :	— (diverses possibilités)	156
Noms propres :	— *les Rocheuses, les Tremblay*	157
Noms étrangers :	— *un concerto, des concertos*	161
Noms accidentels :	— *les pourquoi et les comment*	162
+ Noms à un seul nombre :	— ***la** physique, **les** victuailles*	163

*L*AURE *C*ONAN
Québec
1845 - 1924

Laure Conan fut la première grande dame de la littérature américaine francophone (après les religieuses des premiers temps de la colonisation). Née à la Malbaie sous le nom de Félicité Angers, Laure Conan fut très tôt passionnée par les écrivains classiques de France et par l'*Histoire du Canada* de François-Xavier Garneau. Ces deux intérêts, conjugués, l'amenèrent à se consacrer au roman historique (*L'Oublié, La Sève immortelle,...*), mais son œuvre la plus connue est sans conteste ***Angéline de Montbrun***. Aujourd'hui, ce récit romancé est considéré comme une œuvre largement autobiographique.

Elle poursuivit : «La fondation de Villemarie était jugée un projet impossible. À Québec, on voulait nous forcer de nous établir à l'île d'Orléans. Mais, à toutes les raisons, M. de Maisonneuve répondit : "Je ne suis pas venu pour discuter, mais pour exécuter. Quand tous les arbres de l'île de Montréal se changeraient en Iroquois, il est de mon devoir et de mon honneur d'aller y établir une colonie."

— Et cela ne vous glaçait pas le sang dans les veines, de le suivre?

— Le renom de cruauté des Iroquois n'était pas sans me donner des transes. Mais notre arrivée à Montréal fut si agréable! L'île nous apparut comme une sorte de paradis terrestre... Tout était si beau, si frais, si tranquille. La messe de ce matin-là nous a laissé à tous un souvenir inoubliable. Et Dieu voulut que les Iroquois fussent plus d'un an sans s'apercevoir de notre présence à Montréal. Cela nous donna le temps de nous bâtir, de nous fortifier... Avec les froids, nous nous attendions à voir apparaître le mal de terre; mais personne ne fut malade. Cela ne s'était jamais vu dans les nouveaux établissements, et cette préservation nous semblait un encouragement d'en haut.

Mais, vers Noël, notre foi fut mise à une rude épreuve. Le fleuve commença à déborder. Personne n'avait prévu ce péril, lorsqu'on avait choisi l'emplacement du fort, et l'inquiétude devint bientôt extrême. Songez-y! nous allions nous trouver sans abri en plein hiver; les provisions, les munitions allaient être gâtées : nous allions être à la merci d'ennemis plus féroces que les bêtes des bois... M. de Maisonneuve fit faire une croix, la planta lui-même à quelque distance de la rivière, s'engageant par vœu, si l'inondation s'arrêtait, à la porter jusqu'au sommet de la montagne. L'eau continua de monter. Le 24 décembre, elle dépassa la croix... Ah! ma chère enfant, quelle veille de Noël... Jamais je n'ai rien vu de triste comme notre souper ce soir-là... Personne ne parlait, sauf M. de Maisonneuve, qui disait de temps à autre : "Soyez tranquilles, la sainte Vierge éprouve notre confiance, mais elle ne peut pas nous abandonncr." Il nc sc trompait point : les vagues couvrirent les marches du perron, l'eau monta jusqu'à la porte, mais pas une goutte ne passa le seuil.»

(Extrait de *L'OUBLIÉ*, © Beauchemin)

CHARLES DE COSTER
Belgique
1827 - 1879

Charles De Coster est un personnage important de la littérature belge francophone du XIXe siècle. Après avoir publié *Légendes flamandes* et *Contes brabançons*, il ne mit pas moins d'une décennie à écrire son ouvrage majeur: *La Légende et les aventures héroïques, joyeuses et glorieuses d'Uylenspiegel et de Lamme Goedzak au pays de Flandre et d'ailleurs*, publié en 1867 (et généralement abrégé en ***La Légende d'Uylenspiegel***). Ce livre, écrit dans une langue personnelle, parfois archaïque, s'inspire de la culture populaire et des traditions paysannes.

Soudain il [Uylenspiegel] vit venir Son Altesse Ducale en personne.
[...] Parlant à son âne :
«Jef, dit-il, [...] je veux bien être gratté, mais non pendu. Songe que nous sommes frères en misère et longues oreilles; songe aussi quel bon ami tu perdrais me perdant.»
Et Uylenspiegel s'essuyait les yeux, et Jef commençait à braire.
Continuant son propos :
«Nous vivons ensemble joyeusement, lui dit Uylenspiegel, ou tristement, suivant l'occurrence; t'en souviens-tu, Jef?
— L'âne continuait de braire, car il avait faim. — Et tu ne pourras jamais m'oublier, disait son maître, car quelle amitié est forte sinon celle qui rit des mêmes joies et pleure des mêmes peines? Jef, il faut te mettre sur le dos.»
Le doux âne obéit et fut vu par le duc les quatre sabots en l'air.
Uylenspiegel s'assit prestement sur son ventre. Le duc vint à lui :
«Que fais-tu là? dit-il. Ignores-tu que, par mon dernier placard, je t'ai défendu, sous peine de la corde, de mettre ton pied poudreux en mes pays?»
Uylenspiegel répondit :
«Gracieux seigneur, prenez-moi en pitié!»
Puis montrant son âne :
«Vous savez bien, dit-il, que par droit et loi, celui-là est toujours libre qui demeure entre ses quatre pieux.»
Le duc répondit :
«Sors de mes pays, sinon tu mourras.
— Monseigneur, répondit Uylenspiegel, j'en sortirais si vite, monté sur un florin ou deux!
— Vaurien, dit le duc, vas-tu, non content de ta désobéissance, me demander encore de l'argent?
— Il le faut bien, monseigneur, puisque je ne peux pas vous le prendre.»

(Extrait de *LA LÉGENDE D'UYLENSPIEGEL*)

Chapitre V

L'adjectif

LES PROPRIÉTÉS DES ADJECTIFS

● L'**adjectif** est un mot qui se rapporte à un nom (ou à un pronom) pour qualifier ou classer l'être, la chose ou le concept désigné par ce nom (ou ce pronom). Il peut s'y rapporter de manière directe, sans intermédiaire (on dit alors qu'il est **épithète** : → 759), ou de manière indirecte, par l'intermédiaire d'un verbe attributif (on dit alors qu'il est **attribut** : → 745) : 168

— *Un livre intéressant* (épithète). — *Vous semblez inquiets* (attribut).

Remarque préliminaire : 169

On faisait traditionnellement la distinction entre adjectifs **qualificatifs** et adjectifs **non qualificatifs**, ceux-ci se divisant en possessifs, démonstratifs, numéraux, indéfinis, relatifs, interrogatifs et exclamatifs.

Cette distinction n'a plus cours. En effet, selon les nouvelles approches grammaticales, on réserve actuellement le terme «adjectifs» aux seuls adjectifs qualificatifs de la grammaire traditionnelle : ils forment la nouvelle classe des **adjectifs** qu'il n'est donc plus nécessaire d'appeler qualificatifs. Les anciens adjectifs non qualificatifs se retrouvent, avec les anciens «articles», dans la classe des **déterminants**, car ils ont, pour la plupart, des propriétés communes (→ Chapitre VI, p.155).

LE CLASSEMENT DES ADJECTIFS

● Les adjectifs se divisent en deux catégories selon leur «comportement syntaxique», à savoir les qualifiants et les classifiants : 170

1. Les adjectifs **qualifiants** se reconnaissent à trois propriétés :
   - ils peuvent être mis en degré (→ 186) : *Il est très fier.*
   - ils peuvent être attributs du sujet (→ 750.2) : *Il n'est pas fier.*
   - ils peuvent avoir des compléments (→ 767) : *Il est fier de toi.*
2. Les adjectifs **classifiants** n'ont aucune de ces trois propriétés :
   — *l'Assemblée nationale, une scie circulaire, une peur bleue.*

LE GENRE DES ADJECTIFS

171 ● L'adjectif n'a pas de genre propre; il adopte le genre du nom (ou du pronom) auquel il se rapporte, que celui-ci soit exprimé ou non :

➾ *Mes camarades au poing **dur**, à la paume **douce**.* (Jacques Brault)

— *Délicieuses!* (= ces pâtisseries sont absolument délicieuses)

LE FÉMININ DES ADJECTIFS

172 ● Le féminin des adjectifs peut être exprimé de trois manières différentes :

1. par l'ajout d'un -e- final :

— *un seul homme, une seul**e** femme.*

2. par la modification du suffixe :

— *un garçon ment**eur**, une fille ment**euse**.*

3. par un changement de terminaison :

— *mon film favori, ma lecture favori**te**.*

Le féminin par ajout d'un -e-

173 ● Le féminin de nombreux adjectifs se forme en ajoutant simplement un -e- à la forme masculine :

— *un point clair, une tache clair**e**; un joli jardin, une joli**e** maison.*

☞ ◆ L'ajout d'un -e- aux adjectifs se terminant par une voyelle ne modifie pas la prononciation de ceux-ci, mais, ajouté aux adjectifs se terminant par une consonne, le -e- a généralement pour effet de faire entendre la consonne finale qui n'est pas prononcée au masculin :

— *un petit chameau* [pəti], *une petite chamelle* [pətit].

◆ Évidemment, les adjectifs qui se terminent déjà par un -e- au masculin ne changent pas au féminin : *un pauvr**e** homme, une pauvr**e** femme.* Cependant, *maître* et *traître* (anciennement des noms) font *maî**tresse*** et *traî**tresse***.

◆ Quand ils sont utilisés comme adjectifs (→ 598 et 604), les participes présents et passés des verbes forment leur féminin selon la règle générale :

— *un numéro gagnant, une combinaison gagnant**e**.*
*un travail inachevé, une œuvre inachevé**e**.*

174

● Pour un grand nombre d'adjectifs, l'ajout d'un -e- à la forme masculine entraîne un **redoublement** ou une **modification** de la consonne finale, ou encore un changement (de prononciation le plus souvent) affectant la voyelle qui la précède :

1. Un **-c-** final au masculin devient ***-que*** au féminin :

— *du gaz ammoniac, de la gomme ammonia**que**; un projet caduc, une organisation cadu**que**; le peuple franc, la nation fran**que**; un jardin public, une place publi**que**; un magasin turc, une boutique tur**que**.*

▲ Exceptions : ① *un chandail blanc, une robe blan**che**;*
*un collègue franc, une collègue fran**che**;*
*du temps sec, la saison s**èche**.*

② *le théâtre grec, une danse gre**cque**.*

③ l'adjectif *laïque* est à la fois masculin et féminin, mais il possède une deuxième forme au masculin : *un missionnaire laïc.*

2. Un **-f-** final au masculin devient ***-ve*** au féminin :

— *un camion neuf, une voiture neu**ve**; un garçon naïf, une fille naï**ve**.*

☞ ◆ *Bref* fait *brève* au féminin : *une brè**ve** rencontre.*

3. Un **-s-** final et un **-x-** final au masculin deviennent ***-se*** au féminin :

— *un mur gris, une façade gri**se**; un mari jaloux, une femme jalou**se**.*

▲ Exceptions : ① *un plafond bas, une table ba**sse**; un veau gras, une oie gra**sse**; un homme las, une femme la**sse**; un mélange épais, une sauce épai**sse**; un gros paquet, une gro**sse** enveloppe.*

② *un ordre exprès, une défense expr**esse**;*
*un religieux profès, une religieuse prof**esse**.*

③ *un tiers arbitre, une tier**ce** personne;*
*du jus frais, de la crème fra**îche**.*

④ *un chiffon doux, une crème dou**ce**; un faux nez, une fau**sse** barbe; un cheveu roux, une chevelure rou**sse**; un vieux manoir, une vi**eille** demeure.*

4. Une finale masculine en **-an** [ɑ̃] devient ***-ane*** [an] au féminin, et une finale masculine en **-un** [œ̃] devient -***une*** [yn] au féminin :

— *un air catal**an**, une chanson catal**ane**.*
— *un projet comm**un**, une passion comm**une**.*

▲ Exceptions : *un pain pays**an**, une habitude pays**anne**;*
*un cheval rou**an**, une jument rou**anne**.*

5. Les finales masculines en **-ain** [ɛ̃], **-ein** [ɛ̃] et **-in** [ɛ̃] deviennent ***-aine*** [ɛn], ***-eine*** [ɛn] et ***-ine*** [in] au féminin :

— *un État souverain, une décision souveraine; un puits plein, une citerne pleine; un air chagrin, une humeur chagrine.*

▲ Exceptions : *un mal bénin, une blessure bénigne;*
un malin plaisir, une joie maligne.

6. Une finale masculine en **-en** [ɛ̃] devient ***-enne*** [ɛn] au féminin, et une finale masculine en **-on** [ɔ̃] devient ***-onne*** [ɔn] au féminin :

— *un spectacle aérien, de la voltige aérienne.*

— *un village beauceron, la campagne beauceronne.*

☞ ◆ Dans le cas de *lapon*, *letton* et *nippon*, le redoublement du -n- au féminin est facultatif : *l'industrie nippone ou nipponne.*

7. Une finale masculine en **-el** [ɛl] devient ***-elle*** [ɛl] au féminin, et une finale masculine en **-eil** [ɛj] devient ***-eille*** [ɛj] au féminin :

— *un piège mortel, une illusion mortelle.*

— *un fruit vermeil, une boisson vermeille.*

8. Une finale masculine en **-et** [ɛ] devient ***-ette*** [ɛt] au féminin :

— *un homme grassouillet, une femme grassouillette.*

▲ Exceptions : *un travail (in)complet, une œuvre (in)complète; un exemple concret, une réalisation concrète; un vêtement désuet, une robe désuète; un voisin (in)discret, une voisine (in)discrète; un air inquiet, une personne inquiète; un visage replet, une mine replète; un passage secret, une galerie secrète.*

9. Une finale masculine en **-at** [a] devient ***-ate*** [at] au féminin, et une finale masculine en **-ot** [o] devient ***-ote*** [ɔt] au féminin :

— *un sujet délicat, une proposition délicate.*

— *un problème idiot, une question idiote.*

▲ Exceptions : *une personne boulotte, une gamine maigriotte, une figure pâlotte, une idée sotte, une illustration vieillotte,...*

10. Une finale masculine en **-er** [e] devient ***-ère*** [ɛʀ] au féminin :

— *un passeport étranger, une nationalité étrangère.*

11. Dans quelques autres cas, l'ajout d'un -e- à l'adjectif entraîne de petites modifications orthographiques :

— *un long chemin, une longue route;*
un cadre oblong, une nappe oblongue.

— *un match nul, une rencontre nulle;*
un air gentil, une expression gentille.

12. Enfin, pour maintenir la prononciation du -u-, une finale masculine en **-gu** [gy] prend, au féminin, un tréma sur le -e- :

— *un local exi**gu*** [ɛgzigy], *une pièce exi**guë*** [ɛgzigy].

> Selon les **Rectifications de l'orthographe**, le tréma, qui est traditionnellement placé sur le -e- des adjectifs féminins en *-guë*, pourrait dorénavant être reporté sur le -u-, c'est-à-dire sur la voyelle qui est effectivement prononcée (→ 13 et Annexe 1, p.503).

Le féminin par modification du suffixe

● Les adjectifs qui se terminent en **-eur** [œʀ] ou en **-teur** [tœʀ] au masculin, et à partir desquels on peut former le participe présent d'un verbe en changeant *-eur* en *-ant*, modifient ces suffixes en ***-euse*** [øz] au féminin : 175

— *un vêtement tromp**eur**, une apparence tromp**euse***
(du verbe *tromper*, part. prés. : *trompant)*.

— *un insecte saut**eur**, une bestiole saut**euse***
(du verbe *sauter*, part. prés. : *sautant*).

● Mais les adjectifs qui se terminent en **-teur** [tœʀ] au masculin, et à partir desquels on ne peut pas former le participe présent d'un verbe en changeant *-eur* en *-ant*, modifient ce suffixe en ***-trice*** [tʀis] au féminin : 176

— *un mouvement provoca**teur**, une attitude provoca**trice***.

▲ Exceptions : ① Dix adjectifs (qui sont en fait des comparatifs) forment leur féminin par l'ajout d'un -e- à la forme masculine : *une patte antérieur**e**, postérieur**e**; la mâchoire inférieur**e**, supérieur**e**; la vitre intérieur**e**, extérieur**e**; une objection mineur**e**, majeur**e**; une proposition meilleur**e**; une date ultérieur**e***.

② Quatre adjectifs, qui auraient normalement dû faire leur pluriel en *-teuse*, le font en ***-trice*** : *une puissance exécu**trice**, une attitude inspec**trice**, une épouse inven**trice**, une autorité persécu**trice***.

③ *Un paysage enchan**teur**, une île enchant**eresse**; Adam péch**eur**, Ève péch**eresse**; un regard veng**eur**, une expression veng**eresse***.

④ Pour former les féminins de *sauveur* et de *vainqueur*, la langue française emprunte ceux de *salvateur* et de *victorieux* : *une vertu **salvatrice**, une athlète **victorieuse***.

Le féminin par changement de terminaison

177 ● Quelques adjectifs forment leur féminin en gardant le même radical mais en changeant la terminaison :

— *un chant andalou, une fête andalou**se**; un garçon coi, une fille coi**te**; un igloo esquimau, une tradition esquimau**de**; un mets favori, une boisson favori**te**; des frères jum**eaux**, des sœurs jum**elles**; un clown rigolo, une poupée rigolo**te**,...*

☞ ◆ *Beau, nouveau, fou, mou* et *vieux* font leur féminin en ***belle***, ***nouvelle, folle, molle*** et ***vieille***. Ces adjectifs ont, de plus, gardé leur ancienne forme masculine devant une voyelle : *un **bel** oiseau, un **nouvel** avion, un **fol** entrain, un **mol** élan, un **vieil** imperméable.*

◆ Le féminin de l'adjectif *hébreu* est ***hébraïque*** quand il se rapporte à des choses, mais, quand il se rapporte à des personnes, il emprunte son féminin à l'adjectif *juif* et fait ***juive*** : *le peuple **hébreu**, la langue **hébraïque**, la nation **juive**.*

LES ADJECTIFS À UNE SEULE FORME OU UN SEUL GENRE

178 ● Comme les adjectifs qui se terminent par -e- (→ 173R2), certains autres adjectifs, souvent d'origine étrangère, n'ont qu'une seule forme pour le masculin et le féminin :

— *un veston **chic**, une robe **chic**; un fauteuil **ocre**, une couverture **ocre**; un milieu **snob**, une attitude **snob**; un format **standard**, une allure **standard**,...*

— Ainsi que : *angora, grenat, kaki, rococo, rosat, vermillon,...* et les apocopes : *extra, maxi, pop, sympa, rétro,...* (→ 209)

179 ● Certains adjectifs sont inusités au masculin :

— *rester bouche **bée**, une porte **cochère**, une ignorance **crasse**, la pierre **philosophale**, une œuvre **pie**, de l'eau **régale**, la fièvre **scarlatine**, une rose **trémière**, une vertu **théologale**,...*

180 ● Certains adjectifs sont inusités au féminin :

— *un nez **aquilin**, un air **benêt**, un pied **bot**, un être **fat**, un feu **grégeois**, demeurer **pantois**, des yeux **pers**, un **preux** chevalier, des marais **salants**, un hareng **saur**, du papier **vélin**,...*

☞ ◆ En plus de ne pas avoir de masculin ou de féminin, la plupart des adjectifs mentionnés ci-dessus forment, avec les noms auxquels ils se rapportent, des expressions figées, de sorte qu'ils ne sauraient être utilisés avec d'autres noms. On pourrait même, dans certains cas, considérer ces expressions comme des noms composés (→ 124).

LE NOMBRE DES ADJECTIFS

● Pour ce qui est du nombre, l'adjectif adopte simplement celui du nom (ou du pronom) auquel il se rapporte. 181

La plupart du temps, cela ne pose aucun problème particulier, car les règles qui régissent le pluriel des adjectifs sont simples. Il y a cependant divers cas où l'adjectif demeure invariable (→ 205 et 207-211) ou doit s'accorder avec deux ou trois noms, parfois de genre et de nombre différents (→ 201-203).

LE PLURIEL DES ADJECTIFS

● Le pluriel des adjectifs peut être exprimé de trois manières différentes : 182

1. par l'ajout d'un -s- final :
   — *une idée formidable, des idées formidable**s**.*
2. par l'ajout d'un -x- final :
   — *un nouveau logiciel, de nouveau**x** logiciels.*
3. par la modification du suffixe :
   — *un examen or**al**, des examens or**aux**.*

Le pluriel par ajout d'un -s-

● La très grande majorité des adjectifs, notamment les adjectifs féminins, forment leur pluriel par l'ajout d'un -s- à la forme du singulier: 183

— *un air triste, des airs triste**s**; un film violent, des films violent**s**.*

— *une voiture électrique, des voitures électrique**s**; une balle perdue, des balles perdue**s**.*

☞ ◆ Aujourd'hui, l'ajout d'un -s- au pluriel ne modifie plus la prononciation des adjectifs, sauf en cas de liaison (→ 59) : *de grands espaces* [dəgʀɑ̃zɛspas].

◆ Les adjectifs qui se terminent déjà par un -s- au singulier ne changent pas au pluriel : *un fil gris, des fils gris.*

Le pluriel par ajout d'un -x-

● Les adjectifs *beau, nouveau, jumeau, esquimau* et *hébreu* forment leur pluriel par l'ajout d'un -x- à la forme du singulier : 184

— *de beau**x** yeux, des airs nouveau**x**, des bébés jumeau**x**, des chiens esquimau**x**, des manuscrits hébreu**x**.*

☞ ◆ Les adjectifs qui se terminent déjà par un -x- au singulier ne changent pas au pluriel : *un son creux, des sons creux.*

Le pluriel par modification du suffixe

185 ● La plupart des adjectifs qui se terminent en **-al** changent ce suffixe en ***-aux*** au pluriel :

— *un vitrail hexagon**al**, des vitraux hexagon**aux**;*
*un phénomène paranorm**al**, des phénomènes paranorm**aux**.*

▲ Exceptions : ① Les adjectifs *bancal, fatal, final, marial, natal, naval* et *tonal* font leur pluriel en ***-als*** : *des raisonnements banc**als**, des accidents fat**als**, des documents fin**als**, des sanctuaires mari**als**, des horizons nat**als**, des combats nav**als**, des systèmes ton**als**.*

② Certains adjectifs en **-al**, qui doivent normalement faire leur pluriel en ***-aux***, le font de plus en plus souvent en ***-als***, soit pour des raisons d'euphonie, soit à cause de l'influence des exceptions mentionnées ci-dessus. Il s'agit notamment des adjectifs *austral, banal, boréal, facial, glacial, initial, jovial, martial, pascal* et *théâtral*.

LE DEGRÉ DES ADJECTIFS

186 ● Certains **adjectifs qualifiants** (→ 170.1) peuvent être mis en degré, c'est-à-dire qu'il est possible de moduler leur signification par l'expression de niveaux d'intensité : le **positif** (*beau*), le **comparatif** (*plus* ou *moins beau que*) et le **superlatif** (*très beau, le plus beau*).

LE (DEGRÉ) POSITIF

187 ● Le **positif** est l'état neutre de l'adjectif (quand il a tout simplement sa signification propre et que celle-ci n'est pas mise en situation de comparaison) :

➾ *Nos courses **éperdues** dans les rues **désertes**.*
(Clémentine-Madiya Faïk-Nzuji)

➾ *Ô **radieux** débris d'une **grande** épopée!*
***Héroïque** bannière au naufrage échappée!*
*Tu restes sur nos bords comme un témoin **vivant***
*Des **glorieux** exploits d'une race **guerrière**.* (Octave Crémazie)

☞ ◆ Il ne faut pas confondre **degré positif** et **sens positif**. Par exemple, l'adjectif *désagréable* utilisé seul a bien sûr un sens négatif, mais il est au degré positif (*plus désagréable que* et *très désagréable* sont ses comparatif et superlatif).

LE (DEGRÉ) COMPARATIF

● Le **comparatif** est l'état de l'adjectif en situation de comparaison. Celle-ci peut prendre trois formes : l'égalité, la supériorité et l'infériorité qui s'expriment respectivement par les locutions adverbiales ***aussi que***, ***plus que*** et ***moins que*** : 188

— *Mélanie est* ***aussi*** *gentille* ***que*** *Claudia.*

— *Mélanie est* ***plus*** *gentille* ***que*** *Claudia.*

— *Mélanie est* ***moins*** *gentille* ***que*** *Claudia.*

Les adjectifs *bon, petit* et *mauvais*

● Pour exprimer la supériorité, les adjectifs *bon*, *petit* et *mauvais* disposent d'une forme propre, héritée du latin : ***meilleur***, ***moindre*** et ***pire***. 189

1. *Meilleur* est utilisé dans tous les cas :

— *Ta voiture est* ***meilleure que*** *la mienne.*

Mais : *Ta voiture est* ***aussi*** *bonne* ***que*** *la mienne.* (= égalité)
Ta voiture est ***moins*** *bonne* ***que*** *la mienne.* (= infériorité)

2. *Moindre* est utilisé seulement dans un sens abstrait :

— *Sa résistance est* ***moindre que*** *la tienne.*

Mais : *Sa maison est* ***plus*** *petite* ***que*** *la tienne.*

3. *Pire* et *plus mauvais* sont généralement interchangeables :

— *Ce livre-ci n'est pas* ***pire que*** *celui-là.*

Ou : *Ce livre-ci n'est pas* ***plus mauvais que*** *celui-là.*

Le comparatif horizontal et le comparatif vertical

● Le comparatif est dit **horizontal** quand il met en rapport deux réalités différentes; il est dit **vertical** quand il compare une réalité avec elle-même, mais dans des situations différentes : 190

➤ Comparatif horizontal :

— *Louis-David est plus courageux qu'Alexandre.*

— *Ma perruche est moins bavarde que la tienne.*

➤ Comparatif vertical :

— *Louis-David est plus courageux que l'année dernière.*

— *Ma perruche est moins bavarde le soir que le matin.*

LE (DEGRÉ) SUPERLATIF

191 ● Le **superlatif** est l'état de l'adjectif en situation d'«intensité maximale», celle-ci pouvant être absolue ou relative.

Le superlatif absolu

192 ● Le superlatif absolu permet de porter le sens d'un adjectif à un degré très élevé, mais sans intention de comparaison.

Le superlatif absolu peut être exprimé de trois manières :

1. par un adverbe :

— *Sergio est **très** grand, **fort** grand, **extrêmement** grand,...*

2. par le suffixe *-issime* ajouté à l'adjectif (en langage protocolaire ou familier) :

— *L'éminent**issime** président, un timbre rar**issime**.*

➾ *«Le Schtroumpf**issime**»* (bande dessinée de Peyo)

3. par divers préfixes :

— *de la moutarde **extra**-forte, un **archi**célèbre romancier, une analyse **hyper**critique, un veston **super**chic, un projet de loi **ultra**libéral,...* et surtout par le préfixe *sur-* : *une récolte **sur**abondante, des animaux **sur**alimentés, un local **sur**chauffé, des produits **sur**gelés, un film **sur**exposé, une école **sur**peuplée.*

☞ ◆ Il existe d'autres manières d'exprimer le superlatif absolu :

— *Une voisine de palier **on ne peut plus** dévouée.*

— *Une expression **tout ce qu'il y a de plus** charmant.*

Le superlatif relatif

193 ● Le superlatif relatif permet de porter le sens d'un adjectif à son degré le plus élevé ou le moins élevé, mais dans une situation de comparaison.

Le superlatif relatif est toujours exprimé au moyen des adverbes ***plus*** ou ***moins*** placés devant l'adjectif. Trois cas peuvent se présenter :

1. L'adverbe est précédé d'un déterminant défini :

➾ *Ils ignoraient le fait **le** plus évident, la vérité **la** plus irréfutable, les témoignages **les** plus crédibles.* (Rachid Mimouni)

2. L'adverbe est précédé d'un déterminant possessif :

➾ *Loin de ta Sicile brûlante et plus loin encore de **nos** plus secrètes brûlures.* (Jacques Brault)

3. L'adverbe est précédé du mot de liaison *de* :

➾ *Il n'y a rien **de** plus difficile que ce que j'entreprends.* (Madame de La Fayette)

LA PLACE DE L'ADJECTIF ÉPITHÈTE

● L'adjectif peut être une **épithète** (collée au nom ou détachée du nom) ou un **attribut**. La place de l'attribut dépend de la syntaxe (→ 750.4 et 754.3), tandis que celle de l'épithète relève plutôt de la morphologie et de la sémantique. 194

Ainsi, tandis que les **adjectifs classifiants** (→ 170.2) se placent obligatoirement après le nom auquel ils se rapportent, il n'en va pas de même pour les **adjectifs qualifiants** qui, pour les uns, se placent avant le nom, et, pour les autres, après le nom auquel ils se rapportent, selon des règles déterminées tout à la fois par leur longueur, leur sens, l'usage et l'euphonie.

● De manière générale, on place, de l'adjectif ou du nom, le plus court devant et le plus long derrière : 195

– *une vieille locomotive, des idées contradictoires.*

Toutefois, dans un texte littéraire et surtout dans le langage poétique, on joue souvent sur la place de l'adjectif et du nom pour obtenir différents effets stylistiques :

➾ *Ils* [ces grains d'or] *étaient pour ma fiancée belle, et je n'avais pas de fiancée.* (Léopold Sédar Senghor)

L'ADJECTIF AVANT LE NOM

● Certains adjectifs se placent presque toujours avant le nom auquel ils se rapportent : 196

1. l'adjectif monosyllabique associé à un nom polysyllabique :

– *un beau vêtement, de grands espaces, de longs préambules.*

2. l'adjectif qui s'unit au nom de façon tellement étroite qu'il en perd son sens ordinaire et prend un sens figuré :

– *un grand homme* (= un homme qui a accompli de grandes choses) ↔ *un homme grand* (= un homme de grande taille).

– *mon propre linge* ↔ *mon linge propre;*
le dernier mois ↔ *le mois dernier.*

➾ *Un saint triste est un triste saint.* (Jean le Bon)

3. le déterminant numéral ordinal (qui se comporte comme un adjectif : → 261) :

– *le second échelon, la treizième place, le vingt et unième siècle.*

L'ADJECTIF APRÈS LE NOM

197 ● Certains adjectifs se placent presque toujours après le nom auquel ils se rapportent :

1. l'adjectif polysyllabique associé à un nom monosyllabique :

— *un sol argileux, un tort incalculable, des oies sauvages.*

2. l'adjectif exprimant une qualité physique :

— *une fille mince, un enfant délicat, un front haut.*

3. l'adjectif indiquant la couleur et la forme :

— *une rose blanche, une tapisserie lilas, une ouverture ovale.*

4. l'adjectif suivi d'un complément (→ 767) :

— *un athlète content de lui-même, une remarque digne d'attention, une actrice désireuse de réussir, une neige lente à fondre.*

5. l'adjectif verbal, c'est-à-dire le participe utilisé comme adjectif (→ 604) :

— *une épreuve angoissante, des voyages organisés.*

6. tous les adjectifs classifiants (→ 170.2) :

— *ma sœur aînée, un billet double, la population marocaine, le calendrier orthodoxe, une directive ministérielle, l'autorité royale, un représentant syndical, une centrale nucléaire, un vaisseau spatial,...*

L'ACCORD DE L'ADJECTIF

198 ● Comme tel, l'adjectif n'a pas d'existence autonome : il se rapporte toujours à un ou plus d'un nom, pronom ou autre mot, exprimé ou sous-entendu, avec lequel il doit s'accorder selon des règles précises.

L'ACCORD AVEC UN NOM (OU UN PRONOM)

La règle générale

199 ● Quand l'adjectif se rapporte à un nom ou à un pronom, il s'accorde en genre et en nombre avec celui-ci :

*Marie-Thérèse bouche ses délicat**es** petit**es** oreilles.*
(Gérald-Félix Tchicaya U Tam'Si)

*Éblouissant**e** aube qui fait exploser nos yeux endormis.*
(Georges Ngal)

*Je me ferai nouv**elle**, pour que le feu reprenne.*
(Céline Dion/Jean-Jacques Goldman)

Les cas particuliers

● Il existe, concernant l'accord de l'adjectif avec un nom ou un pronom, quelques cas particuliers qui s'expliquent généralement par la logique : 200

1. Quand deux ou trois adjectifs (classifiants) se rapportent à un même nom pluriel — mais qui n'est au pluriel que parce qu'il est chaque fois sous-entendu au singulier —, ceux-ci restent au singulier :

– *Qu'il est donc compliqué d'harmoniser les politiques des gouvernements fédéral, provincial et municipal!*

(= du gouvernement fédéral, du gouvernement provincial et du gouvernement municipal)

➾ *Les premier et deuxième violons.* (Jean Anouilh)

➾ *Les onzième, douzième et treizième siècles.* (Michelet)

☞ ◆ Si le déterminant est répété, le nom demeure aussi au singulier, car il est alors considéré comme sous-entendu la première fois : *le premier et le deuxième violon, le quinzième et le seizième siècle.*

2. Quand l'adjectif se rapporte à un pronom qui se trouve être au **pluriel de politesse** (*vous*), **de modestie**, **de majesté** ou **de sympathie** (*nous* : → 284), il reste au singulier :

➾ *Seigneur,* ***vous*** *êtes* ***coincé.*** *Le moment est venu d'abattre votre jeu.* (Jean-Paul Sartre)

➾ *Hé bien! régnez,* ***cruel****; contentez votre gloire.* (Jean Racine)

➾ ***Nous*** *sommes spécialement* ***fière*** *de vous.* (Alphonse de Lamartine)

➾ *Allons, tenons-****nous droite****, mademoiselle!* (Pierre Daninos)

3. Quand l'adjectif suit un nom qui est lui-même suivi d'un autre nom qui est son complément, il s'accorde avec l'un ou l'autre, selon le sens :

– *un kilo de crevettes congelé****es****, un hôtel de ville mal situ****é****.*

– *un marchand de crème glac****ée*** *heureu****x*** *de son travail.*

➾ *C'est une pluie de deuil terrible et désolée.* (Jacques Prévert)

☞ ◆ En pareil cas, une seule lettre peut parfois changer le sens de toute une phrase :

— *Voici l'importateur de camions étranger.*
(= l'étranger qui importe des camions)

— *Voici l'importateur de camions étrangers.*
(= celui qui importe des camions étrangers)

4. Quand l'adjectif est séparé d'un nom singulier par les locutions ***des plus***, ***des moins*** ou ***des mieux***, il peut se mettre au pluriel (le plus souvent) ou au singulier, selon le sens :

➤ Il se met au pluriel si ***des plus***, ***des moins*** ou ***des mieux*** signifient en réalité *parmi les plus*, *parmi les moins* ou *parmi les mieux* (il s'agit alors de superlatifs relatifs : → 193) :

➾ *Le docteur est des plus intelligents, des mieux cultivés, des plus instruits.* (André Gide)

➾ *Un portrait des moins flatteurs.* (Sainte-Beuve)

➤ Il se met au singulier si ***des plus***, ***des moins*** ou ***des mieux*** sont des locutions adverbiales qui signifient en fait *très*, *très peu* ou *très bien* :

➾ *La situation était des plus embarrassante.* (Georges Duhamel)

➾ *L'exemple est des mieux choisi.* (Charles du Bos)

☞ ◆ La distinction entre les deux cas exposés ci-dessus n'est pas toujours facile à établir. En cas de doute, il est recommandé de mettre l'adjectif au pluriel (c'est d'ailleurs le cas le plus fréquent), sauf s'il se rapporte à un pronom neutre :

➾ *Cela est des plus immoral.* (Joseph Hanse)

5. Quand l'adjectif est utilisé avec l'expression ***avoir l'air***, il s'accorde selon le sens de celle-ci :

➤ Il s'accorde avec le sujet si l'expression *avoir l'air* a le sens de «paraître» ou de «sembler» (c'est le cas le plus fréquent) :

➾ *Elle n'avait pas l'air contente.* (Gabrielle Colette)

➾ *Ils disent toujours bonjour en français, [...] ayant l'air fiers d'être restés des nôtres.* (Pierre Loti)

➤ Il s'accorde avec le mot *air* si celui-ci a clairement le sens d'«aspect», de «physionomie» :

➾ *Les gens avaient l'air stupide que donne la surprise.* (Julien Green)

➾ *Il n'est pas bon d'avoir l'air fâché quand on demande une faveur.* (Jean-Marie Laurence)

☞ ◆ Quand le sujet est un nom d'être inanimé (qui ne peut donc avoir un «air»), l'expression *avoir l'air* a presque toujours le sens de «sembler» :

➾ *Leur vitesse n'avait pas l'air excessive.* (Gustave Flaubert)

L'ACCORD AVEC PLUS D'UN NOM (OU D'UN PRONOM)

Les règles générales

● Quand l'adjectif se rapporte à des noms ou à des pronoms du même genre, il se met au pluriel et prend le genre de ceux-ci: 201

- *Elle a le cou et le front luisants.* (Anne Cheynet)
- *Nous ne verrons plus, face contre terre,*
  La mort et l'ombre jalouses de disparaître. (Rina Lasnier)
- *«Académie royale de langue et de littérature françaises»* (institution belge)

● Par ailleurs, quand l'adjectif se rapporte à des noms ou à des pronoms de genre différent, il se met au pluriel et prend le genre non marqué en français (→ 128), c'est-à-dire le masculin : 202

- *Seuls le sang, la famille identifient réellement.* (Jean-Marie Adiaffi)
- *Une vie, un rêve, un peuple toujours errants.* (Mohammed Khaïr-Eddine)
- *J'ai le corps et l'âme trop las pour m'interroger.* (André Langevin)
- *Un apaisement et une fraîcheur jusqu'alors inconnus.* (Philippe Tsira Ndong Ndoutoume)
- *Nous avons vu* [...] *le travail consciencieux, l'instruction la plus solide, la discipline et l'application les plus sérieuses, adaptés à d'épouvantables desseins.* (Paul Valéry)

Les cas particuliers

● Concernant l'accord de l'adjectif avec plus d'un nom ou d'un pronom, il existe au moins quatre cas particuliers : 203

1. Quand l'adjectif se rapporte à des noms de genre différent et qu'il doit donc se mettre au masculin pluriel, il est recommandé, si la sonorité de l'adjectif masculin est différente de celle de l'adjectif féminin, de placer le nom masculin juste devant l'adjectif :

— *Une chemise avec des manchettes et un col blancs.*

Plutôt que : — *Une chemise avec un col et des manchettes blancs.*

Par contre, on peut dire : — *Un cheminement et une issue fatals.*

☞ ◆ Parfois, bien que l'adjectif suive deux noms ou plus, il peut ne se rapporter qu'au dernier :

— *Une sculpture de bronze et de bois dur.*

2. Quand l'adjectif se rapporte à des noms placés par gradation, il peut ne s'accorder qu'avec le dernier, d'autant plus que celui-ci est presque toujours celui qui a le sens le plus fort :

➾ [Il a fait preuve] *d'un sang-froid, d'un courage, d'une audace tout à fait surprenante.* (Jules Verne)

➾ *Une phrase, un mot, une syllabe mal prononcée, et l'emploi de commentateur vous est refusé.* (Gobbe et Tordoir)

3. Quand l'adjectif se trouve à la suite de noms reliés par la conjonction ***ou***, il s'accorde, soit avec les deux noms, soit avec le dernier seulement, selon le sens de la phrase :

➾ *Un désir ou un projet bien téméraires.* (Alexandre Dumas)

➾ *Sa passion dominante le précipitait dans des accès de rage ou de douceur infinie.* (Claude-Henri Grignon)

4. Quand l'adjectif se rapporte à des noms reliés par une **conjonction de comparaison** (*ainsi que, avec, comme, de même que,...* : → 624), il s'accorde, soit avec les deux termes de la comparaison, soit avec le premier seulement :

➤ Il s'accorde avec le premier si la conjonction exprime clairement une comparaison :

➾ *L'autruche a la tête, ainsi que le cou, garnie de duvet.* (Joseph Hanse)

➤ Il s'accorde avec les deux termes si la conjonction a simplement le sens de *et* :

➾ *Il a fait preuve d'une bonté ainsi que d'une gaieté étonnantes.* (Jean-Marie Laurence)

☞ ◆ Si la conjonction exprime une réelle comparaison, il convient de mettre celle-ci entre virgules, alors qu'il faut généralement les éviter si la conjonction a le sens de *et*.

AUTRES ACCORDS DE L'ADJECTIF

204 ● Concernant l'accord de l'adjectif, il existe six autres cas particuliers :

1. l'accord de l'adjectif avec d'autres mots que le nom;

2. l'accord du nom utilisé comme adjectif;

3. l'accord de l'adjectif utilisé comme adverbe;

4. l'accord de l'adjectif composé;

5. l'accord de l'adjectif de couleur;

6. l'accord de l'adjectif précédé de quelques locutions spécifiques.

L'accord de l'adjectif avec d'autres mots que le nom

● Même si, dans la très grande majorité des cas, l'adjectif se rapporte à un nom, il peut cependant arriver qu'il se rapporte à **un autre adjectif**, à **un adverbe** ou à **un verbe à l'infinitif** (parfois même à **une phrase**). Il demeure invariable dans tous les cas, sauf s'il se rapporte à des éléments coordonnés : 205

— *Qui ne connaît le dicton :* ***impossible*** *n'est pas français?*

— *Elle s'est comportée tout juste poliment. Et* ***tout juste poliment*** *n'est vraiment pas suffisant dans ce cas-ci.*

➾ ***Finir*** *serait merveilleux.* (Samuel Beckett)

➾ ***Partir*** [...] *ou* ***rester*** [...] *lui paraissaient également impossibles.* (Madame de Sévigné)

L'accord du nom utilisé comme adjectif

● Quand un nom est utilisé comme adjectif, il «s'accorde» (→ 166) comme un adjectif, à moins d'exprimer une comparaison (formulée sans conjonction) : 206

➾ *Derrière les herbes* ***sentinelles*** *je retrouve en la feuille un parasol d'oiseau.* (Anthony Phelps)

Mais :— *des airs* ***bon enfant****, des comportements* ***grande dame****.*

➾ [Les fleurs], *ces Africains* ***nouvelle manière*** *les adorent.* (Maryse Condé)

L'accord de l'adjectif utilisé comme adverbe

● Quand l'adjectif est utilisé comme adverbe, il se comporte comme tel et demeure invariable : 207

➾ *C'est bien ça, j'avais calculé* ***juste****.* (Émile Zola)

➾ *Ce gémissement musical tombant tout* ***droit*** *des astres.* (Alain Grandbois)

➾ *L'expression sonne* ***faux*** *à l'oreille.* (Nicole Brossard)

Toute une série d'adjectifs courts sont ainsi utilisés comme adverbes dans certaines expressions courantes : *voler* ***bas****, sentir* ***bon****, coûter* ***cher****, voir* ***clair****, couper* ***court****, filer* ***doux****, marcher* ***droit****, jouer* ***dur****, pousser* ***dru****, sonner* ***faux****, tenir* ***ferme****, parler* ***fort****, voir* ***grand****, chanter* ***haut****, viser* ***juste****, compter* ***large****, peser* ***lourd****, sentir* ***mauvais****, s'arrêter* ***net****,...*

L'accord de l'adjectif composé

208 ● L'accord de l'adjectif composé se fait de différentes manières, mais toujours selon la logique (à quelques exceptions près) :

1. Quand l'adjectif est composé de deux adjectifs, ses deux éléments s'accordent selon la règle générale (→ 199) :

— *des fêtards ivre**s** mort**s**, des personnes sourd**es**-muet**tes**.*

▲ Exceptions : Dans les adjectifs composés dont le premier élément se termine par un -o- ou un -i-, celui-ci reste invariable : *la frontière belg**o**-luxembourgeoise, les organisations franc**o**-manitobaines, des épisodes trag**i**-comiques, la marine né**o**-zélandaise* (de Nouvelle-Zélande).

Une explication mystico-superstitieuse.
(Ferdinand Oyono)

2. Quand l'adjectif est composé d'un préfixe ou d'un mot invariable et d'un adjectif, seul ce dernier s'accorde :

— *des signes avant-coureur**s**, des complications post-opératoire**s**.*

3. Quand l'adjectif est composé de deux adjectifs, mais que le premier a valeur d'adverbe, celui-ci demeure invariable :

— *des bébés **mort**-nés, des relations **haut** placées.*

— *Nous sommes toutes **fin** prêtes mais **fort** fatiguées.*

*Légère et **court** vêtue.* (Jean de La Fontaine)

▲ Exceptions : ① Devant un participe passé utilisé comme nom, l'adjectif ***nouveau*** s'accorde (sauf dans *nouveau-né*), même s'il a en réalité valeur d'adverbe : *les nouveau**x** mariés, les nouveau**x** élus*; mais : *une fillette nouveau-née.*

② Dans certaines expressions consacrées par l'usage, le premier adjectif s'accorde tout en gardant valeur d'adverbe : *une fleur **fraîche** éclose; des portes **grandes** ouvertes; ils sont arrivés **bons** derniers et sont tombés **raides** morts; les garçons **premiers**-nés et les filles **dernières**-nées.*

③ Dans ***franc-maçon***, «franc» ne s'accorde qu'au masculin, et, dans ***tout-puissant***, «tout» ne s'accorde qu'au féminin : *les principes francs-maçons, des revues franc-maçonnes; des souverains tout-puissants, des invocations tout**es**-puissantes.*

L'accord de l'adjectif de couleur

● L'accord de l'adjectif de couleur se fait de différentes façons, selon qu'il est simple ou composé et selon que le mot désignant la couleur est un adjectif ou un nom : 209

1. Quand l'adjectif de couleur est un adjectif simple, il s'accorde selon la règle générale (→ 199) :
   — *une moto noir**e**, des cheveux brun**s**, des pommes vert**es**.*
2. Quand l'adjectif de couleur est un adjectif composé (de quelques éléments que ce soit), il demeure toujours invariable :
   — *des murs jaune délavé, des tons bleu ciel, une robe vert olive.*
   - *Sa chemise de laine à carreaux rouge vif et vert.* (G. Guèvremont)
   - *Un turban dont on voyait [...] les filets or et pourpre.* (L. Sebbar)
   - *Les cheveux de ces gens sont verts, blond vert.* (C.-A. Cingria)

   ☞ ◆ Il convient de bien faire la distinction entre :
   - *des drapeaux bleu et blanc* (= des drapeaux à la fois bleu et blanc).
   - *des drapeaux bleu**s** et blanc**s*** (= des drapeaux bleus et des drapeaux blancs).
3. Quand la couleur est exprimée par un nom, simple ou composé, celui-ci demeure invariable :
   — *des yeux noisette, des sièges orange, des intérieurs crème.*
   — *des cheveux poivre et sel, des bas couleur chair, une voiture bleu horizon, des robes orange brûlée, des lèvres rose bonbon.*

   ▲ Exceptions : ***Écarlate***, ***mauve***, ***pourpre*** et ***rose*** sont devenus des adjectifs et s'accordent normalement : *des tentures écarlate**s**, des draps rose**s**, des reflets pourpre**s**, des pierres mauve**s**.*

INFO DE TRÈS JOLIS NOMS DE COULEUR 210

Il existe des noms de couleur particulièrement originaux :

- *Des poils et des taches* ***lie-de-vin*** (Georges Duhamel)
- *Les draperies* ***gorge-de-pigeon.*** (Théophile Gautier)
- *Un pantalon collant* ***cuisse de nymphe émue.*** (Louis Aragon)
- *Le noir vira au bleu* ***touraco*** [une sorte d'oiseau] *et du bleu* ***touraco*** *au rouge* ***queue de perroquet.*** (Philippe Tsira Ndong Ndoutoume)

Également : ***feu, tête-de-nègre, orange brûlée, ventre-de-biche,*** etc.

L'accord de l'adjectif précédé de quelques locutions spécifiques

211 ● Précédé d'une des locutions suivantes (*ce qu'a de*, *tout ce qu'il y a de plus* ou *de moins*, *il n'y a pas plus... que...* ou *de moins... que...*, et *il n'y a de... que...*), l'adjectif demeure normalement invariable :

— *On se demande* ***ce qu'a de*** *si séduisant cette étrangère.*

— *Ces pierres précieuses sont* ***tout ce qu'il y a de plus*** *authentique.*

— *Dans cette symphonie,* ***il n'y a de*** *réussi* ***que*** *l'ouverture.*

— ***Il n'y a pas plus*** *troublant* ***que*** *ces phénomènes inexplicables et considérés comme paranormaux.*

☞ ◆ Il convient de faire la distinction entre :

➤ *Il n'y a d'ouvert que cette porte.*
(= cette porte est la seule chose ouverte)

➤ *Il n'y a d'ouver**te** que cette porte.*
(= cette porte est la seule porte ouverte)

L'ACCORD DE QUELQUES ADJECTIFS PARTICULIERS

212 ● Le caractère particulier de quelques adjectifs (***demi***, ***semi***, ***mi***, ***feu***, ***grand***, ***haut***, ***bas***, ***nu***, ***plein*** et ***possible***) entraîne des accords spéciaux:

1. **Demi**, **mi**, et **semi** : Placés devant un nom ou un adjectif, *demi*, *semi* et *mi* s'y joignent par un trait d'union et demeurent invariables (→ 19.3) :

— *deux demi-douzaines, une semi-remorque, la mi-temps du match.*

— *une salle demi-circulaire, une population semi-nomade, des paupières mi-closes.*

Mais *demi*, placé derrière un nom et relié à ce nom par *et*, s'accorde en genre avec celui-ci :

— *deux tasses et demi**e**, cinq heures et demi**e**.*

Enfin, *à demi* demeure également invariable, mais se place devant l'adjectif ou le nom et ne prend un trait d'union que devant ce dernier :

— *Parler à demi-mot. — Une Musulmane à demi voilée.*

2. **Feu** : *Feu* (dans le sens de «défunt») s'accorde avec le nom s'il est placé entre le déterminant et celui-ci, mais demeure invariable s'il est placé devant le déterminant :

— *la feu**e** reine de Belgique; feu la reine de Belgique.*

3. **Grand** : L'adjectif *grand* demeure invariable dans quelques expressions où il se retrouve devant un nom féminin auquel il se joint par un trait d'union : *pas grand-chose*, *la grand-croix* (d'un ordre de chevalerie p.ex.), *avoir grand-faim* ou *grand-soif*, *n'y arriver qu'à grand-peine*, *avoir grand-peur*, *la grand-place*, *la grand-route* et *la grand-rue*.

Grand-père fait toujours *grand**s**-pères* au pluriel, mais *grand-mère* peut faire aussi bien *grand-mères* que *grand**s**-mères*.

Grand demeure invariable dans les adjectifs composés (peu fréquents) : *la politique grand-ducale* (du grand-duché de Luxembourg), *des objectifs grand-angulaires*, *des situations grand-guignolesques*.

4. **Haut** et **bas** : Ces deux adjectifs demeurent invariables dans les expressions figées qui les comportent :

– *Haut les mains!* – *Bas les pattes, Milou!*

5. **Nu** : Placé devant un nom, *nu* s'y joint par un trait d'union et demeure invariable :

– *Sortir n**u**-tête, n**u**-jambes.* – *Marcher n**u**-pieds.*

Mais, placé après le nom, *nu* suit les règles normales du pluriel et du féminin des adjectifs :

– *des murs nu**s**, la vérité toute nu**e**, des épaules nu**es**.*

Dans le langage juridique, on écrit : *la nu**e**-propriété* et *les nu**s**-propriétaires*.

6. **Plein** : L'adjectif *plein* devient une préposition (et demeure donc invariable : → 457) quand il est utilisé devant un nom précédé d'un déterminant :

J'ai du chiendent d'achigan plein l'âme. (Gaston Miron)

7. **Possible** : *Possible* est le plus souvent invariable après *le plus*, *le moins*, *le mieux*, *le meilleur* et *le pire* (dans la mesure où il se rapporte alors à un verbe impersonnel sous-entendu) :

Courir le moins de risques possible. (Stendhal)

(= qu'il est possible de courir en la circonstance)

En dehors de ces cas, *possible* suit les règles normales du pluriel des adjectifs :

Je me vantais de posséder tous les paysages possibles. (Arthur Rimbaud)

213

L'ADJECTIF : TABLEAU RÉCAPITULATIF

FÉMININ

1. Addition d'un -e- :	— *un veston gris, une veste grise*	n° 173
2. Suffixe modifié :	— *un cheval nerv**eux**, une jument nerv**euse***	175
3. Autre terminaison :	— *des frères jum**eaux**, des sœurs jum**elles***	177

PLURIEL

1. Ajout d'un -s- :	— *un choc terrible, des chocs terribles*	183
2. Ajout d'un -x- :	— *un beau voyage, de beau**x** voyages*	184
3. Suffixe modifié :	— *un cas spéci**al**, des cas spéci**aux***	185

DEGRÉ

1. Le positif :	— *Amadou est sportif.*	187
2. Le comparatif :	— *Amadou est **plus** sportif **que** toi.*	188
3. Le superlatif		
— absolu :	— *Amadou est **très** sportif.*	192
— relatif :	— *Amadou est **le plus** sportif de tous.*	193

PLACE

1. Avant le nom :	— *une très faible participation*	196
2. Après le nom :	— *un calendrier lunaire*	197

ACCORD

1. Avec un nom :	— *des îles merveilleuses*	199
— Cas particuliers :	— *les règnes animal, végétal et minéral*	200.1
	— *Madame, **vous** paraissez inquiète.*	200.2
	— *une voiture de sport accidentée*	200.3
	— *un ami des plus sincère*	200.4
	— *Geneviève a l'air absente.*	200.5
2. Avec plus d'un nom :	— *un fleuve et un estuaire profonds*	201
	— *une ville et un village dévastés*	202
— Cas particuliers :	— *des lettres et des mots révélateurs*	203.1
	— *une inquiétude, un soupçon persistant*	203.2
	— *avec son père et son frère aîné*	203.3
	— *la robe, comme les bas, tout usée*	203.4
3. Autres cas :	— *Lire est toujours reposant.*	205
	— *des attitudes grand seigneur*	206
	— *Ces fruits coûtent cher.*	207
	— *des paroles aigres-douces*	208
	— *des couvertures rouge et or*	209
	— *[...] ce qu'a de si attrayant cette fille*	211
	— *demi, semi, mi, feu, grand, haut, bas, nu, plein, possible*	212

*B*ERNARD *B*. *D*ADIÉ

Côte-d'Ivoire

1916

Né en Côte-d'Ivoire, Bernard Dadié a résidé au Sénégal pendant des années avant de revenir dans son pays. S'il y a fait de la prison pour ses idées politiques en 1949, par contre, après l'indépendance, il y a exercé de hautes fonctions, notamment celle de ministre de la Culture. Son œuvre, abondante, empreinte d'un profond humanisme, a pris la forme de recueils de poèmes (***Afrique debout***, *Hommes de tous les continents*,...), de contes (*Légendes africaines*,...), de chroniques et de récits (*Climbié*, ***La Ville où nul ne meurt***, *Carnets de prison*,...), d'un roman (*Commandant Taureault et ses nègres*) et de pièces de théâtre (*Béatrice du Congo*, *Îles de tempête* et *Papassidi, maître-escroc*).

Le car enfin s'arrête pour ne plus repartir. Nous sommes à la gare de Termini, une des merveilles de l'architecture romaine. Le Romain se révèle bâtisseur et tient à demeurer le descendant authentique de ceux qui firent construire aqueducs et murailles que le temps paraît éprouver quelque regret à détruire. Gare de Termini? Une longue galerie de verre à ossature métallique.

Pronto!

Quelle merveille de gare! N'ai-je pas laissé échapper quelque exclamation puisque des yeux se dardent sur moi. J'ai dû retrouver mon naturel : Pronto!

Ici, il faut éviter de se conduire en Africain, c'est-à-dire spontané, expansif, naturel. Ce n'est pas civilisé. Tout mouvement doit être maîtrisé, analysé, puis dirigé. Le cœur est subordonné à la raison. Il a trop à faire en battant nuit et jour pour garder quelque lucidité dans ses réactions. Ce monde de raison ne saurait être affectif, et toute habitude, tout geste qui ne trouve pas un cadre, une rigole, passe pour étrange, insolite, et si des bouches se retiennent à le crier, des yeux n'hésitent pas à vous le faire saisir.

Noyé dans cette foule, écrasé, bousculé par des êtres pressés, je me dirige vers une des immenses portes de sortie. Des bars, des librairies, des parfumeurs, un peu de tout ce qui se vend dans la ville s'est donné rendez-vous à la gare, au-devant des clients. [...]

Des rangées de téléphones sans cabine et l'on entend des hommes et des femmes, graves ou souriants, appeler Pronto! Pronto! Tous les Romains se nommeraient-ils Pronto? Tiens, c'est l'équivalent du «Allô» parisien. D'où vient cette expression et que signifie-t-elle exactement?

C'est à Rome que je me pose la question, car j'avais jusqu'alors pensé que tous les peuples d'Europe, en décrochant leur écouteur, commençaient leur phrase par «Allô!» Une expression conventionnelle admise par tous. Un mot international. Il n'en est rien...

(Extrait de *LA VILLE OÙ NUL NE MEURT*,
© Présence africaine)

Assia Djebar

Algérie

1936

Assia Djebar est, d'une certaine manière et parmi d'autres personnalités moins connues, la voix des femmes d'Algérie. Les problèmes et les aspirations de la femme algérienne constituent en effet la trame de toute son œuvre créatrice, cinématographique et littéraire (deux films : *La Nouba des femmes de Chenoua* et *La Zerda ou les chants de l'oubli;* et toute une série de romans : *La Soif*, ***Les Enfants du nouveau monde***, *Les Alouettes naïves, Ombre sultane,* ***Loin de Médine***,...). Son écriture est dense, critique, étrange et parfois dérangeante dans l'Algérie d'après l'indépendance, toujours en quête de sa véritable identité.

Quatre heures de l'après-midi. Dans le patio, au centre, un puits à la margelle ronde; les dalles autour sont usées des flaques des matins. Deux des tantes font de la couture pour les bourgeoises de la ville; la plus jeune est dentellière réputée. [...] L'une aime rêver, tandis qu'elle brode. Depuis dix ans, elle fait le même rêve informe : quelqu'un, image floue, descendra de la montagne, il ne sera pourtant ni rude ni paysan, les mains ouvertes et un grand rire sur le visage...

[...] Elles posent la table basse, prennent le café à petites gorgées. Une galette simple aux herbes de printemps, que la veuve a préparée le matin. Demain ou après-demain, viendra de son village Lalla Aïcha.

— Nfissa? dit la première, quelles sont les nouvelles?

— Que Dieu la garde, soupire la veuve.

— Prière sur le Prophète! répond la troisième.

Dehors, un début de rafale. Claquements en cascade. Les tantes boivent à petites gorgées. La veuve demande à sa plus jeune sœur :

— J'ai mis dans le café quelques gouttes d'eau de fleur d'oranger. Tu l'aimes?

La plus jeune ne répond point, elle regarde toujours la montagne. Oui, un grand rire sur le visage; ainsi, il viendra.

Dehors, une seconde rafale. Les balles soudain s'éclairent au-dessus des terrasses. Ces trois femmes s'arrêtent de boire. La dentellière garde l'ouvrage en main, quand la plus jeune d'un accent brusque :

— Ô ma sœur, vois ce garçon, on dirait un oiseau qui vole!

— Prière sur le Prophète! s'exclame la veuve.

Deux, trois maisons plus loin, sur une terrasse aux dalles rouges, est tombé celui qu'on poursuivait. L'adolescent avait jeté enfin sa grenade, juste au sortir du quartier, au milieu de la garde. Aussitôt la poursuite avait commencé. «Ô ma sœur, vois ce garçon, on dirait un oiseau qui vole!», a murmuré la tante, et le garçon en effet, blessé déjà, est passé par-dessus sa propre terrasse pour aller mourir un peu plus loin.

(Extrait de *Les Alouettes naïves*,
© Actes Sud / Babel 1997)

Chapitre VI

Le déterminant

LES PROPRIÉTÉS DES DÉTERMINANTS

● Le **déterminant** est un mot (ou un petit groupe de mots) qui se rap- 214
porte à un nom pour l'introduire ou le présenter, le situer par rapport au contexte ou en préciser le sens :

— ***un*** *espoir,* ***quelques*** *otaries,* ***leurs*** *écouteurs,* ***cent*** *ans.*

Seuls les déterminants *tout* et *quel* peuvent se rapporter à un pronom :

— ***tous*** *les miens,* ***toutes*** *celles-ci. — Cette forme,* ***quelle*** *est-elle?*

● Chaque fois qu'il est présent, le déterminant constitue, avec le nom, 215
la **base du groupe du nom**, c'est-à-dire qu'il ne peut pas être supprimé sans rendre la phrase incorrecte (→ 783R) :

— ***Quelques*** *joueurs sont absents.* → * *Joueurs sont absents.*

De plus, on reconnaît le déterminant au fait qu'il est presque toujours (→ 260-269) le premier élément du groupe du nom, c'est-à-dire qu'il précède les adjectifs qui se placent devant le nom (→ 196) :

— ***les*** *grandes vacances,* ***ces*** *faux billets,* ***tout*** *autre avis.*

● La plupart des déterminants sont variables en genre et en nombre et 216
s'accordent avec le nom auquel ils se rapportent :

— ***ce*** *minaret,* ***cet*** *hurluberlu,* ***cette*** *escale,* ***ces*** *interruptions.*

Le déterminant possessif est également variable selon la personne :

mon *auto,* ***ta*** *sœur,* ***ses*** *yeux,* ***nos*** *chats,* ***vos*** *rêves,* ***leurs*** *îles.*

☞ ◆ Dans certains cas (→ 138 et 150), le déterminant peut même être porteur de l'expression du genre ou du nombre : ***un*** *ami triste,* ***une*** *amie triste,* ***des*** *amis tristes,...*

LE CLASSEMENT DES DÉTERMINANTS

217 ● Les déterminants peuvent être classés selon le sens et, accessoirement, selon la forme :

Selon la forme, il y a :

- les déterminants **simples** : *le, ma, chaque, plusieurs, quels,...*
- les déterminants **composés** : *n'importe quel, peu de, tous mes,...*

Selon le sens, il y a :

- les déterminants **référents** (qui renvoient à une information connue, ou supposée connue, du lecteur ou de l'interlocuteur) : *les, ton, quelle, un, cet, lesquels,...*
- les déterminants **quantifiants** (qui donnent une information relative à la quantité) : *aucun, vingt-deux, de la, quelques,...*

Les déterminants référents

218 ● Les déterminants référents se divisent en sept catégories :

1. les déterminants définis : — ***Les** palmiers plient sous **le** vent.*
2. les déterminants indéfinis : — ***Tel** père, **tel** fils! dit **un** dicton.*
3. les déterminants possessifs : — ***Ton** chat a tué **nos** oiseaux.*
4. les déterminants démonstratifs : — ***Cette** auto est à **ces** gens.*
5. les déterminants interrogatifs : — ***Quels** livres as-tu apportés?*
6. les déterminants exclamatifs : — ***Quelle** histoire!*
7. les déterminants relatifs : — *Veuillez trouver ci-joint les copies des contrats, **lesquels** documents avaient été laissés chez nous.*

Les déterminants quantifiants

219 ● Les déterminants quantifiants se divisent en quatre catégories :

1. les déterminants indéfinis : — ***Certains** joueurs trichent.*
2. les déterminants partitifs : — *Il a bu **de la** bière et moi **du** vin.*
3. les déterminants négatifs : — *Je n'ai **nulle** envie de chanter.*
4. les déterminants numéraux : — *Faire d'**une** pierre **deux** coups.*

☞ ◆ ***Un*** et ***une*** sont des déterminants quantifiants quand ils précisent une quantité (***un** jour et demi*), mais ils sont des déterminants référents quand prime le sens d'«indéfini» :

> *Je deviendrai **un** poisson et maman me pêchera.*
> (Myriam Antaki)

LES DÉTERMINANTS RÉFÉRENTS

● Les déterminants référents se divisent en sept catégories (**définis**, **indéfinis**, **possessifs**, **démonstratifs**, **interrogatifs**, **exclamatifs** et **relatifs**) et ils ont tous en commun de «référer» à une information connue ou supposée telle. Ils sont tous présentés ci-après (propriétés, règles d'accord et modalités d'emploi), sauf la plupart des déterminants indéfinis (→ Chapitre VIII, p.205). 220

LES DÉTERMINANTS DÉFINIS

● Le déterminant défini (anciennement «article défini» : → 169) se place devant un nom qui désigne un être, une chose ou un concept connu, soit universellement, soit dans le contexte où il est utilisé : 221

➾ *Je crée mot à mot **le** bonheur de **l'**homme.* (Gatien Lapointe)

➾ [...] *Et faire de **la** Nouvelle-France*
***La** terre promise de **l'**espérance.* (Robert Charlebois)

➾ ***Les** saisons ont entraîné vers **la** mer nos nocturnes flâneries dans **les** ronces.* (Clémentine-Madiya Faïk-Nzuji)

● Le déterminant défini a trois formes : ***le*** devant un nom masculin singulier; ***la*** devant un nom féminin singulier; ***les*** devant un nom au pluriel. Il y a **élision** de *le* et de *la* devant une voyelle ou un -h- muet (→ 16.1) et **contraction** dans les cas suivants : *à le* et *de le* se contractent en ***au*** et ***du*** (sauf quand *le* est déjà élidé), et *à les* et *de les* se contractent en ***aux*** et ***des*** : 222

– ***l'**embonpoint, **l'**allure, **l'**imagination, **l'**humeur.*
– *boire **au** goulot, la peur **au** ventre, avoir mal **aux** dents.*
– *l'air **du** temps, le chant **du** coq, le contour **des** yeux.*

☞ ◆ Le déterminant ***ès*** [ɛs], provenant de la contraction de *en* et de *les,* n'est plus utilisé que dans quelques expressions consacrées du monde académique : *une licenciée ès lettres, un diplômé ès sciences politiques.*

L'emploi des déterminants définis

● La plupart du temps, le déterminant défini est utilisé devant un nom commun pour lui donner un sens individuel ou spécifique : 223

➤ sens individuel : – *L'hélicoptère a décollé malgré **le** vent.*
➤ sens spécifique : – *L'ouvrier canadien vaut bien **le** japonais.*

224 ● Le déterminant défini peut remplacer un déterminant démonstratif (→ 240) ou possessif (→ 238) quand le rapport d'appartenance est clairement indiqué par le contexte :

➾ *J'avais pensé* [...] *quitter* ***la*** *ville et ne plus y revenir.* (Ying Chen)

➾ *Au milieu des hommes qui se passaient* ***la*** *main sur* ***le*** *front.* (Félix-Antoine Savard)

225 ● On utilise aussi le déterminant défini devant des noms propres, notamment dans les cas suivants :

1. devant presque tous les noms géographiques :

– ***le*** *Niger,* ***l'****île Rodrigues,* ***le*** *Maghreb,* ***la*** *Beauce,* ***les*** *Pyrénées.*

▲ Exceptions : ① Les noms de certaines îles ne prennent pas de déterminant : *Bornéo, Ceylan, Cuba, Formose, Hawaï, Madagascar, Malte, Mayotte,...*

② Les noms de villes ne prennent habituellement pas le déterminant : *Chicoutimi, Brazzaville, Avignon, Marrakech, Bruges,...* sauf s'ils sont accompagnés d'un complément ou si le déterminant fait partie intégrante de leur nom : ***le*** *grand Bruxelles,* ***le*** *Québec d'antan* (mais : *tout Paris*),... ***La*** *Baie,* ***Le*** *Havre,* ***Les*** *Escoumins.*

2. devant les noms de personnes :

➤ quand ils désignent des peuples, des familles, des types, des personnes de même nom :

– ***les*** *Dogons,* ***les*** *Bourbons,* ***les*** *Pasteur(s),* ***les*** *trois Marielle.*

➾ *Je le dis à tous* ***les*** *LeBlanc,* ***les*** *Bourg,* ***les*** *Bourgeois,* ***les*** *Landry,* ***les*** *Cormier,* ***les*** *Giroué,* ***les*** *Belliveau,* ***les*** *Allain,* ***les*** *Maillet.* (Antonine Maillet)

➤ quand ils sont précédés d'un adjectif ou suivis d'un complément :

– ***le*** *très prolifique Simenon.*

– ***le*** *Jules Verne de «L'Île mystérieuse».*

➤ quand ils sont employés dans un sens emphatique, affectueux ou méprisant :

➾ ***La*** *Madelon va nous servir à boire.* (vieille chanson militaire)

➾ *On aurait pu me tuer* ***le*** *grand Albert.* (Claude Jasmin)

– ***Les*** *Hitler et* ***les*** *Pol Pot ont ensanglanté l'Histoire.*

3. devant les noms d'artistes servant à désigner leurs œuvres :

➾ *Il y avait des Tintoret, des Carpaccio, des Rembrandt, des Vélasquez,...* (Maurice Leblanc)

LES DÉTERMINANTS (RÉFÉRENTS) INDÉFINIS

● Le déterminant référent indéfini se place devant un nom désignant un être, une chose ou un concept qui n'est pas encore connu et qu'il n'est pas opportun, possible ou nécessaire de préciser : 226

➪ *La tourterelle vient nous avertir que nous allons rencontrer* ***des*** *voyageurs sur la route.* (Boubou Hama)

● Le déterminant référent indéfini le plus usuel (anciennement «article indéfini») a trois formes : ***un*** devant un nom masculin singulier; ***une*** devant un nom féminin singulier; ***des*** devant un nom au pluriel. 227

Cependant, ***des***, contraction de *de* et de *les*, se réduit généralement à *de* (→ 254) devant un nom précédé d'un adjectif (dans la mesure où ceux-ci ne sont pas considérés comme une locution usuelle ou un nom composé), et il peut, dans ce cas, s'élider devant une voyelle ou un -h- muet :

➪ [Ils] *se tranquillisaient après la vingtaine, devenaient* ***des*** *ouvriers rangés,* ***de*** *bons pères de famille,* ***d'****excellents paroissiens.* (Roger Lemelin)

L'emploi des déterminants (référents) indéfinis *un, une* et *des*

● Les déterminants *un*, *une* et *des* sont utilisés devant des noms communs pour leur donner un sens restrictif par rapport à l'ensemble des êtres, choses ou concepts de même nom, sans pour autant les identifier avec précision : 228

➪ *Il y a* ***des*** *gens qui comprendront.* (Jacques Godbout)

● On utilise parfois *un*, *une* ou *des* devant des noms propres : 229

1. quand on considère le nom propre comme un nom commun :

➪ *Ô ciel! serait-il* ***un*** *Danton?* (Stendhal)

2. quand on s'exprime sur un ton emphatique :

— ***Une*** *Myriam Bédard a contribué davantage à faire connaître le Québec à l'étranger que bien des campagnes publicitaires.*

● Le déterminant référent indéfini est également utilisé devant un nom commun pour lui donner la valeur d'un type, d'une classe ou d'une espèce : 230

➪ *Mais vous vous en fichez comme* ***un*** *poisson d'****une*** *pomme.* (Marcel Proust)

> Les autres déterminants référents indéfinis (*certain, tel, autre*,...) sont étudiés dans un autre chapitre : → Chapitre VIII, p.205).

LES DÉTERMINANTS POSSESSIFS

231 ● Le déterminant possessif se place généralement devant un nom commun d'être, de chose ou de concept dont on veut préciser l'appartenance (on peut aussi l'employer devant un nom propre pour exprimer un sentiment personnel) :

> *Je voudrais voir la mer Et **ses** oiseaux de lune*
> *Et **ses** chevaux de brume Et **ses** poissons d'argent*. (Michel Rivard)

> *Vous ne prendrez pas **notre** Corriveau!* (Roch Carrier)

232 ● Le déterminant possessif peut prendre quinze formes différentes, selon le nombre de possesseurs, la personne grammaticale à laquelle il renvoie, le genre et le nombre du nom auquel il se rapporte et la première lettre qui le suit :

	un seul possesseur			**plus d'un possesseur**	
	nom singulier		*nom pluriel*	*nom singulier*	*nom pluriel*
	masculin et féminin devant voyelle ou -h- muet	féminin devant consonne	masculin et féminin	masculin et féminin	masculin et féminin
1re pers.	**mon**	**ma**	**mes**	**notre**	**nos**
2e pers.	**ton**	**ta**	**tes**	**votre**	**vos**
3e pers.	**son**	**sa**	**ses**	**leur**	**leurs**

233 ● En plus des formes présentées ci-dessus, habituelles et non accentuées, les déterminants possessifs ont tous **une deuxième forme**, accentuée et rarement utilisée, qui est apparentée à celles des pronoms possessifs (→ 303) : ***mien***, ***tien***, ***sien***, ***nôtre***, ***vôtre*** et ***leur*** (plus le féminin et le pluriel). Toutefois, ces derniers se comportent plutôt comme des adjectifs :

> *Ce triomphe est **vôtre** et vous en êtes l'âme*. (Victor Hugo)

> *Ce visage **mien** penché sur l'autel de papier*. (Léopold Sédar Senghor)

☞ ◆ Il ne faut pas confondre *leur*, déterminant possessif, et *leur*, pronom personnel, parce que ce dernier est invariable alors que le déterminant s'accorde :

> *Dites-**leur** [...] que nous n'oublierons jamais **leur** gloire et **leurs** bienfaits*. (Octave Crémazie)

L'emploi des déterminants possessifs en général

● Si le déterminant possessif s'accorde en genre et en nombre avec le nom auquel il se rapporte, il doit cependant aussi «s'adapter» à la «personne» du possesseur qu'il désigne : 234

➾ *Et que l'ombre de **notre** cour soit fraîche à **ton** cœur.* (Léopold Sédar Senghor)

Mais quand on a recours au **pluriel de modestie, de majesté, de sympathie** (*nous*) ou **de politesse** (*vous*) (→ 200.2), le déterminant possessif doit s'adapter à cette particularité :

➾ *Monsieur, **votre** chapeau, s'il vous plaît?* (Honoré de Balzac)

➾ *«Excellence, **vos** épouses!»* (roman de Cheikh Aliou Ndao)

L'emploi des déterminants possessifs avec plus d'un possesseur

● Quand le déterminant possessif renvoie à plus d'un possesseur, l'appartenance (au sens large) peut être exprimée par *notre*, *votre* et *leur* au singulier ou *nos*, *vos* et *leurs* au pluriel, selon le cas : 235

1. On utilise ***notre***, ***votre*** et ***leur*** :

- devant un nom qui n'a pas de pluriel :

  ➾ *Je leur reprocherai **leur** cruauté, **leur** duplicité, **leur** rapacité.* (René Maran)

- devant un nom qui désigne une seule réalité possédée par tous :

  ➾ *Nous avions apporté dans nos poitrines le cœur des hommes de **notre** pays.* (Louis Hémon)

- devant un nom qui désigne une même réalité possédée par chacun :

  ➾ *Ils mangeaient sous le préau **leur** farine de manioc et **leur** hareng saur.* (Maryse Condé)

2. On utilise ***nos***, ***vos*** et ***leurs*** :

- devant un nom qui n'a pas de singulier :

  ➾ ***Nos** mœurs, notre foi et notre langue.* (Claude-Henri Grignon)

- devant un nom qui désigne des réalités possédées par chacun :

  ➾ *«Les amandiers sont morts de **leurs** blessures»* (roman de Tahar Ben Jelloun)

- quand la phrase exprime en elle-même une idée de pluralité (grand nombre, addition, comparaison, réciprocité,...) :

  ➾ *Notre langue a le poids de **nos** poings nus.* (Gatien Lapointe)

L'emploi des déterminants possessifs avec *chacun* et *chacune*

236 • Quand le déterminant possessif renvoie au pronom *chacun* (ou *chacune*) :

1. Si *chacun* ne se rapporte pas à un nom ou à un pronom au pluriel, il se met à la 3e personne du singulier (***son***, ***sa***, ***ses***) :

   ➾ [L'amour d'une mère] *Chacun en a* ***sa*** *part et tous l'ont tout entier.* (Victor Hugo)

2. Si *chacun* se rapporte à un pronom de la 1re ou de la 2e personne du pluriel, le déterminant possessif s'adapte à la «personne» de ce pronom, qu'il soit exprimé ou sous-entendu :

   ➾ *Vous avez chacun* ***vos*** *défauts et* ***vos*** *qualités*. (Gobbe et Tordoir)

3. Si *chacun* se rapporte à un nom au pluriel ou à un pronom de la 3e personne du pluriel, on emploie plutôt le singulier (***son***, ***sa***, ***ses***), mais le pluriel (***leur***, ***leurs***) est correct :

   ➾ *Ils s'efforcèrent de s'entraîner chacun de* ***son*** *côté*. (Rabearivelo)

   ➾ *Tous les domestiques avaient fui chacun de* ***leur*** *côté*. (Voltaire)

Les cas particuliers

237 • Le déterminant possessif peut également servir à exprimer divers rapports où la notion d'appartenance, sans être totalement disparue, n'a cependant plus la même signification :

➾ *Il y a des arbres là-bas. – Ils sont loin,* ***tes*** *arbres!* (Ousmane Sembène)

(= les arbres ne sont pas à toi, mais c'est **toi** qui en parles)

➾ ***Notre*** *lièvre n'avait que quatre pas à faire*. (Jean de La Fontaine)

(= le lièvre de la fable que **je vous** raconte / je + vous = **nous**)

➾ *Je l'aurais reconnu du premier coup, tant* ***sa*** *pensée m'était devenue familière*. (Guy de Maupassant)

(= la pensée n'est pas à lui, mais c'est à **lui** que j'ai tant pensé)

238 • Le déterminant possessif est habituellement remplacé par un déterminant défini quand le contexte est tellement clair qu'il n'est plus nécessaire et serait même redondant d'indiquer le possesseur (→ 224) :

➾ *Toutes les autres* [...] *baissèrent* ***la*** *tête et fermèrent* ***les*** *yeux.* (Antoine Bangui)

239 • Pour marquer la possession d'une chose ou d'un concept nommé précédemment, on peut utiliser un déterminant défini, à condition d'introduire le pronom ***en*** :

➾ *Nourri dans le sérail, j'****en*** *connais* ***les*** *détours*. (Jean Racine)

LES DÉTERMINANTS DÉMONSTRATIFS

● Le déterminant démonstratif se place devant le nom d'un être, d'une chose ou d'un concept qu'on veut montrer ou désigner précisément : 240

*«**Ces** enfants d'ailleurs»* (roman d'Arlette Cousture)

Il peut également avoir une valeur emphatique ou marquer la proximité dans le temps :

*C'était bien le docteur, **ces** épaules larges, **ce** dos trapu, **cette** épaisseur joviale.* (Jacques Chessex)

— *partir **ce** soir, attendre **cet** automne, déménager **cette** année.*

● Le déterminant démonstratif a quatre formes : ***ce*** ou ***cet*** devant un nom masculin (selon que la première lettre du mot qui suit le déterminant est une consonne, une voyelle ou un -h- muet), ***cette*** devant un nom féminin et ***ces*** devant un nom au pluriel : 241

— ***ce** tambour, **cet** autre bol, **cet** habit, **cette** île, **ces** exploits.*

☞ ◆ Le déterminant démonstratif est souvent renforcé par les adverbes ***ci*** (pour la proximité) ou ***là*** (pour l'éloignement), joints au nom par un trait d'union : *ce saucisson-**ci**, cette lubie-**là**, ces anneaux-**ci**, ces noisettes-**là**.*

LES DÉTERMINANTS INTERROGATIFS ET EXCLAMATIFS

● Le déterminant interrogatif se place devant un nom (rarement un pronom) qui désigne une réalité faisant l'objet d'une question relative à son identité, sa nature ou ses propriétés : 242

*Savoir par **quelles** supplications évoquer des aïeux.* (Kourouma)

● Le déterminant exclamatif se place devant un nom qui désigne une réalité à propos de laquelle on veut exprimer une vive émotion (admiration, étonnement,...) : 243

*«**Quelle** mémoire!» dit Jos. «Et **quelle** misère!» dit Steven.* (Victor-Lévy Beaulieu)

***Quel** rude gars que ce petit Calendal!* (Alphonse Daudet)

● Les déterminants interrogatifs et exclamatifs ont exactement les mêmes formes : 244

MASCULIN		FÉMININ	
SING.	*PLUR.*	*SING.*	*PLUR.*
quel	**quels**	**quelle**	**quelles**

LES DÉTERMINANTS RELATIFS

245 ● Le déterminant relatif se place devant un nom qui se trouve habituellement déjà exprimé (parfois seulement suggéré) dans la phrase précédente et qui est repris pour être précisé :

➪ *Il constata que la paix s'était établie dans son âme,* ***laquelle*** *paix lui avait été si longtemps refusée.* (Jean-Marie Laurence)

➪ *Ils vous avertiront,* ***auquel*** *cas vous me préviendrez.* (Joseph Hanse)

246 ● Le déterminant relatif peut prendre douze formes différentes, selon le genre et le nombre du nom avec lequel il doit s'accorder (quatre formes composées et huit formes surcomposées) :

	MASCULIN		FÉMININ	
	SING.	*PLUR.*	*SING.*	*PLUR.*
	lequel	**lesquels**	**laquelle**	**lesquelles**
+ à :	**auquel**	**auxquels**	**à laquelle**	**auxquelles**
+ de :	**duquel**	**desquels**	**de laquelle**	**desquelles**

☞ ◆ Il ne faut pas confondre le déterminant relatif et le pronom relatif (→ 315) :

➪ *Il savait dans* ***lequel*** *des trois* [sacs] *il l'avait mise.* (Claude-Henri Grignon)

L'emploi des déterminants relatifs

247 ● Pratiquement, le déterminant relatif n'est utilisé que dans les langues administrative et juridique :

— *Il a été convenu que vous verseriez mille roupies comme garantie à la signature du contrat,* ***laquelle*** *somme vous sera rendue dès réception du paiement final.*

Quand il est utilisé dans d'autres contextes, c'est uniquement en vue d'éviter toute ambiguïté :

— *Il avait déjà caché les pièces d'or dans d'anciennes bouteilles,* ***lesquelles*** *pièces ne lui appartenaient cependant pas encore.*

(car ***qui*** *ne lui appartenaient cependant pas encore* aurait été complément de *bouteilles* plutôt que de *pièces d'or*)

LES DÉTERMINANTS QUANTIFIANTS

248 ● Les déterminants quantifiants se divisent en quatre catégories (**indéfinis**, **partitifs**, **négatifs** et **numéraux**) et ils ont tous en commun de «quantifier» le nom auquel ils se rapportent. Ils sont présentés ci-après (propriétés, règles d'accord et modalités d'emploi), sauf certains indéfinis (→ 250).

LES DÉTERMINANTS (QUANTIFIANTS) INDÉFINIS

249 ● Le déterminant quantifiant indéfini se place devant un nom qui désigne des êtres, des choses ou des concepts dont on ne peut pas ou ne veut pas préciser le nombre :

- *Le magnifique phénomène ne dure que **quelques** instants.* (Maurice Maeterlinck)
- *En **plusieurs** couleurs comme les yeux des biches.* (Georges Schehadé)
- ***Chaque** bras couche **chaque** fleur.* (Jacques Bertin)
- *En faire voir de **toutes** les formes et de **toutes** les couleurs.* (Nicole Brossard)

250 **Remarque générale :**

Il existe un grand nombre de déterminants quantifiants indéfinis, mais la plupart d'entre eux sont des mots qui, sous la même forme, appartiennent également à d'autres classes qu'à celle des déterminants. Tous ces «indéfinis» font l'objet d'un chapitre entier dans lequel ils sont analysés et répertoriés selon les classes auxquelles ils appartiennent (→ Chapitre VIII, p.205).

251 ● Parmi les déterminants quantifiants indéfinis dont la forme n'est pas semblable à celle de mots d'autres classes, il y a notamment ***chaque*** et ***maint***.

Chaque, proche de *chacun*, fait avec ce dernier l'objet d'une étude particulière (→ 382).

Maint, qui s'accorde en genre et en nombre avec le nom auquel il se rapporte et qui signifie «un assez grand nombre», est surtout d'usage littéraire aujourd'hui, même s'il se retrouve encore dans quelques expressions courantes :

- ***Maints** passants pressaient le pas.* (Georges Simenon)
- ***Maintes** dévotes oraisons.* (Jean de La Fontaine)

— *à **maintes** occasions, à **maintes** reprises, **maintes** et **maintes** fois.*

LES DÉTERMINANTS PARTITIFS

252 • Le déterminant partitif, qui se place **devant un nom non comptable** (→ 125.3), indique qu'on ne veut se référer qu'à une partie ou à une certaine quantité de ce que le nom désigne :

*Donnez-moi **de l'**oxygène.* (Luc Plamondon)

*Nous avons mangé **de la** soupe, **du** poisson, **des** pommes de terre au lard, **de la** salade anglaise.* (Eugène Ionesco)

253 • Le déterminant partitif a différentes formes :

- ***du*** (mais ***de l'*** devant une voyelle ou un -h- muet), ***de la*** et ***des*** (*du* et *des* étant la contraction de *de* et des déterminants définis *le* et *les*) :

  — *avoir **du** courage, pelleter **de la** neige, vouloir **des** sous.*

- ***de***, lorsqu'il est utilisé dans un sens partitif, peut être élidé en ***d'*** (→ 227 et 254).

☞ ◆ Il ne faut pas confondre *des*, déterminant partitif, et *des*, déterminant indéfini :

- *manger **des** épinards.*
  (épinards = nom non comptable → *des* = déterm. partitif)
- *manger **des** frites.*
  (frites = nom comptable → *des* = déterminant indéfini)

◆ Il ne faut pas confondre non plus le déterminant partitif et la préposition ***de*** introduisant un complément du verbe ou du nom (et souvent contractée avec un déterminant défini) : *revenir **de** Libreville, distinguer le vrai **du** faux, la force **des** choses, la peur **de** mourir, le verger **d'**oncle Anatole.*

L'emploi des déterminants partitifs

254 • Dans certains cas, alors que devraient normalement être utilisés les déterminants partitifs contractés (*du*, *de la*, *des*), le français leur préfère la forme réduite ***de*** (→ 227):

1. quand le nom est au pluriel et précédé d'un adjectif :

— *Ma grand-mère a fait **d'**excellentes confitures.*

2. dans les phrases négatives, sauf quand négatif et positif s'opposent :

- Positif : — *Avoir acheté **de la** bière et **du** tabac.*
- Négatif : — *Ne pas avoir acheté **de** bière ni **de** tabac.*
- Opposition: — *Ne pas avoir acheté **de la** bière mais **du** tabac.*

LES DÉTERMINANTS NÉGATIFS

● Le déterminant négatif se place devant un nom d'être, de chose ou de concept dont le nombre est nul : 255

➾ ***Aucune** espèce n'aime les vaincus.* (Loba Aké)

☞ ◆ ***Aucun*** peut parfois se placer après un nom introduit par *sans* : — *Ce détail est vraiment sans importance **aucune**.*

● Il y a trois déterminants négatifs (***aucun***, ***nul***, ***pas un***) et ceux-ci s'accordent en genre et en nombre avec le nom auquel ils se rapportent : 256

MASCULIN		FÉMININ	
SING.	*PLUR.*	*SING.*	*PLUR.*
aucun	**(aucuns)**	**aucune**	**(aucunes)**
nul	**(nuls)**	**nulle**	**(nulles)**
pas un	—	**pas une**	—

☞ ◆ Le nom ***zéro*** peut occasionnellement faire fonction de déterminant négatif : — *J'ai fait **zéro** faute dans ma dictée.* Et le mot ***nul*** peut être un simple adjectif : *un match **nul**.*

L'emploi des déterminants négatifs

● La plupart du temps, le déterminant négatif est accompagné de la négation ***ne*** : 257

➾ ***Nul** reproche **ne** m'était fait.* (Yacine Kateb)

● ***Aucun*** et ***nul*** peuvent être accompagnés de *ne plus* ou *ne jamais*, mais non de *ne pas* ou *ne point* : 258

➾ ***Aucun** d'eux **ne** le dira **jamais**.* (Joseph Hanse)

Ils ne sont utilisés au pluriel que devant les noms qui n'ont pas de singulier (→ 164) ou qui changent de sens au pluriel (→ 151), ainsi que, parfois, dans la langue littéraire :

➾ ***Aucunes** choses ne méritent de détourner notre route.* (André Gide)

● ***Aucun*** est encore parfois utilisé dans son sens premier (c'est-à-dire positif et non pas négatif), surtout quand une forme de négation est exprimée autrement dans la phrase : 259

➾ *Comme si la raison pouvait mépriser **aucun** fait d'expérience.* (Maurice Barrès)

LES DÉTERMINANTS NUMÉRAUX

260 ● Le déterminant numéral se place devant le nom d'un être ou d'une chose, dans le but d'en indiquer avec précision le **nombre** (ce sont les **déterminants cardinaux**) ou le **rang** (ce sont les **déterminants ordinaux**) :

> *Il y a aujourd'hui* ***quatre*** *rois du Zaïre,* ***deux*** *grands-ducs de Mbamba,* ***trois*** *marquis de Mbata...* (Bernard Dadié)

> *«Le* ***deux-millième*** *étage»* (roman de Roch Carrier)

261 **Remarque générale :**

Comme il convient désormais de réserver le terme «adjectifs» aux seuls «anciens» adjectifs qualificatifs (→ 169), tous les «anciens» adjectifs numéraux (cardinaux et ordinaux) se retrouvent automatiquement dans la classe des déterminants.

Ce mode de classification offre de nombreux avantages. Il faut cependant préciser que **les numéraux ordinaux se comportent en tous points comme des adjectifs** : ils peuvent être supprimés, ils se placent entre le déterminant et le nom et ils s'accordent avec le nom auquel ils se rapportent (→ 337). Il en va de même pour **les numéraux cardinaux utilisés avec un autre déterminant** (sauf en ce qui concerne l'accord) : *les sept jours de la semaine.*

262 ● On associe habituellement aux numéraux divers autres mots ayant un rapport avec les nombres :

1. les multiplicatifs : *simple, double, triple, quadruple, quintuple, sextuple, septuple, octuple, nonuple, décuple, centuple.*

2. les noms de fractions : *la moitié, le tiers, le quart, le cinquième,...*

3. les dérivés des numéraux (en *-ain*, *-aine* ou *-aire*) : *un quatrain, une quinzaine, un octogénaire,...*

Les numéraux cardinaux

263 ● Les numéraux cardinaux sont des indicateurs de nombre. Ils peuvent être **simples** ou **composés** et, s'ils sont composés, ils peuvent exprimer une **addition** ou une **multiplication** :

- simples : *un, deux, trois,... dix, vingt,... cent, mille.*
- composés :
  - par addition :
    — *dix-neuf, trente-quatre, soixante-quatorze.*
  - par multiplication :
    — *quatre-vingts, cinq cents, trente-six mille.*
  - par addition et multiplication :
    — *quatre-vingt-dix-sept.*

● Les numéraux cardinaux sont invariables, sauf ***un***, ***vingt*** et ***cent*** : 264

➤ ***un*** devient ***une*** au féminin : *un Haïtien, une Haïtienne.*

➤ ***vingt*** et ***cent*** prennent un -s- quand ils sont multipliés et qu'ils terminent le nombre :

— *quatre-vingt**s** ans*, mais : *quatre-vingt-cinq ans.*

— *deux cent**s** écus*, mais : *deux cent cinquante écus.*

▲ Exception : Toutefois, quand ils ont valeur de numéraux ordinaux (→ 267), *vingt* et *cent* sont invariables : *Le numéro cent quatre-vingt, la page trois cent.*

● ***Mille***, déterminant numéral cardinal, est invariable mais peut s'écrire ***mil*** dans les dates s'il n'est pas multiplié : 265

➪ *«Des **mille** collines aux neuf volcans»* (roman de Marie Gevers)

➪ *«Cent **mille** oiseaux»* (recueil de poèmes de Moncef Ghachem)

— *l'an **mil**, l'an **mil** cinquante*, mais : *l'an deux **mille**.*

Mille, mesure anglo-saxonne (1609 m), est un nom et varie au pluriel:

➪ *On ne comptait plus en lieues mais en **milles**.* (Ringuet)

➪ *Quatre cents **milles** [...] sans changer de cheval.* (Anne Hébert)

De même, ***millier***, ***million***, ***milliard***,... sont des noms et varient au pluriel :

➪ *Les **milliards** de mots qui ont bourdonné à mes oreilles.* (Paul Valéry)

● Dans certains cas, les éléments des numéraux cardinaux composés sont reliés par ***et*** ou par un **trait d'union** : 266

1. On met un ***et*** entre les dizaines et *un* : *quarante et un, cinquante et un, soixante et un,...* (plus *soixante et onze*).

▲ Exceptions : ① *quatre-vingt-un, quatre-vingt-onze.*

② ***cent et un*** et ***mille et un*** peuvent être utilisés quand on ne veut pas quantifier exactement, mais simplement évoquer un grand nombre : *Les Mille et une Nuits.*

2. On met un trait d'union entre les éléments d'un nombre qui sont l'un et l'autre inférieurs à cent, sauf s'ils sont joints par ***et*** : *cent cinquante-cinq mille six cent soixante-six.*

Selon les **Rectifications de l'orthographe**, il serait dorénavant permis de mettre un trait d'union entre tous les éléments qui composent un nombre :

— ***trois-millions-trois-cent-trente-trois-mille-trois-cent-trente-trois.***

Les numéraux ordinaux

267 • Les numéraux ordinaux sont des indicateurs de rang. Ils se forment par l'ajout du suffixe ***-ième*** aux numéraux cardinaux correspondants :

— *deux* → ***deuxième*** [døzjɛm], *trente-trois* → ***trente-troisième***.

☞ ◆ Pour ajouter *-ième*, il faut enlever le -e- muet final de certains cardinaux (*quatre* → ***quatrième***), ajouter un -u- à *cinq* (***cinquième***) et changer en -v- le -f- de *neuf* (***neuvième***).

◆ *Un* fait ***unième*** dans les composés (*trente et unième*), mais ***premier*** ou ***première*** dans les autres cas : *première partie, chapitre premier.*

Deux fait ***deuxième*** dans les composés (*cinquante-deuxième*), mais il fait ***second*** ou ***deuxième***, au choix, dans les autres cas :

➾ *«Le **Second** Violon»* (roman d'Yves Beauchemin)

➾ *Il fit une **seconde** fois le tour de l'antique cité disparue.*
(Mohammed Dib)

Trois, qui fait normalement ***troisième***, peut faire ***tiers*** ou ***tierce*** dans certaines expressions :

— *le tiers état, le tiers arbitre, «Le Tiers Livre» de Rabelais.*

— *une tierce personne, une tierce épreuve, une fièvre tierce.*

L'emploi particulier de certains numéraux

268 • On emploie parfois des cardinaux là où il faudrait normalement utiliser des ordinaux, par exemple :

1. pour indiquer l'année, le jour et l'heure :

— *le 8 septembre 1955, à 11 heures du matin.*
(= le huitième jour de septembre de la mille neuf cent cinquante-cinquième année de l'ère chrétienne, à la onzième heure du matin)

2. pour indiquer le rang des papes et des souverains (ou de certains événements particuliers, voire des créations de l'homme) :

— *le roi Louis XVI, le pape Jean-Paul II, la reine Radavalona III* (Madagascar), *le concile Vatican II, la fusée Ariane V*,...

(= Louis le seizième, Jean-Paul le deuxième, Radavalona la troisième, le deuxième concile du Vatican, la cinquième version de la fusée Ariane,...)

▲ Exception : *le premier octobre, le tsar Nicolas premier.*

3. pour indiquer les parties d'un livre (ou d'une pièce de théâtre) :

— *Chapitre 3, page 15, paragraphe 2, ligne 5.*
(= troisième chapitre, quinzième page, deuxième paragraphe, cinquième ligne)

Employés comme ordinaux, les cardinaux ne varient pas, sauf *un* :

— *Le train part à 5 h 21.* (= à cinq heures vingt et une)

● Certains numéraux perdent parfois leur valeur précise : 269

— *Veuillez patienter deux minutes.* (= quelques instants)
— *C'est la vingtième fois que je te le dis!* (= je te l'ai dit souvent)
— *Faire les cent pas.* (= marcher de long en large)
— *Faire les quatre cents coups.* (= faire des coups pendables)
— *Il n'y a pas dix mille solutions!* (= il n'y en a pas beaucoup)

➪ *«Le 36ᵉ dessous»* (livre de Pierre Daninos) (= le moral très bas)

INFO SEPTANTE, OCTANTE ET NONANTE 270

Soixante-dix et ***quatre-vingt-dix*** (plus les nombres suivants) sont des «bizarreries» du français qui proviennent d'un ancien procédé de calcul **vicésimal** (de base 20), le système **décimal** (de base 10) ne datant que de la Révolution française de 1789 et n'ayant été que très lentement adopté en France avant de l'être dans toute l'Europe et dans le monde.

Base 10 : [6 x 10] + 2 = soixante-deux.

Base 20 : [4 x 20] + 2 = quatre-vingt-deux.

En Belgique et en Suisse, on a recours, officiellement, aux formes ***septante*** (pour 70) et ***nonante*** (pour 90) : *soixante-quinze* et *quatre-vingt-dix-neuf* se disent et s'écrivent donc ***septante-cinq*** et ***nonante-neuf***. On ne peut nier que ce soit plus court, plus simple et plus clair (en situation de dictée ou dans les opérations de calcul notamment).

Ces numéraux cardinaux ont également leurs dérivés, ordinaux ou autres : *le **septante-quatrième** et la **nonante-sixième**, une **septantaine** et une **nonantaine*** (on retrouve d'ailleurs ces radicaux dans le français international : *un septuagénaire et une nonagénaire*).

La Suisse va même plus loin dans cette logique. Ainsi, là où la Belgique a quand même adopté *quatre-vingt*, elle utilise ***octante*** (ou parfois ***huitante***) :

— ***octante-six plus douze égale nonante-huit.***

L'ABSENCE ET LA RÉPÉTITION DU DÉTERMINANT

271 ● Dans certains cas, il faut omettre le déterminant devant un nom; dans d'autres, il faut le répéter devant des noms ou des adjectifs coordonnés ou juxtaposés. Ces règles s'appliquent surtout aux déterminants définis et partitifs.

L'ABSENCE DU DÉTERMINANT

272 ● On doit fréquemment omettre le déterminant devant un nom (mais les règles sont fluctuantes et, souvent, seul l'usage peut trancher).

Ainsi, on omet habituellement le déterminant :

1. devant les noms pris comme mots, non comme signifiants (→ 66) :

Puisque empereur est trop long, ce sera roi. (Baba Moustapha)

2. devant les noms mis en apostrophe :

Ô peuple, voici la saison des grandes aumônes. (Makhâli Phâl)

3. devant les noms attributs ou apposés :

— *Pierre? Il est boulanger.* — Mais : *C'est lui* **le** *boulanger.*

— *Madame Martin, juriste, et monsieur Diop, professeur.*

4. devant les noms de villes (sauf dans certains cas : → 225.1) :

Le Paris-Copenhague repartait vers Liège. (Hervé Bazin)

5. devant les noms de personnes (sauf dans des cas précis : → 225.2) :

Avance, Dora, ne fais pas attendre Gaétan. (Antoine Abel)

6. devant les noms coordonnés par *ni... ni...* (ou *sans... sans..., sans... ni...*) :

Je vois passer les jours sans désirs ni remords. (Robert-Edward Hart)

«Sans haine et sans amour» (nouvelle de Mongo Beti)

7. dans les compléments du nom à valeur qualitative :

— *une rivière à saumons, un filtre à café, un sac en crocodile, un potage en sachet, un musicien de talent, un cri de détresse.*

8. dans les énumérations (surtout quand elles sont longues) :

Marchés, achats, ventes, voyages se soldèrent par des pertes. (Ahmadou Kourouma)

9. dans les titres, adresses, affiches, annonces publicitaires,... :

— *Maison à louer.* — *Mode d'emploi.* — *12, rue Talon.*

«Regards et jeux dans l'espace» (recueil de poèmes d'Hector de Saint-Denys Garneau)

10. dans certaines comparaisons :

— *blanc comme neige, s'amuser comme larrons en foire.*

11. dans certains proverbes ou maximes :

➾ *Eau répandue vaut mieux que vase brisé.* (proverbe africain)

12. dans diverses locutions courantes ou formulations poétiques :

— *avoir soif, demander grâce, rendre justice, tenir tête.*

— *par hasard, contre nature, à vélo, sous clef, sans arrêt.*

➾ *Il te dit poèmes et rêves et lointains voyages;*
Tu réponds Florence, peinture, impeccables images.
(Céline Dion/Jean-Jacques Goldman)

LA RÉPÉTITION DU DÉTERMINANT

● Il est souvent nécessaire de répéter le déterminant devant des noms ou des adjectifs coordonnés ou juxtaposés (mais les règles sont fluctuantes). 273

Ainsi, on répète habituellement le déterminant :

1. devant chaque nom d'une énumération, quand le premier est accompagné d'un déterminant :

➾ *Le chasseur d'hommes à l'affût, avec son fusil, son filet, sa muselière.* (Aimé Césaire)

Mais le déterminant n'est pas répété quand le deuxième nom forme un tout avec le premier :

— *les us et coutumes, les allées et venues, mes frères et sœurs.*

2. devant deux adjectifs coordonnés (par *et* ou par *ou*) quand ils qualifient des réalités différentes, exprimées par le même nom :

— *Il y aurait un bon et un mauvais cholestérol.*

Mais le déterminant n'est pas répété quand il n'y a pas deux réalités différentes :

➾ *Je tiens absolument aux bons et loyaux services de Mme Giry.*
(Gaston Leroux)

3. devant des adjectifs non coordonnés :

— *Ce fut une belle, une magnifique, une extraordinaire prestation.*

Mais si le nom précède les adjectifs, il y a quatre formulations possibles :

— *la politique française et la politique québécoise, la politique française et québécoise, la politique française et la québécoise, les politiques française et québécoise.*

4. devant des superlatifs relatifs se rapportant au même nom :

➾ *Son règne fut le plus heureux et le plus long qu'ait connu le pays.* (Yamba Tiendrebeogo)

274 LE DÉTERMINANT : TABLEAU RÉCAPITULATIF

LES DÉTERMINANTS RÉFÉRENTS

1. Les déterminants définis :	— ***Le*** *journal sera livré à* ***l'****heure.*	n° **221**
	— *Elle s'est cassé* ***la*** *hanche.*	**224**
	— ***Les*** *Seychelles sont un vrai paradis.*	**225**
2. Les déterminants indéfinis :	— *Il y a* ***un*** *épais brouillard.*	**226**
	(→ Chapitre VIII, p. 205)	
3. Les déterminants possessifs :	— ***Mon*** *père fête* ***ses*** *cinquante ans.*	**231**
	— *Madame, vous oubliez* ***votre*** *sac.*	**234**
	— *Ils ont perdu* ***leur*** *mère et* ***leurs*** *sœurs.*	**235**
	— *Chacun doit faire* ***sa*** *part.*	**236**
	— Cas particuliers	**237**
4. Les déterm. démonstratifs :	— *Que de neige* ***cet*** *hiver!*	**240**
5. Les déterm. interrogatifs :	— ***Quels*** *pays as-tu visités?*	**242**
6. Les déterm. exclamatifs :	— *La guerre,* ***quelle*** *calamité!*	**243**
7. Les déterminants relatifs :	— [...], ***lequel*** *avis fut mal accueilli.*	**245**

LES DÉTERMINANTS QUANTIFIANTS

1. Les déterminants indéfinis :	— *Dans* ***maints*** *pays du monde...*	**249**
2. Les déterminants partitifs :	— *Manger* ***de la*** *soupe avec* ***du*** *pain.*	**252**
3. Les déterminants négatifs :	— ***Aucune*** *voiture ne roule aussi vite.*	**255**
4. Les déterminants numéraux :	— ***Un*** *homme averti en vaut deux.*	**260**
	— *Trois cent quatre-vingts soldats.*	**264**
	— *Six millions cinq cent mille âmes.*	**265**
	— *La* ***troisième*** *fois fut la bonne.*	**267**
	— *Louis* ***XVI*** *mourut le* ***21*** *janvier* ***1793****.*	**268**
ABSENCE DU DÉTERMINANT :	— *Êtes-vous vraiment docteur?*	**272**
RÉPÉTITION DU DÉTERMINANT :	— *Il partit avec* ***sa*** *canne et* ***son*** *sac.*	**273**

ALEXANDRE DUMAS

France

1802 - 1870

Alexandre Dumas a commencé à écrire pour le théâtre avant de se consacrer au roman historique dans lequel il est passé maître. Il est notamment l'auteur des ouvrages suivants : *Les Trois Mousquetaires, Le Comte de Monte-Cristo, Vingt ans après, Le Vicomte de Bragelonne, La Reine Margot, Le Collier de la Reine,* et de beaucoup d'autres. Son œuvre la plus célèbre est certainement ***Les Trois Mousquetaires*** (mettant en scène Athos, Porthos, Aramis et surtout... d'Artagnan) qui est devenue un classique de la littérature mondiale et qui a donné naissance à de nombreux films et même à des séries de dessins animés pour les enfants. Son fils, qui portait le même prénom que lui et qui fut appelé «Dumas fils» (1824-1895), fut également un remarquable auteur de pièces de théâtre dont la plus connue est *La Dame aux camélias.*

Il était midi et un quart. Le soleil était à son zénith, et l'emplacement choisi pour être le théâtre du duel se trouvait exposé à toute son ardeur.

— Il fait très chaud, dit Athos en tirant son épée à son tour, et cependant je ne saurais ôter mon pourpoint; car, tout à l'heure encore, j'ai senti que ma blessure saignait, et je craindrais de gêner monsieur en lui montrant du sang qu'il ne m'aurait pas tiré lui-même.

— C'est vrai, monsieur, dit d'Artagnan, et, tiré par un autre ou par moi, je vous assure que je verrai toujours avec bien du regret du sang d'un aussi brave gentilhomme; je me battrai donc en pourpoint comme vous.

— Voyons, voyons, dit Porthos, assez de compliments comme cela, et songez que nous attendons notre tour.

— Parlez pour vous seul, Porthos, quand vous aurez à dire de pareilles incongruités, interrompit Aramis. Quant à moi, je trouve les choses que ces messieurs se disent fort bien dites et tout à fait dignes de deux gentilshommes.

— Quand vous voudrez, monsieur, dit Athos en se mettant en garde.

— J'attendais vos ordres, dit d'Artagnan en croisant le fer.

Mais les deux rapières avaient à peine résonné en se touchant, qu'une escouade des gardes de Son Éminence, commandés par M. de Jussac, se montra à l'angle du couvent.

— Les gardes du cardinal! s'écrièrent à la fois Porthos et Aramis. L'épée au fourreau, messieurs! l'épée au fourreau!

Mais il était trop tard. Les deux combattants avaient été vus dans une pose qui ne permettait pas de douter de leurs intentions.

(Extrait de *LES TROIS MOUSQUETAIRES*)

MARGUERITE DURAS

France

1914 - 1996

Marguerite Duras est née dans l'ancienne Indochine française (équivalant aux actuels Viêt-nam, Cambodge et Laos). Même si elle n'avait que treize ans lors de son départ définitif pour la France, elle a toujours gardé une grande nostalgie de l'Orient, présente dans toute son œuvre. Elle s'est surtout consacrée au roman (*Les Petits Chevaux de Tarquinia,* ***Moderato Cantabile, Le Ravissement de Lol V. Stein****, Détruire, dit-elle,...*), mais aussi au théâtre (*Des journées entières dans les arbres, L'Eden-Cinéma, L'Amante anglaise,...*) et au cinéma (*La Femme du Gange,* ***India Song****, Le Camion,...* et le scénario de ***Hiroshima mon amour***). Son œuvre est très particulière : fluide, elliptique, hermétique même, et habitée de thèmes obsessionnels où se mêlent l'amour et la destruction.

C'est là que commence son histoire écrite. Son immortalité. La voici :

JOSEPH. — On est en 1924.

Des milliers d'hectares sont lotis dans la plaine ouest du Cambodge, le long de la chaîne de l'Éléphant.

La mère, veuve, avec ses deux enfants à charge, a un droit prioritaire à une concession de cet ordre. Elle l'obtient. Elle demande sa mise en disponibilité...

La mère engloutit dans cet achat sa force entière, la totalité de ce qu'elle a placé à la Caisse d'Épargne de Saigon pendant dix ans.

La concession était grande : deux cents hectares, de la piste à l'embouchure de la rivière, le rac. La première année la mère fait construire le bungalow. Elle met en culture la moitié de la concession.

SUZANNE OU LA MÈRE (*celle-ci comme ignorant le dire, mécaniquement*). — La marée de juillet monta à l'assaut de la plaine et noya la récolte.

SUZANNE (*comme lu*). — Il restait à la mère la moitié de ses économies. Elle recommença.

SUZANNE OU LA MÈRE (*idem*). — La marée de juillet monta encore à l'assaut de la plaine et noya la récolte.

SUZANNE. — La mère a dû se rendre à l'évidence : parce que régulièrement envahie par les marées de juillet, sa concession était incultivable.

Elle avait acheté deux cents hectares de marécages salés. Elle avait jeté ses économies dans les marées du Pacifique.

Musique. Suzanne et Joseph regardent la mère, de telle sorte qu'ils nous tournent le dos et que seule la mère se trouve de face. Ils l'enlacent comme dans le malheur. La mère toujours absente entend cette étrange histoire racontée par ses enfants. La sienne.

JOSEPH (*douceur, amour*). — Elle ne savait pas la mère. Rien.

Elle était sortie de la nuit de l'Eden ignorante de tout. Du grand vampirisme colonial. De l'injustice fondamentale qui règne sur les pauvres du monde.

(Extrait de *L'EDEN-CINÉMA*,

Chapitre VII

Le pronom

LES PROPRIÉTÉS DES PRONOMS

● Le pronom est un substitut du nom. Il est soit **référent** soit **nominal** : 275

➤ **le pronom référent représente un nom** (son antécédent), permettant ainsi d'éviter la répétition de ce dernier :

➾ *Ma liberté était **celle** des oiseaux en cage.* (Yves Thériault)

➤ **le pronom nominal tient lieu de nom** (à ce titre, il n'a pas d'antécédent exprimé) :

➾ ***Je** ne peux rien **vous** dire.* (Georges Schehadé)

Le pronom référent peut aussi représenter un adjectif, une phrase, un autre pronom, ou même un ensemble de mots plus complexe :

➾ *Et si, mort, je **l'**étais maintenant?* (Michel de Ghelderode)

➾ *La vertu a **cela** d'heureux qu'elle se suffit à elle-même.* (La Bruyère)

➾ *Cette vieille planche vermoulue qui ne tient que par le miracle des toiles d'araignée, tu appelles **ça** une porte?* (Jean-Marie Adiaffi)

● L'**antécédent** (étymologiquement : «qui va devant») précède généralement le pronom référent, mais il peut aussi le suivre (surtout dans la langue parlée) : 276

➾ *Je **vous** ai vue quelque part, Mademoiselle.* (Noureddine Aba)

☞ ◆ Le pronom ne peut habituellement avoir un nom commun comme antécédent que si celui-ci est accompagné d'un déterminant : * *Elle avait raison et tu ne l'avais pas* est incorrect; il faut dire : *Elle avait raison et toi pas.*

● De manière générale, le pronom varie en genre et en nombre selon son antécédent, et il transmet ce genre et ce nombre aux mots qui dépendent de lui : 277

– *Voici les revues. **Lesquelles** veux-tu? – Je les veux **toutes**.*

➾ *Ma haine va mourir, que j'ai crue **immortelle**.* (Pierre Corneille)

278 • Quand le pronom désigne une réalité non formulée (ou ne désigne rien du tout), on le considère comme **neutre** et il se met alors au genre non marqué en français (masculin) :

- *Arrête **tout**! Tu vois bien que **ce** n'est pas **bon**!* (Georges Simenon)
- ***Quoi qu'**elle entreprenne, elle trouve le moyen de **le** réussir.* (Madame de La Fayette)
- *Pour eux, **rien** n'avait d'existence avant qu'**il** fût traduit en signes.* (Rachid Mimouni)

279 • Il arrive que le pronom s'accorde, non pas en fonction du nombre grammatical de son antécédent, mais en fonction de son nombre « réel » (ce phénomène rare, appelé **syllepse**, se rencontre surtout lorsque l'antécédent est un nom collectif employé au singulier : → 122) :

— *Que de **monde**! Il faudra pourtant bien **les** nourrir **tous**.*

— *La **salle** est pleine et t'attend. — Mais je n'ai rien à **leur** dire!*

LE CLASSEMENT DES PRONOMS

280 • En plus de pouvoir être répartis en référents et nominaux, les pronoms peuvent également être classés de différentes façons selon le sens ou la forme.

Selon la forme, il y a :

- les pronoms **simples** : *elle, nous, ceci, chacun, tous.*
- les pronoms **composés** : *le nôtre, ceux-ci, quoi que ce soit.*

Selon la forme, il y a également :

- les pronoms **variables** : *lui / leur, le mien / le tien / le sien.*
- les pronoms **invariables** : *plusieurs, y, deux, quelque chose.*

281 • Classés selon le sens, les pronoms se divisent en huit catégories :

1. les pronoms personnels : — ***Me** reconnais-**tu** maintenant?*
2. les pronoms possessifs : — *Je préfère ma situation à **la vôtre**.*
3. les pronoms démonstratifs : — ***Ceux-ci** ou **ceux-là**?*
4. les pronoms relatifs : — *Voici la femme **qui** m'a sauvé la vie!*
5. les pronoms interrogatifs : — ***Lesquelles** t'appartiennent?*
6. les pronoms négatifs : — *Ma sœur n'aime **aucun** de mes amis.*
7. les pronoms numéraux : — *Il n'y a de place que pour **trois**.*
8. les pronoms indéfinis : — ***N'importe qui** peut réussir ça!*

LES PRONOMS PERSONNELS

● Très fréquemment utilisés en français, les pronoms personnels font l'objet d'une étude détaillée divisée en trois parties : d'abord leur **valeur**, ensuite leurs **formes** et enfin leur **emploi**. 282

LA VALEUR DES PRONOMS PERSONNELS

● Les pronoms personnels ne doivent pas leur nom au fait qu'ils seraient réservés à des personnes, mais plutôt au fait qu'ils varient selon leur propre **valeur** ou **personne grammaticale** : 283

1. La 1re personne du singulier se réfère à l'être qui parle, et la 1re personne du pluriel à un ensemble comprenant l'être qui parle :
– ***Je** réfléchis. – Louise et moi, **nous** partons demain.*

2. La 2e personne du singulier se réfère à l'être à qui l'on parle, et la 2e personne du pluriel à un ensemble comprenant l'être à qui l'on parle (elle peut aussi se référer à un groupe sans distinction de personnes) :
– ***Tu** traînes. – Claude et toi n'êtes pas faits pour **vous** entendre.*
– *Mesdames et messieurs, **vous** êtes nombreux à **vous** plaindre.*

3. La 3e personne du singulier se réfère à l'être de qui l'on parle, et la 3e personne du pluriel à un ensemble d'êtres de qui l'on parle :
– ***Elle** étudie. – **Ils** n'aiment pas qu'on le **leur** dise.*

☞ ◆ Même aux 1re et 2e personnes, les pronoms personnels peuvent parfois se référer à des choses ou des concepts personnifiés :

➾ ***Nous** autres, civilisations, **nous** savons maintenant que **nous** sommes mortelles.* (Paul Valéry)

➾ *Qui **te** délivrera, Algérie? Ton peuple marche sur les routes et **te** cherche.* (Mohammed Dib)

Remarque générale : 284

On dénombre cinq cas où le français rompt le lien direct entre la personne grammaticale (→ 507) et la personne réelle :

1. dans le pluriel de politesse : *Madame, **soyez** certaine...*
2. dans les pluriels de majesté ou de modestie :
   – ***Nous**, souverain du Maroc, **avons** décrété...*
3. dans le pluriel de sympathie : *Tante Anna, sommes-**nous** guérie?*
4. dans un récit, afin de le rendre plus vivant :
   – ***Mon** accident, c'est simple. Écoute... **Tu** arrives en bas de la côte. **Tu** glisses. **Tu** as beau freiner, **tu** glisses quand même. Qu'est-ce que **tu** fais?*
5. dans le cas du pronom indéfini ***on*** (→ 371-372).

LES FORMES DES PRONOMS PERSONNELS

285 ● Les pronoms personnels ont différentes formes, selon leur **valeur**, leur **nombre**, leur **genre**, leur **caractère réfléchi** ou non, leur **fonction** dans la phrase (→ 287, 291, 292 et 293) et même leur **accentuation** :

	1re pers.	*2e pers.*	*3e pers. masc.*	*3e pers. fém.*	*3e p.masc. réfléchi*	*3e p.fém. réfléchi*
Singulier						
1. sujet	**je**	**tu**	**il**	**elle**	**—**	**—**
2. compl. dir.	**me**	**te**	**le**	**la**	**se**	**se**
3. compl. indir.	**me**	**te**	**lui**	**lui**	**se**	**se**
4. compl. prép. + attribut + f. accentuée de 1-2-3	**moi**	**toi**	**lui**	**elle**	**lui (soi)**	**elle (soi)**
5. forme renforcée	**moi-même**	**toi-même**	**lui-même**	**elle-même**	**lui-même (soi-même)**	**elle-même (soi-même)**
Pluriel						
1. sujet	**nous**	**vous**	**ils**	**elles**	**—**	**—**
2. compl. dir.	**nous**	**vous**	**les**	**les**	**se**	**se**
3. compl. indir.	**nous**	**vous**	**leur**	**leur**	**se**	**se**
4. compl. prép. + attribut + f. accentuée de 1-2-3	**nous**	**vous**	**eux**	**elles**	**eux**	**elles**
5. forme renforcée	**nous-mêmes**	**vous-mêmes**	**eux-mêmes**	**elles-mêmes**	**eux-mêmes**	**elles-mêmes**

☞ ◆ Les mots ***en*** et ***y***, en plus d'être des adverbes de lieu (→ 435), sont également des pronoms personnels, mais ils ne peuvent être placés dans le tableau ci-dessus à cause de leurs propriétés spécifiques (→ 297-298).

◆ Les pronoms qui se terminent par un -e- muet s'élident devant une voyelle ou un -h- muet : *Tu **l'**ennuies. — Elle **s'**y prépare.*

◆ Au pluriel, les pronoms personnels ont une deuxième forme de renforcement (***nous autres, vous autres***) qui a souvent un sens d'opposition (la forme ***eux autres*** n'est plus utilisée qu'au Québec) :

➪ *Qu'est-ce que nous sommes, **nous autres**, les habitants?* (Jacques Roumain)

➪ *Es-tu comme **eux autres**, toi aussi?* (Marcel Dubé)

L'EMPLOI DES PRONOMS PERSONNELS

● Les pronoms personnels (et donc le groupe du pronom : → 784) peuvent remplir, dans une phrase, toutes les fonctions que peuvent y avoir les noms (et donc le groupe du nom : → 787), mais leurs formes changent selon qu'ils sont sujets, compléments directs, compléments indirects, compléments prépositionnels ou attributs (→ tableau à la page précédente). 286

Remarque préliminaire :

Dans tout le développement sur les pronoms personnels, ce qui est dit des **formes accentuées** vaut également pour **les formes renforcées** (→ 285).

Le pronom personnel sujet

● Les formes habituelles des pronoms personnels sujets sont les formes non accentuées : ***je***, ***tu***, ***il***, ***elle***, ***nous***, ***vous***, ***ils***, ***elles*** (ce sont les pronoms de conjugaison : → à partir de 278), mais, dans certains cas, ce sont les formes accentuées qui doivent être employées (***moi***, ***toi***, ***lui***, ***elle***, ***nous***, ***vous***, ***eux***, ***elles***), notamment : 287

1. quand le pronom est joint à un ou plus d'un autre sujet :

➾ *Nous serions entre nous : Camara, sa femme, **lui** et **moi**.* (Valentin-Yves Mudimbé)

2. quand le pronom renforce un nom ou un autre pronom sujet (dans ce cas, la forme accentuée exprime souvent une idée d'opposition) :

➾ ***Toi**, serpent, qu'as-tu à couper ma route?* (Pierre Makombo Bamboté)

➾ *Et **moi**, je suis resté orphelin. Orphelin de l'Acadie.* (Zachary Richard)

3. quand le pronom est séparé du verbe par un adjectif, une apposition ou une phrase relative (ou, dans les titres, quand le verbe est absent) :

➾ *À quoi pensait-il? **Lui** seul le savait.* (Djibril Tamsir Niane)

➾ *«**Moi**, Antoine de Tounens, roi de Patagonie»* (roman de Jean Raspail)

➾ *«**Toi** qui pâlis au nom de Vancouver»* (poèmes de Marcel Thiry)

▲ Exception : — *Je, soussigné,...* — *Nous, soussignées,...*

4. quand le pronom est l'élément sur lequel on veut insister :

➾ *Des propos devant lesquels **lui-même** aurait hésité.* (Bhêly-Quenum)

➾ [les mots], *il est des moments où même **eux** vous lâchent.* (Beckett)

5. dans les phrases non verbales (→ 652) :

➾ *La nature s'arrête de travailler. Pourquoi pas **moi**?* (Félix Leclerc)

6. dans les phrases participiales (→ 873.2, 911, 917, 927 et 942) :

➾ *Qu'est-ce qu'on faisait tous les deux [...], Martin et moi, **lui** portant une valise?* (Félix Leclerc)

7. dans les phrases infinitives (→ 659-660) :

➾ ***Moi** régner! **Moi** ranger un État sous ma loi!* (Jean Racine)

8. dans les phrases emphatiques, avec le marqueur ***c'est... qui...*** (gallicisme : → 703) :

➾ *C'est **elle** qui te l'a donné?* (Gratien Gélinas)

Le pronom personnel complément non prépositionnel

On entend par « complément non prépositionnel » le complément direct et le complément indirect sans préposition : → 727 et 734.

288 ● Les formes habituelles des pronoms personnels compléments non prépositionnels sont les formes non accentuées :

➤ complément direct : *me, te, le, la, se, nous, vous, les.*
➤ complément indirect : *me, te, lui, se, nous, vous, leur.*

289 ● Cependant, ce sont les formes accentuées des pronoms personnels (*moi, toi, lui, elle, nous, vous, eux, elles*) qui doivent être employées dans certains cas, notamment :

1. quand le pronom est joint à un ou plus d'un autre complément direct ou indirect :

➾ *L'abandon où je les avais laissés, **lui** et sa mère.* (François Mauriac)

2. quand le pronom renforce un autre pronom complément :

➾ ***Toi,** je t'ai conçue dans la lumière.* (Tahar Ben Jelloun)

➾ *Des peuples [...] incapables de se réunir jamais **eux-mêmes** en empire.* (Mohammed Dib)

3. dans les phrases non verbales (→ 652) :

➾ *Qui prévoyez-vous d'inviter? — **Toi,** pour commencer.* (Jean Giono)

4. dans les phrases impératives de forme positive (→ 674) :

➾ *Rendez-**moi** mes poupées noires.* (Léon-Gontran Damas)

▲ Exception : Devant les pronoms ***en*** et ***y***, on utilise, en les élidant, les formes non accentuées : — *Si tu vas encore cueillir des fraises, ramène-**m'**en beaucoup.*

5. dans les phrases emphatiques, avec le marqueur ***c'est... que...*** (→ 703), et, plus généralement, après la conjonction ***que*** :

➾ *Non, c'est **moi** qu'il faut écouter! cria Zekr.* (Andrée Chedid)

➾ *En aimerais-tu une autre que **moi**?* (Réjean Ducharme)

La place du pronom personnel complément non prépositionnel

● La place du pronom personnel complément non prépositionnel (c'est-à-dire direct et indirect sans préposition : → 727 et 734) dépend du type et de la forme de la phrase (→ 666-709), et du fait qu'il soit utilisé seul ou non : 290

1. Dans les phrases impératives positives :

① Quand il est seul, le pronom complément se place après le verbe :

— *Mange-**la**! — Suis-**moi**! — Prêtez-**lui** votre livre!*

➾ *Apprends-**moi** donc la langue française*. (Yacine Kateb)

② Quand il y a deux pronoms compléments, le direct précède l'indirect :

— *Apporte-**la-moi**! — Dites-**le-lui**! — Rends-**les-nous**!*

➾ *Dis-**le-moi**, maman, ton secret, dis-**le-moi**.* (Marcel Dubé)

2. Dans toutes les autres phrases :

① Quand il est seul, le pronom complément se place avant le verbe :

— *Je **lui** montrerai. — **T'**a-t-il souri? — Ne **leur** parle pas.*

➾ *Je finirai par **me** faire un pays.* (Gilles Vigneault)

➾ *Tu **leur** rends la liberté, tu **leur** rends la vie et l'espoir.* (Jean-Paul Sartre)

▲ Exception : Les formes accentuées suivent généralement le verbe, sauf quand, par effet de style, elles sont placées en début de phrase :

— ***Toi,** je t'ai déjà vue à l'œuvre.*

② Quand il y a deux pronoms compléments, l'indirect précède le direct :

— *Elle **te les** a donnés. — Tu **me l'**as déjà dit.*

▲ Exception : ***Lui*** et ***leur*** se placent après le pronom complément direct : — ***Le lui** as-tu déjà signalé?* — *Ne **la leur** montre surtout pas!*

③ Quand un verbe à l'infinitif est complément d'un autre, les pronoms se placent entre les deux, sauf quand le premier verbe est *entendre, envoyer, faire, laisser, regarder, sentir* ou *voir :*

— *Je ne veux plus **te** voir. — Elle pense **le lui** rendre.*

Mais : — *Je **l'**ai vue arriver seule.*
— *Ne **le lui** faites pas regretter.*
— *Regarde-**les** manœuvrer!*

Le pronom personnel attribut ou complément prépositionnel

291 ● Les seules formes que peut avoir le pronom personnel attribut ou complément prépositionnel (c'est-à-dire introduit par une préposition, quelle que soit la fonction du pronom) sont les formes accentuées (*moi, toi, lui, elle, soi, nous, vous, eux, elles*), souvent renforcées :

➤ Attribut :

➾ *J'irai où tu iras, mon pays sera* ***toi****.* (Céline Dion / J.-J. Goldman)

➾ *Comme il est difficile d'être poète, c'est-à-dire d'être* ***soi-même****.* (Abdellatif Laâbi)

☞ ◆ Quand le pronom personnel attribut représente un nom déterminé, il doit s'accorder en genre et en nombre avec celui-ci (à la 3e personne) :

➾ *La reine? vraiment oui, je* ***la*** *suis en effet.* (La Fontaine)

◆ Quand le pronom personnel représente un adjectif ou un nom indéfini, on utilise ***le*** comme pronom neutre (→ 299) :

➾ *Charmante, elle* ***l'****est dès maintenant.* (André Maurois)

➤ Complément prépositionnel :

➾ *Par* ***Lui****, avec* ***Lui*** *et en* ***Lui****...* (prière chrétienne)

➾ *«À* ***toi****, pour toujours, ta Marie-Lou»* (pièce de Michel Tremblay)

➾ *Je marche à côté d'une joie*
D'une joie qui n'est pas à ***moi***
D'une joie à ***moi*** *que je ne puis pas prendre.*
(Hector de Saint-Denys Garneau)

Les autres fonctions du pronom personnel

292 ● Quand le pronom personnel est complément du verbe impersonnel ***il faut*** ou des présentatifs ***voici*** et ***voilà*** (→ 664), on a recours à ses formes non accentuées :

— *Le vainqueur,* ***le*** *voici! —* ***Les*** *voilà, nos fuyards!*
— *Ta réponse, il me* ***la*** *faut pour demain, sans faute!*

293 ● Quand le pronom personnel est complément d'un nom, d'un adjectif ou d'un autre pronom, on a recours à ses formes accentuées (de même lorsqu'il est complément des verbes impersonnels *il s'agit de, il est question de, il en est de même de/pour, il en va de même de/pour* ou des présentatifs *c'est* et *il y a*) :

➾ *«À l'autre bout de* ***moi****»* (roman de Marie-Thérèse Humbert)

➾ *Nous demeurons pareils à* ***nous-mêmes****.* (Jacques Brault)

➾ *Dans cette affaire, il ne s'agit pas de* ***toi****.* (Anatole France)

➾ *Aujourd'hui, l'étranger, c'est* ***moi*** *et quelques autres.* (Pauline Julien)

Le pronom personnel réfléchi

● Le pronom personnel réfléchi est un pronom personnel complément qui désigne la même réalité que le sujet du verbe auquel il se rapporte : 294

— *Je **me** soumets.* — *Tu **te** balances.* — *Nous **nous** assoyons.*

● Aux 1re et 2e personnes, le pronom réfléchi a les mêmes formes que le pronom complément direct (*me, te, nous, vous*), mais, à la 3e personne, ses formes varient selon sa fonction : 295

1. ***Se*** est la forme du pronom réfléchi complément direct :

   ➾ *Ils **se** sont quittés au moment de la guerre.* (Leïla Sebbar)

2. ***Lui, elle, eux*** et ***elles*** sont les formes du pronom réfléchi complément indirect :

   — *Il ne pense qu'à **lui-même**.* — *Les hyènes se dévorent entre **elles**.*

   ➾ *«Le médecin malgré **lui**»* (comédie de Molière)

3. ***Soi*** est la forme du pronom réfléchi qui se rapporte à un nom ou à un pronom singulier non déterminé (parfois sous-entendu) :

   ➾ *Rien n'est plus étranger à **soi** que **soi-même**.* (Hélè Béji)

☞ ◆ ***Soi*** peut parfois renvoyer à un nom de concept au singulier :

— *L'amour s'éteint parfois de **soi-même**.*

◆ ***Soi-disant*** est un déterminant invariable (parfois un adverbe) qui ne s'appliquait autrefois qu'à des personnes, mais on le rencontre de plus en plus souvent se rapportant à des choses ou des concepts (dans le sens de *prétendu* ou *prétendument*) :

➾ *La **soi-disant** comtesse.* (Alphonse Daudet)

➾ *Des vers **soi-disant** traduits du français.* (André Maurois)

◆ ***De soi***, ***en soi*** et ***à part soi*** sont des expressions figées :

— *Ne vois-tu pas que ces solutions vont **de soi**?*
— *Cette revendication n'est pas justifiable **en soi**.*
— *Contrainte de se taire, elle maugréait **à part soi**.*

Remarque générale : 296

On inclut dans la catégorie des pronoms réfléchis tous ceux qui en ont la forme sans en avoir nécessairement le sens :

— Sens réfléchi : *Mon père **s'**est blessé.* (= a blessé lui-même)
— Sens réciproque : *Elles **se** détestent.* (= se détestent réciproquement)
— Sens non réfléchi : *On **s'**attend au pire.* (= du verbe *s'attendre à*)
— Sens passif : *Ce tissu **se** vend au mètre.* (= est vendu au mètre)

Les pronoms personnels *en* et *y*

297 ● Les pronoms ***en*** et **y** équivalent à la combinaison d'une préposition et d'un pronom personnel (***en*** = *de* + pronom; **y** = *à* ou *dans* + pronom) :

- *«Aimer à* ***en*** *mourir»* (roman de Charles Lonta Ngenzi)
- *Il fuit cette pensée, il s'****y*** *oppose.* (Michel Kayoya)

☞ ◆ Aujourd'hui, **y** ne représente habituellement plus des êtres humains, mais il n'en a pas toujours été ainsi :

- *Un jour j'****y*** *ai flanqué des gifles.* (Guy de Maupassant)

Les mots ***en*** et **y**, en plus d'être des pronoms personnels, sont aussi des adverbes de lieu (→ 435 et 446.5), mais la distinction n'est pas toujours facile à faire :

– *Voici notre caméra. Fais-****y*** *bien attention!* (→ **y** = pronom)
– *Ce sous-sol est insalubre. N'****y*** *travaille pas!* (→ **y** = adverbe)

298 ● Dans certaines expressions, le sens et la fonction de ***en*** ou de **y** ne sont pas toujours clairs, au point qu'il vaut mieux considérer ces expressions comme des locutions figées sans chercher à les analyser mot par mot :

– *s'****en*** *aller, s'****en*** *prendre à soi-même, il* ***en*** *va de même pour,...*
– *il* ***y*** *va de, il n'****y*** *a pas moyen de, s'****y*** *prendre mal,* ***y*** *regarder à deux fois, s'****y*** *retrouver, n'****y*** *voir goutte, s'****y*** *connaître,...*

- *«Le printemps n'****en*** *sera que plus beau»* (roman de Rachid Mimouni)

Le pronom personnel neutre

299 ● Le pronom personnel ***le*** est considéré comme neutre dans certaines expressions :

1. quand il remplace une phrase entière ou un verbe à l'infinitif :

- *Il* ***le*** *faut. Il faut que tu n'aies plus peur.* (Marcel Dubé)
- *Ai-je voulu mourir?* ***L'****ai-je voulu au centre de mes os?* (Anne Hébert)

2. quand il est utilisé avec *mieux, moins, plus,...* dans des phrases comparatives desquelles il peut être supprimé sans que le sens n'en soit altéré :

– *Cela s'est passé bien mieux que je ne* ***l'****aurais cru.*

3. quand il exprime une référence vague dans certains gallicismes :

– *Je te* ***le*** *donne en mille.* – *Ne* ***le*** *prends pas sur ce ton!*

4. quand il remplace un participe passé (généralement passif) :

- *J'étais fatiguée tout à l'heure, maintenant je ne* ***le*** *suis plus.* (Alfred de Musset)

Le pronom personnel explétif

300 ● Le pronom personnel explétif est un pronom grammaticalement inutile, mais qui vise à faire participer l'interlocuteur au récit ou à insister sur l'importance que le locuteur y accorde :

– *Lâchez-****moi*** *ça!* – *Goûtez-****nous*** *ça!* – *Laisse-****moi*** *ça là!*

- *Pour rosser, il* ***vous*** *l'avait rossée!* (René Maran)

LES PRONOMS POSSESSIFS

● Le pronom possessif sert à désigner à la fois une réalité et son «possesseur». Il a donc **deux antécédents**, ce qui a pour effet de le faire varier en genre, en nombre et en personne, comme le déterminant possessif (→ 234) : 301

➾ [...] *Des mots tant que vous voudrez*
Et j'échangerai ***les miens*** *contre* ***les vôtres****.* (Anthony Phelps)

➾ *«Le plat pays qui est* ***le mien****»* (chanson de Jacques Brel)

➾ *À la circonstance de ma vie et de* ***la tienne****.* (Paul Chamberland)

● Comme le déterminant possessif (→ 237), le pronom possessif peut exprimer des rapports où la notion de possession, sans être totalement disparue, n'a cependant plus la même signification : 302

— *Tu as pris sa défense, mais qui prendra* ***la tienne****?*

(= la défense n'est pas à toi, mais c'est **toi** qu'il faut défendre)

— *En lui, mon souvenir s'efface, mais, en moi,* ***le sien*** *demeure.*

(= le souvenir n'est pas à lui, mais c'est **lui** dont je me souviens)

● Le pronom possessif peut prendre vingt et une formes différentes : 303

	SINGULIER		PLURIEL	
	Masculin	*Féminin*	*Masculin*	*Féminin*
Un possesseur :				
1re personne :	**le mien**	**la mienne**	**les miens**	**les miennes**
2e personne :	**le tien**	**la tienne**	**les tiens**	**les tiennes**
3e personne :	**le sien**	**la sienne**	**les siens**	**les siennes**
Plus d'un possesseur :				
1re personne :	**le nôtre**	**la nôtre**	**les nôtres**	
2e personne :	**le vôtre**	**la vôtre**	**les vôtres**	
3e personne :	**le leur**	**la leur**	**les leurs**	

☞ ◆ Dans quelques (rares) locutions, le pronom possessif ne remplace aucun nom :

— *Il a encore fait* ***des siennes****! — Elle y a mis* ***du sien****.*

➾ *Le travail acharné le tirerait de la misère, lui et* ***les siens****.* (Mouloud Feraoun)

➾ *Je me possède. Je ne suis plus* ***des leurs****.* (Georges Ngal)

➾ *Que voulez-vous? — Être* ***des vôtres*** *cette nuit.* (Georges Schehadé)

LES PRONOMS DÉMONSTRATIFS

304 • Le pronom démonstratif sert à désigner, sans les nommer, les êtres, choses ou concepts que l'on présente ou auxquels on se réfère :

- *Les mots sacrés mêlés à **ceux** des bergers.* (Leïla Sebbar)
- *Il ne savait même pas que **cela** rapporterait des intérêts!* (Axel Gauvin)
- *Nous avons la même volonté : **celle** de vivre libre.* (Abdoulaye Mamani)
- ***Ceux** qui n'ont exploré ni les mers ni le ciel*
  *mais **ceux** sans qui la terre ne serait pas la terre.* (Aimé Césaire)

305 • Dans bien des cas, les formes simples du pronom démonstratif (c'est-à-dire celles qui ne sont pas renforcées par -***ci*** ou -***là***) ont perdu leur valeur strictement démonstrative :

- ***Celui** qui monte aux baobabs a davantage de leurs fruits, mais **celui** qui reste à terre sait mieux quand il rentrera chez lui.* (proverbe peul)

306 • Le pronom démonstratif peut prendre seize formes différentes :

	SINGULIER			**PLURIEL**	
	Masc.	*Fém.*	*Neutre*	*Masc.*	*Fém.*
Formes simples :	**celui**	**celle**	**ce**	**ceux**	**celles**
Formes composées					
— de proximité :	**celui-ci**	**celle-ci**	**ceci**	**ceux-ci**	**celles-ci**
— d'éloignement :	**celui-là**	**celle-là**	**cela** **ça**	**ceux-là**	**celles-là**

☞ ◆ Devant un -e-, le pronom ***ce*** s'élide; devant un -a-, il s'élide et prend la cédille (→ 14) :

— ***C'****est grave.* — ***C'****en est fait.* — ***Ç'****aurait été facile.*

◆ Le pronom ***ça***, contraction de *cela*, ne s'élide pas :

— ***Ça*** *ira mieux.* — ***Ça*** *aurait pu marcher.*

Mais, même si la forme est correcte, il vaut mieux éviter certains hiatus et remplacer, par exemple : ***Ça a un*** *bon côté* par *Il y a un bon côté à cela*; ***Ça a*** *assez duré* par *C'est terminé* ou *C'est assez.*

L'EMPLOI DES PRONOMS DÉMONSTRATIFS

● Les conditions d'emploi des pronoms démonstratifs diffèrent selon qu'ils sont **simples** ou **composés**. De plus, les pronoms ***ce*** et ***ça*** obéissent à des règles particulières. 307

Le pronom démonstratif simple

● Le pronom démonstratif simple, qui a quatre formes (***celui, celle, ceux, celles***), doit toujours être suivi d'un complément. 308

Celui-ci prend le plus souvent la forme d'une phrase relative (→ 867), mais il peut aussi prendre celle d'un complément prépositionnel (la plupart du temps avec *de*) ou d'une phrase participiale (→ 873.2) :

> *Lalla connaît tous les chemins, **ceux** qui vont à perte de vue [...], **ceux** qui font une courbe [...], **ceux** qui ne vont jamais nulle part.* (Jean-Marie Le Clézio)

> ***Ceux** de ma génération s'en souviennent encore.* (Loys Masson)

> *Sans autre malaise que **celui** ci-dessus mentionné.* (Gérard Bessette)

☞ ◆ Le pronom démonstratif simple ne peut cependant être employé avec un participe sans complément :

— * *Ne prends jamais d'autres initiatives que celles approuvées.*

Mais bien : [...] *que celles approuvées par le comité directeur.*

Il s'agit, dans ce cas, d'une forme verbale à la voix passive dans laquelle l'auxiliaire *être* est sous-entendu (→ 699).

◆ D'autre part, il n'est pas recommandé d'utiliser un groupe de l'adjectif comme complément du pronom démonstratif simple, car cette tournure n'est pas assimilable à une forme verbale à la voix passive dans laquelle l'auxiliaire *être* serait sous-entendu :

— * *De tous les livres, je ne lirai que ceux nécessaires à mon travail.*

Mais bien : [...] *que ceux **qui sont** nécessaires à mon travail.*

Par contre, la tournure est acceptable quand le groupe de l'adjectif peut être mis entre virgules, car il fonctionne alors comme une épithète détachée (→ 760) :

> *Le monde qui se dessine aujourd'hui, et qui sera **celui**, plus dur encore, de demain.* (Alain Grandbois)

Le pronom démonstratif composé

309 ● Le pronom démonstratif composé est habituellement utilisé pour désigner un être, une chose ou un concept (ou un groupe d'êtres, de choses ou de concepts) en le situant dans l'espace, les formes de proximité (***celui-ci, celle-ci, ceux-ci, celles-ci, ceci***) s'opposant aux formes d'éloignement (***celui-là, celle-là, ceux-là, celles-là, cela***) :

> *Alors, il regarda toutes ces femmes.* ***Celle-là*** *qui rit* [...]. ***Celle-ci*** *déjà mûre, peut-être un mari en chômage, peut-être toute seule.* (Jacques-Stephen Alexis)

Quand on oppose des êtres, des choses ou des concepts, sans référence spatiale, le pronom démonstratif de proximité reprend le dernier élément cité :

— *Il n'y a pas trente-six solutions : ou tu pars tout seul ou tu nous attends un peu, mais* ***ceci*** *me paraît de loin préférable à* ***cela***.

310 ● Quand une phrase ne comporte aucune idée d'opposition et qu'un seul pronom démonstratif composé y est donc utilisé, on ne peut se servir indifféremment des pronoms de proximité ou d'éloignement :

1. On utilise un **pronom de proximité** pour désigner ce qu'on a devant soi (de manière concrète ou au figuré), ce dont on parle ou ce dont on va parler :

> *Il jette un regard noir à son ami et* ***celui-ci*** *n'insiste pas.* (Jacques Ferron)

> *Ressouder l'homme arabe avec son histoire et* ***celle-ci*** *avec l'histoire du monde.* (Salah Stetié)

2. On utilise un **pronom d'éloignement** pour désigner ce dont on vient de parler :

> *Personne, mon enfant, ne comprend* ***cela*** *mieux que moi.* (Antoine Gérin-Lajoie)

☞ ◆ Le pronom démonstratif composé peut avoir pour complément une subordonnée relative (parfois détachée) :

> *Et* ***ceux-là qui*** *rêvent sous leurs feuillages* [...]
> *Comprendront à cause des nuages.* (Georges Schehadé)

> ***Celui-là*** *vit mal* ***qui*** *ne vit que pour lui!* (Alfred de Musset)

Le pronom démonstratif *ce*

311 ● Le pronom démonstratif ***ce*** peut avoir différentes fonctions dans la phrase (sujet, « reprise » de sujet, « annonce » de sujet, attribut, complément) :

1. ***Ce*** est <u>sujet</u> dans différents cas, notamment quand il est utilisé avec le verbe *être* (nuancé parfois par *devoir* ou *pouvoir*) :

— ***Ce*** *fut la plus belle des journées.* — ***Ce*** *doit être possible.*

2. *Ce* a pour fonction de reprendre le sujet quand il est associé au verbe *être* suivi d'un attribut quel qu'il soit (pronom, nom singulier ou pluriel, phrase infinitive ou phrase introduite par *que*) :

- *L'histoire, **c'est** ce qu'il y a de plus vivant.* (Lionel Groulx)
- *Mon pays, **ce** n'est pas un pays, **c'est** l'hiver.* (Gilles Vigneault)
- *De tous les plaisirs, le plaisir le plus doux,*
  ***C'est** de se voir loué de ceux que chacun loue.* (La Fontaine)
- *La seule chose qui est certaine, **c'est** qu'il n'appellera pas Lise.* (André Major)

3. *Ce* a pour fonction d'annoncer le sujet quand celui-ci est un nom ou un pronom (souvent introduit par *que)*, une phrase infinitive (introduite par *de* ou *que de)* ou une phrase introduite par une conjonction (*comme, lorsque, quand, que, si,...*), etc. :

- ***C'est** le sillage de mon défi cette odeur qui t'assujettit.* (Rina Lasnier)
- ***C'est** un beau spectacle que de jouer avec des torches.* (Bernard Dadié)
- ***C'est** curieux comme l'approche de la mort nous rend lucides.* (Tahar Ben Jelloun)

4. *Ce* est attribut ou complément s'il est suivi d'une phrase relative :

- *L'homme vaut **ce** que valent ses armes.* (Jean-Baptiste Tati-Loutard)
- *De la graine de bandit, voilà **ce** que nous semons!* (Yves Beauchemin)

▲ Exceptions : Dans certaines expressions figées, *ce* est cependant complément sans être suivi d'une phrase relative : *ce disant, ce faisant, pour ce faire, sur ce,...*

5. *Ce*, associé à *que* ou *qui* et au verbe *être*, n'est plus considéré comme un démonstratif, mais il forme avec ces mots un marqueur d'emphase (→ 702-704) qui permet de **mettre en évidence** n'importe quel groupe syntaxique, sauf le groupe du verbe :

- Phrase neutre : *Je lui apporte du pain tous les jours.*
- Mise en évidence :
  - *C'est **moi** qui lui apporte du pain tous les jours.*
  - *C'est **à lui** que j'apporte du pain tous les jours.*
  - *C'est **du pain** que je lui apporte tous les jours.*
  - *C'est **tous les jours** que je lui apporte du pain.*

6. *Ce* est également présent dans beaucoup d'autres expressions propres à la langue française (gallicismes) et qu'on ne décompose plus aujourd'hui, préférant les considérer comme des locutions figées : — ***C'est-à-dire.*** — ***C'est ça.*** — ***C'est à qui** criera le plus fort.* — ***C'est que** je ne peux pas.* — ***Est-ce que...?*** — ***Qu'est-ce qui...?*** — ***Qu'est-ce que c'est?*** — ***N'est-ce pas?*** — etc.

Le pronom démonstratif *ça*

312 • ***Ça*** est une forme condensée de ***cela***. Dans beaucoup de cas, les deux formes sont interchangeables, même si *cela* s'utilise plutôt dans la langue littéraire et *ça* dans le langage familier :

– ***Cela** ne se peut pas. – **Ça** ne se peut pas.*

– ***Ça** va mal. – **Ça** y est. – **Ça** marche. – C'est comme **ça**.*

➾ *Vous avez entendu des voix ou quelque chose comme **ça**?* (Jacques Poulin)

➾ *«Quinze ans, **ça** suffit»* (roman d'Amadou Ousmane)

➾ ***Ça** arrive, ces choses-là, et dans les meilleures familles.* (Marie-Thérèse Humbert)

313 • ***Ça*** et ***cela*** (même si ce sont deux pronoms neutres) peuvent parfois désigner des animaux, voire des êtres humains :

➾ *Un homme qui n'a pas de mémoire, **ça** ne doit pas vivre.* (Jacques Godbout)

314 • ***Ça*** peut également servir de particule de renforcement, ajoutée aux pronoms interrogatifs utilisés seuls ou au pronom démonstratif *ce* :

– *Qui **ça**? – Quand **ça**? – **Ça**, c'est vraiment pénible.*

➾ *Pour un progrès, **ça**, c'est un progrès!* (Sony Labou Tansi)

☞ ◆ Il ne faut pas confondre ***ça***, pronom, avec ***çà***, adverbe de lieu (rarement utilisé) :

➾ *«Des femmes assises **çà** et là»* (roman de Pham Van Ky)

LES PRONOMS RELATIFS

315 • Le pronom relatif sert à **fusionner deux phrases simples** (auparavant appelées propositions : → 646) en une phrase complexe (→ 826). Il représente le nom ou le pronom qui est contenu dans la première phrase et qui est expliqué ou déterminé dans la seconde :

- Phrase 1 : — *J'ai retrouvé le livre.*
- Phrase 2 : — *Je tiens beaucoup à ce livre.*
- Phrase complexe : — *J'ai retrouvé le livre **auquel** je tiens beaucoup.*

Remarque :

L'étude des pronoms relatifs suppose une certaine connaissance des fonctions grammaticales. Celles-ci sont étudiées dans un autre chapitre : → Chapitre XV, p.373.

● Comme d'autres catégories de pronoms, les pronoms relatifs se divisent en référents et nominaux : 316

➤ les **pronoms relatifs référents** ont un antécédent avec lequel ils s'accordent en genre et en nombre :

Un spectacle à côté ***duquel*** *l'essaimage des abeilles paraît insignifiant.* (Maurice Maeterlinck)

Une maladie terrible ***à laquelle*** *on ne connaît aucun remède.* (Charles Ferdinand Ramuz)

➤ les **pronoms relatifs nominaux** n'ont pas d'antécédent (c'est pourquoi ils sont également appelés pronoms relatifs **indéfinis** : → 350 et 353) :

Les hommes savent de ***quoi*** *il s'agit.* (Nicole Brossard)

● Les **pronoms relatifs référents** comportent cinq formes simples, quatre formes composées et huit formes surcomposées : 317

	SINGULIER		PLURIEL	
	Masc.	*Fém.*	*Masc.*	*Fém.*
Formes simples :	**qui, que, quoi, dont, où**			
Formes composées :	**lequel**	**laquelle**	**lesquels**	**lesquelles**
Formes surcomposées :				
— ***à + lequel***,... :	**auquel**	**à laquelle**	**auxquels**	**auxquelles**
— ***de + lequel***,... :	**duquel**	**de laquelle**	**desquels**	**desquelles**

☞ ◆ ***Qui***, ***que***, ***dont*** et ***où*** peuvent être masculins ou féminins, au singulier ou au pluriel (selon leur antécédent), mais ***quoi*** est ordinairement neutre (et au singulier).

● Les **pronoms relatifs nominaux** (ou **indéfinis**) comportent quatre formes simples et sept formes composées : 318

➤ Formes simples : — **qui, que, quoi, où**

➤ Formes composées : — **quiconque**
— **qui que, quoi que**
— **qui que ce soit qui, qui que ce soit que**
— **quoi que ce soit qui, quoi que ce soit que**

L'EMPLOI DES PRONOMS RELATIFS

319 ● Comme chacun des pronoms relatifs obéit à des règles d'emploi particulières, il convient de les étudier l'un après l'autre : ainsi de ***qui***, ***que***, ***quoi***, ***lequel***, ***dont*** et ***où*** quand ils sont des pronoms relatifs référents, mais non pas quand ils sont des pronoms relatifs nominaux (ceux-ci, étant alors des indéfinis, sont étudiés dans un autre chapitre : → Chapitre VIII, p.205).

Le pronom relatif *qui*

320 ● Le pronom relatif ***qui*** peut être sujet ou complément indirect :

1. Comme sujet, ***qui*** remplace un nom ou un pronom désignant un être, une chose ou un concept :

   - *Je suis une vieille **qui** marche avec un but précis.* (Hélè Béji)
   - *«C'est le soleil **qui** m'a brûlée»* (roman de Calixthe Beyala)
   - *«Les lendemains **qui** chantent»* (pièce de Maxime N'Debeka)

2. Comme complément indirect, ***qui*** ne peut, en principe, remplacer qu'un nom (ou un pronom) désignant un être (il y a cependant de très rares exceptions) :

   - *Cet homme, ce père à **qui** on présente tout.* (Michel Kayoya)
   - *Cette place de village sur **qui** tombe la neige.* (Jean Giono)

Le pronom relatif *que*

321 ● Le pronom relatif ***que*** peut remplacer n'importe quel nom ou pronom. Il peut être sujet, attribut du sujet ou complément direct :

1. Comme sujet, ***que*** est rare et ne se rencontre en général que dans des expressions figées :

   — *Advienne **que** pourra! — Vaille **que** vaille. — Coûte **que** coûte.*

2. Comme attribut du sujet, ***que*** peut être neutre :

   — *À force de jouer le rôle d'un homme craintif et angoissé, c'est cela **que** je finirai par devenir!*

3. Comme complément direct, ***que*** se rencontre très fréquemment :

   - *L'amertume **que** provoque l'idée de la mort.* (Jean-Joseph Rabearivelo)
   - *Qu'est-ce qu'elle a **que** je n'ai pas?* (Réjean Ducharme)
   - *Rappelle-toi Barbara*
     *Toi **que** je ne connaissais pas*
     Toi qui ne me connaissais pas. (Jacques Prévert)

☞ ◆ Le pronom ***que*** peut parfois remplacer le pronom *où* :

➾ *Ma mère, que je l'aime en ce portrait ancien,*
Peint aux jours glorieux ***qu'****elle était jeune fille.* (Nelligan)

◆ Il ne faut pas confondre ***que***, pronom relatif, et ***que***, élément du marqueur d'emphase *c'est... que...* (→ 703) :

➾ ***C'est*** *là* ***que*** *j'ai gagné ma planchette.* (Yacine Kateb)

Le pronom relatif *quoi*

● Le pronom relatif ***quoi*** ne peut remplacer que des pronoms neutres (ou des noms de sens neutre). Il est toujours complément prépositionnel : 322

➾ [...] *la présence américaine, ce par* ***quoi*** *je suis annihilé, ce par* ***quoi*** *je suis bâillonné.* (Victor-Lévy Beaulieu)

➾ *Rien ne s'y opposait, ou plutôt si : une chose à* ***quoi*** *Diouldé* [...] *n'avait pas songé.* (Tierno Monénembo)

☞ ◆ Selon un ancien usage, et seulement dans les textes littéraires, ***quoi*** peut remplacer *lequel* (et ses variantes) :

➾ *Un vestibule sur* ***quoi*** *donnent la pièce d'eau et l'alcôve.* (Abdelwahab Meddeb)

Le pronom relatif *lequel*

● Le pronom relatif ***lequel*** (qui s'accorde en genre et en nombre avec son antécédent) peut être sujet, complément direct, complément indirect ou complément du nom : 323

1. Comme sujet, ***lequel*** n'est habituellement employé que dans la langue administrative ou juridique. Il peut toutefois être utilisé dans la langue courante, en remplacement de *qui*, pour éviter toute équivoque (ou pour rompre le rythme de la phrase) :

➾ *Une sœur de Colin,* ***laquelle*** *le rendit très heureux.* (Voltaire)

➾ *Il n'y a aucune possibilité de suivre la rive autrement qu'en s'écorchant dans les ronces,* ***lesquelles*** *sont fort touffues dans le début.* (Charles-Albert Cingria)

2. Comme complément du verbe, ***lequel*** est plus souvent indirect que direct. Quant aux formes ***auquel***, ***auxquels***, ***auxquelles*** et ***duquel***, ***desquels***, ***desquelles***, elles contiennent déjà la préposition *à* ou *de* (celles-ci peuvent également appartenir à des locutions prépositives : *grâce à, en dépit de,...* : → 458) :

➾ *Nous verrons bien* ***lequel*** *des deux on croira.* (Gérard Bessette)

➾ *Des albums* [...] ***auxquels*** *il n'avait plus touché.* (Leïla Sebbar)

3. Comme complément du nom, ***lequel*** ne se rencontre qu'après une préposition ou sous une forme surcomposée (→ 317) :

➾ *Le jeu selon les règles* ***duquel*** *j'étais toujours perdant.* (Louis Hamelin)

Le pronom relatif *dont*

324 ● Le pronom relatif ***dont*** peut remplacer n'importe quel nom ou pronom. Il a le sens d'un pronom relatif ordinaire (*qui, lequel,...*) précédé de la préposition *de* :

- *Les étoiles **dont** la lueur l'empêchait de dormir.* (Axel Gauvin)
- *Lui **dont** la vie ne peut avoir eu de début.* (Alexis Kagamé)

325 ● Dans la subordonnée qu'il introduit, ***dont*** peut être complément du sujet, du verbe, de l'attribut ou du complément direct :

- *Dans le matin léger **dont** l'azur efface les rêves.* (Robert-Edward Hart)
- *Cette nostalgie de la terre africaine **dont** ils ne parlaient pas mais qui les animait tous.* (Driss Chraïbi)
- *Il a une application **dont** je suis content.* (La Bruyère)
- *On ne peut pas compter sur un peuple **dont** on prend plaisir à bafouer la dignité.* (Rachid Mimouni)

☞ ◆ ***Dont*** ne peut être complément d'un nom ou d'un pronom introduit par une préposition :

— * *Le chien dont elle a marché sur la queue.*

Mais : *Le chien sur la queue **duquel** elle a marché.*

◆ Un déterminant possessif ne peut être utilisé avec ***dont*** quand il fait double emploi avec celui-ci :

— * *C'est l'ouvrier dont la force de ses bras est surprenante.*

Mais : *C'est l'ouvrier **dont** la force des bras est surprenante.*

◆ Dans une phrase commençant par ***dont***, on ne peut employer de pronom personnel se référant à l'antécédent de *dont* :

— * *Voici la skieuse dont l'audace lui a permis de gagner.*

Mais : *Voici la skieuse à **qui** son audace a permis de gagner.*

◆ Avec les verbes exprimant l'idée de sortie, d'origine,... on emploie normalement ***dont*** quand il s'agit de personnes et ***d'où*** quand il s'agit de choses ou de concepts :

- *La famille distinguée **dont** il sortait.* (Marcel Proust)
- *Le pays **d'où** je viens n'a pas de nom.* (Jean-Marie Le Clézio)

◆ La locution verbale ***avoir besoin de*** permet deux formulations correctes (une troisième, fréquemment entendue, ne l'est pas) :

- Meilleure formulation : *C'est cela **dont** j'ai besoin.*
- Formulation acceptable : *C'est **de** cela **que** j'ai besoin.*
- Formulation fautive : * *C'est cela que j'ai besoin.*

Le pronom relatif *où*

● ***Où*** est à l'origine un adverbe de lieu, mais il est employé comme pronom relatif. Il peut indiquer non seulement le lieu, mais aussi le temps et la situation : 326

- *Il surgit aujourd'hui partout, sur les squares* ***où*** *rêvent les amoureux, sur les trottoirs* ***où*** *s'agitent les foules distraites, aux carrefours* ***où*** *la circulation automobile est dense.* (Mongo Beti)
- *J'entre au moment* ***où*** *il faudrait sortir.* (Roland Giguère)
- *Dans la blanche cérémonie*
  Où *la neige au vent se marie.* (Gilles Vigneault)

☞ ◆ Dans tous les cas, ***où*** peut être remplacé par *lequel* (et ses variantes) précédé d'une préposition : *la lune sur laquelle, l'année pendant laquelle, l'état dans lequel.*

LES PRONOMS INTERROGATIFS

● Le pronom interrogatif représente une réalité à propos de laquelle on pose une question (généralement relative à son identité) : 327

- *«**Qui** se souvient de la mer?»* (roman de Mohammed Dib)
- *Je cherchais* ***que*** *lui répondre.* (Georges Duhamel)

● Les formes du pronom interrogatif sont les mêmes que celles du pronom relatif référent, moins *dont* (→ 317). Dans la langue orale, ***qui*** et ***que*** sont souvent renforcés par les gallicismes ***est-ce qui*** ou ***est-ce que*** : 328

– ***Qu'****en pensez-vous?* – ***Qu'est-ce que*** *vous en pensez?*

– ***Qui*** *part avec moi?* – ***Qui est-ce qui*** *part avec moi?*

- ***Qui est-ce qui*** *plante,* ***qui est-ce qui*** *arrose,* ***qui est-ce qui*** *récolte?* (Jacques Roumain)
- *«**Qu'est-ce que** la littérature?»* (essai de Jean-Paul Sartre)

☞ ◆ Comme il apparaît ci-dessus, *est-ce que* a également pour effet de «remettre à l'endroit» la phrase dans laquelle *que*, utilisé seul, exige l'inversion du verbe et du sujet.

Remarque générale : 329

De même que l'adverbe ***où*** peut être utilisé comme pronom relatif (→ 326), les mots ***quand***, ***comment***, ***où*** et surtout ***pourquoi*** et ***combien*** pourraient être assimilés aux pronoms interrogatifs (*pourquoi* est d'ailleurs, à l'évidence, la contraction de *pour* et de *quoi*). Néanmoins, comme ils sont toujours invariables et n'ont jamais d'antécédent (sauf *où*), ils sont classés parmi les adverbes d'interrogation (→ 437).

L'EMPLOI DES PRONOMS INTERROGATIFS

330 ● Les pronoms interrogatifs sont utilisés dans l'interrogation indirecte (→ 892-895) aussi bien que dans l'interrogation directe, mais des conditions particulières président à l'emploi de chacun d'eux.

Le pronom interrogatif *qui*

331 ● Le pronom interrogatif ***qui*** sert à poser une question relative à l'identité d'êtres humains (parfois aussi d'animaux, mais très rarement, et seulement dans le langage familier) :

➾ ***Qui*** *apprendrait le rythme au monde défunt des machines et des canons?* (Léopold Sédar Senghor)

– ***Qui*** *va être content de sa pâtée ce soir, hein, Fifi?*

332 ● Le pronom interrogatif ***qui*** peut être sujet, attribut ou complément (du nom, de l'adjectif, du verbe,...). Il peut aussi avoir un complément :

➾ ***Qui*** *conduit,* ***qui*** *pousse ce train,* ***qui*** *sait où il va?* (Céline Dion / Jean-Jacques Goldman)

➾ *De* ***qui*** *as-tu donc peur?* (Réjean Ducharme)

➾ *Qui* ***de nous deux*** *a rêvé qu'il était devenu roi?* (Senouvo Agbota Zinsou)

☞ ◆ ***Qui*** demande habituellement l'accord au singulier et au genre non marqué, le masculin (→ 128) — puisque l'identité de la personne fait l'objet de la question —, mais, employé avec le verbe *être*, il peut être au pluriel ou au féminin :

➾ ***Qui sont*** *ces gens qui nous regardent?* (Henry Bauchau)

➾ ***Qui*** *donc, étant femme, voudrait prendre le risque...?* (Nicole Brossard)

Le pronom interrogatif *que*

333 ● Le pronom interrogatif ***que***, toujours neutre et au singulier, sert à poser une question relative à des choses ou des concepts. Il peut être attribut ou complément direct du verbe :

➾ *Mais* ***qu'****étions-nous avant cette heure, et* ***qu'****était le monde lui-même?* (Jacques Rabemananjara)

➾ ***Que*** *suis-je allé faire chez les rois?* (Mohammed Khaïr-Eddine)

Le pronom interrogatif *quoi*

334 ● Le pronom interrogatif ***quoi***, toujours neutre et au singulier, sert à poser une question relative à des choses ou des concepts. Il peut être sujet (dans des phrases elliptiques), attribut (cas rare) ou, le plus souvent, complément indirect du verbe :

➾ ***Quoi*** *de plus touchant que les loutres de mer?* (Jacques Cousteau)

➾ *«De* ***quoi*** *t'ennuies-tu, Évelyne?»* (roman de Gabrielle Roy)

Le pronom interrogatif *lequel*

● Le pronom interrogatif ***lequel*** peut se rapporter à presque n'importe quel nom commun et remplir n'importe quelle fonction dans la phrase, que celle-ci exprime une interrogation directe ou indirecte (→ 681, 682 et 892). Il peut être utilisé avec ou sans préposition, mais il se contracte avec *à* et *de* (sauf au féminin singulier) : 335

- ***Lequel** des deux gagnera?* (Stendhal)
- *Partir ou rester, je me demande **lequel** est préférable.* (Joseph Hanse)
- ***Auquel** des deux confieras-tu ton chien?* (Jean-Marie Laurence)

LES PRONOMS NÉGATIFS (ET NUMÉRAUX)

● Le pronom négatif remplace un nom d'être, de chose ou de concept dont le nombre est nul. Il y a cinq pronoms négatifs : deux invariables (***personne*** et ***rien***) et trois variables en genre (***aucun*** / ***aucune***, ***nul*** / ***nulle*** et ***pas un*** / ***pas une***) : 336

- *Le petit secrétaire que **personne** n'ouvrait plus.* (Françoise Mallet-Joris)
- [des oiseaux] ***Pas un** sur la neige blanche, **pas un** dans l'air glacé.* (Charles De Coster)

Remarque générale : 337

Les déterminants numéraux utilisés seuls peuvent être considérés comme des **pronoms numéraux**, dans la mesure où ils remplacent un nom (exprimé ou sous-entendu) en indiquant son nombre exact :

- *Trois femmes dont **deux** sont assises devant un narguilé.* (Assia Djebar)
- *C'est un bien mauvais temps pour naître* [...], *et puis tu es le **seizième**.* (Marie-Claire Blais)

Par contre, il est également possible de les considérer comme des déterminants se rapportant à un nom sous-entendu : *le seizième (enfant) de la famille*. C'est une question de perception qui n'influe pas sur les règles d'accord, car, déterminants ou pronoms, ils s'accordent **toujours** en genre et en nombre avec le nom auquel ils se rapportent, que celui-ci soit exprimé ou sous-entendu.

L'EMPLOI DES PRONOMS NÉGATIFS

338 ● La plupart du temps, les pronoms négatifs sont accompagnés de la négation ***ne*** (sauf dans les phrases non verbales : → 652) :

➾ ***Nul n'****avait cherché à savoir ce qu'il voulait.* (Loys Masson)

➾ ***Rien ne*** *me coûtait pour lui plaire.* (Laure Conan)

➾ *Pas de douleurs? –* ***Aucune.*** (Jules Romains)

Personne, ***rien***, ***nul*** et ***aucun*** peuvent être accompagnés de ***ne plus*** ou ***ne jamais***, mais non de ***ne pas*** ou ***ne point*** (quant à *pas un*, il ne peut être accompagné que de *ne*) :

➾ ***Personne n'****en a* ***jamais*** *rien su, sauf Louisette.* (Axel Gauvin)

➾ *Je* ***n'****avais* ***plus rien*** *de ce genre à apprendre.* (Paul Valéry)

Le pronom négatif *nul*

339 ● Le pronom négatif ***nul***, qui n'a pas de pluriel, ne peut avoir d'autre fonction que celle de sujet :

1. Quand il est pronom nominal (sans antécédent), ***nul*** ne peut servir qu'à désigner un être humain. Il se met alors toujours au genre non marqué (masculin) :

➾ *Mais* ***nul*** *ne l'aimera,* ***nul*** *ne l'aura comprise.* (Émile Nelligan)

➾ *«La ville où* ***nul*** *ne meurt»* (chronique de Bernard Binlin Dadié)

2. Quand il est pronom référent (avec un antécédent), ***nul*** peut remplacer un nom d'être, de chose ou de concept. Il peut alors être masculin ou féminin :

➾ *De toutes vos peurs,* ***nulle*** *n'équivaut à ma peur de vous perdre.* (Georges Bernanos)

Le pronom négatif *aucun*

340 ● Le pronom négatif ***aucun***, qui n'a pas de pluriel, s'accorde en genre avec son antécédent (exprimé ou non). Il peut remplacer presque n'importe quel nom et avoir diverses fonctions dans la phrase :

➾ [une chambre] *Je n'en ai* ***aucune*** *de libre en ce moment.* (Georges Simenon)

➾ *Je ne suis fait comme* ***aucun*** *de ceux que j'ai vus.* (Jean-Jacques Rousseau)

Le pronom négatif *personne*

● Le pronom négatif ***personne***, qui n'a pas de pluriel, demande toujours l'accord au genre non marqué (masculin). Il ne se réfère qu'à des êtres humains et peut avoir diverses fonctions dans la phrase : 341

- *La ville [...] semblait condamnée à un orage auquel **personne** pourtant ne croyait.* (Roger Lemelin)
- *Je n'ai connu **personne** dont la gaieté prît si vite.* (Laure Conan)
- *Je n'ai besoin de **personne**.* (Pius Nkashama Ngandu)

☞ ◆ Comme l'accord au féminin n'est pas permis, il faut parfois recourir à une autre formulation :

* *Personne n'est jamais assurée de porter son enfant à terme.*

Mais : *Aucune femme n'est jamais assurée...*

Le pronom négatif *rien*

● Le pronom négatif ***rien***, qui n'a pas de pluriel, demande toujours l'accord au genre non marqué (masculin). Il se réfère à des choses ou des concepts et peut avoir diverses fonctions dans la phrase : 342

- *Dans ce monde, **rien** n'est nouveau.* (Mariama Bâ)
- *Quelle misère : **rien** ne vous dérange!* (Tahar Ben Jelloun)
- *Non, **rien** de **rien**, non, je ne regrette **rien**.* (Édith Piaf)

☞ ◆ ***Rien***, pronom négatif, est souvent précédé de ***ne***, mais, dans certains cas (notamment dans les phrases elliptiques ou avec *sans*), il peut être employé sans *ne* :

— *Je jure de dire la vérité, toute la vérité, **rien** que la vérité.*

- ***Rien** sur la langue, **rien** dans les yeux, **rien** au front.* (Réjean Ducharme)
- *Nous avons conservé le brillant héritage [...]*
*Sans jamais **rien** laisser aux ronces du chemin.* (Octave Crémazie)

☞ ◆ ***Rien***, pronom négatif, entre dans la composition de quelques locutions figées : *comme si de rien n'était* (seulement à l'imparfait), *rien de moins, rien de rien, rien du tout,...* :

- *«**Rien que** le fruit pour toute bouche»* (recueil de poèmes de Hafedh Djedidi)

Remarque générale : 343
Les pronoms ***aucun***, ***personne*** et ***rien*** peuvent également avoir un sens positif; ils sont alors des **pronoms indéfinis** (→ 381, 374 et 375).

344

LE PRONOM : TABLEAU RÉCAPITULATIF

LES PRONOMS PERSONNELS

— Valeur des pron. personnels :	***Je te la*** *confie.* (1re, 2e et 3e pers.)	n° **283**
— Formes des pron. personnels :	***Je me*** *parle de* ***moi*** *à* ***moi-même.***	**285**
— Emploi des pron. personnels :		
— Sujet :	*Serge et moi n'en pouvons plus.*	**287**
— Compl. direct ou indir. :	*Je* ***les*** *comprends et* ***leur*** *pardonne.*	**288**
— Place du pron. compl. :	*Achète-****les*** *et apporte-****les-moi****!*	**290**
	Elle ***me l'****a dit, qu'elle* ***le lui*** *a montré.*	**290**
— Attr. ou compl. prép. :	*Ce n'est pas pour* ***toi*** *mais pour* ***lui.***	**291**
— Le pron. pers. réfléchi :	*Je* ***me*** *lève, tu* ***te*** *lèves, il* ***se*** *lève.*	**294**
— Les pron. pers. ***en*** et ***y*** :	*Je n'****en*** *attends rien mais j'****y*** *suis attaché.*	**297**
— Le pron. pers. neutre :	*Oui, il* ***le*** *faut absolument!*	**299**
— Le pron. pers. explétif :	*Dépose-****moi*** *ça là tout de suite!*	**300**

LES PRONOMS POSSESSIFS

	Ce livre est ***le mien****, pas* ***le tien.***	**301**

LES PRONOMS DÉMONSTRATIFS

— Le pron. démonstratif simple :	*Je garderai* ***ceux*** *qui sont utiles.*	**308**
— Le pron. démonstratif composé :	*Il veut* ***celui-ci****, pas* ***celui-là.***	**309**
— Le pron. démonstratif ***ce*** :	***Ce*** *serait bien que* ***ce*** *soit eux.*	**311**
— Le pron. démonstratif ***ça*** :	***Ça*** *va mal mais* ***ça*** *ira quand même.*	**312**

LES PRONOMS RELATIFS

— Le pronom relatif ***qui*** :	*C'est cet homme-là* ***qui*** *me l'a donné.*	**320**
— Le pronom relatif ***que*** :	*Voici l'album* ***que*** *je préfère.*	**321**
— Le pronom relatif ***quoi*** :	*Il a enfin ce pour* ***quoi*** *il s'est battu.*	**322**
— Le pronom relatif ***lequel*** :	*Voilà la raison pour* ***laquelle*** *il est parti.*	**323**
— Le pronom relatif ***dont*** :	*C'est la planche à voile* ***dont*** *elle rêve.*	**324**
— Le pronom relatif ***où*** :	*Vois la place* ***où*** *je voudrais habiter.*	**326**

LES PRONOMS INTERROGATIFS

— Le pronom interrogatif ***qui*** :	*Mais* ***qui*** *sont donc ces gens?*	**331**
— Le pronom interrogatif ***que*** :	***Qu'****allons-nous devenir maintenant?*	**333**
— Le pronom interrogatif ***quoi*** :	***Quoi*** *de plus touchant que son sourire?*	**334**
— Le pronom interrogatif ***lequel*** :	*Mes livres? Je ne sais* ***lesquels*** *emporter!*	**335**

LES PRONOMS NÉGATIFS (ET NUMÉRAUX)

— Les pronoms numéraux :	*Des moutons? Je n'en ai plus que* ***dix.***	**336**
— Le pronom négatif ***nul*** :	***Nul*** *n'en saura jamais rien.*	**339**
— Le pronom négatif ***aucun*** :	*Je ne le dirai à* ***aucun*** *d'entre vous.*	**340**
— Le pronom négatif ***personne*** :	***Personne*** *n'est entré ni sorti.*	**341**
— Le pronom négatif ***rien*** :	***Rien*** *n'est pire qu'une telle attente!*	**342**

Louis Fréchette
Québec
1839 - 1908

Louis Fréchette fut à la fois un écrivain et un homme politique. Né près de Lévis, il étudia à Québec et devint avocat. Il émigra à Chicago en 1866 et y publia *La Voix d'un exilé*. De retour au pays, il fut élu député au parlement fédéral à Ottawa, mais il n'abandonna pas l'écriture et signa des recueils de poèmes : *Les Oiseaux de neige*, *Pêle-Mêle*,... Il eut toute sa vie une très profonde admiration pour Victor Hugo. Ainsi, après un voyage en France, et s'inspirant directement de *La Légende des siècles* de son maître, il publia son œuvre la plus connue : ***La Légende d'un peuple***. Il est également l'auteur d'une pièce de théâtre et de *Mémoires intimes*.

[...]

Une voile! une voile! a-t-on crié là-bas;
Et, minés par la faim, brisés par les combats,
Transis, déguenillés, vaincus de la souffrance,
Nos soldats n'ont qu'un cri, ce cri sublime : France!
Doute affreux! Incliné sous ses huniers géants,
Un navire doublait la pointe d'Orléans :
De quel côté, mon Dieu! va pencher la balance?
Maintenant les deux camps haletaient en silence;
Et puis, comme ils étaient poignants, accélérés,
Les battements de cœur de ces désespérés!
La pâleur de la mort glaçait tous les visages;
Les minutes étaient longues comme des âges!
Enfin, le lourd trois-mâts, toutes voiles dehors,
Et démasquant soudain ses trois rangs de sabords,
Vaisseau fatal sur qui l'ombre du destin plane,
Sous les canons du fort pare à se mettre en panne.
Nul étendard ne flotte à son mât d'artimon!
Est-il contre ou pour nous?... Est-il ange ou démon?...
On ne respirait plus. Lévis, la mort dans l'âme,
Attendait, calme et froid, le dénoûment du drame.
Tout à coup, du vaisseau qui présente son flanc,
Un éclair a jailli dans un nuage blanc :
C'est un coup de canon. L'âpre voix de la poudre
Répercutée au loin comme un éclat de foudre,
Va se perdre, sinistre, au fond des bois épais;
Et les guerriers saxons du haut des parapets,
Et les soldats français penchés sur les falaises,
Virent monter au vent les trois couleurs anglaises.
Le sort avait parlé! Notre astre s'éclipsait;
L'exil cruel, sans fin, d'un peuple commençait.

(Extrait de *La Légende d'un peuple*,

*J*EAN *G*IONO

France

1895 - 1970

Jean Giono est né à Manosque, en Haute-Provence, et il restera toujours, dans sa vie comme dans son œuvre, profondément attaché à son pays natal. Il fut l'auteur de nombreux romans, presque tous restés célèbres et soulignant, pour la plupart, l'union de l'homme avec les forces de la nature et du cosmos : *Colline, Regain, Noé, Les Âmes fortes, Un roi sans divertissement, Le Hussard sur le toit, Le Moulin de Pologne, Le Chant du monde,* ***Que ma joie demeure,...*** Certaines de ses œuvres ont été transposées au cinéma, et, au Québec, Frédérick Back a tiré, de son récit intitulé ***L'Homme qui plantait des arbres,*** un remarquable film d'animation qui a reçu de nombreux prix sur la scène internationale.

Bobi pliait les reins.

Le ciel grondait sans arrêt. Le bruit était si violent qu'on le touchait. Il était chaud comme du vent d'Afrique. Il flottait. Il battait des ailes. Il renversait la pluie. Il couchait les embruns. Il sonnait dans les profondeurs du pays, et ce n'était plus que par lui qu'on pouvait connaître l'existence des plaines et des montagnes, des vallées et des murailles de roches, et comprendre l'entablement fantastique de l'orage dressé jusque dans les hauteurs les plus grinçantes de l'air. Chaque grondement charriait les échos de toutes les formes du monde.

[...] L'orage traînait sur le plateau. Les éclairs jaillissaient de la terre.

«Couche-toi. Laisse-les faire. Ça s'arrête. Dresse-toi. Marche. Là, sur la droite. Couche-toi!»

Les barres de foudre sifflaient comme du fer de forge. Elles ne mouraient plus tout de suite. Elles couraient plus de cent pas droit devant elles en brûlant la pluie.

«C'est passé. Marche. C'est bien de ce côté-là, la gauche? Val d'Arène. La forêt là-bas au fond! Non, c'est de l'ombre. Marche! Val d'Arène: "Au rendez-vous des chasseurs!" Tout contre toi!

«Orion entouré d'animaux et de rivières!»

Les éclairs jaillissaient de partout comme la force d'une forêt.

«Cours, cours, cours!

— Ne cours plus!» cria Bobi. Et il s'arrêta de courir.

«Non, dit-il, maintenant je sais. J'ai toujours été un enfant; mais c'est moi qui ai raison.»

La sueur fumait de son torse nu.

Soudain, il fut prévenu comme un oiseau par un pétillement sous la langue.

«Ma!» cria-t-il.

La foudre lui planta un arbre d'or dans les épaules.

(Extrait de *QUE MA JOIE DEMEURE,*
© Éditions Bernard Grasset)

Chapitre VIII

Les indéfinis

LES PROPRIÉTÉS DES INDÉFINIS

● La langue française comporte une série de mots dont l'orthographe et l'emploi posent des problèmes particuliers : *tout, quelque, même,...* Bon nombre des complications qu'ils apportent proviennent du fait que la plupart d'entre eux, sous des formes identiques ou semblables, appartiennent en réalité à plus d'une classe de mots. 345

Pour des raisons essentiellement pédagogiques, il a donc paru bon de regrouper en un seul chapitre tous ces mots difficiles (adjectifs, déterminants, pronoms et même adverbes), d'autant plus qu'**ils ont tous en commun le fait d'avoir ou de pouvoir avoir une «valeur indéfinie»**.

(Toutefois, certains de ces mots, quand ils ne sont pas des indéfinis et qu'ils présentent des difficultés propres aux autres classes auxquelles ils appartiennent, sont étudiés dans les chapitres consacrés aux classes dont ils relèvent. Dans tous les cas, la référence appropriée est donnée.)

Le présent chapitre réunit donc tous les indéfinis, sauf, d'une part, les déterminants ***un, une*** **et** ***des*** (→ 227) **et les partitifs** (→ 253) qui, avec les déterminants définis (→ 222), composent l'ancienne classe des articles (→ 169), et, d'autre part, **les déterminants et pronoms négatifs** (→ 256 et 336) qui sont souvent assimilés aux indéfinis, mais qui n'en sont pas réellement puisqu'ils expriment une quantité nulle.

LE CLASSEMENT DES INDÉFINIS

● Les indéfinis peuvent être classés selon la **forme** qu'ils ont (simple ou composée, variable ou invariable), selon la **réalité** qu'ils représentent (êtres, choses ou concepts), selon les **classes** auxquelles ils appartiennent (adjectifs, déterminants, pronoms, voire adverbes et noms) ou selon les différents **sens** qu'ils peuvent avoir. 346

347 ● Aucun classement des indéfinis ne donne entière satisfaction, car, quels que soient les critères qui président à leur répartition, il s'en trouve toujours qui peuvent passer d'une catégorie à l'autre. Il existe néanmoins un mode de classement qui présente nettement plus d'avantages que les autres : celui qui, en se basant sur le sens habituel ou général des indéfinis, permet de les regrouper en trois grands ensembles, à savoir les **indéfinis d'identité**, les **indéfinis de quantité** et les **indéfinis de rapport**.

1. Les **indéfinis d'identité** comportent presque tous le radical **qu-** :

- ***qui*** (***qui que***, ***qui que ce soit qui***, ***qui que ce soit que***)
- ***quoi*** (***quoi que***, ***quoi que ce soit qui***, ***quoi que ce soit que***)
- ***quelqu'un***, ***quelques-uns*** et ***quelque chose***.
- ***quelque***, ***quel que*** et ***quelque que***.
- ***n'importe quel, ... quoi, ... qui, ... lequel*** et leurs variantes.
- ***quiconque*** et ***quelconque***.
- ***on***, ***personne*** et ***rien***.

2. Les **indéfinis de quantité** sont les plus nombreux :

- ***un***, ***l'un***, ***plus d'un***, ***aucun*** et ***d'aucuns***.
- ***chacun***, ***chaque*** et ***tout un chacun***.
- ***certains***.
- ***divers*** et ***différents***.
- ***plusieurs*** et ***quelques***.
- les indéfinis composés d'un nom, d'un adjectif ou d'un adverbe et de la préposition *de* : ***peu de, beaucoup de, plein de, quantité de, nombre de, combien de, tant de, trop de,...***
- ***peu***, ***beaucoup***, ***combien***, ***tant***, et ***trop***, employés comme pronoms.
- ***tout*** et ***tout le monde***.

3. Les **indéfinis de rapport** sont moins nombreux :

- ***autre***, ***l'autre***, ***autrui*** et ***autre chose***.
- ***l'un et l'autre*** et ***ni l'un ni l'autre***.
- ***même*** et ***le même***.
- ***tel, tel et tel, tel ou tel, tel que***, ***tel quel*** et ***untel***.
- les indéfinis composés d'un adverbe et de la préposition *de* : ***autant de***, ***davantage de***, ***plus de***, ***moins de***.
- ***autant***, ***davantage***, ***plus*** et ***moins***, employés comme pronoms.

LES INDÉFINIS D'IDENTITÉ

● Les **indéfinis d'identité** (c'est-à-dire ceux dont le caractère indéfini porte sur l'identité des êtres ou la particularité des choses et des concepts) se divisent en deux groupes : d'une part, ***qui***, ***quoi***, ***quel*** et **tous leurs composés**, et, d'autre part, les pronoms ***on***, ***personne*** et ***rien***. 348

QUI, QUOI, QUEL ET LEURS COMPOSÉS

● Le radical **qu-**, d'origine latine, a donné naissance à de nombreux mots français dont la plupart sont des indéfinis (les autres sont des déterminants interrogatifs ou exclamatifs, ou bien des pronoms relatifs ou interrogatifs). Ces mots présentent presque tous des difficultés d'accord ou d'emploi. 349

Le pronom indéfini *qui*

● ***Qui*** est considéré comme un pronom relatif indéfini (ou nominal : → 316) quand il n'a pas d'antécédent et qu'il n'est cependant pas interrogatif (→ 331). Il ne se rapporte habituellement qu'à des personnes et il peut être sujet, attribut ou complément : 350

1. Comme **sujet**, ***qui*** se rencontre surtout dans certains proverbes, maximes ou affirmations générales :

   ➪ ***Qui*** *veut noyer son chien l'accuse de la rage.* (proverbe français)

   ➪ *Dieu donne toujours à* ***qui*** *sait attendre.* (Mouloud Feraoun)

   — ***Qui*** *vivra verra.* — ***Qui*** *dort dîne.* — ***Qui*** *s'y frotte s'y pique.*

   > ◆ Analyse de ***Qui vivra verra*** :
   > *qui* est sujet de *vivra* dans la subordonnée *qui vivra*, elle-même sujet du verbe *verra*.

   ☞ ◆ Redoublé, ***qui*** peut être un indéfini distributif, dont le sens est *l'un, l'autre,...* ou *l'une, l'autre,...* :

   ➪ *Chaque secte avait choisi son mal à soulager pour s'assurer une clientèle :* ***qui*** *la stérilité,* ***qui*** *la sorcellerie,* ***qui*** *les troubles mentaux,* ***qui*** *les risques de la vie politique.* (Jean-Baptiste Tati-Loutard)

   ◆ ***Qui plus est*** et ***qui mieux est*** sont des locutions figées :

   — *Oui, je pars et,* ***qui plus est****, pour bien longtemps.*

2. Comme **attribut** ou **complément** (direct ou indirect), ***qui*** est d'un usage très fréquent :

➾ *Le propre de l'homme est de discerner librement* ***qui*** *il est, de librement aller à* ***qui*** *lui ressemble.* (Charles-Ferdinand Ramuz)

➾ *Cet argent vient de* ***qui*** *vous savez.* (Victor Hugo)

> ◆ Analyse de ***Cet argent vient de qui vous savez*** :
> *qui* est complément direct de *savez* dans la subordonnée *qui vous savez,* elle-même complément indirect du verbe *vient.*

☞ ◆ ***À qui de droit*** est une locution figée :

➾ *Nous rapporterons vos paroles* ***à qui de droit.*** (Jules Vallès)

351 ● L'indéfini ***qui*** peut être suivi de *que*, formant ainsi l'indéfini composé ***qui que***. Celui-ci peut être complément du verbe ou attribut du sujet :

➾ ***Qui que*** *vous trouviez, interrogez-le!* (Gobbe et Tordoir)

➾ *Finir serait merveilleux,* ***qui que*** *je sois, où que je sois.* (Samuel Beckett)

> ◆ Analyse de ***qui que je sois*** :
> *qui que* est simplement attribut du verbe *sois.*

352 ● L'indéfini ***qui*** peut aussi être suivi de *que ce soit*, formant ainsi l'indéfini composé ***qui que ce soit*** ou ***qui que ce fût*** (généralement complément direct ou indirect), lequel peut lui-même être suivi de *qui* ou *que*, formant alors à son tour les indéfinis surcomposés ***qui que ce soit (fût) qui*** (toujours sujet) et ***qui que ce soit (fût) que*** (toujours complément) :

➾ *Rien ne peut aliéner* ***qui que ce soit*** *à la volonté de l'autre.* (Pius Nkashama Ngandu)

➾ *Il cessa de proposer son concours à* ***qui que ce fût.*** (Rachid Mimouni)

➾ *Il faut,* ***qui que ce soit qui*** *ait fait le coup, qu'avec beaucoup de soin on ait épié l'heure.* (Molière)

➾ *À* ***qui que ce soit que*** *vous le demandiez.* (Joseph Hanse)

> ◆ Analyse de ***À qui que ce soit que vous le demandiez*** :
> *à qui que ce soit que* est simplement complément indirect du verbe *demandiez.*

Le pronom indéfini *quoi*

● ***Quoi*** est considéré comme un pronom relatif indéfini (ou nominal : → 316) quand il n'a pas d'antécédent et qu'il n'est cependant pas interrogatif (→ 334). Il ne peut être que complément indirect et ne peut se rapporter qu'à des choses ou des concepts : 353

- *Sachant désormais à* ***quoi*** *m'en tenir, je n'insistai pas.* (Jean Pliya)
- *Le chef avait donc de* ***quoi*** *te nourrir.* (Marie Gevers)

> ◆ Analyse de ***Le chef avait donc de quoi te nourrir*** :
> *de quoi* est complément indirect de *nourrir* dans la subordonnée *de quoi te nourrir,* elle-même complément direct du verbe *avait.*

● L'indéfini ***quoi*** peut être suivi de *que*, formant ainsi l'indéfini composé ***quoi que***. Celui-ci ne peut être que complément direct ou indirect : 354

- *Je ne l'écouterai plus, de* ***quoi qu'****il se plaigne encore.* (G. Sand)
- *Hélas!* ***quoi que*** *je fasse,*
  Ne pourrai-je à la fin obtenir cette grâce? (Pierre Corneille)

> ◆ Analyse de ***quoi que je fasse*** :
> *quoi que* est simplement complément direct du verbe *fasse.*

● L'indéfini ***quoi*** peut aussi être suivi de *que ce soit*, formant ainsi l'indéfini composé ***quoi que ce soit*** ou ***quoi que ce fût***, lequel peut lui-même être suivi de *qui* ou *que*, formant alors à son tour les indéfinis surcomposés ***quoi que ce soit (fût) qui*** (sujet, rare) et ***quoi que ce soit (fût) que*** (complément) : 355

- *Ne crois pas que* [...] *toutes ces forfaitures aient eu* ***quoi que ce soit*** *d'excessif.* (Yacine Kateb)
- *Ces malheureux étaient trop faibles pour tenter* ***quoi que ce fût****.* (Loys Masson)
- ***Quoi que ce soit qui*** *vous arrive.* (Joseph Hanse)

> ◆ Analyse de ***Quoi que ce soit qui vous arrive*** :
> *quoi que ce soit qui* est simplement sujet du verbe *arrive.*

Remarque : 356

Il ne faut pas confondre ***quoi que***, écrit en deux mots, et ***quoique***, écrit en un mot. Celui-ci est une conjonction de subordination exprimant l'opposition ou la concession; il a donc le sens de *bien que* par lequel il peut toujours être remplacé (→ 476.7) :

- ***Quoi que*** *je dise, elle ne me croit pas.*
  (*quoi que* = «n'importe quoi que» → pronom indéfini)
- ***Quoique*** *je dise la vérité, elle ne me croit pas.*
  (*quoique* = «bien que» → conjonction de subordination)

Les indéfinis *quelqu'un* et *quelque chose*

357 ● ***Quelqu'un*** est un pronom indéfini qui ne peut être utilisé que pour désigner des personnes et qui peut avoir différentes fonctions dans la phrase. Il demande presque toujours l'accord au genre non marqué, le masculin (→ 128), et l'adjectif se rapportant à *quelqu'un* lui est joint par *de* :

- *Quand on entend sonner, c'est que **quelqu'un** sonne.* (Ionesco)
- *On est toujours l'étranger de **quelqu'un**.* (Pauline Julien)
- *Non, envoyez-le porter par **quelqu'un** de fiable.* (Claude Jasmin)

On peut rencontrer le féminin ***quelqu'une***, mais il est très rare :

- *Elle va me prendre pour **quelqu'une** de ces misérables dont fourmille le palais.* (Alexandre Dumas)

☞ ◆ Quand il est attribut, le mot ***quelqu'un*** peut avoir le sens de «personne de grande qualité ou de grande importance» :

- *Que votre fille apprenne à être **quelqu'un**!* (Pierre Benoît)

358 ● ***Quelqu'un***, qui est un indéfini d'identité au singulier, devient, au pluriel, ***quelques-uns*** et ***quelques-unes*** qui sont des indéfinis de quantité. Ceux-ci peuvent désigner des êtres, des choses ou des concepts et avoir différentes fonctions dans la phrase. Ils transmettent leur genre aux adjectifs dépendant d'eux :

- [des chevaux], ***quelques-uns** parmi les plus beaux.* (Lamartine)
- ***Quelques-unes** tenaient leur petit entre les bras.* (Émile Zola)

359 ● ***Quelque chose***, au singulier, est un pronom indéfini qui peut avoir différentes fonctions dans la phrase. Il demande toujours l'accord au masculin et l'adjectif se rapportant à *quelque chose* lui est joint par *de* :

- *Barabbas, ça vous dit **quelque chose**, je pense?* (Noureddine Aba)
- *L'homme se fâche quand **quelque chose** résiste à ses idées.* (Michel Kayoya)
- *Elle rêvait de **quelque chose** de nouveau, de grand, de beau.* (Binéka Danièle Lissouba)

☞ ◆ ***Autre chose*** (indéfini de rapport : → 409), ***peu de chose*** et ***grand-chose*** (indéfinis de quantité : → 384) se comportent comme *quelque chose*.

◆ Les mots ***quelque chose*** peuvent avoir le sens de «chose importante, remarquable ou difficile», ou encore constituer un nom tout simplement :

– *Traverser l'Atlantique en solitaire, c'est **quelque chose**!*

- *C'était un petit **quelque chose**.* (Louis-Ferdinand Céline)

Les indéfinis *quelque, quel que* et *quelque... que*

● ***Quelque***, écrit en un mot, est soit un déterminant indéfini (d'identité au singulier, mais de quantité au pluriel), soit un adverbe indéfini : 360

1. ***Quelque***, au singulier, est un déterminant indéfini s'il se rapporte à un nom et signifie «un certain» ou «une certaine» :

   ➾ ***Quelque*** *humanité ineffable avait dû évoluer là.* (Robert-Edward Hart)

   ➾ *Méditant sur* ***quelque*** *insondable dessein.* (Calixthe Beyala)

2. ***Quelques***, au pluriel, est un déterminant indéfini qui signifie «un petit nombre de» (→ 388) :

   ➾ ***Quelques*** *femmes se sont mises à prétendre le contraire.* (Nicole Brossard)

   ➾ *Dans* ***quelques*** *minutes, les derniers pas allaient s'éteindre.* (Françoise Mallet-Joris)

3. ***Quelque***, au singulier, est un adverbe indéfini, donc invariable, quand il est placé devant un déterminant numéral. Il a alors le sens de «environ» :

   ➾ *Une bande de feu de* ***quelque*** *cinquante mètres.* (Montherlant)

● ***Quel que***, écrit en deux mots toujours voisins, est un déterminant indéfini. Il s'accorde avec le nom ou le pronom auquel il se rapporte et il ne peut être utilisé qu'avec un verbe attributif qui le suit immédiatement (seuls un pronom personnel et les verbes *devoir* et *pouvoir* peuvent s'interposer) : 361

➾ [une histoire]*, on ne pouvait pas ne pas en concevoir une.* ***Quelle qu'****elle fût.* (Mohammed Khaïr-Eddine)

➾ *Si un jour nous bâtissons un monde* ***quel qu'****il soit, il sera le nôtre.* (Baba Moustapha)

> ◆ Analyse de **quel qu'il soit** :
> *quel qu'* est simplement attribut du sujet *il*.

● ***Quelque... que***, écrit en deux mots toujours séparés l'un de l'autre par d'autres mots, est un déterminant indéfini devant un nom, mais un adverbe indéfini devant un adjectif, un participe ou un autre adverbe : 362

1. Dans la séquence {*quelque* + nom + *que*}, ***quelque***, déterminant indéfini exprimant la concession, s'accorde en nombre avec le nom :

   ➾ *Lui qui,* ***quelque*** *temps* ***qu'****il fît, laissait ouverte en permanence une fenêtre de sa chambre.* (Olympe Bhêly-Quenum)

   ☞ ◆ La séquence {*quelque* + nom + *qui*} peut aussi se rencontrer, mais elle est extrêmement rare :

   ➾ ***Quelque*** *lien* ***qui*** *pût nous unir, je l'avais rompu pour toujours.* (Alfred de Musset)

2. Dans les séquences {*quelque* + adjectif + *que*} et {*quelque* + adverbe + *que*}, ***quelque***, adverbe indéfini de concession, demeure toujours invariable :

- *L'homme,* ***quelque*** *heureux* ***qu'****il soit, s'il n'est diverti* [...], *sera bientôt chagrin et malheureux.* (Blaise Pascal)
- ***Quelque*** *habilement* ***que*** *vous raisonniez, vous ne convaincrez personne.* (Maurice Grevisse)

3. Dans la séquence {*quelque* + adjectif + nom + *que*}, ***quelque*** est un adverbe indéfini, donc invariable, quand le nom est attribut du sujet; sinon, ***quelque*** est un déterminant indéfini qui s'accorde avec le nom :

— ***Quelque*** *bonnes athlètes* ***qu'****elles soient, nous n'en ferons pas des championnes.*

(*Quelque* demeure invariable parce que *athlètes* est attribut de *elles*, ce qui fait que *quelque* porte sur *bonnes* et donne à la phrase le sens de «aussi bonnes athlètes qu'elles soient».)

— ***Quelques*** *bonnes athlètes* ***que*** *nous encouragions, nous n'en ferons pas des championnes.*

(*Quelques* s'accorde avec *athlètes* parce qu'il est déterminant, ce qui donne à la phrase le sens de «même si nous encourageons quelques bonnes athlètes».)

Remarque générale :
Le -e- final de *que* dans *quel que* et *quelque... que* s'élide devant une voyelle, mais le -e- final de *quelque* s'élide uniquement dans le composé *quelqu'un*.

Les indéfinis *n'importe quel, ... quoi, ... qui* et *... lequel*

363 ● ***N'importe quel*** est un déterminant indéfini qui s'accorde en genre et en nombre avec le nom auquel il se rapporte :

- *Ça vous apprendra à jouer dans* ***n'importe quelle*** *situation.* (Véronique Tadjo)

364 ● ***N'importe qui***, ***n'importe quoi*** et ***n'importe lequel*** sont des pronoms indéfinis, *n'importe qui* remplaçant des noms de personnes, *n'importe quoi* remplaçant des noms de choses ou de concepts et *n'importe lequel* pouvant remplacer les uns et les autres. Ces indéfinis peuvent avoir différentes fonctions dans la phrase :

- *Le chef peut être* ***n'importe qui****.* (Alioum Fantouré)
- *Elle est n'importe quelle phrase à qui je peux faire dire* ***n'importe quoi****.* (Madeleine Ouellette-Michalska)
- [une langue] *Ils en possèdent une, aussi propre que* ***n'importe laquelle****.* (Claude-Henri Grignon)

● Certains autres indéfinis se comportent exactement comme ceux de la famille «n'importe» : ***je ne sais qui***, ***on ne sait qui***, ***Dieu sait qui***, ... ***quoi***, ... ***quel*** et ... ***lequel*** : 365

➾ *Elle avait* ***je ne sais quoi*** *de mystérieux.* (Michel Kayoya)

Parmi eux, les indéfinis composés de *quoi* peuvent être substantivés (parfois même avec des traits d'union) :

— *Il y avait un* ***je ne sais quoi*** *de déplacé dans son comportement.*

☞ ◆ La famille «n'importe» compte également divers adverbes indéfinis : ***n'importe où, n'importe quand, n'importe comment, n'importe combien***. (*Je ne sais, on ne sait, Dieu sait,...* peuvent remplacer *n'importe* : ***je ne sais où, Dieu sait quand, on ne sait qui***,...) :

➾ *Des gosses venus de* ***n'importe où.*** (Mongo Beti)

Les indéfinis *quiconque* et *quelconque*

● ***Quiconque*** est un pronom indéfini quand il signifie «n'importe qui» dans les phrases positives et «personne» dans les phrases négatives. Il peut avoir diverses fonctions dans la phrase : 366

➾ *Je suis aussi sensible que* ***quiconque*** *à la force de son argumentation.* (Roger Martin du Gars)

● ***Quiconque*** est un pronom relatif indéfini quand il signifie «toute personne qui». Il peut aussi avoir diverses fonctions dans la phrase mais il n'a pas d'antécédent : 367

➾ ***Quiconque*** *n'a pas de tempérament personnel n'a pas de talent.* (Joris-Karl Huysmans)

➾ *Malheur à* ***quiconque*** *s'avisait de les contredire.* (Pham Van Ky)

> ◆ Analyse de ***Malheur à quiconque s'avisait de les contredire*** : *quiconque* est sujet de *s'avisait* dans la subordonnée *quiconque s'avisait de les contredire*, elle-même complément de *Malheur à*.

Quiconque, pronom neutre, demande presque toujours l'accord au masculin, mais il peut entraîner l'accord au féminin quand le sens l'exige :

➾ ***Quiconque*** *sera paresseuse ou babillarde sera punie.* (Littré)

● ***Quelconque*** est un déterminant indéfini quand il signifie «n'importe quel» : 368

➾ *La crainte d'un manquement* ***quelconque*** *au cérémonial.* (Marguerite Duras)

Mais ***quelconque*** est un simple adjectif, s'accordant en nombre avec le nom auquel il se rapporte, quand il signifie «banal, médiocre, ordinaire» :

➾ *Dans un décor de plus en plus* ***quelconque.*** (Pierre Loti)

ON, PERSONNE ET RIEN

369 ● ***On***, ***personne*** et ***rien*** sont trois **indéfinis d'identité** (pas dans tous les cas cependant) qui présentent souvent des difficultés d'accord et d'emploi.

Le pronom indéfini *on*

370 ● Le pronom indéfini ***on*** ne peut remplacer que des noms d'êtres et non pas des noms de choses ou de concepts :

- *«**On** a marché sur la lune»* (bande dessinée d'Hergé)
- ***On** introduit une clé dans la serrure.* (Georges Ngal)

371 ● ***On*** est toujours sujet et se comporte habituellement comme les pronoms personnels (→ 287) auxquels il est parfois assimilé et qu'il peut même remplacer dans certains cas (surtout dans la langue parlée) pour exprimer diverses nuances :

- *N'est-**on** pas adorable, corsetée de la sorte?* (Pierre Daninos)
  (ici, *on* = *tu*, avec une nuance de gentillesse ou d'ironie)
- *Chez Pierre, **on** n'est pas spécialement poli avec les visiteurs.*
  (ici, *on* = *ils*, avec une certaine nuance de mépris)

372 ● ***On***, en tant que pronom neutre, entraîne ordinairement l'accord au genre non marqué (le masculin) et à la 3e personne du singulier (cet accord commande le choix des pronoms et des déterminants qui se rapportent à *on*) :

- ***On** n'est jamais si heureux ni si malheureux qu'**on** s'imagine.* (La Rochefoucauld)
- ***On** a souvent besoin d'un plus petit que **soi**.* (Jean de La Fontaine)
- *Quand **on** adopte un enfant, on l'aime autant que si c'était **le sien**.* (Zachary Richard)

☞ ◆ Quand l'indéfini ***on*** se rapporte uniquement à des personnes de sexe féminin, il demande l'accord au féminin :

— *Est-**on** obligé**e** de sevrer son enfant progressivement?*

◆ Quand il est clair que ***on*** a le sens de «nous» (ou, plus rarement, de «vous», «ils» ou «elles»), il faut accorder au pluriel (généralement au masculin, parfois au féminin) les attributs qui s'y rapportent et les participes passés utilisés avec les verbes attributifs :

- *Elle ne sera heureuse que lorsqu'**on** sera mariés.* (Marguerite Duras)
- ***On** est tous pareils, dans le fond.* (André Major)

● De même, quand ***on*** a clairement le sens de «nous» (ou, plus rarement, de «vous», «ils» ou «elles»), c'est le sens qui commande le choix des pronoms personnels et des déterminants possessifs : 373

➾ ***On*** *a pu faire* ***notre*** *propre enquête.* (Claude Jasmin)

➾ *Il semble* [...] *que la police va venir* ***nous*** *chercher comme si* ***on*** *avait fait des crimes.* (Félix Leclerc)

☞ ◆ Le fait que ***on*** puisse avoir le sens de «nous» ne légitime cependant pas la formulation populaire *Nous, on* : * *Nous, on a fini.*

Remarques générales :

1. Même si on ne l'entend pas, il ne faut pas oublier d'écrire le ***n'*** qui doit suivre *on* dans les phrases négatives :
   — *On* ***n'****est pas... — On* ***n'****a pas... — On* ***n'****ose pas.*
2. Dans certains cas, généralement après un son vocalique (afin d'éviter le hiatus) ou en début de phrase, ***on*** peut être précédé d'un -l- euphonique :
   — *L'on, si l'on, que l'on, où l'on, et l'on,...*

   ➾ ***L'on*** *se tordait de douleur,* ***l'on*** *gémissait,* ***l'on*** *jurait,* ***l'on*** *pleurait d'impatience.* (André Major)

Le pronom indéfini *personne*

● Le mot ***personne***, en plus de pouvoir être un nom féminin (*une personne, des personnes*) ou un pronom négatif (→ 341), peut également être un pronom indéfini (au sens de «quelqu'un»). Le tour est devenu assez rare, mais il se rencontre encore dans des phrases exprimant l'interrogation, le doute ou la comparaison : 374

➾ *Y a-t-il* ***personne*** *d'assez hardi?* (Académie française)

Le pronom indéfini *rien*

● Le mot ***rien***, en plus de pouvoir être un nom (*un rien, des riens*) ou un pronom négatif (→ 342), peut également être un pronom indéfini (au sens de «quelque chose»). Le tour est devenu rare, mais il se rencontre encore, notamment avec certaines conjonctions : 375

➾ *Est-il* ***rien*** *de plus bizarre que ma destinée!* (Beaumarchais)

➾ *Est-il* ***rien*** *de plus solide que la richesse agricole?* (Antoine Gérin-Lajoie)

LES INDÉFINIS DE QUANTITÉ

376 ● Les **indéfinis de quantité** peuvent être divisés en trois groupes, selon leur sens et leur composition :

1. ***un*** et ses composés.
2. les indéfinis de quantité imprécise.
3. l'indéfini de totalité ***tout***.

UN ET SES COMPOSÉS

377 ● ***Un*** (*une*), qui est fondamentalement un déterminant référent indéfini (→ 227) et qui peut parfois être un pronom indéfini, a servi à créer d'autres indéfinis (étudiés ci-dessous) : ***l'un*** (*l'une*, *les uns*, *les unes*), ***plus d'un*** (*plus d'une)*; ***aucun*** (*aucune*) et ***d'aucuns***; ***chacun*** (*chacune*) et ***tout un chacun***.

378 ● ***Un*** (*une*), pronom indéfini, ne se rencontre habituellement que suivi d'une subordonnée relative ou d'un autre complément :

➪ ***Un*** *que j'aimais : mon grand-père.* (Mohammed Khaïr-Eddine)

➪ *La présence sacrée qui n'a pas de nom au ciel et ne pourrait en recevoir* ***un*** *du langage humain.* (Robert-Edward Hart)

379 ● ***L'un*** (*l'une, les uns, les unes*), pronom indéfini, se rencontre le plus souvent en opposition avec ***l'autre*** (c'est toujours le cas quand il est au pluriel : → 410). Il peut cependant se rencontrer seul. Dans ce cas, il est presque toujours suivi d'un complément :

➪ ***L'un*** *grandit à l'ombre de* ***l'autre***. (Abdelwahab Meddeb)

➪ ***L'un*** *des trois bocaux m'appartient.* (Axel Gauvin)

L'indéfini *plus d'un*

380 ● ***Plus d'un*** (*plus d'une*) peut être un déterminant ou un pronom :

1. Comme déterminant, ***plus d'un*** s'accorde en genre avec le nom auquel il se rapporte :

➪ *Après* ***plus d'un*** *siècle d'occupation française.* (Assia Djebar)

2. Comme pronom, ***plus d'un*** prend le genre du nom qu'il remplace. Il peut avoir différentes fonctions dans la phrase et, quand il est sujet, il demande l'accord du verbe au singulier :

➪ ***Plus d'une*** *s'est plainte de votre tapage.* (Gobbe et Tordoir)

Les indéfinis *aucun* et *d'aucuns*

● ***Aucun*** (*aucune*), en plus de pouvoir être un déterminant négatif (→ 256) ou un pronom négatif (→ 339-340), peut être un pronom indéfini (de sens positif). Le tour est rare, mais il se rencontre encore dans certaines phrases exprimant l'interrogation ou le doute et après certaines prépositions : 381

> *Penses-tu qu'**aucun** d'eux veuille subir mes lois?* (Boileau)

D'aucuns, pronom indéfini, n'est plus utilisé aujourd'hui qu'en littérature :

> ***D'aucuns** racontaient la triste fin de ceux qu'elle* [une licorne] *avait désintégrés.* (Mohammed Khaïr-Eddine)

Les indéfinis *chacun* et *chaque*

● ***Chacun*** (*chacune*) et ***chaque*** sont des indéfinis distributifs (se rapportant, de manière égale, à chaque élément d'un ensemble). ***Chacun*** (*chacune*) est un pronom, toujours au singulier, qui peut occuper diverses fonctions dans la phrase, alors que ***chaque*** est un simple déterminant invariable : 382

> *Comme **chacun**, j'appréhendais l'émeute.* (Loys Masson)

> *Unissant leurs drapeaux, ces deux reines suprêmes*
> *Ont maintenant **chacune** une part de nous-mêmes.*
> (Octave Crémazie)

> *On pouvait distinguer **chaque** touffe d'herbe.* (Mohammed Dib)

☞ ◆ Étant donné que ***chaque*** est un déterminant du nom, il ne peut être utilisé à la place des pronoms ***chacun*** et ***chacune***. Il faut dire : *Les choux coûtent un dollar **chacun***, et non pas : * *Les choux coûtent un dollar chaque*.

Le pronom ***tout un chacun*** (qui a le même sens que *chacun*, mais renforcé, et qui est aujourd'hui vieilli) n'a pas de féminin et ne peut avoir de complément :

> *Rouler en Rolls Royce comme **tout un chacun**.* (Francis Bebey)

● Quand ***chacun*** (*chacune*) est suivi d'un déterminant possessif qui dépend de lui pour le choix de la personne grammaticale, divers cas sont possibles (→ 236). Quand il est représenté par un pronom personnel, on peut avoir *soi* (*Chacun pour soi*) ou bien *elle* ou *lui* (*Chacun d'eux ne pense qu'à lui-même*) (→ 295). 383

LES INDÉFINIS DE QUANTITÉ IMPRÉCISE

● Les indéfinis de quantité imprécise comprennent les mots ***certains***, ***différents***, ***divers***, ***quelques*** et ***plusieurs***, ainsi que la plupart des indéfinis formés d'un mot et de la préposition *de* : ***beaucoup de***, ***tellement de***,... 384

Le mot *certain*

385 ● ***Certain***, en plus de pouvoir être un adjectif, peut être un déterminant indéfini ou un pronom indéfini :

1. ***Certain*** (*certaine*, *certains*, *certaines*) est un adjectif (signifiant «sûr, incontestable») quand il est placé derrière le nom qu'il accompagne ou quand il est attribut du sujet. À ce titre, il s'accorde en genre et en nombre avec le nom auquel il se rapporte :

   - *«La maison de la mort* ***certaine****»* (roman d'Albert Cossery)
   - *Je ne le crois pas, dit-il, j'en suis* ***certain****.* (André Maurois)

2. ***Certain*** (*certaine*, *certains*, *certaines*) est un déterminant indéfini quand il est placé devant le nom qu'il accompagne. S'accordant en genre et en nombre, il est **indéfini d'identité au singulier** (indiquant que le locuteur ou le scripteur ne peut pas ou ne veut pas définir ce nom) et généralement **indéfini de quantité au pluriel** (au sens de «quelques») :

   - *J'ai connu un* ***certain*** *nombre d'hommes.* (Maurice Maeterlinck)
   - *Quand le tramway passait devant* ***certains*** *magasins,* ***certaines*** *têtes se détournaient brusquement.* (Michel Tremblay)

3. ***Certains*** (*certaines*), pronom indéfini, ne s'emploie qu'au pluriel. Il peut avoir diverses fonctions dans la phrase et s'accorde en genre avec le nom auquel il se rapporte :

   - ***Certains*** *d'entre eux étaient si blonds qu'on aurait dit des Scandinaves.* (Marie-Thérèse Humbert)

Les mots *divers* et *différent*

386 ● ***Divers*** et ***différent***, qui sont habituellement des adjectifs, peuvent être également des déterminants indéfinis :

1. ***Divers*** et ***différent*** sont des adjectifs quand ils signifient respectivement «varié» et «dissemblable». Dans ce cas, ils s'accordent en genre et en nombre avec le nom auquel ils se rapportent (mais *divers* est rarement au singulier) :

   - *Sa terre qui est* ***diverse*** *comme le peuple qui l'habite.* (Paul Valéry)
   - *Si nous n'étions si* ***différents****, nous n'aurions pas si grand plaisir à nous entendre.* (André Gide)

2. ***Divers*** et ***différents*** sont des déterminants indéfinis quand ils précèdent le nom qu'ils accompagnent et qu'ils signifient à la fois «quelques» et «pas les mêmes». Toujours au pluriel, ils peuvent cependant prendre la marque du féminin :

   – ***Diverses*** *personnalités se sont déjà prononcées à ce sujet.*

   – *Pour y arriver, il a fallu vaincre* ***différents*** *obstacles, tous plus redoutables les uns que les autres.*

Les indéfinis *plusieurs* et *quelques*

● ***Plusieurs*** est toujours un indéfini signifiant «plus d'un» (ou «beaucoup», notamment au Québec). Il peut être un déterminant ou un pronom et, en tant que pronom, il peut avoir diverses fonctions dans la phrase : 387

- *Il a récité **plusieurs** fois la prière des morts.* (Leïla Sebbar)
- *D'autres dormaient dans les coins; **plusieurs** mangeaient.* (Flaubert)

● ***Quelques***, quand il est utilisé au pluriel, est un déterminant indéfini de quantité (→ 360.2). 388

Les indéfinis formés d'un mot et de la préposition *de*

● Il y a toute une série d'indéfinis de quantité formés d'un nom, d'un adjectif ou d'un adverbe et de la préposition *de*. Ils sont tous des déterminants et ils sont tous invariables : 389

- Nom + de : ***quantité de***, ***nombre de***, ***la plupart de***.
  - ***Quantité de** petites stèles.* (Pierre Loti)
- Adjectif + de : ***plein de*** (+ adverbe : ***tout plein de***).
  - *Là, il y a **plein de** poissons d'or.* (Myriam Antaki)
- Adverbe + de : ***peu de***, ***beaucoup de***, ***combien de***, ***tant de***, ***assez de***, ***trop de***, ***pas mal de***, ***tellement de***, ***bien des***,...
  - *Il a connu **beaucoup d'**îles, **beaucoup de** ports.* (Le Clézio)
  - ***Tant de** bénédiction, **tant de** paix.* (Tierno Monénembo)
  - ***Trop d'**astres dans les rêves et **trop d'**insectes sous les tonnelles!* (Jean Metellus)

● Les adverbes ***beaucoup***, ***combien***, ***peu***, ***tant*** et ***trop,*** qui servent à former les déterminants indéfinis énumérés ci-dessus, peuvent également être des pronoms indéfinis (ainsi que ***bon nombre***) : 390

- *Bien **peu** s'étaient décidé par amour.* (Loys Masson)
- *J'ai **beaucoup** vu et je n'ai rien appris; j'ai **beaucoup** agi et je n'ai rien fait.* (Michel de Ghelderode)

Remarque générale : 391

Il existe encore quelques autres indéfinis de quantité, mais ils ne sont presque plus utilisés (sauf *que de*) :

1. ***force*** : *Tout le monde s'en fut après **force** inch Allah.* (Birago Diop)
2. ***maints*** : — *Il m'a parlé à **maintes** occasions.* (→ 251)
3. ***moult*** : — *Après **moult** hésitations.* (ironique aujourd'hui)
4. ***que de*** : ***Que de** mépris vous avez eu!* (Tahar Ben Jelloun)

L'INDÉFINI DE TOTALITÉ *TOUT*

392 ● Le mot ***tout*** peut être un **nom**, un **adjectif**, un **déterminant**, un **pronom** ou un **adverbe**. On le classe parmi les indéfinis quand il est déterminant ou pronom, car la « totalité » qu'il exprime est souvent une donnée imprécise (alors que le sens des déterminants et pronoms négatifs est, quant à lui, très précis : → 255 et 338).

Pour pouvoir identifier ***tout***, déterminant indéfini et ***tout***, pronom indéfini, il est nécessaire de bien connaître ce qui les différencie de ***tout***, nom, adjectif ou adverbe. Il convient donc d'étudier le mot ***tout*** dans chacune des classes auxquelles il appartient.

Le nom *tout*

393 ● ***Tout*** est un **nom** quand il signifie «la totalité». En tant que nom, il est presque toujours accompagné d'un déterminant (son pluriel, *des touts*, est rarissime) :

– *Il faut risquer le **tout** pour le **tout**.*

➾ *Mon premier marche, mon second nage, mon **tout** vole.* (Ampère)
(âne + thon = hanneton)

☞ ◆ Le nom ***tout*** n'est utilisé sans déterminant que dans l'expression ***tout ou partie*** :

– *Envoyez-moi **tout ou partie** des échantillons.*

L'adjectif *tout*

394 ● ***Tout*** est un **adjectif** quand il signifie « entier, complet ». Comme adjectif, il n'est utilisé qu'au singulier et il a la particularité de précéder le déterminant, quel qu'il soit :

➾ *«**Toute** la Flandre»* (recueil de poèmes d'Émile Verhaeren)

➾ *Elle voyait des billets, **tout** un rouleau de billets.* (Gabrielle Roy)

➾ *Le destin est plus fort que **tout** un peuple.* (Baba Moustapha)

➾ ***Tout** son vieux corps était invinciblement halé par un désir qui grimpait en avant de lui.* (Félix-Antoine Savard)

☞ ◆ La présence de l'adjectif ***tout*** entraîne l'omission du déterminant dans de nombreuses expressions :

– *avoir **tout** intérêt à, à **toute** vitesse, en **toute** amitié, de **toute** éternité, à **tout** seigneur **tout** honneur,...*

◆ Dans l'expression ***pour tout***, *tout* a le sens de « seul, unique » :

➾ *Ils avaient **pour tout** domestique une servante.*
(Victor Hugo)

☞ ◆ Devant un nom de ville, ***tout*** demeure normalement invariable (mais on peut parfois rencontrer le féminin devant certains noms de villes féminins) :

— ***Tout** Montréal a été privé d'électricité.*

◆ Devant un titre d'œuvre (ou devant le nom de l'auteur, mis pour celui de son œuvre), ***tout*** demeure invariable, sauf devant un déterminant féminin singulier (ou parfois pluriel) :

— *J'ai lu **tout** «Le Rouge et le Noir» de Stendhal, **tout** «Émaux et Camées» de Théophile Gautier, **toute** «La Condition humaine» de Malraux, **tout*** (ou parfois ***toutes***) *«Les Fleurs du Mal» de Baudelaire...*

— *J'ai lu **tout** Simone de Beauvoir, **tout** Gabrielle Roy.*

Le déterminant indéfini *tout*

395

● ***Tout*** est un **déterminant indéfini** dans deux cas bien précis : au singulier, quand il signifie «chaque» (formes : *tout*, *toute*, sans autre déterminant), et au pluriel, quand il signifie «la totalité de» (formes : *tous*, *toutes*, toujours devant les autres déterminants s'il y en a, mais derrière les pronoms personnels) :

➪ *«**Toute** parole m'éblouira»* (recueil de poèmes de François Charron)

➪ *J'ai créé **toutes** les fêtes, **tous** les triomphes, **tous** les drames.* (Arthur Rimbaud)

➪ *La femme-mère et la terre-mère, **toutes** deux sources de vie.* (Jacques Rabemananjara)

➪ *Sortez, **tous** les neuf! Montrez-vous!* (Andrée Chedid)

☞ ◆ ***Tout*** demeure un déterminant quand il est détaché du nom ou du pronom auquel il se rapporte :

➪ [Ils] *viennent* [...] *nous jeter **tous** au vent.* (Zachary Richard)

➪ *Les hommes sont bien **tous** les mêmes.* (Roger Lemelin)

◆ L'usage hésite quant à savoir s'il faut utiliser au singulier ou au pluriel certains noms accompagnés du déterminant ***tout***. La plupart du temps, l'un et l'autre sont corrects, mais on rencontre plus souvent :

- au singulier : *en **tout** cas, de **toute** façon, **tout** compte fait, de **tout** genre, en **tout** lieu, de **toute** manière, à **tout** moment, de **toute** part, à **tout** point de vue, en **tout** sens* et *de **tout** temps*.
- au pluriel : ***toutes** choses égales, de **tous** côtés, de **toutes** pièces, en **tous** points, **toutes** proportions gardées, de **toutes** sortes* et *à **tous** vents*.

Le pronom indéfini *tout*

396 ● ***Tout*** (*toute, tous, toutes*) est un **pronom indéfini nominal** ou **référent** (→ 275). Quand il est nominal, il signifie «tout être humain, tout animal ou toute chose» selon le contexte où il est utilisé :

- pronom nominal :
  - ***Tous** firent claquer leurs doigts.* (Mohammed Dib)
  - *Il faudrait **tout** exhumer, **tout** reconstituer.* (Yacine Kateb)
- pronom référent :
  - *Vieillards, hommes, femmes, enfants, **tous** voulaient me voir.* (Montesquieu)

Remarque :
Tous, masculin pluriel, se prononce toujours [tu] (***tous** les* [tulɛ], ***tous** nos* [tuno],...), sauf quand il est en situation de liaison (devant une voyelle ou un -h- muet) et quand il est le seul ou le dernier mot du groupe auquel il appartient : ***tous** étaient* [tusetɛ], ***tous** dorment* [tusdɔʀm], *nous **tous*** [nutus].

397 ● ***Tout le monde*** est un pronom indéfini d'usage fréquent qui signifie ou bien «chaque être humain» ou bien «beaucoup de gens» :

- *Le temps travaille avec **tout le monde**.* (Sony Labou Tansi)
- *Qui te l'a dit? – **Tout le monde** le sait chez moi.* (Marie-Thérèse Humbert)

L'adverbe *tout*

398 ● ***Tout*** est un adverbe quand il signifie «entièrement, tout à fait». Il peut modifier un adjectif, une locution à valeur d'adjectif, un adjectif verbal (→ 598), un participe, un gérondif (→ 602), un autre adverbe ou une préposition (et même un nom dans certains cas) :

- *Si ton ami est de miel, ne le mange pas **tout** entier.* (proverbe arabe)
- *La langue maternelle, **tout** en oralité* [...], *résiste.* (Assia Djebar)
- ***Tout** scintillant de miséricorde et de bonté.* (Alexis Kagamé)
- ***Tout** en exécutant un impeccable salut militaire, il s'écria...* (Amadou Hampâté Bâ)
- *Un soupirant* [...] ***tout** simplement éconduit.* (Félix Couchoro)
- *Nous pouvons bavarder **tout** à notre aise.* (Alain Grandbois)
- *Une jeune vie humaine, **tout** ignorance et **tout** audace.* (Georges Bernanos)

● Comme tous les adverbes, l'adverbe ***tout*** est normalement invariable, mais, selon un ancien usage conservé pour des raisons d'euphonie, il doit être mis au féminin, singulier ou pluriel, devant un adjectif féminin commençant par une consonne (sauf un -h- muet) : 399

- *Elle est **tout** entière maculée de lait*. (Jean-Joseph Rabearivelo)
- *Une tasse de café **toute** fumante*. (Mouloud Feraoun)
- *Les **toutes** petites fenêtres des maisons*. (Jean Giono)

☞ ◆ Devant certains noms, ***tout*** peut être considéré comme un adverbe et demeurer invariable, ou comme un adjectif et s'accorder (mais seulement devant un nom au singulier) :

- *Il est **tout** ombre et **tout** soleil*. (Gabrielle Colette)
- *Vision **toute** foi, **toute** matière, incompréhensible*. (Hélè Béji)

◆ Dans certains cas, le sens d'une phrase peut être très différent selon qu'on considère ***tout*** comme un adverbe ou comme un adjectif détaché du nom auquel il se rapporte :

— *Les femmes étaient **tout** en blanc*. (= tout à fait en blanc)

— *Les femmes étaient **toutes** en blanc*. (= toutes les femmes)

◆ Dans l'expression ***tout autre***, *tout* demeure invariable s'il est adverbe et modifie *autre*, mais il s'accorde avec le nom s'il est un déterminant et signifie «n'importe quel» :

- *Quand on prétend construire, c'est une **tout autre** histoire*. (Simone de Beauvoir)
- *Elle* [l'agriculture] *favorise le développement de l'intelligence plus que **toute** autre industrie*. (Antoine Gérin-Lajoie)

Remarque :

Dans les expressions suivantes, ***tout*** est toujours invariable (ainsi que les mots qui le suivent) :

- *être **tout** feu **tout** flamme, être **tout** yeux **tout** oreilles.*
- *se lever **tout** d'une pièce, se tenir **tout** de travers, débiter **tout** d'une traite.*
- *la vérité **tout** court, être étendu de **tout** son long.*
- *c'est **tout** comme, à **tout** le moins.*
- ***tout** à coup, **tout** d'un coup, **tout** à fait, **tout** à l'heure, **tout** de même, **tout** de suite.*

LES INDÉFINIS DE RAPPORT

400 ● Les **indéfinis de rapport** peuvent être divisés en deux groupes : d'une part, le mot ***autre*** et tous ses composés, et, d'autre part, les autres indéfinis de rapport, c'est-à-dire les mots ***même*** et ***tel*** et leurs composés, ainsi que les indéfinis formés d'un adverbe et de la préposition *de*.

LE MOT *AUTRE* ET SES COMPOSÉS

401 ● Le mot ***autre*** peut être **adjectif, déterminant indéfini** ou **pronom indéfini** (et même **nom**). Il peut se rencontrer seul ou comme élément des indéfinis *l'autre*, *l'un et l'autre*, *l'un ou l'autre*, *ni l'un ni l'autre*, *autre chose*. Il a également donné naissance au mot *autrui*.

Pour pouvoir bien identifier ***autre***, déterminant indéfini, et ***autre***, pronom indéfini, il est nécessaire de pouvoir les distinguer de ***autre***, adjectif. Il convient donc d'étudier le mot ***autre*** dans chacune des classes auxquelles il appartient.

L'adjectif *autre*

402 ● ***Autre*** est un adjectif quand il peut être remplacé par l'adjectif *différent* (→ 386.1). Il s'accorde alors en genre et en nombre avec le nom auquel il se rapporte et il est généralement attribut du sujet :

- *Même en coupant des arbres, la fatigue est tout **autre**.* (Jacques-Stephen Alexis)
- *Sa voix était déjà **autre** que les nôtres.* (Louis-Ferdinand Céline)
- *Une couronne sur ma tête ne me fera pas devenir **autre** que la simple femme.* (Aimé Césaire)

☞ ◆ L'adjectif ***autre*** est parfois substantivé (il prend alors la majuscule) pour désigner Satan dans les religions juive, chrétienne et musulmane : *l'**Autre***.

Le déterminant indéfini *autre*

403 ● ***Autre*** est un déterminant indéfini quand il signifie «qui n'est pas ou qui n'est plus celui, celle ou ce dont on parle». Il s'accorde alors en genre et en nombre avec le nom auquel il se rapporte :

- *L'interpellée blêmissait.* [...] *Les **autres** femmes éclataient de rire.* (Michel Tremblay)
- *L'**autre** jour, je suis allée sur sa tombe.* (Anne Cheynet)

On retrouve l'indéfini *autre* dans certaines locutions figées :

- *De temps à **autre**, un tison montait vers le ciel noir.* (Ringuet)

● ***Autre*** peut s'ajouter aux pronoms personnels *nous* et *vous* (également à *eux*, notamment au Québec : → 285R3) pour leur donner une valeur d'insistance ou d'opposition : 404

➾ *Les Blancs ne lui parlent pas comme à nous* ***autres****.* (Antoine Bangui)

● Aux pronoms indéfinis *personne*, *quelqu'un*, *quelque chose* et *rien*, et aux pronoms interrogatifs *qui*, *que* et *quoi*, on peut ajouter ***d'autre*** qui signifie alors habituellement «de plus» : 405

➾ *Notre amour qui ne voulait* ***rien d'autre*** *que d'être beau comme un croissant de lune.* (Léon-Gontran Damas)

➾ *Faudra-t-il demander cet enfant à* ***quelqu'un d'autre****?* (A. Koné)

☞ ◆ La distinction entre ***autre***, adjectif, et ***autre***, déterminant indéfini, n'est pas toujours facile à établir. Si elle est utile pour la compréhension de la phrase, elle l'est cependant moins pour l'orthographe, puisque *autre* s'accorde dans tous les cas.

Les pronoms indéfinis *l'autre, autres, autrui* et *autre chose*

● ***L'autre***, ***un autre*** (*une autre*) et ***les autres*** sont des pronoms indéfinis qui sont généralement utilisés en opposition avec *l'un, l'une, les uns, les unes* (→ 410-414) ou avec le déterminant indéfini *un* ou *une* : 406

➾ *On n'immigre pas d'****une*** *culture à* ***l'autre****.* (Naïm Kattan)

➾ *L'écriture est* ***une*** *chose et le savoir en est* ***une autre****.* (Hampâté Bâ)

➾ *J'en donne un peu aux* ***autres****, évidemment.* (Axel Gauvin)

● Le pronom indéfini ***autres***, employé seul, est d'usage rare (sauf dans l'expression ***entre autres***) : 407

➾ *Il y avait là des tilleuls,* ***entre autres****.* (Louis-Ferdinand Céline)

Précédé de ***d'***, *autres* est d'un usage beaucoup plus fréquent :

➾ *Les spectres n'en font jamais* ***d'autres****.* (Michel de Ghelderode)

➾ *Les êtres sont comme les jours. Certains portent le tonnerre,* ***d'autres*** *la grisaille,* ***d'autres*** *le froid, quelques-uns la lumière.* (Félix Leclerc)

● ***Autrui*** est un pronom indéfini qui ne peut se rapporter qu'à des personnes. Il est le plus souvent complément prépositionnel, mais il peut quelquefois être sujet (comme il est neutre, il demande alors l'accord au genre non marqué, le masculin) : 408

➾ *L'on ne prête à* ***autrui*** *que les sentiments dont on est soi-même capable.* (André Gide)

● ***Autre chose*** est un pronom indéfini de rapport qui se comporte exactement comme le pronom indéfini d'identité *quelque chose* (→ 359) : 409

➾ *L'homme aime modifier, transformer, mais* ***autre chose*** *que lui-même.* (Michel Kayoya)

Les pronoms indéfinis *l'un* et *l'autre*

410 ● ***L'un*** et ***l'autre*** sont généralement utilisés ensemble et expriment le plus souvent la réciprocité. Ils prennent le genre (et le nombre, selon le sens) de leur antécédent et peuvent avoir diverses fonctions dans la phrase :

- *Ils rasaient les murs, **l'un** suivant **l'autre**.* (Driss Chraïbi)
- *Il faut vous manger **les uns les autres**.* (Honoré de Balzac)
- *Nous sommes deux ennemis qui savons parfaitement à quoi nous en tenir **l'un** sur **l'autre**, c'est en ennemis que nous agissons **l'un** envers **l'autre**, et c'est par conséquent en ennemis que nous devons traiter **l'un** avec **l'autre**.* (Maurice Leblanc)

Quand le verbe demande une préposition simple, celle-ci se place entre les deux pronoms :

- *Nous sommes faits **l'un** pour **l'autre**.* (Sony Labou Tansi)
- *Des couteaux aiguisés **l'un** sur **l'autre**.* (Jacques Chessex)

Quand le verbe demande une locution prépositive se terminant par *de* (*à côté de, au-dessous de, en face de, près de,...*), soit la locution entière, soit seulement la préposition *de* se place entre les deux pronoms :

- *Elles chantaient en riant, serrées **les unes** à côté **des autres**.* (Michèle Rakotoson)
- [...] *ce que les différentes espèces d'animaux sont entre elles et à l'égard **les unes des autres**.* (La Rochefoucauld)

L'indéfini *l'un et l'autre*

411 ● ***L'un et l'autre*** peut être un déterminant indéfini ou un pronom indéfini. Comme déterminant, ***l'un et l'autre*** s'accorde en genre avec le nom auquel il se rapporte (ce nom est le plus souvent au singulier, mais il peut très bien être au pluriel) :

— *À vrai dire, **l'un et l'autre** document me paraît faux.*

— ***L'une et l'autre** tentatives furent infructueuses.*

412 ● Comme pronom, ***l'un et l'autre*** prend le genre (et parfois le nombre) de ses antécédents, mais il demeure invariable si ces derniers sont des adjectifs, des verbes ou des phrases entières. De plus, il peut avoir différentes fonctions dans la phrase :

- *Il ne faut pas que l'homme croie qu'il est égal aux bêtes, ni aux anges, ni qu'il ignore **l'un et l'autre**, mais qu'il sache **l'un et l'autre**.* (Blaise Pascal)

☞ ◆ Il ne faut pas confondre les indéfinis ***l'un*** et ***l'autre*** avec l'indéfini ***l'un et l'autre*** :

— *Ils se ridiculisent **l'un l'autre**.*(= chacun ridiculise l'autre)

— *Ils se ridiculisent **l'un et l'autre**.*
(= chacun se ridiculise lui-même)

Les indéfinis *l'un ou l'autre* et *ni l'un ni l'autre*

● ***L'un ou l'autre*** et ***ni l'un ni l'autre*** peuvent être des déterminants indéfinis ou des pronoms indéfinis. Dans les deux cas, ils ne supposent pas forcément un choix entre deux choses seulement. Comme déterminants, ils se rapportent toujours à un nom au singulier dont ils prennent le genre : 413

➾ *Dans **l'une ou l'autre** maison de la paroisse.* (François Mauriac)

– *Tu n'as retenu **ni l'une ni l'autre** proposition de ton associé?*

☞ ◆ La séquence {*un* + nom + *ou l'autre*} est une formulation apparentée au déterminant ***l'un ou l'autre***; elle a le même sens et obéit aux mêmes règles :

– *Lundi ou mardi, il faudra bien partir **un jour ou l'autre**.*

● Comme pronoms, ***l'un ou l'autre*** et ***ni l'un ni l'autre*** prennent le genre des mots qu'ils représentent, mais ils demeurent invariables si ces derniers sont des adjectifs, des verbes ou des phrases entières. Ils peuvent avoir différentes fonctions dans la phrase et, comme sujets, ils demandent le verbe au singulier : 414

➾ *Écrire dans deux langues sans que l'expression dans **l'une ou l'autre** se tranforme en réplique ou en reflet.* (Naïm Kattan)

➾ ***Ni l'un ni l'autre** ne poussa un cri d'appel.* (Louis Hémon)

LES AUTRES INDÉFINIS DE RAPPORT

● En plus du mot ***autre*** et de ses composés divers, il y a, comme indéfinis de rapport, les mots ***même*** et ***tel*** et leurs composés, ainsi que les indéfinis formés d'un adverbe et de la préposition *de*. 415

Le mot *même*

● Le mot ***même*** peut être un adjectif, un déterminant indéfini ou un adverbe. Il est un adjectif et s'accorde avec le nom quand il est placé devant celui-ci et qu'il exprime la similitude : 416

– *Les **mêmes** causes produisent les **mêmes** effets.*

➾ *C'était le **même** soleil, la **même** lumière sur le **même** sable.* (Albert Camus)

➾ *Tous les hommes ont **mêmes** droits. J'y souscris.* (Aimé Césaire)

417 ● ***Même*** est un déterminant indéfini quand il est placé derrière un nom ou un pronom. Derrière un nom, il exprime la plénitude ou l'absolu (ou, plus rarement, l'identité), mais, derrière un pronom, il marque plutôt l'insistance ou l'identité (dans ce cas, ***même*** s'attache au pronom personnel par un trait d'union) :

➾ *La sagesse **même** recommandait de se montrer d'une extrême prudence.* (Tierno Monénembo)

➾ *Et chacun se retrouvait soi-**même**, au seuil de la vie.* (Marie Gevers)

☞ ◆ Attaché aux pluriels de majesté, de politesse, de modestie ou de sympathie, ***même*** demeure invariable:

➾ *Vous-**même**, ma belle amie, vous serez saisie d'un saint respect.* (Pierre Choderlos de Laclos)

418 ● ***Même*** est un adverbe, donc invariable, quand il exprime l'addition («aussi») ou la gradation («de plus», «jusqu'à»). Il précède alors les mots sur lesquels il porte, sauf, parfois, le verbe ou le nom sans déterminant :

➾ *Il a **même** fait de l'aurore son lit.* (Pierre-Claver Akendengué)

➾ ***Même** la mer a quelque chose de faux ce matin.* (Tahar Ben Jelloun)

— *Le ministre a tout : autos, bateau, avion **même**.*

☞ ◆ ***Même***, adverbe, peut modifier le sens d'une conjonction (→ 770) :

— *S'il vient, je reste.* → ***Même** s'il vient, je reste.*

◆ Il est parfois malaisé de faire la distinction entre ***même***, déterminant, et ***même***, adverbe, notamment après un nom ou un pronom démonstratif :

— *Mes enfants **même** m'ont abandonné.*
(= jusqu'à mes enfants)

— *Mes enfants **mêmes** m'ont abandonné.*
(= mes enfants eux-mêmes)

La solution est de permuter les éléments : si ***même*** peut se placer au début du groupe du nom dont il fait partie, il est un adverbe.

419 ● ***Le même*** est un pronom indéfini quand il est utilisé seul. Il est variable en genre et en nombre selon son antécédent :

➾ *Ma mère que voici n'est plus du tout **la même**.* (Émile Nelligan)

➾ *Les fruits que je donne ne sont jamais **les mêmes**.* (Abdellatif Laâbi)

Remarque :

Même est toujours invariable dans les locutions suivantes : *à même quelque chose, être à même de, de même, de même que, tout de même, quand même.*

Le mot *tel*

● ***Tel*** peut être un adjectif, un déterminant indéfini ou un pronom indéfini. Il est un adjectif quand il signifie «si beau, si grand, si fort,...» et il s'accorde en genre et en nombre avec le nom auquel il se rapporte : 420

➾ *Je n'aurais jamais osé dire une **telle** chose.* (Albert Camus)

➾ ***Tels** étaient les jours heureux que l'on vivait jadis.* (René Maran)

● ***Tel*** est un déterminant indéfini dans deux cas bien précis : 421

1. quand il sert à introduire des êtres, des choses ou des concepts qu'on ne peut pas ou ne veut pas nommer. Utilisé alors sans autre déterminant, il s'accorde en genre et en nombre avec le nom auquel il se rapporte :

➾ *Une nature et un pays penchés sur nous, un climat, **tel** ciel, **telle** lumière, **telle** nourriture, **telle** circulation des vents.* (Charles Ferdinand Ramuz)

➾ *Je savais, enfant, que **tel** menuisier était un parent vague.* (Abdelwahab Meddeb)

☞ ◆ ***Tel et tel*** et ***tel ou tel*** sont des extensions de *tel* qui suivent les mêmes règles que lui (ils peuvent se référer à plus de deux réalités) :

— *Bien sûr, en **tel et tel** cas, tout devient possible.*

➾ *Baisser l'échine comme **telle ou telle** cousine.* (Assia Djebar)

2. quand il sert à introduire un exemple ou une comparaison. Dans ce cas, il s'accorde habituellement avec le nom qui le suit (selon les règles d'accord des adjectifs : → 198-203) :

➾ *L'oppression est toujours à l'affût, **tel** un revenant qui rôde alentour.* (Pierre-Claver Akendengué)

➾ *Le mur du palais royal auquel ils s'étaient agrippés, **telles** des grappes de sauterelles.* (Camara Laye)

● ***Tel que*** est un déterminant indéfini pouvant servir, comme *tel* seul, à introduire un exemple ou une énumération détaillant le nom qui le précède et avec lequel il s'accorde : 422

— *Diverses personnalités, **telles que** Pétain, de Gaulle et Malraux, continuent à hanter la mémoire des Français.*

☞ ◆ Il ne faut pas confondre *tel que*, déterminant, avec *tel que*, corrélatif de comparaison (→ 946.2) :

➾ *Je la retrouvais **telle que** dans mes souvenirs, **telle que** dans mon enfance.* (Michèle Rakotoson)

423 ● ***Tel quel*** est un déterminant indéfini composé qui signifie «sans modification, sans amélioration» et dont les deux éléments s'accordent avec le nom auquel il se rapporte :

➪ *J'ai emporté ces collections* ***telles quelles****.* (Galichet)

☞ ◆ Il ne faut pas confondre ***tel que***, introduisant une comparaison ou une énumération (→ 422), et ***tel quel*** qui ne demande aucun complément. Le premier peut d'ailleurs toujours être remplacé par *comme*.

424 ● ***Tel*** est un pronom indéfini quand il désigne une personne indéterminée. Dans ce cas, il n'est utilisé qu'au singulier :

➪ ***Tel*** *consent à être trompé pourvu qu'on le lui dise,* ***tel*** *autre qu'on le lui cache.* (Marcel Proust)

➪ ***Tel*** *est pris qui croyait prendre.* (Jean de La Fontaine)

◆ Analyse de ***Tel est pris qui croyait prendre*** :
tel est sujet du verbe *est pris* dans la phrase *Tel est pris,* et *qui croyait prendre* est une subordonnée relative complément de *tel*.

☞ ◆ ***Tel et tel*** et ***tel ou tel*** sont des extensions de *tel*, pronom, qui entraînent l'accord du verbe au pluriel s'il y a lieu (ils peuvent se référer à plus de deux réalités) :

➪ *Suis-je par là plus petit que* ***tel et tel*** *qui ont déployé leur œuvre?* (Paul Valéry)

425 ● ***Un tel*** et ***une telle*** sont des pronoms indéfinis qui ne peuvent désigner que des personnes :

– ***Un tel*** *dit ceci, un autre dit cela; qui dit la vérité?*

☞ ◆ ***Un tel*** et ***une telle*** ont donné naissance à des «noms indéfinis» :

➪ *«Les Insolences du frère* ***Untel****»* (livre de Jean-Paul Desbiens)

Les indéfinis formés d'un adverbe et de la préposition *de*

426 ● Il y a quatre **déterminants indéfinis** de rapport formés d'un adverbe et de la préposition *de* (***autant de***, ***davantage de***, ***plus de*** et ***moins de***) :

➪ *Il faudrait que tu aies* ***davantage de*** *patience.* (Georges Bernanos)

Quand ils sont suivis d'une subordonnée de comparaison (introduite par *que*), ils sont considérés comme des corrélatifs (→ 946.2) :

➪ *J'ai* ***plus de*** *souvenirs* ***que*** *si j'avais mille ans.* (Baudelaire)

☞ ◆ Les adverbes ***autant***, ***davantage***, ***plus*** et ***moins*** (→ 447), qui servent à former les déterminants indéfinis mentionnés ci-dessus, peuvent également être des **pronoms indéfinis** :
– *Il en donne* ***autant****.* – *Elle a en* ***davantage****.*

LES INDÉFINIS : TABLEAU RÉCAPITULATIF (p.1)

LES INDÉFINIS D'IDENTITÉ

QUI, QUOI, QUEL ET LEURS COMPOSÉS

— ***Qui***, relatif indéfini :	***Qui*** *m'aime me suive!*	n° **350**
Qui que :	***Qui que*** *vous soyez, entrez!*	**351**
Qui que ce soit :	*Ne le répète à* ***qui que ce soit****!*	**352**
— ***Quoi***, relatif indéfini :	*Je ne sais pas de* ***quoi*** *tu parles.*	**353**
Quoi que :	***Quoi que*** *je lui dise, il me croit!*	**354**
Quoi que ce soit :	*Je ne sais rien de* ***quoi que ce soit****.*	**355**
— ***Quelqu'un*** :	*C'est* ***quelqu'un*** *de très fort.*	**357**
Quelques-uns :	*Parmi les lettres,* ***quelques-unes****...*	**358**
— ***Quelque chose*** :	*Tu n'oublies pas* ***quelque chose****?*	**359**
— ***Quelque*** :	*Il y a* ***quelque*** *temps de cela.*	**360**
Quel que :	*Plus de chat ici,* ***quel qu'il*** *soit!*	**361**
Quelque... que :	***Quelques*** *erreurs* ***que*** *j'aie faites...*	**362**
— ***N'importe qui,...*** :	*Elle dit absolument* ***n'importe quoi****.*	**363**
— ***Quiconque*** :	*Je l'ignore autant que* ***quiconque****.*	**366**
— ***Quelconque*** :	*Tu auras bien une idée* ***quelconque****.*	**368**

ON, PERSONNE ET *RIEN*

— ***On*** :	***On*** *frappe à la porte, non?*	**370**
	On verra quand ***on*** *sera mariés.*	**372**
	On *va laisser la terre à* ***nos*** *enfants.*	**373**
— ***Personne*** :	*Y a-t-il* ***personne*** *d'aussi menteur?*	**374**
— ***Rien*** :	*Y a-t-il* ***rien*** *de plus exaltant?*	**375**

LES INDÉFINIS DE QUANTITÉ ET DE RAPPORT : PAGE SUIVANTE

LES INDÉFINIS : TABLEAU RÉCAPITULATIF (p.2)

(*LES INDÉFINIS D'IDENTITÉ : PAGE PRÉCÉDENTE*)

LES INDÉFINIS DE QUANTITÉ

UN ET SES COMPOSÉS

Un et *l'un* :	*S'il y en a* **un** *que je plains, c'est lui!*	n° **378**
Plus d'un :	*Des clientes,* **plus d'une** *est déçue.*	**380**
Aucun et *d'aucuns* :	*Crois-tu qu'***aucun** *veuille venir?*	**381**
Chacun et *chaque* :	**Chacune** *aura sa juste part.*	**382**

LES INDÉFINIS DE QUANTITÉ IMPRÉCISE

Certains :	**Certains** *le disent, mais est-ce vrai?*	**385**
Divers, différents :	*J'ai trouvé* **différents** *objets par terre.*	**386**
Plusieurs, quelques :	**Plusieurs** *le savent peut-être déjà.*	**387**
Un mot + *de* :	**Quantité d'***animaux meurent de faim.*	**389**

L'INDÉFINI DE TOTALITÉ *TOUT*

Tout, nom :	*Risquer le* **tout** *pour le* **tout**.	**393**
Tout, adjectif :	*J'ai marché pendant* **toute** *la journée.*	**394**
Tout, déterm. indéfini :	*À* **toute** *heure du jour et de la nuit.*	**395**
Tout, pronom indéfini :	*À la fête, ils me semblaient* **tous** *ivres.*	**396**
Tout, adverbe :	*Ces feuilles sont* **toutes** *jaunies.*	**398**

LES INDÉFINIS DE RAPPORT

LE MOT *AUTRE* ET SES COMPOSÉS

Autre, adjectif :	*Mon opinion est vraiment tout* **autre.**	**402**
Autre, déterm. indéf. :	*Les* **autres** *bouteilles sont vides.*	**403**
Autres, autre chose :	*Crois-moi : j'en ai vu* **d'autres**!	**406**
L'un et *l'autre* :	*Nous sommes faits* **l'un** *pour* **l'autre**.	**410**
L'un et l'autre :	*Il aimerait épouser* **l'une et l'autre**!	**411**
L'un ou l'autre, ni l'un ni l'autre :	**Ni l'un ni l'autre** *n'est là.*	**413**

LES AUTRES INDÉFINIS DE RAPPORT

Le mot *même* :	*Le chat de Luc est la paresse* **même**.	**416**
Le mot *tel* :	*Tu me dois* **telle** *somme, lui ai-je dit.*	**420**
Un adverbe + *de* :	*Il me faudrait* **davantage de** *temps.*	**426**

*A*LAIN *G*RANDBOIS

Québec

1900 - 1975

Avocat de formation, Alain Grandbois n'exerça jamais sa profession, car un important héritage lui permit de satisfaire son immense besoin de voyages. Ainsi, pendant quinze ans, il se promena à travers le monde : en France, en Russie, en Afrique, en Inde, en Espagne, en Allemagne, en Extrême-Orient,... C'est en Chine, en route vers le Tibet, qu'il publia son premier recueil, *Poèmes,* en 150 exemplaires sur papier de riz, mais seulement dix échappèrent au naufrage de la jonque qui les transportait à Hong Kong. De retour au Québec en 1939, Alain Grandbois devint, entre autres, animateur d'émissions littéraires à Radio-Canada, et il publia successivement ***Les Voyages de Marco Polo,*** *Les Îles de la nuit,* ***Avant le chaos.*** Son œuvre a été couronnée de nombreux prix.

Kyrov se tut pendant quelques instants. Les ouvriers quittaient le café. Le patron rinçait des verres. La fille jouait avec ses bagues, le regard perdu. Les petits commerçants discutaient des points de la partie. Il avait cessé de pleuvoir.

[...] Il leva brusquement la tête et me prit violemment le bras. Il ne pleurait plus. Il avait le regard droit de l'homme de foi.

— Tu comprends, il faut que je la revoie. Dans les derniers jours, à Saint-Rémi, elle me disait que nous étions liés pour l'éternité. Je tenais ses mains... Elle a vu le prêtre, elle s'est confessée à lui. J'ai confessé aussi mes fautes au prêtre. Mais je n'ai pas été baptisé. Quand mon vol sera réparé, je me ferai catholique, comme elle. Et j'entrerai en religion. J'irai en Afrique, en Chine, n'importe où... Je veux la mériter... Je dois encore huit cents francs à la bourgeoise que j'ai volée. Je lui fais parvenir tous les mois de petits montants, par le prêtre... Je te raconte ces choses, ne te moque pas, je t'en prie, nous sommes de vieux camarades, et malgré nos révoltes, nos crâneries, nous savons qu'il y a un Dieu, qu'il y a Dieu, et toute son éternité, et la nôtre au-delà de notre espace, au-delà de nos millions de minutes de vie... Au fond de tout cela, Hélène m'attend. Elle me l'a juré, elle m'attend, elle me tend les bras, j'irai la rencontrer...

«Elle est morte comme... Je ne peux pas te dire, elle est morte comme une sorte d'aurore exquise... comme une sorte d'aurore qui sort doucement des ombres de la nuit... avec une sorte de sourire timide et révélateur qui s'abandonnait aux joyeuses Allées du Ciel... Je tenais sa main... J'ai senti battre le dernier mouvement de son sang, sous mes doigts... J'ai fermé ses paupières...»

Kyrov se remit à pleurer silencieusement. Je lui serrai la main et je partis. Je ne lui parlai pas de Tania. Devant sa détresse, sa douleur, j'avais soudain honte de moi, de cet amour artificiel que j'avais cultivé pour Tania, afin de nourrir uniquement mon tourment, ma joie de souffrir, comme un jeune athlète exerce ses muscles pour le rude et vain tournoi du lendemain.

(Extrait de *AVANT LE CHAOS,*

BQ 1994, Montréal)

GERMAINE GUÈVREMONT

Québec

1893 - 1968

Germaine Guèvremont est la fille de l'écrivain Joseph-Jérôme Grignon. Elle fut d'abord journaliste et courriériste dans divers journaux, puis, dans les années 1940, elle publia ses premiers livres : un recueil de contes (*En pleine terre*) et surtout son premier roman, ***Le Survenant***. Celui-ci connut un succès immédiat et obtint de nombreux prix. Plus tard, elle écrivit *Marie-Didace* comme prolongement du *Survenant*, ainsi que des pièces, des contes et des adaptations de ses propres œuvres pour la télévision.

Mais sa peine reprenant vite le dessus, au milieu d'un silence l'infirme demanda péniblement :

— Marie-Amanda, penses-tu... si je partais à sa recherche, que je réussirais à le ramener?

Marie-Amanda hésita avant de lui donner une ombre d'espoir :

— Peut-être que tu le ramènerais, mais tôt ou tard il repartirait et tout serait à recommencer. À supposer que tu l'attacherais à toi, que tu le riverais à toi, même avec une chaîne de fer, si tu le voyais, chaque jour par ta faute, rongé d'ennui, le cœur ailleurs, et toi, pareille à une déjetée à ses yeux, pauvre Angélina!... tu le perdrais plus que tu ne le perds à c't'heure. Si telle est sa volonté d'aller seul sur les routes, laisse-le à sa volonté. Même si c'est son bonheur de faire le choix d'une autre femme, accorde-lui son bonheur. Autrement, tu ne l'aimes pas d'amour. Aimer, ma fille, c'est pas tant d'attendre quoi que ce soit de l'autre que de consentir à lui donner ce qu'on a de meilleur. Abandonne-le, Angélina. Sans quoi, tu connaîtras jamais une minute de tranquillité.

— Je peux pas comprendre...

— Cherche pas à comprendre. Plus tard tu comprendras. De la peine, ma fille, ça meurt comme de la joie. Tout finit par mourir à la longue. C'est dans l'ordre des choses. Depuis huit jours t'es là, sans un accent de vie, penchée sur ton mal, comme une plante morte sur la commune. Ton père est à la veille de revenir. Faut pas qu'il te retrouve de même. Redresse-toi.

Au rappel de son père, Angélina s'était roidie. Les yeux secs, sans même exhaler un soupir, elle sortit de la maison. Marie-Amanda, inquiète, la regarda faire. Elle la vit se hisser sur la pointe des pieds, puis souffler deux fois, trois fois, sur la flamme du fanal. Tantôt haute, tantôt basse, la flamme fuyait à gauche, à droite, comme si elle n'eût pas voulu mourir. Alors Angélina saisit la mèche allumée et l'écrasa à pleins doigts. Ensuite elle alla rabattre le couvercle de l'harmonium et retourna à sa place auprès de Marie-Amanda. Mais elle était méconnaissable : on eût dit une agonisante.

Là, le visage enchâssé dans ses mains veineuses et transparentes à force de maigreur, elle se recueillit. Son sort, elle l'acceptait. Son sacrifice, elle l'accomplissait.

(Extrait de *LE SURVENANT*, © BQ)

Chapitre IX

Les invariables

● La langue française comporte trois classes de «mots-outils» qui, pour la plupart, sont toujours invariables, c'est-à-dire qu'ils n'ont qu'une seule forme. Il s'agit des **adverbes** (incluant les **interjections**) et des mots de liaison que sont les **prépositions** et les **conjonctions**. 428

Tous ces mots sont regroupés dans le même chapitre, car les classes auxquelles ils appartiennent ont des limites imprécises. Ainsi, certains d'entre eux, sous des formes semblables ou similaires et selon leur emploi, peuvent appartenir à l'une ou l'autre classe : par exemple, *ainsi* peut être un adverbe ou une conjonction; *avant,* un adverbe ou une préposition.

L'ADVERBE

● L'adverbe est un mot invariable que l'on joint à un autre (généralement un verbe, un adjectif ou un autre adverbe) dans le but d'en modifier ou d'en nuancer le sens habituel (**modificateur** : → 769) : 429

— *marcher* ***lentement, toujours*** *absent,* ***très*** *loin.*

L'adverbe peut aussi, mais plus rarement, se rapporter à une phrase entière, à un déterminant, à un pronom, à une préposition, voire à un nom, et il peut également avoir un complément :

— *Mon frère te rendra ton livre* ***demain*** *ou* ***après-demain****.*

— *Cet arbre a* ***environ cent*** *ans. — Il n'y a* ***absolument personne****.*

— *Elle est* ***loin derrière*** *eux. — Ce sont tous des* ***gens bien****.*

— ***Heureusement pour lui****, j'avais encore une place.*

● L'adverbe peut être **simple** (*mal, assez, vraiment*), **composé** d'éléments unis par un trait d'union (*avant-hier, là-bas, ci-contre*), ou bien consister en une **locution adverbiale** (*sans doute, à temps, d'ores et déjà*). — (Néanmoins, sauf indication contraire, le terme «adverbe» sera utilisé dans tous les cas.) 430

Tous les adverbes sont invariables, sauf *frais*, *grand* et *tout* qui varient dans certains cas (→ 447 et 399), et beaucoup peuvent être mis en degré comme les adjectifs (→ 186) : *venir* ***souvent, plus souvent, très souvent****.*

LE CLASSEMENT DES ADVERBES

431 ● Les adverbes peuvent être classés en huit catégories selon leur sens, et certains peuvent appartenir à plus d'une catégorie :

1. les adverbes de manière.
2. les adverbes de quantité.
3. les adverbes de temps.
4. les adverbes de lieu.
5. les adverbes de négation.
6. les adverbes d'interrogation.
7. les adverbes d'opinion.
8. les adverbes de relation.

Les adverbes de manière

432 ● Les adverbes de manière sont les plus nombreux, car, dans cette catégorie, se trouvent la plupart des adverbes en ***-ment*** : *tendrement, audacieusement, rapidement,...* (→ 440).

Les autres adverbes de manière les plus courants sont : ***ainsi, bien,*** *être* ***comme*** *étourdi,* ***debout, ensemble, exprès,*** *s'exprimer* ***mal, mieux, plutôt, vite,...*** Il y a aussi beaucoup de locutions, composées, pour la plupart, de la préposition *à* et d'un nom : ***à contrecœur, à dessein, à la légère, à propos, à tâtons, à volonté,... de mal en pis, n'importe comment,...***

Dans la catégorie des adverbes de manière se trouvent également les adjectifs utilisés comme adverbes (→ 207) : *sentir* ***bon,*** *coûter* ***cher,*** *voir* ***clair,*** *jouer* ***dur,*** *parler* ***fort,*** *s'arrêter* ***net,...***

Les adverbes de quantité

433 ● Les adverbes de quantité (et d'intensité) les plus courants sont : ***assez, aussi, autant, beaucoup, comme*** *elle a grandi!,* ***environ, fort*** *joli,* ***moins, n'importe combien, pas mal, peu, plus, presque, que*** *c'est beau!,* ***quelque*** *trois ans,* ***si*** *cher,* ***tant, tellement, très, trop,...***

Quelques adverbes en *-ment* sont des adverbes de quantité : ***complètement, énormément, exagérément, extrêmement, fortement, grandement, immensément, totalement,...***

Les adverbes de temps

434 ● Les adverbes de temps sont nombreux et très souvent utilisés. Les plus courants sont : ***alors, après, aujourd'hui, aussitôt, autrefois, avant (auparavant), bientôt, déjà, demain (après-demain), depuis, désormais, dorénavant, encore, enfin, ensuite, hier (avant-hier), jadis, jamais, longtemps, maintenant, parfois, puis, quelquefois, sitôt, soudain, souvent, tantôt, tard, tôt, toujours,...***

La catégorie des adverbes de temps comprend également bon nombre de locutions courantes: ***à l'instant, à jamais, à présent, n'importe quand, pour le moment, tout à coup, tout à l'heure, tout de suite, de suite, par la suite, a posteriori,...***

Les adverbes de lieu

● Les principaux adverbes de lieu sont : ***en*, *y*, *ailleurs*, *autour*, *dedans*, *dehors***, *rester* ***derrière*, *dessous*, *dessus***, *se tenir* ***devant*, *ici*, *là*, *loin*, *partout***,... 435

On trouve dans cette catégorie beaucoup d'adverbes composés et de locutions adverbiales : ***au-dedans*, *au-dehors*, *à droite*, *à gauche*, *en bas*, *en haut*, *en arrière*, *en avant*, *au milieu*, *ci-contre*, *ci-dessous*, *ci-dessus*, *là-bas*, *là-dedans*, *n'importe où*, *quelque part***,...

Les adverbes de négation

● Les principaux adverbes de négation sont : ***pas*, *non*, *ne*, *ne pas*, *ne plus*, *ne point*, *ne jamais*, *ne rien***,... 436

Certains mots, devenus négatifs au contact de *ne*, peuvent exprimer la négation par eux-mêmes : ***aucun*** (→ 256), ***aucunement*, *jamais*, *rien*** (→ 342), ***personne*** (→ 341),...

Les adverbes d'interrogation

● Les adverbes d'interrogation sont : ***quand?* (*depuis quand?*, *jusqu'à quand?*, *pour quand?*), *combien?* (*de combien?*, *jusqu'à combien?*, *pour combien?*), *comment?*, *pourquoi?*, *où?* (*d'où?*, *par où?*, *jusqu'où?*, *pour où?*), *que*** *ne vient-il pas?* 437

En outre, on peut considérer les gallicismes ***est-ce que?*** et ***n'est-ce pas?*** comme des locutions adverbiales d'interrogation.

Les adverbes d'opinion

● Les adverbes d'opinion se divisent en adverbes de doute et adverbes d'affirmation. Plus que les autres adverbes, ils ont un rôle de **marqueurs de modalité** (→ 1016). 438

Les principaux adverbes de doute sont : ***apparemment*, *peut-être*, *probablement*, *sans doute*, *vraisemblablement***,... et les principaux adverbes d'affirmation sont : ***assurément*, *certainement*, *certes*, *heureusement*, *en réalité*, *en vérité*, *oui*, *parfaitement*, *précisément*, *si* (*que si*), *sans aucun doute*, *sûrement*, *volontiers*, *vraiment***,...

Les adverbes de relation

● Les adverbes de relation se divisent en adverbes d'enchaînement et adverbes d'opposition. Dans une phrase, leur rôle est donc celui d'**organisateurs textuels** (→ 999). 439

Les principaux adverbes d'enchaînement (des idées dans un texte) sont : ***d'abord*, *de plus*, *dès lors*, *donc*, *en effet*, *voire*, *ensuite*, *même*, *en conclusion*, *par conséquent***,... et les principaux adverbes d'opposition (entre les idées d'un texte) sont : ***au contraire*, *cependant*, *néanmoins*, *par contre*, *pourtant*, *quand même*, *toutefois***,...

LES ADVERBES EN *-MENT*

440 ● Beaucoup d'adjectifs peuvent donner naissance à des adverbes en *-ment*. Ceux-ci se forment habituellement en ajoutant le suffixe au féminin de l'adjectif :

— *fier* → ***fière*** → *fière**ment*** / *faux* → ***fausse*** → *fausse**ment***.

▲ Exceptions : *Bref* et *gentil* font ***brièvement*** et ***gentiment.***

441 ● À cette règle générale, il faut ajouter quelques règles particulières et leurs exceptions :

1. Quand les adjectifs se terminent au masculin par une voyelle, c'est directement à la forme masculine qu'est ajouté le suffixe *-ment* :

— *vrai* → *vrai**ment*** / *aisé* → *aisé**ment*** / *joli* → *joli**ment***.

▲ Exceptions : *Gai*, *impuni* et *traître* font ***gaiement*** (ou ***gaîment***), ***impunément*** et ***traîtreusement***.

> Selon les **Rectifications de l'orthographe**, *gai* pourrait donner l'adverbe *gaiment* et *traître*, écrit *traitre*, l'adverbe *traitreusement* (→ Annexe 1, p.503).

2. Certains adverbes prennent un accent aigu sur le -e- précédant le suffixe *-ment* : *aveugl**é**ment, commun**é**ment, conform**é**ment, confus**é**ment, énorm**é**ment, express**é**ment, immens**é**ment, intens**é**ment, obscur**é**ment, précis**é**ment, profond**é**ment, uniform**é**ment,...*

3. Certains adverbes dérivés d'adjectifs se terminant par un -u- prennent un accent circonflexe sur ce -u- : *assid**û**ment, cr**û**ment, d**û**ment, goul**û**ment, ind**û**ment,...* alors que d'autres n'en prennent pas : *absol**u**ment, éperd**u**ment, ingén**u**ment, résol**u**ment,...* C'est une irrégularité de la langue française. En cas de doute, il n'y a pas d'autre solution que de recourir au dictionnaire.

> Selon les **Rectifications de l'orthographe**, il serait dorénavant permis d'omettre l'accent circonflexe sur le -u- de tous les adverbes en *-ument*. (→ Annexe 1, p.503).

4. Les adjectifs se terminant par *-ant* et *-ent* donnent naissance à des adverbes en ***-amment*** et ***-emment*** ([amɑ̃] dans les deux cas) :

— *brillant* → *brill**amment*** / *violent* → *viol**emment***.

▲ Exceptions : *lent**ement**, présent**ement**, véhément**ement***.

5. Un certain nombre d'adjectifs ne peuvent donner naissance à des adverbes en *-ment*. Dans ce cas, le plus simple est de recourir à une locution adverbiale : *se comporter **de manière** hésitante, procéder **de façon** désordonnée, parler **sur un ton** badin,...*

☞ ◆ Quelques rares adverbes en *-ment* ne sont pas dérivés d'adjectifs : *bêtement, diablement, tellement, quasiment,...*

LE DEGRÉ DES ADVERBES

● Comme les adjectifs qualifiants (→ 186), la plupart des adverbes en *-ment* peuvent être mis en degré, c'est-à-dire qu'il est possible de moduler leur signification par l'expression d'un degré d'intensité, à savoir le **positif** (*doucement*), le **comparatif** (*plus* ou *moins doucement que*) et le **superlatif** (*très doucement*). 442

Certains autres adverbes peuvent également être mis en degré. Ce sont : *beaucoup, bien, loin, longtemps, mal, peu, près, souvent, tôt, tard*, quelques locutions adverbiales de manière (→ 432) et les adjectifs utilisés comme adverbes (*voler bas, coûter cher, sonner faux, parler fort, voir grand, viser juste, peser lourd,...* : → 207).

● Le comparatif de supériorité (→ 188) et le superlatif relatif (→ 193) des adverbes ***beaucoup***, ***bien***, ***mal*** et ***peu*** ont des formes tout à fait irrégulières : 443

positif	comparatif de supériorité	superlatif relatif
beaucoup	***plus*** (*davantage*)	***le plus***
bien	***mieux***	***le mieux***
mal	***pis*** (*plus mal*)	***le pis*** (*le plus mal*)
peu	***moins***	***le moins***

LA PLACE DE L'ADVERBE

● En français, **la place de l'adverbe est variable**. Elle dépend habituellement des préférences du locuteur ou du scripteur, mais il est quand même possible de dégager quelques généralités, selon la catégorie de l'adverbe et le mot ou le groupe de mots auquel il se rapporte. 444

● En règle générale, l'adverbe se place **devant** l'adjectif, le déterminant ou le pronom (deux cas rares), la préposition ou l'autre adverbe dont il modifie le sens (→ 769) : 445

- *Le matin était* ***délicieusement*** *lumineux.* (Binéka Danièle Lissouba)
- *J'ai mangé* ***presque*** *tous les jours.* (Paul Valéry)
- [...], ***bien*** *avant l'émigration des Agassouvis.* (Paul Hazoumé)
- *À la recherche incertaine et* ***presque*** *toujours bafouée de l'amour.* (Maurice Maeterlinck)

446 ● Quand l'adverbe se rapporte à un verbe, différents cas peuvent se présenter :

1. L'adverbe se place **après** un verbe employé à un temps simple :
— *J'irais **n'importe quand**. — Véronique travaille **trop**.*

2. L'adverbe se place **entre** l'auxiliaire et le participe du verbe employé à un temps composé, mais il peut aussi se placer **après** le participe :
— *J'ai **tout de suite** pensé à lui. — J'ai pensé à lui **tout de suite**.*

☞ ◆ Les adverbes de lieu se placent toujours **après** le participe :
— *Nous l'avons trouvée **en bas**. — Elle est restée **à l'écart**.*

3. L'adverbe se place **avant** ou **après** un verbe à l'infinitif (selon différents critères, dont le rythme de la phrase et l'euphonie) :
— ***Trop** parler nuit. — Répéter **sans cesse** est fastidieux.*

4. Dans le cas des adverbes de négation (*ne pas, ne plus, ne jamais*,...), le *ne* se place **avant** le verbe et le second élément obéit aux règles formulées ci-dessus :
— *Mieux vaut **ne jamais** trahir. — Je **ne** les trouve **nulle part**.*

5. Les adverbes *en* et *y* se placent toujours **avant** le verbe, sauf à l'impératif affirmatif :
— *Nous **y** allons. — N'**en** dis rien! — **Y** es-tu allé? — Allez-vous-**en**!*

➾ *Il demeure au Cercle, **y** déjeune, **y** travaille, **y** dîne, **y** joue et **y** couche.* (Jules Verne)

L'EMPLOI DE QUELQUES ADVERBES

447 ● Quelques adverbes fréquemment utilisés demandent une attention particulière :

1. **Aussi (si)** : Le premier sens d'***aussi*** est «également» :

➾ *Ils étaient contents. Nous **aussi**.* (Véronique Tadjo)

Quand ***aussi*** précède un adjectif ou un autre adverbe, il exprime l'égalité et n'est habituellement utilisé qu'avec un deuxième terme de comparaison :

➾ *«**Aussi** loin **que** mes regards portent»* (recueil de poèmes de Djamel Amrani)

Quand on veut exprimer l'intensité plutôt qu'une comparaison, on utilise ***si*** :

➾ *«Une **si** longue lettre»* (roman de Mariama Bâ)

Dans une phrase négative ou interrogative, ***si*** peut remplacer ***aussi*** :

➾ *Jamais il ne s'était senti **si** misérable.* (Émile Zola)

2. **Aussitôt** : Il ne faut pas confondre les adverbes ***aussitôt*** («tout de suite, au moment même»), écrit en un mot, et ***aussi tôt*** (contraire de «aussi tard»), écrit en deux mots :

- *Les pierres qui roulèrent sous lui suscitèrent* ***aussitôt*** *un claquement d'ailes.* (Jacques Roumain)
- *Pourquoi partir* ***aussi tôt****?* (Jean Giono)

3. **Autant (tant)** : ***Autant***, adverbe, précède normalement un verbe et ***autant de***, déterminant indéfini, un nom. L'un et l'autre expriment l'égalité et ne sont habituellement utilisés qu'avec un deuxième terme de comparaison :

- *Un amas de nuages comme* ***autant de*** *témoins.* (Driss Chraïbi)

Quand on veut exprimer l'intensité plutôt qu'une comparaison, on utilise ***tant*** devant un verbe et ***tant de*** (déterminant indéfini) devant un nom :

- *Cette mosquée,* ***tant*** *fréquentée par le garçon que je fus.* (Abdelwahab Meddeb)
- *Où vais-je puiser* ***tant de*** *forces pour* ***tant de*** *luttes?* (Jean-Baptiste Tati-Loutard)

Dans une phrase négative ou interrogative, ***tant*** peut remplacer ***autant*** :

- *Rien ne pèse* ***tant*** *qu'un secret.* (Jean de La Fontaine)

Tant peut aussi être utilisé comme pronom indéfini :

- *J'ai* ***tant*** *fait que nos gens se sont enfuis.* (La Fontaine)

4. **Beaucoup** : Le plus souvent, ***beaucoup*** se rapporte directement à un verbe, mais il peut aussi servir à renforcer le comparatif des adjectifs et des adverbes :

— *Être* ***beaucoup*** *trop lent. — Aller* ***beaucoup*** *moins vite.*

Utilisé avec un superlatif, après un comparatif ou après un verbe exprimant l'excellence ou la préférence, ***beaucoup*** doit être précédé de la préposition *de* :

— *Plus fort* ***de beaucoup****. — Préférer* ***de beaucoup****.*

Beaucoup peut aussi être utilisé comme pronom indéfini et ***beaucoup de*** est un déterminant indéfini (→ 389-390) :

— ***Beaucoup*** *disent cela. — Il y a* ***beaucoup d'****absents.*

5. **Bien** : L'adverbe ***bien*** exprime habituellement la manière, mais il peut aussi exprimer le degré, l'estimation, la confirmation ou la concession :

— *Être* ***bien*** *déçu. — Ils étaient* ***bien*** *dix. — C'est* ***bien*** *lui.*

- *Je me suis traîné jusqu'ici, je peux* ***bien*** *ramper jusqu'à mon lit.* (Ferdinand Oyono)

Bien des (*bien de*) est un déterminant indéfini (→ 389) :

- [...] *et* ***bien d'****autres choses encore!* (Simone de Beauvoir)

6. **Davantage** : ***Davantage*** ne peut normalement modifier qu'un verbe (dans les autres cas, il faut utiliser *plus*) :

➡ *Le bain chaud m'engourdit* ***davantage***. (A. Langevin)

Davantage que (adverbe) et ***davantage de*** (déterminant indéfini) sont vieillis, mais ils se rencontrent encore :

— *Son projet me plaît* ***davantage que*** *le tien.*
— *Il faudrait exercer* ***davantage de*** *pression.*

Il ne faut pas confondre ***davantage***, adverbe, et ***d'avantage***, nom précédé de la préposition élidée *de* :

➡ *Elle offre plus* ***d'avantages*** *que...* (Antoine Gérin-Lajoie)

7. **Est-ce que** : ***Est-ce que*** est une locution adverbiale utilisée seulement dans l'interrogation directe (on utilise ***si*** dans l'interrogation indirecte : → 893) :

— ***Est-ce que*** *tu as peur de partir seule?*
→ *Il me demande* ***si*** *j'ai peur de partir seule.*

8. **Frais** : L'adjectif ***frais***, quand il est utilisé comme adverbe modifiant un adjectif, s'accorde avec le nom auquel cet adjectif se rapporte : *des roses* ***fraîches*** *cueillies.*

9. **Grand** : ***Grand*** se comporte comme ***frais*** :

➡ *Il n'y a plus de harem : la porte est* ***grande*** *ouverte.* (Assia Djebar)

10. **Jamais** : L'adverbe ***jamais*** est généralement utilisé avec ***ne*** (→ 450) et signifie alors «en aucun temps», mais il peut aussi être utilisé seul dans le sens de «un jour» :

➡ *Si* ***jamais*** *le destin vous fait maîtres de ce Danhomé,...* (Paul Hazoumé)

Les locutions ***à jamais***, ***à tout jamais*** et ***pour jamais*** (plus rare) signifient «pour toujours» :

➡ [ce verre], *il sera le dernier,* ***à jamais***. (Diabaté)

11. **Mieux** : ***Mieux***, adverbe, est le comparatif de *bien*, mais il peut également être un nom ou un pronom indéfini :

— *Le* ***mieux*** *est l'ennemi du bien. — S'attendre à* ***mieux***.

Mieux entre aussi dans la composition de quelques locutions adverbiales : *de* ***mieux*** *en* ***mieux****, tant* ***mieux****,...*

12. **Moins** : Quand ***moins***, adverbe, sert à former le comparatif d'un adjectif ou d'un autre adverbe, il introduit par ***que*** (→ 478.5 et 946.2) le complément de ce comparatif :

➡ *Il m'a paru* ***moins*** *seul* ***que*** *vous.* (George Sand)

Moins peut aussi être un pronom indéfini, et ***moins de*** est un déterminant indéfini :

➡ *Tu peux en prendre* ***moins***. (Gobbe et Tordoir)

➡ *Il a manifesté* ***moins d'****impatience.* (Léon Bloy)

13. **Pas mal** : En plus de son sens premier («pas de manière mauvaise»), l'adverbe ***pas mal*** a aussi, dans le langage familier, le sens de «beaucoup, très» :

— *Il y avait* ***pas mal*** *de monde. — Elle est* ***pas mal*** *jolie.*

14. **Peu** : Il ne faut pas confondre les différents usages du mot ***peu***, à savoir : ***peu***, ***un peu*** et ***de peu***, qui sont des adverbes; ***peu***, qui est un nom; ***peu*** et ***un peu***, qui sont des pronoms indéfinis; ***peu de*** et ***un peu de***, qui sont des déterminants indéfinis :

- Adverbe : — *Je bois* ***peu*** *quand je conduis.*
- Nom : — *Ton* ***peu*** *de remords ne suffit pas.*
- Pron. indéfini : — ***Peu*** *se rendent à cent ans.*
- Dét. indéfini: — *Il ne me reste que* ***peu d'****espoir.*

L'adverbe ***peu***, qui peut être modifié (***très peu***, ***trop peu***), entre aussi dans la composition de diverses locutions adverbiales : ***avant peu***, ***d'ici peu***, ***sous peu, il y a peu, peu à peu***. Quant à ***un peu***, il a deux formes d'insistance : ***un petit peu*** et ***un tout petit peu***.

15. **Pis** : Dans la langue usuelle, ***pis***, comparatif de *mal*, n'est plus utilisé que comme élément de quelques expressions : — *Aller de mal en* ***pis****. — Au* ***pis*** *aller. — Tant* ***pis****.*

Dans la langue littéraire, ***pis***, qui a d'autres usages, ne doit pas être confondu avec l'adjectif *pire* : — *C'est la* ***pire*** *nouvelle depuis...*

16. **Plus** : ***Plus*** se comporte en tous points comme ***moins*** (n° 12).

17. **Plutôt** : Il ne faut pas confondre ***plutôt*** («de préférence» ou «vaguement») et ***plus tôt*** (contraire de *plus tard*) :

- *Elle était* ***plutôt*** *jolie que belle.* (Léon Bloy)
- *L'histoire de son peuple, commencée deux siècles* ***plus tôt.*** (Antonine Maillet)

18. **Tout** : → 398-399

19. **Tout à coup** : Il ne faut pas confondre ***tout à coup*** («soudainement») et ***tout d'un coup*** («en une seule fois») :

- *La haute citadelle avec sa garde anglaise*
  Entendit ***tout à coup*** *tonner la Marseillaise.* (Fréchette)
- *Elle prit son parti* ***tout d'un coup.*** (Maupassant)

20. **Trop** : Il ne faut pas confondre ***trop***, adverbe, avec ***trop***, pronom indéfini, et ***trop de***, déterminant indéfini :

- *Des adversaires tour à tour* ***trop*** *fins ou* ***trop*** *obtus,* ***trop*** *faciles ou* ***trop*** *forts pour moi.* (Marguerite Yourcenar)
- *Tu apprends* ***trop****. Ça se bouscule dans ta tête.* (Driss Chraïbi)
- *Plutôt moins que* ***trop de*** *nourriture.* (Buffon)

L'EMPLOI DES ADVERBES *NON* ET *NE*

448 ● En français, la négation s'exprime presque toujours (→ 694), soit par l'adverbe ***non***, soit par l'adverbe ***pas***, soit par l'adverbe ***ne***. Ce dernier peut être utilisé seul ou avec d'autres mots (ou encore perdre sa valeur négative pour ne plus garder qu'un rôle explétif dans la phrase).

L'adverbe *non* (et l'adverbe *pas*)

449 ● L'adverbe ***non*** sert à reprendre, de manière négative, une notion, une phrase ou un verbe exprimé positivement (ou, parfois, négativement) :

> [Il] *se demandait tous les jours s'il l'épouserait ou* ***non***. (Maupassant)

> *Nous ne pouvons quand même pas aller les extraire de leur jungle,* ***non****?* (Mongo Beti)

L'adverbe ***non*** peut également porter sur un mot précis que l'on veut opposer à un autre de même fonction déjà exprimé dans la phrase :

– *C'est un divan qu'il faudrait ici,* ***non*** *des chaises.*

☞ ◆ Dans la plupart des cas, ***non*** peut être remplacé par ***pas*** (et il l'est de plus en plus souvent) :

> *Que m'importe qu'ils m'entendent ou* ***pas****?* (Paul Claudel)

◆ ***Non*** est souvent renforcé par d'autres adverbes :

– *Ah* ***non****! –* ***Non*** *pas! – Mais* ***non****! –* ***Non****, jamais!*

> *Cela relève du fait divers et* ***non pas*** *de l'information.* (Nicole Brossard)

◆ Placé devant un adjectif ou un participe (parfois devant un adverbe ou une préposition), ***non*** est toujours un adverbe. Il devient cependant un préfixe négatif quand il est placé devant un nom ou un verbe à l'infinitif auquel il s'attache alors par un trait d'union :

– *une maladie* ***non*** *traitable,* ***non*** *diagnostiquée.*
– *un* ***non****-lieu, un* ***non****-sens, une fin de* ***non****-recevoir.*

Devant un mot commençant par une voyelle, ***non*** se dénasalise : *un traité de* ***non****-agression* [nɔnagʀɛsjɔ̃].

L'adverbe *ne*

450 ● L'adverbe ***ne*** est presque toujours accompagné d'un autre mot avec lequel il forme une négation complète : ***ne pas***, ***ne point***, ***ne plus***, ***ne jamais***, ***ne personne***,... (ou bien il est accompagné d'expressions variées qui jouent le même rôle) :

– *Je* ***ne*** *dors* ***pas****. – Elle* ***ne*** *part* ***plus****. – Nous* ***ne*** *saurons* ***jamais****.*
– *Il* ***ne*** *veut voir* ***qui que ce soit****. – Je* ***ne*** *l'ai trouvée* ***nulle part****.*

☞ ◆ ***Ne... que*** a le même sens que *seulement*. Il est donc fautif d'utiliser l'un et l'autre avec le même verbe (pléonasme : → Annexe 4, p.525) :

— *Je **n'**ai bu **qu'**un verre.* (= *J'ai bu **seulement** un verre.*)

Mais non pas : * *Je n'ai bu qu'un verre seulement.*

➾ *«Le jour **n'**a d'égal **que** la nuit»* (poèmes d'Anne Hébert)

➾ *Nous **ne** sommes **que** des chairs à impôt.* (René Maran)

● Dans certains cas, l'adverbe ***ne*** doit être employé seul (c'est-à-dire sans *pas*, *point*, *plus*,...), à savoir : 451

1. dans certaines expressions figées :

— ***Ne** vous déplaise. — Si ce **n'**est... — Qu'à cela **ne** tienne!*

2. avec l'adverbe ***que*** utilisé au sens de *pourquoi* :

➾ *Mais **que** **n'**avez-vous* [...] *ressenti l'urgente nécessité de cette solidarité?* (Mongo Beti)

3. avec la conjonction ***ni*** répétée :

➾ *L'homme **n'**est **ni** ange **ni** bête.* (Blaise Pascal)

4. dans les séquences {***n'avoir que*** + inf.} et {***ne savoir que*** + inf.} :

— *Je **n'**ai que faire de tout ce bric-à-brac!*

● Dans d'autres cas, l'adverbe ***ne*** peut être employé seul (ou avec *pas*, *point*, *plus*,...), à savoir : 452

1. après un déterminant ou un pronom interrogatif :

➾ *Qui **ne** voudrait flairer ici le fumet des sauces?* (Charles De Coster)

2. dans une subordonnée conditionnelle (→ 943) introduite par ***si*** :

➾ *«Si le grain **ne** meurt»* (roman d'André Gide)

3. dans une subordonnée relative au subjonctif qui dépend d'une phrase de type interrogatif ou de forme négative (→ 874.3) :

➾ *Il n'est coin de terre où je **ne** vous entende.* (Gilles Vigneault)

4. avec les verbes ***cesser***, ***oser***, ***pouvoir*** et ***savoir*** quand ils sont suivis d'un autre verbe à l'infinitif :

➾ *Notre ventre **ne** cesse de protester et de gémir.* (Axel Gauvin)

➾ *Un matin d'hiver glacial, elle **ne** put tenir.* (Mouloud Feraoun)

5. après certaines conjonctions de temps (***depuis que***, ***il y a... que***, ***voici... que***, ***voilà... que*** : → 468.9) quand le verbe qu'elles introduisent est à un temps composé :

➾ *Voilà dix ans que je **n'**ai vu le soleil.* (Gustave Flaubert)

6. dans la séquence {***ne*** + verbe + ***autre*** + nom (+ ***que***)} :

➾ *Sa mauvaise humeur* [...] ***n'**avait d'**autre** but **que** d'accroître l'importance du présent.* (Boubou Hama)

Le *ne* explétif

453 ● Dans certaines subordonnées de sens positif, on utilise parfois un ***ne* explétif** qui peut exprimer diverses nuances de la pensée, parfois très subtiles, ou n'avoir, au contraire, aucun rôle dans la phrase. Dans bien des cas, ce ***ne*** a plutôt tendance à disparaître, même s'il peut y avoir avantage à le conserver parfois, ne serait-ce que pour le style.

On rencontre le ***ne* explétif**, plus ou moins fréquemment, dans les principaux cas suivants :

1. après les verbes de **crainte** employés positivement, quand on redoute que se produise ce qu'exprime la subordonnée :
   — *Elle a tellement peur qu'il **ne** m'arrive quelque chose.*
   ☞ ◆ Après ces mêmes verbes, on met cependant la négation complète, quand on redoute que ne se produise pas ce qu'exprime la subordonnée :
   — *Elle a tellement peur que je **ne** réussisse **pas**.*

2. après les verbes de **défense** ou d'**empêchement** (sauf *défendre que*) :

   ➾ *Pour éviter que les conversations **ne** devinssent difficiles.* (André Maurois)

   ➾ *Comment empêchera-t-elle qu'il **ne** soit sans cesse entouré d'ennemis?* (Jean-Jacques Rousseau)

3. après les verbes de **doute** ou de **négation** employés de manière négative ou interrogative (sauf quand ils expriment une vérité communément admise) :

   ➾ *Je ne nie pas que ce sentiment d'affinités **ne** se ramène à des souvenirs confus.* (Jules Romains)

4. dans une subordonnée, après une phrase de type affirmatif introduisant une comparaison d'inégalité :

   ➾ *Le prisonnier voit la liberté plus belle qu'elle **n'**est.* (Alphonse Daudet)

5. après les locutions conjonctives ***avant que***, ***à moins que*** et ***plutôt que*** (mais presque jamais après ***sans que*** qui a déjà un sens négatif) :

   ➾ *Je remplissais un devoir **plutôt que** je ne jouissais d'un plaisir.* (François René de Chateaubriand)

   ➾ *Elle me l'a racontée **sans que** j'aie rien demandé.* (Mohammed Dib)

   ☞ ◆ Quand ***que***, utilisé seul, a le sens d'une de ces locutions conjonctives (***avant que***, ***à moins que***, ***de peur que*** ou ***sans que***), le ***ne*** est inévitable :

   ➾ *Tu ne bougeras pas d'ici que tu **n'**aies demandé pardon.* (George Sand)

LES INTERJECTIONS

● L'interjection est un mot (ou un groupe de mots) invariable qui exprime un sentiment personnel et qui ne joue **aucun rôle grammatical** dans la phrase. Elle est suivie, le plus souvent, d'un point d'exclamation (→ 24). 454

Les interjections ne constituent pas une classe de mots à proprement parler, car elles sont formées à partir de mots de différentes classes. Elles se comportent en réalité, dans la plupart des cas, comme des adverbes isolés formant des phrases non verbales (→ 652).

● Parmi les diverses interjections, on trouve les mots suivants : 455

1. de simples sons ou cris : ***Ah! — Aïe! — Hein! — Ho!***
2. des onomatopées : ***Crac! — Chut! — Ouf! — Patatras!***
3. des noms seuls : ***Diable! — Silence! — Salut! — Santé!***
4. des noms (seuls ou non) : ***Quel dommage! — Par exemple!***
5. des adjectifs (seuls ou non) : ***Bon! — Mince! — Tout doux!***
6. des adverbes : ***Eh bien! — Plus vite! — Tant pis!***
7. des verbes à l'impératif : ***Allons! — Gare! — Suffit!***
8. des phrases entières : ***À Dieu vat! — Allez savoir! — C'est gai!***
9. des mots typiques : ***Sacrebleu! — Saperlipopette! — Sapristi!***
10. des locutions typiques : ***Bas les pattes! — Nom d'un chien!***

☞ ◆ Quelques rares interjections peuvent avoir un complément : ***Adieu pour toujours! — Bravo pour Ali! — Chiche que j'arrive avant toi! — Gare à toi!***

◆ Il existe des interjections propres à chaque pays de la Francophonie, et, dans chaque pays, on en trouve qui soient propres à une région, à une famille et parfois même à une seule personne.

INFO — QUELQUES INTERJECTIONS ORIGINALES 456

La langue française a donné naissance à toute une série d'interjections (ou de locutions interjectives) plus originales les unes que les autres :

À la vôtre! — Attachez vos ceintures! — Bien joué! — C'est du gâteau! — C'est pas de la tarte! — Des clous! — En avant la musique! — Et comment! — Et que ça saute! — Haut les cœurs! — La belle affaire! — Pas de ça, Lisette! — Passez, muscade! — Ras le bol! — Tu l'as dit, bouffi! — Tu parles!

LA PRÉPOSITION

457 ● La préposition est un mot invariable qui sert à unir, à un élément d'une phrase ou à une phrase entière, un autre élément qui en dépend syntaxiquement.

Ce deuxième élément a donc toujours une fonction de complément : complément du nom, de l'adjectif, du pronom, du verbe, de l'adverbe ou de la phrase elle-même (→ 718).

Quant à la préposition qui introduit le complément, seul un adverbe peut la modifier : ***tout*** *contre lui*, ***loin*** *derrière elle* (→ 770).

458 ● La préposition peut être **simple** (*après, pendant, sur*) ou composée de deux, trois, voire quatre mots, ce qui en fait alors une **locution prépositive** (*à l'insu de, de manière à, vis-à-vis de*).— (Néanmoins, sauf indication contraire, le terme «préposition» sera utilisé dans tous les cas.)

Les prépositions ***à*** et ***de***, qu'elles soient utilisées seules ou comme éléments d'autres prépositions, peuvent se contracter avec les déterminants définis ***le*** et ***les*** (→ 222) : *être allergique* ***au*** *pollen, s'occuper* ***des*** *chèvres, dormir à côté* ***du*** *feu, mesurer par rapport* ***aux*** *bâtiments*. De plus, ***de*** s'élide devant une voyelle ou un -h- muet : *à cause* ***d'****elle, au milieu* ***d'****eux, revenir* ***d'****Honolulu*.

LE CLASSEMENT DES PRÉPOSITIONS

459 ● Les prépositions peuvent être classées selon leur **forme**, mais il est plus utile de les classer selon les **rapports** qu'elles expriment, car une même préposition (surtout *à* et *de*) peut en exprimer plusieurs.

Les principaux rapports exprimés par les prépositions sont les suivants :

1. le **temps** : *à, de, avant, après, depuis, pendant, pour, vers,...*
2. le **lieu** : *à, dans, en, chez, vers, jusqu'à, au-dessus de, sur,...*
3. la **cause** : *attendu, grâce à, par suite de, en raison de,...*
4. le **but** : *à, pour, en vue de, afin de, de façon à, de manière à,...*
5. la **manière** : *à, de, par, avec, sans, selon, suivant, au prix de,...*
6. l'**opposition** : *contre, malgré, en dépit de, face à, au lieu de,...*

Parmi les autres rapports exprimés, il faut mentionner l'**exception** (*sans, sauf, excepté,...*), la **condition** (*moyennant, à défaut de,...*), le **classement** (*après, devant, selon,...*), l'**origine** (*de, depuis, de chez,...*), voire également la **qualité**, l'**instrument**, l'**agent**, la **conséquence**, l'**attribution**, l'**apparence**, la **séparation**, la **conformité**,...

● Il y a aussi des **prépositions vides de sens**, mais syntaxiquement nécessaires. 460

Il s'agit notamment :

1. du ***de*** qui fait partie de certains indéfinis composés (→ 389 et 426) :
   — *peu* ***de****, beaucoup* ***de****, autant* ***de****, pas mal* ***de****, moins* ***de****.*

2. du ***de*** qui réunit deux noms dont l'un est l'apposition de l'autre :
   — *la ville* ***de*** *Moncton, le titre* ***de*** *président, le désert* ***du*** *Sahara.*

3. du ***de*** qui est parfois placé devant un verbe à l'infinitif :
   ➾ ***D'****être seul ici* [...] *me rend propriétaire exclusif de cet édifice.* (Abdelwahab Meddeb)

4. de quelques autres prépositions qui servent à composer diverses expressions :
   — *aimer* ***à*** *flâner, tenir* ***pour*** *acquis, traiter* ***en*** *héros.*

LA RÉPÉTITION ET L'OMISSION DE LA PRÉPOSITION

● Quand une même préposition introduit plusieurs compléments, il convient tantôt de la répéter devant chacun, tantôt de ne pas la répéter. 461

La répétition de la préposition

● En règle générale, on répète les prépositions ***à***, ***de*** et ***en*** devant chaque complément : 462

➾ *En aumône* ***à*** *la pluie et* ***au*** *monde.* (Makhâli Phâl)

➾ *«Elle sera* ***de*** *jaspe et* ***de*** *corail»* (recueil de poèmes de Werewere Liking)

➾ *Vivre* ***en*** *France,* ***en*** *Espagne ou* ***en*** *Italie.* (Jules Verne)

● En ce qui concerne les autres prépositions simples, on les répète quand on veut insister ou obtenir un effet particulier : 463

➾ *Les valeurs vraies, je les découvrais* [...] ***dans*** *les livres,* ***dans*** *la littérature et la philosophie,* ***dans*** *la politique.* (Albert Memmi)

➾ *Un cheval blanc,* ***sans*** *selle,* ***sans*** *rênes,* ***sans*** *cavalier,* ***sans*** *harnais.* (Mohammed Dib)

● Quand une locution prépositive se terminant par *de* introduit plusieurs compléments, on ne répète habituellement que le seul *de* : 464

➾ *Monsieur voit qu'il est aussi* ***près du*** *matin que* ***du*** *soir.* (Beaumarchais)

L'omission de la préposition

465 ● On ne répète pas les prépositions ***à, de*** et ***en*** :

1. quand les compléments désignent la même réalité :

— *Pensez **à** notre collègue et ami, M. Diop, aujourd'hui décédé.*

2. quand les compléments expriment une seule idée :

*Morts **de** Varsovie*
Buchenwald
Oradour
Hiroshima,
Sortez du soleil! (Fernand Ouellette)

3. quand les compléments forment en réalité une locution :

— *Tu peux y aller, mais **à** tes risques et périls.*

466 ● En ce qui concerne les autres prépositions, on ne les répète habituellement pas (mais il y a de nombreuses exceptions, notamment quand les compléments qu'elles introduisent sont longs ou nombreux) :

*Chacun vit **selon** sa force, ses habitudes et ses principes.*
(Abdoulaye Mamani)

— ***Étant donné** votre dévouement passé et votre désir de vous racheter, nous avons décidé de ne pas retenir contre vous ce dont vous vous êtes rendu coupable.*

467 ● Parfois, surtout dans la langue parlée, quand le rapport entre un mot et son complément est évident, on peut omettre la préposition (→ 728.3) :

— *Parler affaires* (au lieu de : *parler **d'**affaires*).
— *Penser réussite* (au lieu de : *penser **à** sa réussite*).

L'EMPLOI DE QUELQUES PRÉPOSITIONS

468 ● Quelques prépositions fréquemment utilisées demandent une attention particulière :

1. **À** : La préposition ***à,*** en plus d'avoir des sens très variés, entre dans la composition de nombreuses expressions:

— ***À** moi! — **Au** secours! — **À** cheval, **à** vélo.*
— *Un fils **à** papa. — Une bête **à** bon Dieu.*

Parfois, ***à*** peut s'opposer à ***de*** : ***un verre à bière*** est un verre destiné à contenir de la bière, alors qu'***un verre de bière*** est un verre qui en contient. La même chose vaut pour *une boîte **à** bonbons, une boîte **de** bonbons; un pot **à** lait, un pot **de** lait,...*

2. **De** : La préposition ***de***, en plus d'avoir des sens très variés, sert de particule nobiliaire. À ce titre, elle peut se contracter avec *le* et *les* et s'élider devant une voyelle ou un -h- muet :
   — *Jean* ***de*** *La Fontaine, Bertrand* ***du*** *Guesclin, le chevalier* ***des*** *Touches, Pierre Le Moyne* ***d'****Iberville.*

3. **À travers** : ***À travers*** a aujourd'hui le même sens qu'***au travers***, mais seul ce dernier est suivi de la préposition ***de*** :
   — ***à travers*** *mille épreuves,* ***au travers de*** *tant de mal.*

4. **Durant** : ***Durant*** et ***pendant*** désignent l'un et l'autre une période de temps, mais ***durant*** a le sens de «pendant la durée de», alors que ***pendant*** signifie plutôt «à un moment de» :
   - *Il travailla* ***durant*** *tout un printemps.* (Marguerite Yourcenar)
   - ***Pendant*** *la période de transition* [...], *ce mince filet d'eau s'enfle soudain.* (Félix Couchoro)

5. **En** : ***En*** introduit normalement un nom sans déterminant (***en*** *Casamance,* ***en*** *hiver,* ***en*** *plastique,...*), sauf dans certaines expressions figées :
   — ***en l'****air,* ***en l'****honneur de,* ***en l'****occurrence,...*
   — ***en l'****absence de* (mais : ***en*** *présence de*).

6. **Jusque** : ***Jusque***, qui s'élide devant une voyelle ou un -h- muet, se construit soit avec une préposition (*à, chez, sur, vers,...*), soit avec un adverbe (*ici, là, alors, où,...*) :
   — ***jusqu'au*** *bout,* ***jusque chez*** *toi,* ***jusqu'ici****.*

7. **Près de** : Il ne faut pas confondre ***près de***, locution prépositive suivie d'un infinitif (qui signifie «sur le point de»), et ***prêt à***, adjectif suivi de la préposition *à* (qui signifie «disposé à, préparé à») :
   - *Les démarches étaient* ***près d'****aboutir.* (Anatole France)
   - *Un cou* [...] *si gracile qu'on le croyait* ***prêt à*** *se rompre à chaque mouvement de la tête.* (Abdoulaye Mamani)

8. **Quant à** : Il ne faut pas confondre ***quant à***, locution prépositive (ou conjonctive), et ***quand***, conjonction de temps (→ 475) :
   - ***Quant à*** *ton argent, laisse-moi rire.* (Pius N. Ngandu)
   - ***Quand*** *reverrait-il un autre caribou?* (Yves Thériault)

9. **Voici** et **voilà** : ***Voici*** et ***voilà*** sont considérés comme des prépositions quand ils introduisent une indication de temps (→ 452.5). Dans le cas contraire, ce sont des **présentatifs** et les mots qui en dépendent sont des **compléments du présentatif** (→ 743-744) :
   - ***Voici*** *tantôt mille ans.* (Jean de La Fontaine)

LA CONJONCTION

469 • La conjonction est un mot invariable qui sert à lier, soit deux phrases entre elles, soit, dans la même phrase, deux mots ou groupes de mots de même fonction.

Il y a deux sortes de conjonctions : les **conjonctions de coordination** (→ 472) et les **conjonctions de subordination** (→ 474).

470 • La conjonction peut être **simple** (*et, lorsque, sinon*) ou composée de deux, trois, voire six mots, ce qui en fait alors une **locution conjonctive** (*c'est-à-dire, parce que, au fur et à mesure que*). — (Néanmoins, sauf indication contraire, le terme «conjonction» sera utilisé dans tous les cas.)

Toutes les conjonctions sont invariables, mais le ***que*** qui entre dans la composition d'un grand nombre d'entre elles s'élide devant une voyelle ou un -h- muet.

471 • Il peut être difficile, dans certains cas, de faire la **distinction entre adverbes et conjonctions**. Quelques adverbes en effet, notamment les adverbes de relation qui ont un rôle d'organisateurs textuels (→ 999), ont un rôle de coordination dans la phrase et dans le texte.

Il existe cependant un moyen simple de distinguer les conjonctions des adverbes : en général, les adverbes peuvent être déplacés dans une phrase (→ 444 et 848), alors que les conjonctions ne peuvent pas l'être :

➤ Adverbes : *cependant, néanmoins, au contraire, d'ailleurs,...*

→ Déplacement : — ***Cependant**, il est venu.*
— *Il est **cependant** venu.*
— *Il est venu **cependant**.*

➤ Conjonctions : *car, mais, quand, à savoir, c'est pourquoi,...*

☞ ◆ Les locutions se terminant par ***que*** ne peuvent être déplacées, de sorte qu'elles sont toutes des conjonctions : *afin **que**, d'autant plus **que**, de peur **que**, malgré **que**,...*

LES CONJONCTIONS DE COORDINATION

472 • On appelle **conjonctions de coordination** les conjonctions qui unissent, ou bien deux mots ou groupes de mots de même fonction dans une phrase, ou bien deux phrases syntaxiquement indépendantes.

● Les conjonctions de coordination peuvent être classées selon leur **forme**, mais il est plus utile de les classer selon les **rapports** qu'elles expriment. 473

Parmi ceux-ci, il y a notamment l'**addition** (*et, bien plus, avec,...*), la **transition** (*or, puis,...*), la **cause** (*car*), la **conséquence** (*c'est pourquoi, partant, donc,...*), la **comparaison** (*comme, ainsi que,...*), la **condition** (*si, sinon,...*), l'**alternative** (*ou, ou bien, soit... soit...*), l'**opposition** (*mais, au lieu que,...*) et l'**explication** (*c'est-à-dire, à savoir,...*).

LES CONJONCTIONS DE SUBORDINATION

● On appelle **conjonctions de subordination** les conjonctions qui unissent deux phrases dont l'une est syntaxiquement dépendante de l'autre (→ 853). 474

● Les conjonctions de subordination peuvent être classées selon leur **forme**, mais il est plus utile de les classer selon les **rapports** qu'elles expriment. 475

Parmi ceux-ci, il y a notamment le **temps** (*quand, lorsque, depuis que,...*), le **but** (*afin que, pour que,...*), la **cause** (*parce que, puisque, étant donné que,...*), la **conséquence** (*de sorte que, de façon que,...*), la **comparaison** (*comme, de même que, aussi que,...*), la **condition** (*si, à moins que, au cas où,...*) et l'**opposition** (*bien que, tandis que, alors que,...*).

L'EMPLOI DE QUELQUES CONJONCTIONS

● Quelques conjonctions fréquemment utilisées demandent une attention particulière : 476

1. **Ainsi** et **aussi** : Les adverbes ***ainsi*** et ***aussi*** deviennent généralement des conjonctions quand ils sont placés en début de phrase. ***Ainsi*** exprime alors soit une conclusion, soit une constatation, tandis qu'***aussi*** marque habituellement le résultat (souvent, quand ils ne sont pas immédiatement suivis d'une virgule, ils entraînent l'inversion du verbe et du sujet) :

   ➾ ***Ainsi*** *avais-je perdu tout à la fois ma mère et son langage.* (Yacine Kateb)

   ➾ ***Aussi*** *le réveil n'est-il que violence.* (Akendengué)

2. **Alors** : L'adverbe ***alors***, quand il est placé en début de phrase, perd son sens temporel et devient une conjonction :

   – *Tu m'as déjà dit que c'était oublié et pardonné;* ***alors****, n'y reviens pas, d'accord?*

3. **Et** : Dans une énumération de plus de deux éléments, la conjonction ***et*** ne se met le plus souvent qu'entre les deux derniers (une virgule la remplace dans les autres cas) :

➾ *Ivres de vin, de sang, de haines* ***et*** *de pillages.* (Louis Fréchette)

Cependant, pour marquer l'insistance, ***et***, accompagné ou non d'une virgule, peut être répété chaque fois :

➾ *Moi je suis pauvre* ***et*** *de mon nom* ***et*** *de ma vie.* (Paul Chamberland)

4. **Mais** : ***Mais*** est d'un usage très fréquent, jusqu'à perdre parfois son sens habituel d'opposition :

➾ *Acceptez-vous de témoigner? — Ah!* ***mais*** *bien sûr.* (Bernadette Dao)

Suivi d'***encore*** ou d'***aussi***, ***mais*** s'oppose à ***non seulement*** :

➾ *Il* [l'homme] *crée* ***non seulement*** *pour assurer les relations indispensables à son existence matérielle,* ***mais aussi*** *pour assurer le viatique qui ouvre pour lui les portes de la béatitude.* (Amadou Hampâté Bâ)

5. **Ni** : ***Ni*** est souvent répété et presque toujours accompagné de ***ne*** (→ 451.3) :

➾ *Ils* ***ne*** *cherchaient* ***ni*** *les métaux* ***ni*** *le charbon.* (Pham Van Ky)

6. **Ou** : ***Ou*** peut être redoublé et renforcé par ***bien*** :

— *Choisis :* ***ou bien*** *tu restes* ***ou bien*** *tu pars.*

7. **Quoique** : Il ne faut pas confondre ***quoique***, conjonction exprimant la concession, avec ***quoi que***, pronom indéfini (→ 354) :

➾ ***Quoique*** *je me défie de moi-même.* (La Fayette)

➾ ***Quoi que*** *je dise ou fasse.* (André Gide)

8. **Si** : La conjonction ***si*** exprime habituellement une condition (→ 943), mais elle peut également exprimer divers sentiments : le désir (***Si*** *je pouvais enfin réussir!*), l'opposition (***S'il*** *a gagné, je n'en suis pas moins arrivé deuxième!*) ou la crainte (***S'il*** *fallait qu'elle l'apprenne!*).

9. **Soit** : ***Soit... soit...*** marque l'alternative devant un nom, un adjectif ou un pronom, mais devient ***soit que... soit que...*** (***que... ou que...***) devant un verbe :

➾ ***Soit*** *comme reines,* ***soit*** *comme favorites.* (Nerval)

➾ ***Que*** *l'on pleure ou* ***qu'****on rie, je dormirai content.* (Robert-Edward Hart)

Quand les phrases introduites par *soit que...* ne dépendent d'aucun verbe, elles se mettent au subjonctif; quand elles dépendent d'un verbe, elles se mettent à l'indicatif ou au subjonctif selon le sens de celui-ci.

LA CONJONCTION *QUE*

● ***Que*** s'emploie très fréquemment comme conjonction de subordination, soit seul, soit dans des locutions (→ 470) : 477

– *bien **que**, depuis **que**, de sorte **que**, parce **que**, pendant **que**,...*

Que est employé seul dans les principaux cas suivants :

1. pour introduire une subordonnée complétive (→ 878) :

*La Reine-mère voulait **que** je quitte le village.* (Calixthe Beyala)

*Ce serait un blasphème **que** d'oser lui opposer le dénuement des hommes.* (Loys Masson)

2. pour exprimer un ordre ou un souhait à la 3e personne (→ 587) :

*«**Que** ma joie demeure»* (roman de Jean Giono)

3. pour remplacer certaines conjonctions tout en prenant le sens de celles-ci :

*Ouvre-moi tes bras **que** j'entre au port.* (Gaston Miron)
(que = afin que)

*Il tousse **qu'**il en secoue toute la maison.* (Gustave Flaubert)
(que = au point que)

4. pour éviter de répéter deux fois la même conjonction (dans ce cas, même si le verbe qui suit la première conjonction est à l'indicatif, celui qui suit *que* se met souvent au subjonctif) :

*Comme il était seul et **que** ses ennemis constituaient une bande redoutable,...* (Mohammed Khaïr-Eddine)

*Si elle est jolie et que vous ne l'**aimiez** pas.* (Alfred de Musset)

☞ ◆ Il ne faut pas confondre ***que***, conjonction de subordination, avec ***que***, adverbe de quantité (→ 433), pronom relatif (→ 321) ou pronom interrogatif (→ 333).

● La conjonction ***que*** peut également se combiner avec d'autres mots, formant ainsi, notamment : 478

1. les présentatifs ***voici que***, ***voilà que***, ***c'est que*** (→ 744) :

*Voilà **que** l'ami va le quitter.* (Leïla Sebbar)

2. l'adverbe interrogatif ***est-ce que*** (→ 447.7).

3. l'adverbe de négation ***ne que*** (→ 450R).

4. les indéfinis : *qui **que** ce soit, quoi **que** ce soit, quel **que**, quelque **que**,...* (→ 349).

5. les conjonctions et corrélatifs de comparaison (→ 946) :

*Le monde arabe marche aussi rapidement **qu'**il peut.* (Salah Stetié)

479

LES INVARIABLES : TABLEAU RÉCAPITULATIF

1. L'ADVERBE

— Adverbes de manière, de quantité, de temps, de lieu, de négation, d'interrogation, d'opinion, de relation,...		n° **431**
— **Adverbes en -*ment*** :	*tendrement, péniblement*	**441**
	*intens**é**ment, étran**g**ement*	**441**
	*assid**û**ment, absol**u**ment*	**441**
— **Degré des adverbes** :	***plus* / *moins* / *très* rudement**	**442**
— **Place de l'adverbe** :	*une demande **joliment** formulée*	**445**
	*Il lui écrit **régulièrement**.*	**446**
	*J'ai **souvent** pensé à elle.*	**446**
— **Adverbes particuliers** :	*aussi (si), aussitôt (aussi tôt), autant (tant), beaucoup, bien, davantage, est-ce que (si), frais, grand, jamais, mieux, moins, pas mal, peu, pis, plus, plutôt, tout, tout à coup, trop*	**447**
— **Adverbes *non, pas* et *ne*** :	*une hypothèse **non** prouvée*	**449**
	*C'est à lui, **pas** à moi.*	**449**
	*Il craint qu'elle **ne** meure.*	**451**
	*Qui **ne** rêve d'y aller un jour?*	**452**
— **Interjections** :	***Chut! — Tout doux! — Gare à toi!***	**454**

2. LA PRÉPOSITION

— Prép. de temps, de lieu, de cause, de but, de manière, d'opposition, d'agent, de conséquence, d'attribution,...	**457**
— **Répétition** de la préposition : *Je l'ai fait **pour** elle et **pour** toi.*	**462**
— **Omission** de la préposition : *lutter **contre** vents et marées*	**465**
— **Emploi** des prépositions *à, de, à travers (au travers de), durant (pendant), en, jusque, près de, quant à, voici* et *voilà*	**468**

3. LA CONJONCTION

— Conj. de **coordination** : *et, or, car, comme, si, ou, mais,...*	**472**
— Conj. de **subordination** : *quand, afin que, parce que, bien que, de sorte que, de même que, au cas où,...*	**474**
— **Emploi** des prépositions *ainsi, aussi, alors, et, mais, ni, ou, quoique, si, soit*	**476**
— **La conjonction *que*** : ***Que** Dieu lui pardonne!*	**477**

*A*MADOU *H*AMPÂTÉ *B*Â

Mali

1900 - 1991

Amadou Hampâté Bâ est l'auteur d'une œuvre impressionnante, autant par sa quantité que par sa qualité. D'origine peule, il reçut une double formation : à l'école (en français) et auprès d'un maître traditionnel africain, Tierno Bokar. D'abord affecté d'office dans l'administration coloniale française, il travailla ensuite pour son pays, le Mali, dont il fut pendant un temps l'ambassadeur en Côte-d'Ivoire. Membre du Conseil exécutif de l'Unesco (1962-1970), Amadou Hampâté Bâ a déployé toute son énergie à promouvoir la culture peule et à revaloriser la tradition orale africaine. Il a publié de nombreux contes (*Kaïdara,...*), des essais (*Tierno Bokar, le sage de Bandiagara,...*), des mémoires (***Amkoullel l'enfant peul,...***) et un récit (***L'Étrange Destin de Wangrin***). Il est l'un des écrivains majeurs de l'Afrique et il a connu un rayonnement universel.

La connaissance n'était pas compartimentée. Le même vieillard (au sens africain du terme, c'est-à-dire celui qui connaît, même si tous ses cheveux ne sont pas blancs) pouvait avoir des connaissances approfondies aussi bien en religion ou en histoire qu'en sciences naturelles ou en sciences humaines de toutes sortes. [...]

Le fait de n'avoir pas eu d'écriture n'a donc jamais privé l'Afrique d'avoir un passé, une histoire et une culture. Comme le dira beaucoup plus tard mon maître Tierno Bokar : «L'écriture est une chose et le savoir en est une autre. L'écriture est la photographie du savoir, mais elle n'est pas le savoir lui-même. Le savoir est une lumière qui est en l'homme. Il est l'héritage de tout ce que les ancêtres ont pu connaître et qu'ils nous ont transmis en germe, tout comme le baobab est contenu en puissance dans sa graine.»

Koullel faisait parfois venir à ces séances son maître Modibo Koumba. Celui-ci, contemporain d'El-Hadj Omar, nous apporta beaucoup de lumières sur les événements de cette époque, dont il avait été un acteur. C'est par eux deux que j'ai entendu pour la première fois certaines explications des grands contes initiatiques peuls que je publierai plus tard, et qui, sous des dehors plaisants et récréatifs, recèlent des enseignements profonds.

Des confrères de Koullel, eux aussi traditionalistes en de nombreux domaines, l'accompagnaient souvent. Quand l'un d'eux contait, un guitariste l'accompagnait en sourdine. C'était souvent Ali Dièli Kouyaté, le griot personnel de Tidjani; mais d'autres griots chanteurs, musiciens ou généalogistes, venaient aussi animer ces veillées, où musique et poésie étaient toujours présentes.

À travers ce chaos apparent, nous apprenions et retenions beaucoup de choses, sans peine et avec un grand plaisir, parce que c'était éminemment vivant et distrayant. Instruire en amusant a toujours été un grand principe des maîtres maliens de jadis. Plus que jamais, mon milieu familial était pour moi une grande école permanente, celle des maîtres de la Parole.

(Extrait de *AMKOULLEL L'ENFANT PEUL*,
© Actes Sud, 1991)

Victor Hugo est le grand personnage de la littérature française. Il est l'auteur d'une œuvre immense, équivalant à plus de deux cents livres moyens et touchant à tous les genres : poésie (*Les Contemplations*, ***La Légende des siècles***,...), roman (*Notre-Dame de Paris*, ***Les Misérables***,...), discours politique, correspondance, critique,... De son vivant même, il fut considéré comme un «être d'essence supérieure», au point, par exemple, que le caodaïsme (une religion d'Indochine, alors colonie française) l'intégra parmi ses «quasi-divinités». Toujours très populaires aujourd'hui, ses romans ont été de nombreuses fois portés au cinéma (par divers réalisateurs en divers pays) ou adaptés en dessins animés, notamment *Les Misérables* et *Le Bossu de Notre-Dame* (d'après *Notre-Dame de Paris*).

Victor Hugo

France

1802 - 1885

Jean Valjean se tourna vers lui et lui dit rapidement et très bas :

— Accordez-moi trois jours! trois jours pour aller chercher l'enfant de cette malheureuse femme! Je payerai ce qu'il faudra. Vous m'accompagnerez si vous voulez.

— Tu veux rire! cria Javert. Ah ça! je ne te croyais pas si bête! Tu me demandes trois jours pour t'en aller! Tu dis que c'est pour aller chercher l'enfant de cette fille! Ah! ah! c'est bon! voilà qui est bon!

Fantine eut un tremblement.

— Mon enfant! s'écria-t-elle, allez chercher mon enfant! Elle n'est donc pas ici! Ma sœur, répondez-moi, où est Cosette? Je veux mon enfant! Monsieur Madeleine! monsieur le maire!

Javert frappa du pied.

— Voilà l'autre, à présent! Te tairas-tu, drôlesse! Gredin de pays où les galériens sont magistrats et où les filles publiques sont soignées comme des comtesses! Ah! mais! tout ça va changer; il était temps!

Il regarda fixement Fantine et ajouta en reprenant à poignée la cravate, la chemise et le collet de Jean Valjean :

— Je te dis qu'il n'y a point de monsieur Madeleine et qu'il n'y a point de monsieur le maire. Il y a un voleur, il y a un brigand, il y a un forçat appelé Jean Valjean! C'est lui que je tiens! voilà ce qu'il y a!

Fantine se dressa en sursaut, appuyée sur ses bras roides et sur ses deux mains, elle regarda Jean Valjean, elle regarda Javert, elle regarda la religieuse, elle ouvrit la bouche comme pour parler, un râle sortit du fond de sa gorge, ses dents claquèrent, elle étendit les bras avec angoisse, ouvrant convulsivement les mains, et cherchant autour d'elle comme quelqu'un qui se noie, puis elle s'affaissa subitement sur l'oreiller. Sa tête heurta le chevet du lit et vint retomber sur sa poitrine, la bouche béante, les yeux ouverts et éteints.

Elle était morte.

(Extrait de *Les Misérables*)

Chapitre X

Le verbe

I - CATÉGORIES ET FORMES

LES PROPRIÉTÉS DES VERBES

● Le verbe a longtemps été défini comme un mot exprimant, globalement, ou bien l'état du sujet, ou bien l'action faite par celui-ci. Cette distinction s'étant souvent révélée difficile à appliquer, il paraît plus exact de définir le verbe comme un mot (ou un groupe de mots) qui, dans une phrase, exprime habituellement : 480

➤ ou bien les modalités de **ce qu'est le sujet** :

— *Vous étiez malade*. — *Guy se retrouva seul*. — *Je deviens fou*.

(Dans *Vous étiez malade*, c'est l'attribut *malade* qui exprime l'état du sujet, le verbe *être* n'exprimant que des modalités, c'est-à-dire, ici, le passé. En fait, il est très rare qu'un verbe exprime vraiment l'état du sujet : — *Que la lumière soit!* — *La route tourne*.)

➤ ou bien la nature et les modalités de **ce que fait le sujet** :

— *Claire grandit*. — *Ils auraient dormi*. — *Nous nous reverrons*.

(Dans *Claire grandit* et *Ils auraient dormi*, les verbes expriment effectivement ce que font les sujets sans qu'on puisse vraiment parler de «verbes d'action». Quant aux modalités, elles sont exprimées par le mode et le temps des verbes : → 511 et 515.)

➤ ou bien la nature et les modalités de **ce qui est fait au sujet** :

— *Julie a été oubliée*. — *Qu'ils soient graciés!* — *Éric sera vaincu*.

(Dans *Julie a été oubliée*, le verbe *oublier* exprime simplement ce qui est fait au sujet, ce qui lui arrive, sans qu'on puisse parler de «verbe d'action». Quant aux modalités, elles sont exprimées par la voix, le mode et le temps du verbe : → 509, 511 et 515).

481 ● Ce qui permet au verbe d'exprimer une multitude de modalités relatives à ce qu'est le sujet, à ce qu'il fait ou à ce qui lui est fait, c'est la faculté qu'il a de changer de forme en fonction des exigences de la communication.

L'ensemble des formes que peut prendre le verbe porte le nom de **conjugaison** (→ Chapitre XI, p.277). Celle-ci permet d'exprimer tout à la fois différents aspects du sujet (la **personne**, le **nombre** et, parfois, le **genre** : → 506-508) et diverses modalités relatives à la signification du verbe lui-même (le **mode**, le **temps**, la **voix** : → 509-522) :

— *J'écoute.* — *Tu écouterais.* — *Elle avait écouté.* — *Nous aurions été écoutées.* — *Écoutez!* — *Qu'ils écoutent donc!*

482 ● La grande variété de formes que peuvent prendre les verbes dépend à la fois des verbes eux-mêmes et des particularités de leur conjugaison.

Ainsi, l'on peut distinguer les **verbes simples** (*acheter, vouloir, entreprendre*) et ceux qui, formés de plus d'un mot, constituent des **locutions verbales** (*avoir soif, donner lieu, faire savoir*).

De même, un verbe peut être conjugué à des **temps simples** (*j'attends, j'attendrais, que j'attende*) ou à des **temps composés** (*j'ai attendu, j'aurais attendu, que j'aie attendu*).

LE CLASSEMENT DES VERBES

483 ● Les verbes peuvent être classés selon leur sens ou selon leurs propriétés syntaxiques.

Classés selon leur **sens**, il y a notamment des verbes de sensation (*sentir, entendre, apercevoir,...*), de sentiment (*souhaiter, craindre, haïr,...*), de pensée (*savoir, juger, croire,...*), de déclaration (*dire, affirmer, prétendre,...*), de mouvement (*descendre, entrer, partir,...*), etc. Cette classification, pour utile qu'elle soit à la compréhension de la langue, ne permet cependant pas d'étudier systématiquement les formes et les emplois des verbes.

484 ● Classés selon leurs **propriétés syntaxiques** habituelles, les verbes se divisent en six catégories :

1. les verbes **transitifs** (→ 486) : *donner, lire, apporter, rendre.*
2. les verbes **intransitifs** (→ 490) : *rugir, partir, amerrir, fleurir.*
3. les verbes **attributifs** (→ 492) : *être, devenir, sembler, paraître.*
4. les verbes **pronominaux** (→ 493) : *s'envoler, s'évanouir.*
5. les verbes **impersonnels** (→ 496) : *il neige, il faut, il fait beau.*
6. les verbes **auxiliaires** (→ 497) : *être, avoir* (*devoir, aller,...*)

Ce dernier type de classement des verbes, le plus utile sur le plan grammatical, est développé dans la section suivante.

LES CATÉGORIES DES VERBES

● Selon la catégorie à laquelle ils appartiennent, les verbes ont des comportements syntaxiques différents, soit en eux-mêmes (verbes **impersonnels** et **pronominaux**), soit en regard de leurs compléments (verbes **transitifs** et **intransitifs**), soit encore en leur qualité de lien entre le sujet et son attribut (verbes **attributifs**) ou d'outil nécessaire à l'emploi d'autres verbes dans des circonstances données (verbes **auxiliaires**). 485

LES VERBES TRANSITIFS ET INTRANSITIFS

● La distinction entre verbes transitifs (directs et indirects) et intransitifs dépend uniquement de la présence ou non d'un **complément du verbe** (→ 726) et de la façon dont celui-ci est introduit (le mot *transitif*, qui vient du latin ***transire*** signifiant «passer, passer à travers», est utilisé pour indiquer que le sujet accomplit une action qui, par le verbe, porte sur un complément). 486

Quand un verbe appartient toujours ou presque toujours à l'une ou l'autre de ces catégories, on peut parler de verbe transitif «en soi» (*donner* par exemple) ou de verbe intransitif «en soi» (*venir* par exemple). En pratique, le verbe transitif se reconnaît à ce qu'il ne peut pas être utilisé sans complément (* *Je reçois.* — * *Tu jettes.* — * *On entreprend.*).

Le verbe transitif direct

● Sur le plan syntaxique, un verbe est dit **transitif direct** quand il est accompagné d'un complément qui se rattache à lui directement, c'est-à-dire sans préposition (→ 727) : 487

— *Nous regardons la télévision.* — *Françoise n'aimait plus Sébastien.* — *Tu vendras tes photos demain.* — *Ne l'oublie pas!*

☞ ◆ Certains verbes pronominaux peuvent être transitifs directs : — *Ils se lavent les mains.* — *Je me pose la question.*

▲ Exceptions : Il existe divers cas particuliers de compléments directs, et donc de verbes transitifs directs, pour l'identification desquels interviennent des critères sémantiques (→ 637).

Le verbe transitif indirect

● Sur le plan syntaxique, un verbe est dit **transitif indirect** quand il est accompagné d'un complément qui se rattache à lui indirectement, c'est-à-dire à l'aide d'une préposition (→ 733), généralement exprimée mais parfois sous-entendue : 488

— *Hugues mentirait* ***à*** *Pauline?* — *Je ne compte plus* ***sur*** *toi.* — *Viendrez-vous* ***avec*** *elle?* — *Ils parlent encore* **(de)** *politique.*

☞ ◆ Certains verbes pronominaux peuvent être transitifs indirects :

— *Elle s'interrompt* ***de*** *parler.* — *Je me suis converti* ***à*** *l'islam.*

◆ Un verbe peut être **à la fois transitif direct et transitif indirect** :

— *Il donne son livre à sa sœur.*

◆ Il ne faut pas confondre le déterminant partitif ***de la*** (→ 253) avec la préposition ***de*** suivie du déterminant défini ***la*** :

— *Le chameau boit* ***de l'****eau.* → *boire* : verbe transitif direct.

— *Il revient* ***de la*** *foire.* → *revenir* : verbe transitif indirect.

489 ● Quand le complément du verbe est un pronom rattaché au verbe sans préposition, il faut le remplacer par un nom pour vérifier s'il ne s'agit pas d'un complément qui ne serait direct qu'en apparence (→ 728.1 et 728.2) :

— *Je* ***lui*** *parle.* → *Je parle* ***à*** *Jean.* → *parler* = transitif indirect.

— *Elle* ***en*** *a peur.* → *Elle a peur* ***de*** *lui.* → *avoir peur* = transitif indirect.

▲ Exceptions : Il existe divers autres cas particuliers de compléments indirects, et donc de verbes transitifs indirects, pour l'identification desquels interviennent des critères sémantiques (→ 730).

Le verbe intransitif

490 ● Sur le plan syntaxique, un verbe est dit **intransitif** quand il n'est accompagné d'aucun complément du verbe, direct ou indirect (ce qui n'exclut pas qu'il puisse y avoir des compléments de phrase : → 755) :

— *Le ciel s'est couvert.* — *Je ne réussirai jamais.* — *Dors!* — *Ces oiseaux migrent au printemps.* — *Elle s'est assise à l'écart.*

491 **Remarque générale :**

Selon leur emploi dans une phrase, certains verbes peuvent être tantôt transitifs directs et tantôt transitifs indirects, ou encore, toujours selon leur emploi, d'autres peuvent être tantôt transitifs et tantôt intransitifs. Quand ces verbes changent de catégorie, ils changent souvent de sens également :

➤ — *Michel a* ***manqué*** *la cible.* (transitif direct)

— *Elles ont* ***manqué*** *à leur devoir.* (transitif indirect)

➤ — *Sylvie* ***passe*** *le plat à son voisin.* (transitif)

— *Le temps* ***passe*** *trop vite.* (intransitif)

LES VERBES ATTRIBUTIFS

● Un verbe attributif est un verbe qui relie l'attribut au sujet (→ 746) : 492

— *Elle **était** seule. — Ils **se disent** heureux. — Il **est tombé** amoureux.*

Comme verbes attributifs, il y a donc le verbe ***être*** et tous ceux qui peuvent être remplacés par lui sans que la phrase devienne incorrecte, ni sur le plan syntaxique ni sur le plan sémantique (même si le sens peut être différent) :

— *Vous **devenez** vraiment arrogant.*
→ *Vous **êtes** vraiment arrogant.*
— *Elle **était restée** championne régionale.*
→ *Elle **était** championne régionale.*
— *Les accusés **ont été reconnus** coupables.*
→ *Les accusés **sont** coupables.*
— *Florine **a été couronnée** duchesse.*
→ *Elle **est** duchesse.*

☞ ◆ Certains verbes pronominaux peuvent être attributifs : — *La discussion **se fit** plus amicale.*

◆ Dans les locutions verbales à caractère attributif (*considérer **comme**, passer **pour**, mourir **en**,...*), la préposition est tenue pour vide (→ 460) et n'a donc pas de fonction grammaticale propre : — *Cette histoire passe **pour** vraie.*

LES VERBES PRONOMINAUX

● Un verbe pronominal est un verbe qui est toujours accompagné d'un pronom (*me, te, se, nous* ou *vous*) désignant la même réalité que le sujet (à l'impératif positif, *te* devient *toi* et se rapporte au sujet sous-entendu) : 493

— *Je **m'**endormais. — Lève-**toi**! — Elles **s'**en iraient volontiers.*

● Il existe trois sortes de verbes pronominaux : 494

1. **les verbes pronominaux proprement dits**, c'est-à-dire ceux dont le pronom reprend simplement le sujet sans avoir de fonction grammaticale :
   — ***s'**évanouir, **se** faner, **s'**élancer, **se** morfondre, **s'**envoler, **se** moquer de, **s'**éprendre, **s'**illusionner, **se** méprendre.*

   (Ces verbes n'existent pas sans le pronom. Celui-ci, n'étant pas autonome, ne peut donc être remplacé par un autre : *Je **m'**évanouis*, mais non : * *Je t'évanouis*.)

2. **les verbes pronominaux réfléchis**, c'est-à-dire ceux dont le sens se reporte sur le sujet grâce au pronom qui a la fonction d'un complément direct ou indirect :

   – ***se** laver, **se** blesser, **se** fatiguer, **se** demander, **se** plaindre.*

   (Ces verbes existent également sous une forme non pronominale. Dans ce cas, si un pronom les accompagne, il ne renvoie pas au sujet : — *Il **la** plaint, sa fille.*)

3. **les verbes pronominaux réciproques**, c'est-à-dire ceux dont le pronom (complément direct ou indirect) signifie que les sujets (ou chacune des réalités désignées par un seul sujet au pluriel) agissent en fait l'un sur l'autre :

   – ***s'**aimer, **se** battre, **se** réconcilier, **se** rencontrer, **se** parler.*

   (La plupart de ces verbes existent également sous une forme non pronominale, sauf ceux qui contiennent le préfixe *entre* : *s'entraider* par exemple.)

   ☞ ◆ Souvent, le sens de réciprocité est renforcé par les pronoms indéfinis ***l'un*** et ***l'autre*** (→ 412) ou par un adverbe : ***s'**aider **les uns les autres**, **se** stimuler **mutuellement**.*

495 **Remarque générale :**

On peut également recourir à une tournure pronominale pour exprimer un sens passif. Dans ce cas, le pronom n'a pas de fonction propre et le verbe ne peut avoir de complément d'agent (→ 739) :

– *Cette tour **se voit** de loin.* → *Cette tour **est vue** de loin.*

– *Tout **s'est vendu** facilement.* → *Tout **a été** facilement **vendu**.*

LES VERBES IMPERSONNELS

496 ● Un verbe impersonnel est un verbe qui ne peut être utilisé qu'à la 3e personne du singulier puisqu'il est indissociable du mot ***il*** qui, dans ce cas, n'est pas un véritable pronom (→ 662), mais plutôt une marque de conjugaison du verbe, étant donné qu'il ne représente rien et ne peut être ni supprimé ni remplacé :

– ***Il faut** réagir. – **Il neigeait** abondamment. – **Il s'agirait de** travailler davantage. – **Il y va de** votre intérêt à tous deux.*

Quand le complément qui suit le verbe est obligatoire, on parle de **complément du verbe impersonnel**; quand il est facultatif, on parle de **complément de la phrase impersonnelle** (→ 742) :

- complément du verbe : *Il faut beaucoup **de patience**.*
- complément de phrase : *Il pleuvait **à seaux**.*

☞ ◆ Dans certaines expressions figées ou, parfois, dans la langue parlée, le *il* est sous-entendu :

— *Mieux vaut partir. — Faut pas rêver.*

➾ *Vaut encore mieux guerroyer avec les hommes.* (Balzac)

◆ Certains verbes impersonnels désignant des phénomènes météorologiques (*il pleut, il vente, il tonne,...*) peuvent être employés comme verbes personnels (au sens figuré ou bien pour obtenir un effet de style) :

➾ *Le feu d'artifice où la lumière **pleut**.* (Baba Moustapha)

➾ *Ah! comme la neige **a neigé**!* (Émile Nelligan)

◆ Certains verbes personnels peuvent également être employés de manière impersonnelle :

➾ ***Il s'est produit** là-bas des choses incroyables!* (Saint-Exupéry)

◆ Il existe enfin toute une série de locutions impersonnelles composées de *il*, du verbe *être* et d'un adjectif (*il est bon, possible, heureux, gênant,...*) :

➾ ***Il est** bien **heureux** qu'elle s'en souvienne.* (Maupassant)

LES VERBES AUXILIAIRES

● Les verbes auxiliaires se divisent en deux groupes : les auxiliaires proprement dits, ou **auxiliaires de conjugaison**, et les semi-auxiliaires qui se divisent à leur tour en **auxiliaires d'aspect** et **auxiliaires de modalité**. 497

Les auxiliaires de conjugaison

● Les seuls auxiliaires de conjugaison sont les verbes ***être*** et ***avoir***. À ce titre, ceux-ci perdent leur signification première et servent à former les temps composés des autres verbes (***être*** est également utilisé pour former la voix passive : → 510) : 498

— *J'**ai** pensé. — Tu **avais** craint. — Elle **aurait** gagné. — Nous **sommes** partis. — Qu'ils **soient** revenus.*

— Voix passive : — *Elle **est** obligée. — Tu **seras** critiqué. — Vous **seriez** reçus. — Que je **fusse** appelé.*

☞ ◆ Les verbes ***être*** et ***avoir*** ne sont pas des auxiliaires quand ils ne sont pas suivis d'un participe passé (→ 603) :

— *Elle **était** inquiète. — Nous **sommes** les propriétaires.*

— *J'**ai** mal aux dents. — Vous **avez** beaucoup de chance.*

499 ● L'auxiliaire de conjugaison ***avoir*** est utilisé dans quatre cas précis :

1. avec les verbes *être* et *avoir* eux-mêmes :
   – *J'**avais** eu. – Elle **aurait** été.*
2. avec tous les verbes transitifs (→ 486) :
   – *Nous t'**avons** cru. – Tu l'**as** terminé.*
3. avec la plupart des verbes intransitifs (→ 490) :
   – *Ils **ont** fui. – J'**aurais** plongé.*
4. avec les verbes toujours impersonnels (→ 496) :
   – *Il **a** neigé. – Il **avait** grêlé.*

500 ● L'auxiliaire de conjugaison ***être*** est utilisé dans trois cas précis :

1. avec les verbes à la voix passive (→ 510) :
   – *Tu **es** perdu. – Je **serais** élu.*
2. aux temps composés des verbes pronominaux (→ 494) :
   – *Vous vous **êtes** trompées. – On s'**est** décidé. – Nous nous **sommes** réconciliés. – Elles se **sont** reconnues.*
3. aux temps composés des verbes intransitifs exprimant un changement d'état ou un mouvement (→ 491) :
   – *Je **serais** entré. – Vous n'**êtes** pas allés. – Nous **sommes** tombés. – Il **est** décédé. – Tu **es** parti. – Elle **serait** venue.*

☞ ◆ Certains verbes intransitifs exprimant un changement d'état ou un mouvement peuvent être utilisés de manière transitive. Dans ce cas, ils changent de sens et sont conjugués avec l'auxiliaire *avoir* :

– *Je **suis** monté à l'étage. – J'**ai** monté ton sac à l'étage.*
– *Elle **est** passée devant chez moi. – Il m'**a** passé son stylo.*

Les auxiliaires de modalité

501 ● Les auxiliaires de modalité, qui sont **toujours suivis d'un verbe à l'infinitif**, servent à préciser le point de vue du scripteur ou du locuteur par rapport à ce qu'exprime le verbe.

Ils peuvent donc indiquer :

1. l'**obligation** : – *Je **dois** partir. – Nous **avons à** nous défendre.*
2. la **probabilité** : – *Ils **pouvaient** être dix ou douze à la réunion.*
3. l'**apparence** : – *Tu **sembles** être sur le point de renoncer.*
4. la **non-réalisation** : – *Elle **a** bien **failli** marcher sur la vipère.*

Autres exemples d'auxiliaires de modalité : – *Elle **passe pour** n'avoir jamais peur. – Il **paraît** rajeunir. – On **est loin d'**avoir fini. – J'**ai manqué d'**être écrasé.*

Les auxiliaires d'aspect

● Les auxiliaires d'aspect, qui sont **toujours suivis d'un verbe à l'infinitif**, servent à préciser le degré d'accomplissement de ce qu'exprime le verbe (→ 480). 502

Par rapport au verbe, ils peuvent donc indiquer qu'on se trouve :

1. **avant** ce qu'il exprime : – *J'**allais** justement t'appeler.*
2. **au début de** ce qu'il exprime :
   – *Il **commence** enfin **à** comprendre.*
3. **en cours de** ce qu'il exprime :
   – *Elle **n'en finit pas de** redécorer.*
4. **en fin de** ce qu'il exprime :
   – ***Achèveras**-tu bientôt **de** maugréer?*
5. **après** ce qu'il exprime : – *Nous **venons de** vendre la dernière.*

Autres exemples d'auxiliaires d'aspect : – *Je **suis sur le point de** réussir. – Elle **était en passe de** l'emporter. – Vous **finirez** bien **par** comprendre. – Ils **se mirent à** jeter des pierres. – Les bénéfices **allaient** croissant. – Ça **ne va pas en** se simplifiant. – Nous **sommes en train de** dîner.*

☞ ◆ Les auxiliaires d'aspect {***aller*** **+ verbe à l'infinitif**} et {***venir de*** **+ verbe à l'infinitif**} expriment respectivement un **futur proche** et un **passé proche** que certaines grammaires et certains manuels incluent dans les tableaux de conjugaison.

● Certains aspects ne sont pas exprimés à l'aide d'auxiliaires, mais bien par le verbe lui-même (parfois grâce à des préfixes ou des suffixes : → 73 et 75) ou par le temps auquel il est conjugué (→ Chapitre XII, p.309) : 503

1. l'aspect **inchoatif** (qui marque le commencement) :
   – *Je m'endors.* (→ *Je dors*) – *Il s'envole.* (→ *Il vole.*)
2. l'aspect **itératif** (qui marque la répétition) :
   – *Elle toussote.* (→ *Elle tousse.*) – *Tu traînailles.* (→ *Tu traînes.*)
3. l'aspect **accompli** (c'est-à-dire achevé) et l'aspect **imperfectif** (c'est-à-dire inachevé), tous deux dans le passé (exprimés respectivement par le passé simple et l'imparfait : → 563 et 561) :
   – *Je lui **écrivis** une lettre et la lui postai dans la journée.*
   – *Elle sonna chez moi alors même que je lui **téléphonais.***

LES FORMES DES VERBES

504 ● Une forme verbale est toujours composée d'au moins deux éléments : le radical et la terminaison. Le **radical**, qui exprime le sens propre du mot qu'est le verbe, peut être variable ou invariable :

➤ Est invariable le radical de la plupart des verbes, notamment presque tous les verbes en *-er* :

— ***dans****er, nous* ***dans****ons, elle* ***dans****ait, tu* ***dans****eras,* ***dans****ez!*

➤ Est variable le radical de quelques verbes (selon le mode, le temps, la personne et le nombre) :

— ***ven****ir, tu* ***viens****, elles* ***vienn****ent, nous* ***viendr****ions, il* ***vin****t.*

— ***boi****re, elle* ***boi****t, vous* ***buv****ez, je* ***bu****s, que nous* ***buv****ions.*

505 ● La **terminaison**, qui est l'élément attaché au radical et exprimant le mode, le temps, la personne et le nombre est variable «par définition» :

— *Répar****e****!, répar****er****, tu répar****es****, vous répar****iez****, elle a répar****é****, nous répar****erions****, qu'il répar****ât****.*

☞ ◆ Aux temps composés (ou surcomposés : → 516.3), ou même à la voix passive, un troisième élément s'ajoute à la forme verbale : l'**auxiliaire** (→ 498) sur lequel sont alors reportées la plupart des indications relatives au mode, au temps, à la personne et au nombre :

— *nous* ***avons*** *cloué, qu'il* ***ait*** *cloué, vous* ***auriez*** *cloué, elle* ***avait*** *cloué, que j'****eusse eu*** *cloué.*

LE NOMBRE, LA PERSONNE ET LE GENRE DES VERBES

506 ● Un verbe varie en **nombre**, c'est-à-dire selon que son sujet est au singulier ou au pluriel :

— *Je* ***lis****, nous* ***lisons****. — Tu* ***fuis****, vous* ***fuyez****. — Il* ***dort****, ils* ***dorment****.*

507 ● Un verbe varie en **personne**, c'est-à-dire selon que son sujet se trouve, en termes de conjugaison, à la 1re, à la 2e ou à la 3e personne du singulier ou du pluriel :

➤ 1re, 2e et 3e personnes du singulier :
— ***je*** *nage,* ***tu*** *nages,* ***elle*** *nage.*

➤ 1re, 2e et 3e personnes du pluriel :
— ***nous*** *nageons,* ***vous*** *nagez,* ***ils*** *nagent.*

La valeur des pronoms personnels est étudiée au numéro 283.

● Un verbe peut également varier en **genre**, c'est-à-dire avoir une forme masculine et féminine, mais au participe passé seulement : 508

– *Il est assis, elle est assis**e**. – Je suis monté, je suis mont**ée**.*

– *Le livre que j'ai reç**u**, les disquettes que j'ai reç**ues**.*

L'accord du participe passé est étudié aux numéros 626-642.

LA VOIX DES VERBES

● La voix d'un verbe est l'expression de la relation qui unit l'être ou la chose qui fait l'action à l'être ou la chose sur qui elle porte, selon qu'on privilégie l'un ou l'autre. 509

Un verbe — à la condition qu'il soit transitif direct (→ 487) — peut donc être conjugué à la voix active ou, par renversement, à la voix passive :

➤ La **voix active** prend comme sujet du verbe le sujet de l'action :

– *Le lion attaque le gnou. – Mes amies m'ont félicitée.*

➤ La **voix passive** prend comme sujet du verbe l'objet de l'action :

– *Le gnou est attaqué par le lion. – J'ai été félicitée par mes amies.*

● Pratiquement, une forme verbale à la voix passive est composée de l'auxiliaire ***être*** (ou parfois d'un auxiliaire apparenté : *se trouver, se voir*) et d'un participe passé, et l'auteur de l'action est le **complément d'agent**, introduit par les prépositions *par* ou *de* (→ 739) : 510

– *Je n'**ai été reconnue par** personne. – Nous **sommes immobilisés par** la tempête. – Elles **se sont trouvées** complètement **démunies**. – Je **me vois rejeté de** tous.*

☞ ◆ La voix passive peut aussi être exprimée par les verbes ***se faire*** et ***se laisser*** suivis d'un verbe à l'infinitif :

– *Il **se fait critiquer** par son frère. – Nous **nous sommes laissés surprendre** par la nuit. – Elle **s'est fait** acclamer.*

◆ Le pronom impersonnel ***on***, sujet du verbe à la voix active, ne peut devenir complément d'agent du verbe à la voix passive (→ 371) :

– ***On** a apporté un paquet. → Un paquet a été apporté.*

◆ Ni les verbes pronominaux ni les verbes intransitifs n'ont de voix passive, sauf *obéir*, *désobéir* et *pardonner* :

– *Vous n'avez pas été obéi. – J'espère être pardonné.*

◆ Il ne faut pas confondre un verbe à la voix passive avec un verbe intransitif conjugué à un temps composé :

– *Il **est** méprisé.* (voix passive de *Il méprise*)

– *Il **est** parti.* (passé composé du verbe *partir*)

LE MODE DES VERBES

511 ● Le mode du verbe est l'adaptation de sa signification de base en fonction à ce que le scripteur ou le locuteur veut dire dans une situation donnée. Il y a les modes personnels et les modes impersonnels. La plupart comportent plusieurs temps.

Les modes personnels

512 ● Quatre modes sont dits personnels, en ce sens qu'ils permettent des variations de forme selon les personnes grammaticales : l'indicatif, le conditionnel, l'impératif et le subjonctif.

1. L'**indicatif** prend simplement le sens du verbe pour ce qu'il est :

– *Je* ***peins*** *un paysage d'automne.*

2. Le **conditionnel** ajoute au sens du verbe une nuance d'éventualité ou soumet à une condition la réalisation de ce que le verbe exprime :

– *Je* ***peindrais*** *volontiers un paysage d'automne.*

– *Si j'en étais capable, je* ***peindrais*** *un paysage d'automne.*

3. L'**impératif** ajoute au sens du verbe une expression de volonté (demande, ordre, exhortation, défense) :

– ***Peins*** *un paysage d'automne!*

4. Le **subjonctif** ajoute au sens du verbe l'expression d'un sentiment (désir, crainte, souhait,...) ou le situe dans le domaine de la pensée :

– *Tu préfères que je* ***peigne*** *un paysage d'automne?*

– *Il serait bon que je* ***peigne*** *un paysage d'automne.*

513 **Remarque générale :**

Le **conditionnel** est parfois considéré, par certains grammairiens, non pas comme un mode, mais comme une composante de l'indicatif. Les conditionnels présent et passé ont en effet les mêmes formes que le futur du passé et le futur antérieur du passé (→ 575). Cette approche, pour intéressante qu'elle soit, n'épuise cependant pas tous les emplois possibles du conditionnel. Aussi vaut-il mieux s'en tenir, au moins sur le plan pédagogique, à la répartition classique des modes et des temps.

Les modes impersonnels

● Deux modes sont dits impersonnels, en ce sens qu'ils ne permettent pas de variations de forme selon les personnes grammaticales : l'infinitif et le participe. 514

1. L'**infinitif** est la forme tout à fait «neutre» du verbe :

   – ***Peindre*** *un paysage d'automne.*

2. Le **participe** est la forme que prend le verbe quand il se rapporte à un nom ou à un pronom :

   – *Je l'ai vue* ***peignant*** *un paysage d'automne.*

   – *Mon paysage d'automne une fois* ***peint****, je pourrai m'occuper d'autre chose.*

☞ ◆ Aux deux modes impersonnels, on peut ajouter le **gérondif** qui a la même forme que le participe présent et qui est presque toujours précédé de ***en***. Contrairement au participe seul qui se rapporte à un nom ou à un pronom, le gérondif se rapporte à un verbe ou à une phrase :

– ***En peignant*** *ce paysage d'automne, j'essaie de nouvelles techniques.*

LE TEMPS DES VERBES

● Le temps du verbe est l'expression du moment où, par rapport à un instant de référence, le scripteur ou le locuteur situe ce que le verbe exprime. Il y a donc le **passé**, le **présent** et le **futur** (qui sont eux-mêmes placés soit dans le présent, soit dans le passé, soit dans le futur). 515

● Sur le plan de la forme, il y a des temps simples, des temps composés et des temps surcomposés : 516

1. Un **temps simple** consiste en une forme verbale formée d'un seul mot :

   – *je* ***marche****, tu* ***partais****, il se* ***rendra****.*

2. Un **temps composé** consiste en un participe passé précédé de l'auxiliaire *être* ou *avoir* :

   – *j'****ai marché****, tu* ***es partie****, il s'****est rendu****.*

3. Un **temps surcomposé** consiste en un participe passé précédé d'un auxiliaire conjugué lui-même à un temps composé. Ces formes, relativement rares, ne sont pas reprises dans les tableaux de conjugaison : → Chapitre XI, p.277) :

   – *quand j'****ai eu marché****, tu* ***as été partie****, il* ***a été rendu****.*

Les temps de chaque mode

517 • L'indicatif compte dix temps :

- le **présent** : – *Je **résous** ce problème en ce moment.*
- les temps du passé :
  1. l'**imparfait** : – *Je **résolvais** ce problème quand il est parti.*
  2. le **passé simple** : – *Je **résolus** ce problème en un instant.*
  3. le **passé composé** :
     – *J'**ai résolu** ce problème il y a longtemps.*
  4. le **plus-que-parfait** :
     – *J'**avais résolu** ce problème quand il est parti.*
  5. le **passé antérieur** :
     – *Dès que j'**eus résolu** ce problème, il partit.*
- les temps du futur :
  1. le **futur simple** : – *Je **résoudrai** ce problème demain.*
  2. le **futur antérieur** :
     – *Dès que j'**aurai résolu** ce problème, il partira.*
  3. le **futur du passé** :
     – *Il pensait que je **résoudrais** facilement ce problème.*
  4. le **futur antérieur du passé** :
     – *Il pensait que j'**aurais résolu** ce problème avant son départ.*

518 • Le conditionnel compte deux temps :

1. le **présent** : – *Si j'avais le temps, je **résoudrais** ce problème.*
2. le **passé** : – *Si j'avais eu le temps, j'a**urais résolu** ce problème.*

519 • L'impératif compte deux temps :

1. le **présent** : – ***Résous** ce problème immédiatement!*
2. le **passé** (rare) : – ***Aie résolu** ce problème quand je reviendrai!*

520 • Le subjonctif compte quatre temps :

1. le **présent** : – *Il faut que je **résolve** ce problème avant de partir.*
2. l'**imparfait** : – *Il fallait que je **résolusse** ce problème en peu de temps.*
3. le **passé** : – *Il fallait que j'**aie résolu** ce problème avant de partir.*
4. le **plus-que-parfait** :
   – *Il aurait fallu que j'**eusse résolu** ce problème en peu de temps.*

- L'infinitif compte trois temps : 521

1. le **présent** : – *Je pense **résoudre** ce problème en peu de temps.*
2. le **passé** :
   – *Je pense **avoir résolu** ce problème en peu de temps.*
3. le **futur** (rare) :
   – *Je pense **devoir résoudre** ce problème avant longtemps.*

- Le participe compte trois temps : 522

1. le **présent** : – *Je l'ai vu **résolvant** un problème difficile.*
2. le **passé** : – *Ce problème une fois **résolu**, tout sera facile.*
3. le **futur** (rare) :
   – ***Devant résoudre** un tel problème demain, je dormirai mal cette nuit.*

Remarque générale : 523

Le futur du passé de l'indicatif a les mêmes formes que le conditionnel présent; le futur antérieur du passé de l'indicatif a les mêmes formes que le conditionnel passé (→ 513 et 575). Le conditionnel passé a également une deuxième forme qui est exactement semblable à celle du plus-que-parfait du subjonctif (→ Chapitre XI, p.277 et tableaux de conjugaison).

Les présents du conditionnel, du subjonctif, de l'impératif et de l'infinitif peuvent également servir à l'expression du futur (→ Chapitre XII, p.309).

Les règles d'utilisation des modes et des temps varient selon les sortes de phrases :

- modes et temps dans les phrases indépendantes et dans les phrases matrices ou principales :

  → Chapitre XII : «**Le verbe : modes et temps**», p.309.

- modes et temps dans les subordonnées :

  → Chapitre XVIII : «**Les subordonnées**», p.437.

L'emploi des modes et des temps dépend aussi, pour une bonne part, du contexte dans lequel ils sont utilisés :

→ Chapitre XIX : «**La concordance des temps**», p.469.

→ Chapitre XX : «**Le discours rapporté**», p.477.

→ Chapitre XXI : «**La cohérence du texte**», p.485.

524

CATÉGORIES ET FORMES DES VERBES : TABLEAU RÉCAPITULATIF

CATÉGORIES :

1. *VERBES TRANSITIFS OU INTRANSITIFS* :		
— Verbes transitifs directs :	*Patricia regarde un film.*	n° **487**
— Verbes transitifs indirects :	*Sébastien parle **à** son ami.*	**488**
— Verbes intransitifs :	*Amadou roule trop vite.*	**490**
2. *VERBES ATTRIBUTIFS* :	*Gabrielle paraît malade.*	**492**
3. *VERBES PRONOMINAUX* :		
— V. pron. proprement dits :	*Louis **s'**est déjà endormi.*	**494.1**
— V. pronominaux réfléchis :	*Suzanne **se** fatigue trop.*	**494.2**
— V. pronominaux réciproques :	*Elles **se** sont réconciliées.*	**494.3**
4. *VERBES IMPERSONNELS* :	***Il** gèle à pierre fendre.*	**496**
5. *VERBES AUXILIAIRES* :		
— Auxiliaires de conjugaison :	*Nous **avons** rencontré Paul.*	**498**
— Auxiliaires de modalité :	*Laurent **doit** t'attendre.*	**501**
— Auxiliaires d'aspect :	*Pierrette **allait** t'en parler.*	**502**

FORMES :

1. *NOMBRE DES VERBES* :	***Je** travaille, **nous** travaillons.*	**506**
2. *PERSONNE DES VERBES* :	***J'**essaie, **tu** essaies, **il** essaie.*	**507**
3. *GENRE DES VERBES* :	*Il est parti, elle est partie.*	**508**
4. *VOIX DES VERBES* :		
— Voix active :	*Tous **apprécient** Laetitia.*	**509**
— Voix passive :	*Laetitia **est appréciée** de tous.*	**510**
5. *MODE DES VERBES* :		
— Modes pers. : 1. Indicatif :	*Sylvain **nourrit** ses chèvres.*	**512.1**
2. Conditionnel :	*Il **nourrirait** ses chèvres si...*	**512.2**
3. Impératif :	*Sylvain, **nourris** tes chèvres!*	**512.3**
4. Subjonctif:	*Il faut qu'il **nourrisse** ses chèvres.*	**512.4**
— Modes impers. : 1. Infinitif :	***Nourrir** ses chèvres est agréable.*	**514.1**
2. Participe :	***Nourrissant** ses chèvres, il...*	**514.2**
6. *TEMPS DES VERBES* :		
— Temps simples :	*Leïla **part** pour longtemps.*	**516.1**
— Temps composés :	*Leïla **est partie** avant-hier.*	**516.2**
— Temps surcomposés :	*Leïla **a été partie** longtemps.*	**516.3**

Yacine Kateb

Algérie

1929 - 1989

Yacine Kateb était apparemment prédestiné à devenir écrivain : en arabe, *Kateb* signifie en effet «écrivain». Il le fut en tout cas doublement, car il a toujours été partagé entre ses deux cultures, arabe et française. Il commença donc par écrire en français : des poèmes (*Soliloques*), du théâtre et des romans (***Nedjma***, *Le Polygone étoilé*,...). Mais, après la «crise algérienne» et ses voyages à l'étranger (Chine, Europe de l'Est, France), il revint s'installer dans son pays natal et poursuivit son œuvre en se consacrant au théâtre populaire arabe. Il est considéré comme un grand écrivain, plus encore par le monde arabe pour son œuvre en arabe que par le monde francophone pour son œuvre en français.

Tout alla bien, tant que je fus un hôte fugitif de l'école coranique. C'était à Sédrata, non loin de la frontière algéro-tunisienne, où se trouve encore aujourd'hui l'épave miraculeuse de toute une tribu... C'est là que j'ai gagné ma planchette en couleurs, après avoir innocemment gravi une immense carrière de versets incompris. Et j'aurais pu m'en tenir là, ne rien savoir de plus, en docte personnage, ou en barde local, mais égal à lui-même, heureux comme un poisson, dans un étang peut-être sombre, mais où tout lui sourit. Hélas, il me fallut obéir au destin torrentiel de ces truites fameuses qui finissent tôt ou tard dans l'aquarium ou dans la poêle.

Mais je n'étais encore qu'un têtard, heureux dans sa rimière, et des accents nocturnes de sa gent batracienne, bref ne doutant de rien ni de personne. Je n'aimais guère la férule ni la barbiche du taleb, mais j'apprenais à la maison, et nul reproche ne m'était fait. Pourtant, quand j'eus sept ans, dans un autre village (on voyageait beaucoup dans la famille, du fait des mutations de la justice musulmane), mon père prit soudain la décision irrévocable de me fourrer sans plus tarder dans la «gueule du loup», c'est-à-dire à l'école française. Il le faisait le cœur serré :

— Laisse l'arabe pour l'instant. Je ne veux pas que, comme moi, tu sois assis entre deux chaises.

[...]

Tel était à peu près le discours paternel.

Y croyait-il lui-même?

Ma mère soupirait; et lorsque je me plongeais dans mes nouvelles études, que je faisais, seul, mes devoirs, je la voyais errer, ainsi qu'une âme en peine. Adieu notre théâtre intime et enfantin, adieu le quotidien complot ourdi contre mon père, pour répliquer, en vers, à ses pointes satiriques... Et le drame se nouait.

(Extrait de *Le Polygone étoilé*,
© Éditions du Seuil, 1966)

La Fontaine

France

1621 - 1695

Jean de La Fontaine a laissé une œuvre extraordinaire à maints égards, surtout par son originalité : ***Les Fables,*** dont le succès ne se dément pas depuis plus de trois siècles. La plupart d'entre elles sont courtes, en vers, riches d'enseignements divers et faciles à mémoriser. Parmi les plus connues il y a : *La Cigale et la Fourmi, Le Corbeau et le Renard, Le Loup et l'Agneau, La Laitière et le Pot au lait, Les Animaux malades de la peste, Le Lièvre et la Tortue, Le Chêne et le Roseau, Le Renard et la Cigogne,...* Beaucoup de vers extraits des fables de La Fontaine sont passés dans le langage courant, comme proverbes ou maximes.

Deux vrais amis vivaient au Monomotapa :
L'un ne possédait rien qui n'appartînt à l'autre.
Les amis de ce pays-là
Valent bien, dit-on, ceux du nôtre.
Une nuit que chacun s'occupait au sommeil,
Et mettait à profit l'absence du soleil,
Un de nos deux amis sort du lit en alarme;
Il court chez son intime, éveille les valets :
Morphée avait touché le seuil de ce palais.
L'ami couché s'étonne; il prend sa bourse, il s'arme,
Vient trouver l'autre, et dit : «Il vous arrive peu
De courir quand on dort, vous me paraissiez homme
À mieux user du temps destiné pour le somme :
N'auriez-vous point perdu tout votre argent au jeu?
En voici. S'il vous est venu quelque querelle,
J'ai mon épée, allons. Ne le voulez-vous point?
— Non, dit l'ami, ce n'est ni l'un ni l'autre point :
Je vous rends grâce de ce zèle.
Vous m'êtes, en dormant, un peu triste apparu;
J'ai craint qu'il ne fût vrai; je suis vite accouru.
Ce maudit songe en est la cause.»

Qui d'eux aimait le mieux? Que t'en semble, lecteur?
Cette difficulté vaut bien qu'on la propose.
Qu'un ami véritable est une douce chose!
Il cherche vos besoins au fond de votre cœur;
Il vous épargne la pudeur
De les lui découvrir vous-même;
Un songe, un rien, tout lui fait peur
Quand il s'agit de ce qu'il aime.

Chapitre XI

Le verbe

II – CONJUGAISONS

● La **conjugaison** d'un verbe est l'ensemble des formes qu'il peut prendre, en fonction des variations de mode, de temps, de voix, de personne, de nombre et, parfois, de genre. 525

On classe traditionnellement les verbes français en quatre groupes, selon qu'ils se terminent, à l'infinitif présent, par -**ER**, -**IR**, -**OIR** ou -**RE**. D'autres classements sont possibles, chacun présentant ses avantages, mais cette distinction selon la forme de l'infinitif est la plus commune et la plus évidente. Sur le plan pédagogique, c'est donc la plus commode et la plus efficace.

● Le présent chapitre sur la conjugaison des verbes est divisé de la manière suivante (étant entendu que, sous l'appellation de « verbes **particuliers**», sont regroupés les verbes **irréguliers**, c'est-à-dire ceux qui ont des terminaisons irrégulières ou plus d'un radical, les verbes **défectifs**, c'est-à-dire ceux dont la conjugaison n'est pas complète, et quelques autres verbes qui demandent une attention spéciale) : 526

1. Les auxiliaires ***avoir*** et ***être*** (même s'il s'agit d'un verbe en -OIR et d'un verbe en -RE, *avoir* et *être* sont aussi les auxiliaires qui permettent de conjuguer les autres verbes).
2. Les verbes en **-ER**, qui constituent les neuf dixièmes des verbes français (modèle : ***aimer***, plus quelques remarques et quelques verbes particuliers, dont ***aller***).
3. Les verbes en **-IR** (deux modèles : ***finir*** — participe présent : *finissant* — et ***sentir*** — participe présent : *sentant* —, plus 52 verbes particuliers, dont ***venir***).
4. Les verbes en **-OIR** (aucun modèle, mais 33 verbes étudiés dont ***devoir*** et ***pouvoir***).
5. Les verbes en **-RE** (trois modèles : ***conduire***, ***craindre*** et ***rendre***, plus 126 verbes particuliers).
6. Quelques **observations** sur le comportement des verbes en général.

LES AUXILIAIRES

527
AVOIR

Avoir est non seulement un verbe ordinaire (au sens de « posséder »), mais il est aussi un **auxiliaire de conjugaison**, c'est-à-dire qu'un grand nombre de verbes conjugués aux temps composés (→ 516.2) sont constitués d'une forme du verbe *avoir* et de leur propre participe passé (→ 603). — Le verbe ***ravoir*** existe uniquement à l'infinitif présent.

INDICATIF

PRÉSENT	IMPARFAIT	PASSÉ SIMPLE	FUTUR SIMPLE
j'ai	*j'avais*	*j'eus*	*j'aurai*
tu as	*tu avais*	*tu eus*	*tu auras*
il / elle a	*il / elle avait*	*il / elle eut*	*il / elle aura*
nous avons	*nous avions*	*nous eûmes*	*nous aurons*
vous avez	*vous aviez*	*vous eûtes*	*vous aurez*
ils / elles ont	*ils / elles avaient*	*ils / elles eurent*	*ils / elles auront*

PASSÉ COMPOSÉ : *j'ai, tu as, il a, nous avons, vous avez, elles ont* ***eu***.
PLUS-QUE-PARFAIT : *j'avais, tu avais, elle avait, nous avions, vous aviez, ils avaient* ***eu***.
PASSÉ ANTÉR. : *j'eus, tu eus, il eut, nous eûmes, vous eûtes, elles eurent* ***eu***.
FUTUR ANTÉRIEUR : *j'aurai, tu auras, elle aura, nous aurons, vous aurez, ils auront* ***eu***.
FUTUR DU PASSÉ : *mêmes formes que le conditionnel présent.*
FUTUR ANTÉRIEUR DU PASSÉ : *mêmes formes que le conditionnel passé.*

SUBJONCTIF

PRÉSENT	IMPARFAIT	PASSÉ	PLUS-QUE-PARFAIT
que j'aie	*que j'eusse*	*que j'aie eu*	*que j'eusse eu*
que tu aies	*que tu eusses*	*que tu aies eu*	*que tu eusses eu*
qu'il ait	*qu'elle eût*	*qu'il ait eu*	*qu'elle eût eu*
que nous ayons	*que nous eussions*	*que nous ayons eu*	*que nous eussions eu*
que vous ayez	*que vous eussiez*	*que vous ayez eu*	*que vous eussiez eu*
qu'ils aient	*qu'elles eussent*	*qu'ils aient eu*	*qu'elles eussent eu*

CONDITIONNEL

PRÉSENT	PASSÉ
j'aurais	*j'aurais eu*
tu aurais	*tu aurais eu*
il aurait	*elle aurait eu*
nous aurions	*nous aurions eu*
vous auriez	*vous auriez eu*
ils auraient	*elles auraient eu*

(Deuxième forme du conditionnel passé : comme le subjonctif plus-que-parfait)

IMPÉRATIF

PRÉSENT

aie!
ayons!
ayez!

PASSÉ (très rare)

aie eu!
ayons eu!
ayez eu!

INFINITIF

PRÉSENT *avoir*

PASSÉ *avoir eu*

PARTICIPE

PRÉSENT *ayant*

PASSÉ *eu / eue*

ÊTRE 528

Être est non seulement un verbe ordinaire (au sens de « exister »), mais il est aussi un **auxiliaire de conjugaison**, c'est-à-dire que certains verbes conjugués aux temps composés (→ 516.2), ainsi que tous les verbes employés à la voix passive (→ 509-510), sont constitués d'une forme du verbe *être* et de leur propre participe passé (→ 603).

INDICATIF

PRÉSENT	IMPARFAIT	PASSÉ SIMPLE	FUTUR SIMPLE
je suis	*j'étais*	*je fus*	*je serai*
tu es	*tu étais*	*tu fus*	*tu seras*
il / elle est	*il / elle était*	*il / elle fut*	*il / elle sera*
nous sommes	*nous étions*	*nous fûmes*	*nous serons*
vous êtes	*vous étiez*	*vous fûtes*	*vous serez*
ils / elles sont	*ils / elles étaient*	*ils / elles furent*	*ils / elles seront*

PASSÉ COMPOSÉ : *j'ai, tu as, il a, nous avons, vous avez, elles ont **été**.*
PLUS-QUE-PARFAIT : *j'avais, tu avais, elle avait, nous avions, vous aviez, ils avaient **été**.*
PASSÉ ANTÉRIEUR : *j'eus, tu eus, il eut, nous eûmes, vous eûtes, elles eurent **été**.*
FUTUR ANTÉRIEUR : *j'aurai, tu auras, elle aura, nous aurons, vous aurez, ils auront **été**.*
FUTUR DU PASSÉ : *mêmes formes que le conditionnel présent.*
FUTUR ANTÉRIEUR DU PASSÉ : *mêmes formes que le conditionnel passé.*

SUBJONCTIF

PRÉSENT	IMPARFAIT	PASSÉ	PLUS-QUE-PARFAIT
que je sois	*que je fusse*	*que j'aie été*	*que j'eusse été*
que tu sois	*que tu fusses*	*que tu aies été*	*que tu eusses été*
qu'il soit	*qu'elle fût*	*qu'il ait été*	*qu'elle eût été*
que nous soyons	*que nous fussions*	*que nous ayons été*	*que nous eussions été*
que vous soyez	*que vous fussiez*	*que vous ayez été*	*que vous eussiez été*
qu'ils soient	*qu'elles fussent*	*qu'ils aient été*	*qu'elles eussent été*

CONDITIONNEL

PRÉSENT	PASSÉ
je serais	*j'aurais été*
tu serais	*tu aurais été*
il serait	*elle aurait été*
nous serions	*nous aurions été*
vous seriez	*vous auriez été*
ils seraient	*elles auraient été*

(Deuxième forme du conditionnel passé : comme le subjonctif plus-que-parfait)

IMPÉRATIF

PRÉSENT

sois!
soyons!
soyez!

PASSÉ (très rare)

aie été!
ayons été!
ayez été!

INFINITIF

PRÉSENT *être*

PASSÉ *avoir été*

PARTICIPE

PRÉSENT *étant*

PASSÉ *été*

LES VERBES EN -ER

529

AIMER

Se conjuguent comme *aimer* : tous les verbes en -ER, sauf *aller* (→ 539), *envoyer*, *renvoyer* (→ 538.2) et quelques autres faisant l'objet de remarques d'ordre orthographique (→ 538.1 et 3).

INDICATIF

PRÉSENT	IMPARFAIT	PASSÉ SIMPLE	FUTUR SIMPLE
j'aime	*j'aimais*	*j'aimai*	*j'aimerai*
tu aimes	*tu aimais*	*tu aimas*	*tu aimeras*
il / elle aime	*il / elle aimait*	*il / elle aima*	*il / elle aimera*
nous aimons	*nous aimions*	*nous aimâmes*	*nous aimerons*
vous aimez	*vous aimiez*	*vous aimâtes*	*vous aimerez*
ils / elles aiment	*ils / elles aimaient*	*ils / elles aimèrent*	*ils / elles aimeront*

PASSÉ COMPOSÉ : *j'ai, tu as, il a, nous avons, vous avez, elles ont* ***aimé***.
PLUS-QUE-PARFAIT : *j'avais, tu avais, elle avait, nous avions, vous aviez, ils avaient* ***aimé***.
PASSÉ ANTÉRIEUR : *j'eus, tu eus, il eut, nous eûmes, vous eûtes, elles eurent* ***aimé***.
FUTUR ANTÉRIEUR : *j'aurai, tu auras, elle aura, nous aurons, vous aurez, ils auront* ***aimé***.
FUTUR DU PASSÉ : *mêmes formes que le conditionnel présent.*
FUTUR ANTÉRIEUR DU PASSÉ : *mêmes formes que le conditionnel passé.*

SUBJONCTIF

PRÉSENT	IMPARFAIT	PASSÉ	PLUS-QUE-PARFAIT
que j'aime	*que j'aimasse*	*que j'aie aimé*	*que j'eusse aimé*
que tu aimes	*que tu aimasses*	*que tu aies aimé*	*que tu eusses aimé*
qu'il aime	*qu'elle aimât*	*qu'il ait aimé*	*qu'elle eût aimé*
que nous aimions	*que nous aimassions*	*que nous ayons aimé*	*que n. eussions aimé*
que vous aimiez	*que vous aimassiez*	*que vous ayez aimé*	*que v. eussiez aimé*
qu'ils aiment	*qu'elles aimassent*	*qu'ils aient aimé*	*qu'elles eussent aimé*

CONDITIONNEL

PRÉSENT	PASSÉ
j'aimerais	*j'aurais aimé*
tu aimerais	*tu aurais aimé*
il aimerait	*elle aurait aimé*
nous aimerions	*nous aurions aimé*
vous aimeriez	*vous auriez aimé*
ils aimeraient	*elles auraient aimé*

(Deuxième forme du conditionnel passé : comme le subjonctif plus-que-parfait)

IMPÉRATIF

PRÉSENT

aime!
aimons!
aimez!

PASSÉ (très rare)

aie aimé!
ayons aimé!
ayez aimé!

INFINITIF

PRÉSENT *aimer*

PASSÉ *avoir aimé*

PARTICIPE

PRÉSENT *aimant*

PASSÉ *aimé, aimée*

REMARQUES SUR L'ORTHOGRAPHE DES VERBES EN -ER

● Même si la conjugaison des verbes en -ER est la plus régulière, il existe quelques cas particuliers qui demandent des précisions (le verbe ***aller***, qui est aussi un auxiliaire d'aspect, fait l'objet d'un tableau spécial : → 539). 530

Les verbes en -CER, -GER et -YER

● Les verbes qui se terminent par **-CER** [se] prennent une cédille devant -a- et -o-, afin que le -c- conserve la même prononciation : *je lançais* [ʒəlɑ̃sɛ], *nous acquiesçons* [nuzakjɛsɔ̃]. 531

● Les verbes qui se terminent par -**GER** [ʒe] prennent un -e- après le -g- devant -a- et -o-, afin que le -g- conserve la même prononciation : *je rangeais* [ʒəʀɑ̃ʒɛ], *nous plongeons* [nuplɔ̃ʒɔ̃]. 532

● Les verbes qui se terminent par **-YER** [je] se divisent en trois catégories : 533

1. Les verbes en **-EYER** gardent toujours le -y- : *je grasseye* [ʒəgʀasɛj].
2. Les verbes en **-OYER** et **-UYER** changent toujours le -y- en -i- devant un -e- muet : *je nettoie* [ʒənɛtwɑ], *j'essuie* [ʒɛsɥi]. (Exception : *envoyer* → 538.2)
3. Les verbes en -**AYER** peuvent changer le -y- en -i- devant un -e- muet ou garder le -y- : *je paie* [ʒəpɛ] ou *je paye* [ʒəpɛj].

☞ ◆ Les verbes qui se terminent par **-ÉER** gardent toujours le -é- : *je crée, tu as suppléé, elle maugréait.*

Les verbes qui se terminent par {-e- + consonne + -ER}

● Quand la consonne devant -ER n'est ni un -l- ni un -t-, le -e- qui la précède prend l'accent grave (-è-) devant une syllabe muette : 534

— *semer* → *je sème* / *mener* → *tu mèneras* / *crever* → *il crèverait.*

● Quand la consonne devant -ER est -l- ou -t-, il y a deux façons d'orthographier le mot devant une syllabe muette : 535

1. La plupart des verbes redoublent le -l- ou le -t- :
   — *étiqueter* → *j'étiquette* / *harceler* → *elle harcellera.*
2. Les verbes suivants ne redoublent pas le -l- ou le -t-, mais le -e- qui les précède prend l'accent grave (-è-) : ***acheter*** (et ses composés), ***celer*** (et ses composés), ***ciseler***, ***corseter***, ***crocheter***, ***démanteler***, ***écarteler***, ***fureter***, ***geler*** (et ses composés), ***haleter***, ***marteler***, ***modeler*** et ***peler*** :
   — *j'achète, tu démantèleras, il furèterait, nous gèlerons.*

Selon les **Rectifications de l'orthographe**, il serait dorénavant permis de recourir à l'accent grave plutôt que de redoubler la consonne (sauf pour les diverses formes des verbes ***appeler***, ***jeter*** et leurs composés : → Annexe 1, p.503).

Les verbes qui se terminent par {-é- + consonne + -ER}

536 • Les verbes qui ont un -é- [e] dans l'avant-dernière syllabe de l'infinitif présent changent ce -é- en -è- [ɛ] devant une syllabe muette finale (devant une syllabe muette non finale, le -é- se maintient mais se prononce [ɛ]) :

— révéler → *je révèle* [ʒəʀevɛl], mais : *je révélerai* [ʒəʀevɛlʀe].

Selon les **Rectifications de l'orthographe**, il serait dorénavant permis de faire coïncider l'orthographe avec la prononciation : *je révèlerai* (→ Annexe 1, p.503).

Le problème du -i- dans certaines formes de conjugaison

537 • Les verbes dont le participe présent se termine par **-IANT**, -**YANT** (sauf *avoir*), -**LLANT** ou -**GNANT** prennent selon la règle, aux deux premières personnes du pluriel de l'indicatif imparfait et du subjonctif présent, un -i- après le premier -i-, après le -y-, après le double -l- ou après le -gn- (même si ce -i- ne s'entend pas toujours) :

— *plier* → *nous pli**i**ons, que vous pli**i**ez.*
— *choyer* → *nous choy**i**ons, que vous choy**i**ez.*
— *veiller* → *nous veill**i**ons, que vous veill**i**ez.*
— *saigner* → *nous saign**i**ons, que vous saign**i**ez.*

538 VERBES PARTICULIERS EN -ER

1. **AVÉRER** — *Avérer* («prouver, rendre vrai») n'est plus utilisé qu'à l'infinitif et au participe passé. Le verbe ***s'avérer*** («se révéler vrai») a une conjugaison complète, et il est de plus en plus utilisé avec un adjectif, au sens de «se révéler» : *Cela s'est avéré inutile.*

2. **ENVOYER** — Se conjugue comme *envoyer* : ***renvoyer***.

Ind. prés.	Subj. prés.	
		Ind. imparf. : *j'envoyais, nous envoyions*
		p. simple : *j'envoyai, nous envoyâmes*
j'envoie	*que j'envoie*	futur : *j'enverrai, nous enverrons*
tu envoies	*que tu envoies*	Subj. imparf. : *que j'envoyasse, qu'il envoyât*
il envoie	*qu'elle envoie*	
nous envoyons	*que nous envoyions*	Impératif : *envoie, envoyons, envoyez!*
vous envoyez	*que vous envoyiez*	Part. prés. : *envoyant*
ils envoient	*qu'elles envoient*	Part. passé : *envoyé, envoyée*

3. **RÉSULTER** — Est utilisé uniquement à l'infinitif et à la 3e personne du singulier et du pluriel.

539

ALLER

Aller est à la fois un verbe ordinaire (au sens de « se rendre à ») et un **auxiliaire d'aspect** qui sert à indiquer le futur proche (→ 502). Il a une conjugaison tout à fait particulière : il a trois radicaux différents et il se conjugue avec *être* aux temps composés. — ***S'en aller*** se conjugue comme *aller* (sauf à l'impératif : *va-t'en, allons-nous-en, allez-vous-en!* : → 556).

INDICATIF

PRÉSENT	IMPARFAIT	PASSÉ SIMPLE	FUTUR SIMPLE
je vais	*j'allais*	*j'allai*	*j'irai*
tu vas	*tu allais*	*tu allas*	*tu iras*
il / elle va	*il / elle allait*	*il / elle alla*	*il / elle ira*
nous allons	*nous allions*	*nous allâmes*	*nous irons*
vous allez	*vous alliez*	*vous allâtes*	*vous irez*
ils / elles vont	*ils / elles allaient*	*ils / elles allèrent*	*ils / elles iront*

PASSÉ COMPOSÉ : *je suis, tu es, il est* ***allé****, nous sommes, vous êtes, elles sont* ***allées****.*
PL.-Q.-PARFAIT : *j'étais, tu étais, elle était* ***allée****, nous étions, vous étiez, ils étaient* ***allés****.*
PASSÉ ANTÉRIEUR. : *je fus, tu fus, il fut* ***allé****, nous fûmes, vous fûtes, elles furent* ***allées****.*
FUTUR ANTÉR. : *je serai, tu seras, elle sera* ***allée****, nous serons, vous serez, ils seront* ***allés****.*
FUTUR DU PASSÉ : *mêmes formes que le conditionnel présent.*
FUTUR ANTÉRIEUR DU PASSÉ : *mêmes formes que le conditionnel passé.*

SUBJONCTIF

PRÉSENT	IMPARFAIT	PASSÉ (masc.)	PL.-Q.-PARF. (fém.)
que j'aille	*que j'allasse*	*que je sois allé*	*que je fusse allée*
que tu ailles	*que tu allasses*	*que tu sois allé*	*que tu fusses allée*
qu'il aille	*qu'elle allât*	*qu'il soit allé*	*qu'elle fût allée*
que nous allions	*que nous allassions*	*que n. soyons allés*	*que n. fussions allées*
que vous alliez	*que vous allassiez*	*que v. soyez allés*	*que v. fussiez allées*
qu'ils aillent	*qu'elles allassent*	*qu'ils soient allés*	*qu'elles fussent allées*

CONDITIONNEL

PRÉSENT	PASSÉ (fém.)
j'irais	*je serais allée*
tu irais	*tu serais allée*
il irait	*elle serait allée*
nous irions	*nous serions allées*
vous iriez	*vous seriez allées*
ils iraient	*elles seraient allées*

(Deuxième forme du conditionnel passé : comme le subjonctif plus-que-parfait)

IMPÉRATIF

PRÉSENT

va! (→ 554)
allons!
allez!

PASSÉ (très rare)

sois allé(e)!
soyons allé(e)s!
soyez allé(e)s!

INFINITIF

PRÉSENT
aller

PASSÉ
être allé(e)

PARTICIPE

PRÉSENT
allant

PASSÉ
allé, allée

LES VERBES EN -IR

540

FINIR

Se conjuguent comme ***finir*** (c'est-à-dire en **-issant** au participe présent) la très grande majorité des verbes en -IR, soit approximativement 300 verbes sur 330 (par exemple : *amerrir, attendrir, bâtir, chérir, gauchir, gravir, hennir, mûrir, ourdir, périr, réunir, rougir, salir, sertir,...*).

INDICATIF

PRÉSENT	IMPARFAIT	PASSÉ SIMPLE	FUTUR SIMPLE
je finis	*je finissais*	*je finis*	*je finirai*
tu finis	*tu finissais*	*tu finis*	*tu finiras*
il / elle finit	*il / elle finissait*	*il / elle finit*	*il / elle finira*
nous finissons	*nous finissions*	*nous finîmes*	*nous finirons*
vous finissez	*vous finissiez*	*vous finîtes*	*vous finirez*
ils / elles finissent	*ils / elles finissaient*	*ils / elles finirent*	*ils / elles finiront*

PASSÉ COMPOSÉ : *j'ai, tu as, il a, nous avons, vous avez, elles ont* ***fini***.
PLUS-QUE-PARFAIT : *j'avais, tu avais, elle avait, nous avions, vous aviez, ils avaient* ***fini***.
PASSÉ ANTÉRIEUR : *j'eus, tu eus, il eut, nous eûmes, vous eûtes, elles eurent* ***fini***.
FUTUR ANTÉRIEUR : *j'aurai, tu auras, elle aura, nous aurons, vous aurez, ils auront* ***fini***.
FUTUR DU PASSÉ : *mêmes formes que le conditionnel présent.*
FUTUR ANTÉRIEUR DU PASSÉ : *mêmes formes que le conditionnel passé.*

SUBJONCTIF

PRÉSENT	IMPARFAIT	PASSÉ	PLUS-QUE-PARFAIT
que je finisse	*que je finisse*	*que j'aie fini*	*que j'eusse fini*
que tu finisses	*que tu finisses*	*que tu aies fini*	*que tu eusses fini*
qu'il finisse	*qu'elle finît*	*qu'il ait fini*	*qu'elle eût fini*
que nous finissions	*que nous finissions*	*que nous ayons fini*	*que nous eussions fini*
que vous finissiez	*que vous finissiez*	*que vous ayez fini*	*que vous eussiez fini*
qu'ils finissent	*qu'elles finissent*	*qu'ils aient fini*	*qu'elles eussent fini*

CONDITIONNEL

PRÉSENT	PASSÉ
je finirais	*j'aurais fini*
tu finirais	*tu aurais fini*
il finirait	*elle aurait fini*
nous finirions	*nous aurions fini*
vous finiriez	*vous auriez fini*
ils finiraient	*elles auraient fini*

(Deuxième forme du conditionnel passé : comme le subjonctif plus-que-parfait)

IMPÉRATIF

PRÉSENT

finis!
finissons!
finissez!

PASSÉ (très rare)

aie fini!
ayons fini!
ayez fini!

INFINITIF

PRÉSENT *finir*

PASSÉ *avoir fini*

PARTICIPE

PRÉSENT *finissant*

PASSÉ *fini, finie*

SENTIR

Se conjuguent comme ***sentir*** : une trentaine de verbes en -IR dont le participe présent ne se termine **pas en -issant** [par exemple : ***mentir*** (+ ***démentir***; mais le part. passé de *mentir* n'a pas de féminin), ***partir*** (+ ***départir*** et ***repartir***; *partir* demande l'auxiliaire *être*, et ***repartir*** l'auxiliaire *être* ou *avoir* selon le sens), ***se repentir***, ***sortir*** (et ses composés) et les composés de *sentir* (***consentir***, ***pressentir*** et ***ressentir***].

INDICATIF

PRÉSENT	IMPARFAIT	PASSÉ SIMPLE	FUTUR SIMPLE
je sens	*je sentais*	*je sentis*	*je sentirai*
tu sens	*tu sentais*	*tu sentis*	*tu sentiras*
il / elle sent	*il / elle sentait*	*il / elle sentit*	*il / elle sentira*
nous sentons	*nous sentions*	*nous sentîmes*	*nous sentirons*
vous sentez	*vous sentiez*	*vous sentîtes*	*vous sentirez*
ils / elles sentent	*ils / elles sentaient*	*ils / elles sentirent*	*ils / elles sentiront*

PASSÉ COMPOSÉ : *j'ai, tu as, il a, nous avons, vous avez, elles ont* ***senti***.
PLUS-QUE-PARFAIT : *j'avais, tu avais, elle avait, nous avions, vous aviez, ils avaient* ***senti***.
PASSÉ ANTÉRIEUR : *j'eus, tu eus, il eut, nous eûmes, vous eûtes, elles eurent* ***senti***.
FUTUR ANTÉRIEUR : *j'aurai, tu auras, elle aura, nous aurons, vous aurez, ils auront* ***senti***.
FUTUR DU PASSÉ : *mêmes formes que le conditionnel présent.*
FUTUR ANTÉRIEUR DU PASSÉ : *mêmes formes que le conditionnel passé.*

SUBJONCTIF

PRÉSENT	IMPARFAIT	PASSÉ	PLUS-QUE-PARFAIT
que je sente	*que je sentisse*	*que j'aie senti*	*que j'eusse senti*
que tu sentes	*que tu sentisses*	*que tu aies senti*	*que tu eusses senti*
qu'il sente	*qu'elle sentît*	*qu'il ait senti*	*qu'elle eût senti*
que nous sentions	*que nous sentissions*	*que nous ayons senti*	*que n. eussions senti*
que vous sentiez	*que vous sentissiez*	*que vous ayez senti*	*que v. eussiez senti*
qu'ils sentent	*qu'elles sentissent*	*qu'ils aient senti*	*qu'elles eussent senti*

CONDITIONNEL

PRÉSENT	PASSÉ
je sentirais	*j'aurais senti*
tu sentirais	*tu aurais senti*
il sentirait	*elle aurait senti*
nous sentirions	*nous aurions senti*
vous sentiriez	*vous auriez senti*
ils sentiraient	*elles auraient senti*

(Deuxième forme du conditionnel passé : comme le subjonctif plus-que-parfait)

IMPÉRATIF

PRÉSENT

sens!
sentons!
sentez!

PASSÉ (très rare)

aie senti!
ayons senti!
ayez senti!

INFINITIF

PRÉSENT *sentir*

PASSÉ *avoir senti*

PARTICIPE

PRÉSENT *sentant*

PASSÉ *senti, sentie*

542 VERBES PARTICULIERS EN -IR

1. **ACQUÉRIR** — Se conjuguent comme *acquérir* : ***conquérir***, ***s'enquérir*** (avec l'auxiliaire *être* aux temps composés), ***reconquérir*** et ***requérir***.

Ind. prés.	Subj. prés.	Ind. imparf. : *j'acquérais, nous acquérions*
		p. simple : *j'acquis, nous acquîmes*
j'acquiers	*que j'acquière*	futur : *j'acquerrai, nous acquerrons*
tu acquiers	*que tu acquières*	Subj. imparf. : *que j'acquisse, qu'il acquît*
elle acquiert	*qu'il acquière*	
nous acquérons	*que nous acquérions*	Impératif : *acquiers, acquérons, acquérez!*
vous acquérez	*que vous acquériez*	Part. prés. : *acquérant*
elles acquièrent	*qu'ils acquièrent*	Part. passé : *acquis, acquise*

2. **ASSAILLIR** — Se conjuguent comme *assaillir* : ***défaillir*** et ***tressaillir***, ainsi que ***cueillir***, ***accueillir*** et ***recueillir*** (mais leur futur est *je cueillerai*, *j'accueillerai* et *je recueillerai*).

Ind. prés.	Subj. prés.	Ind. imparf. : *j'assaillais, nous assaillions*
		p. simple : *j'assaillis, nous assaillîmes*
j'assaille	*que j'assaille*	futur : *j'assaillirai, nous assaillirons*
tu assailles	*que tu assailles*	Subj. imparf. : *que j'assaillisse, qu'elle assaillît*
elle assaille	*qu'il assaille*	
nous assaillons	*que nous assaillions*	Impératif : *assaille, assaillons, assaillez!*
vous assaillez	*que vous assailliez*	Part. prés. : *assaillant*
elles assaillent	*qu'ils assaillent*	Part. passé : *assailli, assaillie*

3. **BÉNIR** — *Bénir* a deux participes passés : *béni* et *bénit*.

- ***bénit*** (*bénite, bénits, bénites*) ne se rapporte qu'à des choses ayant reçu une bénédiction rituelle et ne peut être qu'adjectif : *un chapelet bénit, de l'eau bénite*.
- ***béni*** (*bénie, bénis, bénies*) est utilisé dans tous les autres cas : *un jour béni*.

4. **BOUILLIR**

Ind. prés.	Subj. prés.	Ind. imparf. : *je bouillais, nous bouillions*
		p. simple : *je bouillis, nous bouillîmes*
je bous	*que je bouille*	futur : *je bouillirai, nous bouillirons*
tu bous	*que tu bouilles*	Subj. imparf. : *que je bouillisse, qu'il bouillît*
elle bout	*qu'il bouille*	
nous bouillons	*que nous bouillions*	Impératif : *bous, bouillons, bouillez!*
vous bouillez	*que vous bouilliez*	Part. prés. : *bouillant*
elles bouillent	*qu'ils bouillent*	Part. passé : *bouilli, bouillie*

5. **COURIR** — Se conjuguent comme *courir* : ***accourir***, ***concourir***, ***discourir***, ***encourir***, ***parcourir***, ***recourir*** et ***secourir***.

Ind. prés.	Subj. prés.	Ind. imparf. : *je courais, nous courions*
		p. simple : *je courus, nous courûmes*
je cours	*que je coure*	futur : *je courrai, nous courrons*
tu cours	*que tu coures*	Subj. imparf. : *que je courusse, qu'elle courût*
elle court	*qu'il coure*	
nous courons	*que nous courions*	Impératif : *cours, courons, courez!*
vous courez	*que vous couriez*	Part. prés. : *courant*
elles courent	*qu'ils courent*	Part. passé : *couru, courue*

6. **COUVRIR** — Se conjuguent comme *couvrir* : ***découvrir***, ***entrouvrir***, ***offrir***, ***ouvrir***, ***recouvrir***, ***rouvrir*** et ***souffrir***.

Ind. prés.	Subj. prés.	
		Ind. imparf. : *je couvrais, nous couvrions*
		p. simple : *je couvris, nous couvrîmes*
je couvre	*que je couvre*	futur : *je couvrirai, nous couvrirons*
tu couvres	*que tu couvres*	Subj. imparf. : *que je couvrisse, qu'il couvrît*
elle couvre	*qu'il couvre*	
nous couvrons	*que nous couvrions*	Impératif : *couvre, couvrons, couvrez!*
vous couvrez	*que vous couvriez*	Part. prés. : *couvrant*
elles couvrent	*qu'ils couvrent*	Part. passé : *couvert, couverte*

7. **DORMIR** — Se conjuguent comme *dormir* : ***endormir***, ***rendormir*** (le part. passé féminin *dormie* est rare, mais *endormie* et *rendormie* le sont moins), ainsi que ***servir***, ***desservir*** et ***resservir*** (là où le -m- disparaît dans *dormir*, le -v- disparaît dans *servir*).

Ind. prés.	Subj. prés.	
		Ind. imparf. : *je dormais, nous dormions*
		p. simple : *je dormis, nous dormîmes*
je dors	*que je dorme*	futur : *je dormirai, nous dormirons*
tu dors	*que tu dormes*	Subj. imparf. : *que je dormisse, qu'elle dormît*
elle dort	*qu'il dorme*	
nous dormons	*que nous dormions*	Impératif : *dors, dormons, dormez!*
vous dormez	*que vous dormiez*	Part. prés. : *dormant*
elles dorment	*qu'ils dorment*	Part. passé : *dormi, dormie*

8. **FAILLIR** — *Faillir* n'est plus utilisé qu'à l'infinitif, au passé simple (*je faillis, nous faillîmes*), au futur (*je faillirai, nous faillirons*), au conditionnel présent (*je faillirais, nous faillirions*) et aux temps composés. — Au sens de « faire faillite », *faillir* se conjugue comme *finir*.

9. **FÉRIR** — *Férir* (« frapper ») n'est plus utilisé qu'à l'infinitif (dans l'expression *«sans coup férir»*) et au participe passé (*féru, férue*, le plus souvent au sens figuré de « épris, éprise de »).

10. **FLEURIR** — Quand il est utilisé au sens propre, *fleurir* se conjugue comme *finir* (→ 540), mais quand il est utilisé au sens figuré (« prospérer »), *fleurir* fait ***il florissait*** à l'indicatif imparfait et ***florissant*** au participe présent, qu'il soit utilisé comme verbe ou comme adjectif (*une mine florissante*).

11. **FUIR** — Se conjugue comme *fuir* : ***s'enfuir*** (avec l'auxiliaire *être* aux temps composés).

Ind. prés.	Subj. prés.	
		Ind. imparf. : *je fuyais, nous fuyions*
		p. simple : *je fuis, nous fuîmes*
je fuis	*que je fuie*	futur : *je fuirai, nous fuirons*
tu fuis	*que tu fuies*	Subj. imparf. : —
elle fuit	*qu'il fuie*	
nous fuyons	*que nous fuyions*	Impératif : *fuis, fuyons, fuyez!*
vous fuyez	*que vous fuyiez*	Part. prés. : *fuyant*
elles fuient	*qu'ils fuient*	Part. passé : *fui, fuie*

12. (**GÉSIR**) — *Gésir* («être couché») n'est plus utilisé qu'à l'indicatif présent (*je gis, tu gis, il gît* — ci-*gît* Paul —, *nous gisons,...*), à l'imparfait (*je gisais,...*) et au participe présent (*gisant*).

13. **HAÏR**

Ind. prés.	Subj. prés.	
		Ind. imparf. : *je haïssais, nous haïssions*
		p. simple : *je haïs, nous haïmes*
je hais	*que je haïsse*	futur : *je haïrai, nous haïrons*
tu hais	*que tu haïsses*	Subj. imparf. : *que je haïsse, qu'il haït*
elle hait	*qu'il haïsse*	
nous haïssons	*que nous haïssions*	Impératif : *hais, haïssons, haïssez!*
vous haïssez	*que vous haïssiez*	Part. prés. : *haïssant*
elles haïssent	*qu'ils haïssent*	Part. passé : *haï, haïe*

14. (**ISSIR**) — *Issir* («sortir, provenir») n'est plus utilisé qu'au participe passé (*issu, issue*).

15. **MOURIR** — Se conjugue avec l'auxiliaire *être* aux temps composés.

Ind. prés.	Subj. prés.	
		Ind. imparf. : *je mourais, nous mourions*
		p. simple : *je mourus, nous mourûmes*
je meurs	*que je meure*	futur : *je mourrai, nous mourrons*
tu meurs	*que tu meures*	Subj. imparf. : *que je mourusse, qu'elle mourût*
elle meurt	*qu'il meure*	
nous mourons	*que nous mourions*	Impératif : *meurs, mourons, mourez!*
vous mourez	*que vous mouriez*	Part. prés. : *mourant*
elles meurent	*qu'ils meurent*	Part. passé : *mort, morte*

16. **OUÏR** — *Ouïr* n'est plus utilisé qu'à l'infinitif et au participe passé (*ouï, ouïe*) : *j'ai ouï dire*.

17. **QUÉRIR** — *Quérir* n'est plus que rarement utilisé, et seulement à l'infinitif, après *aller*, *venir* et *envoyer*.

18. **RESSORTIR** — Au sens de «résulter, se démarquer, sortir après être entré», *ressortir* se conjugue comme *sentir*, mais avec l'auxiliaire *être* aux temps composés. — Au sens de «être du ressort de», *ressortir* se conjugue comme *finir* (→ 540).

19. **SAILLIR** — *Saillir* a deux sens : (1) «jaillir ou couvrir la femelle» et (2) «être en relief, dépasser». Sa conjugaison varie selon son sens, mais, dans les deux cas, il est très peu utilisé et seulement à l'infinitif et à la 3e personne du singulier et du pluriel. ***Saillir*** (1) fait, dans l'ordre habituel des temps : *il saillit, il saillissait, il saillit, il saillira, qu'il saillisse, qu'il saillît, saillissant, sailli(e)*; et ***saillir*** (2) fait : *il saille, elle saillait, il saillit, elle saillera, qu'il saille, qu'elle saillît, saillant, sailli(e)*.

20. **VÊTIR** — Se conjuguent comme *vêtir* : ***dévêtir*** et ***revêtir***.

Ind. prés.	Subj. prés.	
		Ind. imparf. : *je vêtais, nous vêtions*
		p. simple : *je vêtis, nous vêtîmes*
je vêts	*que je vête*	futur : *je vêtirai, nous vêtirons*
tu vêts	*que tu vêtes*	Subj. imparf. : *que je vêtisse, qu'il vêtît*
elle vêt	*qu'il vête*	
nous vêtons	*que nous vêtions*	Impératif : *vêts, vêtons, vêtez!*
vous vêtez	*que vous vêtiez*	Part. prés. : *vêtant*
elles vêtent	*qu'ils vêtent*	Part. passé : *vêtu, vêtue*

VENIR

543

Venir est à la fois un verbe ordinaire et un **auxiliaire d'aspect** qui sert à indiquer le passé proche (→ 502); il prend l'auxiliaire *être* aux temps composés. — Se conjuguent comme *venir* : ***s'abstenir***, ***advenir*** (seulement à l'infinitif et à la 3e personne), ***convenir*** (au sens de « tomber d'accord » seulement), ***devenir***, ***intervenir***, ***parvenir***, ***provenir***, ***redevenir***, ***se ressouvenir***, ***revenir***, ***se souvenir*** et ***survenir***. Se conjuguent également comme *venir*, mais avec l'auxiliaire *avoir* : ***appartenir***, ***circonvenir***, ***contenir***, ***contrevenir***, ***convenir***, ***détenir***, ***disconvenir*** (au sens de « ne pas convenir à »), ***entretenir***, ***maintenir***, ***obtenir***, ***prévenir***, ***provenir***, ***retenir***, ***soutenir***, ***subvenir*** et ***tenir***.

INDICATIF

PRÉSENT	IMPARFAIT	PASSÉ SIMPLE	FUTUR SIMPLE
je viens	*je venais*	*je vins*	*je viendrai*
tu viens	*tu venais*	*tu vins*	*tu viendras*
il / elle vient	*il / elle venait*	*il / elle vint*	*il / elle viendra*
nous venons	*nous venions*	*nous vînmes*	*nous viendrons*
vous venez	*vous veniez*	*vous vîntes*	*vous viendrez*
ils / elles viennent	*ils / elles venaient*	*ils / elles vinrent*	*ils / elles viendront*

P. COMPOSÉ : *je suis, tu es, il est* ***venu****, nous sommes, vous êtes, elles sont* ***venues****.*
PL.-Q.PARF. : *j'étais, tu étais, elle était* ***venue****, nous étions, vous étiez, ils étaient* ***venus****.*
P. ANTÉR. : *je fus, tu fus, il fut* ***venu****, nous fûmes, vous fûtes, elles furent* ***venues****.*
FUT. ANT. : *je serai, tu seras, elle sera* ***venue****, nous serons, vous serez, ils seront* ***venus****.*
FUTUR DU PASSÉ : *mêmes formes que le conditionnel présent.*
FUTUR ANTÉRIEUR DU PASSÉ : *mêmes formes que le conditionnel passé.*

SUBJONCTIF

PRÉSENT	IMPARFAIT	PASSÉ (masc.)	PL.-Q.-PARF. (fém.)
que je vienne	*que je vinsse*	*que je sois venu*	*que je fusse venue*
que tu viennes	*que tu vinsses*	*que tu sois venu*	*que tu fusses venue*
qu'il vienne	*qu'elle vînt*	*qu'il soit venu*	*qu'elle fût venue*
que nous venions	*que nous vinssions*	*que n. soyons venus*	*que n. fussions venues*
que vous veniez	*que vous vinssiez*	*que v. soyez venus*	*que v. fussiez venues*
qu'ils viennent	*qu'elles vinssent*	*qu'ils soient venus*	*qu'elles fussent venues*

CONDITIONNEL

PRÉSENT	PASSÉ (fém.)
je viendrais	*je serais venue*
tu viendrais	*tu serais venue*
il viendrait	*elle serait venue*
nous viendrions	*nous serions venues*
vous viendriez	*vous seriez venues*
ils viendraient	*elles seraient venues*

(Deuxième forme du conditionnel passé : comme le subjonctif plus-que-parfait)

IMPÉRATIF

PRÉSENT

viens!
venons!
venez!

PASSÉ (très rare)

sois venu(e)!
soyons venu(e)s!
soyez venu(e)s!

INFINITIF

PRÉSENT *venir*

PASSÉ *être venu(e)*

PARTICIPE

PRÉSENT *venant*

PASSÉ *venu, venue*

LES VERBES EN -OIR

544 ● Il n'y a pas vraiment de modèle pour la conjugaison des verbes en -OIR : même le verbe ***recevoir*** ne sert de modèle qu'à quatre autres verbes (→ 545.9). Ci-dessous figurent donc tous les verbes en -OIR suivis d'un tableau spécial pour les verbes ***devoir*** et ***pouvoir***, très fréquemment utilisés comme simples verbes ou comme **auxiliaires de modalité**.

545 VERBES EN -OIR

1. **APPAROIR** – *Apparoir* («être manifeste, évident») n'est plus utilisé qu'à l'infinitif et à la 3e personne du singulier de l'indicatif présent : *Il appert de ce témoignage que...*

2. **ASSEOIR** – *Asseoir* a deux conjugaisons : *j'assois* et *j'assieds*. Se conjuguent comme *asseoir* : ***rasseoir*** et ***surseoir*** (participe passé : *sursis*, sans féminin ni pluriel), mais *surseoir* s'aligne seulement sur la 1re conjugaison d'*asseoir* et garde parfois le -e- : *je surseois, tu surseois, il surseoit* (mais : *nous sursoyons, vous sursoyez, ils sursoient*), *je surseoirai* et *je surseoirais* (→ Annexe 1, p.503).

	Ind. prés.	Subj. prés.	
A.			Ind. imparf. : *j'assoyais, nous assoyions* p. simple : *j'assis, nous assîmes* futur : *j'assoirai, nous assoirons*
	j'assois	*que j'assoie*	Subj. imparf. : *que j'assisse, qu'elle assît*
	tu assois	*que tu assoies*	
	elle assoit	*qu'il assoie*	
	nous assoyons	*que nous assoyions*	Impératif : *assois, assoyons, assoyez!*
	vous assoyez	*que vous assoyiez*	Part. prés. : *assoyant*
	elles assoient	*qu'ils assoient*	Part. passé : *assis, assise*
B.	Ind. prés.	Subj. prés.	Ind. imparf. : *j'asseyais, nous asseyions* p. simple : *j'assis, nous assîmes* futur : *j'assiérai, nous assiérons*
	j'assieds	*que j'asseye*	Subj. imparf. : *que j'assisse, qu'il assît*
	tu assieds	*que tu asseyes*	
	elle assied	*qu'il asseye*	
	nous asseyons	*que nous asseyions*	Impératif : *assieds, asseyons, asseyez!*
	vous asseyez	*que vous asseyiez*	Part. prés. : *asseyant*
	elles asseyent	*qu'ils asseyent*	Part. passé : *assis, assise*

3. **CHALOIR** – *Chaloir* («avoir de l'importance») n'est plus utilisé que dans quelques expressions impersonnelles : *peu me chaut, il ne m'en chaut (guère),...*

4. **CHOIR** – Contrairement à *déchoir*, *choir* («tomber») est un verbe presque inusité, sauf en poésie ou parfois pour plaisanter, et seulement à l'infinitif ou au participe passé : *chu, chue*.

5. **DÉCHOIR** – Se conjugue comme *déchoir* : ***échoir***, mais ce verbe a plusieurs particularités. Ainsi, *échoir*, employé seulement à la 3e pers. du singulier et du pluriel, se conjugue avec l'auxiliaire *être* aux temps composés. Il n'a pas de subjonctif, mais il a un participe présent : *échéant*. Enfin, il a également une deuxième forme à la 3e pers. du singulier de l'ind. prés. : *il échet*, expression propre au langage juridique.

Ind. prés.	Subj. prés.	
		Ind. imparf. : —
		p. simple : *je déchus, nous déchûmes*
je déchois	*que je déchoie*	futur : *je déchoirai, nous déchoirons*
tu déchois	*que tu déchoies*	Subj. imparf. : *que je déchusse, qu'elle déchût*
elle déchoit	*qu'il déchoie*	
nous déchoyons	*que nous déchoyions*	Impératif : —
vous déchoyez	*que vous déchoyiez*	Part. prés. : —
elles déchoient	*qu'ils déchoient*	Part. passé : *déchu, déchue*

6. **FALLOIR** — *Falloir* est un verbe impersonnel et défectif. Indicatif présent : *il faut* — imparfait : *il fallait* — passé simple : *il fallut* — futur : *il faudra* — subjonctif présent : *qu'il faille* — imparfait : *qu'il fallût* — participe présent : *fallant* (presque inusité) — participe passé : *fallu* (sans féminin ni pluriel).

7. **MOUVOIR** — Se conjuguent comme *mouvoir* : ***émouvoir*** (mais le participe passé s'écrit sans accent circonflexe : *ému*) et ***promouvoir*** (utilisé seulement à l'infinitif, aux participes présent et passé — *promu* sans accent — et aux temps composés).

Ind. prés.	Subj. prés.	
		Ind. imparf. : *je mouvais, nous mouvions*
		p. simple : *je mus, nous mûmes*
je meus	*que je meuve*	futur : *je mouvrai, nous mouvrons*
tu meus	*que tu meuves*	Subj. imparf. : *que je musse, que nous mussions*
elle meut	*qu'il meuve*	
nous mouvons	*que nous mouvions*	Impératif : *meus, mouvons, mouvez!*
vous mouvez	*que vous mouviez*	Part. prés. : *mouvant*
elles meuvent	*qu'ils meuvent*	Part. passé : *mû, mue* (→ 555)

8. **PLEUVOIR** — *Pleuvoir* est un verbe impersonnel (mais qui peut être utilisé de manière personnelle : → 496R2). Indicatif présent : *il pleut* — imparfait : *il pleuvait* — passé simple : *il plut* — futur : *il pleuvra* — subjonctif présent : *qu'il pleuve* — imparfait : *qu'il plût* — participe présent : *pleuvant* — participe passé : *plu* (sans féminin ni pluriel).

9. **RECEVOIR** — Se conjuguent comme *recevoir* : ***apercevoir***, ***concevoir***, ***décevoir*** et ***percevoir***.

Ind. prés.	Subj. prés.	
		Ind. imparf. : *je recevais, nous recevions*
		p. simple : *je reçus, nous reçûmes*
je reçois	*que je reçoive*	futur : *je recevrai, nous recevrons*
tu reçois	*que tu reçoives*	Subj. imparf. : *que je reçusse, qu'il reçût*
elle reçoit	*qu'il reçoive*	
nous recevons	*que nous recevions*	Impératif : *reçois, recevons, recevez!*
vous recevez	*que vous receviez*	Part. prés. : *recevant*
elles reçoivent	*qu'ils reçoivent*	Part. passé : *reçu, reçue*

10. **SAVOIR**

Ind. prés.	Subj. prés.	
		Ind. imparf. : *je savais, nous savions*
		p. simple : *je sus, nous sûmes*
je sais	*que je sache*	futur : *je saurai, nous saurons*
tu sais	*que tu saches*	Subj. imparf. : *que je susse, qu'elle sût*
elle sait	*qu'il sache*	
nous savons	*que nous sachions*	Impératif : *sache, sachons, sachez!*
vous savez	*que vous sachiez*	Part. prés. : *sachant*
elles savent	*qu'ils sachent*	Part. passé : *su, sue*

11. **SEOIR** — *Seoir* a deux sens et deux conjugaisons défectives :

- ***Seoir*** (signifiant «convenir») n'est plus utilisé qu'au participe prés. et à la 3e personne du singulier et du pluriel de quelques temps (il n'a pas de temps composés). Indicatif présent : *il sied, elles siéent* — imparfait : *elle seyait, ils seyaient* — futur : *il siéra, elles siéront* — conditionnel présent : *elle siérait, ils siéraient* — subjonctif présent : *qu'il siée* — participe présent : *seyant* (utilisé comme adjectif, *seyant* devient *séant*). — ***Messeoir*** n'est plus utilisé à l'infinitif.
- ***Seoir*** (signifiant «être assis, situé») n'est plus utilisé qu'aux participes présent (*séant*) et passé (*sis, sise*). On dit cependant parfois *sieds-toi, seyez-vous* pour *assieds-toi, asseyez-vous*.

12. **VALOIR** — Se conjuguent comme *valoir* : ***équivaloir*** (mais le participe passé, *équivalu*, n'a ni féminin ni pluriel), ***prévaloir*** (sauf au subjonctif présent : *que je prévale, que tu prévales, qu'elle prévale, que nous prévalions, que vous prévaliez, qu'ils prévalent*) et ***revaloir***.

Ind. prés.	Subj. prés.	Ind. imparf. : *je valais, nous valions*
		p. simple : *je valus, nous valûmes*
je vaux	*que je vaille*	futur : *je vaudrai, nous vaudrons*
tu vaux	*que tu vailles*	Subj. imparf. : *que je valusse, qu'il valût*
elle vaut	*qu'il vaille*	
nous valons	*que nous valions*	Impér. : *vaux, valons, valez!* (presque inusités)
vous valez	*que vous valiez*	Part. prés. : *valant*
elles valent	*qu'ils vaillent*	Part. passé : *valu, value*

13. **VOIR** — Se conjuguent comme *voir* : ***entrevoir***, ***pourvoir*** (sauf au passé simple : *je pourvus*, au futur : *je pourvoirai*, au conditionnel présent : *je pourvoirais*, et au subjonctif imparfait : *que je pourvusse*), ***prévoir*** (sauf au futur : *je prévoirai*, et au conditionnel présent : *je prévoirais*) et ***revoir***.

Ind. prés.	Subj. prés.	Ind. imparf. : *je voyais, nous voyions*
		p. simple : *je vis, nous vîmes*
je vois	*que je voie*	futur : *je verrai, nous verrons*
tu vois	*que tu voies*	Subj. imparf. : *que je visse, qu'elle vît*
elle voit	*qu'il voie*	
nous voyons	*que nous voyions*	Impératif : *vois, voyons, voyez!*
vous voyez	*que vous voyiez*	Part. prés. : *voyant*
elles voient	*qu'ils voient*	Part. passé : *vu, vue*

14. **VOULOIR** — *Vouloir* a deux formes à l'impératif : *veuille, veuillons, veuillez* (la plupart du temps) et *veux, voulons, voulez* quand il s'agit d'un ordre ferme ou, parfois, quand la phrase est de forme négative : *Ne lui en veux pas!*

Ind. prés.	Subj. prés.	Ind. imparf. : *je voulais, nous voulions*
		p. simple : *je voulus, nous voulûmes*
je veux	*que je veuille*	futur : *je voudrai, nous voudrons*
tu veux	*que tu veuilles*	Subj. imparf. : *que je voulusse, qu'il voulût*
elle veut	*qu'il veuille*	
nous voulons	*que nous voulions*	Impératif : *veuille, veuillons, veuillez!*
vous voulez	*que vous vouliez*	Part. prés. : *voulant*
elles veulent	*qu'ils veuillent*	Part. passé : *voulu, voulue*

DEVOIR et POUVOIR

546

Les verbes ***devoir*** et ***pouvoir***, en plus d'être des verbes ordinaires, sont également des **auxiliaires de modalité** (→ 501). Ils n'ont pas d'impératif. Il y a un accent sur *dû*, le participe passé masculin singulier du verbe *devoir* : → 555.

INDICATIF

PRÉSENT	IMPARFAIT	PRÉSENT	IMPARFAIT
je dois *nous devons*	*je devais* *nous devions*	*je peux* *nous pouvons*	*je pouvais* *nous pouvions*
PASSÉ SIMPLE	**FUTUR SIMPLE**	**PASSÉ SIMPLE**	**FUTUR SIMPLE**
je dus *nous dûmes*	*je devrai* *nous devrons*	*je pus* *nous pûmes*	*je pourrai* *nous pourrons*

PASSÉ COMPOSÉ : *j'ai, tu as, il a, nous avons, vous avez, elles ont* ***dû / pu.***
PLUS-QUE-PARF. : *j'avais, tu avais, elle avait, nous avions, vous aviez, ils avaient* ***dû / pu.***
PASSÉ ANTÉRIEUR : *j'eus, tu eus, il eut, nous eûmes, vous eûtes, elles eurent* ***dû / pu.***
FUTUR ANTÉR. : *j'aurai, tu auras, elle aura, nous aurons, vous aurez, ils auront* ***dû / pu.***
FUTUR DU PASSÉ : *mêmes formes que le conditionnel présent.*
FUTUR ANTÉRIEUR DU PASSÉ : *mêmes formes que le conditionnel passé.*

SUBJONCTIF

PRÉSENT	IMPARFAIT	PRÉSENT	IMPARFAIT
que je doive *que nous devions*	*que je dusse, qu'il dût* *que nous dussions*	*que je puisse* *que nous puissions*	*que je pusse, qu'il pût* *que nous pussions*
PASSÉ	**PLUS-QUE-PARFAIT**	**PASSÉ**	**PLUS-QUE-PARFAIT**
que j'aie dû *que nous ayons dû*	*que j'eusse dû* *que nous eussions dû*	*que j'aie pu* *que nous ayons pu*	*que j'eusse pu* *que nous eussions pu*

CONDITIONNEL

PRÉSENT	PASSÉ	PRÉSENT	PASSÉ
je devrais *nous devrions*	*j'aurais dû* *nous aurions dû*	*je pourrais* *nous pourrions*	*j'aurais pu* *nous aurions pu*

(Deuxième forme du conditionnel passé : comme le subjonctif plus-que-parfait)

PARTICIPE

PRÉSENT	PASSÉ	PRÉSENT	PASSÉ
devant	*dû / due (dus, dues)*	*pouvant*	*pu* (ni fém., ni plur.)

LES VERBES EN -RE

547

CONDUIRE

Se conjuguent comme ***conduire*** : ***construire***, ***cuire***, ***déduire***, ***détruire***, ***éconduire***, ***enduire***, ***induire***, ***instruire***, ***introduire***, ***luire*** et ***reluire*** (participe passé : *lui* et *relui*, sans féminin ni pluriel), ***nuire*** (participe passé : *nui*, sans -t- final et sans féminin), ***produire***, ***reconduire***, ***reconstruire***, ***recuire***, ***réduire***, ***reproduire***, ***retraduire***, ***séduire*** et ***traduire***.

INDICATIF

PRÉSENT	IMPARFAIT	PASSÉ SIMPLE	FUTUR SIMPLE
je conduis	*je conduisais*	*je conduisis*	*je conduirai*
tu conduis	*tu conduisais*	*tu conduisis*	*tu conduiras*
il / elle conduit	*il / elle conduisait*	*il / elle conduisit*	*il / elle conduira*
nous conduisons	*nous conduisions*	*nous conduisîmes*	*nous conduirons*
vous conduisez	*vous conduisiez*	*vous conduisîtes*	*vous conduirez*
ils / elles conduisent	*ils / elles conduisaient*	*ils / elles conduisirent*	*ils / elles conduiront*

PASSÉ COMPOSÉ : *j'ai, tu as, il a, nous avons, vous avez, elles ont* ***conduit****.*
PLUS-QUE-PARF. : *j'avais, tu avais, elle avait, nous avions, vous aviez, ils avaient* ***conduit****.*
PASSÉ ANTÉRIEUR : *j'eus, tu eus, il eut, nous eûmes, vous eûtes, elles eurent* ***conduit****.*
FUTUR ANTÉR. : *j'aurai, tu auras, elle aura, nous aurons, vous aurez, ils auront* ***conduit****.*
FUTUR DU PASSÉ : *mêmes formes que le conditionnel présent.*
FUTUR ANTÉRIEUR DU PASSÉ : *mêmes formes que le conditionnel passé.*

SUBJONCTIF

PRÉSENT	IMPARFAIT	PASSÉ	PLUS-QUE-PARFAIT
que je conduise	*que je conduisisse*	*que j'aie conduit*	*que j'eusse conduit*
que tu conduises	*que tu conduisisses*	*que tu aies conduit*	*que tu eusses conduit*
qu'il conduise	*qu'elle conduisît*	*qu'il ait conduit*	*qu'elle eût conduit*
que nous conduisions	*que n. conduisissions*	*que n. ayons conduit*	*que n. eussions conduit*
que vous conduisiez	*que v. conduisissiez*	*que v. ayez conduit*	*que v. eussiez conduit*
qu'ils conduisent	*qu'elles conduisissent*	*qu'ils aient conduit*	*qu'elles eussent conduit*

CONDITIONNEL

PRÉSENT	PASSÉ
je conduirais	*j'aurais conduit*
tu conduirais	*tu aurais conduit*
il conduirait	*elle aurait conduit*
nous conduirions	*nous aurions conduit*
vous conduiriez	*vous auriez conduit*
ils conduiraient	*elles auraient conduit*

(Deuxième forme du conditionnel passé : comme le subjonctif plus-que-parfait)

IMPÉRATIF

PRÉSENT

conduis!
conduisons!
conduisez!

PASSÉ (très rare)

aie conduit!
ayons conduit!
ayez conduit!

INFINITIF

PRÉSENT
conduire

PASSÉ
avoir conduit

PARTICIPE

PRÉSENT
conduisant

PASSÉ
conduit, conduite

CRAINDRE

548

Se conjuguent comme *craindre* : ***adjoindre, astreindre, atteindre, ceindre, conjoindre, contraindre, dépeindre, déteindre, disjoindre, empreindre, enceindre, enfreindre, enjoindre, éteindre, étreindre, feindre, geindre, joindre, oindre*** (seulement à l'infinitif et au participe passé : *oint, ointe*), ***peindre, plaindre, poindre*** (seulement à l'infinitif et à la 3e personne du singulier de l'indicatif présent et futur : *le jour point*), ***rejoindre, repeindre, restreindre, reteindre*** et ***teindre***.

INDICATIF

PRÉSENT	IMPARFAIT	PASSÉ SIMPLE	FUTUR SIMPLE
je crains	*je craignais*	*je craignis*	*je craindrai*
tu crains	*tu craignais*	*tu craignis*	*tu craindras*
il / elle craint	*il / elle craignait*	*il / elle craignit*	*il / elle craindra*
nous craignons	*nous craignions*	*nous craignîmes*	*nous craindrons*
vous craignez	*vous craigniez*	*vous craignîtes*	*vous craindrez*
ils / elles craignent	*ils / elles craignaient*	*ils / elles craignirent*	*ils / elles craindront*

PASSÉ COMPOSÉ : *j'ai, tu as, il a, nous avons, vous avez, elles ont* ***craint***.
PLUS-QUE-PARFAIT : *j'avais, tu avais, elle avait, nous avions, vous aviez, ils avaient* ***craint***.
PASSÉ ANTÉRIEUR : *j'eus, tu eus, il eut, nous eûmes, vous eûtes, elles eurent* ***craint***.
FUTUR ANTÉRIEUR : *j'aurai, tu auras, elle aura, nous aurons, vous aurez, ils auront* ***craint***.
FUTUR DU PASSÉ : *mêmes formes que le conditionnel présent.*
FUTUR ANTÉRIEUR DU PASSÉ : *mêmes formes que le conditionnel passé.*

SUBJONCTIF

PRÉSENT	IMPARFAIT	PASSÉ	PLUS-QUE-PARFAIT
que je craigne	*que je craignisse*	*que j'aie craint*	*que j'eusse craint*
que tu craignes	*que tu craignisses*	*que tu aies craint*	*que tu eusses craint*
qu'il craigne	*qu'elle craignît*	*qu'il ait craint*	*qu'elle eût craint*
que n. craignions	*que nous craignissions*	*que nous ayons craint*	*que n. eussions craint*
que v. craigniez	*que vous craignissiez*	*que vous ayez craint*	*que v. eussiez craint*
qu'ils craignent	*qu'elles craignissent*	*qu'ils aient craint*	*qu'elles eussent craint*

CONDITIONNEL

PRÉSENT	PASSÉ
je craindrais	*j'aurais craint*
tu craindrais	*tu aurais craint*
il craindrait	*elle aurait craint*
nous craindrions	*nous aurions craint*
vous craindriez	*vous auriez craint*
ils craindraient	*elles auraient craint*

(Deuxième forme du conditionnel passé : comme le subjonctif plus-que-parfait)

IMPÉRATIF

PRÉSENT

crains!
craignons!
craignez!

PASSÉ (très rare)

aie craint!
ayons craint!
ayez craint!

INFINITIF

PRÉSENT
craindre
PASSÉ
avoir craint

PARTICIPE

PRÉSENT
craignant
PASSÉ
craint, crainte

549

RENDRE

Se conjuguent comme ***rendre*** : ***appendre***, ***attendre***, ***condescendre***, ***confondre***, ***correspondre***, ***défendre***, ***démordre***, ***dépendre***, ***descendre*** (avec l'auxiliaire *avoir* ou *être* : → 500R), ***détendre***, ***détordre***, ***distendre***, ***entendre***, ***épandre***, ***étendre***, ***fendre***, ***fondre***, ***mordre***, ***se morfondre*** (avec l'auxiliaire *être*), ***pendre***, ***perdre***, ***pondre***, ***pourfendre***, ***prétendre***, ***redescendre*** (comme *descendre*), ***refendre***, ***refondre***, ***remordre***, ***répandre***, ***rependre***, ***répondre***, ***revendre***, ***suspendre***, ***tendre***, ***tondre***, ***tordre*** et ***vendre***.

INDICATIF

PRÉSENT	IMPARFAIT	PASSÉ SIMPLE	FUTUR SIMPLE
je rends	*je rendais*	*je rendis*	*je rendrai*
tu rends	*tu rendais*	*tu rendis*	*tu rendras*
il / elle rend	*il / elle rendait*	*il / elle rendit*	*il / elle rendra*
nous rendons	*nous rendions*	*nous rendîmes*	*nous rendrons*
vous rendez	*vous rendiez*	*vous rendîtes*	*vous rendrez*
ils / elles rendent	*ils / elles rendaient*	*ils / elles rendirent*	*ils / elles rendront*

PASSÉ COMPOSÉ : *j'ai, tu as, il a, nous avons, vous avez, elles ont* ***rendu***.
PLUS-QUE-PARFAIT : *j'avais, tu avais, elle avait, nous avions, vous aviez, ils avaient* ***rendu***.
PASSÉ ANTÉRIEUR : *j'eus, tu eus, il eut, nous eûmes, vous eûtes, elles eurent* ***rendu***.
FUTUR ANTÉRIEUR : *j'aurai, tu auras, elle aura, nous aurons, vous aurez, ils auront* ***rendu***.
FUTUR DU PASSÉ : *mêmes formes que le conditionnel présent.*
FUTUR ANTÉRIEUR DU PASSÉ : *mêmes formes que le conditionnel passé.*

SUBJONCTIF

PRÉSENT	IMPARFAIT	PASSÉ	PLUS-QUE-PARFAIT
que je rende	*que je rendisse*	*que j'aie rendu*	*que j'eusse rendu*
que tu rendes	*que tu rendisses*	*que tu aies rendu*	*que tu eusses rendu*
qu'il rende	*qu'elle rendît*	*qu'il ait rendu*	*qu'elle eût rendu*
que nous rendions	*que nous rendissions*	*que n. ayons rendu*	*que n. eussions rendu*
que vous rendiez	*que vous rendissiez*	*que v. ayez rendu*	*que v. eussiez rendu*
qu'ils rendent	*qu'elles rendissent*	*qu'ils aient rendu*	*qu'elles eussent rendu*

CONDITIONNEL

PRÉSENT	PASSÉ
je rendrais	*j'aurais rendu*
tu rendrais	*tu aurais rendu*
il rendrait	*elle aurait rendu*
nous rendrions	*nous aurions rendu*
vous rendriez	*vous auriez rendu*
ils rendraient	*elles auraient rendu*

(Deuxième forme du conditionnel passé : comme le subjonctif plus-que-parfait)

IMPÉRATIF

PRÉSENT

rends!
rendons!
rendez!

PASSÉ (très rare)

aie rendu!
ayons rendu!
ayez rendu!

INFINITIF

PRÉSENT
rendre

PASSÉ
avoir rendu

PARTICIPE

PRÉSENT
rendant

PASSÉ
rendu, rendue

VERBES PARTICULIERS EN -RE 550

1. **ACCROIRE** – *Accroire* n'est utilisé qu'à l'infinitif, avec *faire* ou *laisser* : *Elle m'en fait accroire*.

2. **BATTRE** – Se conjuguent comme *battre* : ***abattre***, ***combattre***, ***débattre***, ***s'ébattre*** (avec l'auxiliaire *être* aux temps composés), ***rabattre*** et ***rebattre***.

Ind. prés.	Subj. prés.	Ind. imparf. : *je battais, nous battions*
		p. simple : *je battis, nous battîmes*
je bats	*que je batte*	futur : *je battrai, nous battrons*
tu bats	*que tu battes*	Subj. imparf. : *que je battisse, qu'il battît*
elle bat	*qu'il batte*	
nous battons	*que nous battions*	Impératif : *bats, battons, battez!*
vous battez	*que vous battiez*	Part. prés. : *battant*
elles battent	*qu'ils battent*	Part. passé : *battu, battue*

3. **BOIRE**

Ind. prés.	Subj. prés.	Ind. imparf. : *je buvais, nous buvions*
		p. simple : *je bus, nous bûmes*
je bois	*que je boive*	futur : *je boirai, nous boirons*
tu bois	*que tu boives*	Subj. imparf. : *que je busse, qu'elle bût*
elle boit	*qu'il boive*	
nous buvons	*que nous buvions*	Impératif : *bois, buvons, buvez!*
vous buvez	*que vous buviez*	Part. prés. : *buvant*
elles boivent	*qu'ils boivent*	Part. passé : *bu, bue*

4. **BRAIRE** – *Braire* est utilisé seulement à l'infinitif, à la 3e personne du singulier et du pluriel de l'indicatif présent (*il brait, elles braient*), du futur (*elle braira, ils brairont*), et du conditionnel présent (*il brairait, elles brairaient)*, au participe présent (*brayant*) et au participe passé (*brait*, sans féminin ni pluriel).

5. **BRUIRE** – *Bruire* n'est plus utilisé qu'à l'infinitif, à la 3e personne du singulier et du pluriel de l'indicatif présent (*il bruit, elles bruissent*), de l'indicatif imparf. (*elle bruissait*), du subjonctif présent (*qu'ils bruissent*), et au participe présent (*bruissant*).

6. **CONCLURE** – Se conjuguent comme *conclure* : ***exclure*** et ***inclure*** (sauf le part. passé : *inclus, incluse*, souvent précédé de *ci-* dans la correspondance : *les documents ci-inclus* : → 630).

Ind. prés.	Subj. prés.	Ind. imparf. : *je concluais, nous concluions*
		p. simple : *je conclus, nous conclûmes*
je conclus	*que je conclue*	futur : *je conclurai, nous conclurons*
tu conclus	*que tu conclues*	Subj. imparf. : *que je conclusse, qu'il conclût*
elle conclut	*qu'il conclue*	
nous concluons	*que nous concluions*	Impératif : *conclus, concluons, concluez!*
vous concluez	*que vous concluiez*	Part. prés. : *concluant*
elles concluent	*qu'ils concluent*	Part. passé : *conclu, conclue*

7. **CONNAÎTRE** — Se conjuguent comme *connaître* : ***apparaître***, ***comparaître***, ***disparaître***, ***méconnaître***, ***paraître***, ***réapparaître***, ***reconnaître***, ***reparaître*** et ***transparaître***.

Ind. prés.	Subj. prés.	
		Ind. imparf. : *je connaissais, nous connaissions*
		p. simple : *je connus, nous connûmes*
je connais	*que je connaisse*	futur : *je connaîtrai, nous connaîtrons*
tu connais	*que tu connaisses*	Subj. imparf. : *que je connusse, qu'elle connût*
elle connaît	*qu'il connaisse*	
nous connaissons	*que nous connaissions*	Impératif : *connais, connaissons, connaissez!*
vous connaissez	*que vous connaissiez*	Part. prés. : *connaissant*
elles connaissent	*qu'ils connaissent*	Part. passé : *connu, connue*

8. **COUDRE** — Se conjuguent comme *coudre* : ***découdre*** et ***recoudre***.

Ind. prés.	Subj. prés.	
		Ind. imparf. : *je cousais, nous cousions*
		p. simple : *je cousis, nous cousîmes*
je couds	*que je couse*	futur : *je coudrai, nous coudrons*
tu couds	*que tu couses*	Subj. imparf. : *que je cousisse, qu'il cousît*
elle coud	*qu'il couse*	
nous cousons	*que nous cousions*	Impératif : *couds, cousons, cousez!*
vous cousez	*que vous cousiez*	Part. prés. : *cousant*
elles cousent	*qu'ils cousent*	Part. passé : *cousu, cousue*

9. **CROIRE**

Ind. prés.	Subj. prés.	
		Ind. imparf. : *je croyais, nous croyions*
		p. simple : *je crus, nous crûmes*
je crois	*que je croie*	futur : *je croirai, nous croirons*
tu crois	*que tu croies*	Subj. imparf. : *que je crusse, qu'elle crût*
elle croit	*qu'il croie*	
nous croyons	*que nous croyions*	Impératif : *crois, croyons, croyez!*
vous croyez	*que vous croyiez*	Part. prés. : *croyant*
elles croient	*qu'ils croient*	Part. passé : *cru, crue*

10. **CROÎTRE** — Se conjuguent comme *croître* : ***accroître***, ***décroître*** et ***recroître***, mais ces trois verbes, contrairement à *croître*, ne prennent l'accent circonflexe sur le -i- que lorsqu'il est suivi de -tr- et à la 3e personne du singulier de l'indicatif présent. Leurs participes passés sont *accru*, *décru* et *recrû*, et ils se conjuguent tantôt avec *avoir* et tantôt avec *être* comme auxiliaire (→ 500R). Concernant l'accent circonflexe sur certaines formes conjuguées : → Annexe 1, p.305.

Ind. prés.	Subj. prés.	
		Ind. imparf. : *je croissais, nous croissions*
		p. simple : *je crûs, nous crûmes*
je croîs	*que je croisse*	futur : *je croîtrai, nous croîtrons*
tu croîs	*que tu croisses*	Subj. imparf. : *que je crûsse, qu'il crût*
elle croît	*qu'il croisse*	
nous croissons	*que nous croissions*	Impératif : *croîs, croissons, croissez!*
vous croissez	*que vous croissiez*	Part. prés. : *croissant*
elles croissent	*qu'ils croissent*	Part. passé : *crû, crus, crue, crues.*

11. **DIRE** — Se conjuguent comme *dire* : ***contredire***, ***se dédire***, ***interdire***, ***médire***, ***prédire*** (sauf, pour les quatre, à la 2e personne du pluriel de l'indicatif présent et de l'impératif présent : *vous contredisez, vous vous dédisez,... ne médisez pas!, ne prédisez pas!;* de plus, *dédire* se conjugue avec l'auxiliaire *être* aux temps composés) et ***redire*** (en tous points comme *dire*).

Ind. prés.	Subj. prés.	
		Ind. imparf. : *je disais, nous disions*
		p. simple : *je dis, nous dîmes*
je dis	*que je dise*	futur : *je dirai, nous dirons*
tu dis	*que tu dises*	Subj. imparf. : *que je disse, qu'elle dît*
elle dit	*qu'il dise*	
nous disons	*que nous disions*	Impératif : *dis, disons, dites!*
vous dites	*que vous disiez*	Part. prés. : *disant*
elles disent	*qu'ils disent*	Part. passé : *dit, dite*

12. **ÉCRIRE** — Se conjuguent comme *écrire* : ***circonscrire***, ***décrire***, ***inscrire***, ***prescrire***, ***proscrire***, ***récrire***, ***souscrire*** et ***transcrire***.

Ind. prés.	Subj. prés.	
		Ind. imparf. : *j'écrivais, nous écrivions*
		p. simple : *j'écrivis, nous écrivîmes*
j'écris	*que j'écrive*	futur : *j'écrirai, nous écrirons*
tu écris	*que tu écrives*	Subj. imparf. : *que j'écrivisse, qu'il écrivît*
elle écrit	*qu'il écrive*	
nous écrivons	*que nous écrivions*	Impératif : *écris, écrivons, écrivez!*
vous écrivez	*que vous écriviez*	Part. prés. : *écrivant*
elles écrivent	*qu'ils écrivent*	Part. passé : *écrit, écrite*

13. **ENCLORE** — Se conjuguent comme *enclore* : ***clore*** (mais seuls existent l'infinitif, l'indicatif prés. au singulier, le futur, le subjonctif prés. et le part. passé), ***déclore*** (mais seuls existent l'infinitif, l'indicatif prés. au sing., le futur, le conditionnel prés., le subjonctif prés., et le part. passé), ***éclore*** (mais seules existent les 3es pers. de l'indicatif prés., de l'imparf., du futur, du conditionnel prés. et du subjonctif prés., et le part. passé).

Ind. prés.	Subj. prés.	
		Ind. imparf. : *j'enclosais, nous enclosions*
		p. simple : —
j'enclos	*que j'enclose*	futur : *j'enclorai, nous enclorons*
tu enclos	*que tu encloses*	Subj. imparf. : —
elle enclôt	*qu'il enclose*	
nous enclosons	*que nous enclosions*	Impératif : *enclos, enclosons, enclosez!*
vous enclosez	*que vous enclosiez*	Part. prés. : *enclosant*
elles enclosent	*qu'ils enclosent*	Part. passé : *enclos, enclose*

14. **FAIRE** — Se conjuguent comme *faire* : ***contrefaire***, ***défaire***, ***parfaire***, ***refaire***, ***satisfaire*** et ***surfaire***. Remarque : dans la conjugaison de ces verbes, la syllabe -fai- se prononce [fə] quand elle est suivie d'une syllabe commençant par -s- : *je faisais* [ʒəfəzɛ]).

Ind. prés.	Subj. prés.	
		Ind. imparf. : *je faisais, nous faisions*
		p. simple : *je fis, nous fîmes*
je fais	*que je fasse*	futur : *je ferai, nous ferons*
tu fais	*que tu fasses*	Subj. imparf. : *que je fisse, qu'elle fît*
elle fait	*qu'il fasse*	
nous faisons	*que nous fassions*	Impératif : *fais, faisons, faites!*
vous faites	*que vous fassiez*	Part. prés. : *faisant*
elles font	*qu'ils fassent*	Part. passé : *fait, faite*

15. **FORFAIRE** — *Forfaire* n'est utilisé qu'à l'infinitif et aux temps composés : *Il a forfait à l'honneur.*

16. **FRIRE** — *Frire* n'est utilisé qu'à l'infinitif, au singulier de l'indicatif présent (*je fris, tu fris, il frit*), au participe passé (*frit, frite*), et aux temps composés (*j'ai frit, tu avais frit,...*). Dans tous les autres cas, on utilise *faire frire*.

17. **LIRE** — Se conjuguent comme *lire* : ***élire***, ***réélire*** et ***relire***.

Ind. prés.	Subj. prés.	
		Ind. imparf. : *je lisais, nous lisions*
		p. simple : *je lus, nous lûmes*
je lis	*que je lise*	futur : *je lirai, nous lirons*
tu lis	*que tu lises*	Subj. imparf. : *que je lusse, qu'il lût*
elle lit	*qu'il lise*	
nous lisons	*que nous lisions*	Impératif : *lis, lisons, lisez!*
vous lisez	*que vous lisiez*	Part. prés. : *lisant*
elles lisent	*qu'ils lisent*	Part. passé : *lu, lue*

18. **MAUDIRE** — *Maudire* se conjugue comme *finir*, sauf au participe passé : *maudit*, *maudite*.

19. **METTRE** — Se conjuguent comme *mettre* tous ses composés : ***admettre***, ***commettre***, ***compromettre***, ***démettre***, ***émettre***, ***s'entremettre*** (avec l'auxiliaire *être*), ***omettre***, ***permettre***, ***promettre***, ***remettre***, ***soumettre*** et ***transmettre***.

Ind. prés.	Subj. prés.	
		Ind. imparf. : *je mettais, nous mettions*
		p. simple : *je mis, nous mîmes*
je mets	*que je mette*	futur : *je mettrai, nous mettrons*
tu mets	*que tu mettes*	Subj. imparf. : *que je misse, qu'elle mît*
elle met	*qu'il mette*	
nous mettons	*que nous mettions*	Impératif : *mets, mettons, mettez!*
vous mettez	*que vous mettiez*	Part. prés. : *mettant*
elles mettent	*qu'ils mettent*	Part. passé : *mis, mise*

20. **MOUDRE**

Ind. prés.	Subj. prés.	
		Ind. imparf. : *je moulais, nous moulions*
		p. simple : *je moulus, nous moulûmes*
je mouds	*que je moule*	futur : *je moudrai, nous moudrons*
tu mouds	*que tu moules*	Subj. imparf. : *que je moulusse, qu'il moulût*
elle moud	*qu'il moule*	
nous moulons	*que nous moulions*	Impératif : *mouds, moulons, moulez!*
vous moulez	*que vous mouliez*	Part. prés. : *moulant*
elles moulent	*qu'ils moulent*	Part. passé : *moulu, moulue*

21. **NAÎTRE** — Se conjugue comme *naître* : ***renaître*** (tous deux avec *être* aux temps composés).

Ind. prés.	Subj. prés.	
		Ind. imparf. : *je naissais, nous naissions*
		p. simple : *je naquis, nous naquîmes*
je nais	*que je naisse*	futur : *je naîtrai, nous naîtrons*
tu nais	*que tu naisses*	Subj. imparf. : *que je naquisse, qu'elle naquît*
elle naît	*qu'il naisse*	
nous naissons	*que nous naissions*	Impératif : *nais, naissons, naissez!*
vous naissez	*que vous naissiez*	Part. prés. : *naissant*
elles naissent	*qu'ils naissent*	Part. passé : *né, née*

22. **OCCIRE** — *Occire* n'est plus utilisé que par plaisanterie, et seulement à l'infinitif, au participe passé *(occis, occise)* et aux temps composés.

23. **PAÎTRE** — Se conjugue comme *paître* : ***repaître*** (mais celui-ci a un passé simple et un participe passé : *repu, repue*).

Ind. prés.	Subj. prés.	
		Ind. imparf. : *je paissais, nous paissions*
		p. simple : —
je pais	*que je paisse*	futur : *je paîtrai, nous paîtrons*
tu pais	*que tu paisses*	Subj. imparf. : —
elle paît	*qu'il paisse*	
nous paissons	*que nous paissions*	Impératif : *pais, paissons, paissez!*
vous paissez	*que vous paissiez*	Part. prés. : *paissant*
elles paissent	*qu'ils paissent*	Part. passé : —

24. **PRENDRE** — Se conjuguent comme *prendre* tous ses composés : ***apprendre***, ***comprendre***, ***désapprendre***, ***entreprendre***, ***s'éprendre***, ***se méprendre*** (les deux derniers avec l'auxiliaire *être* aux temps composés), ***rapprendre***, ***reprendre*** et ***surprendre***.

Ind. prés.	Subj. prés.	
		Ind. imparf. : *je prenais, nous prenions*
		p. simple : *je pris, nous prîmes*
je prends	*que je prenne*	futur : *je prendrai, nous prendrons*
tu prends	*que tu prennes*	Subj. imparf. : *que je prisse, qu'il prît*
elle prend	*qu'il prenne*	
nous prenons	*que nous prenions*	Impératif : *prends, prenons, prenez!*
vous prenez	*que vous preniez*	Part. prés. : *prenant*
elles prennent	*qu'ils prennent*	Part. passé : *pris, prise*

25. **RECLURE** — *Reclure* n'est plus utilisé qu'à l'infinitif et au participe passé (*reclus, recluse*).

26. **RÉSOUDRE** — Se conjuguent comme *résoudre* : ***absoudre*** et ***dissoudre*** (mais ceux-ci n'ont ni passé simple ni subj. imparfait, et leurs participes passés sont *absous, absoute* et *dissous, dissoute*).

Ind. prés.	Subj. prés.	
		Ind. imparf. : *je résolvais, nous résolvions*
		p. simple : *je résolus, nous résolûmes*
je résous	*que je résolve*	futur : *je résoudrai, nous résoudrons*
tu résous	*que tu résolves*	Subj. imparf. : *que je résolusse, qu'elle résolût*
elle résout	*qu'il résolve*	
nous résolvons	*que nous résolvions*	Impératif : *résous, résolvons, résolvez!*
vous résolvez	*que vous résolviez*	Part. prés. : *résolvant*
elles résolvent	*qu'ils résolvent*	Part. passé : *résolu, résolue*

27. **RIRE** — Se conjugue comme *rire* : ***sourire***.

Ind. prés.	Subj. prés.	
		Ind. imparf. : *je riais, nous riions*
		p. simple : *je ris, nous rîmes*
je ris	*que je rie*	futur : *je rirai, nous rirons*
tu ris	*que tu ries*	Subj. imparf. : *que je risse, qu'il rît*
elle rit	*qu'il rie*	
nous rions	*que nous riions*	Impératif : *ris, rions, riez!*
vous riez	*que vous riiez*	Part. prés. : *riant*
elles rient	*qu'ils rient*	Part. passé : *ri* (ni féminin ni pluriel)

28. **ROMPRE** — Se conjugue comme *rompre* : ***corrompre***.

Ind. prés.	Subj. prés.	
		Ind. imparf. : *je rompais, nous rompions*
		p. simple : *je rompis, nous rompîmes*
je romps	*que je rompe*	futur : *je romprai, nous romprons*
tu romps	*que tu rompes*	Subj. imparf. : *que je rompisse, qu'elle rompît*
elle rompt	*qu'il rompe*	
nous rompons	*que nous rompions*	Impératif : *romps, rompons, rompez!*
vous rompez	*que vous rompiez*	Part. prés. : *rompant*
elles rompent	*qu'ils rompent*	Part. passé : *rompu, rompue*

29. **SOURDRE** — *Sourdre* n'est plus utilisé qu'à l'inf. et à la 3e personne du singulier et du pluriel de l'ind. prés. (*il sourd, elles sourdent*).

30. **SUFFIRE** — Se conjuguent comme *suffire* : ***circoncire*** (sauf au participe passé : *circoncis, circoncise*) et ***confire*** (sauf au participe passé : *confit, confite*).

Ind. prés.	Subj. prés.	
		Ind. imparf. : *je suffisais, nous suffisions*
		p. simple : *je suffis, nous suffîmes*
je suffis	*que je suffise*	futur : *je suffirai, nous suffirons*
tu suffis	*que tu suffises*	Subj. imparf. : *que je suffisse, qu'il suffît*
elle suffit	*qu'il suffise*	
nous suffisons	*que nous suffisions*	Impératif : *suffis, suffisons, suffisez!*
vous suffisez	*que vous suffisiez*	Part. prés. : *suffisant*
elles suffisent	*qu'ils suffisent*	Part. passé : *suffi* (sans féminin ni pluriel)

31. **SUIVRE** — Se conjuguent comme *suivre* : ***s'ensuivre*** (n'est utilisé qu'à l'inf. et à la 3e pers. du singulier et du pluriel de chaque temps; avec l'auxiliaire *être* aux temps composés) et ***poursuivre***.

Ind. prés.	Subj. prés.	
		Ind. imparf. : *je suivais, nous suivions*
		p. simple : *je suivis, nous suivîmes*
je suis	*que je suive*	futur : *je suivrai, nous suivrons*
tu suis	*que tu suives*	Subj. imparf. : *que je suivisse, qu'elle suivît*
elle suit	*qu'il suive*	
nous suivons	*que nous suivions*	Impératif : *suis, suivons, suivez!*
vous suivez	*que vous suiviez*	Part. prés. : *suivant*
elles suivent	*qu'ils suivent*	Part. passé : *suivi, suivie*

32. **TAIRE** — Se conjuguent comme *taire* : ***plaire***, ***complaire*** et ***déplaire*** (mais ceux-ci font *il plaît, complaît, déplaît* à la 3e personne de l'indicatif prés., et leur part. passé n'a ni féminin ni pluriel).

Ind. prés.	Subj. prés.	
		Ind. imparf. : *je taisais, nous taisions*
		p. simple : *je tus, nous tûmes*
je tais	*que je taise*	futur : *je tairai, nous tairons*
tu tais	*que tu taises*	Subj. imparf. : *que je tusse, qu'il tût*
elle tait	*qu'il taise*	
nous taisons	*que nous taisions*	Impératif : *tais, taisons, taisez!*
vous taisez	*que vous taisiez*	Part. prés. : *taisant*
elles taisent	*qu'ils taisent*	Part. passé : *tu, tue*

33. **TRAIRE** — Se conjuguent comme *traire* : ***abstraire***, ***distraire***, ***extraire***, ***retraire*** et ***soustraire*** (***attraire*** n'est plus utilisé qu'à l'infinitif).

Ind. prés.	Subj. prés.	
		Ind. imparf. : *je trayais, nous trayions*
		p. simple : —
je trais	*que je traie*	futur : *je trairai, nous trairons*
tu trais	*que tu traies*	Subj. imparf. : —
elle trait	*qu'il traie*	
nous trayons	*que nous trayions*	Impératif : *trais, trayons, trayez!*
vous trayez	*que vous trayiez*	Part. prés. : *trayant*
elles traient	*qu'ils traient*	Part. passé : *trait, traite*

34. **VAINCRE** — Se conjugue comme *vaincre* : ***convaincre***.

Ind. prés.	Subj. prés.	
		Ind. imparf. : *je vainquais, nous vainquions*
		p. simple : *je vainquis, nous vainquîmes*
je vaincs	*que je vainque*	futur : *je vaincrai, nous vaincrons*
tu vaincs	*que tu vainques*	Subj. imparf. : *que je vainquisse, qu'elle vainquît*
elle vainc	*qu'il vainque*	
nous vainquons	*que nous vainquions*	Impératif : *vaincs, vainquons, vainquez!*
vous vainquez	*que vous vainquiez*	Part. prés. : *vainquant*
elles vainquent	*qu'ils vainquent*	Part. passé : *vaincu, vaincue*

35. **VIVRE** — Se conjuguent comme *vivre* : ***revivre*** et ***survivre***.

Ind. prés.	Subj. prés.	
		Ind. imparf. : *je vivais, nous vivions*
		p. simple : *je vécus, nous vécûmes*
je vis	*que je vive*	futur : *je vivrai, nous vivrons*
tu vis	*que tu vives*	Subj. imparf. : *que je vécusse, qu'il vécût*
elle vit	*qu'il vive*	
nous vivons	*que nous vivions*	Impératif : *vis, vivons, vivez!*
vous vivez	*que vous viviez*	Part. prés. : *vivant*
elles vivent	*qu'ils vivent*	Part. passé : *vécu, vécue*

OBSERVATIONS SUR LES CONJUGAISONS

● Malgré toutes leurs différences, les conjugaisons des verbes présentent quand même de nombreuses **similitudes**, notamment sur le plan des terminaisons selon les personnes grammaticales. Ces similitudes font l'objet des deux tableaux suivants : le premier est consacré aux trois personnes du singulier, le second aux trois personnes du pluriel. 551

De plus, des **remarques** s'imposent à propos de certaines formes de conjugaison et des particularités que présentent les conjugaisons passive, pronominale et interrogative. Ces remarques se trouvent à la suite des tableaux.

552

LES TERMINAISONS AU SINGULIER

Modes	Verbes	1re personne	2e personne	3e personne
Ind. prés.	● Verbes en -ER + *assaillir, couvrir, cueillir, défaillir, offrir, ouvrir, souffrir, tressaillir*	**-E**	**-ES**	**-E**
	▲ EXCEPTIONS :	*je vais*	*tu vas*	*il va*
	● Autres verbes	**-S**	**-S**	**-T** ou **-D**
	▲ EXCEPTIONS :	*j'ai, je peux, vaux, veux*	*tu peux, vaux, veux*	*il a, il convainc*
Ind. imparf.	● Tous les verbes	**-AIS**	**-AIS**	**-AIT**
Ind. p. simple	● Verbes en -ER	**-AI**	**-AS**	**-A**
	● La plupart des verbes en -IR et en -RE, + *asseoir, surseoir, voir* (sauf *pourvoir*)	**-IS**	**-IS**	**-IT**
	▲ EXCEPTIONS :	*je tins, vins, courus, mourus*	*tu tins, vins, courus, mourus*	*il tint, vint, courut, mourut*
	● La plupart des verbes en -OIR + *courir, mourir,* + *boire, conclure, connaître, croire, croître, être, exclure, lire, moudre, paraître, plaire, repaître, résoudre, taire, vivre*	**-US**	**-US**	**-UT**
Ind. futur	● Tous les verbes	**-RAI**	**-RAS**	**-RA**
Cond. prés.	● Tous les verbes	**-RAIS**	**-RAIS**	**-RAIT**
Subj. prés.	● Tous les verbes	**-E**	**-ES**	**-E**
	▲ EXCEPTIONS :	*que je sois*	*que tu sois*	*qu'il soit, ait*
Subj. imparf.	● Verbes en -ER	**-ASSE**	**-ASSES**	**-ÂT**
	● Autres verbes (selon passé simple)	**-ISSE** **-USSE**	**-ISSES** **-USSES**	**-ÎT** **-ÛT**
Impératif	● Verbes en -ER + *assaillir,...* (→ ind. prés.)	—	**-E**	—
	● Autres verbes	—	**-S**	—
	▲ EXCEPTIONS :	—	*aie!, sache! veuille!*	—

553

LES TERMINAISONS AU PLURIEL

Modes	Verbes	1re personne	2e personne	3e personne
Ind. prés.	● Tous les verbes ▲ EXCEPTIONS :	**-ONS** *nous sommes*	**-EZ** *vous êtes, faites, dites*	**-ENT** *ils font, ont, sont, vont*
Ind. imparf.	● Tous les verbes	**-IONS**	**-IEZ**	**-AIENT**
Ind. p. simple	● Verbes en -ER	**-ÂMES**	**-ÂTES**	**-ÈRENT**
	● La plupart des verbes en -IR et en -RE, + *asseoir, surseoir, voir* (sauf *pourvoir*) ▲ EXCEPTIONS :	**-ÎMES** *nous tînmes* *nous vînmes* *n. courûmes* *n. mourûmes*	**-ÎTES** *vous tîntes* *vous vîntes* *v. courûtes* *v. mourûtes*	**-IRENT** *ils tinrent* *ils vinrent* *ils coururent* *ils moururent*
	● La plupart des verbes en -OIR + *courir, mourir, + boire, conclure, connaître, croire, croître, être, exclure, lire, moudre, paraître, plaire, repaître, résoudre, taire, vivre*	**-ÛMES**	**-ÛTES**	**-URENT**
Ind. futur	● Tous les verbes	**-RONS**	**-REZ**	**-RONT**
Cond. prés.	● Tous les verbes	**-RIONS**	**-RIEZ**	**-RAIENT**
Subj. prés.	● Tous les verbes ▲ EXCEPTIONS :	**-IONS** *que n. soyons* *que n. ayons*	**-IEZ** *que v. soyez* *que v. ayez*	**-ENT** — —
Subj. imparf.	● Verbes en -ER	**-ASSIONS**	**-ASSIEZ**	**-ASSENT**
	● Autres verbes (selon passé simple)	**-ISSIONS** **-USSIONS**	**-ISSIEZ** **-USSIEZ**	**-ISSENT** **-USSENT**
Impératif	● Tous les verbes	**-ONS**	**-EZ**	—

Remarque générale :
Dans les deux tableaux, ce qui est dit d'un verbe vaut également pour ses composés (sauf dans le cas de *pourvoir* qui ne se conjugue pas comme *voir* : → 545.13).

REMARQUES ET PARTICULARITÉS

554 • À la 2e personne du singulier de l'impératif, tous les verbes en -ER (plus *assaillir*, *couvrir*, *cueillir*, *offrir*, *ouvrir* et *souffrir*) prennent **un -s-** devant ***y*** et le pronom ***en*** (quand ceux-ci ne sont pas suivis d'un infinitif) et ils s'y joignent par un trait d'union :

— *Gardes-en! — Repenses-y! — Vas-y! — Cueilles-en trois!*
— Mais : *Va en acheter! — Laisse y courir l'enfant! — Espère en l'avenir!*

555 • Concernant l'accent circonflexe sur les participes passés ***dû***, ***redû***, ***mû***, ***crû*** et ***recrû*** (de *croître* et *recroître*), ainsi que sur certaines formes des verbes en **-aître** et en **-oître** : → 11.3 et Annexe 1, p.503. ***Croître***, quant à lui, prend toujours l'accent circonflexe quand sa forme peut être confondue avec une forme de ***croire*** (mais, au part. passé, il fait : *crû*, *crue*, *crus*, *crues*). Les composés de *croître* se conforment à la règle générale.

556 • À propos des conjugaisons passive, pronominale et interrogative :

1. La **conjugaison passive** ne pose aucun problème : elle consiste en la forme conjuguée du verbe *être* plus le participe passé du verbe à conjuguer : *je suis aimé, j'étais aimé,...* (→ 626-641 : accord du part. passé).
2. La **conjugaison pronominale** a ceci de particulier qu'elle fait varier le pronom réfléchi (→ 285 et 295) en fonction du pronom sujet : *je **me** lave, tu **te** laves,...* et que tous les verbes pronominaux prennent l'auxiliaire *être* aux temps composés : *je me **suis** demandé, tu t'**es** assise,...*

   Aux temps simples, le pronom réfléchi se place avant le verbe, et, aux temps composés, avant l'auxiliaire. Toutefois, à l'impératif, il se place après le verbe et se joint à lui par un trait d'union : — *Assieds-**toi**! — Éloignons-**nous**! — Détrompez-**vous**!*
3. La **conjugaison interrogative** se limite normalement à l'indicatif et au conditionnel; elle a pour effet de placer, aux temps simples, le pronom sujet après le verbe (ou, aux temps composés, après l'auxiliaire) et de les unir par un trait d'union : — *Viendrez-**vous**? — **Auriez-vous** triché?*

   ➤ En situation d'inversion, le -e- final des verbes en -ER, à la 1re personne du singulier, s'écrit -é- [e] et se prononce habituellement [ɛ] : — *Chant**é**-je si mal?* La même règle s'applique dans les phrases exclamatives ou exprimant la concession : *Puiss**é**-je enfin réussir! — Duss**é**-je en arriver là,...*

   Dans le cas des autres verbes (et, de plus en plus, des verbes en -ER eux-mêmes), on dit couramment : — *Est-ce que je le fais? — Est-ce que je le lui dis?*, sauf s'il s'agit de verbes courts et souvent utilisés : — *Ai-je, dis-je, dois-je, puis-je, suis-je,...?*

   ➤ À la 3e pers. du singulier, lorsque le verbe est en situation d'inversion et se termine par -a- ou -e-, il faut **intercaler un -t- dit euphonique** (avec deux traits d'union) entre le verbe et les pronoms *il*, *elle* et *on* : — *Viendra-**t**-il? — Rêve-**t**-elle? — Mange-**t**-on?*

   ☞ ◆ Il ne faut pas confondre ce **-t-** euphonique avec le pronom ***te*** élidé des verbes pronominaux : — *Va-**t'**en! — Méfie-**t'**en!*

Camara Laye

Guinée

1928 - 1980

Camara Laye a été, dès sa naissance, imprégné de culture malinké (Haute-Guinée). Il a dû tout quitter pour poursuivre ses études à Conakry, puis à Paris où il travailla également aux usines d'automobiles Simca. Nostalgique, il y écrivit ***L'Enfant noir***, roman que l'on considère aujourd'hui comme largement autobiographique et qui connut un grand succès. Suivirent deux autres romans, très différents : *Le Regard du roi* et *Dramouss*. Après l'indépendance de la Guinée, Camara Laye y retourna, mais il la quitta de nouveau dix ans plus tard, pour des raisons politiques, et il s'exila au Sénégal.

La troupe hurlante, qui entourait Kodoké et son fameux tam-tam, se rapprochait. Elle allait de concession en concession, elle s'arrêtait un moment dans chaque concession où il y avait un enfant en âge, comme moi, d'entrer dans l'association, et emmenait l'enfant. C'est pourquoi son approche était lente mais certaine, mais inéluctable; aussi certaine et inéluctable que le sort qui m'attendait.

Quel sort? Ma rencontre avec «Kondén Diara»!

Or, je n'ignorais pas qui était Kondén Diara; ma mère souvent, mes oncles parfois ou quiconque au vrai dans mon entourage avait autorité sur moi, ne m'avaient que trop parlé, que trop menacé de Kondén Diara, ce terrible croquemitaine, ce «lion des enfants». Et voici que Kondén Diara — mais était-il homme, était-il bête? n'était-il pas plutôt mi-homme et mi-bête? mon ami Kouyaté le croyait plus homme que bête —, voici que Kondén Diara quittait l'ombre des mots, le voici qui prenait corps, le voici, oui, qui, éveillé par le tam-tam de Kodoké, sans doute rôdait déjà autour de la ville! Cette nuit devait être la nuit de Kondén Diara.

J'entendais maintenant très clairement le tam-tam — Kodoké s'était beaucoup rapproché —, j'entendais parfaitement les chants et les cris s'élever dans la nuit, je percevais presque aussi distinctement les notes comme creuses, sèches et pointues des coros, ces sortes de minuscules pirogues qu'on bat avec un bout de bois. Je m'étais posté à l'entrée de la concession et j'attendais; je tenais, moi aussi, prêt à en jouer, mon coro et ma baguette nerveusement serrés dans mes mains, et j'attendais, dissimulé par l'ombre de la case; j'attendais, plein d'une affreuse angoisse, l'œil fixé sur la nuit.

— Et alors? fit mon père.

Il avait traversé l'atelier sans que je l'entendisse.

— Tu as peur?

— Un peu, dis-je.

(Extrait de *L'Enfant noir*, © Plon)

Maurice Leblanc

France

1864 - 1941

Maurice Leblanc est moins connu que son personnage, **Arsène Lupin**. Celui-ci a fait les délices de générations d'adolescents (et d'adultes) fascinés par ses aventures où se mêlent admirablement le sens du mystère et le jeu de la séduction, dans des ambiances de terreur ou des décors de comédie, souvent sur un fond d'histoire de France détournée par l'auteur à son profit. Parmi ses romans les plus connus se trouvent *Arsène Lupin, gentleman-cambrioleur, L'Aiguille creuse, Le Bouchon de cristal, Les Dents du tigre, La Comtesse de Cagliostro, Le Triangle d'or, L'Île aux trente cercueils*,... Après le décès de Maurice Leblanc, le tandem Boileau-Narcejac a poursuivi son œuvre avec le même succès. Les aventures d'Arsène Lupin ont également fait l'objet d'une série télévisée bien connue.

Il se sentit plus à l'aise devant Nelly, il fit un pas vers elle avec l'intention de lui parler. Mais elle eut un geste de recul, puis se leva vivement, comme prise d'effroi, et se précipita vers le salon. La portière se referma sur elle, il la rejoignit. Elle était là, interdite, tremblante, et ses yeux contemplaient avec terreur l'immense pièce dévastée.

Aussitôt il lui dit :

«À trois heures, demain, tout sera remis en place... Les meubles seront rapportés...»

Elle ne répondit pas, et il répéta :

«Demain, à trois heures, je m'y engage... Rien au monde ne pourra m'empêcher de tenir ma promesse... Demain, à trois heures...»

Un long silence pesa sur eux. Il n'osait le rompre et l'émotion de la jeune fille lui causait une véritable souffrance. Doucement, sans un mot, il s'éloigna d'elle.

Et il pensait :

«Qu'elle s'en aille!... Qu'elle se sente libre de s'en aller!... Qu'elle n'ait pas peur de moi!...»

Mais soudain elle tressaillit et balbutia :

«Écoutez... des pas... j'entends marcher...»

Il la regarda avec étonnement. Elle semblait bouleversée, ainsi qu'à l'approche d'un péril.

«Je n'entends rien, dit-il, et quand même...

— Comment! mais il faut fuir... vite, fuyez...

— Fuir... pourquoi?...

— Il le faut... il le faut... Ah! ne restez pas...»

D'un trait elle courut jusqu'à l'endroit de la galerie et prêta l'oreille. Non, il n'y avait personne. Peut-être le bruit venait-il du dehors?... Elle attendit une seconde, puis, rassurée, se retourna.

Arsène Lupin avait disparu.

(Extrait de *Arsène Lupin, gentleman-cambrioleur*,

Chapitre XII

Le verbe

III – MODES ET TEMPS

• Les noms que portent les modes et les temps (→ 512 et 517-522) sont fondés sur **leur valeur la plus courante**. Ainsi, le mode indicatif a généralement un sens de simple indication ou d'affirmation sans nuances, et le mode conditionnel est souvent lié à l'expression d'une condition. De même les temps passé, présent et futur servent habituellement à rapporter des faits passés, présents et futurs. 557

Il n'en est cependant pas toujours ainsi : dans certains cas, par exemple, un présent peut avoir le sens d'un futur et un futur le sens d'un passé. Parmi les modes, le subjonctif peut servir à exprimer un ordre et le conditionnel, un souhait.

Seule l'étude des **emplois généraux** des modes et des temps fait l'objet du présent chapitre (indépendamment de la sorte de phrase dans laquelle ces modes et temps sont utilisés). L'étude systématique des emplois propres aux phrases subordonnées se trouve au chapitre XVIII, «**Les subordonnées**» (p.437-466), et elle se poursuit dans les chapitres suivants : «**La concordance des temps**» (p.469-474) et «**Le discours rapporté**» (p.477-482).

L'INDICATIF

• L'indicatif est le mode dont on se sert habituellement pour exprimer la réalité (que celle-ci soit positive, négative ou qu'elle fasse l'objet d'une interrogation). L'indicatif est donc le mode dominant dans la conversation courante et dans la plupart des formes d'écriture, notamment dans le récit et le roman. 558

L'INDICATIF PRÉSENT

559 ● L'indicatif présent sert principalement à deux choses : à déclarer qu'un fait a lieu au moment même de sa transposition dans le langage ou à affirmer simplement qu'il est toujours vrai :

*Tu **deviens** nerveux, mon ami, il n'y **a** personne.* (Nafissatou Diallo)

*Beyrouth **est** en Orient le dernier sanctuaire*
*Où l'homme **peut** toujours s'habiller de lumière.* (Nadia Tuéni)

☞ ◆ Comme l'indicatif présent peut servir à exprimer des vérités générales, c'est à ce mode et à ce temps que sont formulés la plupart des proverbes et des maximes :

*Qui **veut** voyager loin **ménage** sa monture.* (Racine)

Les emplois particuliers

560 ● L'indicatif présent est également utilisé dans les cas suivants :

1. pour exprimer un fait habituel ou répété :

*Il ne **fait** jamais rien de méchant.* (Réjean Ducharme)

2. pour exprimer un fait situé dans un futur proche (ou, plus rarement, dans un passé récent) :

*Reste ici, Ovila, je **reviens** dans une minute.* (Arlette Cousture)

– *Oui, j'ai lu ton livre. J'en **achève** d'ailleurs la lecture.*

3. pour exprimer un fait passé, mais qu'on veut rendre actuel, comme s'il était en train de se produire au moment même du récit (c'est le «**présent historique**», très fréquemment utilisé en français : → 967) :

*Enfin, vous **défoncez** ma porte. Vous vous **introduisez** chez moi* [...]. *Vous me **mettez** les fers aux pieds* [...]. *Vous me **battez** comme un sac de riz. Après ça, il faut que j'obéisse.* (Jean-Marie Adiaffi)

4. pour exprimer un fait futur qui serait la conséquence directe d'un autre fait futur éventuel :

*Pas un geste, Lupin, ou je **tire**.* (Maurice Leblanc)

5. pour exprimer un ordre ou un conseil à la 2e personne du singulier ou du pluriel (il équivaut, dans ce cas, à une forme adoucie de l'impératif présent) :

*Toi, tu **restes** là!* (Gobbe et Tordoir)

*Tania me récita la recette : «Tu **cuis** les légumes à l'eau salée, tu **fais** revenir la viande* [...], *tu **assaisonnes** de sel et de poivre, tu **saupoudres** de farine...»* (Valentin-Yves Mudimbé)

6. pour exprimer un fait futur, dans les **subordonnées** de condition introduites par ***si*** (→ 943) :

*Et s'il n'en **reste** qu'un, je serai celui-là.* (Victor Hugo)

L'INDICATIF IMPARFAIT

● L'indicatif imparfait sert principalement à rapporter un fait qui est en train de se dérouler dans le passé (et, notamment, à rapporter un fait prolongé pendant lequel s'est produit un autre fait plus bref) : 561

- *Quand je revins à moi, j'**étais** étendu sur le sol.* (Ferdinand Oyono)
- *C'**était** en 1920, j'**avais** vingt ans.* (Maryse Condé)
- *On n'en **finissait** plus d'applaudir.* (Jean-Joseph Rabearivelo)

Les emplois particuliers

● L'indicatif imparfait est également utilisé dans les cas suivants : 562

1. pour exprimer un fait habituel ou répété, situé dans le passé :
   - *Ah oui, dit l'homme, Kérouac **venait** souvent par ici.* (J. Poulin)
2. pour exprimer un fait passé, dans un contexte historique ou narratif :
   - *Au commencement **était** la pierre.* (Ibrahim Souss)
3. pour formuler une explication, faire une description ou décrire un contexte (tous situés dans le passé) :
   - *La foule déchaînée **détruisait** tout, **mettait** à sac les boutiques, **brûlait** les maisons.* (Alioum Fantouré)
4. pour exprimer un fait situé dans un passé récent (ou, parfois, dans un futur proche) par rapport à un certain moment du passé :
   - *Échec et mat, mon vieux Tassy. Le plus rapide joue et gagne. Tu n'**avais** qu'à ne pas perdre ton temps.* (Anne Hébert)
   - *Je pris courage : dans deux heures du renfort **arrivait**.* (M. Grevisse)
5. pour exprimer un fait qui ne s'est pas produit dans le passé, mais qui aurait été la conséquence d'un autre fait si celui-ci s'était produit :
   - *Un jour de plus, et je vous **envoyais** chercher.* (Alexandre Dumas)
6. pour exprimer un fait présent dont on espère atténuer la réalité en se donnant l'air de le rejeter dans le passé :
   - *Je **voulais** te dire quelque chose pendant que nous sommes seuls.* (Georges Duhamel)
7. pour exprimer un fait présent ou futur, dans les **subordonnées** de condition introduites par un ***si*** à valeur potentielle ou irréelle (→ 943) :
   - *Si ce n'**était** pas pour lui, j'arrêterais.* (Véronique Tadjo)
   - *«Si le soleil ne **revenait** pas»* (roman de Charles-Ferdinand Ramuz)

LE PASSÉ SIMPLE

563 ● Le passé simple sert principalement à rapporter **un fait passé, achevé, sans considération des liens qu'il peut avoir avec le présent** :

- *Dix heures* ***sonnèrent*** *à l'horloge.* (Stendhal)
- *Elle* ***plia*** *les genoux et* ***se trempa*** *jusqu'aux épaules.* (Arlette Cousture)
- *Un jour, on* ***vit*** *El Msili revenir à pied de l'hôpital.* (Rachid Mimouni)
- *Elle* ***arracha*** *son mouchoir de col, l'****ouvrit*** *tout grand au vent, en* ***replia*** *lentement les quatre coins, puis l'****enfouit*** *dans la poche de son tablier.* (Antonine Maillet)

☞ ◆ Le passé simple est de moins en moins utilisé, surtout dans la langue orale où il est presque toujours remplacé par le passé composé (→ 565). Dans la langue écrite, il se rencontre encore souvent, principalement à la 3e personne du singulier et du pluriel.

564 ● Le passé simple est souvent utilisé en relation avec l'imparfait dans l'articulation d'un récit. Il sert à exprimer la succession des faits et à faire ressortir certains événements dans une narration ou des explications formulées à l'imparfait :

- *Je ne savais pas quoi lui répondre moi, je n'étais pas très compétent, mais il me dépassait tellement par le cœur que j'en* ***devins*** *tout rouge.* (Louis-Ferdinand Céline)

LE PASSÉ COMPOSÉ

565 ● Le passé composé sert principalement à rapporter **un fait passé qui a, dans l'esprit du locuteur ou du scripteur, un effet sur le présent**, ou bien parce que ses conséquences sont encore actuelles, ou bien parce qu'il s'est produit dans des circonstances, une période ou un contexte considérés comme toujours actuels :

- *Je pense que, pour ce soir, j'****ai filmé*** *l'essentiel.* (Michèle Rakotoson)
- *Au pays de Québec, rien n'****a changé****.* (Louis Hémon)
- *Qu'****a****-t-on* ***fait*** *de ton nom, Madagascar?* (Jacques Rabemananjara)

Les emplois particuliers

566 ● Le passé composé est également utilisé dans les cas suivants :

1. pour exprimer un fait général, vérifié dans le passé, et donc considéré comme devant être vrai dans le présent également :

- *Tu* ***as*** *toujours* ***fait*** *ce que tu* ***as voulu****.* (Binéka Danièle Lissouba)

2. pour exprimer un fait du futur, mais présenté comme déjà achevé (dans ce cas, le passé composé a la valeur du futur antérieur : → 573) :

> *Fariba Nael Ndiaye, ton glas* ***a sonné****. [...] Tu vas mourir.*
> (Nafissatou Diallo)

3. pour exprimer un fait habituel ou répété, dans les **subordonnées** de temps :

> *Quand on* ***a mangé*** *salé, on ne peut plus manger sans sel.*
> (proverbe bantou)

4. pour exprimer un fait futur, dans les **subordonnées** de condition introduites par ***si*** :

> *Si, dans deux heures, la fièvre* ***a monté****, vous me rappellerez.*
> (Maurice Grevisse)

LE PLUS-QUE-PARFAIT

● Le plus-que-parfait de l'indicatif sert principalement à rapporter **un fait passé qui s'est produit avant un autre fait passé exprimé à l'imparfait** (parfois au passé simple ou au passé composé) : 567

> *Je connaissais l'air, on me l'****avait joué****.* (Louis-Ferdinand Céline)

> *La panique gagna les innombrables soldats qui, quelques instants auparavant,* ***s'étaient battus*** *courageusement.*
> (Philippe Tsira Ndong Ndoutoume)

Les emplois particuliers

● Le plus-que-parfait est également utilisé dans les cas suivants : 568

1. pour exprimer un fait passé ou présent dont on espère atténuer la réalité en se donnant l'air de le reculer dans le passé :

> ***J'étais venu*** *te demander un service, dit-il tout en vidant son assiette.* (Maxence Van der Meersch)

2. dans les **subordonnées** de temps, pour exprimer un fait passé, habituel ou répété, mais antérieur à un autre fait tout aussi habituel ou répété (toujours exprimé à l'imparfait) :

> *Il n'arrêtait plus de se lamenter quand il* ***avait bu****.* (Émile Zola)

3. pour exprimer un fait passé ou présent (voire futur, mais rarement), dans les **subordonnées** de condition introduites par un ***si*** à valeur potentielle ou irréelle (→ 943) :

> *Si demain j'****avais fini*** *les travaux, faudrait-il vous prévenir?*
> (Gobbe et Tordoir)

> *«Si les cavaliers* ***avaient été*** *là»* (roman d'André Salifou)

LE PASSÉ ANTÉRIEUR

569 ● Le passé antérieur sert principalement (dans les **subordonnées** de temps) à rapporter **un fait passé qui s'est produit avant un autre fait passé exprimé au passé simple** (parfois à l'imparfait, au passé composé ou au plus-que-parfait) :

➾ *Dès que l'inconnue l'**eut approchée**, la femme lui parla.* (Faustin-Albert Ipéko-Étomane)

➾ *Le souvenir de ses autres devoirs ne vint qu'ensuite, après qu'elle **se fut résignée**.* (Louis Hémon)

➾ *Il **eut** à peine **achevé** que chacun applaudit.* (Jean de La Fontaine)

☞ ◆ Comme le passé antérieur emprunte son auxiliaire au passé simple et que celui-ci est de moins en moins utilisé, surtout dans la langue orale (→ 563R), le passé antérieur est souvent remplacé par un temps surcomposé (→ 516.3).

570 ● Dans toute phrase qui n'est pas une subordonnée, le passé antérieur peut être utilisé (toujours avec un adverbe ou une expression marquant le temps) pour rapporter un simple fait passé, généralement accompli avec rapidité :

– *La police **eut** vite **fait** d'enlever toutes les traces de l'accident.*

LE FUTUR SIMPLE

571 ● Le futur simple sert principalement à rapporter un fait futur (considéré comme postérieur à un fait présent ou à un autre fait futur, exprimé ou non) :

➾ *Quand les hommes **vivront** d'amour.* (Raymond Lévesque)

➾ *Oui, demain j'**irai** à Paris... Je **retrouverai** mon père. Je **reconstruirai** ma vie. Je **bâtirai** d'autres projets.* (Calixthe Beyala)

Les emplois particuliers

572 ● Le futur simple est également utilisé dans les cas suivants :

1. pour exprimer un fait futur, habituel ou répété (par rapport à une « information » présente ou passée) :

➾ *Question d'intérêt, **diront** certains.* (Abdellatif Laâbi)

2. pour exprimer un fait passé, mais postérieur à d'autres faits passés (**futur historique** : → 968) :

➾ *Le jeune homme **se mariera**, **se transformera** en père de famille dévoué, en frère solidaire, en oncle responsable [...] Tout est rentré dans l'ordre.* (Albert Memmi)

3. pour exprimer un ordre dont on veut atténuer la force :

*Tu **resteras** avec moi, dit Panda.* (Ousmane Sembène)

4. pour exprimer un fait présent considéré comme une simple probabilité, ou bien comme une explication possible ou connue d'un autre fait présent :

*Pierre n'est pas venu? Il **sera** sans doute malade.* (Jean-Marie Laurence)

5. pour exprimer un fait futur envisagé, avec indignation, comme une conséquence probable d'un fait présent :

*Quoi! les gens **se moqueront** de moi!* (Jean de La Fontaine)

6. pour exprimer un fait présent dont on espère atténuer la réalité en se donnant l'air de le reporter dans le futur :

*Je vous **dirai** qu'* [ils] *m'inspirent la plus profonde compassion.* (Antoine Gérin-Lajoie)

LE FUTUR ANTÉRIEUR

● Le futur antérieur sert principalement à rapporter un fait futur qui se sera produit avant un autre fait futur ou avant un fait considéré comme achevé dans le futur : 573

*Un jour, quand nous **aurons compris** cette vérité, nous nous lèverons d'un point à l'autre du pays.* (Jacques Roumain)

– *Tu **auras** vite **fait** de remplir ce questionnaire.*

Les emplois particuliers

● Le futur antérieur est également utilisé dans les cas suivants : 574

1. pour exprimer un fait passé, considéré comme une explication possible d'un fait présent, ou comme une simple probabilité :

Mes yeux [...] *recensent les détails qui **auront échappé** au souvenir.* (Abdelwahab Meddeb)

2. pour exprimer un fait passé qui n'a pas, dans le présent, les résultats escomptés :

– *J'**aurai** vraiment tout **fait** pour lui! Mais ça n'a servi à rien : il nous quitte demain et veut fonder sa propre entreprise.*

3. pour exprimer un fait présent, comparé à d'autres faits passés :

*Vraiment, on **aura** tout **vu**!* (Nathalie Sarraute)

4. pour exprimer un fait passé dont on espère atténuer la réalité en se donnant l'air de le reporter dans le futur :

*Vous **vous serez trompé** encore une fois.* (Marcel Proust)

LE FUTUR DU PASSÉ ET LE FUTUR ANTÉRIEUR DU PASSÉ

575 ● Le futur du passé et le futur antérieur du passé, **deux temps de l'indicatif**, doivent être distingués clairement des temps du conditionnel (→ 523).

S'ils ont en effet exactement les mêmes formes que les conditionnels présent et passé, le futur du passé et le futur antérieur du passé n'ont cependant rien de conditionnels. Ils n'ont d'ailleurs qu'un seul usage, et s'emploient **toujours dans des phrases subordonnées** :

1. Le futur du passé est utilisé pour exprimer un fait futur par rapport à un fait passé :

➾ *Soum* [...] *m'avait promis que nous* ***serions*** *entre nous.* (Valentin-Yves Mudimbé)

➾ *Je savais que l'Étranger était mort, que jamais plus je ne le* ***reverrais****, ne le* ***toucherais****, n'****entendrais*** *sa voix.* (Calixthe Beyala)

2. Le futur antérieur du passé est utilisé pour exprimer un fait futur par rapport à un fait passé, mais antérieur à un autre fait futur :

— *Rémi m'a téléphoné pour me dire qu'il s'occuperait de l'affaire aussitôt qu'il* ***aurait retrouvé*** *l'enregistrement de la séance.*

LE CONDITIONNEL

576 ● Le conditionnel est le mode dont on se sert pour exprimer un fait considéré comme imaginaire ou dépendant d'une condition explicite ou implicite. (Ici, comme il est de tradition, le conditionnel est étudié comme un mode à part entière. Il n'en est cependant pas ainsi dans toutes les grammaires : → 513.)

LE CONDITIONNEL PRÉSENT

577 ● Le conditionnel présent sert principalement à rapporter un fait futur dépendant d'une condition présente, que celle-ci puisse être satisfaite ou non :

➾ *Si je faisais fortune, je* ***pourrais*** *m'acheter une automobile et tuer le temps.* (Jacques Godbout)

➾ *Si j'étais ma grand-mère, j'****avancerais*** *dans une sorte de nuit familière.* (Hélè Béji)

Les emplois particuliers

● Le conditionnel présent est également utilisé dans les cas suivants : 578

1. pour exprimer, de manière atténuée, un désir, un ordre ou un besoin situés dans le présent :
   ➺ *Tu **ferais** mieux de t'en abstenir, dit-il.* (Albert Cossery)
2. pour exprimer un sentiment d'indignation ou d'incrédulité situé dans le présent :
   ➺ *Lui! s'écria Élisabeth.* [...] *Il m'**aimerait**!...* (Laure Conan)
3. pour exprimer (presque toujours dans des phrases **subordonnées**) une hypothèse ou une concession située dans le présent :
   ➺ *Au cas improbable où **viendrait** à passer un orage.* (Rachid Mimouni)
4. pour exprimer un fait présent dont on a été informé par une autre personne et qui n'est pas confirmé :
   – *Selon Julie, Nicolas **ferait route** vers Sherbrooke en ce moment.*

LE CONDITIONNEL PASSÉ

● Le conditionnel passé sert principalement à rapporter un fait qui ne s'est pas réalisé parce qu'il dépendait d'une condition qui n'a pas été satisfaite : 579

➺ *Le loup était venu à portée de bras, et pour un peu, il **aurait réussi** à s'emparer du petit!* (Yves Thériault)

Les emplois particuliers

● Le conditionnel passé est également utilisé dans les cas suivants : 580

1. pour exprimer un désir ou un regret de manière atténuée (parce qu'il paraît impossible ou qu'il est devenu impossible qu'il se réalise) :
   ➺ *J'**aurais** voulu être un artiste.* (Luc Plamondon)
2. pour exprimer, par rapport au passé, un sentiment d'indignation ou d'incrédulité :
   – *Comment? Je vous **aurais trahis**, moi qui vous ai sauvés!*
3. pour exprimer, par rapport au passé, une supposition ou, parfois, une concession :
   ➺ *Quiconque **aurait prêté** l'oreille au vent n'**aurait perçu** que le murmure des tiges froissées.* (Loys Masson)
4. pour exprimer un fait passé dont on a été informé par une autre personne et qui n'a pas été confirmé :
   – *À en croire Marie-Ange, Étienne **aurait collaboré** avec la police.*

☞ ◆ Le conditionnel passé a une deuxième forme qui est exactement semblable à celle du subjonctif plus-que-parfait (→ 585).

L'IMPÉRATIF

581 ● L'impératif est le mode dont on se sert pour formuler un ordre, une demande, une prière ou un conseil :

- *«**Parle** mon fils, **parle** à ta mère»* (roman de Leïla Sebbar)
- *N'**écoute** pas ce qu'on dit de notre terre.* (Pierre-Claver Akendengué)
- *Sur des pensers nouveaux, **faisons** des vers antiques.* (André Chénier)
- ***Faites** miséricorde au vieux moine qui meurt,*
  *Et **recevez** son âme entre vos mains, Seigneur.* (Émile Verhaeren)

582 ● Le mode impératif ne comporte que deux temps : le présent et le passé. Celui-ci, rarement utilisé, sert à formuler un ordre qui devra avoir été exécuté avant un moment déterminé du futur :

— ***Ayez** tous **terminé** votre travail quand je reviendrai à dix heures!*

Les emplois particuliers

583 ● L'impératif (présent) est également utilisé dans les cas suivants :

1. pour exprimer une supposition :
   - *Je ne veux pas te faire détester ton semblable, mais **perds-toi**, sans portefeuille dans une ville inconnue, la nuit.* (Félix Leclerc)
2. pour exprimer une concession :
   - ***Faites**-en l'expérience, vous verrez!* (Simone de Beauvoir)
   - *Enfin, **ose**, et tu verras comment les petits ruisseaux font de grandes rivières.* (Sony Labou Tansi)
3. pour intéresser l'interlocuteur à la conversation :
   - *Ah! **avouez**, c'est une bien belle histoire!* (Marcel Proust)

LE SUBJONCTIF

584 ● Le subjonctif est le mode dont on se sert pour rapporter un fait qui est simplement envisagé dans la pensée du locuteur ou du scripteur, ou qui est associé à un sentiment, déterminé ou indéterminé.

Le subjonctif est donc un mode relativement «**insaisissable**», parfois même qualifié d'« interprétatif », en ce sens que, relevant de la pensée ou du sentiment, les conditions de son emploi ne peuvent pas toujours être clairement définies, pas plus que les nuances de signification qu'il introduit.

● Concernant l'emploi du subjonctif, il faut d'abord savoir que, parmi les quatre temps de ce mode, seuls le présent et le passé sont encore couramment utilisés. L'imparfait et le plus-que-parfait sont de moins en moins employés, sauf dans la langue écrite et presque seulement à la 3e personne du singulier. Il est toutefois nécessaire de connaître ces temps, parce que, même s'ils sont souvent remplacés, de nos jours, par les subjonctifs présent et passé, ils abondent dans la littérature classique (pour connaître les formes des verbes à ces deux temps : → Chapitre XI, p.277). 585

● Enfin, le subjonctif peut se rencontrer dans toutes les sortes de phrases, mais il se rencontre **surtout dans les phrases subordonnées** (→ Chapitre XVIII, p.435). Dans ce cas, l'étude des conditions d'emploi du subjonctif, relativement complexe, doit être faite à part et de manière systématique (→ tableau page suivante). 586

Seul est donc étudié ci-après l'emploi du subjonctif dans les phrases indépendantes, matrices et principales (→ 711).

LE SUBJONCTIF PRÉSENT

● Le subjonctif présent sert principalement à exprimer un ordre (ou une demande, une prière, un conseil, un souhait) à la 3e personne : 587

➾ *Qu'ils **écoutent** mes confessions, qu'ils **rougissent** de mes indignités, qu'ils **gémissent** de mes misères.* (Jean-Jacques Rousseau)

➾ *Que la chance te **favorise**! Que tes études **soient** bonnes! Et que Dieu te **protège**!* (Camara Laye)

☞ ◆ La conjonction *que* peut parfois être omise (→ 724.3) :

➾ *Dieu **aie** pitié de moi!* (Samuel Beckett)

Les emplois particuliers

● Le subjonctif présent est également utilisé dans les cas suivants : 588

1. pour exprimer une supposition :

➾ *À moins que ce **soit** la petite.* (Gratien Gélinas)

2. pour exprimer une concession :

➾ *S'il a des objections à faire, qu'il les **fasse**!* (Arthur Adamov)

3. pour exprimer un fait considéré comme impensable :

➾ *Moi, Seigneur, que je **fuie**!* (Racine)

4. dans certaines locutions figées (*plaise au ciel que, que je sache, je ne sache pas que, que nous sachions, n'en déplaise à*) et après *pourvu que* :

➾ ***Je ne sache pas que** ces achats exorbitants correspondent* [...] *à quoi que ce soit de tangible.* (Pierre Daninos)

LE SUBJONCTIF PASSÉ

589 ● Le subjonctif passé sert principalement à exprimer un ordre à la 3e personne, lequel devra avoir été exécuté avant un moment déterminé du futur :

– *Qu'ils **aient** tous **terminé** leur travail à temps!*

Les emplois particuliers

590 ● Le subjonctif passé est utilisé dans les mêmes conditions particulières que le subjonctif présent (pour exprimer la supposition, la concession ou un fait impensable), mais par rapport au passé :

– *Qu'ils **aient affirmé** une chose pareille, peut-être, mais, en tout cas, moi je ne peux pas la confirmer.*

Pour connaître les règles d'emploi du subjonctif dans les différentes sortes de phrases subordonnées (→ chapitre XVIII, p. 437) :

1. Le subjonctif dans les subordonnées **relatives** : → 874.3.
2. Le subjonctif dans les subordonnées **complétives** : → 882.1, 885, 889.3, 897, 899, 901 et 904.
3. Le subjonctif dans les subordonnées **circonstancielles** de temps : → 910.3; de cause : → 916.3; de conséquence : → 921.3; de concession : → 926; de but : → 936; d'hypothèse : → 941.3.

L'INFINITIF

591 ● L'infinitif est le mode dont on se sert pour exprimer l'« état neutre » du verbe, sans aucune indication de personne, de nombre ou de temps. C'est pourquoi, même s'il est parfois utilisé dans d'autres sortes de phrases, il est **surtout utilisé dans les subordonnées**, ce qui lui permet d'être « actualisé» par d'autres éléments de la phrase :

➾ ***Accepter** un risque est une forme de courage.* (André Maurois)

➾ *Le seul fait d'**exister** est un véritable bonheur.* (Blaise Cendrars)

592 ● Le mode infinitif ne comporte que deux temps : le présent et le passé. Celui-ci n'est que rarement utilisé, car il sert uniquement à rapporter un fait antérieur à un autre fait passé, présent ou futur :

➾ *«Le fait de **vivre** et d'**avoir vécu**»*
(recueil de poèmes de François Charron)

➾ *Mais qui a abattu la vache noire,*
*Morte sans **avoir mugi**, morte sans **avoir beuglé**,*
*Morte sans **avoir été poursuivie**?* (Jean-Joseph Rabearivelo)

Les emplois particuliers

● L'infinitif (présent) est également utilisé dans les cas suivants : 593

1. comme infinitif d'interrogation :

*Pourquoi **te priver** d'une aide efficace?* (Antoine Bangui)

*Comment **décrire** l'émotion profonde qui la saisit?* (R. Girard)

2. comme infinitif d'exclamation ou d'indignation :

***Vouloir** m'empêcher de continuer!* (Pierre Makombo Bamboté)

*Quoi! déjà nous **quitter**! Quoi! sur notre allégresse*
***Venir** jeter sitôt un voile de tristesse!* (Octave Crémazie)

*Moi, ne pas **aimer** le gouvernement!* (Albert Cossery)

3. comme infinitif de narration :

*Et l'ivrogne de **se diriger** vers la porte et de **sortir**.* (André Malraux)

4. comme infinitif d'ordre ou de conseil :

*Ne pas **broncher**. **Être** maîtresse de sa douleur. Mais c'était impossible.* (Maryse Condé)

☞ ◆ L'infinitif peut avoir toutes les fonctions du nom :

— ***Écouter** n'est pas suffisant. — Partir, c'est **mourir** un peu. — Voulez-vous **attendre**? — Je rêve de **m'en aller**. — Tu viens ici pour **critiquer**? — Elle ne vit que pour une chose : **voyager**. — Nous sommes avides de **réussir**.*

◆ Dans certains cas, un infinitif peut devenir un vrai nom précédé d'un déterminant (→ 80.3) :

— *L'**être** et le **devenir**, les **rires**, le **boire** et le **manger**,...*

LE PARTICIPE

● Le participe est un mode très particulier : il n'exprime aucune modalité propre, mais il permet au verbe, selon le cas, d'être utilisé comme un vrai verbe (avec compléments) ou comme un adjectif verbal. Dans ce cas, il se rapporte à un nom ou à un pronom avec lequel il doit s'accorder en genre et en nombre. 594

LE PARTICIPE PRÉSENT

● Selon que ses propriétés comme verbe l'emportent sur ses propriétés comme adjectif ou vice-versa, le participe présent est tantôt considéré comme un verbe et tantôt comme un adjectif verbal. 595

Le participe présent comme verbe

596 ● Comme verbe, le participe présent sert principalement à rapporter un fait qui se produit en même temps que celui auquel il apporte un complément d'information :

- *C'était un grand gaillard jovial, **ayant l'air** Déluré d'un ancien capitaine en retraite*. (Louis Fréchette)
- *«Un gaffeur **sachant** gaffer»* (bande dessinée de Franquin)

Quand il n'y a pas simultanéité, le rapport de temps est indiqué d'une autre manière, le plus souvent par un adverbe :

— *Georges se voit très bien dirigeant **un jour** toute l'entreprise*.

597 ● Comme verbe, le participe présent est invariable. Il a toujours un sens actif et il peut être suivi de tous les compléments que peut avoir le même verbe conjugué à d'autres modes :

- *Tania était aimable* [...], ***prévenant** nos moindres attentes, **remplissant** méthodiquement nos verres, **passant** discrètement les plats*. (Valentin-Yves Mudimbé)

Le participe présent comme adjectif

598 ● Comme adjectif verbal, le participe présent se comporte en tous points comme un adjectif ordinaire (→ Chapitre III, p.131) :

- *Les chemins tortueux, **montants** et **descendants***. (M. Khaïr-Eddine)
- *Vases **puantes**, eaux **stagnantes**, **pourrissantes***. (Calixthe Beyala)

599 ● Comme adjectif verbal, le participe présent a le plus souvent un sens actif (*un air **menaçant***), parfois un sens passif (*un vêtement **voyant***), et parfois encore, mais rarement, ni l'un ni l'autre (*une rue **passante***).

La distinction entre le part. prés. comme verbe et le part. prés. comme adjectif

600 ● Le moyen le plus simple pour distinguer si le participe présent est verbe ou adjectif, c'est de le mettre à la forme négative. Quand l'opération donne une phrase correcte, le participe présent doit être considéré comme un verbe; dans le cas contraire, comme un adjectif :

— *un chien **aboyant** fort* → un chien n'**aboyant** pas fort → verbe.
— *un ton très **cassant*** → * *un ton très ne **cassant** pas* → adjectif.

En pratique, un participe présent est toujours verbe :

1. quand il a un complément : — *un avion **traversant** le ciel*.

2. quand il est <u>suivi</u> d'un adverbe : — *un âne **brayant** sans cesse*.

3. quand il est <u>précédé</u> d'un pronom réfléchi :

— *des oiseaux **se querellant*** — *des enfants **se berçant***.

4. dans une **subordonnée** dont il est le verbe :

— *Notre courage **aidant**, nous gagnerons certainement*.

De même, un participe présent est toujours adjectif :

1. quand il est épithète : — *Il tenait des propos* ***rassurants****.*
2. quand il est attribut : — *Elle était* ***souriante****.*
3. quand il est précédé d'un adverbe (autre que *ne*) :
   — *un air souvent* ***méprisant*** — *de la musique très* ***endormante****.*

INFO L'ORTHOGRAPHE DU PARTICIPE PRÉSENT 601

Certains participes présents ont une forme légèrement différente selon qu'ils sont employés comme verbes ou comme adjectifs verbaux :

Verbe	Adj. verbal	Verbe	Adj. verbal
*adhér**a**nt*	*adhér**e**nt*	*émerg**ea**nt*	*émerg**e**nt*
*afflu**a**nt*	*afflu**e**nt*	*équival**a**nt*	*équival**e**nt*
*coïncid**a**nt*	*coïncid**e**nt*	*excell**a**nt*	*excell**e**nt*
*conflu**a**nt*	*conflu**e**nt*	*expédi**a**nt*	*expédi**e**nt*
*converg**ea**nt*	*converg**e**nt*	*influ**a**nt*	*influ**e**nt*
*défér**a**nt*	*défér**e**nt*	*néglig**ea**nt*	*néglig**e**nt*
*déterg**ea**nt*	*déterg**e**nt*	*précéd**a**nt*	*précéd**e**nt*
*différ**a**nt*	*différ**e**nt*	*somnol**a**nt*	*somnol**e**nt*
*diverg**ea**nt*	*diverg**e**nt*	*viol**a**nt*	*viol**e**nt*
*délég**ua**nt*	*délég**a**nt*	*communi**qu**ant*	*communi**c**ant*
*extravag**ua**nt*	*extravag**a**nt*	*convain**qu**ant*	*convain**c**ant*
*intrig**ua**nt*	*intrig**a**nt*	*provo**qu**ant*	*provo**c**ant*
*fatig**ua**nt*	*fatig**a**nt*	*suffo**qu**ant*	*suffo**c**ant*
*navig**ua**nt*	*navig**a**nt*	*va**qu**ant*	*va**c**ant*
*zigzag**ua**nt*	*zigzag**a**nt*		

Le gérondif

● Le gérondif est une « variante » du participe présent : il en a la forme (invariable), mais il est généralement précédé de la préposition 602
en. Il ne se rencontre que dans des **subordonnées** exprimant une circonstance ou une condition et il peut être précédé de l'adverbe *tout* :

> ***En rentrant*** *chez toi le soir, tu ressens une immense détresse.* (Jacques-Stephen Alexis)

> ***Tout en marchant*** *au pas, Mainguai avait regardé une dernière fois la sortie de la caserne.* (Alioum Fantouré)

☞ ◆ La préposition ***en*** est omise dans certaines locutions figées (*chemin* ***faisant*** *= en faisant du chemin*). Elle est facultative dans la séquence {verbe *aller* + (en) + participe présent} : *Ça ira sans doute* ***(en) s'améliorant****. — Sa peur va* ***croissant****.*

LE PARTICIPE PASSÉ

603 ● À l'instar du participe présent, le participe passé peut être considéré comme un verbe ou comme un adjectif verbal. Comme verbe, il a une forme simple et une forme composée :

- La **forme simple du participe passé** est celle qui se trouve dans les temps composés de tous les verbes :

  – *J'ai* ***pensé****. – Tu es* ***venu****. – Nous n'avons pas* ***pu****.*

- La **forme composée du participe passé** ne se rencontre que dans des subordonnées. Elle est formée du participe présent des auxiliaires *avoir* ou *être* et de la forme simple du participe passé du verbe :

  Le port était quasi impraticable, un cargo ***ayant coulé*** *juste dans le chenal.* (Loys Masson)

  Quand je serai tout triste,
  Ayant perdu *l'air de toute chanson.* (Jean-Baptiste Tati-Loutard)

☞ ◆ Parfois, l'auxiliaire peut être omis :

Et Télémaque? – ***Condamné*** *au carcan et* ***promené*** *par toutes les paroisses.* (Bernard Binlin Dadié)

Aussitôt ***arrivé*** *à Dangan, je l'enverrai à l'hôpital.* (F. Oyono)

604 ● Comme adjectif, le participe passé se comporte en tous points comme un adjectif ordinaire (→ 168). Il a le plus souvent un sens passif :

– *un ouvrier* ***qualifié****, une maison mal* ***construite****, les produits déjà* ***vendus****, des personnes bien* ***considérées****.*

☞ ◆ En ancien français (et dans la langue administrative actuelle), le participe passé ***dit*** se soude au déterminant qui le précède :

Ils font poudre de ***ladite*** *herbe et la mettent à l'un des bouts* ***dudit*** *cornet.* (Jacques Cartier)

605 **Remarques générales :**

1. Il existe un **participe futur** (rare : → 522.3) composé de l'auxiliaire de modalité *devoir* au participe présent et de l'infinitif du verbe :

   – *Je ne suis pas certain,* ***devant me rendre*** *à Cotonou demain, que j'aurai le temps de te voir avant dimanche.*

2. Beaucoup de participes présents et passés ont donné naissance à des noms (→ 80.4 et 80.5).

L'**accord du participe passé** est étudié aux numéros 626 à 641.

*F*ÉLIX *L*ECLERC

Québec

1914 - 1988

L'œuvre de Félix Leclerc est à l'image de l'évolution du Québec. Il fut d'abord conteur, romancier, dramaturge et défenseur des valeurs ancestrales (*Dialogues d'hommes et de bêtes*, ***Pieds nus dans l'aube***, *Le Fou de l'île,...*). Puis, pendant les années 1950 et 1960, il se fit chansonnier et connut rapidement le succès, mais en France d'abord. Ensuite encore, il prêta sa voix au peuple du Québec en devenant le chantre de son indépendance et de sa souveraineté. Il a beaucoup influencé la chanson québécoise... et française : Jacques Brel, Georges Brassens, et surtout Jacques Bertin qui lui a consacré un très beau livre, *Le Roi heureux*. Il est décédé en 1988 à l'île d'Orléans qu'il avait beaucoup chantée (*Le Tour de l'île,...*) et où il s'était établi. Son œuvre, abondante, a été largement primée.

Moi, mes souliers ont beaucoup voyagé,
Ils m'ont porté de l'école à la guerre,
J'ai traversé sur mes souliers ferrés
Le monde et sa misère.

Moi, mes souliers ont passé dans les prés,
Moi, mes souliers ont piétiné la lune,
Puis mes souliers ont couché chez les fées
Et fait danser plus d'une...

Sur mes souliers y'a de l'eau des rochers,
D'la boue des champs et des pleurs de femmes,
J'peux dire qu'ils ont respecté le curé,
L'pays, l'bon Dieu et l'âme.

S'ils ont marché pour trouver l'débouché,
S'ils ont traîné de village en village,
Suis pas rendu plus loin qu'à mon lever
Mais devenu plus sage.

Tous les souliers qui bougent dans les cités,
Souliers de gueux et souliers de reines,
Un jour cesseront d'user les planchers,
Peut-être cette semaine.

Moi, mes souliers n'ont pas foulé Athènes,
Moi, mes souliers ont préféré les plaines,
Quand mes souliers iront dans les musées
Ce s'ra pour s'y accrocher.

Au paradis, paraît-il, mes amis,
C'est pas la place pour les souliers vernis,
Dépêchez-vous de salir vos souliers
Si vous voulez être pardonnés...

(Extrait de *CENT CHANSONS*, © BQ)

ANDRÉ MALRAUX

France

1901 - 1976

Ni la vie ni l'œuvre d'André Malraux ne peuvent se résumer en quelques lignes. Il fut tour à tour critique littéraire en France, archéologue au Cambodge, aventurier en Chine, journaliste au Viêt-nam, aviateur et cinéaste en Espagne, combattant fait prisonnier puis évadé, membre de la Résistance, ministre en France sous la présidence de son grand ami, le général de Gaulle, et enfin, surtout, écrivain aux talents multiples et à l'érudition phénoménale. À ce titre, il a laissé une œuvre abondante de romancier, de critique d'art et de mémorialiste : *La Tentation de l'Occident, Les Conquérants,* ***La Voie royale, La Condition humaine, L'Espoir,*** *Les Voix du silence, Le Musée imaginaire,...* Il est l'une des toutes grandes figures du XXe siècle.

«L'armée, dit Katow. Ce sont les nôtres.»

Sans doute. Les cris étaient des acclamations. Impossible encore de les distinguer des hurlements de peur; Kyo avait entendu s'approcher ainsi ceux de la foule chassée par l'inondation. Le martèlement des pas se changea en clapotement, puis reprit : les soldats s'étaient arrêtés et repartaient dans une autre direction.

«On les a prévenus que le train blindé est ici», dit Kyo.

Ceux du train entendaient sans doute les cris plus mal qu'eux, mais beaucoup mieux le martèlement transmis par la résonance des blindages.

Un vacarme formidable les surprit tous trois: par chaque pièce, chaque mitrailleuse, chaque fusil, le train tirait. Katow avait fait partie d'un des trains blindés de Sibérie; son imagination lui faisait suivre l'agonie de celui-ci. Les officiers avaient commandé le feu à volonté. Que pouvaient-ils faire dans leurs tourelles, le téléphone d'une main, le revolver de l'autre? Chaque soldat devinait sans doute ce qu'était ce martèlement. Se préparaient-ils à mourir ensemble, ou à se jeter les uns sur les autres, dans cet énorme sous-marin qui ne remonterait jamais?

Le train même entrait dans une transe furieuse. Tirant toujours de partout, ébranlé par sa frénésie même, il semblait vouloir s'arracher de ses rails, comme si la rage désespérée des hommes qu'il abritait eût passé dans cette armure prisonnière et qui se débattait elle aussi. Ce qui, dans ce déchaînement, fascinait Katow, ce n'était pas la mortelle soûlerie dans laquelle sombraient les hommes du train, c'était le frémissement des rails qui maintenaient tous ces hurlements ainsi qu'une camisole de force : il fit un geste du bras en avant, pour se prouver que lui n'était pas paralysé. Trente secondes, le fracas cessa. Au-dessus de l'ébranlement sourd des pas et du tic-tac de toutes les horloges de la boutique, s'établit un grondement de lourde ferraille : l'artillerie de l'armée révolutionnaire. Derrière chaque blindage, un homme du train écoutait ce bruit comme la voix même de la mort.

(Extrait de *LA CONDITION HUMAINE*, © Éditions Gallimard)

Chapitre XIII

Le verbe

IV – ACCORDS

● Accorder un verbe consiste à modifier sa terminaison (→ 505) en fonction d'un autre mot ou groupe de mots qui lui transmet ainsi une ou plusieurs de ses déterminations : la **personne**, le **nombre** et, parfois, le **genre**. 606

L'étude de l'accord du verbe peut se diviser en deux grandes parties :

- **l'accord du verbe avec son sujet** (→ 607-625).
- **les accords particuliers du participe passé** (→ 626-641).

L'ACCORD DU VERBE AVEC LE SUJET

● Tout verbe utilisé à l'indicatif, au conditionnel, à l'impératif ou au subjonctif s'accorde avec son sujet, exprimé ou non (→ 719), mais il faut distinguer clairement l'accord avec **un seul sujet** et l'accord avec **plus d'un sujet**. 607

L'ACCORD DU VERBE AVEC UN SEUL SUJET

● En règle générale, un verbe qui n'a qu'un seul sujet grammatical s'accorde en **personne** et en **nombre** avec lui (à la voix passive, il s'accorde également en **genre** : → 631) : 608

➪ *Je ne **sortirai** point que tu ne le **veuilles**.* (Charles De Coster)

➪ *«Quand **s'envolent** les grues couronnées»*
(roman de Titinga Frédéric Pacéré)

➪ *Des hautes profondeurs du ciel, une larme est **tombée**.*
(Gilles Vigneault)

Au sein même de la règle générale, il existe un certain nombre de cas particuliers qui doivent être étudiés un à un.

L'accord avec un nom collectif

609 ● L'accord du verbe avec un sujet collectif est soumis à l'une des trois règles suivantes :

1. Quand le verbe a pour sujet un nom collectif seul, au singulier (ou, plus rarement, au pluriel), l'accord se fait simplement selon la règle générale :

   Une foule énorme ***se pressait***. (Louis Fréchette)

   Des essaims de Lamontagne ***ont pris possession*** *d'une large partie de la paroisse.* (Lionel Groulx)

2. Quand le verbe a pour sujet un nom collectif précédé de ***un*** ou ***une*** et suivi d'un complément, l'accord se fait au singulier ou au pluriel, selon qu'on veut insister sur l'ensemble lui-même ou sur les éléments de cet ensemble :

   Une foule de badauds ***s'amassait*** *autour du blessé.* (Yves Beauchemin)

   Un tas de gens ***se nourrissent*** *sur mon dos.* (Pierre Makombo Bamboté)

3. Quand le verbe a pour sujet un nom collectif au singulier, précédé d'un autre déterminant que ***un*** ou ***une*** et suivi d'un complément, l'accord se fait généralement au singulier (parfois au pluriel, quand le sens l'exige) :

   – *Notre réseau de correspondants* ***couvre*** *toute la francophonie.*

   La multitude des chemins qui ***drainaient*** […] *la population vibrante.* (Roger Lemelin)

L'accord avec un nom collectif indéfini

610 ● Quand le verbe a pour sujet un « nom indéfini » au singulier (***espèce***, ***genre***, ***race***, ***sorte***, ***type***,...) suivi d'un complément au pluriel, l'accord peut se faire de deux manières :

1. avec le complément, donc au pluriel, quand le « nom indéfini » est précédé d'un déterminant lui-même indéfini :

   – *C'est une sorte d'hommes qui ne* ***reculent*** *devant rien.*

2. avec le « nom indéfini », donc au singulier, quand celui-ci est précédé d'un déterminant démonstratif :

   – *Cette espèce de perroquets n'****existe*** *que dans le nord de l'île.*

L'accord avec un nom précédé d'un déterminant quantifiant indéfini

● La plupart du temps, quand le verbe a pour sujet un nom au singulier précédé d'un déterminant quantifiant indéfini (→ 249), l'accord se fait au singulier, et quand le verbe a pour sujet un nom au pluriel précédé d'un tel déterminant, l'accord se fait au pluriel : 611

➾ *Tant de prudence* ***entraîne*** *trop de soins.* (Racine)

➾ *Tant de paroles amères*
Qui ***ont été*** *notre pâture.* (Jean-Guy Pilon)

● Dans deux cas précis, l'accord du verbe avec un nom précédé d'un déterminant quantifiant indéfini demande une attention particulière : 612

1. Après ***le peu de*** suivi d'un nom au pluriel, le verbe peut se mettre au singulier ou au pluriel selon que le déterminant marque explicitement l'insuffisance ou simplement la petite quantité :

➾ *Le peu de paroles qu'il pouvait articuler* ***n'avait*** *aucun sens.* (Voltaire)

➾ *Le peu de meubles qui se* ***trouvent*** *dans les habitations espagnoles.* (Théophile Gautier)

2. Quand un nom sujet est précédé de ***plus d'un*** ou de ***plus d'une***, il demande l'accord au singulier; quand il est précédé de ***moins de deux***, il demande l'accord au pluriel :

➾ *Plus d'une Pénélope* ***honora*** *son pays.* (Nicolas Boileau)

➾ *Moins de deux ans* ***sont passés.*** (Maurice Grevisse)

L'accord avec un nom de nombre ou de fraction

● Après un nom de nombre ou de fraction au singulier, suivi d'un complément au pluriel, le verbe se met au singulier ou au pluriel selon l'intention du locuteur ou du scripteur : 613

– *Un tiers seulement des électeurs* ***s'est déplacé*** *pour voter.*

➾ *Une vingtaine de personnes* ***formaient*** *une grappe devant cette porte.* (Georges Simenon)

– *Trente ans* ***se sont écoulés.*** – *Trente ans* ***est*** *l'âge idéal.*

L'accord avec un pronom indéfini

● Quand le verbe a pour sujet un pronom indéfini, l'accord en nombre se fait, dans la plupart des cas, selon le contexte ou selon la réalité à laquelle se réfère le pronom : 614

– *De toute cette nourriture, peu* ***s'est perdu.*** – *Peu* ***sont venus.***

➾ *La plupart d'entre nous* ***se retirèrent*** *aux environs de Krébedgé.* (René Maran)

L'accord avec le pronom démonstratif *ce*

615 ● Quand le verbe ***être*** a pour sujet le pronom ***ce*** (→ 311.1) et que l'attribut est un nom au pluriel ou un pronom de la 3e personne du pluriel, le verbe se met au singulier ou au pluriel selon qu'on perçoit l'attribut plutôt comme un ensemble ou plutôt comme une addition d'entités distinctes :

— *C'est vingt dollars.* — *C'est deux heures de route.*

➾ ***Était-ce** deux amis ou deux frères?* (Théophile Gautier)

➾ *Tout cela, **ce sont** des atouts dans votre jeu.* (André Maurois)

L'accord avec le pronom relatif *qui*

616 ● Quand le verbe a pour sujet le pronom relatif ***qui***, il s'accorde en personne et en nombre avec l'antécédent (→ 275-276) de ce pronom comme s'il était le véritable sujet :

➾ *Moi qui **ai** des yeux où ciel et mer s'influencent.* (Gaston Miron)

➾ *Peut-être songeront-ils un jour*
*À nous qui **serons** morts, mon frère.* (Raymond Lévesque)

➾ *Ô langue de mes morts qui **te modules** aux lèvres d'un vivant.* (Jean-Joseph Rabearivelo)

617 ● Quand le pronom relatif ***qui*** est précédé d'un attribut se rapportant à un pronom personnel sujet (de la 1re ou de la 2e personne), il y a trois manières différentes de faire l'accord du verbe qui le suit :

1. L'accord du verbe doit se faire avec le pronom personnel lui-même quand l'attribut est accompagné d'un déterminant numéral seul (sans déterminant défini ou démonstratif) ou quand il exprime lui-même la pluralité :

   — *Vous êtes trois personnes qui **mériteriez** d'occuper cet emploi.*

   — *Nous sommes plusieurs qui **désirons** le poursuivre en justice.*

2. L'accord du verbe peut se faire, selon le sens, avec le pronom personnel ou avec l'attribut (c'est-à-dire à la 3e personne), quand, <u>dans une phrase affirmative</u>, l'attribut est accompagné de ***un***, ***une***, ***de*** ou ***des***, ***ce***, ***cet***, ***cette*** ou ***ces***, ou quand il consiste en ***le premier***, ***le dernier***, ***le seul*** (plus les formes du féminin et du pluriel) :

   ➾ *Vous fûtes les premiers qui **élevâtes** de grands théâtres.* (Voltaire)

   ➾ *Longtemps je fus ce poète au visage conforme*
   *Qui **frissonnait** dans les parallèles de ses pensées.* (Gaston Miron)

3. L'accord du verbe doit normalement se faire avec l'attribut (c'est-à-dire à la 3e personne) <u>dans tous les autres cas</u> :

   ➾ *Tu es la promesse qui **gonfle** les collines de mon pays.* (Jacques Brault)

☞ ◆ Après les locutions ***un de ceux qui*** ou ***une de celles qui***, le verbe se met au pluriel :

— *C'est un de ceux qui* ***prétendent*** *pouvoir gagner.*

◆ Après la séquence {***un de(s)*** ou ***une de(s)*** + nom + ***qui***}, l'accord en nombre dépend du sens de la phrase :

— *Serge a vendu un de ses chiens qui* ***aboyait*** *trop.*
(parmi ses chiens, un seul aboyait trop et Serge l'a vendu)

— *Serge a vendu un de ses chiens qui* ***aboyaient*** *trop.*
(parmi ses chiens qui aboyaient trop, Serge en a vendu un)

L'ACCORD DU VERBE AVEC PLUS D'UN SUJET

● En règle générale, un verbe qui a plus d'un sujet grammatical se met à la 3e personne du pluriel : 618

➾ *Son visage, ses gestes, son sourire* ***disent*** *assez qu'il n'est pas d'ici.* (Tahar Ben Jelloun)

☞ ◆ Dans certains cas particuliers, un verbe qui a plus d'un sujet peut quand même rester au singulier (→ 620-624).

● Quand les différents sujets d'un verbe ne sont pas de la même personne grammaticale, la 1re personne l'emporte sur la 2e et la 3e, et la 2e personne l'emporte sur la 3e (souvent, dans ce cas, les pronoms ***nous*** ou ***vous*** reprennent les différents sujets) : 619

➾ *Ni mes cousines ni moi n'****avions*** *avec elle une grande intimité.* (André Gide)

➾ *Vous et vos garçons* ***savez*** *lire et écrire.* (Louis Hémon)

➾ *Toi et moi, Antigone, nous n'****étions*** *pas* ***faits*** *pour comprendre une vraie reine de la terre.* (Henry Bauchau)

L'accord avec le sujet le plus proche seulement

● Un verbe qui a plusieurs sujets, juxtaposés ou coordonnés par ***et***, peut, dans certains cas, ne s'accorder qu'avec le plus proche de lui (c'est-à-dire avec le dernier dans la phrase non inversée), à savoir : 620

1. quand les sujets sont considérés comme étant plus ou moins synonymes :

➾ *Gémir, pleurer, prier* ***est*** *également lâche.* (Alfred de Vigny)

2. quand les sujets sont placés en gradation :

➾ *Un seul mot, un soupir, un coup d'œil nous* ***trahit***. (Voltaire)

☞ ◆ Quand les sujets sont des infinitifs reliés par ***et***, le verbe se met au singulier si leurs sens se complètent, et au pluriel s'ils ont plutôt tendance à s'opposer :

– *Se donner à une bonne cause et y consacrer quelques années de sa vie* ***est*** *très formateur.*

– *Se servir d'un ordinateur et comprendre l'informatique* ***sont*** *deux choses assez différentes.*

L'accord du verbe avec les indéfinis ***l'un et l'autre*** et ***tel et tel***, déterminants ou pronoms, est étudié aux numéros 411 et 424R.

L'accord avec un sujet qui résume les autres

621 ● Quand un sujet (généralement un pronom : ***aucun***, ***cela***, ***chacun***, ***nul***, ***rien***, ***tout***,...) annonce ou reprend différents autres sujets, c'est avec lui que le verbe s'accorde :

➺ *Ni les caresses de leur maître, ni la peur du loup, rien ne les* ***retenait****.* (Alphonse Daudet)

L'accord avec des sujets coordonnés par *ou* ou par *ni*

622 ● Quand deux sujets ou plus, tous de la 3e personne du singulier, sont coordonnés par ***ou*** ou par ***ni***, le verbe se met au pluriel si la conjonction exprime une addition des termes, et au singulier si elle exprime l'exclusion d'un terme par rapport à l'autre :

➺ *Ni le père ni la mère n'****avaient l'air*** *d'approuver.*
(Antoine Bangui)

➺ *Est-ce mon bras ou celui de ma mère qui* ***étreint*** *l'autre?*
(Denise Desautels)

☞ ◆ Quand au moins un des sujets reliés par ***ou*** ou par ***ni*** est au pluriel, le verbe se met au pluriel également :

– *Une brioche ou des croissants* ***feront*** *un bon déjeuner.*

◆ L'« addition dans la négation », généralement exprimée par *ni... ni...*, peut parfois être rendue par des déterminants négatifs (***aucun..., aucun...***; ***nul..., nul...***). Dans ce cas, la règle d'accord est la même :

➺ *Aucune rapidité de pas, aucun long voyage ne* ***peuvent*** *plus me conduire à mon mandat.* (Ahmadou Kourouma)

L'accord du verbe avec les indéfinis ***l'un ou l'autre***, ***ni l'un ni l'autre*** et ***tel ou tel***, déterminants ou pronoms, est étudié aux numéros 413-414 et 424R.

L'accord avec des sujets coordonnés par des corrélatifs

● Quand deux sujets sont reliés par des corrélatifs (***ou... ou...***, ***soit... soit...***, ***tantôt... tantôt...***, etc. : → 850), les règles d'accord du verbe sont les mêmes qu'avec des sujets reliés par ***ou*** ou par ***ni*** : 623

– *Tantôt l'angoisse et tantôt l'euphorie lui* ***font*** *prendre des décisions irréfléchies.*

➾ *Soit le pape, soit Venise* [...] ***mettrait*** *la main sur Rimini.*
(Henry de Montherlant)

L'accord avec des sujets coordonnés par des comparatifs

● Quand des sujets sont reliés par une conjonction de comparaison (***ainsi que***, ***autant que***, ***comme***, ***de même que***, ***non moins/plus que***,... : → 473), le verbe se met au pluriel si la conjonction a simplement la valeur de ***et***, mais il prend le nombre du premier sujet si la conjonction garde sa valeur de comparaison : 624

➾ *La vérité ainsi que la reconnaissance m'****obligent*** *à dire....*
(Bernardin de Saint-Pierre)

➾ *L'amour, aussi bien que le feu, ne* ***peut*** *subsister sans un mouvement continuel.*
(La Rochefoucauld)

Avec les conjonctions qui ont toujours une valeur de comparaison (***moins/plus que***, ***non***, ***et non***, ***plutôt que***,...), le verbe prend normalement le nombre du premier sujet :

➾ *L'utilité et non la tendresse* ***retenait*** *Jacqueline auprès de lui.*
(François Mauriac)

Remarque générale : 625

Il existe un **certain nombre d'expressions verbales figées qui demeurent toujours au singulier**, quels que soient la personne et le nombre du sujet :

1. certaines expressions contenant le verbe ***être*** (parfois suivi de la préposition ***de***) : ***si ce n'est***, ***si ce n'était***, ***fut-ce***, ***fût-ce***, ***n'était***, ***c'eût été***, ***n'eût été***, ***eût-ce été***,... :

   ➾ *Le visage aurait été passable,* ***n'eût été*** *les yeux gonflés de batracien.*
   (François Mauriac)

2. certaines expressions équivalant à des verbes impersonnels (***mieux vaut***, ***n'importe***, ***qu'importe***, ***reste***,... : → 496) :

   ➾ ***Mieux vaut*** *perdre un peu d'argent qu'un peu d'amitié.*
   (proverbe malgache)

3. certaines expressions équivalant à des présentatifs (→ 664) :
   — ***Soit*** *les rapports AB et CD.* — ***Vive*** *les vacances!*

L'ACCORD DU PARTICIPE PASSÉ

626 ● L'accord du participe passé est soumis à des règles différentes selon qu'il est employé **sans auxiliaire**, **avec l'auxiliaire *être*** ou **avec l'auxiliaire *avoir***. À ces règles générales s'ajoutent aussi des règles propres à l'accord du participe passé des **verbes pronominaux** et des **verbes impersonnels**, ainsi que divers autres **cas particuliers**.

LE PARTICIPE PASSÉ EMPLOYÉ SANS AUXILIAIRE

627 ● Le participe passé employé sans auxiliaire équivaut à un simple adjectif et, tout comme lui (→ 198-203), **s'accorde en genre et en nombre** avec le mot auquel il se rapporte :

- *Les abat-jour de parchemin sur lesquels on écrit une phrase **éblouie**.* (Roland Giguère)
- *«La mort **faite** homme»* (roman de Pius Nkashama Ngandu)
- *Une sorte de lumière de rêve **venue** de nulle part.* (Assia Djebar)
- *La Madone **couronnée** de pierres précieuses, **parée** de satin et de velours, **couverte** de pièces d'or **apportées** en offrande.* (Nathalie Sarraute)

Le participe passé employé comme préposition

628 ● Le participe passé d'un certain nombre de verbes (***attendu***, ***non/y compris***, ***entendu***, ***excepté***, ***mis à part***, ***ôté***, ***passé***, ***supposé***, ***vu***,...), placé devant le mot auquel il se rapporte, a presque toujours la valeur d'une préposition et, à ce titre, demeure invariable (→ 428) :

- *Ces conflits ne peuvent être maîtrisés, **vu** l'absence de rapports dialogiques, **vu** aussi l'absence d'infrastructures...* (Gérard Étienne)
- ***Attendu** ses mœurs littéraires, il était à peine connu d'elles.* (Alfred de Musset)
- *Il y a tout dans ce jeune homme [...], **excepté** de la jeunesse.* (Stendhal)

▲ Exception : ***Étant donné***, placé devant le mot auquel il se rapporte, peut rester invariable ou s'accorder avec lui :

- ***Étant donné** l'amitié qui nous lie.* (Jules Renard)
- ***Étant données** les circonstances présentes.* (Antoine de Saint-Exupéry)

● Les mêmes participes passés (***attendu***, etc.) équivalent cependant à de simples adjectifs et s'accordent suivant la règle générale (→ 607) quand ils sont placés derrière le mot auquel ils se rapportent ou quand, même placés devant, ils sont suivis d'un complément prépositionnel : 629

> *Tout ce qui était sur le pont, nous* ***exceptés****, avait été balayé par-dessus bord.* (Charles Baudelaire)

> ***Vue*** *sous cet angle, ma folie n'aboutit qu'à une catalyse.* (Marie José Thériault)

Le participe passé employé comme adverbe

● Les participes passés ***ci-annexé***, ***ci-inclus*** et ***ci-joint*** deviennent des adverbes (comme ***ci-après*** et ***ci-contre***) et, à ce titre, demeurent invariables, quand ils sont placés en tête de phrase ou immédiatement (c'est-à-dire sans déterminant) devant le nom auquel ils se rapportent : 630

– ***Ci-annexé*** *la table des matières complètement remaniée.*

– *Veuillez trouver* ***ci-joint*** *copie de notre lettre de réclamation du 12 mars dernier.*

Dans tous les autres cas, ***ci-annexé***, ***ci-inclus*** et ***ci-joint*** s'accordent suivant la règle générale (→ 607) :

– *Les photographies* ***ci-incluses*** *vous intéresseront certainement.*

– *Veuillez trouver* ***ci-jointes*** *les perspectives de nos spécialistes pour la période 2000-2010.*

LE PARTICIPE PASSÉ EMPLOYÉ AVEC L'AUXILIAIRE *ÊTRE*

● Le participe passé employé avec l'auxiliaire *être* (sauf celui de certains verbes pronominaux : → 641) **s'accorde en genre et en nombre** avec le sujet : 631

> *Nous y sommes tous* ***passés*** *et nous n'en sommes pas* ***morts****.* (Antoine Bangui)

> *Par ses travaux, les marais ont été* ***desséchés****, les fleuves* ***contenus****, leurs cataractes* ***effacées****, les forêts* ***éclaircies****, les landes* ***cultivées****.* (Buffon)

☞ ◆ La règle d'accord est la même pour le participe passé qui est employé comme attribut du sujet avec un autre verbe attributif que le verbe ***être*** et pour le participe passé attribut du complément direct (→ 754) :

> *Elle ne m'avait jamais paru aussi* ***troublée*** *que ce matin-là.* (Nicolas Boileau)

> *Je voudrais la voir* ***mariée*** *avec le marquis.* (Molière)

LE PARTICIPE PASSÉ EMPLOYÉ AVEC L'AUXILIAIRE *AVOIR*

632 ● En règle générale, le participe passé employé avec l'auxiliaire ***avoir*** :

➤ **s'accorde en genre et en nombre** avec le complément direct du verbe (→ 731.1) si ce complément le précède :

➾ *Un refrain, une phrase que chacun avait **retenus**.* (Marie Gevers)

➤ **reste invariable** si le complément direct le suit ou si le verbe n'en a pas :

➾ *Ses désirs avaient bien **étalé** leur éventail.* (Fernand Ouellette)

➾ *Crois-tu qu'il a **parlé** à la légère?* (Gratien Gélinas)

☞ ◆ Quand le complément direct du verbe a lui-même un attribut, l'accord du participe passé ne s'en trouve pas modifié :

— *As-tu vu les prouesses de ce cascadeur? Pour ma part, je les ai **trouvées** époustouflantes!*

◆ Quand un verbe est conjugué à un temps surcomposé (→ 516.3), seul le dernier participe du verbe peut s'accorder :

— *Il s'est acquitté de sa promesse aussitôt que je la lui ai **eu rappelée**.*

Le participe passé précédé du pronom *l'*

633 ● Quand un participe passé, conjugué avec *avoir*, a pour complément direct le pronom ***l'*** placé devant l'auxiliaire, il convient de considérer ce que ce pronom remplace : si c'est toute une phrase, le participe passé reste invariable; si c'est un nom, le participe s'accorde avec lui selon la règle générale (→ 607) :

➾ *Je lui dis qu'il possédait plus de livres que je ne **l'**avais **cru**.* (Gérard Bessette)

(= ... que je n'avais cru qu'il possédait de livres)

➾ *J'ai pris de la pluie dans mes mains et je l'ai **portée** à tes lèvres.* (Jean-Guy Pilon)

Le participe passé précédé du pronom *en*

634 ● Quand un participe passé, conjugué avec *avoir*, est précédé du pronom ***en***, complément direct du verbe, il demeure toujours invariable, quel que soit l'antécédent du pronom, car celui-ci est considéré comme partitif et neutre :

➾ *Que j'ai envie de recevoir de vos lettres; il y a déjà près d'une demi-heure que je n'en ai **reçu**.* (Madame de Sévigné)

☞ ◆ L'invariabilité du participe demeure même si le pronom ***en*** est modifié par un adverbe de quantité :

— *J'**en** ai tellement **lu**, des livres!*

◆ Quand il remplace un complément prépositionnel (→ 733), le pronom ***en*** n'est un complément direct qu'en apparence (→ 728.2) et n'empêche donc pas l'accord du participe passé :

*J'ai déchiré plus de feuillets que je n'**en** ai **gardés**.* (Maurice Barrès)

Le participe passé suivi d'un infinitif

● Quand un participe passé, conjugué avec *avoir*, est précédé d'un pronom complément direct et suivi d'un verbe à l'infinitif, deux cas peuvent se présenter : 635

1. Quand le pronom est complément direct du verbe au participe (et sujet du verbe à l'infinitif), le participe s'accorde en genre et en nombre avec lui :

*L'aube les avait **vus** surgir de leur taupinière.* (Driss Chraïbi)

2. Quand le pronom est complément direct du verbe à l'infinitif, le participe reste invariable :

*Elle s'est **laissé** couvrir d'amiante.* (André Langevin)

▲ Exception : Le participe passé ***fait***, précédé d'un pronom et suivi d'un verbe à l'infinitif, reste toujours invariable :

*La violence du choc et la frayeur avaient **fait** s'évanouir Isabelle.* (Théophile Gautier)

> Selon les **Rectifications de l'orthographe**, le participe passé ***laissé*** pourrait rester toujours invariable comme le participe passé ***fait*** : → Annexe 1, p.503.

● Quelques participes passés (notamment ***cru***, ***dit***, ***dû***, ***espéré***, ***pensé***, ***permis***, ***prévu***, ***pu***, ***su*** et ***voulu***) restent invariables quand leur complément direct, exprimé ou sous-entendu, est un verbe à l'infinitif ou une phrase subordonnée : 636

— *Nous avons pu monter toute l'expédition que nous avions **prévu** mettre sur pied.*

— *Magali m'a remis toutes les notes qu'elle avait **promis** qu'elle me donnerait.*

(Recourir à des subordonnées «en cascade» n'est pas recommandé; on dira plutôt : «*... qu'elle avait promis de me donner*».)

— *Elle affirme avoir rattrapé tous les lapins qu'elle a **pu*** [rattraper].

Le participe passé de quelques verbes transitifs particuliers

637 ● Il existe une série de verbes (notamment ***courir***, ***coûter***, ***dormir***, ***durer***, ***marcher***, ***mesurer***, ***peser***, ***régner***, ***valoir*** et ***vivre***) qui, après avoir été longtemps classés parmi les verbes intransitifs pour des raisons sémantiques, sont de plus en plus souvent considérés comme des **cas particuliers de verbes transitifs directs** (→ 487), parce qu'ils n'ont pas besoin de préposition pour introduire leur complément.

638 ● Cette nouvelle approche a l'avantage de simplifier l'accord du participe passé de ces verbes. Il tient désormais en deux règles seulement :

1. Quand le complément direct d'un de ces verbes répond à la question «***Combien?***» ou «***Pendant combien?***», il s'agit d'un complément qui n'est direct qu'en apparence (→ 730) et le participe passé reste alors invariable :

   — *Je regrette les 100 000 $ que m'a* ***coûté*** *cette maison.*
   (= cette maison m'a coûté **combien de dollars**? → *coûté* invariable)

   — *Je repense à toutes ces années qu'Irène a* ***souffert****.*
   (= Irène a souffert **pendant combien d'années**? → *souffert* invariable)

2. Quand le complément direct d'un de ces verbes répond à la question «***Quoi?***», il s'agit d'un véritable complément direct (→ 731.1) et le participe passé s'accorde alors en genre et en nombre avec lui :

   Mes manuscrits raturés [...] *attestent la peine qu'ils m'ont* ***coûtée****.* (Jean-Jacques Rousseau)
   (= ils ont coûté **quoi**? → *coûtée* s'accorde avec *peine*)

   Après cinq ans d'exil que lui a ***valus*** *sa condamnation.* (Giraudoux)
   (= sa condamnation lui a valu **quoi**? → *valus* s'accorde avec *ans*)

639 **Remarque générale :**

En dehors des cas mentionnés ci-dessus, les participes passés des verbes conjugués avec l'auxiliaire ***avoir*** se conforment à toutes les autres règles d'accord du verbe avec un ou plus d'un sujet :

1. Avec un seul sujet : → 608.
   Nom collectif : → 609 — Nom collectif indéfini : → 610 — Nom précédé d'un déterminant quantifiant indéfini : → 611 — Nom de nombre ou de fraction : → 613 — Pronom indéfini : → 614 — Pronom *ce* : → 615 — Pronom *qui* : → 616.
2. Avec plus d'un sujet : → 618.
   Avec le sujet le plus proche : → 620 — Avec un sujet qui résume les autres : → 621 — Avec des sujets coordonnés par *ou* ou par *ni* : → 622; coordonnés par des corrélatifs : → 623; coordonnés par des comparatifs : → 624.

LE PARTICIPE PASSÉ DES VERBES IMPERSONNELS

● Le participe passé des verbes impersonnels (ou des autres verbes, quand ils sont employés de manière impersonnelle) est toujours invariable : 640

— *Que d'efforts n'a-t-il pas **fallu** pour la convaincre!*

*Enfin il s'est **établi** quatre nouvelles scieries de planches et de madriers.* (Honoré de Balzac)

LE PARTICIPE PASSÉ DES VERBES PRONOMINAUX

● Les règles d'accord du participe passé des verbes pronominaux (toujours utilisés avec l'auxiliaire ***être***) dépendent du genre de verbe pronominal dont il s'agit : verbe pronominal proprement dit, verbe pronominal réciproque ou réfléchi (→ 494), ou encore verbe pronominal à sens passif (→ 495) : 641

1. **Le participe passé des verbes pronominaux proprement dits** (c'est-à-dire ceux dont le pronom est sans fonction grammaticale parce qu'il fait partie intégrante du verbe) s'accorde en genre et en nombre avec le sujet :

   — ***Elle** s'est exclam**ée**. — **Vous** vous êtes tu**s**. — **Elles** se sont fan**ées**.*

   ▲ Exception : Les participes passés des verbes ***se rire*** (« se moquer »), ***se plaire*** (« trouver plaisir »), ***se déplaire*** (« ne pas se trouver bien ») et ***se complaire*** (« persister à se plaire ») restent invariables :

   *Beaucoup d'hommes se sont **plu** à imprimer en moi leurs idées.* (Michel Kayoya)

2. **Le participe passé des verbes pronominaux réciproques et réfléchis** (c'est-à-dire ceux dont le pronom reprend le sujet) s'accorde avec le sujet quand le pronom est vraiment un complément direct du verbe, mais il reste invariable quand il n'est un complément direct qu'en apparence (→ 728.1) :

   *Les rues se sont **remplies**.* (Clémentine-Madiya Faïk-Nzuji)

   *Neige et grêle s'étaient **succédé** sans interruption.* (Frison-Roche)

   ☞ ◆ Cette règle permet de faire la distinction suivante :

   ➤ *Elle s'est **blessée** au pied.*
   (= elle a blessé elle-même à son pied)

   ➤ *Elle s'est **blessé** le pied.*
   (= elle a blessé le pied d'elle-même)

3. **Le participe passé des verbes pronominaux à sens passif** (→ 495) s'accorde en genre et en nombre avec le sujet :

   — *Tous nos fruits et légumes se sont **vendus** très facilement.*

642 ACCORDS DES VERBES : TABLEAU RÉCAPITULATIF

ACCORD AVEC UN SEUL SUJET

1. **Règle générale** :	*Il* ***lit*** *pendant qu'elles* ***jouent****.*	n° **608**
2. — Nom collectif sujet :	*Une foule de gens* ***se sont présentés****.*	**609**
— Nom «indéfini» sujet :	*Ce genre de chiens* ***aboie*** *rarement.*	**610**
— Avec dét. quantifiant :	*La plupart des blessés* ***s'en sortiront****.*	**611**
— Nombre ou fraction :	*Une centaine d'arbres* ***brûlaient****.*	**613**
— Pronom *ce* sujet :	*C'****est*** *vingt roupies par personne.*	**615**
— Pronom *qui* sujet :	*Vous tous qui* ***avez*** *porté plainte...*	**616**

ACCORD AVEC PLUS D'UN SUJET

1. **Règle générale** :	*La porte et la fenêtre* ***sont*** *ouvertes.*	**618**
2. — Avec sujet le plus proche :	*Sa joie, son bonheur* ***est*** *communicatif.*	**620**
— Avec sujet «résumant» :	*Une fleur, un oiseau,* ***tout*** *l'émeut.*	**621**
— Sujets reliés par *ou* ou *ni* :	*Céline* ***ou*** *Jocelyne le convaincra.*	**622**
— Sujets avec corrélatifs :	***Soit*** *Claudia* ***soit*** *Sylvio me l'expliquera.*	**623**
— Sujets avec comparatifs :	*Sylvain,* ***comme*** *Louis, s'est trompé.*	**624**

ACCORD DU PARTICIPE PASSÉ

1. **Sans auxiliaire** :		
— Règle générale :	*C'est une maison mal* ***conçue****.*	**627**
— Comme préposition :	***Vu*** *les circonstances, autant renoncer.*	**628**
— Comme adverbe :	***Ci-joint*** *la liste remise à jour.*	**630**
2. **Avec l'auxiliaire ÊTRE** :	*Mes vêtements sont* ***détrempés****.*	**631**
3. **Avec l'auxiliaire AVOIR** :		
— Règle générale :	*C'est bien la route qu'il m'a* ***indiquée****.*	**632**
— Avec le pronom *l'* :	*[...] des yeux plus verts que je* ***l'****aurais* ***cru****.*	**633**
— Avec le pronom *en* :	*De tels oiseaux,* ***en*** *as-tu déjà* ***vu****?*	**634**
— Avec un infinitif :	*Les arbres qu'il a* ***laissés pousser****...*	**635**
— Verbes spéciaux :	*Les 50 francs que m'a* ***coûté*** *ce livre...*	**637**
4. **Verbes impersonnels** :	*Que d'heures* ***il*** *lui* ***a fallu*** *pour ça!*	**640**
5. **Verbes pronominaux** :		
— V. pronominaux proprement dits :	*Elles* ***se sont*** *toutes* ***enfuies****.*	**641**
— V. pronominaux réciproques et réfléchis :	*Tu* ***t' es couchée*** *trop tard.*	**641**
— V. pronominaux à sens passif :	*La maison* ***s'est vendue*** *facilement.*	**641**

Loys Masson

Île Maurice

1915 - 1969

Né à l'île Maurice en 1915, Loys Masson partit pour la France en 1939... à la veille de la Deuxième Guerre mondiale. Il s'engagea dans la Résistance contre les armées d'occupation, mais il dut vivre dans la clandestinité (comme Mauritien, il avait un passeport anglais). Nombre de ses poèmes (treize recueils) témoignent de ses convictions chrétiennes et de son engagement de résistant, tandis que ses romans (***L'Étoile et la Clef***, *Les Mutins, Les Tortues, Le Notaire des Noirs, Les Noces de la vanille, Lagon de la miséricorde,...*) recréent l'atmosphère, enivrante et pesante à la fois, de son île natale qu'il n'a jamais revue mais n'a jamais oubliée non plus.

Quiconque aurait prêté oreille au vent n'aurait perçu que le murmure des tiges froissées. Quelle plainte se serait aventurée? On ne salit pas une terre qui enfante. Les plaintes, c'est bon pour les cahutes quand on est seul, face à la femme en guenilles, qu'on contemple son propre délabrement, qu'on voit entre la pioche posée dans un coin et le grabat l'enfant qui a des vers et se roule de coliques. [...]

L'usine est si belle, ses murs propres, la longue cheminée, les machines, les treuils : ce serait un blasphème que d'oser lui opposer le dénuement des hommes. Ces champs droits, verts, luxueux, un blasphème aussi que de dire qu'on est malheureux par là. Comment deviner une souffrance qui ne se déclare pas? On voit la crasse, on ne sait pas que c'est le vêtement du malheur. Il faudrait des yeux par trop aigus. Et avoir du temps à perdre. Booram, Chundursing, Kapeel sont fermes à l'ouvrage, ils ne bronchent jamais. Des souffrants, ça? Ils le diraient, nom de Dieu! Ce n'est pas de leur faute, on en convient, mais ils sont nés laboureurs.

Un laboureur, cela laboure comme un usinier fait aller une usine, comme un chef d'exploitation dirige machines et cultures au petit doigt comme des domestiques. Pas d'esclavage, ce n'est pas vrai!

Elle est achetée, cette sueur. On en fait honnêtement le règlement chaque samedi. N'inventez pas. Ces gens n'ont pas de besoins. Le cinéma, oui, parfois le cinéma; mais ils y vont. Tout ce qu'ils gagnent passe dans l'alcool. Sommes-nous fautifs? Il y a la crise, le sucre ne se vend pas comme il devrait, vous ne voudriez pas qu'on se ruine? Et les actionnaires, que diraient-ils si on les frustrait de leurs dividendes? Une exploitation qui se respecte. Nous avons notre fierté de gérants à sauvegarder...

Doucement la vie pourrissait.

(Extrait de *L'Étoile et la Clef*,

*A*LBERT *M*EMMI

Tunisie

1920

Albert Memmi, né à Tunis, a fait des études de philosophie à Alger, puis à Paris où il a épousé une Française. De retour en Tunisie, il y est resté jusque peu après l'indépendance, avant de s'installer définitivement à Paris. Se situant au carrefour des cultures juive, arabe et française, Albert Memmi a transposé dans son œuvre sa recherche d'appartenance et d'identité, jointe à son besoin d'analyse et d'introspection. Il est principalement l'auteur d'essais (***Juifs et Arabes***, *Portrait du colonisé*, *Le Racisme*,...) et de romans (***La Statue de sel***, *Agar*, *Le Scorpion*, *Le Désert et Le Pharaon*).

Je m'appelle Mordekhaï, Alexandre, Benillouche.

Ah! ce sourire fielleux de mes camarades! À l'Impasse, à l'Alliance, j'ignorais que je portais un nom si ridicule, si révélateur. Au lycée, j'en pris conscience au premier appel. Désormais, le seul énoncé de mon nom, qui accélérait mon pouls, me faisait honte.

Alexandre : claironnant, glorieux, me fut donné par mes parents en hommage à l'Occident prestigieux. Il leur semblait traduire l'image qu'ils avaient de l'Europe. Les élèves ricanaient, faisaient éclater Alexandre comme un coup de trompette : Alexandre! Alors je détestais mon prénom de toutes mes forces et aussi mes camarades. Je les détestais et leur donnais raison, et en voulais à mes parents de ce choix stupide.

Mordekhaï, Mridakh en diminutif, marquait ma participation à la tradition juive. C'était le nom redoutable d'un glorieux Macchabée, celui aussi de mon grand-père, débile vieillard, qui jamais n'oublia les terreurs du ghetto.

Appelez-vous Pierre ou Jean, et changeant d'habit vous changerez de statut apparent. Dans ce pays, Mridakh est si obstinément révélateur qu'il équivaut à clamer «je suis juif!» et plus précisément «j'habite le ghetto», «je suis de statut indigène», «je suis de mœurs orientales», «je suis pauvre». Et j'avais appris à refuser ces quatre titres. Il serait facile de me le reprocher et je n'y ai pas manqué depuis. Mais comment ne pas avoir honte de sa condition, après avoir été méprisé, moqué ou consolé depuis l'enfance? J'ai appris à interpréter les sourires, à deviner aux chuchotements, à lire dans les yeux, à reconstituer les raisonnements au hasard d'une phrase, d'un mot saisi au vol. Quand on parle de moi, a priori je me sens agressé, mon poil se hérisse et j'ai envie de mordre. Bien sûr, on arrive à tout accepter, au prix de grands efforts ou d'une complète lassitude. Mais d'abord on se refuse et l'on se déteste ou bien, pour défier le mépris des autres, on revendique même ses laideurs, on s'exagère et l'on grimace...

(Extrait de *LA STATUE DE SEL*,

Chapitre XIV

La phrase simple

LES PROPRIÉTÉS DE LA PHRASE

● La phrase est une notion grammaticale complexe, mais qui, globalement, peut être définie comme le moule dans lequel doivent se fondre les mots pour produire un énoncé. 643

Plus pratiquement, la phrase peut être définie de différentes manières en fonction de points de vue particuliers. Dans leur domaine respectif, ces définitions sont toutes pertinentes et utiles, et il est bon d'en rappeler quelques-unes. Ainsi,

1. du point de vue **phonétique** :
   - Une phrase est une série organisée de sons émis entre deux pauses respiratoires importantes.
2. du point de vue **graphique** :
   - Une phrase est une série de mots dont le premier commence par une majuscule et dont le dernier est suivi d'un point, quel qu'il soit.
3. du point de vue **syntaxique** :
   - Une phrase est une série de mots, ou de groupes de mots, ordonnés selon des règles précises, mais variables selon les circonstances.
4. du point de vue **sémantique** :
   - Une phrase est une série de mots qui forment une unité de sens ou expriment une idée complète.
5. du point de vue **logique** :
   - Unc phrase est une série de mots comportant nécessairement un prédicat (ce qui est dit), et accessoirement un «agent» (qui est le sujet de ce qu'exprime le prédicat) et un «patient» (qui est l'objet de ce qu'exprime le prédicat).

644 ● Dans un contexte grammatical, il est toutefois suffisant de ne retenir que les seuls points de vue syntaxique et sémantique :

> **Une phrase est un ensemble de mots ordonnés selon des règles précises et formant une unité de sens**,

étant entendu que cet ensemble peut parfois ne consister qu'en un seul mot (→ 776); que les règles, toujours précises, varient selon les formes et les types de phrases (→ 667 et 693); et que la notion d'unité de sens est parfois subjective.

645 ● Les ensembles de mots qui ne sont pas ordonnés selon des règles précises ou qui ne forment pas une unité de sens sont considérés comme des « phrases » incorrectes :

1. Les phrases syntaxiquement incorrectes sont dites **agrammaticales**. Elles le sont habituellement, soit parce qu'il y manque des mots, soit parce qu'il s'y trouve des mots de trop, soit encore parce que certains mots sont mal placés.
2. Les phrases sémantiquement incorrectes sont dites **asignificatives**. Elles peuvent l'être pour des raisons tellement diverses qu'il est impossible d'en dresser la liste ici.

646 **Remarque importante :**

Les grammaires traditionnelles établissent généralement une distinction entre ***phrase*** et ***proposition*** : elles donnent alors le nom de « phrase » à la phrase définie du point de vue graphique (→ 643.2) et celui de « proposition » à tout ensemble de mots qui s'articule autour d'un même verbe (dans ce sens, une phrase peut contenir une ou plus d'une « proposition »).

Pour simplifier la terminologie, pour éviter aussi la confusion toujours possible entre les paronymes *préposition* et *proposition*, et surtout pour pouvoir définir avec précision les réalités grammaticales telles qu'elles sont comprises aujourd'hui, le présent ouvrage — comme la plupart des grammaires contemporaines — ne garde que le seul terme «**phrase**» dans tous les cas. (→ tableau, p.20).

647 ● Enfin, avant d'aborder l'étude des phrases, il importe de définir clairement les deux principales sortes de phrases, à savoir la phrase simple et la phrase complexe :

> **Une phrase (graphique) est dite simple quand elle ne contient pas plus d'un verbe.**

> **Une phrase (graphique) est dite complexe quand elle contient plus d'un verbe.**

Le présent chapitre est consacré presque exclusivement à l'étude de la phrase simple. La phrase complexe est étudiée dans deux autres chapitres : → Chapitre XVII, p.421 et Chapitre XVIII, p.437.

LE CLASSEMENT DES PHRASES SIMPLES

● Pour classer les phrases simples (ne contenant pas plus d'un verbe, pivot de la phrase : → 716), il faut procéder par étapes (→ tableau **«La nomenclature des phrases»**, p.20) : 648

1. Dans un premier temps, les phrases simples peuvent être réparties en **phrases verbales** et **phrases non verbales**, selon qu'elles ont ou non un verbe comme pivot (→ 651-652).
2. Dans un second temps, les phrases verbales peuvent être réparties en **phrases de base** et **phrases dérivées**, selon les définitions qui en sont données aux endroits appropriés (→ 654-655).

● Comme la plupart des phrases en français sont des phrases verbales, **ce sont donc les notions de «phrase de base» et de «phrase dérivée» qui déterminent le classement de la très grande majorité des phrases simples** : 649

1. PARMI LES PHRASES DE BASE, il y a trois structures de référence (→ 658), ainsi que trois cas particuliers : la phrase infinitive (→ 659), la phrase impersonnelle (→ 661) et la phrase à présentatif (→ 664).
2. PAR RAPPORT AUX PHRASES DE BASE sont définies toutes les phrases dérivées qui s'en distinguent par des différences de **type** ou de **forme** :
   - Classées selon leur type, les phrases dérivées peuvent être des phrases déclaratives, impératives, interrogatives ou exclamatives (→ 666-691).
   - Classées selon leur forme, les phrases dérivées peuvent être des phrases négatives (↔ affirmatives), passives (↔ actives) ou emphatiques (↔ neutres) (→ 692-709).

● Par ailleurs, les phrases simples peuvent être combinées entre elles pour former des phrases complexes (à plus d'un verbe : → 647), au sein desquelles elles peuvent avoir des relations de différents ordres, à savoir : 650

- la juxtaposition, ce qui en fait des phrases juxtaposées (→ 829).
- la coordination, ce qui en fait des phrases coordonnées (→ 842).
- la subordination, ce qui fait de l'une la subordonnée de l'autre (→ 853).

> Le classement sommairement présenté ci-dessus (→ page 20 : «La nomenclature des phrases») détermine les grandes divisions du présent chapitre : «**La phrase de base**», «**Les types de phrases**» et «**Les formes de phrases**» (auxquelles s'ajoute une brève introduction à la phrase complexe : → 711).

LA PHRASE VERBALE ET LA PHRASE NON VERBALE

651 • Une **phrase verbale** est une phrase qui a un verbe comme pivot (même s'il est à l'infinitif ou au participe). La plupart du temps, ce verbe est accompagné d'un sujet, d'un attribut ou d'un complément, et d'autres mots encore :

- phrase verbale ordinaire : — *Cécilia fait du beau travail.*
- phrase verbale sans sujet exprimé : — *Reste donc avec moi!*
- phrase verbale sans attribut ni complément du verbe : — *Il dort.*

652 • Une phrase **non verbale** est une phrase qui ne contient pas de verbe. Il existe différentes sortes de phrases non verbales :

1. les **phrases nominales** :

— *Silence.* — *Baignade interdite.* — *Quelle affaire!*
— avec complément du nom : — *Entrée **des artistes**.*

2. les **phrases pronominales** :

— *Qui vient? Moi.* — *Il y a quelqu'un? Non, personne.*
— avec complément du pronom : — *«Un **pour tous**, tous **pour un**.»*

3. les **phrases adjectivales** :

— *Magnifique!* — *Tout à fait consternant!* — *Faux!*
— avec complément de l'adjectif : — *Inquiétant **pour moi surtout.***

4. les **phrases adverbiales** :

— *Plus vite!* — *Très bien.* — *Non.* — *Doucement.*
— avec complément de l'adverbe : — *Malheureusement **pour lui**.*

Les propriétés des phrases non verbales

653 • Les phrases non verbales étant d'un usage courant, surtout dans la langue parlée, il importe de bien déterminer leurs principales propriétés :

1. Les phrases non verbales ne peuvent être subordonnées, à moins d'être présentées comme des citations, avec la ponctuation ppropriée :

— *Splendide!* → * *Je trouve que splendide.*

Mais : — *Plus vite!* → *Il m'a crié : «Plus vite!»*

2. Même si les phrases non verbales sont le plus souvent formées d'un seul groupe de mots (comme dans les exemples donnés ci-dessus), elles peuvent parfois être formées de plusieurs :

- *«Salut Galarneau!»* (roman de Jacques Godbout)
- *Quoi? le goût du risque, une vertu?* (André Maurois)

3. Dans la plupart des cas (notamment dans les titres de revues et de journaux), les phrases non verbales, pour être compréhensibles, exigent les éléments de ponctuation appropriés :

— *L'accident du vol 123 : une erreur humaine. — Des aveux fabriqués? — Association Wallonie-Québec. — «Pas de compromis» dit Moscou. — Il s'endort au volant : 2 morts, 5 blessés! — Cameroun-Sénégal : 3-1.*

☞ ◆ Certaines subordonnées peuvent avoir l'air de phrases non verbales. En réalité, elles doivent être considérées comme des phrases contenant le verbe *être* sous-entendu :

➾ *Ah Rodrigue! il est vrai, **quoique ton ennemie**,*

Je ne puis te blâmer d'avoir fui l'infamie. (Corneille)

Dans de tels cas (notamment avec *bien que* et *quoique*), l'omission du verbe *être* a toujours été correcte, mais on considère généralement aujourd'hui qu'il est préférable de le mentionner : — *Quoique je sois ton ennemie.*

Comme la présente section est la seule de la grammaire qui soit consacrée à l'étude des phrases non verbales — dans toute la suite du présent chapitre et dans tous les chapitres suivants, il ne sera plus question que de **phrases verbales** —, il est nécessaire, pour être complet, de préciser que certaines phrases non verbales peuvent être suivies de phrases verbales qui leur sont subordonnées (exemple : *Quelle déception, **quand elle est tombée!***).

LA PHRASE DE BASE

● La phrase de base est un **modèle abstrait** destiné à faciliter l'analyse grammaticale et la compréhension de toutes les phrases verbales possibles en français. Elle consiste en une phrase simple de type déclaratif (→ 668) et de forme affirmative, active et neutre (→ 693). **La phrase de base n'est donc ni impérative, ni interrogative, ni exclamative, ni négative, ni passive, ni emphatique.** 654

Réduire une phrase, quelle qu'elle soit, à une phrase de base permet notamment de rétablir l'ordre normal des mots, de délimiter les groupes syntaxiques et de déterminer leurs fonctions grammaticales.

● Par opposition, on appelle **phrase dérivée** (ou **phrase transformée**) toute phrase simple, observable dans la langue écrite ou parlée, qui ne remplit pas une ou plus d'une des conditions nécessaires pour être considérée comme une phrase de base. **Toute phrase qui ne correspond pas au modèle abstrait qu'est la phrase de base est donc une phrase dérivée.** 655

LES STRUCTURES DE LA PHRASE DE BASE

656 • Tout en étant conforme aux critères qui la définissent (→ 654), la phrase de base peut avoir différentes structures comportant toutes au moins un sujet et un verbe :

1. Le sujet consiste en un groupe de mots, placé devant le verbe et entraînant l'accord de celui-ci (→ 607); on parle habituellement de **GS**, c'est-à-dire de «**Groupe Sujet**».

(On parle parfois de GNs, c'est-à-dire de «Groupe du Nom / sujet», parce que le sujet consiste d'ordinaire en un groupe du nom : → 783.)

2. Le verbe consiste en une forme verbale conjuguée à un temps simple ou composé (→ 516). Il est représenté par la lettre **V** (pour «**Verbe**») ou par les lettres **GV** (pour «**Groupe du Verbe**»).

657 • Le verbe est généralement suivi, dans le groupe du verbe, d'un autre groupe de mots syntaxiquement indispensable, à savoir un attribut du sujet ou un complément du verbe :

1. L'attribut du sujet consiste en un groupe de mots s'accordant avec le sujet (→ 746). (On parle parfois de GAs ou de GNAs, c'est-à-dire de «Groupe [du Nom] / Attribut du sujet».)

2. Le complément du verbe consiste en un groupe de mots dépendant du verbe (→ 726). (On parle parfois de GCv ou de GNcv, c'est-à-dire de «Groupe [du Nom] / Complément du verbe».)

Les principales formules de la phrase de base

658 • Les trois principales structures de la phrase de base peuvent être représentées par les « formules » suivantes :

1. **GS + GV**

C'est la phrase de base la plus simple, construite avec un verbe intransitif (→ 490) ou un verbe à la voix passive (→ 509) :

— *Les enfants* (GS) *dorment* (GV). — *Tous nos produits* (GS) *sont vendus* (GV).

2. **GS + GV (V + As)**

C'est la phrase de base construite avec un verbe attributif (→ 492) :

— *De tels projets* (GS) *sont devenus* (V) *impossibles à réaliser* (As). [*sont devenus impossibles à réaliser* = GV]

3. **GS + GV (V + Cv)**

C'est la phrase de base construite avec un verbe transitif (→ 486). Le complément peut être direct (sans préposition : → 727) ou indirect (introduit par une préposition : → 733) :

— *Véronique*	*a posé*	*une question difficile*.
GS	V	Cv
	GV	

— *Cette niche*	*conviendrait*	*à mon chien.*
GS	V	Cv
	GV	

☞ ◆ Quand un verbe a deux compléments, l'un direct et l'autre indirect, et qu'aucun ne peut être supprimé, on a alors un modèle de phrase de base à deux compléments du verbe :

— *Jérôme*	*a consacré*	*tout son temps*	*à ce travail.*
GS	V	Cv1	Cv2
		GV	

Le cas particulier de la phrase infinitive

● La phrase infinitive est une phrase construite autour d'un verbe à 659
l'infinitif. Elle ne comporte habituellement pas de sujet exprimé :

— *À suivre.* — *Saupoudrer le gâteau d'amandes effilées.*

● La « formule » de la phrase infinitive est donc la suivante : 660

GV (Vinf + CVinf)

☞ ◆ Une phrase infinitive peut quand même parfois comporter un sujet exprimé :

➾ ***Moi** souffrir?... Tu vas voir.* (Edmond Rostand)

Le cas particulier de la phrase impersonnelle

● La phrase impersonnelle est une phrase qui se caractérise essentielle- 661
ment par la présence du mot ***il*** qui ne peut être ni supprimé ni remplacé :

— ***Il*** *neige.* — ***Il*** *faut partir.* — ***Il*** *fait un temps superbe.*

☞ ◆ ***Il***, constituant du verbe impersonnel, et ***il***, pronom personnel, sont faciles à distinguer l'un de l'autre, car ce dernier peut toujours être remplacé par un nom ou un autre pronom sans que la phrase en devienne agrammaticale (→ 645) :

— ***Il*** *pleure.* — ***Elle*** *pleure.* — ***Simon*** *pleure.*

662 **Remarque :**

Dans la grammaire traditionnelle, le mot ***il*** de la phrase impersonnelle est considéré comme le « sujet apparent » du verbe, et les autres mots (quand il y en a) comme son « sujet réel ». Ainsi, dans la phrase *Il est arrivé un accident*, ***il*** est sujet apparent et *un accident* sujet réel.

Dans le cadre des nouvelles approches grammaticales, on considère plutôt l'ensemble {*il* + verbe} comme une unité, le **verbe impersonnel**, et les mots qui en dépendent comme le **complément du verbe impersonnel**.

Par contre, la distinction traditionnelle entre *sujet réel* et *sujet apparent* n'a pas perdu tout son sens et demeure utile dans certains cas (→ 683.3R2).

663 ● La « formule » de la phrase impersonnelle est donc la suivante :

GV (Vimpers + Cv)

– *Il pleut.*
GV

– *Il existe une solution.*
Vimpers Cv
GV

☞ ◆ Il est important de faire la distinction entre les verbes proprement impersonnels (c'est-à-dire ceux qui ne peuvent pas être personnels : *Il neige* par exemple) et les verbes occasionnellement impersonnels. Ainsi, la phrase *Il existe une solution* peut être transformée en phrase non impersonnelle : *Une solution existe* (GS + GV : → 658.1), alors que des phrases comme *Il gèle* ou *Il faut du courage* ne peuvent pas l'être.

Le cas particulier de la phrase à présentatif

664 ● La phrase à présentatif est une phrase introduite par ***Voici***, ***Voilà*** (+ *Revoici*, *Revoilà*), par ***Il y a*** (+ autres modes et temps : *Il y avait*, *Il y aurait eu*,...) ou par ***C'est*** (+ autres modes et temps : *Ce fut*, *Ce serait*,...) qui est un présentatif quand il peut être remplacé par *Voici* ou *Voilà* (→ 468.9 et 744). Les mots qui suivent immédiatement ces expressions sont considérés comme le **complément du présentatif** (CPrés).

665 ● La « formule » de la phrase à présentatif est donc la suivante :

PRÉSENTATIF + CPrés

– *Voici les nouveaux films.*
PRÉS CPrés

– *Il y a beaucoup de monde.*
PRÉS CPrés

LES TYPES DE PHRASES

● Les phrases, telles qu'on peut les observer dans la langue écrite ou parlée, ne correspondent pas souvent au **modèle abstrait** qu'est la phrase de base, mais toutes les phrases simples peuvent être définies par rapport à celle-ci. Celles qui ne correspondent pas aux modèles de la phrase de base sont des **phrases dérivées**, qui se caractérisent par leur type ou par leur forme (ou par l'un et l'autre). 666

● Avant d'étudier les formes de phrases (→ 692-709), il est important de définir avec précision les types de phrases : déclaratif, impératif, interrogatif et exclamatif. En effet, **les types de phrases ont ceci de particulier qu'ils sont exclusifs les uns des autres, mais non pas des formes de phrases avec lesquelles ils peuvent aisément se combiner** (→ 696, 700 et 708). 667

LA PHRASE DÉCLARATIVE

● La phrase de type déclaratif (ou **phrase déclarative**, appelée aussi **phrase énonciative**) correspond à la phrase de base (→ 654) si elle est affirmative, active et neutre : 668

1. **GS + GV** (+ AUTRES) :

   ➪ *J'entre au pire moment.* (Roland Giguère)

2. **GS + GV (V + As)** (+ AUTRES) :

   ➪ *Les choses de la nuit sont graves.* (Nadia Tuéni)

3. **GS + GV (V + Cv)** (+ AUTRES) :

   ➪ *Ils ignorent la fête, le rythme, la danse.* (Titinga Frédéric Pacéré)

4. **GV (Vimpers + CVimpers)** (+ AUTRES) :

   ➪ *Il s'agissait d'un grand vieillard sec à redingote noire.* (Yves Beauchemin)

5. **PRÉSENTATIF + CPrés** (+ AUTRES) :

   ➪ *Voici la terre dans sa vêture vaste et voyante.* (Rina Lasnier)

● Contrairement aux phrases impérative, interrogative et exclamative, la phrase déclarative ne peut, de par sa seule structure, exprimer de modalité particulière : le type déclaratif est le plus neutre de tous. 669

Cela ne signifie pas que la phrase déclarative ne puisse s'enrichir de diverses modalités, mais elle doit alors le faire de manière « indirecte » : par les **marqueurs de modalité** que sont les adverbes d'opinion, le mode et le temps des verbes, et les auxiliaires de modalité (→ 501).

Les adverbes d'opinion dans la phrase déclarative

670 ● Les adverbes d'opinion (→ 438) ont toujours un rôle de marqueurs de modalité (→ 1016), mais leur emploi varie selon le type de phrase. Dans la phrase déclarative, ils servent surtout à exprimer le regret (ou son contraire : la satisfaction), le doute ou la probabilité :

- ***Heureusement*** *la maîtresse d'anglais était bien gentille.* (Colette)
- *S'il est triste, c'est* ***peut-être*** *à cause des oiseaux dans le ciel.* (Édouard Glissant)
- *Fabiani,* ***certainement****, avait déjà tracé ce parallèle.* (Marie José Thériault)

Les modes et les temps dans la phrase déclarative

671 ● Les modes et les temps ont une valeur courante qui est généralement celle du nom qu'ils portent (→ 557). Cependant, même dans la phrase déclarative, le mode et le temps peuvent exprimer d'autres modalités de la pensée. Ainsi, l'indicatif peut exprimer l'ordre (au présent et au futur simple : → 560.5 et 572.3) ou la probabilité (au futur simple et au futur antérieur : → 572.4 et 574.1) :

- *Vous m'****attendez*** *ici ce soir!* (Alexandre Dumas)
- *Tu n'****iras*** *plus jamais à Baluzac, cria-t-elle.* (François Mauriac)
- *Il n'****aura*** *pas d'esprit puisqu'il est beau garçon.* (Edmond Rostand)
- *Pourquoi dois-tu aller en prison? Qu'****auras****-tu* ***fait****?* (André Breton)

De même, le conditionnel (présent ou passé : → 577 et 579) peut exprimer le souhait, l'« information indirecte » ou le regret :

- *Je* ***croirais*** *plutôt que la jeunesse est ferveur.* (Gilles Archambault)
- *Il* ***aurait vu*** *passer deux ombres.* (Georges Courteline)
- *Ludi, il* ***aurait*** *bien* ***voulu****, reprit-il, mais c'est Gina qui n'a pas voulu.* (Marguerite Duras)

Les auxiliaires de modalité dans la phrase déclarative

672 ● La phrase déclarative peut également s'enrichir de diverses significations secondaires grâce aux auxiliaires de modalité (→ 501). Ceux-ci servent surtout à exprimer l'obligation, l'apparence et la probabilité :

- *Chez nous, on* ***a dû*** *détruire les temples à coups de bâtons.* (Ying Chen)
- *Elle* ***semblait*** *diriger le monde de son fauteuil.* (Marie-Claire Blais)
- *Il* ***doit*** *être trois heures et quelques minutes.* (Tahar Ben Jelloun)

La combinaison de plusieurs marqueurs de modalité

● Les différentes manières d'exprimer des modalités de la pensée dans la phrase déclarative peuvent également se combiner entre elles, ce qui permet la formulation d'énoncés de plus en plus nuancés : 673

1. Adverbe d'opinion + mode et temps particuliers :

   ➾ *Une soirée ici **changerait peut-être** le cours de ses idées.* (Gabrielle Roy)

2. Auxiliaire de modalité + adverbe d'opinion :

   ➾ ***Sûrement**, il **avait dû** consacrer des heures à cette recherche.* (Paul Valéry)

3. Auxiliaire de modalité + mode et temps particuliers :

   ➾ *Toute amorce de sabotage dans ce travail **aurait pu** leur valoir de sérieux ennuis.* (Édouard Glissant)

4. Double adverbe d'opinion :

   ➾ ***Peut-être même** eût-il pu devenir un chef.* (Roger Martin du Gars)

5. Double auxiliaire de modalité :

   ➾ *On **doit pouvoir** y arriver.* (Honoré de Balzac)

6. Combinaison de trois marqueurs de modalité :

   ➾ *Il **pourrait sembler** plus simple de ne pas boire.* (Gérard Bessette)

LA PHRASE IMPÉRATIVE

● La phrase de type impératif (ou **phrase impérative**) se distingue essentiellement de deux manières : 674

1. Elle comporte obligatoirement un **verbe à l'impératif** (→ 581) et ne peut donc se rencontrer qu'à la 2e personne du singulier et aux 1re et 2e personnes du pluriel.

   ☞ ◆ L'utilisation de l'impératif peut nécessiter de petits « aménagements » orthographiques : trait d'union (→ 19.7) ou -s- additionnel (→ 554).

2. Sur le plan syntaxique, elle n'a **pas de groupe sujet**, mais celui-ci peut être « représenté » par un mot ou un groupe de mots mis en apostrophe (→ 676).

De plus, à l'oral, la phrase impérative possède habituellement une intonation descendante et, à l'écrit, elle se termine le plus souvent par un **point d'exclamation** (→ 24).

675 • Les principales «formules» de la phrase impérative sont celles de la phrase de base (→ 658), moins le groupe sujet :

1. **GV** (+ AUTRES) :

> *Asseyez-vous sur ce banc.* (Paul Claudel)

2. **GV (V + As)** (+ AUTRES) :

> *Dis à ces oiseaux : «Soyez des hommes!»* (Anatole France)

3. **GV (V + Cv)** (+ AUTRES) :

> *Priez vos dieux de la manière qui vous convient.* (A. Mamani)

L'utilisation de l'apostrophe

676 • La phrase impérative contient souvent un élément pourtant facultatif : l'**apostrophe**. Celle-ci consiste en un groupe du nom ou du pronom représentant la réalité à laquelle on s'adresse (personne, animal, chose ou concept) :

> ***Toi, Gorgui**, retourne avec tes camarades!* (Ousmane Sembène)
>
> ***Mon cher enfant**, bénis nos fétiches, adore-les toujours.* (Voltaire)
>
> ***Hommes qui êtes ici**, entendez!* (Paul Claudel)
>
> *Sonnez, sonnez toujours, **clairons de la pensée**.* (Gérald-Félix Tchicaya U Tam'Si)
>
> ***Ô Mort**, tu peux attendre.* (André Chénier)

Placée en début ou en fin de phrase, l'apostrophe en est toujours séparée par une virgule et, si elle est insérée dans la phrase, elle se met entre virgules comme tout groupe incident (→ 26.3) :

> *Viens, **Marieke**, jusqu'à l'Escaut.* (Marie Gevers)

677 • L'apostrophe se rencontre surtout dans la phrase impérative, mais elle ne lui est pas propre : on peut tout aussi bien la trouver dans la phrase déclarative, interrogative ou exclamative. Dans ce cas, elle sert habituellement à nommer la réalité désignée par le pronom déjà contenu dans la phrase :

> *La vérité, **ma pauvre vieille**, c'est Léon qui la tenait.* (Claude Jasmin)
>
> *Que faites-vous alors, **madame**, de la prose?* (Edmond Rostand)
>
> *Vous savez tous, **ô vous que sa verve cingla**,*
> *Ce qu'il vous fit payer pour cette insulte-là!* (Louis Fréchette)

☞ ◆ Le mot *apostrophe* a deux sens en grammaire, l'un syntaxique et l'autre orthographique (→ 15), mais le contexte permet généralement d'éviter toute confusion.

Les «modalités» dans la phrase impérative

● La phrase impérative sert principalement à formuler un ordre, mais elle peut aussi servir à donner un conseil, introduire une demande, etc. (le point d'exclamation devient alors facultatif) : 678

> *Si tu ne peux pas dormir,* ***lis*** *quelque chose.* (Marcel Proust)

● Les **marqueurs de modalité** (→ 1016) s'insèrent difficilement dans la phrase impérative. On n'y utilise évidemment pas d'autre mode que l'impératif, et les adverbes d'opinion, comme les auxiliaires de modalité, y sont plutôt rares : 679

— ***Ayez l'air d'****avoir déjà fait ce genre de travail!*

Les autres manières de formuler un ordre

● La phrase impérative est la manière habituelle de donner un ordre, mais celui-ci peut être formulé de diverses autres façons : 680

1. l'interjection (→ 454) : — *Assez!* — *Non!* — *Silence!*
2. la phrase nominale (→ 652.1) : — *Accès interdit.*
3. la phrase infinitive (→ 659) : — *Ne pas déranger.*
4. le verbe à l'indicatif (présent ou futur simple : → 560.5 et 572.3) :

   > *Je vais tout leur dire! Tout!* — *Tu ne* ***diras*** *rien!* (Marie José Thériault)

5. le verbe au subjonctif présent (pour les ordres à la 3e pers. : → 587) :

   > *«Que l'on m'****ensevelisse!****» décida Mor Lame.* (Birago Diop)

LA PHRASE INTERROGATIVE

● La phrase de type interrogatif (ou **phrase interrogative**) se conforme à des règles différentes selon que l'interrogation est totale ou partielle : 681

1. L'**interrogation totale** (→ 683) porte sur toute la phrase, et l'on peut toujours y répondre par *oui* ou par *non* :

   > *L'art et la morale sont-ils liés?* (Albert Memmi)

2. L'**interrogation partielle** (→ 684) porte sur une partie de la phrase, et l'on ne peut jamais y répondre par *oui* ou par *non* :

   > *Comment puis-je sourire à ces lèvres fanées?* (Émile Nelligan)

● De plus, à l'oral, la phrase interrogative totale possède souvent une intonation ascendante, alors que la phrase interrogative partielle n'a généralement pas d'intonation caractéristique. À l'écrit, l'une et l'autre se terminent par un **point d'interrogation** (→ 23). 682

Enfin, la notion de «phrase interrogative» s'applique uniquement à l'**interrogation directe** (que l'on retrouve dans toutes les sortes de phrases, excepté les subordonnées), et non à l'**interrogation indirecte** qui, elle, est le propre des phrases subordonnées (→ 892).

L'interrogation totale

683 ● Les structures de la phrase interrogative totale peuvent être ramenées à quatre «formules» principales (établies d'après celles de la phrase déclarative : → 668) :

1. Phrase déclarative + Intonation ascendante :

C'est la phrase interrogative la plus simple, et peut-être la plus commune dans la langue courante. Elle est, à l'écrit, totalement conforme à l'une ou l'autre des formules de la phrase déclarative et ne s'en distingue, à l'oral, que par l'intonation ascendante :

➾ *«Tu te rappelles, Bill?»* (bande dessinée de Roba)

2. *Est-ce que* + GS + GV (+ autres) :

Le gallicisme ***est-ce que*** est considéré comme une locution adverbiale d'interrogation (→ 437). Fréquemment utilisé dans la langue courante, *est-ce que* transforme une phrase déclarative en phrase interrogative en se plaçant tout simplement devant elle :

➾ ***Est-ce qu'****il y a le feu chez vous?* (Eugène Ionesco)

3. GV + GS (+ autres) :

C'est la simple inversion du verbe et du sujet, propre aux phrases interrogatives, mais qui ne peut se faire qu'avec les pronoms personnels, le pronom indéfini *on* (→ 371), le *il* et le *ce* des phrases impersonnelles ou à présentatif (→ 661 et 664). Aux temps composés, l'inversion se fait entre l'auxiliaire du verbe et le sujet :

➾ *N'****avez-vous*** *rien oublié, rien dissimulé?* (François Mauriac)

☞ ◆ En plus de l'ajout du trait d'union, l'inversion du verbe et du sujet peut nécessiter de petits «aménagements» orthographiques : le -t- euphonique ou l'ajout d'un accent aigu (→ 556.3).

◆ Dans le cadre de l'inversion verbe-sujet, le *il* et le *ce* des phrases impersonnelles ou à présentatif se comportent comme s'ils étaient des sujets du verbe (→ 662) :

➾ ***Faut-il*** *laisser un affront impuni?* (Corneille)

◆ Les présentatifs ***voici*** et ***voilà*** ne sont habituellement pas utilisés dans les phrases interrogatives, sauf dans l'expression figée *Ne voilà-t-il pas...?* (qui relève en fait plus de la phrase exclamative que de la phrase interrogative) :

➾ ***Ne voilà-t-il pas*** *que notre drôlesse s'en va réclamer...!* (René Maran)

4. GS + GV + Reprise du sujet (+ autres) :

La structure de cette phrase a pour point de départ celle de la phrase déclarative correspondante, mais, pour marquer l'interrogation, le sujet est «dédoublé», c'est-à-dire qu'est ajouté au verbe, à l'aide d'un trait d'union, un pronom personnel de même genre et de même nombre que le sujet complet. Aux temps composés, le pronom est accolé à l'auxiliaire et non pas au participe passé :

➾ *Par quels détours* ***Joseph Dubois*** *avait-**il** abouti au milieu des montagnes inaccessibles du Colorado?* (Roch Carrier)

L'interrogation partielle

● Les structures de la phrase interrogative partielle sont multiples. En effet, comme un marqueur d'interrogation (pronom interrogatif, déterminant interrogatif ou adverbe d'interrogation : → 327, 244 et 437) prend la place de l'information recherchée, il y autant de sortes de phrases interrogatives partielles qu'il y a d'éléments syntaxiques qui peuvent être remplacés par de tels marqueurs. De plus, comme la phrase commence habituellement par le marqueur d'interrogation, il y a donc toujours inversion (sauf quand la question porte sur le sujet) : 684

● L'interrogation peut porter sur tous les éléments de phrase que voici : 685

1. sur le sujet :

   ➾ ***Qui*** *fixera les limites de l'intelligence* [...]*?* (Paul Claudel)

2. sur l'attribut du sujet :

   ➾ *Et moi, de* ***quoi*** *ai-je l'air dans tout ça?* (Jacques Languirand)

3. sur le complément direct du verbe :

   ➾ ***Que*** *vais-je faire de cet immense temps?* (Paul Valéry)

4. sur le complément indirect du verbe :

   ➾ ***À quoi*** *pense-t-il?* ***Contre quoi*** *veut-il se défendre ici?* (M. Duras)

5. sur le verbe lui-même (alors remplacé par *faire*) et son complément :

   ➾ *Que diable allait-il* ***faire*** *dans cette galère?* (Jean-Marie Laurence)

6. sur le complément du verbe impersonnel :

   ➾ ***Que*** *lui est-il arrivé?* (Charles-Albert Cingria)

7. sur le complément du présentatif :

   ➾ ***Qu'****est-ce qu'il y a là de si drôle?* (Samuel Beckett)

8. sur un complément de phrase :

   ➾ *Mais* ***pourquoi*** *sont-ils cent contre un pauvre poète?* (E. Rostand)

9. sur le déterminant quantifiant :

   ➾ ***Combien de*** *rejetons de famille noble* [...]*?* (Colette)

10. sur le déterminant référent ou le complément du nom :

   ➾ ***Quel*** *danger me guette donc?* (Pierre Makombo Bamboté)

   ➾ ***De qui, de quoi****, ce goût rance et fade dans ma gorge?* (J.-P. Sartre)

☞ ◆ Dans la langue courante, le marqueur d'interrogation est souvent renforcé par la locution adverbiale ***est-ce qui*** ou ***est-ce que*** (→ 437) :

➪ ***Qu'est-ce que*** *l'homme? Un tas de petits secrets.* (A. Malraux)

➪ *Comment* ***est-ce qu'****il est remonté?* (Henry Bauchau)

◆ Comme dans l'interrogation totale, le sujet peut être repris sous forme de pronom :

➪ *Quels monstres* ***notre frère Abel*** *fabrique-t-****il*** *ici?* (Beaulieu)

◆ Dans la langue familière, il n'est pas rare que l'ordre des mots de la phrase interrogative partielle reste le même que celui de la phrase déclarative correspondante (→ 668) :

➪ *Mieux? Ça veut dire* ***quoi****?* (Senouvo Agbota Zinsou)

Les «modalités» dans la phrase interrogative

686 ● La phrase interrogative sert presque exclusivement à poser une question. Bien sûr, elle peut parfois servir à donner un ordre, à exprimer l'incrédulité, etc., mais toujours sous forme de question (même si, dans ce cas, le point d'interrogation est parfois remplacé par un point d'exclamation) :

➪ *Quoi de plus fou qu'une telle illusion!* (Eugène Ionesco)

687 ● Parmi les différentes sortes de **marqueurs de modalité**, les plus fréquemment employés dans la phrase interrogative sont les auxiliaires de modalité (→ 501) :

➪ *Comment* ***pouvez****-vous en savoir si long sur mon chameau?* (Bamine Lamrabott)

L'emploi des adverbes d'opinion (→ 438) est restreint à cause de contraintes sémantiques et celui des modes et des temps (→ 671) se limite à l'usage du conditionnel :

➪ *Qui* ***apprendrait*** *le rythme au monde défunt des machines et des canons?* (Léopold Sédar Senghor)

Les autres manières de poser une question

688 ● Même si la manière habituelle de poser une question est de recourir à une phrase interrogative directe, il existe d'autres procédés moins utilisés (mentionnés ici seulement pour que l'exposé soit complet, car ils relèvent des phrases subordonnées), à savoir :

1. l'interrogation indirecte (→ 892) :

➪ ***Je me demande pourquoi*** *les images du passé [...] sont capables de nous faire si mal.* (Jacques Poulin)

2. la «formulation détournée» :

➪ ***Je suppose que*** *tu ne circonciras pas tes garçons.* (Albert Memmi)

➪ ***Je doute que*** *vous puissiez faire ce travail.* (Jean-Marie Laurence)

LA PHRASE EXCLAMATIVE

● La phrase de type exclamatif (ou **phrase exclamative**) se distingue essentiellement par la présence d'un « marqueur d'exclamation » en début de phrase. À l'oral, elle possède également une intonation propre (un mot ou un groupe de mots prononcé sur un ton nettement plus haut) et, à l'écrit, elle se termine toujours par un **point d'exclamation** (→ 24). 689

Le marqueur d'exclamation peut être un déterminant exclamatif ou un adverbe (sous forme de simple adverbe, d'interjection ou de locution exclamative) :

1. un déterminant exclamatif (→ 243) :

➾ ***Quelle*** *folie de discuter ces grands problèmes!* (Stendhal)

2. un adverbe (généralement de manière ou de quantité : → 432-433) :

➾ ***Combien*** *on m'avait attendu!* ***Combien*** *on m'avait désiré!* (Marie-Claire Blais)

3. une interjection (→ 454) :

➾ ***Dieu!*** *que le son du cor est triste au fond des bois!* (Alfred de Vigny)

4. une locution exclamative :

➾ ***Qu'est-ce qu'****elle s'ennuyait avec lui!* (Binéka Danièle Lissouba)

● La phrase exclamative peut avoir trois structures différentes : l'ordre des mots peut être établi d'après celui de la phrase déclarative (→ 668), il peut y avoir inversion du verbe et du sujet, et il peut y avoir reprise pronominale du sujet comme dans la phrase interrogative (→ 683.3 et 4) : 690

➾ *Tout est beau pour toujours sur les cinq continents!* (G. Schehadé)

➾ ***A-t-on*** *idée d'un désespoir pareil!* (André Breton)

➾ *Qu'****il*** *est blond* ***le chant des miroirs****!* (Aragon)

Enfin, parmi tous les **marqueurs de modalité**, il est clair que seuls peuvent être utilisés dans la phrase exclamative ceux qui sont compatibles avec la notion d'exclamation.

Les autres manières de marquer l'exclamation

● Même si l'expression de l'exclamation passe le plus souvent par la formulation d'une phrase exclamative, il est aussi possible de recourir à d'autres procédés, à savoir : 691

1. l'intonation seulement (saccadée, grandiloquente, exagérée,...) :

➾ *Madame se meurt! Madame est morte!* (Bossuet)

2. l'accentuation d'une syllabe normalement non accentuée (→ 62) :

— *C'est incroyable, absolument* ***in****croyable!*

3. des expressions figées, propres à l'expression de l'exclamation :

➾ ***Tant pis*** *pour celles qui se croient supérieures aux autres!* (Jacques-Stephen Alexis)

LES FORMES DE PHRASES

692 ● Les formes de phrases sont des «états de phrases» définis par rapport à la phrase de base (→ 654), mais qui se distinguent nettement des types de phrases (→ 666-691). En effet, **les formes de phrases ont ceci de particulier que, contrairement aux types de phrases, elles ne sont pas exclusives les unes des autres ni des types de phrases, avec lesquels elles peuvent se combiner.**

693 ● Ainsi, la phrase de base étant, par définition, **affirmative**, **active** et **neutre**, il convient d'étudier les formes de phrases qui s'opposent à chacun de ces trois aspects : la **phrase négative** (↔ affirmative), la **phrase passive** (↔ active) et la **phrase emphatique** (↔ neutre).

LA PHRASE NÉGATIVE

694 ● La phrase de forme négative, (ou **phrase négative**) se distingue tout simplement par la présence d'un «marqueur de négation».

Ce marqueur de négation est normalement constitué de deux mots, à savoir la particule adverbiale ***ne*** (*n'*) et :

- un **adverbe de négation** (quand la négation porte sur le verbe) : *pas, point, guère, nullement, jamais, plus,...* (→ 450).
- un **déterminant négatif** ou un **pronom négatif** (quand la négation porte sur le sujet du verbe ou sur un complément du verbe) : ***aucun, nul, pas un*** (→ 255 et 336).

☞ ◆ La phrase négative est une notion syntaxique et non sémantique : c'est le marqueur de négation seul qui fait la phrase négative et non pas le sens de celle-ci. Donc, des phrases de sens négatif, mais sans marqueur de négation, sont à considérer comme des phrases affirmatives sur le plan grammatical (par exemple : *J'ai refusé sa proposition. – Tu nies l'évidence. – Elle évite ce sujet.*).

695 ● La particule ***ne*** est souvent omise dans la langue parlée courante (ainsi que dans sa retranscription, même par de bons auteurs) :

➪ *J'ai jamais vu une bête comme ça.* (Marcel Proust)

➪ *Je suis pas assez bête pour me faire prendre.* (Gabrielle Roy)

De plus, l'emploi de la particule ***ne*** ou de certains autres adverbes de négation peut présenter des difficultés particulières, principalement d'ordre syntaxique.

La plupart des difficultés relatives à l'emploi de la particule *ne* sont étudiées aux endroits appropriés dans la présente grammaire :

- la place de l'adverbe dans la phrase : → 446.4.
- les adverbes ***non*** et ***pas*** : → 449.
- l'adverbe ***ne*** utilisé seul : → 451-452.
- le ***ne*** dit *explétif* : → 453.
- la locution ***ne... que...*** (« seulement ») : → 450R.
- le ***ne*** utilisé avec le pronom ***on*** : → 373.
- le déterminant partitif employé avec les adverbes de négation : → 254.2.

La combinaison {forme négative + type de phrase}

● Comme la négation détermine une forme de phrase, et que les formes de phrases peuvent être combinées avec les quatre types de phrases (→ 667), il peut donc y avoir quatre sortes de phrases négatives. 696

Selon le cas, leurs « formules » sont celles des phrases déclarative (→ 668), impérative (→ 675), interrogative (→ 683-684) ou exclamative (→ 689), plus la négation complète, à savoir ***ne*** accompagné d'un adverbe, d'un déterminant ou d'un pronom :

1. Phrase déclarative négative :
   Il ***n'****y avait* ***pas*** *une minute à perdre.* (Rodolphe Girard)
2. Phrase impérative négative :
   Ne *m'en veuillez* ***pas*** *de ce ton familier.* (Paul Chamberland)
3. Phrase interrogative négative :
   N'*allaient-ils* ***pas*** *à pied à l'église chaque matin?* (Marie-Claire Blais)
4. Phrase exclamative négative :
   Que n'*a-t-il* ***pas*** *fait pour être coopté!* (Ahmadou Kourouma)

La combinaison {forme négative + autre forme de phrase}

● La forme négative peut aussi être combinée avec les deux autres formes de phrases : 697

1. Phrase négative passive (→ 701.1) :
   Rien ne doit être négligé *pour mener à bien* [...] *de telles interprétations.* (André Breton)
2. Phrase négative emphatique (→ 709.1) :
   Ce n'est *donc* ***pas*** *des hommes* ***qu'****il est l'ennemi.* (J.-J. Rousseau)

De plus, les formes négative passive ou négative emphatique peuvent à leur tour être combinées avec les différents types de phrases.

L'emploi des marqueurs de négation

698 • Sauf *plus* et *jamais*, *personne* et *rien*, les marqueurs de négation ne peuvent normalement pas s'additionner sans rendre la phrase agrammaticale :

— * *Ils n'ont pas considéré aucune de nos propositions.*

Plus et ***jamais***, adverbes de négation, peuvent s'additionner l'un à l'autre ou être combinés avec un déterminant ou un pronom négatif :

Tu ***ne*** *comprendras* ***jamais rien*** *au monde moderne.* (B. Moustapha)

De même, ***personne*** et ***rien***, pronoms négatifs, en plus de pouvoir s'additionner l'un à l'autre, peuvent être combinés avec un déterminant ou un pronom négatif :

C'est là où il ***n'****y a* ***plus rien, plus personne****.* (Jean-Marie Le Clézio)

À la limite, on pourrait même rencontrer des phrases «à cinq négations» qui seraient grammaticalement correctes :

— ***Nul*** *d'entre nous* ***n'****a* ***plus jamais rien*** *confié à* ***personne****.*

LA PHRASE PASSIVE

699 • La phrase de forme passive (ou **phrase passive**) se distingue par trois caractéristiques :

1. Elle comporte une forme verbale à la **voix passive**, c'est-à-dire composée de l'auxiliaire *être* (ou d'un autre verbe apparenté) et du participe passé du verbe lui-même (→ 510).

   Ce participe passé s'accorde en genre et en nombre avec le sujet du verbe (→ 631), sauf dans quelques cas exceptionnels (notamment quand ce sujet est le pronom indéfini *on* : → 372).

2. Elle comporte habituellement un complément du verbe, propre aux phrases passives : le **complément d'agent**. Celui-ci indique par qui ou par quoi est fait ce qui est fait au sujet de la phrase (→ 480). Le plus souvent, il est introduit par la préposition ***par***, sinon par la préposition ***de*** (→ 739).

   Le complément d'agent consiste en un groupe de mots dépendant du verbe. (On parle parfois de GCA, ou même de GNCA, c'est-à-dire de «GROUPE [DU NOM] / COMPLÉMENT D'AGENT»). La phrase passive la plus habituelle (la phrase déclarative passive) a donc pour formule : **GS + GV (V + CA)** (+ AUTRES).

3. Si elle a un complément d'agent, la phrase passive peut être **transformée en phrase active**. Dans ce cas, son complément d'agent devient le sujet de la phrase active et son sujet devient le complément direct du verbe de la phrase active.

Phrase passive :	***La maison***	*a été détruite*	***par un incendie.***
	SUJET		COMPL. D'AGENT
Phrase active :	***Un incendie***	*a détruit*	***la maison.***
	SUJET		COMPL. DIRECT

☞ ◆ Quand la phrase passive n'a pas de complément d'agent, elle peut quand même être transformée en phrase active, à condition qu'on y introduise un sujet sous forme de pronom indéfini (***on***, ***quelqu'un***, ***quelque chose***,...) :

— *Cet outil a été très mal entretenu.*
→ ***On*** *a très mal entretenu cet outil.*

La combinaison {forme passive + type de phrase}

● Tout comme la forme négative (→ 694), la forme passive peut être 700
combinée avec les quatre types de phrases (→ 667), de sorte qu'il peut y avoir quatre sortes de phrases passives :

1. Phrase déclarative passive :

➾ *Au moins, la location de la salle* ***sera payée****.* (Véronique Tadjo)

2. Phrase impérative passive (rare à la forme affirmative) :

➾ *Qu'à l'instant hors du temple elle* ***soit emmenée***
Et que la sainteté n'en ***soit*** *point* ***profanée****!* (Racine)

3. Phrase interrogative passive :

➾ *Enfin* ***mon cœur est-il guéri*** *d'avoir aimé?* (Émile Nelligan)

4. Phrase exclamative passive :

➾ *Et ce que je* ***fus récompensé****!* (Maurice Leblanc)

La combinaison {forme passive + autre forme de phrase}

● La forme passive peut aussi être combinée avec les deux autres 701
formes de phrases :

1. Phrase passive négative (→ 697.1) :

➾ *Ces conflits* ***ne*** *peuvent* ***pas être maîtrisés****.* (Gérard Étienne)

2. Phrase passive emphatique (→ 709.2) :

— ***C'est*** *toujours par moi seul* ***qu'est fleurie*** *sa tombe.*

De plus, les formes passive négative ou passive emphatique peuvent à leur tour être combinées avec les différents types de phrases.

LA PHRASE EMPHATIQUE

702 • La phrase de forme emphatique (ou **phrase emphatique**) se caractérise essentiellement par la **mise en relief** de l'un ou l'autre de ses constituants, accompagnée des adaptations syntaxiques correspondantes.

Il existe cinq manières différentes d'opérer une telle mise en relief (également appelée « détachement »), à savoir :

1. l'utilisation des « marqueurs d'emphase » *c'est... que...* ou *c'est... qui...*
2. l'utilisation d'autres « marqueurs d'emphase ».
3. le déplacement d'un groupe syntaxique.
4. le déplacement d'un groupe syntaxique avec reprise pronominale.
5. la permutation de deux groupes syntaxiques.

Les marqueurs d'emphase «*c'est... qui...*» et «*c'est... que...*»

703 • La phrase emphatique la plus commune est celle qui se construit à l'aide des marqueurs ***c'est... qui...*** et ***c'est... que...*** (également utilisés à d'autres modes et d'autres temps que l'indicatif présent). Cette tournure porte le nom de **gallicisme** parce qu'elle est propre au français. Elle permet de mettre en relief n'importe quel groupe syntaxique, sauf le groupe du verbe.

Dans tous les cas, le groupe syntaxique à mettre en évidence se place en début de phrase, entre les deux parties du marqueur, et il n'est séparé du reste de la phrase ni par une pause à l'oral ni par une virgule à l'écrit :

1. Mise en relief du sujet :

> *C'est* ***toute sa jeunesse*** *qui éclate en sanglots.* (Gatien Lapointe)

2. Mise en relief du complément direct du verbe :

> *C'est* ***sa main*** *que je garde dans les miennes.* (Paul Éluard)

3. Mise en relief du complément indirect du verbe :

> *C'est* ***pour toi*** *que je veux posséder mes hivers.* (Gilles Vigneault)

4. Mise en relief de l'attribut du sujet :

> *C'est bien* ***Meaulnes*** *qu'il s'appelle?* (Alain-Fournier)

5. Mise en relief du complément du nom (ou du pronom) :

> *C'est* ***tout seul*** *qu'il va s'asseoir.* (Max Elskamp)

6. Mise en relief du complément du verbe impersonnel :

➾ *C'est* ***des idées*** *qu'il vous faut*. (Gobbe et Tordoir)

7. Mise en relief du complément du présentatif :

— *Mais c'est* ***Mamadou*** *que voici en premier!*

8. Mise en relief du complément de phrase :

➾ *C'est* ***à ce moment précis*** *que le véritable voyage commence.* (Naïm Kattan)

Les marqueurs d'emphase de type «*ce qui..., c'est...*»

704

● Selon la fonction grammaticale du groupe syntaxique à mettre en évidence, le marqueur d'emphase de type ***ce qui..., c'est...*** peut varier considérablement :

➤ Sa première partie peut être composée de n'importe quel pronom démonstratif (→ 306) et de n'importe quel pronom relatif, sauf *lequel* (→ 317), qu'ils soient séparés ou non par une préposition :

— ***ce qui***, ***ce que***, ***ce dont***, ***ce pour quoi***,...

— ***celui que***, ***celle à qui***, ***ceux de qui***, ***celles pour qui***,...

➤ Sa deuxième partie consiste en ***c'est*** ou, parfois, ***ce sont***. L'un et l'autre peuvent être utilisés à d'autres modes et temps que l'indicatif présent.

Ce procédé de mise en relief est comme une « variante inversée » du précédent (sauf qu'il est non seulement inutilisable avec le verbe, mais également avec le complément du nom et le complément de phrase). En effet, dans le cas présent, le groupe syntaxique à mettre en évidence se place, non pas au début, mais à la fin de la phrase, après la deuxième partie du marqueur, et il est séparé du reste de la phrase par une pause à l'oral et par une virgule à l'écrit :

1. Mise en relief du sujet :

➾ *Ce qui me plaît en vous, c'est* ***votre élégance, votre intelligence, votre beau front***. (Roger Lemelin)

2. Mise en relief du complément direct du verbe :

➾ *Ce que j'ose affirmer, c'est que* ***j'ai soif***. (Michel de Ghelderode)

3. Mise en relief du complément indirect du verbe (entraînant un déplacement de la préposition) :

➾ *Ceux* ***dont*** *il différait le moins, c'était, évidemment,* ***les apôtres***. (Roger Martin du Gars)

4. Mise en relief de l'attribut du sujet :

— *Ce que vous êtes vraiment, c'est* ***des victimes***.

5. Mise en relief du complément du verbe impersonnel :

➾ ***Ce qu'****il faut dire d'abord,* ***c'est*** *qu'il y régnait un grand silence lourd.* (Albert Camus)

6. Mise en relief du complément du présentatif :

— ***Ce qu'****il y a,* ***c'est*** *trop d'eau dans le bassin.*

Le déplacement d'un groupe syntaxique

705 ● Ce procédé de mise en relief consiste à déplacer un groupe syntaxique de sorte qu'il n'occupe plus sa place normale dans la phrase et, souvent, à le séparer du reste de la phrase par une pause à l'oral et par une virgule à l'écrit. Peu de constituants de la phrase peuvent être ainsi déplacés :

1. Déplacement du sujet :

➾ *Arrive* ***un moment*** [...] *où l'on n'a plus la force d'aller au-delà de l'abominable vision.* (Hubert Aquin)

2. Déplacement du complément indirect du verbe :

➾ ***À brebis tondue****, Dieu mesure le vent.* (proverbe français)

3. Déplacement du complément du nom :

➾ ***De la sagesse ici-bas****, c'est le prix.* (Raymond Lévesque)

4. Déplacement du complément de phrase :

➾ ***Aux regards d'un mourant*** *le ciel est si beau.* (A. de Lamartine)

➾ ***Dehors****, les hommes fumaient, sans rien dire.* (Félix-Antoine Savard)

➾ ***Parfois*** *les voix nouvelles ont ce pouvoir.* (Denise Desautels)

Le déplacement d'un groupe syntaxique avec reprise pronominale

706 ● Ce procédé diffère du précédent en ce que le groupe syntaxique à mettre en relief doit être placé au début ou à la fin de la phrase et qu'il doit être annoncé ou repris, selon le cas, par un pronom de même genre et de même nombre que le nom qu'il représente. Plusieurs constituants de la phrase peuvent être ainsi mis en évidence :

1. Reprise pronominale du sujet :

➾ ***Il*** *me fait de la peine,* ***ce pauvre vieux****.* (Marcel Proust)

2. Reprise pronominale du complément direct du verbe :

➾ ***Ton âme****, on te* ***la*** *sauvera une autre fois.* (Gratien Gélinas)

3. Reprise pronominale du complément indirect du verbe (qui perd sa préposition s'il est placé devant le verbe) :

➾ *Tu* ***y*** *arriveras toujours assez tôt,* ***à ton école****!* (Alphonse Daudet)

➾ ***Le corps****, je n'****y*** *songeais guère...* (Julien Green)

4. Reprise pronominale de l'attribut du sujet :

➾ ***Officier**, il **l'**est dans l'âme.* (Pierre Benoît)

5. Reprise pronominale du complément du verbe impersonnel :

➾ ***Des idées**, il **en** faut!* (Gobbe et Tordoir)

6. Reprise pronominale du complément du présentatif :

➾ ***Ce que j'ai à dire**, **le** voici.* (Jules Verne)

La permutation de deux groupes syntaxiques

● Ce procédé consiste simplement à inverser l'ordre des groupes syntaxiques de la phrase déclarative qui contient un attribut du sujet, sans introduire de pause à l'oral ni de virgule à l'écrit : 707

– **GV (AS + V) + GS**

[inversion de GS + GV (V + AS)] :

➾ *Tragique devenait la situation.* (Rodolphe Girard)

La permutation du sujet et du complément du verbe est très rare. Pour mettre le complément du verbe en évidence, on préfère en effet recourir aux marqueurs d'emphase (→ 703-704). Par contre, on peut souvent permuter le sujet et le complément de phrase :

➾ *Par pans entiers chutent nos restes de liberté.* (Rachid Mimouni)

➾ *Au fond de nos yeux se perdaient de jolis calculs orientés vers l'avenir.* (André Breton)

La combinaison {forme emphatique + type de phrase}

● Tout comme les formes négative (→ 694) et passive (→ 699), la forme emphatique peut être combinée avec les différents types de phrase (→ 667), sauf le type impératif, de sorte qu'il peut y avoir trois sortes de phrases emphatiques : 708

1. Phrase déclarative emphatique :

➾ ***C'est** moi **qui** habite la chambre parfumée.* (Marie-Claire Blais)

2. Phrase interrogative emphatique :

➾ ***Est-ce** vous **qui** le retiendrez?* (Hector de Saint-Denys Garneau)

3. Phrase exclamative emphatique :

➾ ***Que c'**était beau, **ce qu'**il disait!* (Jacques Ferron)

La combinaison {forme emphatique + autre forme de phrase}

709 ● La forme emphatique peut aussi être combinée avec les deux autres formes de phrases :

1. Phrase emphatique négative (→ 697.2) :

➾ ***Ce n'est pas** d'amour **que** la terre est précieuse.* (Nadia Tuéni)

2. Phrase emphatique passive (→ 701.2) :

➾ ***Ce qu'**elle est à mon sens, **c'est** trop admirée.* (Mme de La Fayette)

De plus, les formes emphatique négative ou emphatique passive peuvent à leur tour être combinées avec les différents types de phrases.

LA RÉDUCTION DES PHRASES

710 ● Toute phrase dérivée (→ 655) peut être réduite à une phrase de base. Cette opération, qui permet notamment de distinguer les composants facultatifs des composants indispensables de la phrase, en facilite ainsi grandement l'analyse.

La réduction d'une phrase dérivée à une phrase de base peut être obtenue, selon le cas, par l'élimination des éléments syntaxiquement facultatifs ou par le rétablissement de l'ordre des mots tel qu'il se rencontre dans la phrase affirmative, active et neutre (→ 668) :

1. L'**élimination d'éléments syntaxiquement facultatifs** consiste, pour l'essentiel, à supprimer les différents « marqueurs » (d'interrogation, d'exclamation, de négation et d'emphase, selon l'ordre des exemples) :

— ***Est-ce qu'**Isabelle a reçu ma dernière lettre?*
Réduction : — ***Isabelle a reçu ma dernière lettre.***

— ***Comme** Ahmed s'est montré compréhensif envers toi!*
Réduction : — ***Ahmed s'est montré compréhensif envers toi.***

— *Mélissa **n'a jamais** vu les films d'Ousmane Sembène.*
Réduction : — ***Mélissa a vu les films d'Ousmane Sembène.***

— ***C'est** Susie **qui** est arrivée la première à la maison.*
Réduction : — ***Susie est arrivée la première à la maison.***

☞ ◆ L'élimination des marqueurs de type et de forme peut exiger qu'on supprime également les reprises pronominales de certains groupes :

— *Alicia pensait-**elle** encore souvent à Michaël?*
Réduction : — ***Alicia pensait souvent à Michaël.***

— ***Ils** ont tout perdu dans l'incendie, nos amis.*
Réduction : — ***Nos amis ont tout perdu dans l'incendie.***

2. Le **rétablissement de l'ordre normal des mots** consiste, pour l'essentiel, à «redresser» une phrase inversée, qu'elle soit interrogative, passive ou emphatique :

— *Avez-vous assez d'argent pour le voyage?*
Réduction : — ***Vous avez assez d'argent pour le voyage.***

— *Les arbres du parc ont été arrachés par la tempête.*
Réduction : — ***La tempête a arraché les arbres du parc.***

— *De là vient la tension entre les travailleurs.*
Réduction : — ***La tension entre les travailleurs vient de là.***

☞ ◆ Le rétablissement de l'ordre normal des mots peut exiger qu'on ajoute aussi certains groupes de mots, notamment le groupe sujet lors de la réduction de la phrase impérative (et, parfois, le complément d'agent lors de celle de la phrase passive : → 699R) :

— *Envoyez-nous vos nouveaux échantillons!*
Réduction : — ***Vous** nous envoyez...*

LES RELATIONS ENTRE LES PHRASES

● Au sein d'une phrase complexe (à plus d'un verbe), les phrases simples peuvent avoir des relations de différents ordres, à savoir : 711

1. la juxtaposition, c'est-à-dire la présence côte à côte de deux phrases n'ayant aucun lien syntaxique entre elles (il s'agit alors de **phrases juxtaposées** : → 829-841).

2. la coordination, c'est-à-dire la réunion de deux phrases au moyen d'un mot qui ne crée aucune dépendance syntaxique de l'une envers l'autre (il s'agit alors de **phrases coordonnées** : → 842-852).

3. la subordination, c'est-à-dire la réunion de deux phrases de manière à ce que l'une dépende syntaxiquement de l'autre (il s'agit alors, d'une part, d'une **phrase matrice** ou d'une **phrase principale** et, d'autre part, d'une **phrase subordonnée** : → 853-863).

☞ ◆ Les phrases qui ne sont ni matrices, ni principales, ni subordonnées sont dites **phrases indépendantes**, qu'elles soient juxtaposées ou coordonnées.

◆ L'insertion constitue un cas particulier de juxtaposition de phrases et fait de celle qui est insérée dans l'autre une **phrase incise** (→ 840).

Les différentes sortes de relations qui unissent des phrases simples au sein d'une phrase complexe font l'objet du chapitre XVII : → «**La phrase complexe**», p.421. De plus, la subordination, dont l'étude est plus longue, fait l'objet du chapitre XVIII : → «**Les subordonnées**», p.437.

712 **LA PHRASE SIMPLE : TABLEAU RÉCAPITULATIF**

Gaston Miron

Québec

1928 - 1996

Gaston Miron naquit à Sainte-Agathe-des-Monts, au nord de Montréal, et, après des études en sciences sociales, il exerça divers métiers. En 1953, il fonda, avec quelques amis, les Éditions de l'Hexagone dans le but de promouvoir une littérature nationale québécoise. Ensuite, il travailla pour d'autres maisons d'édition, enseigna la littérature et milita au sein du Rassemblement pour l'indépendance nationale (RIN). En 1970, il publia ***L'Homme rapaillé*** qui réunit des poèmes auparavant dispersés dans des revues ou des journaux, et ce recueil lui valut une reconnaissance internationale et divers prix (France-Canada en 1970, Duvernay en 1977, Apollinaire en 1981).

Longtemps je fus ce poète au visage conforme
qui frissonnait dans les parallèles de ses pensées
qui s'étiolait en rage dans la soie des désespoirs
et son cœur raillait la crue des injustices
Maintenant je sais nos êtres en détresse dans le siècle
je vois notre infériorité et j'ai mal en chacun de nous
Aujourd'hui sur la place publique qui murmure
j'entends la bête tourner dans nos pas
j'entends surgir dans le grand inconscient résineux
les tourbillons des abattis de nos colères
Mon amour, tu es là, fière dans ces jours
nous nous aimons d'une force égale à ce qui nous sépare
la rance odeur de métal et d'intérêts croulants
tu sais que je peux revenir et rester près de toi
ce n'est pas le sang, ni l'anarchie ou la guerre
et pourtant je lutte, je te le jure, je lutte
parce que je suis en danger de moi-même à toi
et tous deux le sommes de nous-mêmes aux autres
Les poètes de ce temps montent la garde du monde
car le péril est dans nos poutres, la confusion
une brunante dans nos profondeurs et nos surfaces
nos consciences sont éparpillées dans les débris
de nos miroirs, nos gestes des simulacres de libertés
je ne chante plus je pousse la pierre de mon corps
Je suis sur la place publique avec les miens
la poésie n'a pas à rougir de moi
j'ai su qu'une espérance soulevait ce monde jusqu'ici.

(Extrait de *L'Homme rapaillé*,

Valentin-Yves Mudimbé

Congo (Zaïre)

1941

Valentin-Yves Mudimbé (parfois appelé Vumbi-Yoka Mudimbé en langue bantoue) est un universitaire de renom : il a enseigné la linguistique et la littérature au Congo (appelé Zaïre à cette époque), en Belgique, en France et aux États-Unis. Ses ouvrages traitent de la difficulté de concilier la pensée occidentale, dans ses dimensions intellectuelle et religieuse, avec les fondements de la pensée africaine. Il est l'auteur de recueils de poèmes (*Déchirures, Entrailles,...*), d'essais (*L'Autre Face du royaume, Autour de la nation,...*) et de romans (*L'Écart*, ***Shaba deux****,...*).

13 juin

Ma journée me revient. Un pur cauchemar.

Mes malades habituels ont déserté dès qu'ils les ont vus arriver. D'où sortaient-ils? Mystère. Ils étaient en civil, avaient l'habit remarquablement sale et le visage épuisé. Des membres démis, des plaies vives et, dans trois ou quatre cas, des blessures indéniables de balles.

Des militaires sortant de la nuit ou de pauvres villageois pris entre deux feux? Ils n'appartiennent certainement pas aux troupes katangaises qui occupent la ville. Leurs blessés entrent dans les meilleurs hôpitaux, le regard héroïque.

Ceux-ci suaient la peur. À neuf heures du matin, ils étaient cinq; à dix heures, onze; et en fin de matinée, une quinzaine. Je dois supplier la plupart d'entre eux de se rendre à l'hôpital de la Gécamines. Les départements y sont mieux équipés et les soins meilleurs que ceux offerts par un petit dispensaire de quartier. Têtus, ils disent tous non.

Je pansais une jambe, lorsque j'ai entendu le vrombissement d'une Jeep. C'est à ce moment que je me suis rendu compte que Jacques n'était pas dans l'infirmerie. Une débandade. Des cris. Je me suis précipitée vers la grande entrée. Jacques était là, flanqué de quatre Katangais. Les gendarmes se sont saisis de deux blessés qui n'avaient pu s'enfuir et les ont emmenés avec eux.

J'ai regardé Jacques. Imperturbable, il a soutenu mon regard. Quelque chose s'est fendu en moi. La colère m'est montée à la tête, en énergie aveugle. J'allais éclater. Comme en un éclair, un air a traversé mon esprit : «...l'esprit de Dieu t'a envoyé proclamer la paix...»

La paix, quelle paix! Je me suis assise sur une chaise. Jacques était toujours devant moi. Je lui ai, très calmement, donné son congé définitif. J'ai ensuite fermé le dispensaire et suis rentrée à Emmaüs.

(Extrait de SHABA DEUX,
© Présence africaine)

Chapitre XV

Les fonctions grammaticales

● Tout mot, si on le considère en lui-même, appartient à l'une ou l'autre des huit classes de mots que compte le français : le nom, l'adjectif, le déterminant, le pronom, le verbe, l'adverbe, la préposition et la conjonction (→ 68). Par contre, aussitôt qu'un mot est utilisé dans une phrase, il fait le plus souvent partie d'un groupe, et c'est ce groupe de mots qui se trouve en relation avec d'autres et qui, à ce titre, exerce une fonction grammaticale dans la phrase. 713

La **fonction grammaticale** (appelée aussi **fonction syntaxique**) d'un groupe de mots peut donc être définie comme sa relation syntaxique avec un autre groupe, exprimée le plus souvent en termes de dépendance. Ainsi, par exemple, le sujet est-il le sujet du verbe, le complément est-il le complément du nom, du pronom, de l'adjectif, du verbe,... et l'attribut est-il l'attribut du sujet ou du complément direct du verbe.

Remarque : 714

Dans le présent chapitre, les fonctions grammaticales sont étudiées **dans le seul cadre de la phrase simple** (ne comportant qu'un verbe), une phrase complexe pouvant de toute façon toujours être réduite aux phrases simples qui la constituent (→ Chapitre XVII, p.421).

De plus, comme toute fonction grammaticale dans une phrase simple est le fait d'un groupe syntaxique, il ne sera le plus souvent fait mention que de groupes, étant entendu que, dans certains cas, **un groupe peut n'être constitué que d'un seul mot** (→ Chapitre XVI, p.401).

Quant à l'étude des fonctions qu'ont les phrases subordonnées (au sein des phrases matrices et par rapport aux phrases principales), elle fait l'objet d'un chapitre particulier (→ Chapitre XVIII, p.437).

Malgré tout, il est quand même fait référence à la phrase complexe dans deux cas bien précis : quand l'étude d'une fonction déterminée l'exige ou quand il s'agit d'être complet dans l'énumération des divers éléments qui peuvent avoir une certaine fonction.

715 ● D'un point de vue strictement grammatical, il y a seulement 14 fonctions différentes en français : verbe, sujet du verbe, complément du verbe, attribut du sujet, attribut du complément direct du verbe, complément de phrase, complément du nom, complément du pronom, complément de l'adjectif, complément de l'adverbe, complément du présentatif, modificateur, coordonnant et subordonnant.

Toutefois, les fonctions de complément du verbe et de complément du nom regroupant des cas très différents les uns des autres, il est nécessaire d'y introduire des distinctions. C'est ainsi que la notion générale de complément du verbe comprend les compléments direct et indirect, le complément d'agent et le complément du verbe impersonnel. De même, la notion de complément du nom comprend l'épithète, l'apposition et les autres compléments du nom. L'on peut donc considérer qu'**il y a 19 fonctions grammaticales différentes en français**.

716 ● Parmi les fonctions, celle qu'on appelle «**verbe**» pose un problème particulier :

- D'une part, les mots de la classe des verbes n'ont pas de fonction comparable à celle des mots des autres classes, en ce sens qu'ils ne se rapportent pas à un autre mot ou groupe de mots (même si le verbe forme habituellement une sorte de « tandem » avec le sujet, puisqu'il s'accorde avec lui dans la plupart des cas : → 607).
- D'autre part, le verbe est quand même le pivot de toutes les phrases verbales (soit près de 99 % des phrases usuelles en français : → 651). À ce titre, il exerce évidemment une fonction dans la phrase : celle de « verbe » (appelée aussi « prédicat »).

On peut regretter que le même terme désigne et la classe et la fonction, mais cela même est révélateur du rôle absolument fondamental que joue le verbe dans la langue française. En effet, c'est par rapport au verbe, directement ou indirectement, que sont définies presque toutes les autres fonctions grammaticales (par exemple, l'attribut se rapporte au sujet, mais celui-ci se rapporte à son tour au verbe). C'est pourquoi, si la fonction de « verbe » ne fait l'objet d'aucune étude particulière, elle est cependant sous-jacente à l'étude de toutes les autres.

717 ● Par ailleurs, il importe de souligner que les 19 fonctions grammaticales peuvent être regroupées par catégories (→ tableau page suivante) :

1. le **verbe** (n° 1).
2. les **fonctions définies par rapport à une autre fonction** (nos 2 à 9).
3. le **complément de phrase** (n° 10).
4. les **fonctions définies par rapport à la classe d'un mot** (nos 11 à 17).
5. les **fonctions de liaison** entre les mots, groupes et phrases (nos 19 et 20).

Note : Pour étudier les fonctions grammaticales, il est souvent nécessaire d'avoir recours à certaines **manipulations syntaxiques** : celles-ci font l'objet de toute une section du chapitre consacré aux groupes syntaxiques (→ 803-824).

718

Les 19 fonctions grammaticales		Les divisions du présent chapitre
1. Le verbe	→	—
2. Le sujet du verbe	→	**LE SUJET DU VERBE**
3. Le complément direct (du verbe) **4.** Le complément indirect (du verbe) **5.** Le complément d'agent (du verbe) **6.** Le complément du v. impersonnel **7.** Le complément du présentatif *(par association : → 743)*	→	**LES COMPLÉMENTS DU VERBE**
8. L'attribut du sujet **9.** L'attribut du complément direct	→	**LES ATTRIBUTS**
10. Le complément de phrase	→	**LE COMPLÉMENT DE PHRASE**
11. L'épithète **12.** L'apposition **13.** Les autres compléments du nom	→	**LES COMPLÉMENTS DU NOM**
14. Le complément du pronom **15.** Le complément de l'adjectif **16.** Le complément de l'adverbe **17.** Le modificateur	→	**LES AUTRES COMPLÉMENTS**
18. Le coordonnant **19.** Le subordonnant	→	**LES FONCTIONS DE LIAISON**

LE SUJET DU VERBE

719 • D'un point de vue strictement syntaxique, le sujet est le groupe de mots avec lequel le verbe doit s'accorder (→ 607) :

➾ ***On l'exploitait** dans son pays.* (Raymond Lévesque)

➾ ***La timidité, la paresse et le dégoût** m'**ont fait** perdre beaucoup de temps.* (Henri Frédéric Amiel)

☞ ◆ Dans le cas des verbes impersonnels, la grammaire traditionnelle distingue « sujet réel » et « sujet apparent » (→ 662). La nouvelle approche grammaticale abandonne cette distinction. Ainsi, dans la phrase *Il arrive trop d'accidents*, on considère *Il arrive* comme un groupe verbal et *trop d'accidents* comme le complément du verbe impersonnel (→ 741).

720 • En pratique, pour trouver le sujet d'un verbe, il suffit de faire précéder celui-ci de la question ***qui (est-ce qui)?*** quand il s'agit d'êtres, ou ***qu'est-ce qui?*** quand il s'agit de choses ou de concepts (il est parfois nécessaire de transformer un peu la phrase) :

➾ *Nous marchions de paysage en paysage.* (Fernand Ouellette)

— **Qui (est-ce qui)** marchait de paysage en paysage ? → *Nous.*

➾ *Son front pur pâlit à mes aveux tremblants.* (Oswald Durand)

— **Qu'est-ce qui** pâlit à mes aveux ? → *Son front pur.*

LES PROPRIÉTÉS DU SUJET

721 • Le sujet du verbe a quatre propriétés principales :

1. Il exige l'accord du verbe en **nombre**, en **personne** (quand il est un pronom personnel) et en **genre** (quand le verbe est au participe passé, mais seulement dans certains cas : → 631) :

— Accord en nombre : → *Le lilas **fleurit**, les lilas **fleurissent**.*
— Accord en personne : → *Je **m'interroge**, tu **t'interroges**.*
— Accord en genre : → *Gabriel est **assis**, Gabrielle est **assise**.*

2. Il ne peut pas être supprimé sans que cela rende la phrase agrammaticale (effacement : → 807-811) :

— *Solange a résidé à Genève.* → ** A résidé à Genève.*

3. Il peut toujours être remplacé par un pronom (pronominalisation : → 822) :

— *Janine et Benoît sont heureux.* → ***Ils** sont heureux.*

4. Il peut être mis en évidence à l'aide d'un marqueur d'emphase (détachement : → 703.1 et 704.1) :

— *Tanguy me l'a dit.* → ***C'est*** *Tanguy* ***qui*** *me l'a dit.*

☞ ◆ La mise en évidence de certains pronoms personnels sujets les fait passer de la forme ordinaire à la forme accentuée (→ 285) :

— *Je l'ai vu, tu l'as vu.*
→ *C'est* ***moi*** *qui l'ai vu,* ***toi*** *qui l'as vu.*

— *Il a gagné, ils ont gagné.*
→ *C'est* ***lui*** *qui a gagné,* ***eux*** *qui ont gagné.*

▲ Exception : Le pronom indéfini *on* (toujours sujet : → 371) ne peut pas être mis en évidence :

— *On a enfin terminé.*
→ * *C'est on qui a enfin terminé.*

Les différentes sortes de sujets

● Il existe différentes sortes de sujets du verbe. Ainsi, le sujet peut être : **722**

1. un groupe du nom ou du pronom :

➪ ***Chaque fête publique*** *était un deuil pour Kamouma.* (Mouloud Feraoun)

➪ *Ainsi s'explique* ***l'étonnante survivance de la famille colonisée****.* (Albert Memmi)

➪ *Trouver n'est rien.* ***Le difficile*** *est de s'ajouter ce qu'on trouve.* (Paul Valéry)

➪ ***Je*** *mets ma vie dans mes larmes.* (Paul-Marie Lapointe)

☞ ◆ Le groupe du nom ou du pronom sujet peut être sous-entendu. C'est presque toujours le cas dans les phrases impératives (*Viens ici! – Ne lâchez pas!*) et c'est parfois le cas dans les phrases juxtaposées ou coordonnées (→ 831) :

➪ *Un autre d'entre eux* [...] *ricana, ploya le genou, fit jouer les attaches du porte-documents.* (Victor-Lévy Beaulieu)

2. un verbe à l'infinitif :

➪ ***Parler*** *est une chose.* ***Agir*** *en est une autre.* (Philippe Tsira Ndong Ndoutoume)

➪ ***Trop souffrir*** *rend aigre. Pas assez, niais.* (Félix Leclerc)

3. une phrase subordonnée (complétive, infinitive ou relative indéfinie) :

➪ ***Que tu aies gagné ce concours*** *me remplit de joie.* (M. Grevisse)

➪ ***Le tuer*** *n'était rien. C'était* ***le toucher*** *qui était impossible.* (André Malraux)

➪ ***Qui ne risque rien*** *n'a rien.* (proverbe français)

LA PLACE DU SUJET DANS LA PHRASE

723 ● **Dans la plupart des cas, le sujet se place avant le verbe** auquel il se rapporte. Il existe cependant diverses situations qui exigent ou permettent que cet ordre soit inversé.

Remarque préliminaire :

Dans toute l'étude consacrée à la place du sujet dans la phrase, il convient d'assimiler aux pronoms personnels le pronom indéfini ***on*** (→ 371), ainsi que le ***il*** et le ***ce*** des phrases impersonnelles ou à présentatif (→ 496 et 744).

L'inversion obligatoire du verbe et du sujet

724 ● Le sujet doit se placer après le verbe (ou directement après son auxiliaire aux temps composés) dans les principaux cas suivants :

1. dans les phrases interrogatives totales (→ 683), quand l'interrogation n'est marquée ni par la locution *est-ce que* ni par la seule intonation, et que le sujet est un pronom personnel :

➾ *Sœur Anne, ne* ***voyez-vous*** *rien?* (Max Elskamp)

2. dans les phrases interrogatives partielles (→ 684), quand l'interrogation ne porte pas sur le sujet ou qu'elle n'est pas renforcée par le gallicisme *est-ce qui* ou *est-ce que* (→ 447.7 et 683.2) et que le sujet est un pronom personnel :

➾ *Pourquoi nous* ***demandez-vous*** *ça?* (Eugène Ionesco)

☞ ◆ Quand l'interrogation porte sur le sujet et que celui-ci n'est pas un pronom personnel, il y a généralement reprise pronominale du sujet (→ 683.4) après le verbe :

➾ ***Votre nom*** *porte-t-****il*** *un masque?* (Georges Schehadé)

3. dans certaines phrases au subjonctif présent (exprimant un souhait, une prière ou une supposition), en l'absence de la conjonction *que* :

➾ ***Vive le Québec libre!*** (Charles de Gaulle)

4. dans les phrases juxtaposées par insertion (→ 840), surtout quand elles sont courtes :

➾ *Monsieur Djanta,* ***coupa le Président****, dites-nous les liens de parenté qui vous unissent à l'accusé.* (Akoua Tchotcho Ekué)

5. dans les phrases commençant par l'attribut du sujet :

➾ *«****Longue*** *est la nuit»* (nouvelle de Gérald-Félix Tchicaya U Tam'Si)

6. dans les phrases dont le verbe (habituellement *rester*, *suivre*, *venir*, *survenir*,...) a comme rôle supplémentaire d'**assurer la liaison** avec la phrase précédente, en marquant la conséquence ou l'opposition :

➾ ***Commencèrent*** *alors des heures incroyables.* (Suzanne Lilar)

L'inversion facultative du verbe et du sujet

● Le sujet peut se placer après le verbe (ou directement après son auxiliaire, aux temps composés) dans les principaux cas suivants : 725

1. dans les phrases commençant par certains adverbes employés comme conjonctions (→ 471) : ***aussi, ainsi, sans doute, au moins, du moins, à peine, peut-être, encore, en vain,...*** (avec reprise pronominale du sujet quand il consiste en un nom) :

   ➾ *Il n'avait commis qu'un acte douteux, et encore ne le **considérait-il** pas vraiment comme un mauvais acte.* (Yves Thériault)

2. dans les phrases commençant par un complément de phrase, quand le sujet n'est pas un pronom personnel et qu'il n'y a pas de complément direct :

   ➾ *Sous nos pieds **s'écroule l'univers**.* (Clémentine-Madiya Faïk-Nzuji)

3. dans certaines subordonnées relatives, quand le sujet n'est pas un pronom personnel :

   ➾ *C'était exactement ce dont **avaient besoin ses bronches**.* (D. Chraïbi)

4. dans les phrases infinitives, quand l'infinitif n'a pas de complément direct et que son sujet n'est pas un pronom personnel :

   ➾ *Les gens des Flandres voyaient **brûler leurs maisons**.* (Ringuet)

   ☞ ◆ Quand la phrase infinitive est complément du verbe ***faire*** et que son sujet n'est pas un pronom personnel, l'inversion est généralement obligatoire :

   ➾ *Elle* [la tourterelle] *fit **danser** un moment **son ombre** au soleil.* (Boubou Hama)

5. dans les phrases interrogatives partielles (→ 684), quand l'interrogation ne porte ni sur l'attribut ni sur le complément direct et que le sujet n'est pas un pronom personnel, il peut y avoir soit inversion du verbe et du sujet soit reprise pronominale du sujet après le verbe :

   — *Quand **le prochain avion part-il**? / Quand **part le prochain avion**?*

   ☞ ◆ Après l'adverbe ***pourquoi***, quand le sujet est un groupe du nom, la reprise pronominale du sujet est obligatoire :

   ➾ *Pourquoi **le grand Meaulnes** était-**il** là comme un étranger?* (Alain-Fournier)

LES COMPLÉMENTS DU VERBE

● D'un point de vue syntaxique, le complément du verbe est un groupe de mots qui dépend du verbe (et qui ne peut généralement pas être supprimé sans que cela rende la phrase agrammaticale : → 645). 726

Il existe quatre sortes de compléments du verbe : le complément direct, le complément indirect, le complément d'agent et le complément du verbe impersonnel.

LE COMPLÉMENT DIRECT

727 • En règle générale, le complément direct du verbe est un groupe de mots qui se joint au verbe directement, c'est-à-dire **sans l'aide d'aucune préposition**. Le verbe qui est suivi d'un complément direct est appelé verbe transitif direct (→ 487).

☞ ◆ La grammaire traditionnelle appelle ce complément le «complément **d'objet** direct» (COD), considérant qu'il est «directement» l'objet de l'action du sujet exprimée par le verbe. Comme ce n'est pas toujours le cas, la nouvelle grammaire préfère abandonner cette référence à l'objet pour ne plus définir ce complément que d'une façon purement syntaxique.

728 • Il existe trois cas particuliers où, sous l'apparence d'un complément direct, se cache en réalité un complément indirect :

1. Quand le complément apparemment direct est un pronom personnel de forme non accentuée, il faut le remplacer par un pronom personnel de forme accentuée (→ 285) pour savoir s'il est un complément direct ou un complément indirect :

— *Je **te** comprends d'agir ainsi.* = *Je comprends toi...*
(Donc, ***te*** est vraiment un complément direct.)

— *Je **te** propose d'agir ainsi.* = *Je propose **à** toi...*
(Donc, ***te*** est en réalité un complément indirect.)

2. Les pronoms ***dont***, ***y*** (toujours) et ***en*** (parfois), même s'ils s'unissent au verbe sans préposition, ne sont pas des compléments directs mais des compléments indirects, car ils condensent en un mot la valeur d'une préposition et celle d'un pronom (→ 297 et 324) :

— *Voici l'outil **dont** il a besoin. (Il a besoin **de** cet outil.)*

— *Je m'**y** suis conformé. (Je me suis conformé **à** ses intructions.)*

— *Elle ne s'**en** plaint jamais! (Elle ne se plaint jamais **de** son fils.)*

3. Dans certaines expressions du langage courant, la préposition, normalement nécessaire, peut être sous-entendue :

— *Ils ont parlé affaires.* = *Ils ont parlé **d'**affaires.*

(Donc, ***affaires*** n'est pas un complément direct, mais bien un complément indirect : → 733.)

— *Elle a veillé toute la nuit.* = *Elle a veillé **pendant** toute la nuit.*

(Donc, ***toute la nuit*** n'est pas un complément direct, mais bien un complément de phrase : → 755.)

☞ ◆ Il existe aussi des compléments directs qui ont l'apparence de compléments indirects (→ 734).

● Dans tous les cas, pour trouver rapidement le complément direct, il suffit (après avoir identifié le verbe comme étant un verbe non attributif) de faire suivre le verbe de la question ***qui?*** quand il s'agit d'êtres, ou ***quoi?*** quand il s'agit de choses ou de concepts : 729

➾ *Elle aidait Momar à son travail.* (Birago Diop)

— Elle aidait **qui**? → *Momar.*

➾ *Vous ne connaissez pas mon visage de nuit.* (Joyce Mansour)

— Vous ne connaissez pas **quoi**? → *mon visage de nuit.*

Remarque : 730

Il existe un certain nombre de verbes dont le complément consiste d'ordinaire en une indication de quantité (durée, poids, distance ou prix), par exemple : ***courir*** *mille mètres,* ***coûter*** *vingt dollars,* ***dormir*** *deux heures,* ***durer*** *cinquante ans,* ***marcher*** *trois kilomètres,* ***peser*** *dix kilos,* ***valoir*** *beaucoup d'argent,* ***vivre*** *cent ans,...*

Dans la grammaire traditionnelle, le complément de ces verbes est considéré comme un « complément circonstanciel » (→ 755R), mais, dans le cadre des nouvelles approches grammaticales, on l'assimile au complément direct dont il a d'ailleurs toutes les propriétés, sauf celle de permettre la transposition de la phrase à la voix passive (→ 509). De plus, quand le participe passé d'un de ces verbes doit s'accorder avec le complément direct, il le fait selon des règles particulières (→ 637-638).

Les propriétés du complément direct du verbe

● Le complément direct du verbe a sept propriétés principales : 731

1. S'il précède le participe passé du verbe, il entraîne l'accord, en **genre** et en **nombre**, de ce participe passé (mais il y a des cas particuliers : → 633-636) :

➾ *Ils vont vers les Hautes Collines qui, depuis plus d'un an, les ont* ***protégés****.* (Henry Bauchau)

Par conséquent, si le complément direct suit le participe passé, ce dernier demeure toujours invariable.

2. Il devient le sujet de la phrase quand celle-ci est mise à la voix passive :

— *Beaucoup de gens ont apprécié* ***son premier roman****.*
→ ***Son premier roman*** *a été apprécié par beaucoup de gens.*

3. Il ne peut généralement pas être supprimé sans que cela rende la phrase agrammaticale (effacement : → 807) :

— *Étienne a planté toutes les fleurs.* → * *Étienne a planté.*

4. Il peut toujours être remplacé par un pronom (→ 822) :

— *Julie aime beaucoup* ***ce film****.* → *Julie* ***l'****aime beaucoup.*

5. Il est toujours placé après le verbe, sauf quand il est un pronom :

➾ *Les temps nouveaux nous préparent* ***un bel avenir.*** (Gérald-Félix Tchicaya U Tam'Si)

6. Il peut être commun à plus d'un verbe, à condition que chacun puisse l'admettre comme son propre complément :

➾ *La France? Ils ne savaient et n'aimaient vaguement encore que* ***celle d'autrefois.*** (Ringuet)

7. Il peut être mis en évidence à l'aide d'un marqueur d'emphase (703.2 et 704.2), sauf quand il est un verbe à l'infinitif ou une phrase (quand il est un pronom personnel, il obéit à des règles particulières : → 290) :

— *Elle a vu un ovni.* → ***C'est*** *un ovni* ***qu'****elle a vu.*

Les différentes sortes de compléments directs

732 ● Il existe différentes sortes de compléments directs du verbe. Ainsi, le complément direct peut être :

1. un groupe du nom ou du pronom :

➾ *J'écoute* ***le temps qu'elle met à traverser le patio.*** (Hélè Béji)

2. un verbe à l'infinitif :

➾ *Elle aurait souhaité* ***pouvoir s'en aller.*** (Honoré de Balzac)

3. une phrase subordonnée (complétive, infinitive ou relative indéfinie) :

➾ *Vous ne trouvez pas* ***qu'on se bêtifie à rester tout le temps sur la plage****?* (Marcel Proust)

➾ *Il* ***les*** *regarda* ***courir dans les souterrains de sa tête.*** (Victor-Lévy Beaulieu)

➾ *Il méprise* ***qui le craint****, il insulte* ***qui l'aime.*** (George Sand)

LE COMPLÉMENT INDIRECT

733 ● En règle générale, le complément indirect du verbe est un groupe de mots qui se joint au verbe indirectement, c'est-à-dire **à l'aide d'une préposition** (généralement ***à*** ou ***de***). Le verbe qui est suivi d'un complément indirect est appelé verbe transitif indirect (→ 488).

☞ ◆ La grammaire traditionnelle appelle ce complément le «complément **d'objet** indirect» (COI), considérant qu'il est «indirectement» l'objet de l'action du sujet, exprimée par le verbe. Comme ce n'est pas toujours le cas, la nouvelle grammaire préfère abandonner cette référence à l'objet pour ne plus définir ce complément que d'une façon purement syntaxique.

● Il existe deux cas particuliers où, sous l'apparence d'un complément indirect, se cache en réalité un complément direct : 734

1. Ainsi, les déterminants partitifs ***de la***, ***du*** ou ***des*** (→ 253) ne doivent pas être confondus avec la préposition ***de*** suivie du déterminant défini ***la*** ou contractée avec les déterminants ***le*** ou ***les***. Par exemple, dans des phrases comme *Il joue de la musique* ou *Elle boit du vin*, ***de la*** et ***du*** sont des déterminants partitifs, et les groupes *de la musique* et *du vin* sont des compléments directs.

2. Quand un verbe à l'infinitif est introduit par une préposition vide, c'est-à-dire « vidée » de sa valeur habituelle (→ 460), il n'est alors un complément indirect qu'en apparence (la préposition disparaît d'ailleurs automatiquement lorsque le verbe à l'infinitif est remplacé par un nom) :

— *Elles n'envisagent pas encore* ***de partir****.*
→ *Elles n'envisagent pas encore leur départ.*

● Dans tous les cas, pour trouver rapidement le complément indirect, il suffit de faire suivre le verbe de la question ***à qui?*** ou ***de qui?*** (parfois *pour qui?*, *contre qui?*,...) quand il s'agit d'êtres, et ***à quoi?*** ou ***de quoi?*** (parfois *pour quoi?*, *contre quoi?*,...) quand il s'agit de choses ou de concepts : 735

Ma tante Hamsa me confia à Djido, la féticheuse. (Boubou Hama)
— Ma tante me confia **à qui?** → *à Djido, la féticheuse.*

«Les noctuelles vivent de larmes» (roman d'Ibrahima Ly)
— Les noctuelles vivent **de quoi?** → *de larmes.*

Les propriétés du complément indirect du verbe

● Le complément indirect du verbe a huit propriétés principales : 736

1. Il ne subit généralement aucun changement lorsque la phrase est mise à la voix passive :

— *Ma sœur a prêté mon baladeur* ***à son amie****.*
→ *Mon baladeur a été prêté par ma sœur* ***à son amie****.*

2. Il ne peut normalement pas être supprimé (effacement : → 810). S'il peut l'être parfois sur un plan strictement grammatical, la phrase subit alors une altération de sens :

— *Il a légué tous ses biens à sa fille aînée.*
— Effacement du compl. direct : * *Il a légué à sa fille.*
— Effacement du compl. indirect : *Il a légué tous ses biens.* (mais à qui ?)

3. Il se construit généralement avec une préposition qui est imposée par le verbe lui-même :

— *Arnaud pense beaucoup* **à** *sa famille.*
— *Arnaud se soucie beaucoup* **de** *sa famille.*
— *Arnaud se dévoue beaucoup* **pour** *sa famille.*

4. Il peut toujours être remplacé par un pronom (→ 822) :

— *Amandine se souvient* ***de son frère****.*
→ *Amandine se souvient* ***de lui.***

5. Il est habituellement placé après le verbe, sauf quand il consiste en un pronom utilisé sans préposition (→ 728) ou quand on veut le mettre en évidence :

➾ [le train], *prenez-le et n'****en*** *redescendez pas!* (Roch Carrier)
➾ ***À un combat loyal*** *qu'y a-t-il à redire?* (Ringuet)

6. Il peut être commun à plus d'un verbe, à condition que chacun puisse l'admettre comme son propre complément à l'aide de la même préposition :

➾ *Elle a exigé et obtenu* ***de lui*** *un autre avenir.* (Henry Bauchau)

7. Il peut être mis en évidence à l'aide d'un marqueur d'emphase (→ 703.3 et 704.3), sauf quand il est un verbe à l'infinitif ou une phrase (quand il est un pronom personnel, il obéit à des règles particulières : → 290) :

— *Guy se plaint de vertiges.*
→ ***C'est*** *de vertiges* ***que*** *Guy se plaint.*

8. Il existe des verbes qui peuvent avoir deux compléments indirects, introduits par des prépositions différentes :

➾ *Mon regard inquiet allait* ***de l'un à l'autre****.* (Antoine Bangui)

Les différentes sortes de compléments indirects

737 ● Il existe différentes sortes de compléments indirects du verbe. Ainsi, le complément indirect peut être :

1. un groupe prépositionnel contenant soit un groupe du nom ou du pronom, soit un verbe à l'infinitif :

➾ *Qui a délié nos jours* ***de leurs péchés****?* (Jacques Rabemananjara)
➾ *Pourquoi les citrons sont-ils faits, sinon* ***pour être pressés****?* (Françoise Loranger)

2. une phrase subordonnée (complétive, infinitive ou relative indéfinie) :

➾ *J'ai besoin* ***qu'on me recouvre****.* (Denise Desautels)
➾ *Ils ne s'employaient qu'****à déceler des indices secrets****.* (Pham Van Ky)
➾ ***À qui se sert de ses yeux****, tout devient simple.* (Colette)

Remarque générale : 738

Quand un verbe a un complément direct et un complément indirect, le direct précède habituellement l'indirect, mais il y a des exceptions. Celles-ci dépendent notamment de la longueur des compléments ou de l'intention qu'a le scripteur ou le locuteur de mettre l'un ou l'autre en évidence. Néanmoins, quand les compléments sont des pronoms personnels utilisés sans préposition, le direct précède toujours l'indirect, et les pronoms *en* et *y* viennent après tous les autres : *Je **le lui** ai dit*. – *Je **lui en** ai parlé*. (→ 297).

LE COMPLÉMENT D'AGENT

● Le complément d'agent est propre aux verbes utilisés à la voix passive, ce qui lui vaut d'être appelé parfois **complément du verbe passif**. Il consiste en un groupe de mots qui se joint au verbe à l'aide de **la préposition *par*** (le plus souvent) ou de **la préposition *de*** (notamment lorsque le verbe exprime une situation durable ou qu'il est utilisé au sens figuré). 739

D'un point de vue sémantique, le complément d'agent indique par qui ou par quoi est fait au sujet grammatical ce que le verbe exprime :

> *Elle est très occupée **par ce qu'elle cherche à savoir**.* (Marguerite Duras)
>
> *Je me sens l'esprit ébloui **de mille lumières**.* (Jean-Jacques Rousseau)

Les propriétés du complément d'agent

● Le complément d'agent a deux propriétés principales : 740

1. Il devient le sujet de la phrase quand celle-ci est mise à la forme active :

— *Le nouveau film a déjà été vu **par tous les étudiants**.*
→ ***Tous les étudiants** ont déjà vu le nouveau film.*

☞ ◆ Cette propriété permet d'identifier à coup sûr le complément d'agent, car les prépositions *par* et *de* peuvent également servir à introduire d'autres sortes de compléments :

— *Il a été reconnu **par deux personnes**.*
→ *par deux personnes* = complément d'agent.

— *Cette lettre a été envoyée **par messager**.*
→ par messager = complément de phrase.

2. Il peut être supprimé sans que cela rende la phrase agrammaticale (mais uniquement lorsque l'information manquante peut être « reconstituée » par le lecteur ou l'auditeur) :

— *L'accusé a été déclaré coupable.* → (par le tribunal)

LE COMPLÉMENT DU VERBE IMPERSONNEL

741 ● Le complément du verbe impersonnel est le groupe de mots qui dépend syntaxiquement d'un verbe impersonnel. Il ne peut pas être supprimé (ou, s'il peut l'être sur un plan strictement grammatical, la phrase change alors complètement de sens) :

➾ *Il ne lui plaisait pas* ***d'en dire davantage***. (Louis Fréchette)

➾ *Il s'éleva dans l'air* ***un murmure de louanges***. (Mme de La Fayette)

☞ ◆ Dans la grammaire traditionnelle, le complément du verbe impersonnel est appelé « sujet réel » du verbe et le *il,* « sujet apparent » (→ 662).

742 ● Il ne faut pas confondre le **complément du verbe impersonnel** et le **complément de la phrase impersonnelle** (→ 755). Ce dernier peut être supprimé sans que la phrase perde tout son sens :

— *Il pleut des cordes.* → *Il pleut.*

Donc, ***des cordes*** = complément de phrase.

— *Il arrive trop d'accidents.* → *Il arrive.* (?)

Donc, ***trop d'accidents*** = complément du verbe.

LE COMPLÉMENT DU PRÉSENTATIF

743 ● Le complément du présentatif est le groupe de mots qui dépend syntaxiquement d'un présentatif. Même s'il n'est pas un complément du verbe, on le classe immédiatement après le complément du verbe impersonnel, notamment parce que les présentatifs sont construits d'après des formes verbales (*voilà* vient en effet de *vois là*) et que, comme les compléments du verbe, le complément du présentatif est ineffaçable.

744 ● Il n'y a que quatre présentatifs en français (plus leurs variantes) : ***voici*** (*revoici*), ***voilà*** (*revoilà*), ***il y a*** (*il y avait, il y eut, il y aura,...*), et ***c'est*** (*c'était, ce fut, ce sera,...*) qui est un présentatif quand il peut être remplacé par *voici* ou *voilà* (→ 664). Le complément du présentatif peut être un groupe du nom ou du pronom, ou une subordonnée complétive :

— *C'est* ***nous***. — *Il y a encore* ***Abdul qui doit arriver***.

— *Voici* ***Chantal***. — *La* ***revoilà****!* (seul cas d'inversion)

➾ *C'était* ***l'heure des mondes inanimés***. (H. de Saint-Denys Garneau)

➾ *Où il y a* ***du sucre****, il y a* ***des mouches***. (Félix Leclerc)

➾ *Voici* ***ce qui nous attend : un monde métallique!*** (Baba Moustapha)

➾ *Voilà* ***que les temps nouveaux*** [...] ***changent la nature des choses***. (Gérald-Félix Tchicaya U Tam'Si)

LES ATTRIBUTS

● Il existe seulement deux sortes d'attributs : l'attribut du sujet du verbe et l'attribut du complément direct du verbe. Ces deux attributs ont en commun de faire appel au verbe ***être*** (exprimé, sous-entendu ou remplacé par un verbe équivalent) et de devoir s'accorder, quand c'est possible, avec les mots auxquels ils se rapportent. 745

L'ATTRIBUT DU SUJET

● L'attribut du sujet est le groupe de mots qui se rapporte au sujet par l'intermédiaire d'un verbe attributif. 746

Par verbe attributif (→ 492), il faut entendre le verbe ***être*** et tout autre verbe qui, dans une phrase donnée, peut être remplacé par le verbe *être* sans que la phrase en devienne incorrecte, ni sur le plan syntaxique ni sur le plan sémantique (même si le sens change) :

— *Notre avenir* ***demeure*** *incertain.*
→ *Notre avenir* ***est*** *incertain.*
— *Il* ***a été nommé*** *directeur de l'école.*
→ *Il* ***est*** *directeur de l'école.*

● Dans certains cas, l'attribut du sujet est relié au verbe par une préposition imposée par le verbe lui-même et qu'on dit « vide » (→ 460) : 747

➾ *La fille passait* ***pour*** *coquette.* (Alphonse Daudet)
➾ *Au risque d'être regardé* ***comme*** *un esprit rétrograde.* (Balzac)

● Parmi les verbes attributifs, les plus fréquemment utilisés sont les suivants : ***s'en aller*** *(seul),* ***s'appeler*** *(Laure),* ***arriver*** *(épuisé),* ***avoir l'air****,* ***s'affirmer****,* ***demeurer****,* ***devenir****,* ***dormir*** *(heureux),* ***entrer*** *(tout joyeux),* ***se montrer****,* ***mourir*** *(abandonné),* ***se nommer****,* ***sembler****,* ***paraître****,* ***partir*** *(rassuré),* ***passer pour****,* ***rester****,* ***sortir*** *(tout triste),* ***tomber*** *(malade),* ***se trouver*** *(seul),* ***se retrouver*** *(perdu),* ***vivre*** *(heureux).* 748

À ces verbes, il faut ajouter le verbe ***être*** lui-même et divers autres verbes employés à la voix passive : ***être considéré comme****,* ***être choisi pour****,* ***être désigné pour****,* ***être élu*** *(maire),* ***être fait*** *(prisonnier),* ***être pris pour****,* ***être proclamé*** *(vainqueur),* ***être tenu pour****,* ***être traité de****,...*

Les propriétés de l'attribut du sujet

● L'attribut du sujet a quatre propriétés principales : 749

1. Quand il consiste en un groupe du nom, du pronom ou de l'adjectif, il s'accorde en **genre** et en **nombre** avec le sujet du verbe :

➾ *Les soldats seront troubadours.* (Raymond Lévesque)
➾ *Les danseurs se faisaient plus habiles.* (Faustin-Albert Ipéko-Étomane)

2. Quand il est utilisé avec des verbes qui sont toujours attributifs, on ne peut pas le supprimer sans rendre la phrase agrammaticale ou sans en changer complètement le sens (en fait, l'attribut du sujet est presque toujours ineffaçable : → 811) :

— *Tu parais tellement déçu.* → * *Tu parais.*

3. Quand l'attribut est un groupe du nom, il peut toujours être remplacé par le pronom ***le*** (même quand le groupe est au féminin ou au pluriel) :

➾ *Non seulement je me serais cru leur supérieur, mais je **l'**aurais paru.* (Sony Labou Tansi)

4. Il est toujours placé après le verbe, sauf quand il est un mot d'interrogation ou qu'il en comporte un, quand il est l'adjectif ***tel*** (en situation de comparaison ou d'exclamation) ou encore quand il s'agit de le mettre en évidence :

➾ *Mais **qui** sont ces êtres? **Qui** sont ces ennemis?* (Maurice Leblanc)
➾ ***Tel** était à peu près le discours paternel.* (Yacine Kateb)
➾ *Je sais seulement que **petit** est le monde et **grande** l'illusion.* (Michel de Ghelderode)

Les différentes sortes d'attributs du sujet

750 ● Il existe différentes sortes d'attributs du sujet. Ainsi, l'attribut du sujet peut être :

1. un groupe du nom ou du pronom :

➾ *«Tu t'appelleras **Tanga**»* (roman de Calixthe Beyala)
➾ *Je suis resté **ce que j'étais : un voyou, un bon à rien**.* (Marcel Dubé)

2. un groupe de l'adjectif ou un groupe de l'adverbe utilisé comme adjectif :

➾ *«Il ne mourra pas **seul**»* (pièce de François-Xavier Munyarugerero)
➾ *Je serais* [...] *un peu moins **là**, un peu **abasourdie**.* (Hélè Béji)

3. un groupe prépositionnel :

➾ *Ils sont **d'une autre espèce que nous**.* (Alice Rivaz)

4. un verbe à l'infinitif (parfois introduit par les prépositions « vides » *à* ou *de* : → 460) :

➾ *Le plus difficile au monde est **de dire en y pensant ce que tout le monde dit sans y penser**.* (Alain)

5. une phrase subordonnée (complétive, infinitive ou relative indéfinie) :

➾ *Le comble est **qu'elles exigeaient qu'on les respectât!*** (René Maran)
➾ *Le plaisir le plus délicat est **de faire celui d'autrui**.* (La Bruyère)
➾ *Elle n'est vraiment pas **qui vous croyez!*** (Émile Zola)

L'ATTRIBUT DU COMPLÉMENT DIRECT

● L'attribut du complément direct du verbe est le groupe de mots qui se rapporte au complément direct par l'intermédiaire du **verbe *être* sous-entendu.** C'est pourquoi le complément direct et son attribut peuvent ordinairement être transformés en subordonnée complétive (à l'aide du verbe *être* ou d'un autre verbe attributif) : 751

— *Mireille a trouvé **Jason triste** aujourd'hui.*
→ *Mireille a trouvé que Jason était triste aujourd'hui.*

● Dans certains cas, l'attribut du complément direct est relié à celui-ci par une préposition imposée par le verbe et qu'on dit « vide » (→ 460) : 752

➾ *Nous aurons **pour fuite** l'arbre lié au ciel.* (Rina Lasnier)

● Beaucoup de verbes permettent à leur complément direct d'avoir un attribut, notamment : ***appeler, croire, déclarer, dire, donner, élire, estimer, faire, imaginer, juger, laisser, nommer, proclamer, rendre, savoir, sentir*** et ***trouver***, auxquels il faut ajouter une série d'autres verbes (quand ils sont utilisés avec une préposition donnée) : ***accueillir*** *(en héros)*, ***admettre*** *(comme vrai)*, ***choisir*** *(pour chef)*, ***considérer*** *(comme réussi)*, ***désigner*** *(pour responsable)*, ***prendre*** *(pour épouse)*,... 753

Les propriétés de l'attribut du complément direct

● L'attribut du complément direct a trois propriétés principales : 754

1. Comme il consiste presque toujours en un groupe du nom ou de l'adjectif, il s'accorde habituellement en **genre** et en **nombre** avec le complément direct :

   ➾ *Il était nécessaire de garder cette découverte **secrète**.* (B. Cendrars)

2. On ne peut pas le supprimer sans rendre la phrase agrammaticale ou sans en changer complètement le sens (on le considère donc comme pratiquement ineffaçable : → 811) :

   — *Je la suppose trop fatiguée.* → * *Je la suppose.*

   ☞ ◆ Par conséquent, si un adjectif se rapportant au complément direct peut être effacé sans que la phrase change de sens, il n'est pas attribut mais simple épithète. Ainsi la phrase *Il a trouvé ses petites autos brisées* peut avoir deux sens :

   — Elles n'étaient pas brisées, mais elles le sont maintenant.
   → ***brisées*** = attribut du complément direct, ineffaçable.

   — Elles étaient brisées, il les cherchait et il les a retrouvées.
   → ***brisées*** = épithète d'*autos*, effaçable.

3. Il est habituellement placé après le complément direct, sauf dans certaines circonstances particulières (notamment quand il est plus court que celui-ci) :

   ➾ *Il vaut mieux tenir pour **fortuite** leur assemblée.* (Paul Nougé)

LE COMPLÉMENT DE PHRASE

755 ● Comme son nom l'indique, le complément de phrase est un groupe de mots qui ne se rapporte pas à un élément particulier de la phrase, mais à la phrase tout entière. Il se distingue du complément du verbe en ce qu'il peut presque toujours être supprimé sans que la phrase en devienne agrammaticale ou que son sens fondamental en soit altéré :

— *Il est en train de réparer la voiture* ***dans le garage****.*
→ *Il est en train de réparer la voiture.*

☞ ◆ Dans la grammaire traditionnelle, le complément de phrase est appelé « complément circonstanciel », parce que, le plus souvent, il enrichit en effet la phrase de l'une ou l'autre « circonstance » : lieu, temps, manière, cause, but, conséquence,... Ainsi défini, le complément circonstanciel est parfois difficile à distinguer du complément indirect (→ 733). Il est donc préférable de recourir à la notion de « complément de phrase » et de s'en tenir, pour l'identifier, au double critère, à la fois syntaxique et sémantique, défini ci-dessus.

Les propriétés du complément de phrase

756 ● Le complément de phrase a quatre propriétés principales :

1. Comme il peut presque toujours être supprimé, il peut presque toujours faire l'objet d'une « phrase annexe » (dédoublement) :

— *Ousmane enseigne l'arabe* ***à Saint-Louis****.*
→ *Ousmane enseigne l'arabe* ***(et il le fait) à Saint-Louis****.*

2. Il peut presque toujours changer de place dans la phrase (déplacement : → 814) :

— *Fatima travaille* ***depuis six mois****.*
→ ***Depuis six mois****, Fatima travaille.*

3. Il ne peut jamais être remplacé par un pronom (pronominalisation : → 822), sauf quand il représente un être vivant ou qu'il indique le lieu :

— *Je suis arrivé sur place* ***avant le médecin****.*
→ *Je suis arrivé sur place* ***avant lui****.*

— *David et Claudia jouent* ***dans le grenier****.*
→ *David et Claudia* ***y*** *jouent.*

4. Il peut être mis en évidence à l'aide d'un marqueur d'emphase :

— *Elle a réussi* ***grâce à sa persévérance****.*
→ ***C'est grâce à sa persévérance qu'****elle a réussi.*

☞ ◆ Dans une phrase, il peut y avoir un nombre indéterminé de compléments de phrase.

Les différentes sortes de compléments de phrase

● Il existe différentes sortes de compléments de phrase. Ainsi, le complément de phrase peut être : 757

1. un groupe du nom :

   ➾ *La mère Corriveau se tenait aux côtés de son mari,* ***une casserole de fonte à la main****.* (Roch Carrier)

2. un groupe de l'adverbe :

   ➾ *Je finirai bien par te rencontrer* ***quelque part****.* (Gaston Miron)

3. un groupe prépositionnel :

   ➾ *«La diligence s'éloigne* ***à l'aube****»* (roman de Marcelle Lagesse)

4 un verbe au gérondif (→ 602) :

   ➾ *Un garçon d'environ cinq ans arrive* ***en courant****.* (P. M. Bamboté)

5. une subordonnée circonstancielle, qui peut exprimer le temps, le lieu, la manière,... (→ 905-953).

LES COMPLÉMENTS DU NOM

● D'un point de vue syntaxique, le complément du nom est un groupe de mots qui dépend d'un nom et qui peut toujours être supprimé. 758

☞ ◆ On ne considère pas le déterminant du nom comme un complément du nom, parce qu'il ne peut pas être supprimé. Il «fait corps» avec le nom auquel il se rapporte et forme, avec lui, le noyau du groupe du nom (→ 783R).

Il y a trois sortes de compléments du nom : l'**apposition**, l'**épithète**, et l'ensemble des **autres compléments du nom**.

L'ÉPITHÈTE

● L'épithète est toujours un groupe de l'adjectif. En règle générale, elle se place immédiatement avant ou après le nom auquel elle se rapporte (→ 194-197) et s'accorde en genre et en nombre avec lui (→ 198-212) : 759

➾ *Il vient près de son lit deux* ***grandes*** *sœurs* ***charmantes***
Avec des doigts ***frêles*** *aux ongles* ***argentins****.* (Arthur Rimbaud)

Divers mots peuvent cependant s'interposer entre l'épithète et le nom :

1. une autre épithète : *de beaux* ***grands*** *enfants.*
2. une marque de degré (→ 186-193) : *l'heure* ***la plus*** *chaude.*
3. la préposition ***de*** (considérée comme «vide» : → 460) :
   — *un drôle* ***d'****animal.*
4. un adverbe se rapportant à l'épithète (→ 789.1) :
   — *une histoire* ***tout à fait*** *incroyable.*

L'épithète détachée

760 ● L'épithète détachée a ceci de particulier qu'elle est séparée du nom par une pause à l'oral et une virgule à l'écrit, et qu'elle peut être déplacée dans la phrase :

— *Il referma la porte,* ***insensible à nos appels****.*
→ ***Insensible à nos appels****, il referma la porte.*

☞ ◆ L'épithète détachée ne peut être placée en tête de phrase que si elle se rapporte au sujet :

— ***Trop lourdes pour lui****, ses responsabilités l'écrasent.*

La phrase serait grammaticalement incorrecte si l'épithète, placée en tête de phrase, ne se rapportait pas au sujet :

— * ***Trop lourdes pour lui****, il n'assume pas ses responsabilités.*

◆ Il est parfois difficile de faire la distinction entre un **adjectif épithète** et un **adjectif attribut du complément direct** (→ 791). En cas de doute, il faut recourir à la pronominalisation (→ 822). Quand l'adjectif se pronominalise avec le nom, c'est qu'il est épithète; mais quand le nom seul se pronominalise, l'adjectif est attribut du complément direct :

— *J'ai entendu cette histoire* ***incroyable****.*
→ ***Cette histoire incroyable****, je l'ai entendue.* = épithète.
— *J'ai trouvé cette histoire* ***incroyable****.*
→ ***Cette histoire****, je l'ai trouvée* ***incroyable.*** = attr. du c. dir.

L'APPOSITION

761 ● L'apposition est le plus souvent un groupe du nom, mais elle peut également être un verbe à l'infinitif (voire une phrase infinitive) ou une subordonnée complétive.

Elle se place presque toujours après le nom auquel elle se rapporte et se reconnaît à ce qu'elle en représente une sorte de « dédoublement » : l'apposition désigne en effet **toujours la même réalité** que le nom auquel elle est « apposée ».

Elle peut être directement accolée au nom, séparée de lui par une virgule ou un deux-points, ou reliée à lui par la préposition ***de***, considérée comme « vide » en ce cas (→ 460) :

— *Le roi* ***Baudouin Ier****.* — *Le mois* ***de décembre****.*

➾ *«Mbala,* ***l'éléphant****»* (roman de René Maran)

➾ *On nous réduit à l'état* ***de rechercher d'être aimés plutôt que d'aimer****.* (Georges Ngal)

➾ *Donnez-moi l'illusion* ***que je n'aurai plus à contenter le besoin étale de miséricordes****.* (Léon Gontran Damas)

☞ ◆ Dans de rares cas, il peut être nécessaire d'« accorder » l'apposition avec le nom auquel elle se rapporte : → 166.

L'apposition détachée

● Comme l'épithète détachée (→ 760), l'apposition détachée est toujours séparée du nom par une pause à l'oral et une virgule à l'écrit (mais jamais par la préposition *de*), et elle peut presque toujours être déplacée dans la phrase : 762

— *L'île Maurice,* ***pays de rêve****, m'a laissé un souvenir inoubliable.*
→ ***Pays de rêve****, l'île Maurice m'a laissé un souvenir inoubliable.*

☞ ◆ Il faut savoir que l'apposition, étudiée ici comme complément du nom (ce qu'elle est le plus souvent) existe également comme complément du pronom, du verbe à l'infinitif ou même de la phrase.

LES AUTRES COMPLÉMENTS DU NOM

● Les autres compléments du nom sont tous les groupes de mots qui se rapportent à un nom mais qui ne sont **ni des déterminants** (→ 783R)**, ni des épithètes, ni des appositions.** 763

Ils consistent le plus souvent en un groupe prépositionnel (généralement introduit par *de, à, autour, contre, en, envers, par, sans,...*), mais ils peuvent aussi être un groupe du nom, un groupe de l'adverbe (utilisé adjectivement) ou même une subordonnée complétive ou relative.

Ils se placent toujours après le nom auquel ils se rapportent et se distinguent de l'apposition en ce qu'ils ne désignent pas la même réalité que le nom :

— *l'auto* ***de Guy****, le trajet* ***par Hébertville****, un gilet* ***sans boutons****.*
— *la collaboration* ***de chacun****, la peur* ***de tomber****, les gens* ***d'ici****.*
— *la grammaire* ***Guérin****, des blocs* ***Lego****, la tour* ***Eiffel****.*

➾ *«Opération* ***Thor****»* (bande dessinée de Jacques Martin)
➾ *«Ode* ***au Saint-Laurent****»* (recueil de poèmes de Gatien Lapointe)
➾ *«Ballade des dames au temps* ***jadis****»* (poèmes de François Villon)
➾ *Je cède au vertige* ***d'écrire mes mémoires****.* (Hubert Aquin)
➾ *Un seul long cri de détresse* ***qui déchire la terre****.* (Chamberland)

Le complément (du nom) détaché

● Comme l'épithète et l'apposition détachées, le complément (du nom) détaché — qui ne peut lui-même consister qu'en un groupe du nom — est toujours séparé, du nom auquel il se rapporte, par une pause à l'oral et une virgule à l'écrit (jamais par une préposition). Il peut être déplacé dans la phrase : 764

— *L'accusé,* ***la sueur au front****, tenta de se justifier.*
→ ***La sueur au front****, l'accusé tenta de se justifier.*

☞ ◆ Il est à noter qu'un nom peut très bien avoir les trois sortes de compléments à la fois.

LES AUTRES COMPLÉMENTS

765 ● Parmi les fonctions définies par rapport à la classe d'un mot (→ 717), il n'y a pas que les compléments du nom (les plus nombreux et les plus diversifiés), il y a aussi les **compléments du pronom**, **de l'adjectif**, **de l'adverbe, et le modificateur** (de l'adjectif, du verbe et de l'adverbe notamment).

LE COMPLÉMENT DU PRONOM

766 ● Le complément d'un pronom est le groupe de mots qui dépend syntaxiquement de ce pronom. Comme un pronom, par définition (→ 275), remplace habituellement un nom, il peut être suivi des mêmes compléments que celui-ci :

1. **Épithète du pronom**, avec ou sans préposition vide (→ 460) :

   — *Quoi* ***de neuf****?* — *Rien* ***d'important****.*

   — *Elle* ***seule*** *a parlé.* — *C'est pour vous* ***autres****.*

   L'épithète du pronom peut être détachée :

   ➪ ***Indécise****, elle reprit le vase de nuit.* (Rodolphe Girard)

2. **Apposition du pronom**, toujours détachée :

   ➪ *Elle effleurait la vie,* ***esprit plutôt que femme****.* (André Maurois)

   ➪ *Moi,* ***l'enfant du soleil****, hélas trop brun pour elle,*
   Je n'eus pas un regard de ses yeux étonnés! (Léon Gontran Damas)

   ➪ *C'est fini, il n'y a plus rien,* ***ni enfance, ni maison, ni jardin, ni parc****.* (Anne Hébert)

   ☞ ◆ L'épithète et l'apposition du pronom se conforment aux mêmes règles d'accord que l'épithète et l'apposition du nom (→ 759-762).

3. **Autres compléments du pronom** (→ 763). Ceux-ci consistent le plus souvent en un groupe prépositionnel (généralement introduit par *de, à, autour, contre, en, envers, par, sans,...*), mais ils peuvent être un groupe du nom (toujours détaché), un groupe de l'adverbe (utilisé adjectivement) ou même une subordonnée relative.

   ➪ *Celle* [la passion] ***pour la chasse*** *devint une véritable fureur.* (Stendhal)

   ➪ *Une mission importante dont on avait chargé l'un* ***d'eux****.* (Mariama Bâ)

   ➪ *Oui, répondis-je,* ***les yeux brillant de plaisir et de fierté****.* (Ferdinand Oyono)

   ➪ *Quelque chose se forge* ***qui donne à l'homme la mesure de son identité avec la solitude****.* (Albert Camus)

LE COMPLÉMENT DE L'ADJECTIF

● Le complément d'un adjectif est le groupe de mots qui dépend syntaxiquement de cet adjectif. Il est le plus souvent un groupe prépositionnel, mais il peut être une subordonnée complétive. Il est presque toujours placé derrière l'adjectif : 767

- *Le paysage familier, si lourd* ***de souvenirs****.* (Calixthe Beyala)
- *La vieille Juive, consciente* ***qu'on parlait d'elle****...* (Michel Tremblay)
- *Ce désarroi capable* ***de tout changer****.* (Robert Lalonde)

LE COMPLÉMENT DE L'ADVERBE

● Le complément d'un adverbe est le groupe de mots qui dépend syntaxiquement de cet adverbe. Il peut être un groupe prépositionnel ou une subordonnée complétive : 768

- *C'est déjà fini, malheureusement* ***pour toi****.* (Léon Bloy)
- *Heureusement* ***que nous savons lutter****.* (Bernard Binlin Dadié)

☞ ◆ Un adverbe de quantité accompagné de la préposition *de* est considéré comme un **déterminant indéfini** (*peu de, beaucoup de, tant de,...* : → 389); un adverbe de manière accompagné de la préposition *à* ou *de* est considéré comme une **locution prépositive** (*proportionnellement à, indépendamment de,...* : → 458).

◆ Dans la mesure où les interjections sont assimilées aux adverbes (→ 454), il faut également considérer leurs compléments comme des compléments de l'adverbe.

LE MODIFICATEUR

● Le modificateur peut être défini comme le mot ou le groupe de mots (un adverbe dans la plupart des cas) qui se rapporte à un adjectif, à un verbe ou à un adverbe (parfois même à un nom ou à un pronom), mais qui, contrairement aux compléments de l'adjectif, du verbe ou de l'adverbe, est **toujours effaçable** et se place **presque toujours devant le mot qu'il modifie** : 769

- *Le souffle d'une femme ne fera plus frémir mon cœur* ***maintenant froid****.* (Oswald Durand)
- *Ils ont acquis* ***presque tout*** *le pouvoir.* (Félix-Antoine Savard)
- *Je dois partir demain* ***très tôt*** *pour Boulogne.* (M. Van der Meersch)
- *Vous êtes trop intelligente,* ***trop femme*** *surtout, pour ne pas l'avoir compris.* (Alain Grandbois)
- *Ils ne sont du reste vraiment heureux,* ***vraiment eux-mêmes****, qu'entre eux, sans nous.* (Alice Rivaz)

770 ● Dans certains cas, un modificateur peut se rapporter à une préposition ou à une conjonction :

➾ *Il arriva au viaduc de la rue Notre-Dame,* ***presque immédiatement au-dessus*** *de la petite gare de brique rouge.* (Gabrielle Roy)

➾ [Il] *comprend tout,* ***précisément parce qu'****il n'aime rien.* (A. Gide)

Remarque :

Il est parfois difficile de faire la distinction entre le **modificateur du verbe** et le **complément de phrase** (→ 755), tous deux effaçables (→ 810). Ainsi, dans la phrase *Anémone se décida finalement,* l'adverbe est-il modificateur du verbe *se décida* ou complément de la phrase *Anémone se décida*? Il s'agit d'une question de perception et les deux interprétations sont défendables.

LES FONCTIONS DE LIAISON

LE COORDONNANT

771 ● Le coordonnant permet de relier, sans les faire dépendre syntaxiquement l'un de l'autre, deux éléments d'un groupe, deux groupes ou deux phrases :

➤ Le coordonnant qui unit deux éléments d'un groupe ou deux groupes est toujours une **conjonction de coordination** (→ 472) :

➾ *Je lui ai appris* [...] *la Suède, le Danemark, la Scandinavie* ***et*** *l'Angleterre* ***avec*** *l'Écosse* ***et*** *l'Irlande.* (La Bruyère)

➤ Le coordonnant qui unit deux phrases peut être une **conjonction de coordination**, un **adverbe de coordination** ou des **adverbes de corrélation** (→ 844, 848 et 850).

➾ *Pendant un an il avait pu partager leur vie,* ***mais*** *il n'était pas des leurs.* (Germaine Guèvremont)

➾ *Sa respiration siffla une dernière fois,* ***puis*** *son corps s'immobilisa.* (Nafissatou Diallo)

➾ ***Non seulement*** *vos vers sont mauvais,* ***mais*** *il m'est démontré que vous n'en ferez jamais de bons.* (Denis Diderot)

LE SUBORDONNANT

772 ● Le subordonnant permet de subordonner une phrase à une autre. Le subordonnant qui relie ainsi deux phrases entre elles est toujours une **conjonction de subordination** (→ 474) :

➾ ***Lorsque*** *les poissons ne mordaient ni à droite, ni à gauche, Jérémie descendait sous l'eau.* (Simone Schwarz-Bart)

LES FONCTIONS : TABLEAU RÉCAPITULATIF (1)

773

A. FONCTIONS DE 1 À 10

(fonctions de 11 à 19 : page suivante)

LES FONCTIONS : TABLEAU RÉCAPITULATIF (2)

B. FONCTIONS DE 11 À 19

(fonctions de 1 à 10 : page précédente)

LES COMPLÉMENTS DU NOM

11. **L'épithète** :	*Ils ont acheté une* ***vieille*** *ferme* ***isolée****.*	n° **759**
— l'épithète détachée :	***Malade de peur****, André n'a pas sauté.*	**760**
12. **L'apposition** :	*Pauline a eu l'idée* ***d'intervenir****.*	**761**
— l'apposition détachée :	***Héros méconnu****, il a sauvé dix enfants.*	**762**
13. **Les autres compl. du nom** :	*Un gilet* ***de laine****, un filtre* ***à café****.*	**763**
— le complément détaché :	***La mort dans l'âme****, elle est restée.*	**764**

LES AUTRES COMPLÉMENTS

14. **Le complément du pronom** :		
— épithète :	*Il veut réaliser quelque chose* ***de grand****.*	**766**
— apposition :	*Nous,* ***tes amis****, ne t'oublierons pas.*	**766**
— autres :	*Certains* ***d'entre eux*** *s'en souviennent.*	**766**
15. **Le compl. de l'adjectif :**	*Anne est bien capable* ***de voler seule****.*	**767**
16. **Le compl. de l'adverbe** :	*Heureusement* ***pour lui****, j'étais là.*	**768**
17. **Le modificateur** :	*Elle a attendu* ***patiemment****.*	**769**

LES FONCTIONS DE LIAISON

18. **Le coordonnant** :		
— entre les éléments d'un groupe :	*Elle a invité Paul* ***et*** *Jean* ***mais*** *pas Louis.*	**771**
— entre les groupes :	*Il demeure en France* ***ou*** *à Lomé.*	**771**
— entre les phrases :	*J'ai expliqué mon idée,* ***puis*** *je suis parti.*	**771**
19. **Le subordonnant :**	*David a insisté* ***jusqu'à ce que*** *je cède.*	**772**

Émile Nelligan
Québec
1879 - 1941

Émile Nelligan, à l'exemple de Rimbaud en France, est un peu le «poète maudit» de la littérature québécoise. D'origine irlandaise par son père, il naquit à Montréal en 1879 et, après avoir vainement tenté d'être commis-comptable et marin, il rompit avec le milieu familial et s'engagea délibérément en poésie. Poète prodige et célèbre très jeune, Émile Nelligan n'écrivit cependant que pendant trois ans, de 1896 à 1899, car, à 20 ans, il dut être interné pour schizophrénie. Il vécut 42 ans en institut psychiatrique avant d'y mourir. Un ami édita bon nombre de ses poèmes en 1904, mais les ***Poésies complètes, 1896-1899*** ne parurent pas avant 1952.

[...]

Je suis gai! je suis gai! Vive le vin et l'Art!
J'ai le rêve de faire aussi des vers célèbres,
Des vers qui gémiront les musiques funèbres
Des vents d'automne au loin passant dans le brouillard.

C'est le règne du rire amer et de la rage
De se savoir poète et l'objet du mépris,
De se savoir un cœur et de n'être compris
Que par le clair de lune et les grands soirs d'orage!

Femmes! je bois à vous qui riez du chemin
Où l'Idéal m'appelle en ouvrant ses bras roses;
Je bois à vous surtout, hommes aux fronts moroses
Qui dédaignez ma vie et repoussez ma main!

Pendant que tout l'azur s'étoile dans la gloire,
Et qu'un hymne s'entonne au renouveau doré,
Sur le jour expirant je n'ai donc pas pleuré,
Moi qui marche à tâtons dans ma jeunesse noire!

Je suis gai! je suis gai! Vive le soir de mai!
Je suis follement gai, sans être pourtant ivre!
Serait-ce que je suis enfin heureux de vivre,
Enfin mon cœur est-il guéri d'avoir aimé?

Les cloches ont chanté, le vent du soir odore...
Et pendant que le vin ruisselle à joyeux flots,
Je suis si gai, si gai, dans mon rire sonore,
Oh! si gai, que j'ai peur d'éclater en sanglots!

(Extrait de *Émile Nelligan et son œuvre*,

*M*ICHÈLE *R*AKOTOSON

Madagascar

1948

Michèle Rakotoson appartient à une nouvelle génération d'écrivains malgaches de langue française (après les grands noms de Jean-Joseph Rabearivelo, Jacques Rabemananjara et Flavien Ranaivo). Ses romans (*Dadabé*, ***Le Bain des reliques***) et ses pièces de théâtre (*Un jour ma mémoire*, *La Maison morte*) mêlent harmonieusement sa sensibilité féminine et le désarroi de son peuple entraîné dans des aventures politiques sans lendemain. Son écriture est tout à la fois fraîche et douloureuse, délicate et puissante.

Et les voix se faisaient plus sûres, plus éclatantes.

Réalisaient-elles la portée de leurs paroles, ces femmes qui chantaient? Réalisaient-elles la douleur étouffée pendant l'année? Les espoirs, la foi? On avait fait d'elles des chrétiennes ou des musulmanes et elles chantaient leurs dieux, Andriambahoaka et non Zanahary ou Andriamanitra. On voulait leur faire chanter les rois et elles se chantaient elles, femmes qui ne voulaient plus des tabous et des interdits.

«Toute l'année nous nous taisons, nous respectons nos pères, nos frères, nos fils, les autorités, avaient-elles dit à Ranja pendant les repérages; pendant la cérémonie nous sommes déesses, maîtres enfin.»

Et, pendant qu'elles chantaient, un conteur prit la parole comme en écho :

«Les fils du roi étaient tous là, dit-il, les fils de ceux qui en ont plusieurs et de ceux qui en ont peu.»

Et il y avait aussi le Seigneur du Centre de la Terre, avec sa femme, la Femme Unique, fille du Ciel, sa Femme qui était enceinte, depuis dix ans, d'un fils qui ne voulait pas de la Terre. Ils étaient venus autour du Roi du Centre, pour sauver le royaume et sauver le territoire.

Et eux qui regardaient, étaient-ils fils de roi?

Les tambourins se mirent de la partie, et aussi les luths et les clavecins à pied, tandis que le conteur racontait la généalogie. Et les hommes autour de lui se réveillèrent, ponctuant ses paroles d'un «*Marina izany!* — Ce n'est que trop vrai!», point d'orgue plutôt qu'acquiescement.

Les chants, la musique, les danses augmentèrent d'intensité. Alors Ranja se laissa aller à son cœur, qui se mit à battre, à l'excitation qu'il sentit dans ses doigts, ses pieds, son corps. Il se laissa aussi aller à chanter et danser.

[...]

«Je pense que, pour ce soir, j'ai filmé l'essentiel.»

(Extrait de *LE BAIN DES RELIQUES*,
© Karthala)

Chapitre XVI

Les groupes syntaxiques

• La notion de groupe syntaxique est devenue primordiale en analyse grammaticale. Avant de l'étudier en détail, il importe donc de la définir avec exactitude et de bien situer sa réalité dans la phrase. 774

Ainsi, toute phrase, parce qu'elle est un ensemble de mots (→ 644), peut être considérée sous deux angles opposés : l'**ensemble** qu'elle forme ou les **mots** qui le constituent. L'ensemble est doté de propriétés variant selon son type et selon sa forme (→ 667 et 693) et les mots sont eux-mêmes dotés de propriétés variant selon la classe à laquelle ils appartiennent (→ 68).

Toutefois, entre l'ensemble qu'est la phrase et ses éléments minimaux que sont les mots, il existe un échelon intermédiaire, c'est-à-dire divers sous-ensembles également dotés de propriétés spécifiques. On les appelle **groupes syntaxiques**.

LES PROPRIÉTÉS DES GROUPES SYNTAXIQUES

• **Un groupe syntaxique est un ensemble de mots solidaires les uns des autres à l'intérieur de la phrase.** À ce titre, un groupe syntaxique forme une unité grammaticale et demeure une unité, quelque manipulation que l'on fasse subir à la phrase dans laquelle il se trouve. C'est donc le groupe syntaxique, et non les mots qui le constituent, qui exerce une fonction grammaticale dans la phrase. 775

Remarque : 776

Un groupe syntaxique n'est habituellement pas une phrase à lui tout seul (mais cela peut être le cas, notamment dans les phrases de type impératif : → 674-675). De même, **un groupe syntaxique comporte habituellement plus d'un mot** (mais il peut n'en comporter qu'un seul, notamment quand il consiste en un pronom : → 70R).

777 • Un groupe syntaxique est obligatoirement constitué d'un noyau et facultativement d'expansions :

- Le **noyau** d'un groupe est son élément principal, celui auquel les autres se rattachent et qui donne son nom au groupe.
- Les **expansions** sont tous les compléments, quels qu'ils soient, qui dépendent du noyau du groupe.

778 • Les principaux groupes syntaxiques sont :

1. le **groupe du nom** (abrégé en **GN**).
2. le **groupe de l'adjectif** (abrégé en **GAdj**).
3. le **groupe du verbe** (abrégé en **GV**).
4. le **groupe de l'adverbe** (abrégé en **GAdv**).
5. le **groupe prépositionnel** (abrégé en **GPrép**).

> Même si tous ces groupes ont une structure identique (un noyau obligatoire et des expansions facultatives), il reste qu'ils ont aussi chacun leurs particularités. C'est pourquoi ils sont étudiés l'un après l'autre : → 781-802.

Groupes syntaxiques et représentation graphique

779 • Les groupes syntaxiques ne sont pas exclusifs les uns des autres, en ce sens qu'ils ne sont pas tout simplement juxtaposés dans la phrase. Au contraire, un groupe peut en contenir divers autres. L'imbrication des groupes les uns dans les autres peut être représentée graphiquement.

Ainsi, dans la phrase ***Le malade, sans doute las d'attendre le médecin, s'était endormi sur la civière***, les groupes syntaxiques s'articulent de la manière suivante :

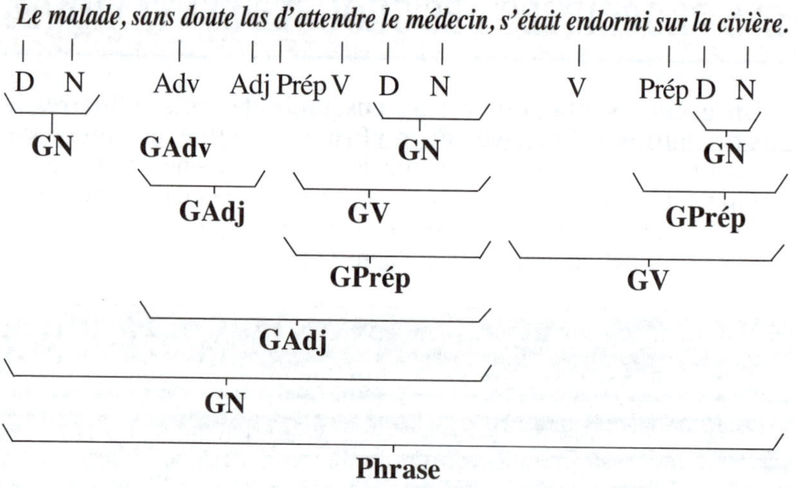

● La structure d'une phrase peut aussi être visualisée par une représentation dite « en arbre renversé », mais ce mode de représentation atteint rapidement ses limites quand la phrase est longue. Il faut alors procéder par étapes (comme dans l'exemple ci-dessous, illustrant la phrase ***Je cherche un pilote prêt à décoller dans de très mauvaises conditions***) : 780

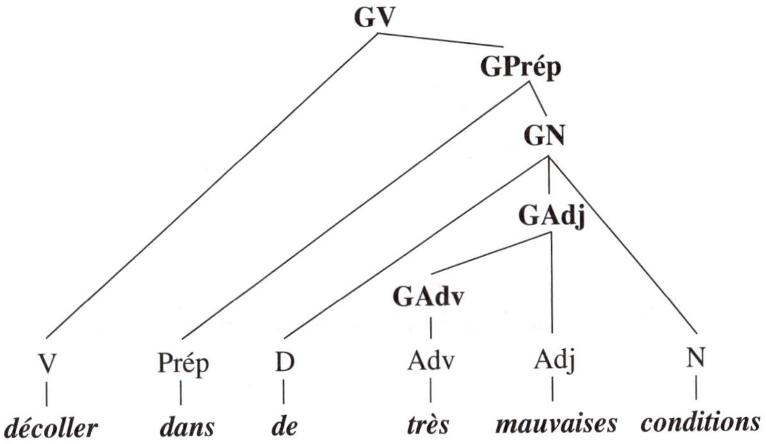

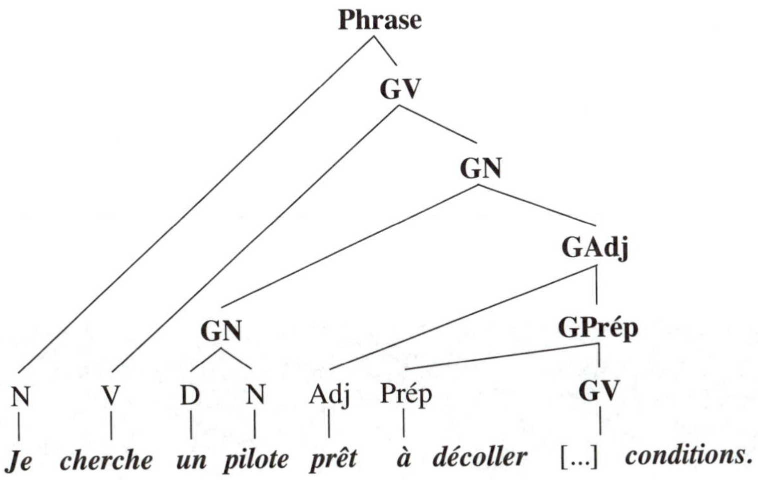

☞ ◆ La représentation graphique « en arbre renversé » s'avère, à l'usage, plus propre à montrer que la structure d'une phrase a été bien comprise qu'à donner le moyen de bien l'établir. Pour l'analyse proprement dite, il paraît donc préférable de recourir d'abord aux manipulations syntaxiques (→ 803-823), après quoi le résultat de l'analyse peut être facilement représenté sous forme de graphique.

LES PRINCIPAUX GROUPES SYNTAXIQUES

781 ● L'étude des groupes syntaxiques comporte deux grands volets : d'abord l'examen des **groupes** eux-mêmes, et puis celui des **manipulations** syntaxiques permettant d'identifier à coup sûr les groupes que contient une phrase.

782 ● Il y a cinq groupes syntaxiques principaux : le **groupe du nom**, le **groupe de l'adjectif**, le **groupe du verbe**, le **groupe de l'adverbe** et le **groupe prépositionnel**. Pour chacun des groupes syntaxiques, l'étude se divise en deux parties : d'abord la recension de toutes les sortes d'expansions qu'il peut y avoir dans le groupe, ensuite la recension de toutes les fonctions grammaticales que peut avoir le groupe lui-même.

LE GROUPE DU NOM

783 ● Est appelé **groupe du nom (GN)**, ou **groupe nominal**, tout groupe de mots ayant pour noyau un nom (définition : → 116), quels que soient la sorte et le nombre de ses expansions.

Le noyau d'un groupe du nom peut prendre deux formes différentes :

1. un nom propre seul :

— *Brigitte, Arsène Lupin, Madagascar, Baie St-Paul, Port-au-Prince.*

2. un nom, propre ou commun, accompagné d'un déterminant :

— *une cible, ce lac, tout Montréal, le Burkina Faso, chaque élève.*

☞ ◆ Le **déterminant** n'a jamais d'autre fonction dans le groupe du nom que celle du nom auquel il se rapporte, au point qu'il est considéré comme formant, avec le nom, un tout indissociable : le noyau du groupe du nom.

784 **Remarque :**

D'un point de vue grammatical, **le groupe du pronom (GPron) se comporte exactement comme le groupe du nom**, à tel point qu'ils sont même interchangeables. C'est pourquoi le groupe du pronom ne requiert pas d'étude particulière : tout ce qui est dit du groupe du nom vaut pour le groupe du pronom.

Les expansions dans le groupe du nom

785 ● Dans un groupe du nom, indépendamment de la fonction grammaticale de celui-ci (→ 787), peuvent se trouver diverses expansions du noyau qui sont toutes, quelles qu'elles soient, des compléments du nom. Quand une telle expansion n'est pas une phrase, elle consiste alors en l'un ou l'autre des groupes syntaxiques suivants :

1. un GN (qui a généralement pour fonction d'être une apposition, détachée ou non : → 761-762) :

   ➾ *Des procédés qui survalorisent le héros* ***agent secret****.* (Hubert Aquin)

2. un GAdj (qui a toujours pour fonction d'être une épithète, détachée ou non : → 759-760) :

   ➾ *Des palmiers,* ***vieux de quelques années****, pointaient vers le ciel leurs* ***vénérables*** *cimes* ***feuillues****.* (Félix Couchoro)

3. un GPrép (qui a généralement pour fonction d'être un complément du nom, détaché ou non : → 763-764) :

   ➾ *Un loup énorme,* ***aux yeux étincelants****,* ***à la gueule ouverte****, sortit sa tête hors du bois.* (Comtesse de Ségur)

● Les expansions du nom peuvent également consister en phrases, qu'il s'agisse de subordonnées relatives, complétives ou circonstancielles : 786

1. une subordonnée relative, complément du nom (→ 867) :

   ➾ *La brousse a ses mystères* ***que seuls les vétérans sont tenus de savoir****.* (Faustin-Albert Ipéko-Étomane)

2. une subordonnée complétive, complément du nom (→ 900) :

   ➾ *Il s'enchantait de l'idée* ***qu'il était l'arbitre****.* (Chateaubriand)

3. une subordonnée circonstancielle, complément du nom (→ 905) :

   ➾ *Le soir,* ***quand Louis rentre****, il est fourbu.* (Roger Martin du Gars)

Les fonctions du groupe du nom

● Le groupe du nom peut avoir un grand nombre de fonctions grammaticales différentes : 787

1. GN sujet (→ 722.1) :

   ➾ *Et brusquement m'apparut* ***le visage de la destinée****.* (Antoine de Saint-Exupéry)

2. GN complément (direct) du verbe (→ 732.1) :

   ➾ *Il buvait des yeux* ***la gent féminine dans sa majesté et sa splendeur****.* (Philippe Tsira Ndong Ndoutoume)

3. GN complément du verbe impersonnel (→ 741) :

   ➾ *Il émanait d'elle* ***un intense rayonnement****.* (M. Khaïr-Eddine)

4. GN complément du présentatif (→ 743) :

   ➾ *C'est* ***le Carnaval des Maudits!*** (Titinga Frédéric Pacéré)

5. GN attribut du sujet (→ 750.1) :

   ➾ *La femme se fit* ***berceau****. Elle se fit* ***champ d'herbes*** *et* ***terre d'argile****.* (Andrée Chedid)

6. GN attribut du complément direct du verbe (→ 754) :

Gardez-vous de détruire en lui ces nobles sentiments, si vous ne voulez pas transformer ***en vipère*** *ce peuple couleuvre.* (P. Hazoumé)

7. GN complément de phrase (→ 757.1) :

La femme avait couru ***toute la matinée****.* (Faustin-Albert Ipéko-Étomane)

Je t'ai croisée ***rue de Siam****.* (Jacques Prévert)

8. GN complément du nom (→ 758 et 761) :

Qu'est devenu mon cœur, ***navire déserté****?* (Émile Nelligan)

9. GN complément du pronom (→ 766.2) :

Le cœur plein d'énigme*, je rêve d'un ciel pur.* (Gatien Lapointe)

10. GN équivalant à un modificateur (généralement de l'adverbe, parfois de la préposition ou de la conjonction : → 769-770) :

Son oncle mort ***quelques années*** *plus tôt.* (Olympe Bhêly-Quenum)

— *Jean-Séverin travaille* ***quatre étages*** *au-dessus de ton bureau.*

— *Cela s'est passé* ***une semaine*** *avant qu'Évelyne s'en aille.*

Autres informations concernant le nom : → Chapitre IV, p.109; concernant les compléments du nom : → 758-764.

LE GROUPE DE L'ADJECTIF

788 • Est appelé **groupe de l'adjectif (GAdj)**, ou **groupe adjectival**, tout groupe de mots ayant pour noyau un adjectif (définition : → 168), quels que soient la sorte et le nombre de ses expansions.

Les expansions dans le groupe de l'adjectif

789 • Dans un groupe de l'adjectif, indépendamment de la fonction grammaticale de celui-ci (→ 791), peuvent se trouver diverses expansions du noyau qui sont toutes, quelles qu'elles soient, des compléments de l'adjectif. Quand une telle expansion n'est pas une phrase, elle consiste alors en l'un ou l'autre des groupes syntaxiques suivants :

1. un GAdv (qui a toujours pour fonction d'être modificateur : → 769) :

J'ai entre les mains ce code ***pour le moins*** *curieux.* (Bernadette Dao)

2. un GPrép (qui a toujours pour fonction d'être complément de l'adjectif : → 767) :

La bouche pleine ***d'ombre*** *et les yeux pleins* ***de cris****.* (Anna de Noailles)

Voici de quelle manière vous serez miséricordieux les uns ***pour les autres****.* (Makhâli Phâl)

● L'expansion de l'adjectif peut également consister en une phrase subordonnée complétive (→ 903) : 790

- *On lui préparera des tisanes propres* ***à combattre l'effet de cette suggestion***. (Félix Couchoro)

Les fonctions du groupe de l'adjectif

● Le groupe de l'adjectif peut exercer quatre fonctions grammaticales différentes : 791

1. GAdj attribut du sujet (→ 750.2) :

- *Nous sommes* ***captifs d'un même instant***. (Nadia Tuéni)
- *Le silence est, de premier abord,* ***pareil à celui du désert alentour***. (Pierre Loti)

2. GAdj attribut du complément direct (→ 754) :

- *Faites-moi* ***rebelle à toute vanité***. (Aimé Césaire)
- *Ces nouvelles me laissent* ***perplexe***. (Jean Pliya)

3. GAdj épithète du nom (→ 759) :

- *Julia,* ***désapprobatrice***, ***incompréhensive***, *apporta le café.* (Françoise Mallet-Joris)
- *Il y a des chats, toujours aux aguets,* ***malicieux et infidèles***. (La Rochefoucauld)

4. GAdj épithète du pronom (→ 766.1) :

- *Il pleuvait sans cesse sur Brest ce jour-là*
  Et tu marchais ***souriante***
  Épanouie ravie ruisselante. (Jacques Prévert)
- ***Silencieux***, *ils paraissaient jouir du spectacle*. (Alioum Fantouré)

> Autres informations concernant l'adjectif : → Chapitre V, p.131; concernant les compléments de l'adjectif : → 767.

LE GROUPE DU VERBE

● Est appelé **groupe du verbe (GV)**, ou **groupe verbal**, tout groupe de mots ayant pour noyau un verbe (définition : → 480), quels que soient la sorte et le nombre de ses expansions. Par « verbe », il faut entendre **toute forme verbale complète**, incluant les auxiliaires (→ 497-503) : 792

— *Elle* ***est*** *déjà* ***partie***. — *Nous* ***aurions dîné*** *plus tôt.* — ***Il avait été invité***. — ***J'aurais dû*** *y* ***penser***. — *Vous* ***auriez pu vous en aller***.

Les expansions dans le groupe du verbe

793 ● Dans un groupe du verbe peuvent se trouver diverses expansions du noyau qui sont toutes, quelles qu'elles soient, des compléments du verbe, mais à des titres souvent très différents. Quand une telle expansion n'est pas une phrase, elle consiste alors en l'un ou l'autre des groupes syntaxiques suivants :

1. un GN (qui a pour fonction d'être attribut du sujet ou complément direct du verbe : → 750.1) :

J'attends la nuit pour fuir, son silence obscur me servira ***de remparts****.* (Myriam Antaki)

À Beyrouth l'on décharge ***pensées et caravanes, flibustiers de l'esprit, prêtresses ou bien sultanes****.* (Nadia Tuéni)

☞ ◆ Un GN peut également être complément d'un verbe impersonnel (→ 741) :

Il est ***des lieux où souffle l'esprit****.* (Maurice Barrès)

2. un GV à l'infinitif (qui a pour fonction d'être attribut du sujet ou complément direct du verbe : → 750.4 et 732.2) :

Réclamer cela, c'est ***enfoncer une porte ouverte****.* (Marcel Proust)

Plutôt que de recourir à ce que vous appelez la violence, je préfère ***mourir****.* (Georges Duhamel)

3. un GPron (qui a pour fonction d'être complément direct, en réalité ou seulement en apparence : → 732.1, 728.1 et 728.2) :

Sais-tu l'histoire [...]*? – Je* ***te la*** *raconterai.* (Félix Leclerc)

4. un GAdj (qui a généralement pour fonction d'être attribut du sujet : → 750.2) :

La connaissance n'était pas ***compartimentée****.* (A. Hampâté Bâ)

5. un GAdv (qui a pour fonction d'être modificateur du verbe : → 769) :

Crois-tu qu'il a parlé ***à la légère****?* (Gratien Gélinas)

6. un GPrép (qui a généralement pour fonction d'être complément indirect ou complément d'agent : → 737.1 et 739) :

J'ai donc parlé ***à Karim Ali****.* (Akoua Tchotcho Ekué)

Notre esprit rougeoyant dévoré ***par le grand fleuve****.* (Fernand Ouellette)

794 ● L'expansion du verbe peut également consister en une phrase subordonnée complétive (→ 886) :

Les savants disent ***que j'appartiens à une espèce en voie de disparition****.* (Abdellatif Laâbi)

Les fonctions du groupe du verbe

● Le groupe du verbe a normalement la fonction de son noyau, qui est précisément d'être le verbe de la phrase (→ 716). Toutefois, si ce noyau consiste en un verbe à l'infinitif (parfois précédé d'une préposition « vide » : → 460), il peut également exercer diverses autres fonctions grammaticales (aussitôt que l'infinitif a lui-même un sujet ou un complément, le groupe du verbe à l'infinitif équivaut, en pratique, à une subordonnée infinitive) : 795

1. GV(inf) sujet (→ 722.2) :

   Instruire en amusant a toujours été un grand principe des maîtres maliens de jadis.* (Amadou Hampâté Bâ)

2. GV(inf) complément (direct) du verbe (→ 732.2) :

   *Oserais-je **me présenter devant vous** si je signais le papier du général?* (Jean Pliya)

3. GV(inf) complément du verbe impersonnel (→ 741) :

   *Il va falloir, dès ce soir, **tout recommencer**.* (Jacques Bertin)

   *Il m'arrive **d'oublier que Montréal est une Cité où l'arbre a le droit de chanter**.* (Anthony Phelps)

4. GV(inf) complément du présentatif (→ 743) :

   *Voici **venir le temps où, vibrant sur sa tige, chaque fleur s'évapore ainsi qu'un encensoir**.* (Charles Baudelaire)

5. GV(inf) attribut du sujet (→ 750.4) :

   *Partir, c'est **mourir un peu**.* (dicton populaire)

6. GV(inf) complément du nom (→ 761) :

   *L'idée m'est insupportable **de devoir la moindre somme**.* (François Mauriac)

7. GV(inf) complément du pronom (→ 766.2) :

   *On peut se permettre cela, **d'examiner** [...] **les placards à linge sale aérés par une claire-voie**.* (Nathalie Sarraute)

Autres informations concernant le verbe :

→ Chapitre X, « Le verbe : catégories et formes » : p.259.
→ Chapitre XI, « Le verbe : conjugaisons » : p.277.
→ Chapitre XII, « Le verbe : modes et temps » : p.309.
→ Chapitre XIII, « Le verbe : accords » : p.327.

Informations concernant les compléments du verbe : → 726-742.

LE GROUPE DE L'ADVERBE

796 ● Est appelé **groupe de l'adverbe (GAdv)**, ou **groupe adverbial**, tout groupe de mots ayant pour noyau un adverbe (définition : → 429), quels que soient la sorte et le nombre de ses expansions.

Les expansions dans le groupe de l'adverbe

797 ● Dans un groupe de l'adverbe, indépendamment de la fonction grammaticale de celui-ci, peuvent se trouver diverses expansions du noyau qui sont toutes, quelles qu'elles soient, des compléments de l'adverbe. Quand une telle expansion n'est pas une phrase, elle consiste alors en l'un ou l'autre des groupes syntaxiques suivants :

1. un GAdv (qui a pour fonction d'être modificateur → 769) :
   - *L'histoire du monde va **de plus en plus** vite.* (Salah Stetié)
2. un GPrép (qui a pour fonction d'être complément de l'adverbe → 768) :
   - [Elle est] *l'être que j'aime le plus au monde **après mes parents**.* (Makhâli Phâl)
   - *Debout **avant le jour** dans les éclats d'un songe.* (Jean Metellus)

798 ● L'expansion de l'adverbe peut également consister en une phrase subordonnée complétive (→ 878) :

- *Heureusement **qu'il pleuvait**.* (Henry Bauchau)

Les fonctions du groupe de l'adverbe

799 ● Le groupe de l'adverbe peut exercer diverses fonctions grammaticales :

1. GAdv complément de phrase (→ 757.2) :
   - ***Quelque part** un homme à deux futurs se dresse.* (Nadia Tuéni)
2. GAdv modificateur (de l'adjectif, du verbe ou de l'adverbe : → 769) :
   - *Un rire eût été **parfaitement** déplacé.* (Michèle Rakotoson)
   - *La vie à la tombe **âprement** nous conduit.* (Émile Nelligan)
   - *Combien d'oiseaux qui vont **si** souvent d'un monde à l'autre.* (La Rochefoucauld)

☞ ◆ Le groupe de l'adverbe se rencontre parfois comme modificateur de la préposition ou modificateur de la conjonction (→ 770) :

- [La lune] *se montra dans le ciel **toujours** sans nuages.* (Faustin-Albert Ipéko-Étomane)
- *Barad parle tout bas **comme** pour dévoiler un secret.* (Myriam Antaki)

Autres informations concernant l'adverbe : → 429-456; concernant les compléments de l'adverbe : → 768.

LE GROUPE PRÉPOSITIONNEL

● Est appelé **groupe prépositionnel** (GPrép) tout groupe de mots ayant pour noyau une préposition (définition : → 457), c'est-à-dire, en fait, tout groupe de mots dont le premier mot est une préposition, quels que soient la sorte et le nombre de ses expansions. 800

Les expansions dans le groupe prépositionnel

● De par sa structure même, le groupe prépositionnel est différent des autres groupes syntaxiques. Il contient en effet **toujours au moins une expansion** qui est non effaçable et qui consiste en un GN, un GPron, un GV à l'infinitif, un GAdv ou, cas rare, en un autre GPrép : 801

- *«Message* ***pour l'éternité****»* (bande dessinée de Jacques Martin)
- *Son goût* ***à elle*** *est très peu important.* (Bernadette Dao)
- *Les livres* [...] *enfermés* ***depuis toujours****.* (Françoise Mallet-Joris)
- *C'était le monde* ***d'avant le chaos****.* (Alain Grandbois)

Les fonctions du groupe prépositionnel

● Le groupe prépositionnel peut avoir diverses fonctions grammaticales : 802

1. GPrép complément (indirect) du verbe (→ 737.1) :

- *Je reviens* ***du chemin qui mène aux fantômes****.* (Ferdinand Oyono)

2. GPrép complément d'agent (→ 739) :

- [Le paysan haïtien] *est happé* ***par la vie, par les yeux des caféiers, par la chevelure du maïs****...* (Jean Metellus)

3. GPrép complément du verbe impersonnel (→ 741) :

- *Demain, il sortira* ***de terre*** *un épais duvet.* (Titinga Frédéric Pacéré)

4. GPrép attribut du sujet (→ 750.3) :

- *Les prisonniers étaient* ***en guenilles****.* (Alioum Fantouré)

5. GPrép complément de phrase (→ 757.3) :

- *Je l'entends fureter* ***dans la pièce à côté****.* (Hélè Béji)

6. GPrép complément du nom (→ 763) :

- *Luttes* ***à soutenir****, cases* ***à construire****, plantations* ***à ensemencer****.* (René Maran)

7. GPrép complément du pronom (→ 766.3) :

- *Il ouvre toutes les portes, celle* ***de la petite lingerie*** [...], *celles* ***de la cuisine, de la salle de bains, des placards****.* (Nathalie Sarraute)

8. GPrép complément de l'adjectif (→ 767) :

- *Nous demeurons pareils* ***à nous-mêmes****.* (Jacques Brault)

9. GPrép complément de l'adverbe (→ 768) :

- *Il ressemblait peut-être, loin* ***de nos regards****, au grand arbre qui se balance sur la colline.* (Fernand Ouellette)

LES MANIPULATIONS SYNTAXIQUES

803 • Après l'étude systématique des principaux groupes syntaxiques, il convient d'examiner les principales opérations ou manipulations syntaxiques auxquelles on recourt habituellement pour identifier ces groupes à coup sûr : l'**addition**, l'**effacement**, le **déplacement** (incluant la permutation) et le **remplacement** (incluant la nominalisation et la pronominalisation qui en constituent deux cas particuliers).

L'ADDITION

804 • L'addition consiste à ajouter, soit un complément à un groupe, soit un groupe à une phrase. De par sa nature même, l'addition ne permet cependant pas tant de comprendre vraiment la structure syntaxique d'un groupe ou d'une phrase que d'en explorer toutes les possibilités d'enrichissement.

L'addition d'un complément à un groupe

805 • L'addition d'un complément à un groupe équivaut à donner une expansion (de plus) à son noyau :

— *Francine aime les croustilles.*

GN(Sujet) : — ***Ma tante** Francine...*
— *Francine, **l'amie de ma sœur**,...*
— *Francine, **qui vient ce soir**,...*

GV : Verbe : — *... **n'**aime **pas**...*
— *... **a l'air d'**aimer...*
— *... aime **exagérément**...*

GN(Compl. du V.) : — *... les croustilles **de maïs**.*
— *... les croustilles **apportées par Paul**.*
— *... les croustilles **que je viens d'acheter**.*

Ainsi, la phrase, tout en gardant la même structure, peut devenir :

— *Francine, l'amie de ma sœur, n'a pas l'air d'aimer les croustilles de maïs que je viens d'acheter.*

Pour connaître toutes les expansions possibles dans le groupe du nom : → 785-786; dans le groupe de l'adjectif : → 789-790; dans le groupe du verbe : → 793-794; dans le groupe de l'adverbe : → 797-798; dans le groupe prépositionnel : → 801.

L'addition d'un groupe à une phrase

● L'addition d'un groupe à une phrase est un procédé d'enrichissement simple et commode. Elle équivaut souvent à introduire un complément de phrase, mais il peut aussi s'agir d'un complément indirect ou d'un complément d'agent, par exemple : 806

— *Ma bague a été retrouvée.* + ***par ma petite sœur.***
— *Il fit une fausse déclaration.* + ***à l'inspecteur de police.***
— *Carl a réussi son examen.* + ***sans effort particulier.***
avec distinction.
contre toute attente.

L'EFFACEMENT

● L'effacement, appelé aussi **soustraction**, consiste à supprimer, soit un complément dans un groupe, soit un groupe dans une phrase. Il s'avère donc extrêmement utile pour comprendre la structure syntaxique de l'un ou de l'autre. 807

L'effacement d'un complément dans un groupe

● Le fait d'effacer, dans un groupe syntaxique (sauf dans le groupe prépositionnel : → 801), tous les compléments qui peuvent être supprimés sans que la phrase en devienne agramaticale, permet de trouver à coup sûr le noyau du groupe qui, lui, ne peut jamais être supprimé : 808

> *Les toutes petites fenêtres des maisons qui, en temps ordinaire, permettent aux chambres de rester fraîches, il faisait cette fois tellement chaud qu'on avait envie de les agrandir à coups de pioche pour pouvoir respirer.* (Jean Giono)

→ ***On avait envie d'agrandir les fenêtres.***

● Dès lors qu'il permet de trouver à coup sûr le noyau d'un groupe, l'effacement s'avère un procédé fort utile pour la mise en application de la plupart des règles d'accord, que ce soit à l'intérieur du même groupe ou d'un groupe à l'autre : 809

1. Accord de l'épithète avec le nom ou le pronom: (→ 759 et 784) :

— ***Julie***, [*la fille de l'épicier,*] ***soucieuse*** *de son avenir, a repris le commerce.*

2. Accord du verbe avec le sujet (→ Chapitre XIII, p.327) :

— ***Les clients*** [*pour Janine et Benoît*] ***s'étaient assis*** *à cet endroit.*

3. Accord de l'attribut du sujet avec celui-ci (→ 749.1) :

— ***Aline***, [*l'amie de Nicolas,*] [*le boucher du coin,*] *m'a paru* ***déçue*** *de ton départ.*

4. Accord de l'attribut du complément direct avec celui-ci (→ 754.1) :

— *J'ai toujours trouvé la* ***sœur*** [*de Frank*] *trop* ***gênée*** *avec moi.*

L'effacement d'un groupe dans une phrase

810 ● Le fait d'effacer, dans une phrase, tout groupe syntaxique qui peut l'être, permet principalement de faire la distinction entre un **complément de phrase** (qui peut toujours être effacé : → 755) et un **complément du verbe** (qui ne peut pas être effacé, ou qui, s'il peut l'être sur le plan strictement grammatical, ne peut pas l'être sur le plan sémantique : → 726) :

— *François pense encore à sa mère tous les jours.*

→ *François pense encore **à sa mère**.* = sémantiquement correct. (Donc, ***tous les jours*** = complément de phrase.)

→ *François pense encore **tous les jours**.* = sémantiquement douteux. (Donc, ***à sa mère*** = complément du verbe.)

811 ● L'effacement contribue aussi à l'identification d'autres groupes syntaxiques. En effet, certains groupes syntaxiques s'effacent en général facilement (les compléments du nom, du pronom, de l'adjectif et de l'adverbe, ainsi que les compléments de la préposition et de la conjonction), alors que d'autres ne s'effacent jamais (le verbe, le sujet, les attributs du sujet et du complément direct, ainsi que le complément du présentatif) ou alors seulement au prix d'une importante altération sémantique (les compléments direct et indirect, ainsi que le complément d'agent).

LE DÉPLACEMENT

812 ● Le déplacement consiste à changer la place d'un complément dans un groupe ou d'un groupe dans une phrase, sans que cette opération entraîne **aucun autre changement**. Le déplacement est très utile pour vérifier si l'ordre des mots dans un groupe ou des groupes dans une phrase est correct (et il permet, accessoirement, de confirmer certaines fonctions grammaticales).

Le déplacement d'un complément dans un groupe

● Le déplacement d'un complément dans un groupe ne peut être effectué que très rarement. Ainsi, il n'y a pratiquement que certains compléments du nom (épithète, apposition détachée, autre complément détaché du nom) qui puissent être déplacés, et seulement si leur déplacement ne modifie pas leur sens (→ 196.2) :

— *une ovation formidable = une formidable ovation.*

Mais : *la semaine dernière* et *la dernière semaine*,
un grand homme et *un homme grand*
ne sont pas synonymes.

Le déplacement d'un groupe dans une phrase

● Le déplacement d'un groupe dans une phrase est, quant à lui, très utile pour l'identification des fonctions grammaticales, à condition de savoir que : 814

1. ne sont **jamais déplaçables** :

— le complément d'agent, le complément du verbe impersonnel, l'attribut du complément direct et le complément du présentatif.

2. ne sont **normalement pas déplaçables** :

— le sujet (toujours avant le verbe, sauf en cas d'inversion : → 723-725).

— le complément direct (toujours après le verbe, sauf quand il est un pronom : → 731.5).

— le complément indirect (habituellement après le verbe, sauf en cas de mise en évidence ou quand il consiste en un pronom : → 736.5).

— l'attribut du sujet (toujours après le verbe, sauf en cas de mise en évidence ou quand il consiste en un mot d'interrogation : → 749.4).

3. est **presque toujours déplaçable** :

— le complément de phrase (→ 756.2).

La permutation de groupes syntaxiques

● La permutation de groupes syntaxiques est un cas particulier de déplacement, l'un des groupes prenant la place de l'autre et vice versa. La permutation n'est possible qu'entre les groupes ayant les fonctions suivantes : 815

1. entre le verbe et le sujet du verbe (inversion : → 724-725).

2. entre le sujet et son attribut (ce qui entraîne parfois un changement de sens) :

— ***La présidente du groupe*** *est* ***mon amie Jeanne****.*

→ ***Mon amie Jeanne*** *est* ***la présidente du groupe****.*

3. entre le sujet et le complément direct du verbe (ce qui entraîne toujours une inversion de sens) :

— ***Charles*** *a menacé* ***Henri*** *de représailles.*

→ ***Henri*** *a menacé* ***Charles*** *de représailles.*

LE REMPLACEMENT

● Le remplacement, appelé aussi **substitution**, consiste à remplacer par un autre, soit un complément dans un groupe, soit un groupe dans une phrase. Le remplacement est un procédé particulièrement utile pour trouver la classe de certains mots, délimiter un groupe syntaxique complexe ou vérifier certains accords grammaticaux. 816

Le remplacement d'un complément dans un groupe

817 • Le remplacement du nom, dans un groupe du nom, par un autre de genre ou de nombre différent, permet par exemple de vérifier les accords de l'épithète ou de l'attribut du sujet :

— *Les amies de mes frères étaient* ***invitées*** *à la réunion.*
→ *Les amis de mes sœurs étaient* ***invités*** *à la réunion.*

818 • Même si les déterminants ne sont pas des compléments au sens strict, leur remplacement dans un groupe permet de les identifier à coup sûr, notamment certains déterminants indéfinis composés (→ 363, 380, 389 et 426) dans un groupe du nom :

— *Je veux y arriver par* ***n'importe quel*** *moyen.*
→ *Je veux y arriver par* ***ce*** *moyen,* ***tel*** *moyen.* (= déterminants)

Le remplacement d'un groupe dans une phrase

819 • Le remplacement d'un groupe par un autre dans une phrase permet principalement de délimiter les groupes syntaxiques :

Ceux qui décochent [leurs flèches] *contre moi ne m'atteignent pas.*
(Alexis Kagamé)

→ ***Ils*** *ne m'atteignent pas.*
(Donc : ***Ceux qui décochent*** [leurs flèches] ***contre moi*** = groupe sujet.)

La nominalisation

820 • La nominalisation est un cas particulier de remplacement. Elle consiste à transformer en groupe du nom un groupe syntaxique d'une autre sorte, afin de faciliter l'identification de ce groupe et de sa fonction grammaticale :

— ***Organiser les secours*** *fut particulièrement difficile.*
→ ***L'organisation des secours*** *fut particulièrement difficile.*

821 • La nominalisation est particulièrement utile pour identifier la fonction d'un pronom personnel complément non prépositionnel d'un verbe (→ 728 et 734). En effet, le remplacement de celui-ci révèle alors s'il est un vrai complément direct ou s'il ne l'est qu'en apparence :

— *Nous* ***lui*** *consacrons tout notre temps.*
→ *Nous consacrons tout notre temps* ***à Bernadette****.*
(Donc : ***lui*** = complément indirect.)

— *Elle a entrepris* ***de travailler****.*
→ *Elle a entrepris* ***le travail****.*
(Donc : ***de travailler*** = complément direct.)

La pronominalisation

● La pronominalisation est un autre cas particulier de remplacement. Elle consiste à remplacer par un pronom un groupe syntaxique d'une autre sorte, afin de déterminer l'extension de ce groupe : 822

— *Le mari de ma sœur aînée a toujours accordé sa plus entière confiance à Raoul, à sa fille et à leurs représentants.*

→ ***Il la leur** a toujours accordée.*

→ ***Il** (le mari de ma sœur aînée) **la** (sa plus entière confiance) **leur** (à Raoul, à sa fille et à leurs représentants) a toujours accordée.*

● Le pronom ***le*** représente un cas particulier. Il peut remplacer, non seulement la plupart des compléments directs ou des attributs, mais également des groupes du verbe complexes : 823

*La mort de sa sœur n'était qu'une méprise, il **le** savait.*
(Mohammed Khaïr-Eddine)

→ ***le** = que la mort de sa sœur n'était qu'une méprise.*

824

Remarque importante :

On associe souvent aux manipulations syntaxiques d'autres opérations linguistiques qui sont en fait des **transformations de phrases**. Celles-ci sont toutes étudiées aux endroits appropriés :

1. La **réduction**.
   - Réduction d'une phrase dérivée à une phrase de base : → 710.
   - Réduction d'une subordonnée à un groupe syntaxique : → 858.
   - Réduction de phrases coordonnées ou juxtaposées : → 827.
2. Le **changement de type** : → 666-691 : « Les types de phrases ».
3. Le **changement de forme** : → 692-709 : « Les formes de phrases ».
   - Cas particulier : le **détachement** d'un groupe syntaxique, avec ou sans marqueur d'emphase, avec ou sans reprise pronominale (→ 703-704).
4. Le **dédoublement**, c'est-à-dire la constitution d'une phrase annexe à partir d'un groupe syntaxique de la phrase initiale : → 756 et Chapitre XVIII, p.437.
5. La **jonction** de phrases :
   - **Juxtaposition** de phrases : → 829-841.
   - **Coordination** de phrases : → 842-852.
   - **Subordination** d'une phrase à une autre : → 853-863.

825

LES GROUPES : TABLEAU RÉCAPITULATIF

Charles Ferdinand Ramuz

Suisse

1878 - 1947

Charles Ferdinand Ramuz a joué un grand rôle dans la littérature suisse de langue française. Il a célébré son pays dans des romans saisissants : sur un fond d'amour de la nature et d'attachement aux racines, il a créé des ambiances dramatiques où de simples gens doivent lutter contre des forces obscures et malfaisantes. On retiendra, parmi ses nombreux romans: *Derborence, Les Signes parmi nous, Joie dans le ciel, Si le soleil ne revenait pas* et ***La Grande Peur dans la montagne***.

Ils disent : «Il nous a fallu plus d'une année de travail pour débarrasser les prés des troncs, du sable et des cailloux... Et, pendant ce temps, la maladie. Toutes les bêtes y ont passé. Puis les hommes ont eu leur tour.»

On dit : «Et Joseph?

— On ne l'a jamais revu.»

On dit : «Et Clou?

— On n'a plus entendu parler de lui.

— Et le maître du chalet?

— Mort. Il avait reçu deux balles.

— Son neveu?

— Mort.

— Barthélemy?

— Mort.

— Et celui du mulet?

— Mort... Mort de la gangrène.

— Le petit Ernest?

— Mort aussi.

— Le Président?

— Mort.

— Compondu?

— Mort.»

«Oh! disent-ils, tous ceux qui avaient été là-haut, du premier au dernier, d'une façon ou de l'autre; sans compter que nous y avons passé ensuite... On ne peut pas compter tous les morts qu'il y a eu au village, parce qu'il était venu une mauvaise grippe; et, pendant que les bêtes crevaient sur la paille, nous autres, c'était dans nos lits...»

On n'ose pas trop leur parler du pâturage, parce qu'ils n'en parlent pas eux-mêmes. Ils n'y sont d'ailleurs jamais retournés. Les nouvelles qu'on en a eues ont été apportées plus tard par des personnes pas du pays, — on veut dire par ces gens qui courent les glaciers pour leur plaisir avec des piolets et des cordes; c'est par eux qu'on a su plus tard que le pâturage avait disparu.

Plus trace d'herbe, plus trace de chalet. Tout avait été recouvert par les pierres.

Et jamais plus, depuis ce temps-là, on n'a entendu là-haut le bruit des sonnailles; c'est que la montagne a ses idées à elle, c'est que la montagne a ses volontés.

(Extrait de *La Grande Peur dans la montagne*,

*A*RTHUR *R*IMBAUD

France

1854 - 1891

Arthur Rimbaud est considéré comme l'«enfant maudit» de la poésie française. Il s'y est lancé très jeune, plein de révolte et d'idéal. Il nourrit une amitié très orageuse avec Verlaine, cet autre poète à l'âme tourmentée. Il vécut en France, en Belgique, en Angleterre, parcourut l'Europe, combattit en Indonésie, s'occupa de différents trafics en Afrique et revint en France peu de temps avant d'y mourir. Il est l'auteur de nombreux poèmes répartis par ses éditeurs en quatre ensembles: ***Les Illuminations***, *Les Poésies*, ***Une saison en enfer*** et *Les Derniers Vers*.

À moi. L'histoire d'une de mes folies.

Depuis longtemps, je me vantais de posséder tous les paysages possibles et trouvais dérisoires les célébrités de la peinture et de la poésie modernes.

J'aimais les peintures idiotes, dessus de porte, décors, toiles de saltimbanques, enseignes, enluminures populaires, littérature démodée, latin d'église, romans de nos aïeules, contes de fées, petits livres de l'enfance, opéras vieux, refrains niais, rythmes naïfs.

Je rêvais croisades, voyages de découvertes dont on n'a pas de relations, républiques sans histoires, guerres de religion étouffées, révolutions de mœurs, déplacement des races et de continents; je croyais à tous les enchantements.

J'inventai la couleur des voyelles! A noir, E blanc, I rouge, O bleu, U vert. Je réglai la forme et le mouvement de chaque consonne et, avec des rythmes instinctifs, je me flattai d'inventer un verbe poétique accessible, un jour ou l'autre, à tous les sens. Je réservais la traduction.

Ce fut d'abord une étude. J'écrivais des silences, des nuits, je notais l'inexprimable. Je fixais des vertiges.

Loin des oiseaux, des troupeaux, des villageoises,
Que buvais-je, à genoux dans cette bruyère
Entourée de tendres bois de noisetiers,
Dans un brouillard d'après-midi tiède et vert?
Que pouvais-je boire dans cette jeune Oise,
— Ormeaux sans voix, gazon sans fleurs, ciel ouvert! —
Boire à ces gourdes jaunes, loin de ma case
Chérie? Quelque liqueur d'or qui fait suer.

(Extrait de *UNE SAISON EN ENFER*)

Chapitre XVII

La phrase complexe

● La phrase complexe (ou composée) peut être définie comme une phrase graphique comportant plus d'une phrase simple, 826

étant entendu que :

1. Une **phrase** (en général) est un ensemble de mots ordonnés selon des règles précises et formant une unité de sens (→ 644).
2. Une **phrase graphique** est une série de mots dont le premier commence par une majuscule et dont le dernier est suivi d'un point (→ 643.2).
3. Une **phrase simple** est une phrase ne comportant pas plus d'un verbe (→ 647).

Les trois chapitres précédents sont consacrés à l'étude de la **phrase simple**, à savoir :

— d'abord l'étude de la **phrase** comme telle, en fonction de sa structure, de son type et de sa forme (→ Chapitre XIV, p.343).

— ensuite l'étude de la phrase sous l'angle des **fonctions grammaticales** qu'ont les éléments qui la constituent (→ Chapitre XV, p.373).

— et enfin l'étude de la phrase sous l'angle des **groupes syntaxiques** qui la composent et remplissent ces fonctions (→ Chapitre XVI, p.401).

La plupart des informations contenues dans les deux derniers chapitres valent non seulement pour la phrase simple « isolée » ou indépendante (→ 828), mais également pour les phrases simples qui composent une phrase complexe, car toute phrase complexe peut être ramenée à une combinaison de phrases simples (→ 827).

Le présent chapitre sur la phrase complexe n'aborde donc pas à nouveau ces considérations, mais se consacre essentiellement aux différents **mécanismes de jonction des phrases simples à l'intérieur de la phrase complexe**.

827 ● Le propre d'une phrase complexe (comportant plus d'un verbe) est de pouvoir être décomposée en phrases simples (ne comportant chacune qu'un seul verbe).

La phrase que voici, par exemple :

— *La navette spatiale a emporté sept astronautes qui vont rejoindre la station orbitale et préparer le premier vol habité vers Mars qui devrait avoir lieu vers 2030.*

peut être décomposée en quatre phrases :

1. *La navette spatiale a emporté sept astronautes.*
2. *(Ils) vont rejoindre la station orbitale.*
3. *(Ils vont) préparer le premier vol habité vers Mars.*
4. *(Ce vol) devrait avoir lieu vers 2030.*

Ce processus de réduction de la phrase complexe en phrases simples est la première étape de toute analyse, la seconde étant toujours la réduction des phrases dérivées en phrases de base (→ 710).

828 ● Inversement, pour réunir des phrases simples en une phrase complexe, il faut recourir à des **mécanismes de jonction**. Ceux-ci sont au nombre de trois : la juxtaposition, la coordination et la subordination. Selon le cas, les phrases simples ainsi réunies en une phrase complexe portent alors le nom de phrases juxtaposées, de phrases coordonnées, de phrase matrice et de phrase subordonnée, ou de phrase principale et de phrase subordonnée :

1. **Juxtaposition** ↘
phrases indépendantes
2. **Coordination** ↗

phrase matrice et phrase subordonnée
3. **Subordination** ↗↘
phrase principale et phrase subordonnée

Les trois mécanismes de jonction de phrases, avec leurs variantes et particularités, font l'objet des trois grandes divisions du présent chapitre : «**La juxtaposition**» (→ 829-841), «**La coordination**» (→ 842-852) et «**La subordination**» (→ 853-863), cette dernière étant ensuite développée séparément : → Chapitre XVIII, p.437.

LA JUXTAPOSITION

● La juxtaposition consiste à placer des phrases simples côte à côte, sans aucun lien syntaxique entre elles, de manière à former une phrase complexe. 829

Il y a trois sortes de juxtaposition :

1. La **juxtaposition simple**, c'est-à-dire celle où les phrases ne changent pas de sens par le fait d'être juxtaposées.
2. La **juxtaposition paradoxale**, c'est-à-dire celle où l'une des phrases change de sens par le fait d'être juxtaposée à l'autre.
3. La **juxtaposition par insertion**, c'est-à-dire celle où une phrase est introduite dans une autre.

LA JUXTAPOSITION SIMPLE

● La juxtaposition simple est la plus commune : elle consiste en phrases indépendantes (séparées seulement par une virgule ou un point-virgule) dont **aucune ne change de sens par le fait d'être juxtaposée à l'autre.** 830

La juxtaposition simple peut servir à exprimer l'**addition** (la succession ou l'énumération), à marquer l'**opposition** ou à formuler une **explication**.

L'expression de l'addition

● Quand des phrases juxtaposées n'ont entre elles qu'un simple lien d'addition, elles ne sont habituellement séparées que par une virgule (→ 26.5) : 831

➾ *Des heures passèrent, elle trépignait d'impatience.* (Nafissatou Diallo)

➾ *On fit le siège de la forêt, on la mit à feu et à sac, peine perdue, on ne retrouva rien.* (Roland Giguère)

Certains éléments des phrases qui suivent la première peuvent être sous-entendus (généralement le sujet, parfois le verbe) :

➾ *Suter s'occupe de tout, dirige tout, surveille l'exécution des travaux jusque dans leurs moindres détails.* (Blaise Cendrars)

➾ *Elle murmurait, repassait, débrouillait un cauchemar.* (Jean Metellus)

➾ *Mon oncle est un homme positif, ma tante une femme pratique, mon cousin un garçon spéculatif.* (Jules Verne)

➾ *Sa chambre à coucher était placée dans la petite tour de l'est, son cabinet dans la petite tour de l'ouest.* (Chateaubriand)

L'expression de l'opposition

832 ● Dans les phrases juxtaposées, l'opposition s'exprime de la même manière que l'addition. Toutefois, si un élément est sous-entendu dans une phrase qui suit la première, c'est généralement le verbe (ainsi que les éléments qui en sont solidaires) :

- *Elle* [la machine] *ne leur appartenait pas, c'était eux qui lui appartenaient.* (Ousmane Sembène)
- *C'est à cause de lui qu'elle est morte; c'est à cause d'elle qu'il n'a pas vécu.* (Marguerite Yourcenar)

☞ ◆ Parfois, l'opposition (comme l'explication, étudiée ci-dessous) peut être marquée par un deux-points :

- *J'étais censé étudier jusqu'à midi : la plupart du temps je ne faisais rien.* (Chateaubriand)

L'expression de l'explication

833 ● Quand des phrases juxtaposées ont entre elles un lien d'explication, elles sont habituellement séparées par un deux-points (→ 28.2) :

- *Tchen frissonna : un insecte courait sur sa peau.* (André Malraux)
- *Parfois je me le demande : qu'avons-nous à faire avec de tels fous?* (Alice Rivaz)
- *Quant à moi, c'est simple* [...] *: j'ai gardé le sobriquet qu'on m'a donné.* (Noureddine Aba)

Les expressions combinées

834 ● Les expressions d'addition, d'opposition et d'explication ne sont pas exclusives l'une de l'autre dans les phrases juxtaposées :

— *Pierrette a tout compris, Justin rien : il fallait simplement comparer les trois formules, rejeter la première, expliquer la deuxième, compléter la troisième.*

Décomposition de la phrase et rétablissement des éléments sous-entendus (avec indication du lien existant entre les phrases juxtaposées) :

1. *Pierrette a tout compris,*
   > opposition
2. *Justin* (n'a) *rien* (compris) :
   > explication
3. *il fallait comparer les trois formules,*
   > addition
4. (il fallait) *rejeter la première,* etc.

☞ ◆ Le point-virgule est utilisé quand la phrase complexe comporte déjà des virgules (→ 27) :

- *L'objet de la guerre, c'est la victoire; celui de la victoire, la conquête; celui de la conquête, la conservation.* (Montesquieu)

LA JUXTAPOSITION PARADOXALE

● La juxtaposition paradoxale consiste en phrases indépendantes (séparées le plus souvent par une virgule) dont **la première change de sens au contact de la deuxième**. 835

Cette forme de juxtaposition peut servir à exprimer diverses « circonstances » de **temps**, ainsi que la **condition** et la **concession**.

L'expression du temps

● Les « circonstances » de temps que peut exprimer la juxtaposition paradoxale sont notamment la **succession rapide** et la **répétition**. Dans les deux cas, cette forme de juxtaposition est surtout le fait de la langue parlée : 836

1. **La succession rapide** :

➾ *Il n'était pas encore entré, il se précipitait vers le bar.* (Gobbe et Tordoir)

Isolée, la première phrase a son sens normal, mais, juxtaposée à la seconde, elle exprime la succession, de sorte que le tout signifie alors : *«Il se précipita vers le bar aussitôt qu'il fut entré.»*

2. **La répétition** :

➾ *Y avait-il une serrure détraquée, une vitre brisée, des tuiles enlevées, on attendait la venue de Sylvain pour faire la réparation.* (Maxence Van der Meersch)

Isolée, la première phrase a son sens normal d'interrogation, mais, juxtaposée à la seconde, elle exprime la répétition, de sorte que le tout signifie alors : *«On attendait la venue de Sylvain* ***chaque fois qu'****une serrure était détraquée, une vitre brisée,...»*

L'expression de la condition

● Quand, de deux phrases juxtaposées, la première exprime une condition, les verbes des deux phrases se mettent normalement au conditionnel, mais ils peuvent se mettre à d'autres modes : 837

➾ ***Vous me l'auriez dit****, je ne vous aurais certainement pas crue.* (Madame de Sévigné)

Isolée, la première phrase a son sens normal, mais, juxtaposée à la seconde, elle exprime la condition, de sorte que la phrase complète signifie alors : *«Si vous me l'aviez dit, je ne vous aurais certainement pas crue.»*

➾ ***Aide-toi****, le ciel t'aidera.* (proverbe français)

➾ ***Vous manquez une marche****, vous vous cassez la jambe.* (Éric Genevay)

☞ ◆ Dans ce dernier cas, il est clair qu'il y a en quelque sorte dissociation de la syntaxe et du sens : **sur le plan syntaxique**, il s'agit bien de phrases indépendantes, mais, **sur le plan sémantique**, la première est dans une situation de dépendance (et donc de subordination) par rapport à la deuxième.

L'expression de la concession

838 ● Quand, de deux phrases juxtaposées, la première se trouve à exprimer une concession, le verbe de chacune ou seulement celui de la première se met au conditionnel (parfois, la phrase exprimant la concession peut être semblable à une phrase interrogative) :

- ***Devriez-vous perdre*** *pour moi toute estime, je vous dois la vérité.* (Henry Bordeaux)
- *L'inspiration de l'artiste les* ***laissait-elle*** *indifférents, du moins ils n'en parlaient jamais.* (Jacques Ferron)

> Isolée, la première phrase a son sens normal, mais, juxtaposée à la seconde, elle change de sens et exprime en réalité une concession : *«Même si l'inspiration de l'artiste les laissait indifférents, ils n'en parlaient jamais.»*

La particule de renforcement *que*

839 ● Dans le cas de la juxtaposition paradoxale, on rencontre souvent le mot ***que*** entre les phrases juxtaposées.

Ce ***que*** n'est alors ni une conjonction ni un pronom relatif (il peut d'ailleurs toujours être remplacé par une virgule), mais une **particule** qui sert à renforcer le sens réel de la première phrase, que celle-ci exprime le temps, la condition ou la concession :

- *Édouard n'eut pas plus tôt proféré ces paroles* ***qu'****il en sentit l'inconvenance.* (André Gide)
- *Madeleine serait devant moi* ***que*** *j'aurais peut-être la même indifférence profonde.* (André Langevin)
- *Il n'avait certainement pas de mauvaises intentions. En aurait-il eu* ***qu'****il n'aurait pas pu deviner l'importance de son geste.* (Georges Simenon)

LA JUXTAPOSITION PAR INSERTION

840 ● La juxtaposition par insertion consiste à introduire, dans une première phrase, une deuxième phrase, souvent très courte, qui s'en démarque graphiquement par des virgules (ou, parfois, par des parenthèses ou des tirets).

Cette deuxième phrase insérée dans la première est appelée **phrase incise** ou **phrase incidente**. Elle se caractérise par l'inversion du verbe et du sujet, surtout quand celui-ci est court ou consiste en un pronom :

- *Il ne s'agit pas,* ***répétons-le****, de simulation.* (Jean-Paul Sartre)
- *La chambre mystérieuse* [...] *restait toujours,* ***cela va sans dire****, barrée et même cadenassée.* (Claude-Henri Grignon)
- *Au reste pas besoin d'être instruit,* ***que je sache****,*
  Pour se faire tuer et brandir une hache! (Louis Fréchette)

☞ ◆ La phrase incise et celle dans laquelle elle est insérée sont considérées, **sur le plan syntaxique**, comme des phrases juxtaposées, même si elles sont souvent l'une dans l'autre plutôt que l'une à côté de l'autre, et même si, **sur le plan sémantique**, la phrase dans laquelle est insérée la phrase incise est dans une situation de dépendance (et donc de subordination) par rapport à celle-ci.

◆ On assimile aux phrases incises la phrase inversée, généralement courte, placée après la phrase à laquelle elle est juxtaposée :

- *Je suis navré, **lui répondis-je**.* (Alain Grandbois)
- *Et où voulez-vous vous établir? **lui demanda le gouverneur**.* (Blaise Cendrars)
- *«Détruire, **dit-elle**»* (roman de Marguerite Duras)
- *Pardon à tous ceux qui mettront bas les armes, **répéta le capitaine**.* (Georges de Boucherville)

Remarque générale : 841

Même si les phrases juxtaposées sont le plus souvent des phrases indépendantes, il est toutefois possible de rencontrer des cas de juxtaposition de phrases principales, de phrases matrices ou de phrases subordonnées (avec, dans ce cas, reprise de la conjonction de subordination : → 906) :

- *Elle était persuadée **que** tant de bonheur était impossible, **que** le jeune homme était trop jeune pour elle, **que** toutes les merveilles qu'il lui décrivait étaient imaginaires...* (Alain-Fournier)

LA COORDINATION

● La coordination consiste à relier des phrases simples à l'aide d'un lien qui ne crée pas de dépendance de l'une envers l'autre. 842

En d'autres termes, une phrase coordonnée à une autre n'a jamais de fonction grammaticale par rapport à celle-ci.

● Il existe trois sortes de coordination : 843

1. La coordination **par conjonction de coordination**.
2. La coordination **par adverbe de coordination**.
3. La coordination **par adverbes de corrélation**.

LA COORDINATION PAR CONJONCTION DE COORDINATION

844 ● La coordination de phrases la plus habituelle en français se fait au moyen d'une **conjonction de coordination** (→ 472). Celle-ci se reconnaît au fait qu'elle se trouve entre les phrases coordonnées et qu'elle ne peut être déplacée (→ 471) :

- *Les deux mères se rencontrent au bain* ***puis*** *aux mausolées de divers saints.* (Yacine Kateb)
- *Ce qui se passait en lui lui semblait étrange,* ***aussi*** *s'efforçait-il d'y prêter attention.* (Olympe Bhêly-Quenum)

845 ● Même si cette forme de coordination est généralement le fait de phrases indépendantes, il est cependant possible que deux phrases matrices, principales ou subordonnées soient coordonnées de la même façon (→ 854) :

1. Coordination de phrases indépendantes :

- *Ne mange pas le pain noir des pauvres*
  Car *il est fécondé par leurs larmes acides.* (Joyce Mansour)

2. Coordination de phrases matrices ou de phrases principales :

- *Mme la Dauphine le lui avait dépeint de telle sorte* ***et*** *lui en avait parlé tant de fois qu'elle lui avait donné de la curiosité.* (Madame de La Fayette)
- *Quand on parle de moi, a priori je me sens agressé, mon poil se hérisse* ***et*** *j'ai envie de mordre.* (Albert Memmi)

3. Coordination de phrases subordonnées :

- *Aimez qu'on vous conseille* ***et*** *non pas qu'on vous loue.* (Boileau)

☞ ◆ Quand des phrases subordonnées sont coordonnées entre elles, il convient soit de répéter la conjonction de subordination, soit de la remplacer par *que*, soit encore, si celle-ci consiste en une locution conjonctive terminée par *que*, de ne répéter que ce seul *que* (→ 477.4 et 906).

Le cas particulier des conjonctions *et* et *ou*

846 ● Quand plus de deux phrases sont coordonnées par ***et*** ou par ***ou*** (parfois ***ou bien***), la conjonction n'est habituellement exprimée qu'entre les deux dernières (ailleurs, elle est remplacée par une virgule : → 26) :

- *À la barbe des dieux, un baume infatigable enchante les feuillages, murmure dans les ruisseaux, s'enracine dans le sol, babille dans les basses-cours, rugit dans l'océan, épie les hommes* ***et*** *azure l'horizon.* (Jean Metellus)
- *Mais comment ne pas avoir honte de sa condition, après avoir été méprisé, moqué* ***ou*** *consolé depuis l'enfance?* (Albert Memmi)

☞ ◆ L'omission d'une conjonction ne doit pas faire illusion : celle qui est exprimée porte sur toutes les phrases coordonnées, et la virgule ne fait que la remplacer. Il s'agit donc bien de phrases coordonnées et non pas de phrases juxtaposées.

☞ ◆ La conjonction ***et*** peut avoir un sens tout à fait particulier et signifier que la première phrase, souvent non verbale dans ce cas, exprime en fait une cause ou une condition :

➾ *Encore un jour,* ***et*** *tu ne pourras plus jamais sortir d'ici.* (Jacques Godbout)

➾ *Un seul être vous manque,* ***et*** *tout est dépeuplé.* (Lamartine)

● La conjonction ***ou*** (plus rarement la conjonction ***et***) peut cependant être répétée, notamment quand il s'agit de marquer l'insistance (elle est alors souvent renforcée par l'adverbe ***bien***) : 847

➾ ***Ou*** *je me trompe étrangement,* ***ou*** *nous ressemblons à cet homme.* (Alfred de Musset)

➾ *J'ai marché, réveillant les haleines vives et tièdes,* ***et*** *les pierres regardèrent,* ***et*** *les ailes se levèrent sans bruit.* (Arthur Rimbaud)

☞ ◆ Les conjonctions répétées ne doivent pas être confondues avec les adverbes de corrélation (→ 850) : ceux-ci, contrairement à celles-là, ne peuvent jamais être ôtés de la phrase.

LA COORDINATION PAR ADVERBE DE COORDINATION

● La coordination de phrases peut également se faire au moyen d'un **adverbe de coordination**, lequel a ceci de particulier que, contrairement à la conjonction de coordination, il peut, le plus souvent, être déplacé (→ 471) : 848

— *Je finis la peinture,* ***ensuite*** *j'irai ramasser les feuilles.*

Après déplacement de l'adverbe :

— *Je finis la peinture, j'irai* ***ensuite*** *ramasser les feuilles.*

— *Je finis la peinture, j'irai ramasser les feuilles* ***ensuite****.*

● Même si cette forme de coordination est généralement le fait de phrases indépendantes, il est cependant possible que deux phrases matrices, principales ou subordonnées soient coordonnées de la même façon (→ 854) : 849

1. Coordination de phrases indépendantes :

➾ *Le deuil n'appartient en propre à personne,* ***cependant*** *il est contagieux et menaçant.* (Denise Desautels)

2. Coordination de phrases matrices ou principales :

— *Je ne crois pas que ce soit facile; je crois* ***cependant*** *que c'est possible.*

☞ ◆ La coordination peut être renforcée par l'emploi combiné de différents marqueurs :

➾ [...] ***et, cependant****, mon cœur est jeune encore!* (Oswald Durand)

LA COORDINATION PAR ADVERBES DE CORRÉLATION

850 ● La coordination de phrases peut enfin se faire au moyen d'**adverbes de corrélation** (ou **corrélatifs**). Dans ce cas, elle diffère de la coordination par adverbe ou conjonction de coordination, en ce sens que **les corrélatifs vont toujours au moins par deux**, chacun devant être placé au début d'une des phrases coordonnées :

> *Tant valait l'instituteur, tant vaudrait l'enseignement.* (Émile Zola)

Les principaux corrélatifs sont : ***plus..., plus...*** / ***moins..., moins...*** / ***plus..., moins...*** / ***moins..., plus...*** / ***tantôt..., tantôt...*** / ***tant..., tant...*** / ***non seulement..., mais*** (ou ***mais encore***, ***mais aussi***)... auxquels on peut ajouter divers adverbes (de temps, de lieu,...) mis en opposition :

> ***Là**, un bras d'eau atteint encore quatre mètres (presque une mare); **ici**, la boue venue des terres aménage dans la terre même une crique; **plus loin**, les herbes dures, à leur tour, font comme un fleuve.* (Édouard Glissant)

851 ● Même si cette forme de coordination est généralement le fait de phrases indépendantes, il est cependant possible que deux phrases matrices, principales ou subordonnées soient coordonnées de la même façon :

1. Coordination de phrases indépendantes (souvent elliptiques) :

> ***Plus** l'offenseur m'est cher, **plus** je ressens l'offense.* (Racine)

> ***Sitôt** pensé, **sitôt** décidé.* (Binéka Danièle Lissouba)

2. Coordination de phrases matrices ou principales :

— ***Tantôt** ils avouent, **tantôt** ils nient qu'ils se soient trouvés là.*

— *Quand elle est seule, **plus** elle a de travail, **moins** elle en fait.*

3. Coordination de phrases subordonnées :

> ***Soit que** l'occasion lui parût inespérée, **soit qu'**il voulût forcer son rôle de rebelle repenti, Karim se retrouva bientôt au bord des larmes.* (Albert Cossery)

☞ ◆ Le second élément des corrélatifs contenant *plus* ou *moins* (***plus..., plus...***; ***moins..., moins...***; ***plus..., moins...***; ***moins..., plus...***) peut parfois être renforcé par ***et*** :

> ***Plus** obscure est la nuit, **et plus** l'étoile y brille.* (Joseph Hanse)

852 **Remarque :**

On pourrait considérer les indéfinis ***l'un*** et ***l'autre*** (→ 410) comme une sorte de corrélatifs, car, à l'instar des adverbes de corrélation, ils vont toujours au moins par deux :

> *La bêtise sentencieuse **des uns** l'écœurait, la jalousie **des autres** le révoltait.* (Mouloud Feraoun)

> ***L'un** d'eux a failli mourir dans le maquis et **l'autre** en prison.* (Leïla Sebbar)

LA SUBORDINATION

● La subordination consiste à relier des phrases simples par un lien qui crée une dépendance syntaxique de l'une envers l'autre. La subordination « crée » par conséquent deux sortes de phrases : la phrase qui dépend d'une autre, et la phrase dont une autre dépend. La phrase dépendante est toujours appelée **phrase subordonnée**. 853

La subordination se distingue donc de la juxtaposition (→ 829) par la présence d'un lien syntaxique et elle se distingue de la coordination (→ 842) par la dépendance syntaxique entraînée par ce lien.

LES PHRASES SUBORDONNÉES

● Il existe différentes sortes de phrases subordonnées et celles-ci peuvent être classées de deux manières, à savoir selon leurs caractéristiques propres ou selon la sorte de phrase dont elles dépendent : 854

1. Classées selon leurs caractéristiques propres, elles sont au nombre de trois :

- la **subordonnée relative** (introduite par un pronom relatif).
- la **subordonnée complétive** (généralement introduite par la conjonction *que*).
- la **subordonnée circonstancielle** (généralement introduite par une conjonction de subordination).

La classification des subordonnées en relatives, complétives et circonstancielles sert de base à l'étude approfondie qui en est faite dans le chapitre suivant : → Chapitre XVIII, p.437.

2. Classées selon les phrases dont elles dépendent, elles sont au nombre de deux :

- la **subordonnée enchâssée** (insérée dans une **phrase matrice**).
- la **subordonnée adjointe** (raccordée à une **phrase principale**).

Remarque importante : 855

Traditionnellement, chaque fois qu'il y avait subordination d'une phrase à une autre, on qualifiait celle-ci de « proposition principale » et celle-là de « proposition subordonnée ».

La grammaire nouvelle ne retient pas le terme « proposition », lui préférant celui de « phrase » dans tous les cas (→ 646). De plus, on établit une différence entre les subordonnées selon qu'elles sont indispensables ou non aux phrases complexes qu'elles servent à construire. De là vient la **distinction entre phrases matrices et phrases principales.** Cette distinction est clairement expliquée dans les deux pages suivantes qu'il convient de lire en comparant, section par section, celle de droite à celle de gauche.

LA PHRASE MATRICE (ET LA SUBORDONNÉE ENCHÂSSÉE)

856 • Une subordonnée est dite **enchâssée** quand elle ne peut pas être ôtée de la phrase complexe, c'est-à-dire quand ce qui resterait après sa suppression ne constituerait pas une phrase complète et grammaticalement correcte (ou changerait complètement de sens) :

➾ *Je dois ajouter que je suis fier de vous tous.* (Alain Grandbois)

que je suis fier de vous tous : subordonnée enchâssée non effaçable

Je dois ajouter → phrase non correcte grammaticalement (le verbe *ajouter* demande un complément)

857 • Dans ce cas, puisque la subordonnée ne peut pas être supprimée, on qualifie toute la phrase de **phrase matrice,** c'est-à-dire de phrase qui en contient une autre :

Je dois ajouter	que je suis fier de vous tous. (phrase subordonnée)
phrase matrice	

858 • La subordonnée enchâssée dans une phrase matrice, si elle ne peut pas être supprimée, peut cependant toujours être **remplacée par un pronom**. Cette pronominalisation peut entraîner le remplacement de la conjonction de subordination par une préposition :

— *Je dois ajouter que je suis fier de vous tous.* → *Je dois ajouter* ***cela****.*

— *Elle est certaine* *qu'il partira.* → *Elle est certaine* *de* ***cela****.*

859 • Dans la plupart des cas, la subordonnée enchâssée dans la phrase matrice l'est à titre d'expansion obligatoire du noyau d'un groupe syntaxique :

— *Je dois ajouter que je suis fier de vous tous.*

ajouter : noyau ; *que je suis fier de vous tous* : expansion ; *ajouter que je suis fier de vous tous* : GV

☞ ◆ Les subordonnées suivantes sont **généralement** des subordonnées enchâssées dans des phrases matrices : la relative à pronom nominal (→ 875), la complétive sujet sans reprise pronominale (→ 880), la complétive attribut du sujet (→ 884), la complétive du verbe (→ 886) et les circonstancielles introduites par des corrélatifs (→ 920, 925 et 946).

LA PHRASE PRINCIPALE (ET LA SUBORDONNÉE ADJOINTE)

● Une subordonnée est dite **adjointe** quand elle peut être ôtée de la phrase complexe, c'est-à-dire quand ce qui reste après sa suppression constitue toujours une phrase grammaticalement correcte et garde exactement le même sens : 860

Puisque tu insistes, nous irons voir les îles. (Éric Genevay)

Puisque tu insistes, → subordonnée adjointe effaçable

nous irons voir les îles. → phrase grammaticalement correcte et de même sens avec ou sans subordonnée

● Dans ce cas, puisque la subordonnée peut être supprimée, on considère que la phrase complexe est composée de deux phrases, à savoir la **phrase principale** et la **phrase subordonnée** : 861

Puisque tu insistes,	*nous irons voir les îles.*
phrase subordonnée	phrase principale

● La subordonnée adjointe à une phrase principale, dès lors qu'elle peut être supprimée, peut également être **remplacée par une autre sorte de subordonnée** (que celle-ci soit introduite par une conjonction différente ou qu'elle ait un sens tout à fait différent) : 862

— *Puisque tu insistes, nous irons voir les îles.* = (cause)
→ *Dès que nous en aurons l'occasion, nous...* = (temps)
→ *Afin que tu passes de belles vacances, nous...* = (but)
→ *S'il reste de la place sur le bateau, nous...* = (hypothèse)

● Dans la plupart des cas, la subordonnée adjointe à une phrase principale, étant effaçable, a pour fonction d'être complément de cette phrase. À ce titre, la subordonnée adjointe peut souvent être remplacée par un **complément de phrase** (→ 755) : 863

— *Puisque tu insistes, nous irons voir les îles.*
→ *La semaine prochaine, nous irons voir les îles.*
→ *Avec Irène et Mario, nous irons voir les îles.*

☞ ◆ Les subordonnées suivantes sont **généralement** des subordonnées adjointes à des phrases principales : la relative à pronom référent (→ 869), la complétive du nom (→ 900), la complétive du pronom (→ 902) et les circonstancielles introduites par des conjonctions de subordination autres que la conjonction *que* (→ 909, 915, 920, 925, 930, 935, 940 et 946).

864

LA PHRASE COMPLEXE : TABLEAU RÉCAPITULATIF

LA JUXTAPOSITION

La juxtaposition simple		n° **830**
— L'expression de l'addition :	*Je le pense, je le crois, je l'affirme.*	**831**
— L'expression de l'opposition :	*Sylvie veut partir, Michel veut rester.*	**832**
— L'expression de l'explication :	*Brigitte a raison : mieux vaut se taire.*	**833**
La juxtaposition paradoxale		**835**
— L'expression du temps (1) :	*Il n'était pas sitôt de retour qu'il repartait.*	**836**
— L'expression du temps (2) :	*Le réveil sonnait-il, elle ne se levait pas.*	**836**
— L'expression de la condition :	*Je le pourrais, je le ferais tout de suite.*	**837**
— L'expression de la concession :	*Insisterais-tu, cela ne changerait rien.*	**838**
— L'emploi de la particule *que* :	*Tu me le demanderais* ***que*** *je le ferais.*	**839**
La juxtaposition par insertion		**840**
— Avec inversion :	*Non,* ***répondit-elle****, ce n'est pas possible.*	**840**
— Sans inversion :	*Toi seul —* ***tu le sais*** *— peux régler ce cas.*	**840**

LA COORDINATION

Par conjonction de coordination :	*Veuillez ne pas m'attendre,* ***car*** *j'en ai encore pour deux heures.*	**844**
— Cas particuliers :	*Elle parle couramment le bambara, comprend le wolof* ***et*** *apprend le swahili.*	**846**
	Tu viens, tu restes ***ou*** *tu ne sais pas?*	**846**
	Ou bien *tu travailles,* ***ou bien*** *tu pars.*	**847**
Par adverbe de coordination :	*J'attends sa visite vers cinq heures, je te rappellerai* ***ensuite****.*	**848**
Par adverbes de corrélation :	***Plus*** *elle en a,* ***plus*** *elle en veut.*	**850**
	Non seulement *c'est faux,* ***mais*** *c'est inutile.*	**850**

LA SUBORDINATION

— Les subordonnées relative, complétive et circonstancielle		**854**
La phrase matrice et la subordonnée enchâssée :	*Je sais très bien que c'est impossible.*	**856**
La phrase principale et la subordonnée adjointe :	*Elle viendra dès qu'elle aura terminé.*	**860**

*R*INGUET

Québec

1895 - 1960

Ringuet (de son vrai nom Philippe Panneton) est né à Trois-Rivières en 1895. Il étudia la médecine au Québec et à Paris et devint oto-rhino-laryngologiste. De retour au Québec, il enseigna à l'Université de Montréal en même temps qu'il exerça sa profession. Après avoir publié un recueil de pastiches (*Littératures à la manière de...*), il prépara pendant dix ans son premier roman, ***Trente Arpents,*** qui parut en 1938 et connut un succès immédiat. D'autres suivirent, moins connus. Ringuet fut cofondateur puis président de l'Académie canadienne-française, obtint de nombreux prix et, devenu ambassadeur du Canada au Portugal, il y mourut en 1960.

Rivés au sol laurentien, le seul qu'ils connussent, sans contact depuis cent cinquante ans avec le monde lointain de l'Europe, les gens paisibles du Québec ne se sentaient intéressés en rien par la Grande Folie de l'Europe. Les gens des Flandres voyaient brûler leurs maisons et raser leurs arbres; l'Anglais devinait à l'horizon la fumée des croiseurs hostiles; d'autres pays étendaient la main sur les possessions d'un ennemi impuissant, mais eux!...

L'Angleterre? Ils ne connaissaient d'elle que les deux conquêtes : celle d'autrefois, brutale et définitive, coupant en pleine chair française, séparant l'enfant de la mère; et celle de tous les jours d'aujourd'hui, lente et sournoise mais plus cruelle encore, étouffant tout un petit peuple d'agriculteurs et d'ouvriers sous son emprise économique, lui arrachant l'un après l'autre, pour se les assimiler, tous ceux de ses fils qui avaient réussi.

La France? Ils ne savaient et n'aimaient vaguement encore que celle d'autrefois, la France d'avant l'abandon et d'avant le reniement, la France du Christ et du Roi. Ils n'avaient rien de commun avec celle d'aujourd'hui, celle dont la parole écrite même est un poison. On le leur avait dit : ils le savaient.

Des autres, ils ne connaissaient rien.

Qu'avaient-ils de commun avec ces gens lointains, les uns, les maîtres, assoiffés de tueries et de rapine, les autres, des humbles comme eux, sans doute, mais ivres de vin patriotique, abreuvés de gloire guerrière depuis toujours.

[...] Personne ne dit plus rien lorsque l'orage fut passé. Personne, ou presque, ne manquait à l'appel de la terre. Mais là surtout, dans les campagnes, le fossé baya [sic] plus profond que jamais entre les «Anglais» et les «habitants» : les Canadiens de la grande patrie néo-britannique, et les Canadiens de la petite patrie laurentienne, ceux du pays de Québec.

(Extrait de *TRENTE ARPENTS,*
© Presses univ. de Montréal)

*G*ABRIELLE *R*OY
Canada
1909 - 1983

Gabrielle Roy est née à Saint-Boniface, au Manitoba, en 1909. Institutrice de 1929 à 1937 dans sa province, elle la quitta pour un séjour de deux ans à Paris, puis elle s'établit à Montréal et finalement à Québec. Elle collabora à de nombreux journaux et publia, en 1945, son premier roman, ***Bonheur d'occasion,*** qui lui valut immédiatement la gloire et le succès. Par la suite, elle signa notamment *La Petite Poule d'eau, Alexandre Chenevert, Rue Deschambault, Cet été qui chantait, Ces enfants de ma vie* et *La Détresse et l'enchantement.* Elle obtint de très nombreux prix et fut décorée de l'Ordre du Canada. Ses principaux romans furent traduits en diverses langues.

Il s'aventura jusqu'au bout du quai. Et là, bien planté en pleine odeur et vision familières, il leva les yeux vers le faubourg. Son village dans la grande ville! Car nul quartier de Montréal n'a conservé ses limites précises, sa vie de village, particulière, étroite, caractérisée, comme Saint-Henri.

Des enfants jouaient à la marelle tout autour de la gare et leurs cris s'entendaient à travers les sifflements de la locomotive qui avait repris de la vitesse et dévalait, entre les cours, les arbres maigres, les cordes tendues où séchait le linge, entre ces aperçus d'intimité, mornes, rapides, que les trains découvrent en traversant les villes. D'où il se tenait, Emmanuel voyait les flèches de la paroisse percer les tourbillons de fumée. Son quartier continuait sa vie ordinaire, sa vie sans cesse hachée par les départs, les voyages, sans cesse indifférente aux départs et aux voyages.

[...] Toutes les fenêtres étaient ouvertes, et les bruits de la vie humaine, de la vaisselle entrechoquée, des conversations, tous les bruits des ménages flottaient dans l'air comme si la vie humaine n'avait plus été à l'abri des cloisons mais se serait étalée en commun dans toute sa pauvre intimité.

Là-bas, voyagent les chalands plats, les cargos, les pétroliers, les barges des grands lacs, les péniches grises. Saint-Henri connaît l'odeur de tous les produits du monde : des grands pins du Nord, du thé de Ceylan, des épices des Indes, des noix du Brésil. Mais, rue du Couvent, derrière une grille, il abrite, ainsi qu'en une petite ville fermée et provinciale, ses nonnes que l'on voit passer deux par deux quand les cloches de la paroisse sonnent les quarante heures ou les vêpres dominicales.

Il a, le jour, sa vie impitoyable de labeur. Il a, le soir, sa vie de village, alors qu'assis au frais sur le pas de leur porte ou sur des chaises placées au bord du trottoir, ses gens s'entretiennent de seuil en seuil.

Saint-Henri : termitière villageoise!

(Extrait de *BONHEUR D'OCCASION,*
© Fonds Gabrielle Roy)

Chapitre XVIII

Les subordonnées

● La **phrase subordonnée** est une phrase qui dépend syntaxiquement d'une autre, avec laquelle elle forme une **phrase complexe** (→ 647). 865

Il y a trois sortes de subordonnées : les **relatives**, les **complétives** et les **circonstancielles**, ainsi dénommées en fonction de leur propriété principale respective.

> Ces trois sortes de subordonnées sont analysées dans les trois sections du présent chapitre :
> — « Les subordonnées relatives » : → 867-877.
> — « Les subordonnées complétives » : → 878-904.
> — « Les subordonnées circonstancielles » : → 905-953.

● Dans la langue courante aussi bien que dans la langue littéraire, il peut y avoir des « subordonnées en cascade », c'est-à-dire qu'une phrase, elle-même subordonnée, peut être en même temps celle dont dépend une ou plus d'une autre subordonnée, et ainsi de suite : 866

Elle décrit la robe de marin qu'elle veut que je lui offre. (F. Leclerc)

1. Phrase principale : — *Elle décrit la robe de marin.*

2. Phrase subordonnée de 1.
et phrase matrice de 3. : — *elle veut [quelque chose].*

3. Phrase subordonnée de 2. : — *que je lui offre qu' [la robe].*

Le Président lui coupa la parole pour le sommer de se résumer. (Akoua Tchotcho Ekué)

Son fiancé a reçu d'elle une lettre où elle lui déclarait qu'elle allait rejoindre un jeune homme qu'elle aimait. (Alain-Fournier)

Vous n'avez pas remarqué qu'elle n'avait pas l'air contente quand je suis venue avec papa pour demander de prendre des leçons d'anglais? (Colette)

LES SUBORDONNÉES RELATIVES

867 ● On appelle subordonnées relatives toutes celles qui sont introduites par un pronom relatif (→ 315), qu'il soit employé seul ou précédé d'une préposition, qu'il soit simple ou composé, nominal ou référent.

868 ● Selon que le pronom relatif est référent ou nominal (avec ou sans antécédent : → 316), la subordonnée appartient à l'une ou l'autre des deux grandes catégories de relatives :

- Quand le pronom relatif est **référent**, la subordonnée relative a une fonction qui est définie par rapport à la classe d'un autre mot (→ 717.4). Elle est en effet complément du nom ou du pronom.
- Quand le pronom relatif est **nominal** (ou indéfini), la subordonnée relative a une fonction qui est définie par rapport à une autre fonction (→ 717.2). Elle est en effet sujet du verbe, complément du verbe ou attribut du sujet.

LA RELATIVE À PRONOM RÉFÉRENT

869 ● La subordonnée relative introduite par un pronom relatif référent (avec antécédent : → 318) ne peut avoir qu'une seule fonction grammaticale : celle d'**épithète** (du nom ou du pronom : → 759 et 766.1) :

*Les griots **qui les avaient accompagnés** rangèrent leurs instruments.* (Boubou Hama)

*Il y avait des jours **où il ne travaillait pas beaucoup**.* (Olympe Bhêly-Quenum)

Toutefois, la relative à fonction d'épithète peut être détachée (→ 760) :

*Nos victoires sont devant nous, **qui nous tendent la main**.* (Jacques Bertin)

870 ● Il y a deux sortes de subordonnées relatives introduites par un pronom relatif référent :

- La **relative déterminative**, qui modifie (le plus souvent en le restreignant) le sens de l'antécédent du pronom relatif :

  – *Les jeunes skieurs qui n'ont pas assez d'expérience ne devraient pas emprunter cette piste-là.*

  (= Parmi les jeunes skieurs, ceux qui n'ont pas assez d'expérience ne devraient pas emprunter cette piste-là.)

- La **relative explicative**, qui donne une information complémentaire à propos de l'antécédent du pronom relatif :

  – *Les jeunes skieurs, qui n'ont pas assez d'expérience, ne devraient pas emprunter cette piste-là.*

  (= Étant donné que les jeunes skieurs n'ont pas assez d'expérience, ils ne devraient pas emprunter cette piste-là.)

La relative déterminative

● La relative déterminative a trois propriétés principales : 871

1. Elle n'est habituellement pas séparée de la phrase matrice ou principale (→ 856-863), ni par des pauses à l'oral ni par des virgules à l'écrit :

   ➾ *Ce n'est pas une ville* ***où l'on s'arrête****.* (Albert Camus)

2. Elle restreint souvent le sens de l'antécédent du pronom relatif qui l'introduit :

   ➾ *Il n'y a pas d'amour* ***qui ne vive de pleurs****.* (Aragon)

   (= Ce n'est pas qu'il n'y ait pas d'amour, mais il n'y a pas d'amour sans pleurs.)

3. Elle ne peut donc habituellement pas être supprimée sans que cela modifie le sens des éléments qui demeurent (ou même sans que cela crée de vrais contresens) :

   — *Les maisons neuves qui avaient été détruites par le tremblement de terre ont été reconstruites immédiatement.*

   → *Les maisons neuves ont été reconstruites immédiatement.* (?)

La relative explicative

● La relative explicative, appelée aussi **relative non déterminative** ou **relative détachée**, a trois propriétés principales : 872

1. Elle est souvent séparée de la phrase principale, par des pauses à l'oral et des virgules à l'écrit :

   ➾ *Quelques martinets****, qui durant l'été s'enfonçaient dans les trous des murs,*** *étaient mes seuls compagnons.* (Chateaubriand)

2. Elle peut presque toujours être remplacée par une subordonnée circonstancielle (→ 905) :

   ➾ *Le contraste est frappant avec Rabelais* ***chez qui le repas est un festin****.* (Naïm Kattan)

   → Par exemple : *Le contraste est frappant avec Rabelais, parce que, chez lui, le repas est un festin.*

3. Elle peut être supprimée sans que cela modifie le sens des éléments qui demeurent :

   ➾ *Elle avait des yeux bleus* ***où scintillaient les pleurs****.* (Oswald Durand)

   → *Elle avait des yeux bleus.*

   ☞ ◆ Il convient, dans toute la mesure du possible, de placer la relative immédiatement après son antécédent (ou alors de formuler la phrase autrement), de manière à éviter toute confusion : * *Il avait emprunté la voiture de sa sœur qui venait d'être réparée.*

   Dans ce cas, il faudrait dire, par exemple : — *La voiture de sa sœur venait d'être réparée et il l'avait empruntée.*

La réduction de la relative à pronom référent

873 ● Dans certains cas, une relative à pronom référent peut être réduite à une relative infinitive ou à une phrase participiale :

1. Elle peut habituellement être réduite à une relative infinitive quand elle est introduite par un pronom relatif précédé d'une préposition ou par le pronom ***où*** (→ 326) :

— *Germain cherche quelqu'un **à qui confier la responsabilité de l'entretien**.* (= à qui il confierait...)

2. Elle peut être réduite à une phrase participiale quand son sujet sous-entendu est le même que celui de la phrase principale :

— *Un tableau, **représentant une scène de chasse**, était suspendu au mur du salon.* (= qui représente...)

Les modes dans la relative à pronom référent

874 ● Selon le cas, le verbe de la relative à pronom référent peut être à l'indicatif, au conditionnel, au subjonctif ou à l'infinitif :

1. Il se met à l'**indicatif** quand il s'agit d'exprimer un fait réel ou considéré comme tel :

*Tout ce que je lui **devais** me revenait à l'esprit.* (Laure Conan)

2. Il se met au **conditionnel** quand il s'agit d'exprimer un fait éventuel, incertain ou dépendant d'une condition (formulée ou non) :

*Voilà du moins un geste que tu ne **regretterais** pas.* (Mongo Beti)

3. Il se met au **subjonctif** dans trois cas bien déterminés :

- quand il s'agit d'exprimer un sentiment portant sur le futur, que ce soit le but, la conséquence, la crainte, le doute, l'éventualité, l'incertitude,... :

  *Il se sentait [...] porté à chercher des phrases qu'il **pût marier** avec l'atmosphère qui les enveloppait.* (Roger Lemelin)

- quand l'antécédent du pronom relatif est accompagné d'un superlatif relatif (→ 193) ou d'un adjectif à valeur de superlatif (*le premier, le dernier, le seul, l'unique,...*) :

  *La ménagère la plus méthodique que j'**aie** jamais **connue**.* (Alain-Fournier)

  — *Béatrice est la seule à qui je **puisse** confier ce travail.*

- quand la phrase matrice ou principale est de forme négative (→ 694), de type impératif (→ 674) ou de type interrogatif (→ 681) :

  *N'y a-t-il personne qui **veuille** me ressusciter?* (Molière)

  *Il n'y a plus que les petites gens qui **sachent** reconnaître l'amour véritable.* (Alain Grandbois)

☞ ◆ Dans les deux derniers cas, le verbe se met cependant à l'indicatif si l'on veut insister sur la réalité de ce qu'il exprime :

— *N'oublierais-tu pas tout l'argent que tu lui* ***dois****?*

4. Il se met à l'**infinitif** quand le sujet (sous-entendu) de la relative est identique au sujet ou à un complément de la principale :

Pierre t'a indiqué un endroit où ***pêcher*** *la truite*. (Gobbe et Tordoir)

LA RELATIVE À PRONOM NOMINAL

● La subordonnée relative introduite par un pronom relatif nominal (sans antécédent : → 318), appelée aussi **relative indéfinie**, peut avoir différentes fonctions grammaticales. Elle peut être : 875

1. sujet du verbe :

Qui sème le vent *récolte la tempête*. (proverbe biblique)

2. attribut du sujet :

— *La vraie victime de cette affaire n'est pas* ***qui tu crois****.*

3. complément du verbe (direct, indirect ou d'agent) :

Le propre de l'homme est de discerner librement ***qui il est****.* (Charles-Ferdinand Ramuz)

La vérité dépend ***de qui la dit aussi bien que de qui l'écoute****.* (Birago Diop)

Nous sommes attirés ***par qui nous flatte****.* (Raymond Radiguet)

4. complément du nom :

[...] *pour la sauvegarde* ***de quiconque se trouve dans la souffrance****.* (Olympe Bhêly-Quenum)

● Contrairement à la relative à pronom référent, la relative à pronom nominal ne peut être réduite à une phrase infinitive ou participiale. Elle s'en distingue aussi de deux autres manières : elle n'est jamais effaçable (sauf quand elle est complément d'agent : → 740.2), mais elle est toujours pronominalisable (→ 822). Elle se comporte donc, contrairement à la première, comme une phrase subordonnée insérée dans une phrase matrice. C'est pourquoi certaines grammaires la considèrent plutôt comme un cas particulier de subordonnée complétive. 876

Les modes dans la relative à pronom nominal

● Le verbe de la relative à pronom nominal se met habituellement à l'**indicatif**. Il peut toutefois se mettre au **conditionnel** quand celui de la phrase matrice l'est également, et même à l'**infinitif** dans les phrases impersonnelles (→ 661) : 877

— *Elle écarterait immédiatement* ***quiconque lui parlerait sur ce ton****.*

Il n'y a même pas de quoi ***acheter*** *un beignet*. (Antoine Bangui)

LES SUBORDONNÉES COMPLÉTIVES

878 ● On appelle subordonnées complétives toutes celles qui sont introduites par une conjonction de subordination (celle-ci ne peut être absente qu'en cas de réduction de la complétive à une subordonnée infinitive) et qui fonctionnent exactement comme un groupe du nom (seul ou comme expansion dans un groupe prépositionnel : → 783 et 801).

879 ● En effet, comme elles peuvent toujours être remplacées par un groupe du nom, les subordonnées complétives peuvent avoir la plupart des fonctions que peut avoir un groupe du nom (→ 787), à savoir : **sujet du verbe**, **attribut du sujet**, **complément du verbe** (direct et indirect), **complément du verbe impersonnel**, **complément du présentatif**, **complément du nom**, **complément du pronom** et **complément de l'adjectif**.

LA COMPLÉTIVE SUJET

880 ● La **complétive sujet du verbe** (appelée aussi, plus simplement, la **complétive sujet**, ou, parfois, la **subordonnée sujet**) est une phrase subordonnée, le plus souvent introduite par la conjonction ***que*** (parfois par *comme*, *quand*, *si*,...), qui a pour fonction, aussi longue et complexe soit-elle, d'être tout entière sujet du verbe (→ 722.3) de la phrase matrice dans laquelle elle est insérée :

— ***Que tu ne sois pas parvenu à faire ce travail sans que Pierre t'aide à le finir*** *me surprend vraiment beaucoup*.

Les propriétés de la complétive sujet

881 ● La complétive sujet a quatre propriétés principales :

1. Elle se trouve normalement en début de phrase, comme tout autre sujet, et, dans ce cas, elle peut être reprise par un groupe du nom ou un pronom démonstratif neutre (***ce***, ***ça*** ou ***cela***) :

   — *Que Chantal ait menti*, ***cette chose invraisemblable*** *reste évidemment à démontrer!*

   — *Qu'ils aient réussi cet exploit,* ***cela*** *me comble de joie!*

2. Elle peut être placée en fin de phrase, mais, dans ce cas, elle doit être annoncée en début de phrase par un pronom démonstratif neutre (***ce***, ***ça*** ou ***cela***) :

   ➾ ***Ça*** *me gêne* ***qu'il ait souffert***. (Félix Leclerc)

▲ Exception : Il n'y a pas de reprise pronominale quand la complétive sujet est employée avec certaines expressions comme *D'où vient...?*, *De là vient...*, *À cela s'ajoute...*, *De cela découle...* :

D'où vient ***qu'une parole, un geste, puissent faire des ronds à n'en plus finir, dans une destinée****?* (Antoine de Saint-Exupéry)

3. Qu'il y ait ou non reprise pronominale de la complétive sujet, l'accord du verbe avec celle-ci (et, parfois, de l'attribut du sujet) se fait au genre non marqué en français (le masculin : → 128) et au singulier :

*Qu'il fût plus utile que Katow n'****était*** *pas* ***douteux****.* (André Malraux)

— *Qu'elles y soient enfin parvenu, ce n'****est*** *toujours pas* ***confirmé****.*

4. Si le verbe de la phrase matrice est transformé (par l'ajout de ***il***) en verbe impersonnel, la complétive sujet devient alors complément du verbe impersonnel :

— ***Que tu aies trouvé le temps de venir*** *me fait bien plaisir.*

→ ***Il*** *me fait bien plaisir* ***que tu aies trouvé le temps de venir****.*

Les modes dans la complétive sujet

● Selon le cas, le verbe de la complétive sujet peut se mettre à l'indicatif ou au subjonctif (parfois au conditionnel) : 882

1. Quand la complétive sujet se trouve en début de phrase, son verbe se met au **subjonctif** :

*Qu'il vous l'****ait dit*** *ne me surprend pas.* (Alexandre Dumas)

2. Quand la complétive sujet se trouve en fin de phrase, son verbe se met à l'**indicatif** si l'on veut vraiment insister sur la réalité de ce qu'il exprime, et au **subjonctif** dans tous les autres cas :

— *C'est révoltant comme il t'****a fait*** *souffrir!*

C'est bien dommage qu'elle ***soit devenue*** *si laide.* (Voltaire)

▲ Exception : Après certaines expressions comme *D'où vient...?*, *De là vient...*, *À cela s'ajoute...*, *De cela découle...*, on peut utiliser le conditionnel pour marquer l'incertitude ou l'invraisemblance :

— *À cela s'ajoute qu'il* ***songerait*** *à s'en aller.*

● La complétive sujet peut être réduite à une phrase infinitive à condition qu'il y ait un rapport entre le sujet de la complétive et un élément de la phrase matrice : 883

— ***Avoir fait tout cela pour rien*** *l'a profondément déçu.*

Écrire en arabe *perdait à mes yeux toute nécessité.* (Naïm Kattan)

À quoi servira ***d'apprivoiser le fleuve****?* (Andrée Chedid)

LA COMPLÉTIVE ATTRIBUT DU SUJET

884 ● La **complétive attribut du sujet** (ou **complétive attribut**) est une phrase subordonnée, généralement introduite par la conjonction ***que*** (très rarement par une autre), qui a pour fonction d'être attribut du sujet (→ 750.5) de la phrase matrice :

— *Mon avis demeure toujours* ***qu'il n'y arrivera pas****.*

Parfois, la complétive attribut peut se trouver en début de phrase ou être réduite à une phrase infinitive :

— ***Que cet entrepreneur-là coûte plus cher*** *n'est pas le problème.*

Mon tort fut ***d'avoir eu*** [...] ***le mal du pays****.* (Michel de Ghelderode)

885 ● Le verbe de la complétive attribut du sujet peut se mettre à l'indicatif, au conditionnel ou au subjonctif, selon la valeur normale et habituelle de ces modes (→ Chapitre XII, p.309).

LA COMPLÉTIVE DU VERBE

886 ● La **complétive complément du verbe** (ou, plus simplement, la **complétive du verbe**) est une phrase subordonnée qui a pour fonction, aussi longue et complexe soit-elle, d'être tout entière complément (direct ou indirect : → 727 et 733) du verbe de la phrase matrice dans laquelle elle est insérée :

Vous ne savez pas ***que les parfums de mes journées meurent sur ma langue****.* (Joyce Mansour)

> L'étude de la complétive du verbe peut se diviser en trois parties : la complétive complément direct, la complétive complément indirect et le **cas particulier de l'interrogation indirecte**.

Les propriétés de la complétive directe

887 ● La complétive complément direct du verbe (ou **complétive directe**) a deux propriétés principales :

1. Elle est presque toujours introduite par la conjonction ***que*** :

   Ainsi, il avait décidé ***que j'irais à l'école****.* (Antoine Bangui)

2. Elle peut le plus souvent être pronominalisée (→ 822) ou détachée (→ 703-704) afin d'être mise en évidence, mais elle ne peut pas être déplacée : (→ 814) :

   — *Je veux* ***que tu quittes cet emploi****.*

   - Pronominalisation : *Je* ***le*** *veux* .
   - Détachement : ***Ce que*** *je veux,* ***c'est*** *que tu quittes cet emploi.*

Les propriétés de la complétive indirecte

● La complétive complément indirect du verbe (ou **complétive indirecte**) a deux propriétés principales : 888

1. Elle peut être introduite par les conjonctions ***que***, ***à ce que*** et ***de ce que*** :

Ils se rendent compte ***que*** *vous êtes difficile.* (Charles-Albert Cingria)

Je consentis avec empressement ***à ce qu'****il réduisit en poudre...* (Simone de Beauvoir)

☞ ◆ La complétive indirecte introduite par ***que*** seulement a l'apparence d'un complément direct étant donné qu'elle se rattache au verbe sans préposition (→ 737.2). Il suffit cependant de la remplacer par un groupe du nom pour constater que la préposition est sous-entendue (→ 728-729) :

Je m'étonne ***que*** *la plupart des hommes aient si peur des spectres.* (Marguerite Yourcenar)

→ *Je m'étonne* ***de*** *la peur des hommes...*

◆ Il ne faut pas confondre les prépositions ***à ce que*** et ***de ce que*** avec la séquence {préposition + pronom démonstratif + pronom relatif} :

[Des marques] *qui s'additionnent pour donner la même preuve. La preuve par le sang* ***de ce que*** *je suis.* (Jean-Marie Adiaffi)

2. Comme la complétive directe (→ 887.2), la complétive indirecte peut le plus souvent être pronominalisée ou détachée afin d'être mise en évidence, mais elle ne peut pas être déplacée :

— *Elle s'est aperçue* ***qu'elle s'était trompée chaque fois.***

➤ Pronominalisation : *Elle s'****en*** *est aperçue.*

➤ Détachement : ***Ce dont*** *elle s'est aperçue,* ***c'est*** *qu'elle s'était trompée chaque fois.*

Les modes dans la complétive du verbe

● Selon le cas, le verbe de la complétive du verbe peut être à l'indicatif, au conditionnel ou au subjonctif : 889

1. Il se met à l'**indicatif** quand le verbe de la phrase matrice est un verbe de <u>décision</u> (*décider, décréter, établir,...*), de <u>déclaration</u> (*dire, affirmer, prétendre,...*), d'<u>opinion</u> (*croire, penser, supposer,...*) ou de <u>perception</u> (*voir, entendre, sentir,...*) **et** qu'il s'agit d'exprimer un fait réel ou considéré comme tel :

Je lui ai ***dit*** *qu'elle* ***était*** *éblouissante dans sa robe classique.* (Valentin-Yves Mudimbé)

2. Il se met au **conditionnel** quand il s'agit d'exprimer un fait éventuel, incertain ou dépendant d'une condition (formulée ou non) :

*On sentait si bien qu'un peu de bonheur l'****aurait rendue*** *ravissante.* (Léon Bloy)

3. Il se met au **subjonctif** dans les cas suivants :

- quand la complétive est en début de phrase (et reprise par un pronom dans la matrice) :

  *Que cette attitude **fût** douloureuse à Kyo, il **le** savait.* (Malraux)

- quand le verbe de la phrase matrice est un verbe de sentiment (*craindre, douter, regretter,...*) ou de volonté (*demander, interdire, souhaiter,...*) :

  *Si l'on sait des nouvelles de mon voleur, je supplie que l'on m'en **dise**.* (Molière)

- quand le verbe de la phrase matrice est un verbe de déclaration, d'opinion ou de perception **et** qu'il s'agit d'exprimer un fait chargé d'un sentiment personnel ou présent seulement dans la pensée du locuteur ou du scripteur :

  *Je ne pense pas que je **doive** m'excuser d'être riche.* (N. Aba)

890 **Remarque :**

Quand le verbe de la phrase matrice est un verbe de déclaration, d'opinion ou de perception (points 1 et 3) **et** que la phrase matrice est de type interrogatif ou de forme négative, le verbe de la complétive se met plus facilement au subjonctif que lorsque la matrice est déclarative et affirmative. En effet, la négation et l'interrogation contiennent habituellement une plus forte « charge de sentiment personnel » que la simple affirmation :

— *Je pense qu'elle **est** capable de s'en sortir seule.*
— *Je ne pense pas qu'elle **soit** capable de s'en sortir seule.*
— *Penses-tu qu'elle **soit** capable de s'en sortir seule?*

891 ● Les complétives directe et indirecte peuvent être réduites à des subordonnées infinitives :

1. La complétive directe n'est alors introduite par aucune conjonction et elle n'a le plus souvent pas de sujet propre. Elle peut toutefois en avoir un, quand elle dépend d'un verbe de perception (*écouter, entendre, regarder, sentir, voir,...*) et après les verbes ***faire*** ou ***laisser*** (dans ce cas, il y a souvent inversion du verbe et du sujet) :

*Nous avons laissé **humilier** l'intelligence des pères.* (G. Miron)

*Jamais je ne vis **tant de grâce s'unir** à tant de gravité.* (Alain-Fournier)

*Je laisserai **le poison faire** son œuvre de destruction, **s'infiltrer**, **se distiller**, me **contaminer**.* (Calixthe Beyala)

*Une eau-de-vie qui fait **rentrer tard les soldats**.* (Max Elskamp)

2. La complétive indirecte est habituellement introduite par les conjonctions ***à*** ou ***de*** et elle n'a le plus souvent pas de sujet propre :

*Contente-toi **d'obéir**.* (Jean-Marie Adiaffi)

*Je me mis alors [...] **à représenter le Cardinal**.* (Suzanne Lilar)

LE CAS DE L'INTERROGATION INDIRECTE

● L'interrogation indirecte crée un type particulier de phrase complétive complément du verbe : elle fait dépendre du verbe de la phrase matrice une subordonnée qui, si elle était une phrase indépendante, serait de type interrogatif et se terminerait donc par un point d'interrogation : 892

➪ *J'ignore **où je suis**, **qui je suis**, et **ce que je fais**.* (Molière)
(= *Où suis-je? Qui suis-je? Que fais-je?*)

Les propriétés de la complétive interrogative indirecte

● La complétive interrogative indirecte partage avec les autres complétives du verbe le fait de pouvoir être pronominalisée et détachée, mais de ne pas pouvoir être déplacée (→ 887.2 et 888.2). Elle a cependant deux propriétés plus spécifiques : 893

1. Elle doit s'insérer dans une phrase matrice dont le verbe exprime l'interrogation, la connaissance ou l'ignorance :

➪ *Personne ne savait plus très bien **où commençait le chant** ni **s'il finirait jamais**.* (Ousmane Sembène)

2. Elle doit être introduite par un marqueur d'interrogation, à savoir :

- ***si***, quand l'interrogation indirecte est totale (→ 683) :

  ➪ [Il la regarda], *se demandant **si** elle divaguait.* (Rodolphe Girard)

- et, quand l'interrogation indirecte est partielle (→ 684),
  - soit un pronom interrogatif (→ 328) :

    ➪ *Je ne sais plus **que** faire sur la terre.* (Paul Chamberland)
  - soit un déterminant interrogatif (→ 244) :

    ➪ *Tu te demanderas sans doute **quel** démon me possède.* (Major)
  - soit un adverbe d'interrogation (→ 437) :

    ➪ *Elle ne me demande pas **pourquoi** je me suis couché dans le salon.* (André Langevin)

Les modes dans la complétive interrogative indirecte

● Le verbe de la complétive interrogative indirecte se met à l'**indicatif** ou au **conditionnel**, selon la valeur normale et habituelle de ces modes (→ Chapitre XII, p.309) : 894

➪ *Il ne sait plus quelle heure il **est**.* (Jacques Poulin)

➪ *Je demande à papa* [...] *s'il ne **voudrait** pas me faire donner par Mlle Aimée Ranthenay des leçons de grammaire.* (Colette)

● Quand l'interrogation indirecte est partielle, le verbe de la complétive peut aussi se mettre à l'infinitif si son sujet (sous-entendu) est le même que celui de la phrase matrice : 895

➪ *Ne plus savoir ni quoi **dire** ni quoi **faire**.* (Bernard Clavel)

LA COMPLÉTIVE DU VERBE IMPERSONNEL

896 ● La **complétive complément du verbe impersonnel** (ou **complétive du verbe impersonnel**) est une phrase subordonnée, presque toujours introduite par la conjonction ***que***, qui dépend syntaxiquement d'un verbe impersonnel (elle correspond au « sujet réel » du verbe impersonnel, selon la grammaire traditionnelle : → 662 et 741) :

➾ *Il vaut mieux **que tu saches quel fils tu as**!* (Albert Memmi)

897 ● Le verbe de la complétive du verbe impersonnel se met à l'indicatif, au conditionnel ou au subjonctif, selon la valeur normale et habituelle de ces modes (→ Chapitre XII, p.309).

La complétive du verbe impersonnel peut aussi être réduite à une subordonnée infinitive, que le sujet soit absent ou qu'il soit exprimé de manière indirecte, c'est-à-dire sous la forme d'un groupe du nom (prépositionnel ou non) complément du verbe impersonnel :

➾ *Il convient **de faire de grandes aumônes à la pluie**.* (Makhâli Phâl)

➾ *Ne **leur** suffisait-il pas **d'avoir découvert le secret de l'immortalité**?* (Philippe Tsira Ndong Ndoutoume)

LA COMPLÉTIVE DU PRÉSENTATIF

898 ● La **complétive complément du présentatif** (ou **complétive du présentatif**) est une phrase subordonnée, introduite par la conjonction ***que*** ou par un mot d'interrogation (déterminant ou adverbe : → 244 et 437) et qui dépend syntaxiquement d'un présentatif :

➾ *Voilà **que meurt l'Afrique des empires**.* (Léopold Sédar Senghor)

➾ *Vouloir d'abord se libérer, voilà **quel était le commencement de la liberté**!* (Félix-Antoine Savard)

➾ *Voilà **où je voulais en venir**? Pas absolument.* (Marie José Thériault)

☞ ◆ La complétive du présentatif introduite par un mot d'interrogation s'apparente à la complétive interrogative indirecte (→ 893).

899 ● Le verbe de la complétive du présentatif se met à l'indicatif, au conditionnel ou au subjonctif, selon la valeur normale et habituelle de ces modes (→ Chapitre XII, p.309).

La complétive du présentatif peut aussi être réduite à une subordonnée infinitive. Dans ce cas, le sujet est toujours exprimé et il y a le plus souvent inversion du verbe et du sujet (→ 723) :

➾ *Voici **venir une jeune reine**.* (Chateaubriand)

LA COMPLÉTIVE DU NOM

● La **complétive complément du nom** (ou **complétive du nom**) est une phrase subordonnée, généralement introduite par la conjonction ***que*** (au sens de ***à savoir que***, également employé), qui a pour fonction d'être complément du nom (→ 758) : 900

Les gradins de mes côtes se serrent à l'idée [...]
Que vos yeux pourraient sourire. (Joyce Mansour)

☞ ◆ Il ne faut pas confondre la subordonnée complétive du nom introduite par *quand, comme, si,...* (relativement rare) avec une subordonnée circonstancielle (→ 905) :

Je pensais à son sursaut ***quand elle a appris qui j'étais***. (Jean Giraudoux)

● Le verbe de la complétive du nom se met à l'indicatif, au conditionnel ou au subjonctif selon la valeur normale et habituelle de ces modes (→ Chapitre XII, p.309). La complétive du nom peut aussi être réduite à une subordonnée infinitive (introduite par *de*) : 901

Il repousse même l'idée ***de seconder son frère***. (Rachid Mimouni)

LA COMPLÉTIVE DU PRONOM

● La **complétive complément du pronom** (ou **complétive du pronom**) se conforme aux mêmes règles que la complétive du nom, sauf qu'elle ne peut être réduite à une subordonnée infinitive : 902

— *Oui, je me souviens de ma réaction quand Claire est arrivée, mais surtout de la tienne* ***quand elle a dit pourquoi elle était venue***.

LA COMPLÉTIVE DE L'ADJECTIF

● La **complétive complément de l'adjectif** (ou **complétive de l'adjectif**) est une phrase subordonnée habituellement introduite par les conjonctions ***que***, ***à ce que*** et ***de ce que*** et qui dépend d'un adjectif : 903

Je suis sûr ***que beaucoup d'hommes n'engagent jamais leur être***. (Georges Bernanos)

☞ ◆ Il ne faut pas confondre la subordonnée complétive de l'adjectif, introduite par une autre conjonction (*quand, comme, lorsque,...*), avec une subordonnée circonstancielle (→ 905) :

— *Je les revois si malheureux* ***lorsqu'on leur a dit de partir***.

● Le verbe de la complétive de l'adjectif se met à l'indicatif, au conditionnel ou au subjonctif selon la valeur normale et habituelle de ces modes (→ Chapitre XII, p.309). La complétive de l'adjectif peut aussi être réduite à une subordonnée infinitive (introduite par ***à*** ou ***de***) : 904

Impossible ***de sortir de sa peau***. (Simone de Beauvoir)

Je croyais voir sur ses lèvres, dans ses yeux, des paroles prêtes ***à être prononcées***. (Françoise Mallet-Joris)

LES SUBORDONNÉES CIRCONSTANCIELLES

905 ● On appelle subordonnées circonstancielles toutes celles qui sont introduites par une conjonction de subordination (simple ou complexe : → 469-470, parfois sous-entendue) et qui, par rapport à la phrase principale dont elles dépendent, ont comme fonction d'être des **compléments de phrase** (→ 755) ou, exceptionnellement, des compléments du nom, du pronom ou de l'adjectif (→ 900R et 903R).

☞ ◆ Il y a différentes sortes de circonstancielles et leur nombre peut varier selon le mode d'analyse ou de classement.

Les subordonnées circonstancielles les plus fréquemment utilisées, à savoir les subordonnées de **temps**, de **cause**, de **conséquence**, de **concession**, d'**opposition**, de **but**, d'**hypothèse** et de **comparaison**, seront étudiées séparément et successivement. Seront également mentionnées d'autres subordonnées circonstancielles moins fréquemment utilisées, à savoir les subordonnées de **manière**, de **lieu**, d'**addition** et de **restriction**.

906 ● Les conjonctions de subordination sont nombreuses et, pour chaque sorte de circonstancielles, il sera fait mention des plus communes. Il est à noter que la plupart d'entre elles, quand elles doivent être répétées devant deux circonstancielles de même sorte, peuvent être remplacées, devant la deuxième, par la conjonction ***que*** qui a alors exactement la même valeur que la conjonction de subordination qu'elle remplace :

➪ *Peut-on avoir un regard neuf* ***quand*** *on a passé sa jeunesse dans ce pays et* ***qu'****on ne l'a quitté que quelques années?*
(Mouloud Feraoun)

LA CIRCONSTANCIELLE DE TEMPS

907 ● La circonstancielle de temps est une phrase subordonnée dont le rôle consiste à situer, dans le temps, un fait par rapport à un autre exprimé dans la phrase principale. Il peut lui être antérieur, simultané ou postérieur :

➤ antériorité :

➪ ***Dès que la nouvelle lui avait été révélée****, elle s'était affolée.*
(Tierno Monénembo)

➤ simultanéité :

➪ ***Quand je travaille avec passion****, tout mon corps vibre.*
(Émile Verhaeren)

➤ postériorité :

➪ *Mais en ma chambre* ***à peine ai-je éteint la lumière***
Qu'il ne m'est plus permis de fermer la paupière. (Boileau)

● La circonstancielle de temps n'est pas le seul moyen dont dispose la langue pour exprimer le temps. En effet, celui-ci peut être exprimé d'au moins quatre autres manières : 908

1. par des adverbes de temps : *demain, plus tard, avant-hier*.
2. par des groupes prépositionnels : *pendant ce temps, jusqu'à la veille*.
3. par la conjugaison des verbes : *Je suis parti*. – *Je partirai*.
4. par des auxiliaires d'aspect : *Je vais le faire*. – *Je viens de le faire*.

Les marqueurs de temps

● La circonstancielle de temps est toujours introduite par une conjonction de subordination (sauf en cas de réduction : → 911). Les principales conjonctions de temps sont les suivantes : 909

à l'instant où	***aussitôt que***	***jusqu'à ce que***
alors que	***avant que***	***lorsque***
à peine... (que)	***chaque fois que***	***maintenant que***
à présent que	***comme***	***pendant que***
après que	***depuis que***	***quand***
au fur et à mesure que	***dès que***	***tandis que***
au moment où	***en attendant que***	***toutes les fois que***
aussi longtemps que	***en même temps que***	***une fois que***

☞ ◆ La conjonction ***avant que*** peut être suivie d'un ***ne*** explétif (→ 453) que l'on place devant le verbe de la subordonnée :

➾ *Je chante ta beauté qui passe, forme que je fixe dans l'Éternel*
Avant que *le destin jaloux* ***ne*** *te réduise en cendres...*
(Léopold Sédar Senghor)

Les modes dans la circonstancielle de temps

● Le verbe de la subordonnée circonstancielle de temps peut se mettre à l'indicatif, au conditionnel ou au subjonctif, selon le cas : 910

1. Il se met à l'**indicatif** quand la circonstancielle exprime, par rapport à la phrase principale, l'antériorité ou la simultanéité d'un fait considéré comme réel :

➾ *À peine Nadège* ***avait****-elle* ***soutiré*** *à Mère quelque menue monnaie, nous avions le prétexte nécessaire*. (Marie-Thérèse Humbert)

➾ *Mainguai essaya de penser pendant qu'il* ***marchait*** *au pas*.
(Alioum Fantouré)

➾ *Je vous promets de vous avertir dès qu'il y* ***aura*** *quelque chose*.
(Eugène Ionesco)

☞ ◆ La conjonction ***après que***, traditionnellement suivie de l'indicatif, se construit de plus en plus souvent avec le subjonctif :

➾ *Après qu'il* ***ait été blessé***. (François Mauriac)

2. Il se met au **conditionnel** quand la circonstancielle exprime, par rapport à la phrase principale, l'antériorité ou la simultanéité d'un fait considéré comme seulement possible :

— *Et toi, quand je* ***m'en irais****, tu en profiterais pour tricher?*

— *Non, je l'aime trop pour lui parler. Tandis qu'elle* ***lèverait*** *ses yeux vers moi, je m'évanouirais.*

3. Il se met au **subjonctif** quand la circonstancielle exprime, par rapport à la phrase principale, la postériorité d'un fait quel qu'il soit :

➾ *Il confie en riant ce qui troublait sa tête*
Avant qu'il ***eût*** *l'espoir certain de l'épouser.* (Émile Verhaeren)

➾ *Je verrai cet instant jusqu'à ce que je* ***meure****.* (Victor Hugo)

911 ● La circonstancielle de temps peut être réduite à une phrase infinitive ou à une phrase participiale (habituellement sans préposition dans ce dernier cas) :

➾ *Il lui fallut plusieurs secondes* ***avant de tourner cette clé dans la serrure****.* (Andrée Chedid)

➾ ***Le pont traversé****, nous nous dirigeons vers le Louvre.* (André Breton)

➾ ***Sitôt passé le brouillard****, le soleil paraîtra glabre comme un sou neuf.* (Malcolm de Chazal)

De même, elle peut être réduite à un groupe de l'adjectif à fonction d'épithète (→ 791.3 et 4) :

— ***Une fois seuls****, ils eurent une franche explication.*

912 **Remarque :**

Si le verbe a un mode, il a aussi un temps. Le temps grammatical utilisé dans une circonstancielle de temps dépend principalement de deux facteurs : le temps de la phrase principale et le rapport entre celui-ci et le temps de la subordonnée. Ces considérations font l'objet d'un chapitre particulier : → Chapitre XIX, p.469.

LA CIRCONSTANCIELLE DE CAUSE

913 ● La circonstancielle de cause est une phrase subordonnée dont le rôle consiste à donner la raison, vraie ou fausse, pour laquelle se produit ce qu'exprime la phrase principale :

➾ *Le poète est l'homme du déchirement* ***parce qu'il est l'homme d'une guérison****.* (Salah Stetié)

● La circonstancielle de cause est le moyen le plus usuel pour exprimer la cause en français, mais on a également recours à des groupes prépositionnels ou même aux possibilités d'expression offertes par le lexique : 914

— *à cause de la pluie, en raison de sa présence, grâce à toi.*

➾ *Le jardin plongé dans la nuit, le vestibule et l'escalier* [...] *me causèrent longtemps une frayeur indicible.* (Suzanne Lilar)

Les marqueurs de cause

● La circonstancielle de cause est toujours introduite par une conjonction de subordination (sauf en cas de réduction : → 917). Les principales conjonctions de cause sont les suivantes : 915

attendu que	***étant donné que***	***sous le prétexte que***
comme	***parce que***	***surtout que***
du fait que	***puisque***	***vu que***

Les modes dans la circonstancielle de cause

● Le verbe de la subordonnée circonstancielle de cause peut se mettre à l'indicatif, au conditionnel ou au subjonctif, selon le cas : 916

1. Il se met à l'**indicatif** quand la circonstancielle exprime un fait considéré comme réel :

   ➾ *Comme personne ne* ***part*** *jamais, on ne saura jamais où c'est.* (Jacques Languirand)

2. Il se met au **conditionnel** quand la circonstancielle exprime un fait considéré comme seulement possible ou comme soumis à une condition (formulée ou non) :

   — *Il est parti sous prétexte qu'il* ***aurait*** *un travail plus urgent.*

   — *Ne recommence plus, parce que tu* ***pourrais*** *le regretter!*

3. Il se met au **subjonctif** quand la circonstancielle exprime un fait considéré comme une « fausse cause » (introduite par *non que*, *non pas que* et *sans que* notamment) :

   ➾ *Sans que rien de nouveau* ***fût survenu****, il eut soudain la certitude que cet homme était mort.* (André Malraux)

● La circonstancielle de cause peut être réduite à une phrase infinitive ou à une phrase participiale (habituellement sans préposition dans ce dernier cas) : 917

➾ ***À ne pas servir****, la langue s'affadit.* (Madeleine Ouellette-Michalska)

➾ ***Ne pouvant résister****, elle ne se privait de rien.* (Binéka D. Lissouba)

➾ ***Quelque peu rasséréné par le grand air****, je m'engage* [...] *dans le sentier.* (Jacques Ferron)

De même, elle peut être réduite à un simple adjectif épithète (accompagné ou non d'un complément) :

— ***Incertain du résultat de sa démarche****, il y renonça.*

LA CIRCONSTANCIELLE DE CONSÉQUENCE

918 ● La circonstancielle de conséquence est une phrase subordonnée dont le rôle consiste à mentionner le résultat (généralement non recherché) d'une cause exprimée par la phrase dont elle dépend :

Il étouffait ***au point qu'il se retrouva subitement assis dans son lit.*** (Ringuet)

919 ● La circonstancielle de conséquence est le moyen le plus usuel pour exprimer la conséquence en français, mais on a également recours à des adverbes de conséquence ou aux possibilités offertes par le lexique :

— *donc, en conclusion, dès lors, en effet, par conséquent.*
— *Les pluies abondantes ont entraîné de graves inondations.*

Les marqueurs de conséquence

920 ● La circonstancielle de conséquence est toujours, soit introduite par une conjonction de subordination, soit reliée par un couple de corrélatifs à la phrase dont elle dépend :

1. Les principales conjonctions de conséquence sont les suivantes :

au point que	***de manière que***	***sans que***
de façon que	***de sorte que***	***si bien que***

☞ ◆ Il existe diverses variantes de certaines de ces conjonctions (par exemple, *au point que* peut devenir *à ce point que*, *à tel point que*, *à un point tel que*,...) :

Et ce débordement de leur lutte dernière
Devient rage ***à tel point que*** *leur amour fait peur.*
(Émile Verhaeren)

◆ La conjonction ***sans que***, qui a par elle-même un sens négatif, se construit habituellement sans ***ne*** dans la subordonnée.

2. Les principaux corrélatifs de conséquence (l'un se trouvant dans la phrase matrice et l'autre dans la subordonnée) sont les suivants :

➤ ***tel*** (*telle, tels, telles*) **+ *que*** :

[...] *un triomphe* ***tel que****, si Pierre fermait les yeux, il se sentait flotter.* (Robert-Edward Hart)

Telle *est la route* ***qu'****aucune auto n'oserait s'y engager la nuit.* (François Mauriac)

➤ ***un tel*** (*une telle, de tels, de telles*), ***tant de***, ***tellement de*** + nom **+ *que*** :

[Cela] *déclencha en elle* ***une telle*** *vague de souffrance* ***qu'****elle crut mourir.* (Maryse Condé)

➤ ***si***, ***tellement*** + adjectif ou adverbe ***+ que*** :

Son costume lui faisait la taille ***si*** *mince* ***qu'****elle semblait fragile.* (Alain-Fournier)

➤ ***aussi***, ***tant*** + verbe ***+ que*** :

J'ai ***tant*** *fait* ***que*** *nos gens sont enfin dans la plaine.* (La Fontaine)

➤ ***assez***, ***bien, suffisamment***, ***trop***, ***trop peu*** + adjectif ou adverbe ou verbe ***+ pour que*** :

Je suis ***bien*** *jeune* [...] ***pour qu'****on veuille m'écouter.* (Stendhal)

➤ ***assez de***, ***suffisamment de***, ***trop (peu) de*** + nom ***+ pour que*** :

La répression de février avait été faite de ***trop de*** *tortures* ***pour que*** *l'insurrection manquât...* (André Malraux)

☞ ◆ Parfois, notamment dans la langue courante, la circonstancielle de conséquence peut être introduite par ***que*** seulement :

Il ne levait jamais les yeux ***que*** *son regard ne rencontrât celui de Joseph.* (Julien Green)

Les modes dans la circonstancielle de conséquence

● Le verbe de la subordonnée circonstancielle de conséquence peut se mettre à l'indicatif, au conditionnel ou au subjonctif, selon le cas : 921

1. Il se met à l'**indicatif** quand la circonstancielle exprime un fait réel ou considéré comme tel :

J'en ferai deux livres si beaux
Qu'ils te ***serviront*** *de tombeau.* (Gilles Vigneault)

2. Il se met au **conditionnel** quand la circonstancielle exprime un fait considéré comme seulement possible ou comme soumis à une condition (formulée ou non) :

Il est si joli qu'on le ***mangerait****, cet enfant.* (Jacques Chessex)

3. Il se met au **subjonctif** :

➤ après une phrase matrice de type interrogatif ou de forme négative :

Mon espion ne doit pas être logique au point que l'intrigue ***soit dispensée*** *de l'être.* (Hubert Aquin)

➤ après les corrélatifs *assez..., suffisamment..., trop (peu)... pour que* :

Son trouble était trop grand pour qu'elle ***pût*** *dormir.* (Maurois)

➤ quand la circonstancielle exprime le but en plus de la conséquence :

*Il suffit de nommer la chose pour qu'****apparaisse*** *le sens sous le signe.* (Léopold Sédar Senghor)

● La circonstancielle de conséquence peut être réduite à une phrase infinitive (dans ce cas, les corrélatifs et les conjonctions subissent certaines modifications) : 922

On ne pouvait la regarder ***sans avoir envie de pleurer****.* (L. Bloy)

LA CIRCONSTANCIELLE DE CONCESSION

923 ● La circonstancielle de concession est une phrase subordonnée dont le rôle consiste à mentionner un fait qui devrait avoir l'effet contraire de celui qu'exprime la phrase principale :

➾ ***Si inquiet qu'il fût**, il n'était pas désarçonné.* (Victor Hugo)

924 ● La circonstancielle de concession est le seul moyen d'exprimer la concession en français, hormis le recours à des groupes prépositionnels :

➾ *Le poulailler est un palais doré pour le coq **malgré la puanteur des lieux**.* (proverbe agni, cité par Jean-Marie Adiaffi)

Les marqueurs de concession

925 ● La circonstancielle de concession est introduite, soit par une conjonction de subordination, soit par un autre mot (déterminant, pronom ou adverbe) accompagné de ***que*** (sauf en cas de réduction : → 927) :

1. Les principales conjonctions de concession sont les suivantes :

bien que	***malgré que***	***quoi que***

☞ ◆ Parfois, la circonstancielle de concession est introduite par ***que*** seulement (qui doit alors se trouver en début de phrase) :

– ***Que** cela se soit produit en son absence, il n'en est pas moins responsable.*

2. Les principaux autres marqueurs de concession sont les suivants :

aussi... que	***qui... que***	***si... que***
quel** (quelle, quels, quelles) **que	***quoi... que***	***(s'il est vrai que)***
quelque... que	***pour... que***	***tout... que***

☞ ◆ ***Quelque***, marqueur de concession, étant un adverbe, est invariable. Il ne doit pas être confondu avec ***quelque***, déterminant indéfini (→ 360).

◆ ***Quel que***, marqueur de concession, étant un déterminant indéfini, s'accorde en genre et en nombre avec le nom auquel il se rapporte (→ 361).

◆ Le marqueur de concession ***si... que*** est parfois réduit à la seule conjonction ***si***, ce qui entraîne ordinairement l'inversion du verbe et du sujet :

➾ *Un homme ne saurait mépriser la demeure de son frère **si** humble **soit-elle**.* (Maryse Condé)

Les modes dans la circonstancielle de concession

● Le verbe de la subordonnée circonstancielle de concession se met normalement au **subjonctif** : 926

- *Si étrange que cela* ***puisse*** *paraître, cet auteur [...] se méfie.* (Nathalie Sarraute)
- *La mosquée elle-même, pour solide qu'elle* ***fût****, nous paraissait moins inébranlable.* (Marie-Thérèse Humbert)

Il se met toutefois à l'**indicatif** si l'on veut insister sur le caractère réel de la concession ou au **conditionnel** si l'on veut insister au contraire sur son caractère d'éventualité :

- *S'il est vrai que nous n'****avons*** *guère* ***appris****, assurément nous n'avons rien oublié.* (Louis Hémon)
- *Mais, quand l'univers l'****écraserait****, l'homme serait encore plus noble que ce qui le tue.* (Pascal)

● La circonstancielle de concession peut être réduite à une phrase participiale (mais cette formulation n'est pas des plus heureuses) : 927

- ***Bien qu'ayant vécu*** *chez eux,...* (Anatole France)

☞ ◆ Quand la conjonction de concession est suivie d'un groupe de l'adjectif ou d'un groupe prépositionnel, il faut simplement considérer que le verbe *être* et le sujet sont sous-entendus (cette formulation, naguère habituelle, n'est plus considérée comme recommandable aujourd'hui) :

- *Aussi,* ***quoique de mœurs faciles et molles en apparence****, M. Grandet avait-il un caractère de bronze.* (Gustave Flaubert)

LA CIRCONSTANCIELLE D'OPPOSITION

● La circonstancielle d'opposition est une phrase subordonnée dont le rôle consiste à mentionner un fait qui s'oppose à celui qu'exprime la phrase principale, mais sans qu'il y ait entre eux de lien de cause à effet : 928

- *L'un d'eux s'en va interroger les Hétu* ***tandis que*** *l'autre monte la garde auprès du corps.* (André Langevin)
- *Il sentait la fatigue dans son corps* ***sans que*** *la force de ses bras se soit dépensée.* (Jacques-Stephen Alexis)

● La circonstancielle d'opposition n'est pas le seul moyen dont dispose la langue pour exprimer l'opposition. En effet, celle-ci peut être exprimée d'au moins trois autres manières : 929

1. par des adverbes d'opposition : *par contre, au contraire.*
2. par des groupes prépositionnels : *malgré son refus, contre son gré.*
3. par les possibilités du lexique : *L'un compense l'autre.*

Les marqueurs d'opposition

930 ● La circonstancielle d'opposition est toujours introduite par une conjonction de subordination (sauf en cas de réduction : → 932). Les principales conjonctions d'opposition sont les suivantes :

alors que	*lorsque*	*(si)*
au lieu que	*pendant que*	*tandis que*

☞ ◆ ***Si*** marque l'opposition quand il signifie « s'il est vrai que » :

➾ ***Si*** *je ne vaux pas mieux, au moins je suis autre.* (Jean-Jacques Rousseau)

Les modes dans la circonstancielle d'opposition

931 ● Le verbe de la subordonnée circonstancielle d'opposition se met normalement à l'**indicatif** :

➾ *Le cultivateur laboure le sol, tandis que le guerrier en* ***assume*** *la pérennité.* (Pham Van Ky)

☞ ◆ La conjonction ***au lieu que*** peut être suivie du subjonctif :

➾ *Au lieu que son histoire l'****ait calmé****, on dirait plutôt qu'il s'aigrit.* (Jules Romains)

932 ● La circonstancielle d'opposition peut être réduite à une phrase infinitive (dans ce cas, *au lieu que* devient ***au lieu de***) :

➾ *Si je diffère de toi,* ***loin de te léser****, je t'augmente.* (Saint-Exupéry)

➾ ***Au lieu de s'étonner****, ils trouvent cela agréable.* (Ch.-A. Cingria)

LA CIRCONSTANCIELLE DE BUT

933 ● La circonstancielle de but est une phrase subordonnée dont le rôle consiste à indiquer l'effet recherché par le fait qu'exprime la phrase principale :

➾ *Ils le garrottèrent* ***de manière qu'il ne pût remuer****.* (Lautréamont)

934 ● La circonstancielle de but est le moyen le plus usuel pour exprimer le but en français, mais on peut également avoir recours à des adverbes ou aux possibilités d'expression offertes par le lexique :

— *exprès, à dessein, intentionnellement, délibérément.*

— *vouloir, avoir l'intention de, projeter de, avoir comme objectif de.*

Les marqueurs de but

935 ● La circonstancielle de but est toujours introduite par une conjonction de subordination (sauf en cas de réduction : → 937). Les principales conjonctions de but sont les suivantes :

afin que	***de façon que***	***de peur que***
de crainte que	***de manière que***	***pour que***

☞ ◆ Il existe diverses variantes de certaines de ces conjonctions (par exemple, *de manière que* peut devenir *de manière à ce que*, *de telle manière que*, *de manière telle que*,...).

◆ Parfois, la circonstancielle de but est introduite par ***que*** seulement (qui ne peut alors jamais se trouver en début de phrase) :

> *Secourez-moi, **que** je sorte de ce gouffre!...* (Michel de Ghelderode)

Les modes dans la circonstancielle de but

936 ● Le verbe de la subordonnée circonstancielle de but se met toujours au **subjonctif** :

> *Pour qu'il y **ait** un temps meilleur,*
> *Il faut toujours quelques perdants.* (Raymond Lévesque)

937 ● La circonstancielle de but peut être réduite à une phrase infinitive. Dans ce cas, les conjonctions subissent certaines modifications (par exemple *afin que* devient *afin de* et *pour que* se réduit à *pour*). Il arrive même que la conjonction soit sous-entendue :

> *«Petites gouttes de chant **pour créer l'homme**»* (poèmes de René Philombe)

> *Baobab! Je suis venu **replanter mon être près de toi***
> ***Et mêler mes racines à tes racines d'ancêtre**.* (Jean-Baptiste Tati-Loutard)

> [Je] *n'ose rien dire **de peur d'irriter Kalifa**.* (Bernadette Dao)

LA CIRCONSTANCIELLE D'HYPOTHÈSE

938 ● La circonstancielle d'hypothèse (ou circonstancielle de condition) est une phrase subordonnée dont le rôle consiste à exprimer un fait dont la réalisation (ou la non-réalisation) conditionne l'accomplissement (ou non) du fait exprimé par la phrase principale :

> [Les médecins] *mentiraient moins **si nous n'avions si peur de mourir**.* (Marguerite Yourcenar)

> ***Si ton propre souffle te quittait**, je recueillerais pour toi celui des morts dérisoires.* (Rina Lasnier)

939 ● La circonstancielle d'hypothèse est presque le seul moyen d'exprimer la condition ou la supposition en français. En dehors d'elle, il n'y a que le recours aux possibilités d'expression offertes par le lexique ou aux auxiliaires de modalité :

— *une acceptation conditionnelle, un revirement éventuel.*

> *Tu as **dû** te tromper.* (Samuel Beckett)

Les marqueurs d'hypothèse

940 ● La circonstancielle d'hypothèse est presque toujours introduite par une conjonction de subordination (sauf en cas de réduction : → 942). Les principales conjonctions d'hypothèse sont les suivantes :

à condition que	***dans l'hypothèse où***	***quand (bien) même***
à moins que	***en admettant que***	***si***
à supposer que	***pour autant que***	***si tant est que***
au cas où	***pour peu que***	***soit que... soit que***
dans l'éventualité que	***pourvu que***	***sous réserve que***

☞ ◆ Il existe diverses variantes de certaines de ces conjonctions (par exemple, *à supposer que* peut devenir *en supposant que*, *dans la supposition que*, *supposé que*,...).

◆ Parfois, la circonstancielle d'hypothèse est introduite par ***que*** seulement (elle se trouve alors habituellement en début de phrase) :

➾ ***Qu'****elle se fût appelée Jeanne ou Marie, il n'y aurait pas repensé, après coup.* (Aragon)

Les modes dans la circonstancielle d'hypothèse

941 ● Le verbe de la subordonnée circonstancielle d'hypothèse peut se mettre à l'indicatif, au conditionnel ou au subjonctif, selon le cas :

1. Il se met à l'**indicatif** s'il est introduit par ***si*** :

➾ *Si lui-même* ***ouvrait*** *simplement les mains, leur vie s'en écoulerait aussitôt.* (Antoine de Saint-Exupéry)

L'emploi de la conjonction ***si*** appelle diverses remarques : → 943.

2. Il se met au **conditionnel** avec les marqueurs d'hypothèse terminés par ***où*** (*au cas où, dans le cas où, dans l'hypothèse où, dans l'éventualité où*), avec *quand (même)*, *quand bien (même)*, et lorsqu'il n'y a pas de marqueur d'hypothèse (cas rare) :

➾ *Un poste avait été établi en avant du village,* ***pour le cas où*** *un des hommes du chalet* ***aurait essayé*** *d'échapper.* (Charles Ferdinand Ramuz)

➾ *Ces moments me seront toujours présents quand je* ***vivrais*** *cent mille ans.* (Jean-Jacques Rousseau)

➾ *Vous savez bien que Christine — le* ***voudrait****-elle — ne peut pas se marier!* (Gaston Leroux)

☞ ◆ La conjonction *dans la mesure où* (qui marque non seulement l'hypothèse, mais aussi la proportion) doit être suivie de l'indicatif :

— *Je t'aiderai dans la mesure où je le* ***pourrai****.*

3. Il se met au **subjonctif** s'il est introduit par le marqueur ***que***, seul, ou par un marqueur d'hypothèse terminé par ***que*** (*à condition que, à moins que, à supposer que,...*) :

➾ *Je pourrais, pour peu que j'y **consente**, finir mes jours dans la torpeur.* (Hubert Aquin)

● La circonstancielle d'hypothèse peut être réduite à une phrase infinitive (après les marqueurs *à, à condition de, à moins de* et *sous réserve de)* : 942

— ***À t'écouter***, *on finirait par te croire innocent.*

Elle peut également être réduite à une phrase participiale, mais elle n'est alors introduite par aucun marqueur :

➾ *Elle me dit peut-être ainsi ce que, **vivante**, elle n'eût su me dire.* (André Langevin)

Elle peut enfin ne consister qu'en un adjectif épithète (seul ou accompagné d'autres mots) :

➾ *Dans ma tristesse, j'appelais «Jean...» comme si, **lui présent**, tout n'avait pas dû recommencer.* (Françoise Mallet-Joris)

Le cas particulier de la conjonction *si*

● La conjonction d'hypothèse ***si*** est toujours suivie de l'**indicatif**, mais différents cas peuvent se présenter : 943

1. Quand la circonstancielle exprime un simple fait, sans que soit évaluée la probabilité qu'il se réalise, son verbe se met au présent et celui de la phrase principale se met à l'indicatif présent ou futur :

➾ *Si c'**est** une question, je **vais** te répondre.* (Jacques Roumain)

➾ *Fou, tu **auras** cent cauris* [...] *si tu **travailles** pour moi.* (Zinsou)

☞ ◆ Quand deux circonstancielles d'hypothèse ou plus sont coordonnées, le ***si*** et l'indicatif de la première peuvent être remplacés par un ***que*** et le subjonctif dans les suivantes :

➾ *Et si la foi me transperçait?... et **que** le sel **soit posé** sur ma langue?...* (Georges Schehadé)

2. Quand la circonstancielle exprime un fait considéré comme plus ou moins possible (cas du potentiel), son verbe se met à l'imparfait (ou au plus-que-parfait) et celui de la phrase principale au conditionnel présent (ou au conditionnel passé) :

➾ *Si vous me **suiviez** jusqu'au bout, je vous **aimerais** davantage.* (Pham Van Ky)

➾ *Si elle **avait changé** comme je le lui demandais, **aurais**-je **continué** à l'aimer autant?* (André Maurois)

☞ ◆ Quand l'hypothèse s'applique au futur, il est également possible de l'exprimer en recourant à l'auxiliaire de modalité ***devoir*** (→ 501) mis au présent ou à l'imparfait :

— *Si cela **devait** se reproduire, il faudrait m'en avertir.*

3. Quand la circonstancielle exprime un fait considéré comme tout à fait impossible (cas de l'irréel), deux cas peuvent se présenter :

- Si la supposition se rapporte au présent, le verbe de la subordonnée se met à l'imparfait et celui de la phrase principale au conditionnel présent :

  *Des galopins qui étaient hier en nourrice! Si on leur **prenait** le nez, il en **sortirait** du lait!* (Victor Hugo)

- Si la supposition se rapporte au passé, le verbe de la subordonnée se met au plus-que-parfait et celui de la phrase principale au conditionnel passé :

  — *Si elle **avait** mieux **cherché**, elle **aurait** certainement **trouvé**.*

☞ ◆ Dans ce dernier cas, on peut, en langage littéraire, mettre le verbe de la subordonnée et celui de la principale, ou l'un des deux seulement, à la deuxième forme du conditionnel passé :

*Le nez de Cléopâtre : s'il **eût été** plus court, toute la face de la terre aurait changé.* (Pascal)

◆ L'« irréel du passé » peut dépendre d'un verbe au présent et l'« irréel du présent » peut dépendre d'un verbe au passé :

— *Si tu m'**avais écouté*** (dans le passé),
*tu n'en **serais** pas là* (dans le présent).

— *Si tu **suivais** les nouvelles orientations* (dans le présent),
*tu n'**aurais** pas **fait** tout ça pour rien* (dans le passé).

◆ Quand la principale et la subordonnée sont l'une et l'autre au présent ou au passé, le sens peut être que, la principale étant fausse, la subordonnée l'est aussi :

*Si Marguerite **est** secrétaire, moi je **suis** premier ministre.* (Marcel Dubé)

LA CIRCONSTANCIELLE DE COMPARAISON

944 ● La circonstancielle de comparaison est une phrase subordonnée dont le rôle consiste à marquer la ressemblance ou la différence entre ce qu'elle exprime et ce qu'exprime la phrase dont elle dépend :

*Elle quitte son pays **comme on renonce à ses rêves**; elle renie sa famille **comme on brocante ses souvenirs**.* (Marguerite Yourcenar)

945 ● Pour exprimer une comparaison, on peut également avoir recours à des adverbes de manière ou aux possibilités offertes par le lexique :

*Tout le ciel était **pareil à** une belle glace vive.* (Félix-Antoine Savard)

Les marqueurs de comparaison

946 ● La circonstancielle de comparaison est toujours, soit introduite par une conjonction de subordination, soit reliée par un couple de corrélatifs à la phrase dont elle dépend.

1. Les principales conjonctions de comparaison sont les suivantes :

ainsi que	***autant que***	***de même que***
à mesure que	***comme***	***plutôt que***

2. Les principaux corrélatifs de comparaison (l'un se trouvant dans la phrase matrice et l'autre dans la subordonnée) sont les suivants :

- ***autant, mieux, moins, plus****,...* + verbe ***+ que*** :
  - *Toi, je t'ai aimée* ***autant que*** *j'ai haï les autres.* (Tahar Ben Jelloun)
- ***aussi, moins, plus****,...* + adjectif ou adverbe ***+ que*** :
  - *La femme était* ***aussi*** *belle* ***que*** *son mari était laid.* (Jacques Ferron)
- ***autant de, meilleur, même, moins de, plus de, pire****,...* + nom ***+ que*** :
  - *Il n'est* ***pire*** *eau* ***que*** *l'eau qui dort.* (proverbe français)

☞ ◆ ***Comme***, marqueur de comparaison, peut servir à former des conjonctions complexes : *comme quand, comme pour, comme si*. Dans ce cas, leur sens équivaut d'ordinaire à une combinaison du sens des deux éléments :

La maison fut secouée ***comme si*** *un bœuf était tombé sur le toit.* (Roch Carrier)

◆ Dans de nombreux cas, la comparaison est exprimée par des adverbes de corrélation (→ 850).

◆ Il existe également des marqueurs de comparaison plus complexes permettant d'exprimer des rapports de proportion par exemple :

L'attrait du fruit défendu était ***d'autant plus*** *grand* ***que*** *la défense était* ***plus*** *formelle.* (Charles-Ferdinand Ramuz)

Les modes dans la circonstancielle de comparaison

● Le verbe de la subordonnée circonstancielle de comparaison se met normalement à l'**indicatif** : 947

Elle y enfouit des légendes et des contes merveilleux [...] *comme* ***faisait*** *son lignage depuis le début des temps.* (Antonine Maillet)

Il se met toutefois au **conditionnel** quand la circonstancielle exprime un fait considéré comme seulement possible ou comme soumis à une condition (formulée ou non) :

— *Elle a négocié comme l'****aurait fait*** *quelqu'un d'expérimenté.*

948 ● La circonstancielle de comparaison ne peut être réduite ni à une phrase infinitive (il existe de rares exceptions) ni à une phrase participiale. Par contre, de nombreux éléments peuvent y être sous-entendus, certains verbes peuvent être remplacés par le verbe *faire* et certains noms représentés par des pronoms :

➾ *Je la regarde comme le malade l'infirmière.* (André Langevin)

➾ *Nous étions faits pour être libres*
Nous étions faits pour être heureux
Comme la vitre pour le givre
Comme les vêpres pour les aveux. (Aragon)

➾ *On n'agit point comme vous **faites**.* (Molière)

LES AUTRES CIRCONSTANCIELLES

949 ● Parmi les autres relations de circonstance que peuvent exprimer les subordonnées, il y a notamment la **manière** et le **lieu**, ainsi que l'**addition** et la **restriction** (ou soustraction). Dans chacun de ces cas, la circonstancielle se met à l'**indicatif** ou au **conditionnel** selon que l'on exprime un fait considéré comme réel ou comme seulement possible (ou soumis à une condition).

La circonstancielle de manière

950 ● La subordonnée circonstancielle de manière a la particularité de pouvoir être construite à partir d'un verbe au gérondif (→ 602) :

➾ *C'était **en me mentant à moi-même** que je me sentais libre.* (Yves Thériault)

La circonstancielle de lieu

951 ● La subordonnée circonstancielle de lieu est toujours introduite par l'adverbe ***où*** (*d'où, par où*,...) qu'il faut se garder de confondre avec le pronom relatif référent *où* (→ 326) :

➾ *Tu seras chez toi **où que tu ailles**.* (Abdelwahab Meddeb)

La circonstancielle d'addition

952 ● La subordonnée circonstancielle d'addition est introduite par les marqueurs *outre que, sans compter que, sans considérer que*,... :

➾ ***Outre qu'il serait mal accueilli**, il n'était pas qualifié pour nous représenter.* (Joseph Hanse)

La circonstancielle de restriction

953 ● La subordonnée circonstancielle de restriction est introduite par les marqueurs *excepté que, hormis que, sauf que, si ce n'est que, sinon que* (suivis de l'indicatif) ou *pour autant que* (suivi du subjonctif) :

➾ [Il était] *galant homme **sinon qu'il était quelque peu paillard**.* (Rabelais)

954

LES SUBORDONNÉES : TABLEAU RÉCAPITULATIF (1)

LES SUBORDONNÉES RELATIVES

— À pronom référent :	*Sylvie n'a jamais revu le policier* ***qui lui avait sauvé la vie.***	n° **869**
— Déterminative :	*Je ne connais personne* ***qui n'ait jamais pleuré.***	**871**
— Explicative :	*Marc-Antoine a obtenu l'emploi* ***dont il rêvait depuis longtemps.***	**872**
Modes :	....	**874**
— À pronom nominal :	***Qui veut noyer son chien*** *l'accuse de la rage.*	**875**
Modes :	....	**877**

LES SUBORDONNÉES COMPLÉTIVES

— La complétive sujet :	***Que Nancy te doive de l'argent*** *me surprend vraiment beaucoup.*	**881**
Modes :	....	**882**
— Attribut du sujet :	*Ma conviction profonde* ***est que Gautier reviendra.***	**884**
Modes :	....	**885**
— Complément du verbe :	*Yolande maintient fermement* ***qu'elle avait prévenu son frère.***	**887**
Modes :	....	**889**
— L'interrogation indirecte :	*Nous nous demandons tous* ***si le barrage tiendra longtemps.***	**892**
Modes :	....	**894**
— La compl. du v. impersonnel :	*Il arrive de plus en plus souvent* ***qu'il manque de place dans le train.***	**896**
Modes :	....	**897**
— La complétive du présentatif :	*Voilà maintenant* ***que sa proposition ne tient plus!***	**898**
Modes :	....	**899**
— La complétive du nom :	*Je maintiens mon idée* ***qu'il faudrait inviter Guillaume.***	**900**
Modes :	....	**901**
— La complétive du pronom :	*Le fait d'avoir si bien réussi compense pour celui* ***d'avoir renoncé à sortir.***	**902**
Modes :	....	**902**
— La complétive de l'adjectif :	*Manon m'a paru bien triste* ***que tu n'ailles pas à Saint-Louis.***	**903**
Modes :	....	**904**

LES SUBORDONNÉES : TABLEAU RÉCAPITULATIF (2)

LES SUBORDONNÉES CIRCONSTANCIELLES

— Les principales subordonnées circonstancielles :

— de temps : *François répare le tracteur* ***pendant qu'Aline s'occupe des moutons.*** n° **907**
Modes : **910**

— de cause : *Je maintiens ce que j'ai dit* ***parce que c'est ainsi que cela s'est passé.*** **913**
Modes : **916**

— de conséquence : *Godefroy travaille tellement* ***que cela finira par nuire à sa santé.*** **918**
Modes : **921**

— de concession : ***Aussi populaire que soit cette actrice,*** *je ne parviens pas à la trouver bonne.* **923**
Modes : **926**

— d'opposition : *Amir voudrait faire de la voile,* ***alors que nous trouvons le vent trop fort.*** **928**
Modes : **931**

— de but : *Je soudrai plutôt le fil à l'appareil* ***pour qu'il tienne vraiment bien.*** **933**
Modes : **936**

— d'hypothèse : ***Si elle prend encore de tels risques,*** *il va falloir que j'intervienne.* **938**
Modes : **941**

— de comparaison : *Louise me paraît aussi rusée* ***que son frère peut avoir l'air naïf.*** **944**
Modes : **947**

— Les autres subordonnées circonstancielles :

— de manière : ***En suivant ce chemin,*** *tu devrais y arriver très rapidement.* **950**

— de lieu : ***Où que tu ailles,*** *je n'aurai pas de mal à te retrouver.* **951**

— d'addition : ***Outre qu'il n'aurait pas le temps,*** *Ludovic n'a pas les connaissances requises.* **952**

— de restriction : ***Pour autant que je le sache,*** *Alexia n'a pas encore écrit à Dimitri.* **953**

ANTOINE DE SAINT-EXUPÉRY

France

1900 - 1944

Antoine de Saint-Exupéry fut aviateur en même temps qu'écrivain. Dans les années 1920, aux temps héroïques de l'aviation, il mit en service de nouvelles lignes, vers l'Amérique du Sud notamment, traversant l'Atlantique et les Andes dans des conditions épouvantables. Il transposa sa vie dans des romans qui célèbrent l'amitié virile et la solidarité humaine : *Courrier-Sud, Vol de nuit,* ***Terre des hommes,*** *Pilote de guerre,...* Car il fut aussi pilote de guerre pendant la Deuxième Guerre mondiale et trouva d'ailleurs la mort lors d'une mission de combat. Il est également l'auteur d'un conte universellement connu : ***Le Petit Prince,*** et de *Citadelle,* somme de réflexions sur la condition humaine et résumé de ses croyances (mais la mort l'a empêché de terminer son œuvre).

« Ce que j'ai fait, je le jure, jamais aucune bête ne l'aurait fait.» Cette phrase, la plus noble que je connaisse, cette phrase qui situe l'homme, qui l'honore, qui rétablit les hiérarchies vraies, me revenait à la mémoire. Tu t'endormais enfin, ta conscience était abolie, mais de ce corps démantelé, fripé, brûlé, elle allait renaître au réveil, et de nouveau le dominer. Le corps, alors, n'est plus qu'un bon outil, le corps n'est plus qu'un serviteur...

[...]

Dans la chambre de Mendoza où je te veillais, tu t'endormais enfin d'un sommeil essoufflé. Et je pensais : «Si on lui parlait de son courage, Guillaumet hausserait les épaules. Mais on le trahirait aussi en célébrant sa modestie. Il se situe bien au-delà de cette qualité médiocre. S'il hausse les épaules, c'est par sagesse. Il sait qu'une fois pris dans l'événement, les hommes ne s'en effraient plus. Seul l'inconnu épouvante les hommes. Mais, pour quiconque l'affronte, il n'est déjà plus l'inconnu. Surtout si on l'observe avec cette gravité lucide. Le courage de Guillaumet, avant tout, est un effet de sa droiture.»

Sa véritable qualité n'est point là. Sa grandeur, c'est de se sentir responsable. Responsable de lui, du courrier et de ses camarades qui espèrent. Il tient dans ses mains leur peine ou leur joie. Responsable de ce qui se bâtit de neuf, là-bas, chez les vivants, à quoi il doit participer. Responsable un peu du destin des hommes, dans la mesure de son travail.

Il fait partie des êtres larges qui acceptent de couvrir de larges horizons de leur feuillage. Être homme, c'est précisément être responsable. C'est connaître la honte en face d'une misère qui ne semblait pas dépendre de soi. C'est être fier d'une victoire que les camarades ont remportée. C'est sentir, en posant sa pierre, que l'on contribue à bâtir le monde.

(Extrait de *TERRE DES HOMMES,*

*F*ÉLIX-*A*NTOINE *S*AVARD

Québec

1896 - 1982

Né à Québec, Félix-Antoine Savard fit ses études à Chicoutimi où il fut ordonné prêtre en 1922. Il y enseigna pendant quelques années, puis il exerça son ministère à Bagotville, dans Charlevoix et en Abitibi. Il poursuivit sa carrière à Québec, à l'Université Laval, en tant que professeur, puis administrateur. Fasciné par la vie des colons qu'il avait découverte dans le roman de Louis Hémon, *Maria Chapdelaine,* il écrivit à son tour ***Menaud, maître-draveur*** qui lui valut un succès immédiat et de nombreux prix (notamment la médaille de l'Académie française). D'autres romans suivirent, qui le firent connaître au Québec et à l'étranger.

Ne défendre que son petit bien propre en deçà de ses clôtures, fermer l'œil sur tous les empiétements de l'étranger, c'était trahir, se condamner à n'être bientôt qu'un peuple d'esclaves.

Être libre, cela ne se bornait pas à dire: «Je fais à ma tête chez moi. Je suis roi et maître de quelques arpents de terre sous le soleil du bon Dieu.»

Non! Être libre, c'était, partout où l'on va dans le pays, sentir sous ses pieds, le son de la terre répondre aux battements de son cœur, c'était entendre partout la voix du sol, des bois, des eaux dire:

«J'appartiens à ta race et je t'attends!»

Être libre, c'était, en quelque endroit qu'on allât où les pères étaient allés, sur tous les visages reconnaître quelque chose du visage des siens, dans les mœurs, quelques traits de ses mœurs; c'était voir toute porte s'ouvrir, c'était entendre dans sa langue :

«Entrez! vous êtes chez vous!»

«Délivre la liberté captive en ton sang!» lui avaient dit les Anciens, la nuit de la débâcle dans la Noire.

Il comprenait maintenant tout le sens de ces paroles.

Vouloir d'abord se libérer, voilà quel était le commencement de la liberté!

«Je veux! Je veux!» dit Alexis.

Ainsi, dans la solitude du rang de Mainsal, marchait le jeune homme, grisé par ces mots-là, fier de lui-même, tandis que, par instants, la bourrasque levait au-dessus de lui comme de grands drapeaux sonores, piqués d'étoiles.

Le surlendemain, il donna un baiser à Marie qui pleurait.

Puis, avec Menaud, il prit le bord de la montagne pour défendre, contre le traître, les droits de la liberté.

(Extrait de *MENAUD, MAÎTRE-DRAVEUR,*

Chapitre XIX

La concordance des temps

● La **concordance des temps** (appelée aussi **harmonisation des temps**) est la notion qui gouverne les rapports existant entre les temps grammaticaux d'une phrase complexe ou ceux d'un texte : 955

- Dans le cadre de la phrase complexe, il s'agit du rapport qui existe entre le temps de la phrase subordonnée et celui de la phrase dans laquelle elle s'insère ou à laquelle elle est adjointe.
- Dans le cadre du texte, il s'agit du rapport qui existe entre le temps d'une phrase (non subordonnée) et celui qui prévaut dans le texte dans lequel elle s'insère.

LA CONCORDANCE DANS LA PHRASE

● La concordance des temps au sein de la phrase complexe relève en fait de l'étude des subordonnées, dont elle constitue un volet particulier. 956

En effet, l'utilisation d'un verbe exige que l'on détermine en premier lieu le **mode** et le **temps** auxquels il convient de le mettre :

1. Le mode dépend principalement de la sorte de subordonnée requise (→ Chapitre XVIII, p.437) ainsi que d'autres facteurs comme la conjonction utilisée, certaines conditions d'emploi particulières et l'intention du locuteur ou du scripteur.

   C'est pourquoi, dans le chapitre consacré aux subordonnées, le mode auquel chacune doit être mise est indiqué de manière systématique (→ tableau récapitulatif à la page suivante).

Utilisation des modes dans les ***relatives*** :

— à pronom référent : → 874. — à pronom nominal : → 877.

Utilisation des modes dans les ***complétives*** :

— sujet : → 882-883. — du verbe : → 889-891.
— du v. impersonnel : → 897. — du présentatif : → 899.
— du nom et du pronom : → 901-902. — de l'adjectif : → 904.

et dans l'interrogation indirecte : → 894-895.

Utilisation des modes dans les ***circonstancielles*** :

— de temps : → 910-911. — de cause : → 916-917.
— de conséquence : → 921-922. — de concession : → 926-927.
— d'opposition : → 931-932. — de but : → 936-937.
— d'hypothèse : → 941-943. — de comparaison : → 947-948.

et dans les circonstancielles de manière, de lieu, d'addition et de restriction : → 949-953.

2. Le temps, quant à lui, ne dépend pas de la sorte de subordonnée utilisée (sauf exceptions), mais du **mode du verbe** de la subordonnée et du **rapport de temps** qu'il y a entre ce verbe et celui auquel on se réfère (**verbe de référence**). C'est pourquoi, dans le chapitre consacré aux subordonnées, il n'y a généralement pas d'indication relative au temps : le choix de celui-ci fait l'objet du présent chapitre.

LA SUBORDONNÉE À L'INDICATIF

957 ● Quand le verbe de la subordonnée doit être mis à l'indicatif, il faut distinguer deux cas, selon que le verbe de référence est au présent ou au futur d'une part, ou qu'il est au passé d'autre part.

Le verbe de référence au présent ou au futur

958 ● Quand le verbe de référence est au présent ou au futur, le temps du verbe de la subordonnée dépend **uniquement** du sens de la phrase :

1. Pour exprimer la simultanéité, le verbe se met au présent :

Ne m'en veux pas si je te ***tutoie***
*Je dis tu à tous ceux que j'****aime****.* (Jacques Prévert)

2. Pour exprimer la postériorité, le verbe se met au futur simple ou au futur antérieur, selon le cas :

Jette les osselets pour voir ce que tu ***deviendras****.* (Myriam Antaki)

3. Pour exprimer l'antériorité, le verbe se met à l'imparfait, au passé simple, au passé composé ou au plus-que-parfait, selon le cas :

Il ne recommande jamais d'autres médicaments que ceux dont il ***a fait*** *l'expérience sur lui-même.* (Eugène Ionesco)

Le verbe de référence au passé

● Quand le verbe de référence est à un temps du passé, le temps du verbe de la subordonnée dépend **habituellement** du sens de la phrase : 959

1. Pour exprimer la simultanéité, le verbe se met à l'imparfait ou au passé simple :

   ➾ *Elle alla demander conseil au curé, qu'elle* ***trouva*** *en train de hacher du tabac.* (Rodolphe Girard)

2. Pour exprimer la postériorité, le verbe se met au futur du passé ou au futur antérieur du passé, selon le cas :

   ➾ *Ils savaient tous que Fouroulou* ***resterait*** *avec eux, qu'il* ***rede-viendrait*** *berger.* (Mouloud Feraoun)

3. Pour exprimer l'antériorité, le verbe se met au plus-que-parfait ou au passé antérieur :

   ➾ *«Que t'est-il arrivé?» demandaient les villageois qui* ***s'étaient groupés*** *autour de lui.* (Ferdinand Oyono)

☞ ◆ Il arrive que le verbe de la subordonnée soit au présent même quand le verbe de référence est au passé. C'est notamment le cas quand la phrase exprime une vérité générale :

➾ *Sa vie était froide comme un grenier dont la lucarne* ***est*** *au nord.* (Gustave Flaubert)

☞ ◆ Il arrive également que le temps du verbe de la subordonnée ne se réfère pas à celui du verbe dont il dépend, mais au moment où la phrase est écrite ou prononcée :

— *Nos athlètes se sont tellement entraînés qu'ils* ***remporteront*** *la victoire à coup sûr!*

Remarque : 960

En règle générale, quand une subordonnée doit être mise à l'**indicatif** — ou bien à cause du verbe de référence, ou bien à cause de la conjonction qui l'introduit, ou bien pour toute autre raison —, elle peut également être mise au **conditionnel** si le sens s'y prête ou l'exige (sauf après le ***si*** conditionnel : → 943). Dans ce cas, les mêmes règles que celles qui définissent l'emploi de l'indicatif s'appliquent dans la mesure où le conditionnel le permet :

➾ *Je lis comme je* ***voudrais*** *qu'on me lise.* (André Gide)

➾ *Dès le moment où tu l'****épouserais****, il sortirait de son isolement.* (Gratien Gélinas)

LA SUBORDONNÉE AU SUBJONCTIF

961 ● Quand le verbe de la subordonnée doit être mis au subjonctif, il faut, tout comme pour l'indicatif, distinguer deux cas, selon que le verbe de référence est au présent ou au futur d'une part, ou qu'il est au passé d'autre part.

Le verbe de référence au présent ou au futur

962 ● Quand le verbe de référence est au présent ou au futur, le temps du verbe de la subordonnée dépend uniquement du rapport qui existe entre l'un et l'autre (à l'exception de deux cas particuliers) :

1. Pour exprimer la simultanéité ou la postériorité, le verbe se met au présent :

➪ *Que faudrait-il que je **fasse** maintenant?* (Pierre Makombo Bamboté)

2. Pour exprimer l'antériorité, le verbe se met au passé :

➪ *Il ne crée rien qu'un autre lui **ait appris**.* (Alexis Kagamé)

☞ ◆ Dans la langue littéraire ou recherchée, quand le verbe de référence est au présent, celui de la subordonnée se met parfois à l'imparfait (ou même au plus-que-parfait, selon le cas), si celle-ci exprime un fait considéré comme seulement possible ou comme soumis à une condition :

➪ *Hélas! on ne craint point qu'il venge un jour son père;*
*On craint qu'il n'**essuyât** les larmes de sa mère.* (Racine)

◆ Quand le verbe de référence est au conditionnel présent, celui de la subordonnée peut se mettre au subjonctif présent, selon la règle, ou au subjonctif imparfait :

➪ *Pour moi qui aime toujours à faire des réflexions, je voudrais que le roi en **fît** là-dessus.* (Madame de Sévigné)

Le verbe de référence au passé

963 ● Quand le verbe de référence est au passé, le temps du verbe de la subordonnée dépend normalement du rapport qui existe entre l'un et l'autre (à cet égard, il faut cependant faire une distinction entre la stricte théorie grammaticale et la pratique habituelle de la langue) :

1. Pour exprimer la simultanéité et la postériorité, le verbe se met à l'imparfait :

➪ *Elle écrivit des lettres sans qu'il les **ouvrît**.* (Guy de Maupassant)

☞ ◆ Quand le verbe de référence est au passé, celui de la subordonnée se met toutefois au présent, s'il exprime un fait toujours actuel ou encore possible :

➪ *J'aimais mon peuple* [...] *J'aurais tout fait pour qu'il **sorte** du néant.* (André Major)

2. Pour exprimer l'antériorité, le verbe se met au plus-que-parfait :

> *Je demeurais parfois une heure dans une compagnie sans qu'on m'**eût regardé**.* (Montesquieu)

● Les subjonctifs imparfait et plus-que-parfait étaient fréquemment utilisés dans la langue classique et il faut par conséquent les connaître (→ 585). Toutefois, leur emploi se fait de plus en plus rare aujourd'hui, surtout dans la langue parlée, mais aussi dans la langue écrite (sauf dans le cas des verbes *avoir* et *être* employés à la troisième personne du singulier, ou dans des circonstances vraiment très spéciales). 964

En pratique, ils sont presque toujours remplacés, le subjonctif imparfait par le présent et le subjonctif plus-que-parfait par le passé :

> *Peut-être aurait-il fallu inventer ces mots avant qu'il ne **soit** trop tard?* (Yves Thériault)

> *Quel homme de prière a-t-il pourtant jamais avoué que la prière l'**ait déçu**?* (Georges Bernanos)

LA CONCORDANCE DANS LE TEXTE

● La concordance des temps au sein du texte relève en fait du domaine, extrêmement vaste, de la « cohérence du texte » (→ Chapitre XXI, p.485). Il s'agit d'ailleurs moins, dans ce cas, de règles de concordance, au sens strict, que de **méthodes d'harmonisation** visant à rendre un texte homogène du point de vue des temps grammaticaux. 965

Les règles de base

● La concordance des temps dans le cadre du texte obéit à quelques règles de base parmi lesquelles il faut signaler le respect du sens, le respect de la chronologie et le respect du système verbal choisi : 966

1. La première règle à respecter, quand il s'agit d'harmoniser les temps verbaux d'un texte, est la **sauvegarde du sens** : il ne faut pas créer d'illogisme ou de contresens rendant impossible ou problématique la compréhension du texte.
2. La deuxième règle est le **respect de la chronologie**, non qu'il faille nécessairement relater tous les événements dans l'ordre où ils se sont produits, mais, lorsqu'il n'en est pas ainsi, il faut, par des marqueurs adéquats, sauvegarder la clarté du texte (→ 1004).
3. La troisième règle est le **maintien du même système verbal** (→ 1002) tout au long du texte ou d'une section de texte (à moins de vouloir rechercher des effets stylistiques particuliers). Cela signifie, par exemple, qu'une narration (de reportage ou de fiction) commencée au passé doit normalement se poursuivre au passé. Mais il faut évidemment toujours veiller à la concordance, à l'intérieur des phrases, entre le temps du verbe subordonné et celui du verbe de référence.

Le présent historique

967 ● Le présent historique (→ 560.3) est une particularité du français (il n'existe pas en anglais, par exemple). Il permet de relater des faits passés comme s'ils se produisaient dans le présent. Ce procédé permet de rendre un récit agréablement vivant et simplifie grandement les difficultés que peut engendrer la concordance des temps dans le cadre d'un système verbal au passé :

> *Six semaines plus tard, la vallée* ***offre*** *un spectacle hallucinant. [...] Les bœufs* ***vont*** *et* ***viennent****. Les mulets* ***sont*** *à la charrue. Les semences* ***volent****. On n'****a*** *même pas le temps d'arracher les souches noircies et les sillons les* ***contournent****.* (Blaise Cendrars)

Le futur historique

968 ● Le futur historique (→ 572.2) est beaucoup moins utilisé que le présent historique et il est même parfois perçu comme une « bizarrerie » de la langue française. Il permet, dans un contexte au passé, de mettre certains verbes au futur, comme si le scripteur lui-même se plaçait dans le passé et percevait comme futur ce qu'ils expriment :

— *Pendant des années, monsieur Deblois rendit visite à son ami, monsieur Boulanger, tous les samedis. Il fit ainsi la connaissance de tous les échevins de la ville. Un jour même, il y* ***rencontrera*** *madame Fillion, la ministre de la Culture.*

969

LA CONCORDANCE DES TEMPS : TABLEAU RÉCAPITULATIF

Verbe de référence	Verbe de la subordonnée		
	Rapport de temps exprimé par rapport au verbe de référence	*À l'**INDICATIF**, il se met aux temps suivants :*	*Au **SUBJONCTIF**, il se met aux temps suivants :*
au présent ou au futur	**simultanéité**	présent	présent
	postériorité	futur simple futur antérieur	présent
	antériorité	imparfait passé simple passé composé plus-que-parfait	passé
au passé	**simultanéité**	imparfait passé simple	imparfait (présent)
	postériorité	futur du passé fut. antér. du passé	imparfait (présent)
	antériorité	plus-que-parfait passé antérieur	plus-que-parfait (passé)

GEORGES SCHEHADÉ

Liban (Égypte)

1910 - 1989

D'une famille libanaise, Georges Schehadé est né en Égypte où il a vécu jusqu'à la fin de ses études universitaires. Ensuite, il a été professeur de littérature française à Beyrouth jusqu'au plus fort de la guerre en 1978. Quand la situation devint tout à fait impossible, il quitta le Liban pour la France. Toute sa vie, il s'est consacré à la poésie (*Le Nageur d'un seul amour,...*) et au théâtre (*Monsieur Bob'le, La Soirée des proverbes,* ***Histoire de Vasco,*** *Les Violettes, Le Voyage,* ***L'Émigré de Brisbane***). Il est le plus lu et le plus traduit des écrivains libanais de langue française, et il a obtenu le Grand Prix de la Francophonie en 1987.

MARIA. — La vie pour chacun est différente...

BARBI, *l'interrompant, ironique.* — ... et l'on a ce qu'on mérite. Non, non, Maria, ce n'est pas ça.

MARIA. — Qu'est-ce donc, alors, Barbi?

BARBI. — J'ai un scarabée d'or qui gratte dans ma tête... Une petite aiguille... d'abeille qui m'a piqué. (*Il rentre la tête dans ses épaules et porte la main à sa nuque, comme s'il avait été piqué à cet endroit.*) Je comprends tout... Je vois tout, cette nuit. Je suis illuminé! Approche, Maria, je vais t'expliquer l'origine des richesses... leurs immensités... leurs violences, et leur... mélancolie. (*Hébété. Directement devant lui. D'une voix forte.*) C'est-le-vent!

MARIA. — ?...

BARBI. — Oui. Le vent! Tout commence avec lui... (*Changeant de ton.*) On quitte Belvento comme une petite guenon (*il jette un coup d'œil sur la photo de M. Galard*), n'est-ce pas, Monsieur Galard? avec dans la poche trois pommes de terre à faire frire, et sachant à peine compter, et l'on s'embarque sur un vieux navire rétamé comme une marmite, chevelu et puant l'ail marin. Et dès que s'éloigne la terre dans les rayures de la vapeur, quand s'éclipsent les petites lumières paralysées du rivage, le vent brusquement défait son grand baluchon... et vous sort ses images soufflantes, ses inventions et ses diableries. Et ses idées. Or qu'est-ce donc l'argent, voulez-vous me dire, sinon, au départ (*avec mépris*) une petite idée, qui vous traverse l'esprit un beau matin? Et qui fait son chemin. Oui, tout commence avec le vent!... Non pas le vent d'ici : timide, chrétien, bien peigné, qui fait voler les cerfs-volants, et éteint les cierges à l'église par mesure d'économie. (*Illuminé.*) Mais l'autre, Maria!... l'autre vent, avec son imagination immense, ses aigles et ses crabes, et les sorciers qui marchent avec lui; n'est-ce pas Monsieur Galard?... (*Il s'arrête pour reprendre souffle. Puis brusquement.*) Maria, Maria!... le vent d'Australie souffle, cette nuit, dans ma tête...

(Extrait de *L'ÉMIGRÉ DE BRISBANE,*
© Éditions Gallimard

*O*USMANE *S*EMBÈNE

Sénégal

1923

Ousmane Sembène est né en 1923 à Ziguinchor, au Sénégal. Menant une existence mouvementée, il a exercé divers métiers (pêcheur, agriculteur, ferrailleur, mécanicien, maçon, fondeur, docker,...), avant d'être mobilisé dans l'armée française avec laquelle il a parcouru le Niger, le Tchad, l'Afrique du Nord, la France et même l'Allemagne. Après la guerre, en 1947 et 1948, il participa à la grande grève des cheminots du Dakar-Niger, ce qui lui inspira son roman le plus célèbre : ***Les Bouts de bois de Dieu*** (*Banty mam yall*). Devenu syndicaliste et communiste, il voyagea de nouveau beaucoup : toute l'Europe, la Chine, le Viêt-nam du Nord,... En plus de ses activités de romancier (*Le Docker noir*, ***Ô pays mon beau peuple***, ***L'Harmattan***, *Le Mandat*, *Dernier de l'empire*,...), il réalisa plus de 15 films (souvent inspirés de ses romans) : *Borom Sarret*, *Niaye*, *Taaw*, *Xala*, *Ceddo*, *Guelwaar*,... Dans ses films comme dans ses livres, il a toujours voulu laisser la parole à ceux qui n'y ont habituellement pas droit.

— Nous ne reprendrons pas le travail et c'est ici que cette grève doit être gagnée. Dans toutes les gares où je suis passé, on m'a affirmé : «Si Thiès tient bon, nous tiendrons.» Ouvriers de Thiès, c'est chez vous qu'il y a une place du 1er septembre et c'est pour cela que vous ne devez pas lâcher. Vous savez que vous êtes soutenus; de Kaolack à Saint-Louis, de la Guinée au Dahomey, et même en France, les secours s'organisent. C'est la preuve que le temps où l'on pouvait nous abattre en nous divisant est bien fini. Nous maintiendrons donc notre mot d'ordre de grève illimitée et cela jusqu'à la victoire totale!

Des cris, des hurlements lui répondirent; ceux qui étaient restés assis se levèrent, des bras se tendirent. Mais tandis que le tumulte se déchaînait, un petit groupe de femmes qui s'était frayé un passage à travers la clôture, s'approcha des délégués. On vit Bakayoko lever les deux bras :

— Faites silence, cria-t-il, nos braves compagnes ont quelque chose à nous dire. Elles ont le droit qu'on les laisse parler!

Ce fut Penda qui prit la parole, d'abord hésitante puis de plus en plus assurée :

— Je parle au nom de toutes les femmes, mais je ne suis que leur porte-parole. Pour nous, cette grève, c'est la possibilité d'une vie meilleure. Hier nous riions ensemble, aujourd'hui nous pleurons avec nos enfants devant nos marmites où rien ne bouillonne. Nous nous devons de garder la tête haute et ne pas céder. Et demain nous allons marcher jusqu'à N'Dakarou [Dakar].

Un murmure d'étonnement, de curiosité, de réprobation couvrit un instant la voix de Penda...

(Extrait de *Les Bouts de bois de Dieu*,

Chapitre XX

Le discours rapporté

● Sous l'appellation générale de discours rapporté, l'on regroupe habituellement tous les éléments d'un texte qui sont attribuables à d'autres personnes que l'auteur de ce texte. 970

Il peut s'agir d'un mot provenant d'une langue étrangère ou d'une expression propre à une personne ou à un groupe de personnes, d'une citation pure et simple, d'un monologue ou d'un dialogue entre deux interlocuteurs ou davantage, etc. Tous ces éléments peuvent être réels, comme dans un reportage, ou fictifs, comme dans un roman.

D'ordinaire, quand un texte comporte un élément rapporté, il contient aussi les signes ou les mots qui permettent d'identifier cet élément. Cependant, la présence d'un élément rapporté n'est parfois pas décelable autrement que par le contexte ou par une référence vague à une source collective ou indéterminée :

> *Les nouveaux maîtres promettent douce alliance, vie sauve et,* ***paraît-il,*** *la liberté.* (Jean Pliya)

● Sur le plan grammatical, un discours peut être rapporté de trois manières différentes, appelées traditionnellement **discours direct**, **discours indirect** et **discours indirect libre**. Chacun de ces trois procédés convient à des situations bien déterminées. 971

LE DISCOURS DIRECT

● Le discours direct (appelé aussi **style direct**) consiste à rapporter textuellement les paroles écrites ou prononcées par quelqu'un d'autre, presque toujours en indiquant leur provenance. 972

Pour ce faire, on a normalement recours à un deux-points (→ 28) et à des guillemets (→ 33), parfois au caractère italique (→ 36) ou même à de simples tirets (→ 32), notamment quand il s'agit de rapporter une conversation.

LE RECOURS AU DISCOURS DIRECT

973 ● On a souvent recours au discours direct parce qu'il permet de rapporter, de manière fidèle, une grande variété d'éléments étrangers au texte de base, notamment (du plus simple au plus complexe) :

1. un mot d'une langue étrangère (exceptionnellement, pour faire apparaître l'italique, les citations sont en caractères romains) :

➾ J'aurais des spéciaux, *Texas style*, avec des tomates et de la laitue. (Jacques Godbout)

➾ Jef [l'âne] obéissait à Uylenspiegel comme un chien, buvait de la *bruinbier*... [de la *bruinbier* = de la bière brune en néerlandais] (Charles De Coster)

2. un mot ou une expression provenant d'une autre personne :

➾ *Avec une certaine rudesse, je lui demandai de me préciser ce qu'il entendait par «personnes sérieuses».* (Gérard Bessette)

➾ *Un énergique «Non» lancé par le roi fit relever les regards.* (Paul Hazoumé)

3. une simple phrase ou une citation :

➾ *Vers sept heures, on entendit appeler : «Lucienne! Lucienne! Il est temps de partir.»* (Marie Gevers)

4. un monologue (de quelque forme qu'il soit) :

➾ *Emma se répétait : – Pourquoi, mon Dieu, me suis-je mariée?* (Gustave Flaubert)

➾ *La presse de la ville avait alors posé la question : puisqu'il n'y a pas de hasard [...], pouvait-on parler d'accident?* (André Masson)

➾ *Même sa voix changea, plus grave, comme plus distante, quand il commença :*
– Vous autres... [...] Vous autres, vous savez pas ce que c'est d'aimer à voir du pays, de se lever avec le jour, un beau matin, pour filer fin seul, le pas léger, le cœur allègre, tout son avoir sur le dos. Non! Vous aimez mieux piétonner toujours à la même place, pliés en deux sur vos terres de petite grandeur... (G. Guèvremont)

➾ *C'est le soir, et il écrit. Une lettre d'adieu... «Ma chère Lise...» Non, pas ça. Il rature et prend une autre feuille. «Ma Lise...» Il contemple les mots, les rature. Une autre feuille. «Chère Lise...» Là, c'est bien. Plus simple. «Chère Lise, écrit-il, j'ai hésité longtemps avant de prendre la plume...»* (André Major)

5. un dialogue entre deux personnes ou davantage :

➾ *– Et s'il m'interroge encore*
Sans me reconnaître?
– Parlez-lui comme une sœur,
Il souffre peut-être... (Maurice Maeterlinck)

● Quand il s'agit de rapporter un dialogue, un auteur peut choisir entre les deux procédés suivants : 974

1. ou bien chaque changement d'interlocuteur n'est signalé que par un tiret (comme dans l'extrait repris ci-dessus);

2. ou bien, en plus d'indiquer par un tiret tout changement d'interlocuteur, l'auteur met toute la conversation entre guillemets (dans ce cas, il arrive parfois que l'auteur reprenne les guillemets d'ouverture au début de chaque paragraphe, mais ne mette les guillemets de fermeture qu'à la fin du dialogue) :

➾ *Ceux-ci* [les Tartares] *passeraient-ils sans les inquiéter? C'était peu probable! On devait tout craindre, au contraire, de ces pillards!*

«N'aie pas peur, Nadia, dit Michel Strogoff, mais sois prête à tout!
— Je suis prête, répondit Nadia.
— Même à te jeter dans le fleuve, quand je te le dirai?
— Quand tu me le diras.
— Aie confiance en moi, Nadia.
— J'ai confiance.»

Les barques tartares n'étaient plus qu'à une distance de cent pieds... (Jules Verne)

➾ *Cependant une petite sueur froide s'empara de Berthier. «Je ne sais pas ce que j'ai, dit-il, je me sens à la glace. — Je le crois bien, dit le frère compagnon. — Comment, vous le croyez bien! dit Berthier; qu'entendez-vous par là? — C'est que je suis gelé aussi, dit Coutu. — Je m'endors, dit Berthier. — Je n'en suis pas surpris, dit l'autre. – Pourquoi cela? dit Berthier. — C'est que je m'endors aussi», dit le compagnon.* (Voltaire)

● En plus d'encadrer le discours direct par des signes de ponctuation, on a souvent recours à un **verbe introducteur** explicite (*dire, affirmer, répondre,...*) ou à une **phrase incise** précisant l'identité de l'interlocuteur (et apportant souvent d'autres informations, comme les circonstances ou le ton de son intervention) : 975

➾ *Elle revint de très loin et lui* ***demanda*** *sur ce ton un peu distant qu'elle prenait pour répondre aux clients :*

«Allez-vous prendre un dessert?» (Gabrielle Roy)

➾ *«La plus belle émotion que nous puissions éprouver,* ***écrit Einstein****, est l'émotion mystique. C'est là le germe de tout art et de toute science véritable.»* (Léopold Sédar Senghor)

➾ *– Si vous êtes pressé, monsieur,* ***dit d'Artagnan à Athos avec la même simplicité qu'un instant auparavant il lui avait proposé de remettre le duel à trois jours****, si vous êtes pressé et qu'il vous plaise de m'expédier tout de suite, ne vous gênez pas, je vous prie.*

– Voilà encore un mot qui me plaît, ***dit Athos en faisant un gracieux signe de tête à d'Artagnan****, il n'est point d'un homme sans cervelle, et il est à coup sûr d'un homme de cœur.* (A. Dumas)

Le cas particulier de la pièce de théâtre

976 • Dans l'écriture des monologues et dialogues figurant dans une pièce de théâtre, on se dispense habituellement de recourir au caractère italique et aux guillemets. Par contre, on se doit d'indiquer le nom du personnage à chaque changement d'interlocuteur. Il y a deux manières de le faire :

1. ou bien l'on indique (généralement en majuscules au centre de la ligne) le nom du personnage au-dessus du texte de son intervention :

> DORINE
> Madame eut avant-hier la fièvre jusqu'au soir,
> Avec un mal de tête étrange à concevoir.
> ORGON
> Et Tartuffe ?
> DORINE
> Tartuffe ? Il se porte à merveille,
> Gros et gras, le teint frais, et la bouche vermeille.
> ORGON
> Le pauvre homme ! (Molière)

2. ou bien l'on indique (presque toujours en majuscules) le nom du personnage juste devant le texte de son intervention (suivi ou non d'un point ou d'un deux-points, mais toujours accompagné d'un tiret) :

> GENEVIÈVE — [...] Je me sens bien. Je me sens étrangement bien.
> ÉLIZABETH — Et pourtant tu es malheureuse. Tu es une petite fille profondément malheureuse qui fait des rêves démesurés. Pour quelles raisons ?
> GENEVIÈVE — Parce que c'est ainsi que je suis faite ! (M. Dubé)

> LE FOU. — Le poste de Premier Conseiller ? Ils sont trop petits. C'est à vous que cela convient.
> PODOGAN. — C'est à moi que cela convient ?
> LE FOU. — Oui. Et même mieux !
> PODOGAN. — Mieux ? Ça veut dire quoi ?
> LE FOU. — Eh bien, ça veut dire la couronne. (S. A. Zinsou)

LE DISCOURS INDIRECT

977 • Le discours indirect (appelé aussi **style indirect**) consiste à rapporter les paroles écrites ou prononcées par quelqu'un d'autre en les subordonnant à un verbe introducteur explicite (*dire, affirmer, répondre,...*) à l'aide des conjonctions ***que*** ou ***de*** et en les modifiant en conséquence :

> *Le maître* ***dit qu'****il est difficile de vous expliquer.* (André Malraux)

LE RECOURS AU DISCOURS INDIRECT

● Comme tout discours est toujours direct à l'origine, il est clair que le fait de recourir au discours indirect nécessite une **transposition de données**. 978

En plus d'entraîner la disparition de la ponctuation propre au discours direct (→ 972), cette transposition est soumise à diverses règles, notamment en ce qui concerne le mode et le temps des verbes, la personne des déterminants et des pronoms, ainsi que le choix des adverbes.

Le discours indirect et le mode des verbes

● Lors de la transposition du discours direct en discours indirect, le mode du verbe ne change habituellement pas, sauf s'il est à l'impératif dans la phrase originale, auquel cas il est remplacé par l'infinitif ou le subjonctif : 979

– *Chantal m'a dit : «Je t'appellerai demain soir.»*
→ *Chantal m'a dit qu'elle m'***appellera** *demain soir.*

– *Du haut de la falaise, mon frère m'a crié : «Viens!»*
→ *Du haut de la falaise, mon frère m'a crié* ***de venir****.*

– *Il a demandé cent fois : «Laissez-moi tranquille.»*
→ *Il a demandé cent fois* ***qu'on le laisse tranquille****.*

☞ ◆ Quand il s'agit de mettre en doute la véracité d'une phrase originellement prononcée à l'indicatif, on peut avoir recours au conditionnel :

– *Votre belle-sœur a osé vous dire que je lui* ***aurais vendu*** *de la viande avariée?*

Le discours indirect et le temps des verbes

● Lors de la transposition du discours direct en discours indirect, le temps du verbe ne change habituellement pas si le verbe introducteur est au <u>présent</u> ou au <u>futur</u> : 980

– *Tamara* ***devrait*** *arriver ce soir.*
→ *Jean-Noël m'apprend que Tamara* ***devrait*** *arriver ce soir.*

– *Nous* ***sommes allés*** *à la pêche.*
→ *Arnaud vous confirmera que nous* ***sommes allés*** *à la pêche.*

Par contre, si le verbe introducteur est au <u>passé</u>, le temps du verbe du discours indirect obéit aux règles de la concordance des temps (→ 959 et 963) :

– *C'****est*** *une situation sans issue.*
→ *Anne m'avait convaincu que c'****était*** *une situation sans issue.*

Le discours indirect et la personne des déterminants et pronoms

981 ● Quand on transpose en discours indirect une phrase écrite en discours direct, il faut prêter une attention toute particulière aux pronoms personnels (→ 285) et aux déterminants possessifs (→ 232) qu'il convient d'adapter au nouveau contexte :

– *Du train qui partait, Lise a crié : «**Je t'**écrirai.»*
→ *Du train qui partait, Lise a crié qu'**elle m'**écrirait.*

– *Laurent m'a déclaré : «**Ta** place est auprès de **moi**.»*
→ *Laurent m'a déclaré que **ma** place était auprès de **lui**.*

Le discours indirect et l'adaptation des adverbes

982 ● Souvent, la transposition du discours direct en discours indirect nécessite le remplacement de certains adverbes de temps (et parfois même d'adverbes de lieu) :

– *Hier, en partant, Jacques a dit : «J'appellerai **demain**.»*
→ *Hier, en partant, Jacques a dit qu'il appellerait **aujourd'hui**.*

983 **Remarque générale :**

Tout en relevant à bien des égards du discours indirect, l'interrogation indirecte en constitue un cas tout à fait spécial, notamment parce qu'elle n'est pas toujours la transposition d'une interrogation directe et qu'elle peut être introduite par un verbe autre qu'un verbe de déclaration. C'est la raison pour laquelle elle est étudiée parmi les complétives du verbe (→ 892-895).

LE DISCOURS INDIRECT LIBRE

984 ● Le discours indirect libre (appelé aussi **style indirect libre**) équivaut, pour l'essentiel, au discours indirect ordinaire, mais il s'en différencie quand même de deux manières :

- Les paroles rapportées ne sont pas subordonnées à un verbe introducteur et elles ne sont pas introduites par une conjonction, mais par un deux-points comme dans le discours direct;
- Le verbe dont dépendent les paroles rapportées n'est habituellement pas un verbe de déclaration au sens propre et ne contient le verbe *dire* qu'implicitement :

Il levait les bras aux cieux et dénonçait de nombreux complots sataniques : la terre entière se préparait à l'assassiner. (Tierno Monénembo)

Il entendit des nouvelles : [...] *le chômage avait augmenté, il y avait des inondations en Louisiane et une sécheresse en Égypte* [...], *le prix de l'or avait monté,...* (Jacques Poulin)

Léopold Sédar Senghor
Sénégal
1906

Léopold Sédar Senghor est non seulement une grande figure de la littérature contemporaine et de la Francophonie, mais de toute l'histoire du XXe siècle. Homme politique, il fut député du Sénégal au parlement français, puis, après l'indépendance, il fut élu président du Sénégal (et trois fois réélu). Comme auteur, il fut surtout poète (*Chants d'ombre, Hosties noires, Éthiopiques, Nocturnes,...*), mais aussi essayiste (*Liberté I, II, III, IV et V, Ce que je crois*). Il publia par ailleurs une importante ***Anthologie de la nouvelle poésie nègre et malgache de langue française,*** et il fut le premier écrivain africain élu à l'Académie française, en 1983. Avec Aimé Césaire (de Martinique) et Léon-Gontran Damas (de Guyane), il fut le promoteur et le défenseur de la «négritude». Avec Habib Bourguiba, président de la Tunisie, il fut l'un des principaux promoteurs de la Francophonie.

Seigneur Dieu, pardonne à l'Europe blanche!

Et il est vrai, Seigneur, que pendant quatre siècles de lumières
elle a jeté la bave et les abois de ses molosses sur mes terres

Et les chrétiens, abjurant Ta lumière et la mansuétude de Ton cœur

Ont éclairé leurs bivouacs avec mes parchemins, torturé mes talbés,
déporté mes docteurs et mes maîtres-de-science.

Leur poudre a croulé dans l'éclair la fierté des tatas et des collines

Et leurs boulets ont traversé les reins d'empires vastes comme
le jour clair, de la Corne de l'Occident jusqu'à l'Horizon oriental

Et comme des terrains de chasse, ils ont incendié les bois intangibles,
tirant Ancêtres et génies par leur barbe paisible.

Et ils ont fait de leur mystère la distraction dominicale
de bourgeois somnambules.

Seigneur, pardonne à ceux qui ont fait des Askia des maquisards,
de mes princes des adjudants

De mes domestiques des boys et de mes paysans des salariés,
de mon peuple un peuple de prolétaires.

Car il faut bien que Tu pardonnes à ceux qui ont donné la chasse
à mes enfants comme à des éléphants sauvages.

Et ils les ont dressés à coups de chicotte, et ils ont fait d'eux
les mains noires de ceux dont les mains étaient blanches.

Car il faut bien aussi que Tu oublies ceux qui ont exporté dix millions
de mes fils dans les maladreries de leurs navires

Qui en ont supprimé deux cents millions.

Et ils m'ont fait une vieillesse solitaire
parmi la forêt de mes nuits et la savane de mes jours.

(Extrait de *Hosties noires,* © Seuil, 1990)

GEORGES SIMENON

Belgique

1903 - 1989

Né en Belgique, Georges Simenon s'établit en France en 1922, puis aux États-Unis et finalement en Suisse. Il fut, de plus, un infatigable voyageur et, surtout, un auteur incroyablement fécond : 193 romans, plus de 1000 nouvelles et de nombreux contes sous son vrai nom (sans compter tous ceux qu'il a publiés sous divers pseudonymes!). Auteur de romans policiers, il est connu surtout comme l'inventeur du **Commissaire Maigret**, le personnage principal d'une centaine de ses livres. Tous genres confondus, ses ouvrages les plus connus sont *Pietr le Letton, Pedigree, L'Aîné des Ferchaux, L'Horloger d'Everton, Le Voyageur de la Toussaint, Lettre à mon juge* et *Le Testament Donadieu.* Beaucoup de livres de Simenon ont été traduits dans de nombreuses langues et ont fait l'objet de films tournés pour le cinéma ou la télévision.

«Donc, un seul coupable possible : Ixe...

[...] «Celui-là, nous ne le connaissons pas. Nous n'avons pas son signalement... Une seule indication : il avait intérêt, cette nuit, à provoquer un drame... Un intérêt puissant... Car ce coup de feu n'a pas été tiré par un rôdeur.

«Maintenant, ne me demandez pas de l'arrêter... Car vous conviendrez, monsieur le maire, que chacun dans la ville, que tous ceux surtout qui connaissent les principaux personnages mêlés à cette histoire et qui, en particulier, fréquentent le café de l'Amiral, sont susceptibles d'être cet Ixe...

«Vous-même...»

Ces derniers mots furent dits d'un ton léger en même temps que Maigret se renversait dans son fauteuil, étendait les jambes vers les bûches.

Le maire n'avait eu qu'un tressaillement.

«J'espère que ce n'est qu'une petite vengeance...»

Alors Maigret se leva soudain, secoua sa pipe dans le foyer, prononça en arpentant la bibliothèque :

«Même pas! Vous voulez des conclusions? Eh bien, voilà... J'ai tenu simplement à vous montrer qu'une affaire comme celle-ci n'est pas une simple opération de police qu'on dirige de son fauteuil à coups de téléphone... Et j'ajouterai, monsieur le maire, avec tout le respect que je vous dois, que, quand je prends la responsabilité d'une enquête, je tiens avant tout à ce qu'on me f... la paix!»

C'était sorti tout à trac... Il y avait des jours que cela couvait. Maigret, peut-être pour se calmer, but une gorgée de whisky, regarda la porte en homme qui a dit ce qu'il avait à dire et qui n'attend plus que la permission de s'en aller.

(Extrait de *LE CHIEN JAUNE*,

Chapitre XXI

La cohérence du texte

● Traditionnellement, la grammaire étudie les **signes** de la langue écrite, les **sons** de la langue orale, les **mots** sous tous leurs aspects (formation, classification, propriétés, accords, emplois), ainsi que les principes généraux qui président à la construction des **phrases** : l'articulation des groupes syntaxiques, la distinction des fonctions grammaticales et les mécanismes de jonction des phrases. 985

La connaissance de toutes ces notions, qui constituent le champ de l'orthographe grammaticale et de la syntaxe, permet habituellement d'« écrire sans fautes », mais cela ne donne pas automatiquement la capacité de concevoir et de rédiger des **textes** cohérents.

● Qu'est-ce qu'un texte ? Le définir comme un simple ensemble de phrases, elles-mêmes composées de mots, n'est pas suffisant. Car, de même que la phrase est *un ensemble de mots ordonnés selon des règles précises et formant une unité de sens* (→ 644), ainsi, tout texte doit être ordonné selon des règles non moins précises, afin de permettre au destinataire de bien saisir l'idée, le message ou l'impression que l'auteur veut lui transmettre. En d'autres termes : 986

> **Un texte est un ensemble de phrases qui s'enchaînent de façon cohérente et structurée, de manière à pouvoir atteindre efficacement le but que son auteur s'est fixé,**

étant entendu qu'il existe des textes de divers types (narratif, informatif, argumentatif,...) et de divers genres (roman, récit, lettre, poème,...), auxquels les règles générales de structure et de cohérence doivent être adaptées.

Par conséquent, passer d'une simple phrase, correcte sur le plan grammatical et logique sur le plan sémantique, à un texte entier, pareillement correct et logique, est une opération qui ne va pas de soi. Pour qu'un texte soit non seulement intelligible mais qu'il remplisse efficacement, sur le plan de la communication, le rôle que son auteur veut lui assigner, force est, pour ce dernier, de respecter les principes de l'enchaînement des phrases et des idées qui sont le fondement même de la **cohérence du texte**.

LES RÈGLES DE COHÉRENCE

987 ● Tout texte, quel qu'il soit (du rapport annuel d'entreprise au poème le plus original), doit, pour être compréhensible, obéir à un minimum de règles de cohérence :

1. **La règle de répétition.**

   Pour qu'un texte soit perçu comme logique et cohérent, il doit contenir des éléments récurrents, c'est-à-dire des éléments qui se répètent d'une partie à l'autre du texte pour en constituer le « fil conducteur ». De cette règle de répétition découlent les divers mécanismes de reprise de l'information (→ 997 et 1008).

2. **La règle de progression.**

   Il ne suffit pas d'assurer la cohésion d'un texte par le respect de son « fil conducteur », il faut également que la reprise de l'information se double d'une progression de cette information, sans quoi le texte tourne à vide et perd rapidement son intérêt. La règle de progression est aussi appelée « règle de nouveauté ».

3. **La règle de non-contradiction.**

   La progression de l'information ne peut être faite n'importe comment, du moins pas au détriment de la logique. Ainsi les nouveaux éléments d'information doivent-ils non seulement s'enchaîner aux précédents, mais encore doivent-ils le faire sans créer de contradiction.

4. **La règle de relation à la réalité.**

   Cette dernière règle est plus subtile et d'application plus délicate, car elle dépend notablement du genre de texte. De manière générale (sauf peut-être en poésie surréaliste ou dans certains contes pour enfants), il convient que les éléments d'information contenus dans un texte correspondent aux connaissances présumées de son destinataire et à la réalité objective du monde : on ne peut se faire attaquer par un albatros dans le désert et le Saint-Laurent ne se jette pas dans le Mississippi.

988 ● La nécessité, pour tout auteur, de se conformer aux principales règles de cohérence énoncées ci-dessus entraîne ordinairement trois obligations de base :

- recourir à diverses « techniques » d'organisation (→ 989-1005);
- distinguer, dans tout texte ou partie de texte, le thème du propos, définir l'un et l'autre et s'en tenir à cette distinction (→ 1007-1010);
- adopter un point de vue déterminé, clairement défini, et l'exprimer par diverses modalités de rédaction (→ 1011-1017).

LES TECHNIQUES DE COHÉRENCE

● Les principales « techniques » à mettre en œuvre en vue d'assurer la cohérence d'un texte sont de trois ordres : l'utilisation des marques graphiques, le recours aux possibilités offertes par le lexique et le choix du temps des verbes. 989

LES MARQUES GRAPHIQUES

● Les marques permettant de rendre un texte « visuellement cohérent » sont les signes typographiques, la disposition graphique et les divers éléments qu'il est possible d'ajouter à un texte : 990

1. Les **signes typographiques** sont les parenthèses, les crochets, les tirets, les guillemets, l'astérisque (et la note de bas de page), la barre oblique, les majuscules et le caractère italique (→ 29-37).

   À ces signes communément employés peuvent s'ajouter :
   - la numérotation des sections (comme ici-même);
   - divers signes et symboles (ainsi, dans la présente grammaire, ➾ indique les citations d'auteurs, ☞ ◆ indique les remarques, ▲ indique les exceptions, etc.);
   - les lettrines et les polices de caractère proprement dites : on peut se permettre plus de fantaisie dans un poème ou une revue artistique que dans un article de journal ou un mode d'emploi.

2. La **disposition graphique** offre différentes possibilités :
   - la mise en évidence du titre et d'éventuels sous-titres ou intertitres;
   - la détermination des marges;
   - la présentation du texte en colonnes;
   - le recours aux couleurs à l'impression (que ce soit pour le fond, le texte, les titres, etc.);
   - et, surtout, les alinéas qui marquent la division du texte en paragraphes (→ 991-992).

3. Les **divers éléments** qu'il est possible d'ajouter à un texte sont :
   - les schémas (dans une analyse financière, par exemple, ou dans les instructions pour l'assemblage d'un meuble);
   - les extraits d'autres textes placés dans des encadrés;
   - et, surtout, les illustrations, dessins ou photographies qui sont alors le point de référence du texte et contribuent ainsi, de manière importante, à sa cohérence.

Le paragraphe

991 ● Le paragraphe, élément d'organisation très important, est l'échelon intermédiaire entre la phrase et l'ensemble du texte. Il est habituellement marqué par l'alinéa, c'est-à-dire un retrait au début de la première ligne, et souvent aussi par un interligne plus grand :

> *Elle* [la mort] *l'envahissait lentement, sans retrait, et d'une implacable poussée, comme la mer envahit le sable d'une plage. Elle cernait déjà ses coudes, ses genoux. La mort montait en lui.*
>
> *Jérôme n'avait jamais songé à la mort que pour la défier. Il adorait la vie, il la voulait goûter dans toute son intensité, et jusqu'à ses bords extrêmes qui la séparaient de la mort.*
>
> *Chacune de ses victoires sur la mort donnait aux moindres actes de sa vie une saveur rare et puissante.* [...]
>
> *Et voilà que la mort, le fixant – le couvant – de son monstrueux regard, lui imposait l'heure!* (Alain Grandbois)

992 ● En règle générale, le paragraphe doit constituer une **unité de contenu** dont le rôle est de faciliter la compréhension du texte en marquant la progression d'une idée à l'autre. Il ne suffit donc pas, pour constituer un paragraphe, de regrouper quelques phrases au hasard ni, inversement, de diviser un texte à quelques endroits arbitrairement choisis.

En fait, le paragraphe peut être considéré comme un « texte en miniature ». Si sa construction interne est extrêmement variable, il n'en va pas de même du début et de la fin. Ainsi, il est souvent introduit par des mots qui font le lien avec le paragraphe précédent (→ 993) et terminé par une sorte de synthèse intermédiaire ou par des éléments annonciateurs du paragraphe suivant :

> *Mme Loisel connut **la vie horrible des nécessiteux*** [...].
>
> ***Il fallait chaque mois payer** des billets, en renouveler d'autres, obtenir du temps.*
>
> *Le mari travaillait, le soir, à mettre au net les comptes d'un commerçant, et la nuit, souvent, il faisait de la copie à cinq sous la page.*
>
> *Et **cette vie** dura **dix ans**.*
>
> ***Au bout de dix ans**, ils avaient tout restitué, tout, avec le taux de l'usure, et l'accumulation des intérêts.* (Guy de Maupassant)

> ***Mais** il y a plus : si étrange que cela puisse paraître, cet auteur que la perspicacité et la méfiance du lecteur intimident, se méfie, de son côté, de plus en plus du **lecteur**.*
>
> *Le **lecteur**, **en effet,** même le plus averti, dès qu'on l'abandonne à lui-même* [...], ***typifie**.*
>
> *Il **le** fait* [...] *sans même s'**en** apercevoir* (Nathalie Sarraute)

LES OUTILS LEXICAUX

● Pour assurer la reprise ou la progression de l'information dans un texte, les instruments les plus usuels et les plus nombreux sont les outils lexicaux, c'est-à-dire toutes les possibilités d'expression offertes par le lexique. Ils consistent en quatre catégories de mots : les **pronoms, adverbes et déterminants**, les **substituts lexicaux**, les **marqueurs de relation** et les **organisateurs textuels**. 993

Les pronoms, les adverbes et les déterminants

● Par définition, le pronom référent (qui a un antécédent : → 275) est l'outil par excellence pour reprendre une information dans un texte, sans avoir à la reformuler : 994

➾ *Un jeune loup n'est jamais solitaire. Le loup blanc **l'**était. Un loup ne vient pas flairer les humains sédentaires. Ce loup blanc **le** faisait.* (Yves Thériault)

● De manière générale, les pronoms, les adverbes et les déterminants sont des moyens très pratiques et très communs de reprendre de l'information d'une phrase à l'autre : 995

➾ *Le dedans inviolable / était le seul espace / du passage* [...]. ***Là** se concentraient / les oiseaux de l'âme.* (Fernand Ouellette)

➾ *Elle* [la fumée] *montait lentement et se renouvelait sans cesse : de là un obscurcissement graduel qui blêmissait même le plein jour* [...]. ***Cet** obscurcissement, probablement voulu et calculé par les chefs qui devaient diriger l'assaut de la barricade, fut utile à Gavroche.* (Victor Hugo)

Remarque : 996

L'utilisation des pronoms personnels (→ 285) et des déterminants possessifs (→ 232) est soumise à des règles précises : il faut notamment que leur utilisation n'entraîne aucune équivoque.

Ainsi, dans la phrase *Laurent n'a pas encore demandé à Sylvain s'**il** peut collaborer à **son** projet*, est-ce Laurent qui pourrait collaborer au projet de Sylvain, ou bien le contraire ?

Pour éviter pareille ambiguïté, on peut, par exemple, avoir recours aux pronoms démonstratifs (les formes composées de ceux-ci permettent d'indiquer la proximité ou l'éloignement de leur antécédent dans la phrase : → 310) :

— *Laurent n'a pas encore demandé à Sylvain s'il peut collaborer au projet **de celui-ci.***
(= Laurent collaborerait au projet de Sylvain)

— *Laurent n'a pas encore demandé à Sylvain si **celui-ci** peut collaborer à son projet.*
(= Sylvain collaborerait au projet de Laurent)

Les substituts lexicaux

997 • Les différents substituts lexicaux permettent de reprendre de l'information en évitant d'employer des termes déjà utilisés et en opérant, si l'auteur le désire, un « glissement de sens » (précision, élargissement,...) qui peut faciliter l'enchaînement des idées. Les principaux substituts lexicaux sont :

1. le synonyme (ou le parasynonyme) :

> *Je **crois**, et cette **conviction** est de plus en plus profonde, que* [...] *il est nécessaire de se soustraire aux impératifs et conventions de la société.* (André Major)

2. le terme spécifique :

> *Le roi se mêle depuis peu de faire des vers* [...]. *Il fit l'autre jour un petit **madrigal**.* (Madame de Sévigné)

3. le terme générique :

> *Je n'ai pas d'atouts maîtres.*
> *En fait, je n'ai même pas de **cartes**.* (Anthony Phelps)

4. le terme synthétique :

> *Je vivais simultanément dans deux univers, **tension** qui devenait parfois intolérable.* (Naïm Kattan)

5. la périphrase :

> *Il y a des lieux où il faut appeler Paris Paris, et d'autres où il la faut appeler **la capitale du royaume**.* (Pascal)

6. le mot de la même famille (→ 77) :

> [Aux États-Unis] *La nourriture est abondante. La saveur n'entre pas en ligne de compte. Elle est **hygiénique**. Cependant, ce souci d'**hygiène*** [...] *aboutit* [...] *à fabriquer artificiellement des aliments qui ne reconnaissent pas la réalité du corps.* (Naïm Kattan)

Les marqueurs de relation

998 • Les marqueurs de relation sont, pour la plupart, des conjonctions (ayant la fonction de coordonnants ou de subordonnants : → 771-772). Ils permettent d'« accrocher » de l'information nouvelle à celle qui est déjà exprimée, le plus souvent à l'intérieur de la même phrase mais parfois dans la phrase suivante :

> *Elle enfouit l'histoire de son peuple commencée deux siècles plus tôt, puis ballottée aux quatre vents, et laissée moribonde dans le ruisseau... **jusqu'au jour où** un passant la ramasserait, et la ravigoterait, et la rentrerait de force au pays.* (Antonine Maillet)

> *Rites renouvelés qui devenaient habitudes. Il y en avait que j'aimais, que j'attendais, d'autres que j'abhorrais. **Mais** je m'y retrouvais telle qu'en mon enfance.* (Michèle Rakotoson)

Les organisateurs textuels

● On appelle organisateur textuel tout élément (mot, expression, phrase,...) qui a pour rôle essentiel d'assurer la cohérence et l'unité du texte. Il peut notamment servir à : 999

1. introduire le thème ou le propos (→ 1008) :

   ➾ ***Voilà donc le paradoxe*** *: constituer très profondément un peuple, mais un peuple dépouillé, investi, et qui dure et qui veut durer.* (Pierre Vadeboncœur)

2. résumer ce qui précède :

   ➾ ***En un mot****, il s'agit de savoir de quoi l'on veut écrire.* (J.-P. Sartre)

3. annoncer ce qui suit :

   ➾ *Et Martin* ***exposa le sujet de son roman****. C'était l'histoire d'un chef de bureau, nommé Alfred Soubiron, âgé de quarante-cinq ans, qui avait des yeux bleus...* (Marcel Aymé)

4. assurer la transition d'un passage à l'autre :

   ➾ *Iriook passa la journée avec son fusil à la main.* [...]

   Agaguk, ***de son côté****, s'appliqua à pêcher le poisson du ruisseau.* (Yves Thériault)

5. conclure le paragraphe ou le texte lui-même :

   ➾ *Stimulée par la présence paternelle* [...], *je circulais témérairement parmi les éclats d'obus et le fracas des vitres. Une ivresse lucide me soulevait. Mon père devait être aussi exalté que moi car il chantait. Courant de maison en maison, il m'apprenait à me mettre à l'abri d'un mur, à m'aplatir.* ***En somme*** *il jouait et m'invitait à jouer avec lui.* (Suzanne Lilar)

Remarque générale : 1000

Toutes les catégories d'outils lexicaux peuvent évidemment être utilisées ensemble :

➾ *Toute mon attention devait être portée sur le repas.* ***De fait****, il eût été très peu poli de bavarder* ***à ce moment; mes*** *plus jeunes frères* ***même*** *n'ignoraient pas que* ***l'heure*** *n'était pas à jacasser : l'heure était à honorer la nourriture; les personnes âgées observaient quasiment le* ***même*** *silence.* ***Ce*** *n'étaient pas* ***les seules règles : celles*** *qui concernaient la propreté n'étaient pas les moindres.* ***Enfin****, s'il y avait de la viande au centre du plat, je n'avais pas à m'****en*** *emparer; je devais me servir devant moi, mon père se chargeant de placer la viande à* ***ma*** *portée.* ***Toute autre façon de faire*** *eût été mal vue et rapidement réprimée;* ***du reste****, les repas étaient très suffisamment copieux pour que je ne fusse pas tenté de prendre* ***plus que*** *je ne recevais.* (Camara Laye)

LE TEMPS DES VERBES

1001 ● La cohérence d'un texte dépend pour une grande part de l'utilisation que fait son auteur des temps verbaux. La moindre inconséquence en ce domaine peut « déstabiliser » tout un texte. Il faut donc, avant la rédaction, décider du système verbal à utiliser, et, durant la rédaction, se soumettre aux règles de concordance et d'harmonisation des temps des verbes.

Le choix du système verbal

1002 ● Le système verbal est en quelque sorte le « temps de référence » d'un texte ou d'une partie de texte. En pratique, on ne peut choisir qu'entre un **système verbal au passé** et un **système verbal au présent**, et, dans la plupart des cas, c'est le genre même du texte qui détermine le système verbal :

1. Le temps de référence est le **présent** dans tout texte qui est écrit ou qui doit être considéré comme écrit au moment même de l'accomplissement des faits relatés (c'est souvent le cas des lettres, des poèmes, des essais, des guides, des analyses, etc.) :

> *Je **sens** naître en mon âme un repentir puissant,*
> *Et mon cœur en secret me **dit** qu'il y **consent**.* (Corneille)

> *Il **rejette** en arrière ses cheveux qui **tombent** devant son visage, et **se lève** comme s'il se secouait. L'épingle qui **fixe** son écharpe **saute**, et le bras **tombe** : il se **mord** les lèvres...* (André Malraux)

2. Le temps de référence est le **passé** dans tout texte qui est écrit ou qui doit être considéré comme écrit après l'accomplissement des faits relatés (c'est habituellement le cas des reportages, des récits, des bilans, etc.) :

> *Et lorsqu'ils **avaient découvert** l'Amérique, pour eux c'**était** le vieux rêve qui **se réalisait** et ils **allaient être** libres et heureux.* (Jacques Poulin)

> *L'agent **a parlé** bas à mon père, qui **a changé** de couleur, et nous **a pris** à part pour nous annoncer la terrible nouvelle.* (Stendhal)

▲ Exception : Dans certains cas, le **présent historique** et même le **futur historique** peuvent remplacer le passé dans tout un texte ou dans une partie de texte (→ 967-968).

☞ ◆ Il est très rare qu'un texte soit fondé sur un système verbal au futur, mais ce peut être le cas dans un programme politique, un accord commercial, un poème, une chanson, etc. :

> *Quand les hommes **vivront** d'amour*
> *Il n'y **aura** plus de frontière.* (Raymond Lévesque)

● Quand un système verbal a été adopté, il faut veiller à le maintenir tout au long du texte (ou d'une partie du texte) et à y adapter les autres indications de temps. C'est le principe même de la **concordance des temps** dont certaines règles s'appliquent à la phrase et d'autres au texte dans son ensemble (→ Chapitre XIX, p.469). 1003

☞ ◆ La concordance des temps dans le discours rapporté ne pose aucun problème particulier quand on a recours au style direct. Il n'en va cependant pas de même quand on a recours au style indirect (→ 977-983).

Les autres règles d'harmonisation

● Le choix du système verbal et les règles de concordance sont les deux piliers de la cohérence du texte en ce qui a trait aux temps des verbes. Il reste qu'il faut éviter toute application servile ou trop mécanique de ces règles et les adapter, chaque fois que c'est nécessaire, aux exigences du sens. 1004

Ainsi, quel que soit le système verbal, il faut toujours veiller — dans le texte encore plus que dans la phrase, où les règles sont mieux définies — à ce que soit rendue avec exactitude la **chronologie** des événements et des discours, ainsi que des étapes de la pensée ou du raisonnement.

C'est pourquoi, quand la concordance des temps ne suffit pas pour traduire, avec toute la précision nécessaire, l'antériorité, la simultanéité ou la postériorité, il faut alors recourir à différents organisateurs textuels complémentaires (→ 999) :

➾ ***Pendant douze ans****, on n'eut aucune nouvelle de lui avec certitude.* [...]

À son retour*, il ne fit aucune révélation. Pas même à ses frères de case, Daouda, Solo et Soriba* [...].

Trois mois après la mort de son père*, il était revenu à Kouta avec toute la pacotille qui pouvait éblouir.* [...] *Les anciens avaient* ***tout aussitôt*** *dépêché Daouda, Solo et Soriba auprès de lui...* (Massa Makan Diabaté)

● Enfin, contrairement à beaucoup d'autres langues, le français ne possède pas de temps particuliers pour exprimer l'**aspect d'un verbe** : celui-ci traduit-il un processus bien en cours ou seulement commencé, achevé (accompli) ou non achevé (non accompli), couvrant une longue durée ou plusieurs fois répété, terminé ou presque terminé? 1005

Pour exprimer ces nuances, il faut recourir aux auxiliaires d'aspect (→ 502-503) ou apporter par d'autres moyens la précision souhaitée (adverbes de manière ou de temps, organisateurs textuels ou marqueurs de relation) :

➾ *C'est que les journées* ***finissaient par*** *nous sembler longues.*
(Charles-Ferdinand Ramuz)

➾ *Et,* ***graduellement****, elle* ***en vint à*** *penser à son enfant.*
(Gabrielle Roy)

LES NOTIONS COMPLÉMENTAIRES

1006 • Pour qu'un texte soit vraiment cohérent, il ne suffit pas que soient respectées les règles de base de la cohérence et que soient mises en œuvre les techniques adéquates, il faut encore que soient remplies trois autres conditions :

1. la distinction du **thème** et du **propos**.
2. la détermination du **point de vue**.
3. la **modalisation** de l'énoncé.

LE THÈME ET LE PROPOS

1007 • Autant pour analyser un texte écrit que pour en rédiger un soi-même, il est essentiel de faire la distinction entre le **thème** et le **propos**, parce que c'est de leur interaction que procède la progression de l'information dans un texte.

La définition du thème et du propos

1008 • Thème et propos peuvent être définis très simplement :

- **Le thème, c'est ce dont on parle.**
- **Le propos, c'est ce qu'on dit de ce dont on parle.**

Ces notions s'appliquent ordinairement à tout un texte ou à une partie de texte, mais rien n'empêche de parler du thème et du propos d'une phrase.

En d'autres termes, on peut dire que **le thème est l'information reprise** (→ 987.1) et que **le propos est l'information nouvelle** (→ 987.2).

Les cas d'application

1009 • Thème et propos peuvent être distingués dans une phrase et dans un paragraphe aussi bien que dans un texte (il serait toutefois trop long de donner un exemple dans ce dernier cas) :

1. au sein d'une phrase :

> *J'ai donc parlé de l'affaire à Karim Ali, qui savait déjà, et il m'a dit que mon témoignage pouvait être important.*
> (Akoua Tchotcho Ekué)

— **Thème** : « l'affaire » (ici, un procès pour meurtre).
— **Propos** : l'importance du témoignage du locuteur.

2. au sein d'un paragraphe :

➾ *Les professions libérales vont s'encombrer d'une manière alarmante. [...] Si vous me demandez d'indiquer un remède à cet état de choses, je serai bien obligé de confesser mon impuissance. Néanmoins, après y avoir mûrement réfléchi [...], j'en suis venu à la conclusion que le moyen le plus naturel et le plus efficace, sinon d'arrêter tout à fait le mal, au moins de le neutraliser jusqu'à un certain point, c'est d'encourager de toutes manières et par tous moyens la jeunesse instruite de nos campagnes à embrasser la carrière agricole.* (Antoine Gérin-Lajoie)

— **Thème** : « cet état de choses »
(l'encombrement des professions libérales)

— **Propos** : « le moyen le plus naturel et le plus efficace... »

● Le thème et le propos sont souvent imbriqués l'un dans l'autre de manière très étroite. Ainsi le thème d'une phrase peut-il devenir le propos de la suivante (et le thème d'un paragraphe le propos du suivant). De plus, le recours à des phrases de différents types (→ 666-691) ou de différentes formes (→ 692-709) permet, grâce à leurs particularités stylistiques, de mettre en évidence tantôt le thème et tantôt le propos : 1010

1. Mise en évidence du thème par le recours à la phrase passive :

➾ *En un clin d'œil, toutes les tristesses qui, comme tu sais, empoisonnent ma vie, surtout les dimanches,* ***ont été enlevées*** *par un souffle divin.* (George Sand)

2. Mise en évidence du propos par le recours à la phrase emphatique :

➾ *À ce moment, quelques toux se firent entendre, puis une autre, déchirante celle-ci.* ***C'était le vieux Bakary qui*** *ne pouvait plus retenir sa quinte.* (Ousmane Sembène)

LE POINT DE VUE

● Pour saisir pleinement la cohérence du texte qu'on analyse, ou pour assurer valablement celle du texte qu'on écrit, la connaissance des règles et des techniques doit être complétée, non seulement par les notions de thème et de propos, mais aussi par celle de **point de vue**. 1011

La définition du point de vue

● On peut définir le point de vue comme **la manière dont l'auteur se situe par rapport à son texte et par rapport à ses lecteurs.** 1012

La manière dont l'auteur se situe par rapport à son texte se reflète dans le degré de son engagement : il peut le personnaliser à l'extrême (exemple : un poème écrit à la 1re personne) ou, au contraire, le « dépersonnaliser » totalement (exemple : un exposé scientifique). Entre ces deux extrêmes se situent tous les autres genres de texte, à savoir notamment, du plus engagé au moins engagé, le texte poétique, le texte expressif, le texte narratif, le texte argumentatif et le texte informatif.

Le degré de réalité

1013 ● En plus de ce qu'il exprime ouvertement (son sens ou contenu), en plus du degré d'engagement de l'auteur (son point de vue), un texte véhicule également, de manière implicite, un « code » permettant de savoir comment il faut le lire ou le comprendre.

En effet, sachant à quel genre appartient le texte qu'il découvre, le lecteur se construit inconsciemment comme un schéma mental qui détermine sa réceptivité.

Ainsi, par exemple, de la phrase :

– *Alors, sous l'action de la lumière bleue concentrée par le cristal, on vit se transformer le visage d'Aglaé : elle redevint la jeune fille qu'elle avait été vingt ans plus tôt.*

Cette phrase ne surprendrait personne si elle se trouvait dans un récit fantastique ou dans un conte pour enfant, mais il y a fort à parier qu'elle susciterait de vives réactions si elle figurait dans une revue médicale spécialisée !

1014 ● Enfin, la notion d'**engagement de l'auteur**, jointe à celle de **degré de réalité**, permet, si l'on met la première en abscisse et la deuxième en ordonnée, de créer une sorte de « grille d'interprétation » :

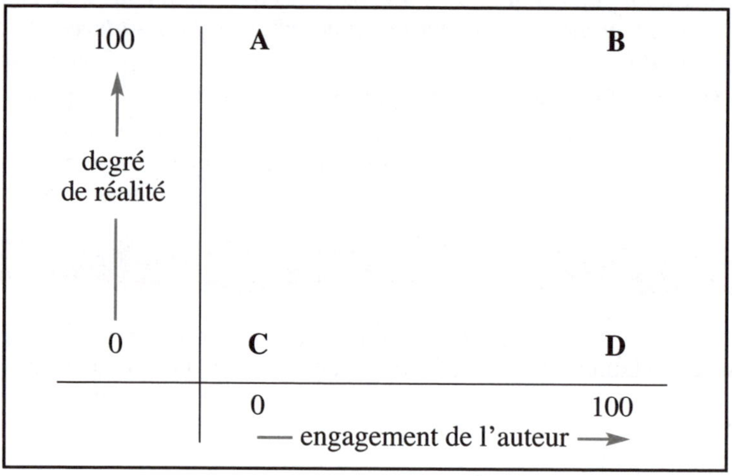

A = démonstration mathématique B = texte argumentatif

C = conte fantastique D = poème surréaliste à la 1re personne

LA MODALISATION

1015 ● La modalisation consiste à introduire, dans une phrase, diverses modalités permettant d'identifier le point de vue de l'auteur (ou, parfois, le degré de réalité). Cette opération, très courante, est généralement effectuée de manière inconsciente.

● La modalisation d'un texte s'effectue au moyen de **marqueurs de modalité**. Ces marqueurs sont extrêmement variés, mais il est possible de les classer de la manière suivante : 1016

(Phrase de départ : ***Cette robe est trop chère.***)

1. Modalisation par un adverbe :

— *Cette robe est* ***sans doute*** *trop chère.*

2. Modalisation par un auxiliaire de modalité :

— *Cette robe* ***doit*** *être trop chère.*

3. Modalisation par le mode ou le temps du verbe :

— *Cette robe* ***serait*** *trop chère (si...).*

4. Modalisation par la structure de la phrase :

— ***Il est probable que*** *cette robe soit trop chère.*

5. Modalisation par le type de la phrase :

— *Cette robe* ***est-elle*** *trop chère?*

6. Modalisation par une expression appropriée :

— ***À mon avis****, cette robe est trop chère.*

● À ces six sortes de marqueurs de modalité, il faut ajouter le choix même du vocabulaire qui peut avoir une valeur dénotative ou connotative : 1017

- La **dénotation** est le sens ordinaire d'une phrase ou d'un mot, indépendamment du contexte.
- La **connotation** est le sens particulier d'une phrase ou d'un mot, lequel dépend du contexte et s'ajoute au sens ordinaire.

En conséquence, et pour simplifier, **un vocabulaire à valeur dénotative a un sens objectif et invariable**, et **un vocabulaire à valeur connotative a un sens subjectif et variable**. Ainsi, dans l'exemple utilisé ci-dessus (*Cette robe est trop chère.*), ***chère*** peut encore avoir, en soi, une valeur dénotative, mais ***trop chère*** a déjà, par contre, une valeur nettement connotative (*trop chère pour moi, pour le moment, pour ce dont elle a l'air*).

Autres exemples (de vocabulaire à valeur dénotative d'abord, à valeur connotative ensuite) :

- *Elles se frayèrent un chemin entre les voitures en stationnement et les étalages des marchands de bric-à-brac qui empiétaient sur la chaussée.* (Jean Pliya)

- *La flèche et le mousquet dorment soudés dans le grand sourire de l'histoire.* (Jacques Brault, extrait d'un poème au sujet des débuts du peuple canadien-français)

1018 LA COHÉRENCE DU TEXTE : TABLEAU RÉCAPITULATIF

— Définition du texte .... n° **986**

RÈGLES DE COHÉRENCE

— La **répétition** (reprise de l'information), le «fil conducteur» **987**
— La **progression** de l'information (règle de «nouveauté») **987**
— La **non-contradiction** dans un texte (règle de logique) **987**
— La **relation à la réalité**, en fonction du genre de texte **987**

TECHNIQUES DE COHÉRENCE

— Les **marques graphiques** :
— Les signes typographiques,
la disposition graphique et les éléments extérieurs **990**
— Le paragraphe, division visuelle du texte et unité de contenu ... **991**

— Les **outils lexicaux** :

— Les pronoms :	*Pierrette est allée chez Bernard et **elle lui** a tout raconté.*	**994**
— Les déterminants :	*Antoine a passé la fin de semaine avec **ses** amis dans **leur** chalet.*	**995**
— Les adverbes :	*Vois-tu cette maison blanche? C'est **là** que j'ai vécu deux ans.*	**995**
— Les substituts lexicaux :	*Mariam écrit déjà de beaux poèmes, mais doit développer son **talent**.*	**997**
— Les marqueurs de relation :	*Ils n'en font jamais qu'à leur tête **jusqu'à ce que** ça finisse mal.*	**998**
— Les organisateurs textuels :	*Elle est confrontée à un **dilemme** : intervenir ou laisser faire.*	**999**

— Les **temps des verbes** :
— Système verbal au présent ou système verbal au passé **1002**

NOTIONS COMPLÉMENTAIRES

— Le **thème** (information reprise) et le **propos** (information nouvelle) **1007**

— Le **point de vue** (texte poétique, expressif, narratif,...) **1011**
— Le degré de réalité
(du conte fantastique à la démonstration mathématique) ... **1013**
— Engagement de l'auteur et degré de réalité **1014**

— La **modalisation** (et le recours aux marqueurs de relation) **1015**
— Le vocabulaire à valeur dénotative ou à valeur connotative **1017**

Gérald-Félix Tchicaya U Tam' Si
Congo
1931 - 1988

À son nom, Gérald-Félix Tchicaya ajouta U Tam'Si, de sorte que le tout signifie, dans sa langue bantoue, «la petite feuille qui chante son pays». C'est ce qu'il a toujours voulu faire, au Congo comme en France où il travailla longtemps. Il est l'auteur de nombreux recueils de poèmes (*Feu de brousse, Épitomé,...*), de pièces de théâtre (notamment *Le Destin glorieux du Maréchal Nnikon Nniku, prince qu'on sort*) et de romans (*Les Cancrelats, Les Méduses, Les Phalènes* et *Ces fruits si doux de l'arbre à pain*). Il est considéré comme **la grande figure de la littérature du Congo** (-Brazzaville).

«Les temps nouveaux nous préparent un bel avenir.»

Papa y croit aussi, même s'il affiche un scepticisme de façade quand ce sont les politiciens qui jouent aux bons augures de ce bel avenir. C'est vrai que la corruption produit de la corruption. Mais il n'est pas contre la politique. Qu'on fasse de la mauvaise politique, il est contre.

«Ils ont traîné l'Indépendance dans la boue de Poto-Poto.»

C'est, depuis quelque temps, son mot favori, qu'il a sans arrêt à la bouche. Alors, il est avec les étudiants qui écrivent des tracts virulents contre le gouvernement corrompu. Il accepte même que les étudiants exagèrent.

[...]

C'est vrai que le juge Raymond approuve hautement que les jeunes soient animés par l'esprit de révolte, tant il est certain qu'un jour leur colère sera un rempart sûr contre la montée des périls. Les vieux s'essoufflent à courir sus aux prébendes. Ils finissent par avoir l'âme molle des couards.

«Je me demande ce que deviendront les droits des gens lorsqu'il s'agira de juger non plus selon les lois établies, mais selon les humeurs des princes qui nous gouvernent.»

Une question se pose à lui, à sa conscience. Sa terre ingrate. Son désert de sable à l'horizon promet uniquement des mirages et des désenchantements, à mesure que la mer se retire, qu'elle laisse à cale sèche l'espoir et la foi. Il a des soucis de juge. Il a des soucis de père. Il n'a pas de soucis d'époux.

Mathilde, son épouse, l'a tenu à l'abri des périls qu'il redoute maintenant. Or voilà que les temps nouveaux, dont on parle tant, changent la nature des choses et des rapports, faussent les règles séculaires du jeu. Mathilde lui dit, à travers un conseil qu'elle donne à sa fille :

«Laisse le monde te porter, ne cherche pas à le porter. Ne présume pas de tes forces.»

(Extrait de *Ces fruits si doux de l'arbre à pain*,

YVES THÉRIAULT
Québec
1916 - 1983

Yves Thériault est né à Québec, mais il a étudié à Montréal. Il a d'abord travaillé comme annonceur dans des stations de radio de province, puis à l'Agence canadienne de publicité et à l'Office national du film. S'étant consacré à l'écriture dès les années 1940, il avait signé, à son décès, une quarantaine de romans, quelques centaines de contes et plus d'un millier de textes dramatiques écrits pour la scène, la télévision et, surtout, la radio. ***Agaguk***, son roman le plus célèbre, dont l'action se déroule chez les Inuits du Grand Nord canadien, a été traduit en huit langues et remarquablement adapté au cinéma.

Agaguk, pour la première fois de sa vie de chasseur, se sentait dérouté. Quelque chose de mystérieux se passait sur la toundra et les lois de la nature étaient transgressées. Un jeune loup n'est jamais solitaire. Le loup blanc l'était. Un loup ne vient pas flairer les humains sédentaires. Ce loup blanc le faisait.

Et alors qu'Agaguk avait usé de tous ses sens : son ouïe extraordinaire, sa vue de chat, et son odorat même qui savait distinguer à trois cents pas le renard du loup, et le vison du rat musqué; alors qu'en complet éveil il avait monté sa garde nocturne, le loup était venu à portée de bras, et pour un peu il aurait réussi à s'emparer du petit!

Irrémédiablement! Car contre la fuite d'un loup, que pouvait la course humaine d'Agaguk, bipède trop lent pour l'animal agile?

Vers quel destin sanglant le loup blanc aurait-il mené Tayaout?

Tayaout, joie, richesse, la seule joie, la plus grande richesse. Tayaout, pour qui Agaguk eût donné la peau de son corps, le sang de ses veines, sa force et sa survie.

Le loup blanc n'était pas un animal de la toundra. Il n'était pas une bête de la nature. Il était quelque mauvais esprit, un agiortok, venu harceler Agaguk.

Pour quelque mal qu'aurait commis l'Inuk?

Mais quel mal?

Il n'avait commis qu'un acte douteux et encore ne le considérait-il pas vraiment comme un mauvais acte. La mort de Brown? Mais l'homme avait tenté de voler Agaguk. Il n'y avait là que la vengeance normale, une revanche que sa conscience d'Esquimau approuvait pleinement.

Pourquoi les mauvais esprits s'acharnaient-ils contre lui pour avoir, en somme, débarrassé le monde d'un trafiquant malhonnête? Personne n'était venu lui reprocher son geste. Alors — et combien de millions de fois encore se poserait-il la question — pourquoi la présence de ce mauvais esprit sur la plaine?

(Extrait de *AGAGUK*,

TROISIÈME PARTIE

LES COMPLÉMENTS À LA GRAMMAIRE

Plan de la troisième partie

Les compléments à la grammaire

LES ANNEXES

Annexe 1

LES RECTIFICATIONS DE L'ORTHOGRAPHE

● Dans la perspective d'une vaste réforme de l'orthographe du français, le **Conseil supérieur de la langue française** (organisme officiel de France) a proposé, en 1990, une première série de «rectifications de l'orthographe». Celles-ci ont reçu un accueil favorable de la part de l'**Académie française**, du **Conseil de la langue française du Québec** et du **Conseil de la langue de la Communauté française de Belgique**.

Les rectifications proposées portent sur des règles d'application générale (le trait d'union, le pluriel des noms composés, l'accent circonflexe et le participe passé des verbes pronominaux) ou consistent en modifications de graphies particulières (correction de diverses anomalies orthographiques).

● Comme il s'agit de simples propositions, **les rectifications mentionnées ci-après ne sont assorties d'aucune mesure contraignante**. L'intention du Conseil supérieur de la langue française était seulement d'établir une liste de «tolérances» et de promouvoir une certaine harmonisation dans l'écriture du français. L'usage se chargera tout naturellement de retenir les formes qui seront celles du français de l'avenir. Il est cependant à souhaiter que cette évolution se fasse dans le même sens et au même rythme dans toute la francophonie.

Note : Toutes les règles et rectifications énumérées ci-après sont formulées, la plupart du temps, dans les termes mêmes du document officiel qui les institue. Leur caractère affirmatif, qui leur assure concision et clarté, ne doit cependant pas faire illusion : ce ne sont toujours que des **recommandations**.

RÈGLES D'APPLICATION GÉNÉRALE

1. Trait d'union

● On lie par des traits d'union les numéraux formant un nombre complexe, inférieur ou supérieur à cent (→ 19.6) :

— *Elle a* ***vingt-quatre*** *ans. — Cet ouvrage date de l'année* ***quatre-vingt-neuf****. — Elle a* ***cent-deux*** *ans. — Cette maison a* ***deux-cents*** *ans. — Il lit les pages* ***cent-trente-deux*** *et* ***deux-cent-soixante-et-onze****. — Il possède* ***sept-cent-mille-trois-cent-vingt-et-un*** *francs.*

2. Singulier et pluriel des noms composés comportant un trait d'union

● Les noms composés d'un verbe et d'un nom suivent la règle des mots simples, et prennent la marque du pluriel seulement quand ils sont au pluriel; cette marque est portée sur le second élément (→ 156) :

— *Un pèse-lettre, des* ***pèse-lettres****; un cure-dent, des* ***cure-dents****; un perce-neige, des* ***perce-neiges****; un garde-meuble, des* ***garde-meubles*** (sans distinguer s'il s'agit d'un homme ou d'un lieu)*; un abat-jour, des* ***abat-jours****.*

Il en va de même des noms composés d'une préposition et d'un nom :

— *Un après-ski, des* ***après-skis****; un sans-abri, des* ***sans-abris****.*

Cependant, quand l'élément nominal prend une majuscule ou quand il est précédé d'un déterminant singulier, il ne prend pas de marque de pluriel :

— *Des* ***prie-Dieu****, des* ***trompe-l'œil****, des* ***trompe-la-mort****.*

3. Accent grave

● On accentue sur le modèle de *semer* les futurs et conditionnels des verbes du type *céder* (→ 534, 535) : ***je cèderai****,* ***j'allègerai****,* ***j'altèrerai****,* ***je considèrerai****,* etc.

Dans les inversions interrogatives, le -e- final du verbe, suivi du pronom *je*, porte un accent grave (→ 556.3) : ***aimè-je****,* ***puissè-je****,* etc.

4. Accent circonflexe

● L'accent circonflexe, placé sur les lettres -a-, -o- et -e-, peut indiquer utilement des différences de prononciation (***matin*** et ***mâtin****;* ***cote*** et ***côte****;* ***votre*** et ***vôtre****;* etc.), mais, placé sur les lettres -i- et -u-, il est d'une utilité nettement plus restreinte (***doute*** et ***voûte*** par exemple ne se distinguent dans la prononciation que par la première consonne). Dans quelques terminaisons verbales (passé simple, etc.), il indique des distinctions morphologiques nécessaires. Placé sur les autres mots, il ne donne généralement aucune indication, excepté pour de rares distinctions de formes homographes.

● En conséquence, on conserve l'accent circonflexe sur -a-, -e- et -o-, mais sur -i- et sur -u- il n'est plus obligatoire, excepté dans les cas suivants :

1. Dans la conjugaison, quand il marque la terminaison (→ 11.3) :

➤ des première et deuxième personnes du pluriel du passé simple :
– *Nous* ***suivîmes****, nous* ***voulûmes*** (comme *nous* ***aimâmes***).
– *Vous* ***suivîtes****, vous* ***voulûtes*** (comme *vous* ***aimâtes***).

➤ de la troisième personne du singulier du subjonctif imparfait :
– *Qu'il* ***suivît****, qu'on* ***voulût*** (comme *qu'elle* ***aimât***).

➤ de la troisième personne du singulier du subjonctif plus-que-parfait :
– *Qu'il* ***eût suivi****, qu'elle* ***eût voulu*** (comme ***qu'il eût aimé***).
– *Elle* ***eût*** *certainement* ***préféré*** *qu'on la prévînt plus tôt.*

2. Dans les mots où il apporte une distinction de sens utile (→ Annexe 3, p.517) : ***dû****,* ***jeûne****,* les adjectifs ***mûr*** **et** ***sûr****,* et le verbe ***croître*** (étant donné que sa conjugaison est en partie homographe de celle du verbe croire). L'exception ne concerne pas les dérivés et les composés de ces mots (exemple : ***sûr****,* mais ***sureté****;* ***croître****,* mais ***accroitre***). Comme c'était déjà le cas pour ***dû****,* les adjectifs ***mûr*** et ***sûr*** ne prennent un accent circonflexe qu'au masculin singulier.

Les personnes qui ont déjà la maîtrise de l'orthographe ancienne pourront, naturellement, ne pas suivre cette nouvelle norme.

Remarque :

Cette mesure entraîne la rectification de certaines anomalies étymologiques, en établissant des régularités. On écrit désormais ***mu*** (comme déjà *su*, *tu*, *vu*, *lu*), ***plait*** (comme déjà *tait*, *fait*), ***piqure***, ***surpiqure*** (comme déjà *morsure*), ***traine***, ***traitre*** et leurs dérivés (comme déjà *gaine*, *haine*, *faine*), et ***ambigument***, ***assidument***, ***congrument***, ***continument***, ***crument***, ***dument***, ***goulument***, ***incongrument***, ***indument***, ***nument*** (comme déjà ***absolument***, ***éperdument***, ***ingénument***, ***résolument***).

Sur ce point comme sur les autres, aucune modification n'est apportée aux noms propres ni aux adjectifs issus de ces noms (ex. : *Nîmes*, *nîmois*).

5. Verbes en -eler et en -eter

● L'emploi du -e- accent grave pour noter le son «e ouvert» [ɛ] dans les verbes en -**eler** et en -**eter** est étendu à tous les verbes de ce type (→ 535).

On conjugue donc, sur le modèle de *peler* et d'*acheter* : ***elle ruissèle***, ***il ruissèlera***, ***j'époussète***, ***j'étiquète***, ***il époussètera***, ***elle étiquètera***.

On ne fait exception que pour ***appeler*** (et ***rappeler***) et ***jeter*** (et les verbes de sa famille), dont les formes sont les mieux stabilisées dans l'usage.

Les noms en **-ement** dérivés de ces verbes suivront la même orthographe : ***amoncèlement***, ***bossèlement***, ***chancèlement***, ***cisèlement***, ***cliquètement***, ***craquèlement***, ***craquètement***, ***cuvèlement***, ***dénivèlement***, ***ensorcèlement***, ***étincèlement***, ***grommèlement***, ***martèlement***, ***morcèlement***, ***musèlement***, ***nivèlement***, ***ruissèlement***, ***volètement***.

6. Participe passé

● Le participe passé de ***laisser*** **suivi d'un infinitif** est rendu invariable : il joue en effet devant l'infinitif un rôle d'auxiliaire analogue à celui de ***faire***, qui est toujours invariable dans ce cas (qu'il soit utilisé avec l'auxiliaire ***avoir*** ou comme verbe pronominal).

Le participe passé de ***laisser*** suivi d'un infinitif est donc invariable dans tous les cas, même quand il est employé avec l'auxiliaire ***avoir*** et même quand son complément est placé avant le verbe :

— *Elle s'est **laissé** mourir* (comme déjà : *Elle s'est **fait** maigrir*).
— *Elle s'est **laissé** séduire* (comme déjà : *Elle s'est **fait** féliciter*).
— *Je les ai **laissé** partir* (comme déjà : *Je les ai **fait** partir*).
— *La maison qu'il a **laissé** saccager* (comme déjà : *La maison qu'il a **fait** repeindre*).

7. Singulier et pluriel des mots empruntés

● Les noms ou adjectifs d'origine étrangère ont un singulier et un pluriel réguliers: *un zakouski, des **zakouskis**; un ravioli, des **raviolis**; un graffiti, des **graffitis**; un confetti, des **confettis**; un scénario, des **scénarios**; un barman, des **barmans***, etc. On choisit comme forme du singulier la forme la plus fréquente, même s'il s'agit d'un pluriel dans l'autre langue.

Ces mots forment régulièrement leur pluriel avec un -s- non prononcé (*des **matchs**, des **lands**, des **lieds**, des **solos**, des **apparatchiks***). Il en est de même pour les noms d'origine latine (*des **maximums**, des **médias***). Cette proposition ne s'applique pas aux mots ayant valeur de citation (*des **mea culpa***).

Cependant, comme il est normal en français, les mots terminés par -s-, -x- et -z- restent invariables (*un boss, des* ***boss****; un kibboutz, des* ***kibboutz****; un box, des* ***box***).

Remarque :

Le pluriel de certains mots composés étrangers se trouve simplifié par la soudure (*des* ***covergirls****, des* ***bluejeans****, des* ***weekends****, des* ***hotdogs***).

MODIFICATIONS DE GRAPHIES PARTICULIÈRES

Ces listes, restreintes, sont limitatives. Il s'agit en général de mots dont la graphie est irrégulière ou variable; on la rectifie, ou bien l'on retient la variante qui permet de créer les plus larges régularités. Certains de ces mots sont déjà donnés par des dictionnaires usuels avec la graphie indiquée ici : dans ce cas, c'est une harmonisation des dictionnaires qui est proposée.

1. Mots composés

- On écrit soudés les noms de la liste suivante, composés à partir d'un élément verbal généralement suivi d'une forme nominale ou de « tout ».

Les mots de cette liste, ainsi que ceux de la liste suivante (éléments nominaux et divers), sont en général des **mots anciens** dont les composants ne correspondent plus à la syntaxe ou au lexique actuels (*chaussetrappe*). Y figurent aussi des radicaux de formation expressive (*piquenique, passepasse*), des mots comportant des dérivés (*tirebouchonner*), certains mots dont le pluriel était difficile (*un brisetout,* dont le pluriel devient *des brisetouts,* comme *un faitout* dont le pluriel est déjà *des faitouts*), et quelques mots contenant *porte-,* dont la série compte plusieurs soudures déjà en usage (*portefaix, portefeuille,* etc.). Il était exclu de modifier d'un coup plusieurs milliers de mots composés; l'usage pourra le faire progressivement.

Liste A :

d'arrachepied	***croquemitaine***	***passepasse***	***risquetout***
boutentrain	***croquemonsieur***	***piquenique***	***tapecul***
brisetout	***croquemort***	***porteclé***	***tirebouchon***
chaussetrappe	***croquenote***	***portecrayon***	***tirebouchonner***
à clochepied	***faitout***	***portemine***	***tirefond***
coupecoupe	***fourretout***	***portemonnaie***	***tournedos***
couvrepied	***mangetout***	***portevoix***	***vanupied***
crochepied	***mêletout***	***poucepied***	
croquemadame	***passepartout***	***poussepousse***	

2. Mots composés

- On écrit également soudés les noms de la liste suivante, composés d'éléments nominaux et adjectivaux.

Liste B :

arcboutant	***bassetaille***	***lieudit***	***saufconduit***
autostop	***branlebas***	***millefeuille***	***téléfilm***
autostoppeur, -euse	***chauvesouris***	***millepatte***	***terreplein***
bassecontre	***chèvrepied***	***millepertuis***	***vélopousse***
bassecontriste	***cinéroman***	***platebande***	***véloski***
bassecour	***hautecontre***	***potpourri***	***vélotaxi***
bassecourier	***hautelisse***	***prudhomme***	
basselisse	***hautparleur***	***quotepart***	
basselissier	***jeanfoutre***	***sagefemme***	

3. Onomatopées

● On écrit soudés les onomatopées et mots expressifs (de formations diverses) de la liste suivante.

Liste C :

blabla	***grigri***	***pingpong***	***traintrain***
bouiboui	***kifkif***	***prêchiprêcha***	***troutrou***
coincoin	***mélimélo***	***tamtam***	***tsétsé***
froufrou	***pêlemêle***	***tohubohu***	

4. Tréma

● Dans les mots suivants, on place le tréma sur la voyelle qui doit être prononcée: ***aigüe*** (et ses dérivés, comme ***suraigüe***, etc.), ***ambigüe***, ***exigüe***, ***contigüe***, ***ambigüité***, ***exigüité***, ***contigüité***, ***cigüe***. Ces mots respectent ainsi la règle générale : le tréma indique qu'une lettre (-u-) doit être prononcée (comme voyelle ou comme semi-voyelle) séparément de la lettre précédente (-g-).

5. Tréma

● Le même usage du tréma s'applique aux mots suivants où une suite -gu- ou -geu- conduit à des prononciations défectueuses (***il argue*** prononcé comme ***il nargue***). On écrit donc : ***il argüe*** (et toute la conjugaison du verbe ***argüer***), ***gageüre***, ***mangeüre***, ***rongeüre***, ***vergeüre***.

6. Accents

● On munit d'un accent les mots de la liste suivante, dans lesquels il avait été omis ou dont la prononciation a changé.

Liste D :

asséner	***gélinotte***	***recépée***	***sèneçon***
bélitre	***québécois***	***recéper***	***sénescence***
bésicles	***recéler***	***réclusionnaire***	***sénestre***
démiurge	***recépage***	***réfréner***	

7. Accents

● L'accent est modifié sur les mots de la liste suivante qui avaient échappé à la régularisation entreprise par l'Académie française aux XVIIIe et XIXe siècles, et qui se conforment ainsi à la règle générale d'accentuation.

Liste E :

abrègement	***le complètement***	***empiètement***	***règlementation***
affèterie	***crèmerie***	***évènement***	***règlementer***
allègement	***crèteler***	***fèverole***	***sècheresse***
allègrement	***crènelage***	***hébètement***	***sècherie***
assèchement	***crèneler***	***règlementaire***	***sènevé***
cèleri	***crènelure***	***règlementairement***	***vènerie***

8. Mots composés empruntés

● On écrit soudés les mots de la liste suivante, composés d'origine latine ou étrangère, bien implantés dans l'usage et qui n'ont pas valeur de citation.

Liste F :

— Mots d'origine latine (employés comme noms; exemple : un *apriori*) :

apriori	***exlibris***	***exvoto***	***statuquo***	***vadémécum***

— Mots d'origine étrangère :

baseball	***covergirl***	***hotdog***	***sidecar***
basketball	***cowboy***	***lockout***	***striptease***
blackout	***fairplay***	***majong***	***volleyball***
bluejean	***globetrotteur***	***motocross***	***weekend***
chichekébab	***handball***	***ossobucco***	
chowchow	***harakiri***	***pipeline***	

9. Accentuation des mots empruntés

● On munit d'accents les mots de la liste suivante, empruntés à la langue latine ou à d'autres langues, lorsqu'ils n'ont pas valeur de citation.

Liste G :

— Mots d'origine latine :

artéfact	***exéquatur***	***placébo***	***tépidarium***
critérium	***facsimilé***	***proscénium***	***vadémécum***
déléatur	***jéjunum***	***référendum***	***vélarium***
délirium tremens	***linoléum***	***satisfécit***	***vélum***
désidérata	***média***	***sénior***	***véto***
duodénum	***mémento***	***sérapéum***	
exéat	***mémorandum***	***spéculum***	

— Mots empruntés à d'autres langues :

allégretto	***condottière***	***pédigrée***	***sombréro***
allégro	***décrescendo***	***pérestroïka***	***téocalli***
braséro	***diésel***	***péséta***	***trémolo***
candéla	***édelweiss***	***péso***	***zarzuéla***
chébec	***imprésario***	***piéta***	
chéchia	***kakémono***	***révolver***	
cicérone	***méhalla***	***séquoia***	

10. Anomalies

● Des rectifications proposées par l'Académie (en 1975) sont reprises et complétées par quelques autres de même type.

Liste H :

— ***absout, absoute*** (participe, au lieu de *absous, absoute*)
— ***appâts*** (au lieu de *appas*)
— ***assoir, rassoir, sursoir*** (au lieu de *asseoir,* etc.)
(Le -e- ne se prononce plus. L'Académie française écrit déjà *j'assois, j'assoirai*, etc., mais *je surseoirai. Assoir* s'écrit désormais comme *voir* qui s'écrivait aussi *veoir* en ancien français.)
— ***bizut*** (au lieu de *bizuth*)
(Le -h- disparaît, comme déjà dans *bizuter* et *bizutage*.)
— ***bonhommie*** (au lieu de *bonhomie*)
— ***boursoufflement***, ***boursouffler*** et ***boursoufflure*** (au lieu de *boursouflement*, *boursoufler* et *boursouflure*)
— ***cahutte*** (au lieu de *cahute*)
— ***charriot*** (au lieu de *chariot*)
— ***chaussetrappe*** (au lieu de *chausse-trape*)
— ***combattif*** et ***combattivité*** (au lieu de *combatif* et *combativité*)
— ***cuisseau*** (au lieu de *cuissot*)
— ***déciller*** (au lieu de *dessiller*)
(Rectification d'une ancienne erreur d'étymologie, le verbe étant basé sur le nom *cil*.)
— ***dissout***, ***dissoute*** (au lieu de *dissous, dissoute*)
— ***douçâtre*** (au lieu de *douceâtre*)
(La graphie -cea- ne se justifie pas dès lors que la prononciation du -c- peut être modifiée par la cédille.)
— ***embattre*** (au lieu de *embatre*)
— ***exéma*** et ses dérivés (au lieu de *eczéma*)
(La suite -cz- est tout à fait exceptionnelle en français et il n'y a pas de raison de la préférer ici à un simple -x-, comme dans *examen*.)
— ***guilde*** (au lieu de *ghilde,* graphie d'origine étrangère)
— ***homéo-*** (au lieu de *homœo-*)
— ***imbécilité*** (au lieu de *imbécillité*)
— ***innommé*** (au lieu de *innomé*)
— ***levreau*** (au lieu de *levraut*)

— ***nénufar*** (au lieu de *nénuphar*)
  (Mot d'origine arabo-persane, toujours écrit *nénufar* par l'Académie française elle-même, sauf dans l'édition de 1933 de son dictionnaire.)
— ***ognon*** (au lieu de *oignon*)
— ***pagaille*** (au lieu de *pagaïe, pagaye*)
  (Des trois graphies de ce mot, *pagaille* est la plus conforme aux règles générales de l'orthographe française.)
— ***persifflage***, ***persiffler*** et ***persiffleur*** (au lieu de *persiflage, persifler* et *persifleur*)
— ***ponch*** (boisson, au lieu de *punch*)
  (Cette graphie évite l'homographie avec *punch*, coup de poing, et l'hésitation sur la prononciation.)
— ***prudhommal*** et ***prudhommie*** (avec soudure, au lieu de *prud'homal* et *prud'homie*)
— ***relai*** (au lieu de *relais*)
  (Correction d'une irrégularité car *balayer* est basé sur *balai*, *essayer* sur *essai*,... et *relayer* sur *relai*.)
— ***saccarine*** et ses nombreux dérivés (au lieu de *saccharine*)
— ***sconse*** (au lieu de *skunks*)
  (Des sept graphies qui se rencontrent, *sconse* est la plus conforme aux règles ordinaires et à la prononciation; c'est le nom que porte officiellement en France la *mouffette* québécoise.)
— ***sorgo*** (au lieu de *sorgho*, graphie d'origine étrangère)
— ***sottie*** (au lieu de *sotie*)
— ***tocade*** (au lieu de *toquade*)
— ***ventail*** (au lieu de *vantail*)
  (Correction d'une ancienne erreur d'étymologie.)

11. Anomalies

● On écrit en ***-iller*** (comme déjà *poulailler, volailler*) les noms suivants, anciennement en *-illier*, où le -i- qui suit la consonne ne s'entend pas : ***joailler***, ***marguiller***, ***ouillère***, ***quincailler***, ***serpillère***.

12. Anomalies

● On écrit avec un seul -l- (comme déjà *bestiole, camisole, profiterole*, etc.) les noms suivants : ***barcarole***, ***corole***, ***fumerole***, ***girole***, ***grole***, ***guibole***, ***mariole***, et les mots moins fréquents : ***bouterole***, ***lignerole***, ***muserole***, ***rousserole***, ***tavaïole***, ***trole***. Cette terminaison se trouve ainsi régularisée, à l'exception de ***folle***, de ***molle***, de ***colle*** et de ses composés.

13. Anomalies

● Le -e- muet n'est pas suivi d'une consonne double dans les mots suivants qui rentrent ainsi dans les alternances régulières : ***lunette***, ***lunetier*** (au lieu de *lunettier* — comme *noisette, noisetier*), ***prunelle***, ***prunelier*** (au lieu de *prunellier* — comme *chamelle, chamelier*, etc.), ***interpeler*** (au lieu de *interpeller*), ***dentelière*** (au lieu de *dentellière*).

Annexe 2

LA FÉMINISATION DES NOMS DE MÉTIER

● Tout au long de son histoire, la langue française s'est adaptée aux différents contextes sociaux dans lesquels vivaient les francophones, qu'ils fussent d'Europe, d'Amérique, d'Afrique ou d'ailleurs. Cette évolution s'est généralement faite de manière naturelle et spontanée, sans qu'il fût nécessaire à quiconque d'intervenir directement sur la langue.

Or, dans les dernières décennies du XXe siècle, étant donné la place grandissante qu'occupaient les femmes dans la vie publique et le retard que mettait parfois la langue française à s'adapter à cette situation, divers pays de la Francophonie ont jugé bon de publier des avis officiels concernant la féminisation des noms de métier, de titre et de fonction. Ce fut notamment le cas en France en 1986, au Québec en 1991 et en Belgique en 1993.

On trouvera ci-dessous un résumé très succinct du guide ***Au féminin*** publié par l'Office de la langue française du Québec.

FORMATION DES FÉMININS

Les règles qui servent à former le féminin des noms de métier correspondent, dans l'ensemble, à celles qui président à la formation du féminin des autres noms (→ 130-139).

Les noms terminés par -e- au masculin

● Dans la plupart des cas, les noms terminés par -e- au masculin gardent la même forme au féminin (ces noms sont dit «épicènes»), et le genre n'est alors indiqué que par le déterminant :

— ***une dentiste, une pilote, une capitaine, une guide, une juriste, une critique, une architecte, une notaire.***

▲ Exceptions : ① — ***une mairesse*** (car la forme existait déjà);

② — ***une maître*** ou ***une maîtresse*** (de poste, etc.);
— ***une poète*** ou ***une poétesse*** (selon le contexte);
— ***une hôte*** (qui est reçue) ou ***une hôtesse*** (qui reçoit).

Les noms terminés par -é- au masculin

● Tous les noms terminés par -é- au masculin forment leur féminin par l'ajout d'un -e- :

— ***une députée, une déléguée, une associée, une jurée.***

Les noms terminés par -l- au masculin

● Dans la plupart des cas, les noms terminés par -l- au masculin forment leur féminin par l'ajout d'un -e- ou de -le- (selon les règles normales de formation du féminin des noms : → 131 et 132.7) :

— ***une caporale, une consule, une générale, une amirale;***
— ***une officielle, une industrielle, une colonelle, une contractuelle.***

▲ Exception : ***une conseil*** (en gestion, en planification,...).

Les noms terminés par -n- au masculin

● Dans la plupart des cas, les noms terminés par -n- au masculin forment leur féminin par l'ajout d'un -e- ou de -ne- (selon les règles normales de formation du féminin des noms : → 131-132) :

— ***une artisane, une échevine, une écrivaine*** (concernant ce nom : → 129);
— ***une chirurgienne, une patronne, une mécanicienne, une comédienne.***

▲ Exceptions : ① ***une mannequin, une témoin;***
② ***une marin, une médecin***
(pour éviter de confondre avec *marine* et *médecine*).

Les noms terminés par -r- au masculin

● En ce qui concerne les noms terminés par -r- au masculin, trois cas sont à considérer :

1. Tous les noms qui se terminent en -er [e] ou -ier [je] au masculin forment leur féminin en -ère ou -ière :

— ***une bouchère, une horlogère, une banquière, une bijoutière.***

2. Les noms qui se terminent en -eur (mais non -teur) au masculin forment leur féminin en -euse :

— ***une chercheuse, une chroniqueuse, une contrôleuse, une recruteuse.***

▲ Exceptions : ***une annonceure, une assesseure, une assureure;***
une censeure, une gouverneure, une ingénieure;
une prédécesseure, une procureure, une successeure;
une supérieure, une superviseure, une réviseure.

3. Les noms terminés en -teur au masculin forment leur féminin en -teuse ou en -trice (selon les règles normales de la formation du féminin des noms : → 134) :

— ***une arpenteuse, une emprunteuse, une sauveteuse, une monteuse;***
— ***une animatrice, une réalisatrice, une oratrice, une sénatrice.***

▲ Exceptions : ***une auteure, une sculpteure, une docteure,***
une pasteure, une metteure en scène.

Les noms terminés par -t- (ou -d-) au masculin

● Dans la plupart des cas, les noms terminés par -t- (et les quelques noms terminés par -d-) forment leur féminin par l'ajout d'un -e- :

— ***une candidate**, **une magistrate**, **une marchande**, **une tisserande**.*

▲ Exceptions : ① ***une matelot**, **une camelot**, **une substitut**;*

② *un préfet, **une préfète**.*

Cas difficiles ou particuliers

— *un apprenti, **une apprentie**;*
*un chef, **une chef**;*
*un clown, **une clown**.*

— *un commis (-vendeur), **une commis (-vendeuse)**;*
un coroner [ɛʀ], ***une coroner**.*

— *un danseur de ballet, **une ballerine**;*
*un homme-grenouille, **une femme-grenouille**.*

— *un imprésario, **une imprésario**;*
*un jockey, **une jockey**;*
*un syndic, **une syndique**.*

FÉMINISATION DES TEXTES

● Il ne suffit pas de connaître les formes féminines proposées pour les noms de métier, de titre ou de fonction, il faut encore pouvoir les insérer dans les textes en sauvegardant la clarté du message et la cohérence de l'écriture. À cet effet, l'Office de la langue française préconise divers procédés :

1. l'écriture, en toutes lettres, des formes des deux genres.
2. le recours aux termes génériques.
3. le recours aux tournures neutres.

L'écriture complète des formes des deux genres

● L'écriture, en toutes lettres, des formes des deux genres est recommandée (même s'il est toujours permis de recourir à un pluriel de forme masculine et à valeur collective : → 128) :

— *Cet avis s'adresse à **tous les employés** et à **toutes les employées** du ministère.*

Il est donc déconseillé de se servir de « formes tronquées », non prononçables : elles sont peu esthétiques et contraires à l'usage grammatical. De plus, elles nuisent à la lisibilité des textes :

— ** les ingénieur(e)s retraité(e)s* — ** les étudiant/e/s inscrit/e/s*

— ** les chirurgien, ne, s* — ** les directeur-trice-s*

● En pratique, l'écriture, en toutes lettres, des formes des deux genres peut être « aménagée » selon divers procédés stylistiques :

1. **la suppression d'un déterminant et d'un adjectif** :

   – *Les **candidates et candidats absents** devront prendre un autre rendez-vous.*

   Plutôt que : *Les candidates absentes et les candidats absents...*

2. **l'utilisation de l'ellipse** :

   – *On demande **un agent ou une agente de recherche**.*

   Plutôt que : *On demande un agent de recherche ou une agente de recherche.*

   ▲ Exceptions : Quand le nom de la fonction consiste en un nom composé ou en un nom et un adjectif, l'ellipse n'est pas possible : *On demande **un avocat-conseil ou une avocate-conseil**.*

3. **la coordination sans répétition (dans le cas de noms épicènes)** :

   – *Cette commission sera présidée par **la ou le juge** que nommera le ministre.*

   Plutôt que : *Cette commission sera présidée par la juge ou le juge...*

   ☞ ◆ L'accord des adjectifs et des participes se rapportant à la fois à des noms masculin et féminin se fait selon les règles habituelles (→ 203.1 et 203.3).

   ◆ La place du nom féminin par rapport au nom masculin n'a d'importance que lorsque ces noms sont accompagnés d'un adjectif ou d'un participe. Comme celui-ci doit être mis au masculin, il convient de le placer à côté du nom masculin : *Les enfants seront surveillés par **une monitrice ou un moniteur spécialisé**.*

Le recours aux termes génériques

● Un terme générique est un nom, masculin ou féminin, qui peut désigner aussi bien des femmes que des hommes (ex. : *direction, présidence, candidature,...*) :

– *Nous essayons de satisfaire les besoins **de notre clientèle**.*

Plutôt que : [...] *les besoins de nos clientes et de nos clients.*

☞ ◆ De même, à moins que la précision ne soit nécessaire, il est recommandé de remplacer le mot *hommes* contenu dans certaines expressions par le mot *gens* : ***gens d'affaires*, *de loi***,... plutôt que : *hommes d'affaires, de loi,...*

Le recours aux tournures neutres

● Une tournure neutre est une formulation qui permet d'éviter de recourir à des noms ou à des pronoms lors de la description de tâches, l'affichage de postes ou la rédaction de formulaires :

– *Êtes-vous **de citoyenneté canadienne**?*

Plutôt que : *Êtes-vous citoyenne canadienne ou citoyen canadien?*

ÉMILE VERHAEREN

Belgique

1855 - 1916

Émile Verhaeren est sans doute, avec Maurice Maeterlinck, le poète belge le plus connu. Trois orientations marquèrent successivement son œuvre : d'abord une période caractérisée par son amour de la terre et par sa foi religieuse (*Les Flamandes, Les Moines,...*); ensuite une période difficile teintée de désespoir (*Les Soirs, Les Débâcles, Les Flambeaux noirs,...*); enfin une période où le poète développe des thèmes originaux dont l'expansion des villes, la révolution industrielle et la naissance du socialisme (*Les Villes tentaculaires, Les Campagnes hallucinées, Les Villages illusoires,...*). Fidèle à son pays natal, il termina son œuvre par une sorte de «testament» : ***Toute la Flandre*** (peu avant de mourir écrasé par un train dans une gare de France).

Se regardant avec les yeux cassés de leurs fenêtres
Et se mirant dans l'eau de poix et de salpêtre
D'un canal droit, tirant sa barre à l'infini,
Face à face, le long des quais d'ombre et de nuit
Par à travers les faubourgs lourds
Et la misère en guenilles de ces faubourgs,
Ronflent terriblement les fours et les fabriques.

Rectangles de granit, cubes de briques,
Et leurs murs noirs durant des lieues,
Immensément, par les banlieues;
Et sur leurs toits, dans le brouillard, aiguillonnées
De fer et de paratonnerres,
Les cheminées.
Et les hangars uniformes qui fument;

Et les préaux, où des hommes, le torse au clair
Et les bras nus, brassent et ameutent d'éclairs
Et de tridents ardents, les poix et les bitumes;
Et de la suie et du charbon et de la mort;
Et des âmes et des corps que l'on tord
En des sous-sols plus sourds que des Avernes;
Et des files, toujours les mêmes, de lanternes
Menant l'égout des abattoirs vers les casernes.

Se regardant de leurs yeux noirs et symétriques,
Par la banlieue, à l'infini,
Ronflent le jour, la nuit,
Les usines et les fabriques.
[...]

(Extrait de *LES VILLES TENTACULAIRES*)

JULES VERNE
France
1828 - 1905

Jules Verne est l'auteur francophone le plus lu et le plus traduit dans le monde. Il a créé le roman d'anticipation scientifique et l'a développé avec un succès inégalé, car il en écrivit plus de deux cents dont beaucoup sont encore célèbres aujourd'hui : ***Cinq semaines en ballon,*** *Le Tour du monde en quatre-vingts jours,* ***De la Terre à la Lune,*** *Autour de la Lune, Une ville flottante,* ***Vingt mille lieues sous les mers,*** *Robur le Conquérant,* ***Michel Strogoff,***... Il est considéré comme un véritable visionnaire, à cause de sa faculté de prévoir les découvertes à venir, et son influence a été universelle et considérable : on est allé jusqu'à donner son nom à un cratère de la Lune. Beaucoup de ses romans ont été transposés au cinéma. En 1996, près de cent ans après sa mort, on a retrouvé le manuscrit d'un roman resté inédit, *Paris au XXe siècle,* qui connut le même succès que ceux qu'il avait publiés de son vivant.

« Un autre ballon! d'autres voyageurs comme nous!»

En effet, à deux cents pieds, un aérostat flottait dans l'air avec sa nacelle et ses voyageurs; il suivait exactement la même route que le Victoria.

— «Eh bien! dit le docteur, il ne nous reste qu'à lui faire des signaux; prends le pavillon, Kennedy, et montrons nos couleurs.»

Il paraît que les voyageurs du second aérostat avaient eu au même moment la même pensée, car le même drapeau répétait identiquement le même salut dans une main qui l'agitait de la même façon.

— «Qu'est-ce que cela signifie? demanda le chasseur.

— Ce sont des singes, s'écria Joe, ils se moquent de nous!

— Cela signifie, répondit Fergusson en riant, que c'est toi-même qui te fais ce signal, mon cher Dick; cela veut dire que nous-mêmes nous sommes dans cette seconde nacelle, et que ce ballon est tout bonnement notre Victoria.

— Quant à cela, mon cher maître, sauf votre respect, dit Joe, vous ne me le ferez jamais croire.

— Monte sur le bord, Joe, agite tes bras, et tu verras.»

Joe obéit : il vit ses gestes exactement et instantanément reproduits.

— «Ce n'est qu'un effet de mirage, dit le docteur, et pas autre chose; un simple phénomène d'optique; il est dû à la raréfaction inégale des couches de l'air, et voilà tout.

— C'est merveilleux! répétait Joe, qui ne pouvait se rendre et multipliait ses expériences à tour de bras.

— Quel curieux spectacle!» reprit Kennedy.

(Extrait de *CINQ SEMAINES EN BALLON*)

Annexe 3

LES PRINCIPAUX HOMOPHONES

● La langue française présente de nombreux cas d'homophonie (→ 114.2) : *une ancre / une encre — un autel / un hôtel — un balai / un ballet — un champ / un chant — un cœur / un chœur — un col / de la colle — un cor / un corps — un cygne / un signe —* etc. Nombre d'entre eux ont **une incidence grammaticale**, par exemple quand l'homophonie se produit entre un nom et la forme conjuguée d'un verbe. Ce sont des cas de cette sorte qui sont répertoriés ci-après, à l'exclusion donc de tous ceux qui relèvent uniquement du lexique.

Alphabet phonétique : → 46. Principales abréviations utilisées : ***adj***. pour *adjectif*, ***adv***. pour *adverbe*, ***dét***. pour *déterminant*, ***fém***. pour *féminin*, ***masc***. pour *masculin*, ***n***. pour *nom*, ***prép***. pour *préposition* et ***v***. pour *verbe*.

1. [a] — ***à*** (prép.) : *Elle résidait **à** Madagascar.*
— ***a***, ***as*** (du v. *avoir*) : *Il **a** peur depuis qu'il **a** été attaqué.*
— ***ah!*** ***ha!*** (interjections) : ***Ah** oui? — **Ha**! qu'il est drôle.*

2. [aki] — ***acquis*** (n. masc.) : *Un **acquis** syndical important.*
— ***acquis***, ***acquit*** (du v. *acquérir*) : *Bien mal **acquis** ne profite jamais.*
— ***acquit***, ***acquits*** (n. masc.) : *Agir par **acquit** de conscience.*
— ***à qui*** (prép. et pron. relatif) : *Voici la femme **à qui** j'ai parlé.*

3. [baʀ] — ***bar***, ***bars*** (n. masc.) : *Boire au **bar**. Mille **bars** de pression.*
— ***barre***, ***barres*** (n. fém.) : *Manger une **barre** de nougat.*
— ***barre***, ***barres***, ***barrent*** (du v. *barrer*) : *Ils nous **barrent** le chemin!*

4. [bu] — ***boue***, ***boues*** (n. fém.) : *Avoir de la **boue** jusqu'aux genoux.*
— ***bous***, ***bout*** (du v. *bouillir*) : *L'eau **bout** à cent degrés.*
— ***bout***, ***bouts*** (n. masc.) : *Tiens donc le **bout** de la planche.*

5. [dat] — ***date***, ***dates*** (n. fém.) : *La **date** de son anniversaire.*
— ***date***, ***dates***, ***datent*** (du v. *dater*) : *Il ne **date** jamais ses lettres.*
— ***datte***, ***dattes*** (n. fém.) : *Les **dattes** fraîches, quel délice!*

6. [davɑ̃taʒ] — ***davantage*** (adv.) : *Je ne t'en aime que **davantage**.*
— ***d'avantage***, ***d'avantages*** (*de* + n.) : *Je n'y vois pas **d'avantage**.*

7. [dɑ̃] — ***dans*** (prép.) : *J'aurai fini **dans** cinq minutes.*
— ***d'en*** (prép. *de* et mot *en*) : *Du jus? Je viens **d'en** boire.*
— ***dent***, ***dents*** (n. fém.) : *Il lui manque déjà deux **dents**.*

8. [dɛ] — ***des*** (dét. indéfini ou partitif) : *Cela dura* ***des*** *jours et* ***des*** *nuits.*
— ***dès*** (prép.) : *Il était là* ***dès*** *quatre heures.*

9. [difeʀɑ̃] — ***différant*** (part. prés. de *différer*) : ***Différant*** *de sa sœur, elle...*
— ***différend***, ***différends*** (n. masc.) : *Il excelle à régler les* ***différends****.*
— ***différent***, ***différents*** (adj. ou dét.) : *Ils sont tellement* ***différents****!*

10. [dɔ̃] — ***don***, ***dons*** (n. masc.) : *Elle a le* ***don*** *des langues.*
— ***dont*** (pron. relatif) : *Voici la maison* ***dont*** *je t'ai parlé.*
— ***d'on*** (*de* + pron. *on*) : *Ce voyageur vient* ***d'on*** *ne sait où.*

11. [dwa] — ***doigt***, ***doigts*** (n. masc.) : *Compter sur ses dix* ***doigts****.*
— ***dois***, ***doit*** (du v. *devoir*) : *Tu me* ***dois*** *encore vingt francs.*

12. [dy] — ***du*** (mot *de* + dét. *le*) : *Je suis originaire* ***du*** *Manitoba.*
— ***dû*** (n. masc.) : *Il faudra bien qu'il paie son* ***dû****.*
— ***dû***, ***due***, ***dus***, ***dues***, ***dut*** (du v. *devoir*) : *Elle* ***dut*** *partir d'urgence.*

13. [dyʀ] — ***dur***, ***dure***, ***durs***, ***dures*** (adj.) : *Ces pommes sont* ***dures*** *à croquer.*
— ***dure***, ***dures***, ***durent*** (du v. *durer*) : *Ces piles* ***durent*** *longtemps.*
— ***durent*** (du v. *devoir*) : *Elles* ***durent*** *bien s'y résoudre.*

14. [etɑ] — ***étang***, ***étangs*** (n. masc.) : *Il y a des grenouilles plein l'****étang****.*
— ***étant*** (part. passé du v. *être*) : ***Étant*** *seul, il a dû se débrouiller.*
— ***étend***, ***étends*** (du v. *étendre*) : ***Étends*** *le linge avant la pluie.*

15. [ɛ] — ***aie***, ***aies***, ***ait***, ***aient*** (du v. *avoir*) : *Je voudrais qu'il n'****ait*** *plus mal.*
— ***es***, ***est*** (du v. *être*) : *Tu* ***es*** *heureuse quand il* ***est*** *là?*
— ***haie***, ***haies*** (n. fém.) : *Une* ***haie*** *autour de la maison.*
— ***hais***, ***hait*** (du v. *haïr*) : *Cet homme* ***hait*** *le monde entier!*

16. [ɛʀ] — ***air***, ***airs*** (n. masc.) : *De l'****air*** *pur. Un* ***air*** *avenant.*
— ***aire*** (n. fém.) : *Calculer l'****aire*** *d'un trapèze.*
— ***ère***, ***ères*** (n. fém.) : *L'****ère*** *chrétienne, l'****ère*** *tertiaire.*
— ***erre***, ***erres***, ***errent*** (du v. *errer*) : *Il* ***erre*** *comme une âme en peine.*
— ***hère***, ***hères*** (n. masc.) : *Un pauvre* ***hère*** *qui mendiait.*

17. [fɛ] — ***fais***, ***fait***, ***faits*** (du v. *faire*) : *Mes devoirs? Ils sont* ***faits****.*
— ***fait***, ***faits*** (n. masc.) : *Ce sont des* ***faits*** *imprévisibles.*
— ***faix*** (n. masc.) : *Porter un lourd* ***faix*** *de bois.*

18. [fɛʀ] — ***faire*** (v.) : *Elle veut tout* ***faire*** *toute seule.*
— ***fer***, ***fers*** (n. masc.) : *Se retrouver les quatre* ***fers*** *en l'air.*

19. [fɛ̃] — ***faim***, ***faims*** (n. fém.) : *Depuis hier, j'ai une de ces* ***faims****!*
— ***feins***, ***feint*** (du v. *feindre*) : *Elle* ***feint*** *toujours l'insouciance.*
— ***fin***, ***fins*** (n. fém.) : *La* ***fin*** *du film est surprenante.*
— ***fin***, ***fins*** (adj.) : *Ces fils sont beaucoup trop* ***fins****.*

20.[fil] — ***fil*, *fils*** (n. masc.) : *Un **fil** électrique. Un **fil** de nylon.*
— ***file*, *files*** (n. fém.) : *Que de gens! Il faudra faire la **file**.*
— ***file*, *files*, *filent*** (du v. *filer*) : *Ils **filent** aussitôt après le repas.*

21.[fɔ̃] — ***fond*, *fonds*** (n. masc.) : *Le Titanic est au **fond** de l'océan.*
— ***fond*, *fonds*** (du v. *fondre*) : *Le beurre **fond** au soleil.*
— ***fonds*** (n. masc.) : *Un important **fonds** de* commerce.
— ***font*** (du v. *faire*) : *Ces bruits ne me **font** pas peur.*
— ***fonts*** (n. masc. pluriel) : *De nouveaux **fonts** baptismaux.*

22.[fos] — ***fausse*, *fausses*** (adj.) : *Désolé, ces pierres sont **fausses**.*
— ***fausse*, *fausses*, *faussent*** (du v. *fausser*) : *Tu **fausses** donc bien!*
— ***fosse*, *fosses*** (n. fém.) : *Daniel dans la **fosse** aux lions.*

23.[gut] — ***goûte*, *goûtes*, *goûtent*** (du v. *goûter*) : *Ils **goûtent** à tout.*
— ***goutte*, *gouttes*** (n. fém.) : *Il pleut à grosses **gouttes**.*

24.[ʒɛn] — ***gène*, *gènes*** (n. masc.) : *C'est transmis par les **gènes**.*
— ***gêne*** (n. fém. singulier) : *Où il y a de la **gêne**, il n'y a pas...*
— ***gêne*, *gênes*, *gênent*** (du v. *gêner*) : *Bouge! Tu **gênes** la manœuvre.*

25.[kɑ̃] — ***camp*, *camps*** *(*n. masc.) : *Un **camp** scout. Le **camp** de base.*
— ***quand*** (adv. et conjonction) : ***Quand** partiras-tu finalement?*
— ***quant à*, *au*, *aux*** *(*prép.) : ***Quant** à toi, fais bien attention!*
— ***qu'en*** (mot *que* et mot *en)* : *Il ne navigue **qu'en** solitaire.*

26.[kɛl] — ***quel*, *quelle*, *quels*, *quelles*** (dét. interrog. ou exclam.) : ***Quel** ordre!*
— ***qu'elle*, *qu'elles*** (*que* + pron. pers.) : *J'espère **qu'elle** réussira.*

27.[kɛlkə] — ***quelque*, *quelques*** (dét. indéfini) : *Attends **quelques** minutes!*
— ***quel que*, *quelle que*, *quels que*, *quelles que*** (dét. indéfini + *que*).

28.[kɔl] — ***col*, *cols*** (n. masc.) : *Un **col** de veston. Le **col** du fémur.*
— ***colle*, *colles*** (n. fém.) : *Réparer le vase avec de la **colle**.*
— ***colle*, *colles*, *collent*** (du v. *coller*) : *Ils **collent** des étiquettes.*

29.[kɔ̃t] — ***compte*, *comptes*** (n. masc.) : *Les bons **comptes** font les bons amis.*
— ***compte*, *comptes*, *comptent*** (du v. *compter*) : *Tu **comptes** trop vite.*
— ***comte*, *comtes*** (n. masc.) : *Le **comte** a été reçu par le prince.*
— ***conte*, *contes*** (n. masc.) : *Les **contes** des mille et une nuits.*
— ***conte*, *contes*, *content*** (du v. *conter*) : *Ils nous **content** des histoires.*

30.[kɔ̃tɑ̃] — ***comptant*** (part. prés. de *compter*) : *En **comptant** ses biens.*
— ***contant*** (part. prés. de *conter*) : *Elle pleure en **contant** sa vie.*
— ***content*, *contents*** (adj.) : *Soldats, je suis **content** de vous.*

31.[kʀwa] — ***croie*, *croies*, *crois*, *croit*, *croient*** (du v. *croire*) : *Il y **croit**.*
— ***croîs*, *croît*** (du v. *croître*) : *Cette plante **croît** très vite.*
— ***croix*** (n. fém.) : *Faire le signe de la **croix**.*

32.[kʀy] — ***cru, crus*** (n. masc.) : *Un grand **cru**. Une fable de son **cru**.*
— ***cru, crue, crus, crues, crut*** (du v. *croire*) : *Il ne l'a pas **crue**.*
— ***crû, crûs, crût*** (du v. *croître*) : *Il a **crû** tellement vite.*
— ***crue, crues*** (n. fém.) : *La **crue** des eaux fut subite.*
— ***cru, crue, crus, crues*** (adj.) : *Cette viande est encore **crue**!*

33.[ku] — ***cou, cous*** (n. masc.) : *Il a attrapé son chat par le **cou**.*
— ***coud, couds*** (du v. *coudre*) : *Je **couds**, elle **coud** une chemise.*
— ***coup, coups*** (n. masc.) : *Ils ont fait les 400 **coups** ensemble.*
— ***coût, coûts*** (n. masc.) : *Le **coût** des matières premières.*

34.[kuʀ] — ***cour, cours*** (n. fém.) : *La **cour** d'école. La **cour** d'appel.*
— ***courre*** (v. à l'infinitif) : *Pratiquer la chasse à **courre**.*
— ***cours*** (n. masc.) : *Un **cours** de grec. Un **cours** d'eau.*
— ***cours, court, courent*** (du v. *courir*) : *Elle **court** vraiment vite.*
— ***court, courts*** (adj.) : *Ses pantalons sont trop **courts**.*
— ***court, courts*** (n. masc.) : *Le **court** est à l'abri du vent.*

35.[kwakə] — ***quoique*** (conjonction) : ***Quoique** tu le nies, j'en suis sûre.*
— ***quoi que*** (pron. indéfini) : ***Quoi que** je dise, on ne me croit pas.*

36.[la] — ***la*** (dét. défini) : ***La** mère et **la** fille se sont revues.*
— ***là*** (adv. de lieu) : *Oui, ils sont **là**, je les ai vus.*
— ***las*** (adj.) : *Que je suis **las** de ces problèmes!*
— ***l'a, l'as*** (pron. pers + v. *avoir*) : *Elle **l'a** dit, tu **l'as** entendu.*

37.[lɛʀ] — ***leur*** (pron. personnel) : *Je le **leur** ai dit cent fois.*
— ***leur, leurs*** (dét. possessif) : *Ils ont oublié **leur** sac, **leurs** films.*
— ***leurre, leurres*** (n. masc.) : *Cette publicité n'est qu'un **leurre**.*
— ***leurre, leurres, leurrent*** (du v. *leurrer*) : *Tu te **leurres** en y croyant.*
— ***l'heure*** (*le* + mot *heure*) : *Il faut y aller, c'est **l'heure**.*

38.[li] — ***lie*** (n. fém.) : *De la **lie** au fond de la bouteille.*
— ***lie, lies, lient*** (du v. *lier*) : *Ils **lient** le foin en bottes.*
— ***lis, lit*** (du v. *lire*) : *Tu **lis** encore le même livre!*
— ***lit, lits*** (n. masc.) : *D'anciens **lits** à baldaquin.*

39.ma — ***ma*** (dét. possessif) : ***Ma** valise est dans **ma** chambre.*
— ***m'a, m'as*** (pron. *me* + v. *avoir*) : *Tu ne **m'as** pas dit la vérité.*

40.[mɛ] — ***mai*** (n. masc.) : *Un très beau mois de **mai**.*
— ***mais*** (conjonction) : *Ce n'est pas moi, **mais** lui.*
— ***mes*** (dét. possessif) : *Ce sont **mes** amis, pas les tiens.*
— ***met, mets*** (du v. *mettre*) : *Tu **mets** ces vieilles bottes?*
— ***mets*** (n. masc.) : *Ce fut un **mets** succulent.*
— ***m'ait*** (pron. *me* + v. *être*) : *Je crains qu'il ne **m'ait** menti.*

41.[mi] — ***mi*** (n. masc.) : *Le **mi** n'est pas bien accordé.*
— ***mie*** (n. fém.) : *Garder la **mie** pour les oiseaux.*
— ***mis***, ***mit***, ***mît*** (du v. *mettre*) : *Elle a **mis** son imperméable.*
— ***m'y*** (pron. pers. *me* + y) : *On ne **m'y** reprendra plus.*

42.[mɔʀ] — ***mord***, ***mords*** (du v. *mordre*) : *Attention, ce chien **mord**!*
— ***mors*** (n. masc.) : *Prendre le **mors** aux dents.*
— ***mort***, ***morts*** (n. fém. ou masc.) : *Craindre la **mort**. Le jour des **morts**.*
— ***mort***, ***morts*** (adjectif) : *Deux des lapereaux sont **morts**.*

43.[mɔ̃] — ***mon*** (dét. possessif) : *Je lui ai prêté **mon** camion.*
— ***mont***, ***monts*** (n. masc.) : *Aller par **monts** et par vaux.*
— ***m'ont*** (pron. *me* + v. *avoir*) : *Ils ne **m'ont** jamais rien dit.*

44.[mu] — ***mou*** (n. masc.) : *Acheter du **mou** pour le chat.*
— ***mou***, ***mous*** (adj.) : *Ces coussins sont trop **mous**.*
— ***moud***, ***mouds*** (du v. *moudre*) : *Elle **moud** le café à l'avance.*
— ***moue***, ***moues*** (n. fém.) : *Elle fait encore la **moue**.*
— ***moût*** (n. masc.) : *Il reste du **moût** de cassis.*

45.[myʀ] — ***mur***, ***murs*** (n. masc.) : *Un domaine entouré de **murs**.*
— ***mûr***, ***mûre***, ***mûrs***, ***mûres*** (adj.) : *Ces poires ne sont pas **mûres**.*
— ***mûre***, ***mûres*** (n. fém.) : *Remplir un petit seau de **mûres**.*
— ***mure***, ***mures***, ***murent*** (du v. *murer*) : *Tu **mures** cette ouverture?*
— ***m'eurent*** (pron. + v. *avoir*) : *Avant qu'ils **m'eurent** répondu.*

46.[ni] — ***ni*** (conjonction) : *Ce n'est **ni** elle **ni** moi.*
— ***nid***, ***nids*** (n. masc.) : *Il y a un **nid** dans la gouttière.*
— ***nie***, ***nies***, ***nient*** (du v. *nier*) : ***Nies**-tu encore t'être trouvé là?*
— ***n'y*** (adv. *ne* + *y*) : *Non, vraiment, je **n'y** crois pas.*

48.[ɔʀ] — ***hors*** (prép.) : *Il était **hors** jeu quand il a tiré.*
— ***or*** (conjonction) : ***Or**, elle ne le fait toujours pas.*
— ***or***, ***ors*** (n. masc.) : *Les **ors** du chœur resplendissent.*
— ***ores*** (adv.) : *Il a d'**ores** et déjà gagné.*

49.[ɔt] — ***haute***, ***hautes*** (adj.) : *Ces branches sont trop **hautes**.*
— ***hôte***, ***hôtes*** (n. masc.) : *Saluer ses **hôtes** avant de partir.*
— ***ôte***, ***ôtes***, ***ôtent*** (du v. *ôter*) : ***Ôte** ton chapeau en entrant.*

50.[ɔ̃] — ***on*** (pron. indéfini) : ***On** ne me fait pas confiance ici.*
— ***ont*** (forme du v. *avoir*) : *Ils disent qu'ils **ont** tout vu.*
— ***on n'*** (*on* + adv. *ne* élidé) : *Penses-tu qu'**on n'**entend rien?*

51.[osito] — ***aussi tôt*** (double adv.) : *Il ne s'est jamais levé **aussi tôt**.*
— ***aussitôt*** (adv.) : *À peine rentré, il repartit **aussitôt**.*

52.[paʀ] — ***par*** (prép.) : *Je suis entrée **par** la fenêtre.*
— ***pare***, ***pares***, ***parent*** (du v. *parer*) : *Il **pare** décidément à tout.*
— ***pars***, ***part*** (du v. *partir*) : *Je **pars** au Sénégal en octobre.*
— ***part***, ***parts*** (n. fém.) : *Couper le gâteau en **parts** égales.*

53.[pɛ] — ***paie***, ***paies*** (n. fém.) : *Transporter la **paie** des ouvriers.*
— ***paie***, ***paies***, ***paient*** (du v. *payer*) : *Cet employeur **paie** bien.*
— ***pais***, ***paît*** (du v. *paître*) : *Le berger **paît** ses moutons.*
— ***paix*** (n. fém.) : *Œuvrer en vue de la **paix**.*
— ***pet***, ***pets*** (n. masc.) : *Se retenir de lâcher des **pets**.*

54.[pɛʀ] — ***pair***, ***pairs*** (adj.) : *8 et 8642 sont des nombres **pairs**.*
— ***paire***, ***paires*** (n. fém.) : *Acheter une **paire** de chaussures.*
— ***perd***, ***perds*** (du v. *perdre*) : *Elle **perd** toujours au poker.*
— ***père***, ***pères*** (n. masc.) : *Mon **père**. La fête des **pères**.*
— ***pers*** (adj.) : *Cette fillette a les yeux **pers**.*

55.[pɛ̃] — ***pain***, ***pains*** (n. masc.) : *Être amateur de vrai bon **pain**.*
— ***peins***, ***peint*** (du v. *peindre*) : *Il **peint** sa chambre en jaune.*
— ***pin***, ***pins*** (n. masc.) : *Planter deux rangées de **pins**.*

56.[plyto] — ***plutôt*** (adv.) : *Je m'attends **plutôt** à un non-lieu.*
— ***plus tôt*** (double adv.) : *Il faudra partir **plus tôt** demain.*

57.[poz] — ***pause***, ***pauses*** (n. fém.) : *Je vais l'appeler pendant la **pause**.*
— ***pose***, ***poses*** (n. fém.) : *Prendre toutes sortes de **poses**.*
— ***pose***, ***poses***, ***posent*** (du v. *poser*) : ***Pose** le paquet sur la table.*

58.[pø] — ***peu*** (adv.), ***peu de*** (dét.) : *Il en reste **peu**. **Peu** sont venus.*
— ***peux***, ***peut*** (du v. *pouvoir*) : *Je **peux**, il **peut** venir demain.*

59.[pus] — ***pouce***, ***pouces*** (n. masc.) : *S'écorcher l'ongle du **pouce**.*
— ***pousse***, ***pousses*** (n. fém.) : *Déguster des **pousses** de bambou.*
— ***pousse***, ***pousses***, ***poussent*** (du v. *pousser*) : *Ne **pousse** pas si fort!*

60.[pʀɛ] — ***près*** (conjonction) : *Ils habitent **près** de l'étang.*
— ***prêt***, ***prêts*** (adj.) : *Vous n'êtes pas encore **prêts**?*

61.[pʀi] — ***prie***, ***pries***, ***prient*** (du v. *prier*) : *Ces enfants **prient** tous les soirs.*
— ***pris***, ***prit***, ***prît*** (du v. *prendre*) : *Elle a **pris** le train de 11 h 42.*
— ***prix*** (n. masc.) : *Les **prix** comprennent les taxes.*

62.[ʀɑ̃] — ***rang***, ***rangs*** (n. masc.) : *Nos amis habitent le **rang** 12.*
— ***rend***, ***rends*** (du v. *rendre*) : *Cet appareil **rend** la monnaie.*

63.[sa] — ***ça*** (pron. démonstratif) : ***Ça** lui va bien, cette couleur.*
— ***çà*** (adv. de lieu) : *Il y avait des gens **çà** et là.*
— ***sa*** (dét. possessif) : *Elle a vendu **sa** voiture, **sa** maison.*

64.[sɑ̃] — ***cent*** (dét. numéral) : *Cela vaut bien **cent** dollars.*
— ***sang***, ***sangs*** (n. masc.) : *Organiser une collecte de **sang**.*
— ***sans*** (prép.) : *Partir **sans** arme ni bagage.*
— ***s'en*** (pron. pers. et mot *en*) : *Elle **s'en** est très bien sortie.*
— ***sens***, ***sent*** (du v. *sentir*) : *Cela **sent** la lavande et le thym.*

65.[sə] — ***ce*** (adj. ou pron. démonstr.) : ***Ce** doit être pour **ce** mois-ci.*
— ***se*** (pron. personnel) : *Elles **se** parlent moins souvent.*

66.[sɛ] — ***ces*** (dét. démonstr.) : *Je ne reconnais pas **ces** objets.*
— ***c'est*** (pron. *ce* + v. *être)* : ***C'est** malheureusement la vérité.*
— ***sais***, ***sait*** (du v. *savoir*) : *On dirait qu'il **sait** tout sur tout.*
— ***ses*** (dét. possessif) : *Elle laisse traîner **ses** affaires.*
— ***s'est*** (pron. pers. et v. *être)* : *Il **s'est** fait très mal en tombant.*

67.[sɛl] — ***celle***, ***celles*** (pron. démonstr.) : *Mes amies et **celles** de ma mère.*
— ***cèle***, ***cèles***, ***cèlent*** (du v. *celer*) : *C'est ici qu'il **cèle** son trésor.*
— ***scelle***, ***scelles***, ***scellent*** (du v. *sceller*) : ***Scelle** l'enveloppe!*
— ***sel***, ***sels*** (n. masc.) : *Il manque de **sel** dans la soupe.*
— ***selle***, ***selles*** (n. fém.) : *Descendre la **selle** de son vélo.*
— ***selle***, ***selles***, ***sellent*** (du v. *seller*) : *Elle **selle** très bien sa jument.*

68.[sɛʀ] — ***cerf***, ***cerfs*** (n. masc.) : *Le **cerf** se fait rare dans nos bois.*
— ***serre***, ***serres*** (n. fém.) : *Les **serres** puissantes de l'aigle.*
— ***serre***, ***serres***, ***serrent*** (du v. *serrer*) : *Ne **serre** donc pas si fort!*
— ***sers***, ***sert*** (du v. *servir*) : *Tout cela ne **sert** plus à rien.*

69.[sɛt] — ***cet***, ***cette*** (dét. démonstr.) : ***Cet** avion ne volera jamais!*
— ***sept*** (dét. numéral) : *Ma chatte a eu **sept** chatons.*
— ***set***, ***sets*** (n. masc.) : *Il a perdu les deux premiers **sets**.*

70.[sɛ̃] — ***sain***, ***sains*** (adj.) : *Tous nos produits sont **sains**.*
— ***ceins***, ***ceint*** (du v. *ceindre*) : *Il **ceint** sa taille d'un cordon.*
— ***saint***, ***saints*** (n. et adj.) : *Être **saint**. Les **saints** du paradis.*
— ***sein***, ***seins*** (n. masc.) : *Le cancer du **sein**. Au **sein** de...*

71.[siʀ] — ***cire***, ***cires*** (n. fém.) : *Reste-t-il de la **cire** à plancher?*
— ***cire***, ***cires***, ***cirent*** (du v. *cirer*) : *Il **cire** ses chaussures.*
— ***sire***, ***sires*** (n. masc.) : *Cet homme est un triste **sire**.*

72.[sɔ̃] — ***son*** (dét. possessif) : *Elle cherche **son** porte-monnaie.*
— ***son***, ***sons*** (n. masc.) : *Un pain de **son**. Des **sons** aigus.*
— ***sont*** (forme du v. *être*) : *Ce **sont** de bien braves gens.*

73.[swa] — ***soi*** (pron. personnel) : *Ils travaillent chacun pour **soi**.*
— ***soie***, ***soies*** (n. fém.) : *De magnifiques **soies** d'Orient.*
— ***sois***, ***soit***, ***soient*** (du v. *être*) : *Il faut que tous **soient** présents.*
— ***soit... soit...*** (adv. de corrélation) : *Qui tu veux, **soit** Jean, **soit** Paul.*

74.[syʀ] — ***sur*** (prép.) : *Les clefs sont **sur** l'armoire.*
— ***sur***, ***sure***, ***surs***, ***sures*** (adj.) : *Ces pommes sont bien trop **sures**.*
— ***sûr***, ***sûre***, ***sûrs***, ***sûres*** (adj.) : *De cela, je suis **sûr** et certain.*
— ***surent*** (du v. *savoir*) : *Ils **surent** faire le bon choix.*

75.ta — ***ta*** (dét. possessif) : *Excuse-moi, j'ai pris **ta** place.*
— ***tas*** (n. masc.) : *Rassemble les pierres en un **tas**.*
— ***t'a***, ***t'as*** (pron. *te* + v. *avoir*) : *Elle m'a dit ce qu'elle **t'a** donné.*

76.[tɛ̃] — ***tain*** (n. masc.) : *Une glace sans **tain**.*
— ***teins***, ***teint*** (du v. *teindre*) : *Je crois qu'elle **teint** ses cheveux.*
— ***thym*** (n. masc.) : *Elle raffole de l'odeur du **thym**.*
— ***tins***, ***tint***, ***tînt*** (du v. *tenir*) : *J'aurais aimé qu'il **tînt** parole.*

77.[tɑ̃] — ***tant*** (adv.), ***tant** de* (dét.) : *Je l'ai **tant** aidé, mais en vain.*
— ***taon***, ***taons*** (n. masc.) : *Il s'est fait piquer par un **taon**.*
— ***temps*** (n. masc.) : *Avoir le **temps**. Du beau **temps**.*
— ***tend***, ***tends*** (du v. *tendre*) : *L'hiver, il **tend** des collets.*
— ***t'en*** (pron. *te* + mot *en*) : *Elle **t'en** a donc enfin parlé.*

78.[tɔ̃] — ***thon***, ***thons*** (n. masc.) : *Un chalutier pour la pêche au **thon**.*
— ***ton*** (dét. possessif) : *C'est **ton** ami, mais le mien aussi.*
— ***tond***, ***tonds*** (du v. *tondre*) : *Il **tond** ses moutons lui-même.*
— ***t'ont*** (pron. *te* + v. *avoir*) : *Est-ce qu'ils **t'ont** laissé partir?*

79.[ty] — ***tu*** (pron. personnel) : ***Tu** te dis que **tu** n'y arriveras pas?*
— ***tue***, ***tues***, ***tuent*** (du v. *tuer*) : *Un animal ne **tue** pas sans raison.*
— ***tu***, ***tue***, ***tus***, ***tues***, ***tût*** (du v. *taire*) : *Je me suis **tu** quand il a parlé.*

80.[u] — ***houe***, ***houes*** (n. fém.) : *Nettoyer le jardin à la **houe**.*
— ***houx*** (n. masc.) : *Planter une branche de **houx**.*
— ***ou*** (conjonction) : *Vrai **ou** faux, peu importe!*
— ***où*** (adv. de lieu / pron. relatif) : *Je me demande **où** j'ai mis le sac.*
— ***août*** (n. masc.) : *Prendre ses vacances en **août**.*

81.[vɑ̃] — ***vends***, ***vend*** (du v. *vendre*) : *Elle **vend** ses fruits au marché.*
— ***vent***, ***vents*** (n. masc.) : *Un **vent** à décorner les bœufs.*

82.[vɛ̃] — ***vain***, ***vains*** (adj.) : *Tous ses efforts sont restés **vains**.*
— ***vainc***, ***vaincs*** (du v. *vaincre*) : *Tu **vaincs** ta peur à présent?*
— ***vin***, ***vins*** (n. masc.) : *Ils produisent leur propre **vin**.*
— ***vingt*** (dét. numéral) : *C'est une classe de **vingt** élèves.*
— ***vins***, ***vint***, ***vînt*** (du v. *venir*) : *Il **vint**, et il repartit aussitôt.*

83.[vi] — ***vie***, ***vies*** (n. fém.) : *Il m'a sauvé la **vie** deux fois.*
— ***vis***, ***vit*** (du v. *vivre*) : *On **vit** très bien dans ce pays.*
— ***vis***, ***vit***, ***vît*** (du v. *voir*) : *Soudain, je la **vis** apparaître.*

84.[vis] — ***vice***, ***vices*** (n. masc.) : *Il y a un **vice** de construction.*
— ***vis*** (n. fém.) : *J'ai un tournevis, mais pas de **vis**.*
— ***visse***, ***visses***, ***vissent*** (du v. *visser*) : *Il faut que je **visse** cette planche.*

85.vo — ***vaux*** (n. masc. pluriel) : *Aller par monts et par **vaux**.*
— ***vaut*** (du verbe *valoir*) : *Leur maison **vaut** très cher.*
— ***veau***, ***veaux*** (n. masc.) : *Un jeune **veau**. Manger du **veau**.*
— ***vos*** (dét. possessif) : ***Vos** papiers, s'il vous plaît!*

86.[vwa] — ***voie***, ***voies*** (n. fém.) : *Une autoroute à six **voies**.*
— ***vois***, ***voit***, ***voient***, ***voie***, ***voies*** (du v. *voir*) : *Ils ne **voient** rien.*
— ***voix*** (n. fém.) : *Elle a vraiment une **voix** d'ange.*

Annexe 4

LES PRINCIPALES FIGURES DE STYLE

● La langue française est souvent considérée, par les étrangers qui l'apprennent, comme une langue claire permettant d'exprimer les idées avec exactitude et précision. Elle n'en offre pas moins toute une série de tournures et de procédés qui l'ornent et la rendent plus subtile : les figures de style, appelées aussi emplois figurés.

Les figures de style sont d'utilisation courante. C'est pourquoi, même si elles ne relèvent pas de la grammaire au sens strict, il est bon d'énumérer les principales d'entre elles et de les définir brièvement.

1. La **comparaison** consiste à faire un rapprochement (original, de préférence, sinon l'on parle de «**cliché**») entre deux réalités qui ont des éléments communs :

   – *J'ai travaillé* ***comme un bagnard*** *toute la journée.*

   – *Quelle étendue désolée!* ***On dirait un paysage lunaire****.*

2. La **métaphore** est une sorte de comparaison implicite (terme concret dans un contexte abstrait par exemple). Si elle se prolonge, on parle alors d'**allégorie** :

   – *Abdel* ***s'est dégonflé*** *face à l'ampleur de la tâche.*

   – *Nancy* ***a toujours mené sa barque*** *comme elle l'entendait.*

3. La **métonymie** consiste à remplacer un mot par un autre qui a un rapport logique avec lui (l'effet pour la cause, la matière pour l'objet, le contenant pour le contenu,...) :

   – *C'est Mouloud qui* ***a bu le verre*** *qui était sur la table.*

   – *Nathalie a toujours très bien* ***gagné sa vie*** *à Dakar.*

4. La **synecdoque** est apparentée à la métonymie. Elle consiste principalement à glisser de la partie au tout (ou, parfois, du tout à la partie) :

   – *Léo ne pensait plus qu'à une chose :* ***sauver sa peau****.*

   – *Farah* ***n'a pas mis le nez dehors*** *de la journée.*

5. L'**hyperbole** est une forme d'exagération volontaire, fréquemment utilisée dans le langage courant :

   – *Arrives-tu? Ça fait* ***dix ans*** *que je t'attends!*

   – *Je* ***meurs de faim****. Je n'ai pas déjeuné ce matin.*

6. La **litote** est un procédé qui consiste à dire moins que ce que l'on pense, mais de manière à faire comprendre qu'on veut, au contraire, dire plus :

— *Isabelle est **loin d'être une personne ordinaire**.*

— *Sais-tu, maman, que **Julien ne me déplaît pas**?*

7. L'**euphémisme** est une forme de litote, utilisée tout particulièrement dans le but de ne pas faire souffrir ou de ne pas choquer :

— *Il est vrai que **la nature n'a pas vraiment comblé** Hortense.*

8. L'**antiphrase** consiste à utiliser un mot ou une expression dans un sens contraire à son sens véritable, le plus souvent par ironie :

— *La journée sera **magnifique** : pluie jusqu'au soir.*

— *Tout va bien? — **À merveille**, je redouble mon année.*

9. L'**hypallage** consiste à reporter sur un mot une précision qui revient normalement à un autre mot de la même phrase :

— *J'entendis le cri **souffrant** de la bête blessée.*

— *Elle perçut le reflet **menaçant** de l'arme dans le miroir.*

10. L'**ellipse** consiste à supprimer d'une phrase des mots qui sont en principe nécessaires à la syntaxe de celle-ci :

— *J'ai vu dix clients aujourd'hui. **Résultat** : rien.*

— *Veuillez payer dans les dix jours. **Dernier avis**.*

11. Le **zeugme** consiste à faire dépendre deux compléments d'un même verbe, en prenant celui-ci tantôt dans son sens littéral ou concret, tantôt dans un sens figuré ou abstrait :

— *J'en avais assez. **J'ai pris mon chapeau, ma canne et la porte**.*

— *Elle avait tout perdu : **Claude et l'espoir d'une vie meilleure**.*

12. Le **chiasme** consiste à répéter certains termes en les inversant (croisement), de manière à obtenir un effet stylistique particulier :

— *Il le **sait** mais feint de l'**ignorer**; elle l'**ignore** mais feint de le **savoir**.*

— *Je **crierais** bien de **peur**, mais j'**ai peur** de **crier**.*

● Le **pléonasme** n'est pas une figure de style. Il consiste au contraire en un redoublement de sens qu'il est préférable d'éviter :

— (*) *Jeanne avait tout **préparé à l'avance**.*

— (*) *Veuillez **vous lever debout** pour accueillir la présidente.*

Annexe 5

LES SYMBOLES ET LES ABRÉVIATIONS

Beaucoup de symboles et d'abréviations sont aujourd'hui communément employés. Il importe donc de bien connaître les règles qui président à leur formation.

● L'**abréviation** est un mot dont on a retranché certaines lettres afin de gagner de la place ou du temps. Il y a trois sortes d'abréviations :

— l'abréviation par suppression des dernières lettres :

— **cap**. pour *capitale*; **vol**. pour *volume*.

— l'abréviation par suppression de lettres intérieures :

— **Dr** ou **D**^{r} pour *Docteur*; **M**^{lle} pour *Mademoiselle*.

— l'abréviation par sélection de consonnes (cas plus rare) :

— **nb**. pour *nombre*; **qqch**. pour *quelque chose*.

☞ ◆ On met normalement un point à la fin d'une abréviation, sauf si elle se termine par la dernière lettre du mot lui-même.

◆ Les abréviations conservent l'accent sur les minuscules et les majuscules ainsi que la ponctuation interne des mots abrégés :

— **c.-à-d.** pour *c'est-à-dire;* **Î.-P.-É.** pour *Île-du-Prince-Édouard*

◆ L'abréviation de *premier* et *première* est **1**^{er} et **1**^{re}; l'abréviation de *deuxième* et des numéraux suivants est **2**^{e}, **3**^{e}, **4**^{e},...

● Le sigle et l'acronyme sont des cas d'abréviation particuliers :

— Le **sigle** est une abréviation ne reprenant que la première lettre de quelques mots (il se prononce en nommant les lettres qui le constituent) :

— **ONG** pour *organisation **n**on **g**ouvernementale;*
— **PME** pour *petites et **m**oyennes **e**ntreprises.*

— L'**acronyme** est une abréviation reprenant la première lettre (ou les premières lettres) de quelques mots, de manière à pouvoir prononcer l'abréviation comme un mot et non comme une série de lettres :

— **sida** pour *syndrome d'**i**mmuno**d**éficience **a**cquise;*
— **Bénélux** : union économique de la ***Bel**gique*, des Pays-Bas (***Ne**derland*) et du ***Lux**embourg*.

☞ ◆ Beaucoup d'acronymes sont d'origine anglaise :

— **laser** pour *Light **A**mplification by **S**timulated **E**mission of **R**adiations;*
— **UNESCO** pour *United **N**ations **E**ducational, **S**cientific and **C**ultural **O**rganization.*

Liste de quelques abréviations courantes :

adj. (*adjectif*), **adv.** (*adverbe*), **app.** (*appartement*), **apr.** ou **av. J.-C.** (après ou avant Jésus-Christ), **a/s de** (*aux soins de*), **av.** (*avenue*), **BD** (*bande dessinée*), **boul.** (*boulevard*), **bur.** (*bureau*), **chap.** (*chapitre*), **C**ie (*compagnie*), **C.P.** (*case postale*), **CV** (*curriculum vitae*, «parcours d'une vie» en latin), **dest.** (*destinataire*), **div.** (*divers*), **édit.** (*éditeur, éditrice, édition*), **enr.** (*enregistrée*), **env.** (*environ*), **etc.** (*et cetera*, «et le reste» en latin), **exp.** (*expéditeur, expéditrice, expédition*), **fém.** (*féminin*), **féd.** (*fédéral*), **fig.** (*figure*), **gouv.** (*gouvernement*), **hab.** (*habitants*), **id.** (*idem*, «la même chose» en latin), **ibid.** (*ibidem*, «au même endroit» en latin), **inc.** (*incorporée*), **inf.** (*inférieur*), **ital.** (caractère *italique*), **ltée** (*limitée*), **M.**, **MM.**, **M**me, **M**mes, **M**lle, **M**lles (*Monsieur*, *Messieurs*, *Madame*, *Mesdames*, *Mademoiselle*, *Mesdemoiselles*), **masc.** (*masculin*), **max.** (*maximum*), **MD** (*marque déposée*), **min.** (*minimum*), **N.B.** (*nota bene*, «notez bien» en latin), **N.-D.** (*Notre-Dame*), **p. ex.** (*par exemple*), **p.p.** (*participe passé*), **prov.** (*proverbe, province, provincial*), **P.-S.** (*post-scriptum*, «après l'écrit» en latin), **RC** (*rez-de-chaussée*), **R.P.** (*Révérend Père*), **RR** (*route rurale*), **RSVP** (*répondez, s'il vous plaît*), **R.-V.** (*rendez-vous*), **sem.** (*semaine*), **SF** (*science-fiction*), **sing.** (*singulier*), **S**t, **S**te (*saint, sainte*), **sup.** (*supérieur*), **SVP** ou **S.V.P.** (*s'il vous plaît*), **tél.** (*téléphone*) **téléc.** (*télécopieur*), **TPS** (*taxe sur les produits et services*), **TTC** (*toutes taxes comprises*), **TVA** (*taxe sur la valeur ajoutée*), **TVQ** (*taxe sur les ventes au Québec*), **univ.** (*universel, université*), **v.** (*verbe*), **N/Réf.**, **V/Réf.** (*notre, votre référence*), **vol.** (*volume*).

● Le symbole est un signe conventionnel, consistant en une lettre (**h** pour *hauteur*, π pour le rapport entre la circonférence du cercle et son diamètre), un groupe de lettres (**mm** pour *millimètre*, **dB** pour *décibel*) ou un petit dessin figuratif (❄ pour neige, ✆ pour téléphone) ou non figuratif (∞ pour infini, © pour «copyright», droits d'auteur). Un symbole est invariable et ne se termine jamais par un point.

Les symboles sont utilisés notamment pour désigner les unités de mesure de longueur (**km** pour *kilomètre*), de superficie (**cm²** pour *centimètre carré*), de volume (**m³** pour *mètre cube*), de vitesse (**km/h** pour *kilomètres à l'heure*), de masse (**mg** pour *milligramme*), de temps (**h** pour *heure*) et de température (**°C** pour *degrés Celsius*), ainsi que comme système de notation dans le domaine de l'électricité (**A** pour *ampère*, **mV** pour *millivolt*, **KW** pour *kilowatt*,...) et de la chimie (**NaCl** pour *chlorure de sodium*).

Les pays (ainsi que certaines provinces et régions) sont également représentés par un symbole : **B** pour Belgique, **CDN** pour Canada, **CH** pour Suisse (***C**ommunauté **h**elvétique*), **F** pour France, **Q**, **Qc**, **Qué.** pour Québec (selon le cas), **W** pour Wallonie, etc.

Il en est enfin de même pour les monnaies (ne figurent ici que celles de quelques pays membres de la Francophonie) : DH (***d**ir**h**am*, Maroc), DTU (***d**inar **tu**nisien*), FB (***f**ranc **b**elge*), FBU (***f**r. **bu**rundais*), FCFA (***f**r. de la **C**ommunauté **f**inancière **a**fricaine*, monnaie commune à la plupart des pays francophones d'Afrique), FF (***f**r. **f**rançais*), FL (***f**r. **l**uxembourgeois*), FMG (***f**r. **m**al**g**ache*), FRU (***f**r. rwandais*, écrit aussi ***ru**andais*), FS (***f**r. **s**uisse*), G (***g**ourde*, Haïti), £EG (*livre **ég**yptienne*), £LIB (*livre **lib**anaise*), $CAN (*dollar **can**adien*). — N.B. Les francs belge, français et luxembourgeois seront progressivement remplacés par l'Euro à partir de 1999.

*M*ARGUERITE *Y*OURCENAR

Belgique (France)

1903 - 1987

Marguerite Yourcenar (anagramme de son vrai nom : de Crayencour) est née à Bruxelles, de père français et de mère belge. Elle vécut en Belgique, en France, en Italie, en Suisse, en Grèce et finalement aux États-Unis où elle s'établit en 1940 (sur une île, en Nouvelle-Angleterre). Son œuvre est riche, abondante, et ses créations maîtresses ont pour nom : ***Mémoires d'Hadrien,*** *Le Coup de grâce,* ***L'Œuvre au noir*** et *Quoi? L'Éternité* (dernier volume d'une trilogie : *Le Labyrinthe du monde*). Elle fut la première dame élue à l'Académie française, le 21 janvier 1981.

Je venais d'avoir quatorze ans. L'année poursuivait son cours; quelques mois plus tôt [...] les Américains déclaraient la guerre à l'Allemagne [...] Michel parlait à peine de tout cela. Il lui semblait qu'une catastrophe — qui en fait dure encore — s'était abattue sur le monde, et avait emporté la raison humaine. Moi-même, j'étais peu touchée. La guerre était surtout ressentie à Paris.[...]

Michel, pour tromper sa nostalgie de la Riviera et de ses casinos, avait décidé d'aller passer quelques jours à Enghien, pour se remettre au vert, le vert des arbres et le vert des tapis verts. Tandis qu'il tentait avec modération sa chance avec les jetons du temps de guerre, je me promenais dans les bois en compagnie de Camille, la petite bonniche belge, la seule des domestiques qui nous fût restée.

Camille était en quelque sorte un cadeau de ma tante maternelle, la Bruxelloise tante Jeanne. Elle avait vécu avec nous les mauvaises heures du début de la guerre, où il avait fallu fuir au cours d'une visite à la famille de mon demi-frère, sur une plage belge, et un an de séjour difficile en Angleterre avant de regagner Paris.

Cette petite rousse de dix-sept ans, fille d'ouvriers de manufacture, était la gaieté et la grâce mêmes, une gaieté de jeune chèvre. Elle fut pour moi une compagne de mon âge, ou presque, pendant ces cinq années. Elle s'était fiancée à un soldat permissionnaire; elle lui adressait au front de petites lettres que je l'aidais à écrire; le reste du temps, elle ne pensait guère, se les imaginant mal, aux dangers qu'il courait.

La guerre ne nous empêchait pas de jouer dans l'allée boisée qui bordait le petit lac; des ombres de feuilles bougeaient sur le chemin; nous nous amusions à marcher sur elles ou à traîner les pieds sur quelques feuilles sèches et crissantes qui restaient du dernier automne. À travers le mince rideau d'arbres, le petit lac s'étalait innocent, avec ses canots blancs pour la plupart recouverts d'une bâche, attachés par un piquet à la rive; leurs propriétaires sans doute étaient dans les tranchées.

(Extrait de *Quoi? L'Éternité*,

SENOUVO AGBOTA ZINSOU

Togo

1946

Né à Lomé en 1946, Senouvo Agbota Zinsou s'intéressa très jeune au théâtre. Il anima notamment la Troupe nationale togolaise pendant près de vingt ans. Ses pièces (***On joue la comédie***, *Le Club*, ***La Tortue qui chante***,...) ont connu un grand succès et ont obtenu de nombreux prix en Afrique et sur la scène internationale. Senouvo Agbota Zinsou est également l'auteur de nouvelles qui, elles aussi, ont été primées dans divers concours internationaux.

N'DÉLÉBÉ. — Je suis le poète de la Révolution Noire.

CHAKA. — C'est en chantant ça partout qu'il s'est fait arrêter.

N'DÉLÉBÉ. — Ah! Les tortures de la prison m'ont fait oublier tous mes poèmes, sauf un que je rumine toujours dans ma tête. Écoutez.

(*Il déclame tandis que les autres comédiens miment la scène au rythme du tam-tam.*)

Bayeté Zoulou! Ô fils du Ciel! Voici, il vient, votre Libérateur Chaka, le Messager de la Justice. Prenez courage. Luttez, luttez encore. Car le jour de votre victoire est proche.

Oui, ce jour-là, la terre entière se soulèvera. Les Zoulous du monde entier viendront et lutteront avec vous. Même vos ancêtres se réveilleront de leur sommeil et prendront les armes. Des rochers se détacheront des montagnes et écraseront nos ennemis. Les arbres les abattront et les fleuves les emporteront dans leur débordement. Les éléphants renverseront leurs chars de guerre et les panthères dévoreront ceux qui les conduisent. Vous entrerez dans la ville et vous écraserez vos dominateurs au milieu de leur confort. Ils s'écrouleront comme leurs maisons hautes et leur graisse se confondra avec leur fromage. Les éclats de leurs os se mêleront aux tessons de leurs bouteilles de whisky! Et leurs cadavres seront noyés dans le fleuve de leur sang alimenté par la rivière de leur vin. Ce sera un jour de carnage où périront tous ceux qui sacrifient l'homme à Mammon, l'inflexible démon de l'argent. Ce jour-là, votre Libérateur, CHAKA, percera Mammon de sa grande épée étincelante et la terre sera purifiée de toute souillure.

Alors, viendra Nolivé, la Fille de la Paix qui établira son règne sur la terre pour tous les adorateurs de N'Koulou-N'Koulou, le Dieu de Justice! Bayeté, Zoulou! Bayeté, Chaka!

TOUT LE MONDE. — Bayeté! Bayeté!

(Extrait de *ON JOUE LA COMÉDIE*,
© Éditions Haho)

Bibliographie sélective

BEAUMARCHAIS, Jean-Pierre de, et Daniel COUTY et Alain REY, ***Dictionnaire des littératures de langue française***, Paris, Bordas, 1994, 4 volumes.

CHARTRAND, Suzanne-G. (sous la direction de), ***Pour un nouvel enseignement de la grammaire***, Montréal, Les Éditions logiques, 1996, 447 p.

CHERVEL, André, ***Histoire de la grammaire scolaire***, Paris, Payot, 1977, 302 p.

CHEVALIER, Jean-Claude et Claire BLANCHE-BENVENISTE et Michel ARRIVÉ et Jean REYTARD, ***Grammaire Larousse du français contemporain***, Paris, Larousse, 1990, 495 p.

DAGENAIS, Gérard, ***Dictionnaire des difficultés de la langue française au Canada***, Boucherville, Les Éditions françaises, 1990 (2e éd.), 538 p.

DENIAU, Xavier, ***Florilège de la langue française et de la francophonie***, Paris, Éditions Richelieu-Senghor, 1988, 160 p.

DENIAU, Xavier, ***La Francophonie***, Paris, PUF, 1992 (2e éd.), 128 p.

DEPECKER, Loïc, ***Les mots de la francophonie***, Paris, Belin, 1990, 397 p.

DULIÈRE, André, ***Les secrets de la langue française***, Montréal, Guérin Littérature, 1988, 396 p.

GENEVAY, Éric, ***Ouvrir la grammaire***, Lausanne-Montréal, Éditions LEP/Chenelière, 1994, 274 p.

GOBBE, Roger et Michel TORDOIR, ***Grammaire française***, St-Laurent, Éditions du Trécarré, 1986, 440 p.

GREVISSE, Maurice, ***Précis de grammaire française***, Louvain-la-Neuve, Duculot, 1995 (30e éd.), 319 p.

GREVISSE, Maurice et André GOOSSE, ***Nouvelle grammaire française***, Paris-Gembloux, Duculot, 1980, 352 p.

GREVISSE, Maurice et André GOOSSE, ***Le bon usage***, Louvain-la-Neuve, Duculot, 1993 (13e éd.), 1519 p.

GUILLOTON, Noëlle et Hélène CAJOLET-LAGANIÈRE, ***Le français au bureau***, Gouvernement du Québec, 1996 (4e éd.), 400 p.

HANSE, Joseph, ***Nouveau dictionnaire des difficultés du français moderne***, Paris-Louvain-la-Neuve, Duculot, 1991 (2e éd.), 1031 p.

JOUBERT, Jean-Louis (sous la direction de), ***Littérature francophone, Anthologie***, Paris, Nathan-ACCT, 1996, 448 p.

JOUBERT, Jean-Louis (sous la direction de), ***Littératures francophones d'Afrique centrale***, Paris, Nathan-ACCT, 1995, 256 p.

JOUBERT, Jean-Louis (sous la direction de), ***Littératures francophones d'Afrique de l'Ouest***, Paris, Nathan-ACCT, 1994, 256 p.

JOUBERT, Jean-Louis (sous la direction de), ***Littératures francophones du monde arabe***, Paris, Nathan-ACCT, 1994, 239 p.

JOUBERT, Jean-Louis et Amina OSMAN et Liliane RAMAROSOA, ***Littératures francophones de l'océan Indien***, Paris, Nathan-ACCT, 1996, 160 p.

LAURENCE, Jean-Marie, ***Grammaire française***, Montréal, Guérin éditeur ltée, 1985, (2e éd.), 565 p.

LAURENCE, Jean-Marie, ***Grammaire française fondamentale***, Montréal, Guérin éditeur ltée, 1992 (5e éd.), 332 p.

LÉGER, Jean-Marc, ***La Francophonie : grand dessein, grande ambiguïté***, Montréal/Paris, HMH/Nathan, 1988, 242 p.

MALHERBE, Michel, ***Les langages de l'humanité***, Paris, Laffont, 1995, 1734 p.

PICOCHE, J. et C. MARCHELLO-NIZIA, ***Histoire de la langue française***, Paris, Nathan, 1991, 397 p.

RIEGEL, Martin et Jean-Christophe PELLAT et René RIOUL, ***Grammaire méthodique du français***, Paris, PUF, 1994, 646 p.

ROUCH, Alain et Gérard CLAVREUIL, ***Littératures nationales d'écriture française***, Paris, Bordas, 1986, 512 p.

ROY, Jean-Louis, ***La Francophonie, Le projet communautaire***, éditions diverses à Abidjan, Bruxelles, Casablanca, Montréal, Niamey, Paris et Tunis, 1993, 200 p.

TARDIVEL, Louis, ***Répertoire des emprunts du français aux langues étrangères***, Sillery (Québec) Septentrion, 1991, 506 p.

TÉTU, Michel, ***La Francophonie, Histoire, Problématique, Perspectives***, préface de Léopold Sédar Senghor, Montréal, Guérin Universitaire, 1992 (3e éd.), 426 p.

TÉTU, Michel et Étienne LE ROY (sous la direction de), ***L'année francophone internationale***, Québec, AFI, revue annuelle, édition 1998, 415 p.

THÉORET, Michel et André MAREUIL, ***Grammaire du français actuel***, Anjou, CEC Inc., 1991, 557 p.

Université de Sherbrooke, Département des lettres et communications, Québec, Canada, ***Présence francophone, revue internationale de langue et de littérature*** (depuis 1970).

Index alphabétique des auteurs cités

La plupart des 200 auteurs énumérés ci-dessous sont cités au moins cinq fois dans la présente grammaire, c'est-à-dire que des phrases ou expressions tirées de leurs ouvrages, et toutes en français parfaitement correct, servent d'illustrations à au moins cinq règles, remarques ou exceptions (parfois bien davantage). Les 50 noms en caractères gras représentent les 50 écrivains qui se sont vu attribuer une page entière (selon les critères définis dans la «Présentation», p.8) et les auteures sont signalées par un astérisque. Suit enfin une liste des autres auteurs également cités dans la grammaire.

1. —	Noureddine	ABA	Algérie	1921
2. —	Jean-Marie	ADIAFFI	Côte-d'Ivoire	1941
3. —	Pierre-Claver	AKENDENGUÉ	Gabon	1943
4. —		ALAIN-FOURNIER	France	1886-1914
5. —	**Jacques-Stephen**	**ALEXIS**	Haïti	1922-1961
6. —	* Myriam	ANTAKI	Syrie	?
7. —	**Hubert**	**AQUIN**	**Québec**	1929-1977
8. —	Louis	ARAGON	France	1897-1982
9. —	* **Mariama**	**BÂ**	Sénégal	1929-1981
10. —	Honoré de	BALZAC	France	1799-1850
11. —	Pierre Makombo	BAMBOTÉ	Centrafrique / (Québec)	1932
12. —	Antoine	BANGUI	Tchad	1933
13. —	Henry	BAUCHAU	Belgique	1913
14. —	Charles	BAUDELAIRE	France	1821-1867
15. —	Yves	BEAUCHEMIN	**Québec**	1941
16. —	Victor-Lévy	BEAULIEU	**Québec**	1945
17. —	* Simone de	BEAUVOIR	France	1908-1986
18. —	Samuel	BECKETT	(Irlande) / France	1906-1989
19. —	* Hélè	BÉJI	Tunisie / (France)	1948
20. —	**Tahar**	**BEN JELLOUN**	Maroc	1944
21. —	Georges	BERNANOS	France	1888-1948
22. —	Gérard	BESSETTE	**Québec**	1920
23. —	**Mongo**	**BETI**	Cameroun	1932
24. —	* Calixthe	BEYALA	Cameroun	1960
25. —	**Olympe**	**BHÊLY-QUENUM**	Bénin / (France)	1928

66. —	* **Marguerite**	**DURAS**	(Indochine) / France	1914-1996
67. —	* Akoua Tchotcho	EKUÉ	Togo	1954
68. —	* Clémentine-M.	FAÏK-NZUJI	Zaïre / (Belgique)	1944
69. —	Alioum	FANTOURÉ	Guinée	1938
70. —	Mouloud	FERAOUN	Algérie (Kabylie)	1913-1962
71. —	Jacques	FERRON	**Québec**	1921-1985
72. —	Gustave	FLAUBERT	France	1831-1880
73. —	**Louis**	**FRÉCHETTE**	**Québec**	1839-1908
74. —	H. de St-Denys	GARNEAU	**Québec**	1912-1983
75. —	Axel	GAUVIN	La Réunion	1944
76. —	Gratien	GÉLINAS	**Québec**	1909
77. —	Antoine	GÉRIN-LAJOIE	**Québec**	1824-1882
78. —	* Marie	GEVERS	Belgique	1883-1975
79. —	Michel de	GHELDERODE	Belgique	1898-1962
80. —	André	GIDE	France	1869-1951
81. —	Roland	GIGUÈRE	**Québec**	1929
82. —	**Jean**	**GIONO**	France	1895-1970
83. —	Rodolphe	GIRARD	**Québec**	1879-1956
84. —	Édouard	GLISSANT	Martinique	1928
85. —	Jacques	GODBOUT	**Québec**	1933
86. —	**Alain**	**GRANDBOIS**	**Québec**	1900-1975
87. —	Claude-Henri	GRIGNON	**Québec**	1894-1976
88. —	* **Germaine**	**GUÈVREMONT**	**Québec**	1893-1968
89. —	Boubou	HAMA	Niger	1906-1982
90. —	**Amadou**	**HAMPÂTÉ BÂ**	Mali	1900-1991
91. —	Robert-Edward	HART	Île Maurice	1891-1954
92. —	Paul	HAZOUMÉ	Bénin	1890-1980
93. —	* Anne	HÉBERT	**Québec**	1916
94. —	Louis	HÉMON	(France) / Canada	1880-1913
95. —	**Victor**	**HUGO**	France	1802-1885
96. —	* Marie-Thérèse	HUMBERT	Île Maurice	1940
97. —	Eugène	IONESCO	(Roumanie) / France	1912
98. —	Faustin-Albert	IPÉKO-ÉTOMANE	Centrafrique	1930-1980
99. —	Claude	JASMIN	**Québec**	1930
100. —	Alexis	KAGAMÉ	Rwanda	1912
101. —	**Yacine**	**KATEB**	Algérie	1929-1989
102. —	Naïm	KATTAN	Irak / (Québec)	1928
103. —	Michel	KAYOYA	Burundi	1934-1972
104. —	Mohammed	KHAÏR-EDDINE	Maroc / (France)	1941
105. —	Ahmadou	KOUROUMA	Côte-d'Ivoire	1927

Sont également cités tous les auteurs de la liste figurant ci-dessous.

N. B. : *Le nom de leur pays d'origine est indiqué en entier, sauf pour les pays suivants :* **B** *= Belgique,* **CH** *= Suisse (Communauté Helvétique),* **F** *= France, et* **Q** *= Québec.*

Index alphabétique des termes et des notions

Tous les chiffres renvoient aux **sections de la grammaire** (numéros sur fond vert, dans les marges extérieures). Pour certains termes et notions, l'endroit de leur utilisation principale ou de leur définition est indiqué par des chiffres en caractères gras. Le signe ◊ indique les termes propres à la grammaire traditionnelle.

A

B

E

F

G

H

I

M

N

O

T